管理的实践

中英文双语版

THE
PRACTICE
OF
MANAGEMENT

[美]彼得·德鲁克 著

齐若兰 译

那国毅 审订

机械工业出版社
China Machine Press

图书在版编目（CIP）数据

管理的实践（中英文双语版）/（美）彼得·德鲁克（Peter F. Drucker）著；齐若兰译 .
—北京：机械工业出版社，2019.10
书名原文：The Practice of Management

ISBN 978-7-111-63738-7

I. 管⋯　II. ① 彼⋯　② 齐⋯　III. 企业管理 – 通俗读物 – 汉、英　IV. F272-49

中国版本图书馆 CIP 数据核字（2019）第 214593 号

本书版权登记号：图字　01-2005-4158

管理的实践（中英文双语版）

出版发行：机械工业出版社（北京市西城区百万庄大街 22 号　邮政编码：100037）

责任编辑：施琳琳　　　　　　　　　　　责任校对：殷　虹
印　　刷：北京诚信伟业印刷有限公司　　版　　次：2020 年 1 月第 1 版第 1 次印刷
开　　本：170mm×230mm　1/16　　　　印　　张：48.5
书　　号：ISBN 978-7-111-63738-7　　　定　　价：199.00 元

客服电话：（010）88361066　88379833　68326294　　投稿热线：（010）88379007
华章网站：www.hzbook.com　　　　　　　　　　　读者信箱：hzjg@hzbook.com

January 18, 1999

What do I consider my most important Contributions?

- That I early on—almost sixty years ago—realized that MANAGEMENT has become the constitutive organ and function of the Society of Organizations ;

- That MANAGEMENT is not "Business Management- though it first attained attention in business- but the governing organ of ALL institutions of Modern Society;

- That I established the study of MANAGEMENT as a DISCIPLINE in its own right;

and

- That I focused this discipline on People and Power; on Values; Structure and Constitution; AND ABOVE ALL ON RESPONSIBILITIES- that is focused the Discipline of Management on Management as a truly LIBERAL ART.

Peter F. Drucker

我认为我最重要的贡献是什么？

- 早在 60 年前，我就认识到**管理**已经成为组织社会的基本器官和功能；
- **管理**不仅是"企业管理"，而且是所有现代社会机构的管理器官，尽管管理一开始就将注意力放在企业；
- 我创建了**管理**这门学科；
- 我围绕着人与权力、价值观、结构和方式来研究这一学科；**尤其是围绕着责任**。管理学科是把管理当作一门真正的**综合艺术**。

彼得·德鲁克
1999 年 1 月 18 日

注：资料原件打印在德鲁克先生的私人信笺上，并有德鲁克先生亲笔签名，现藏美国德鲁克档案馆。为纪念德鲁克先生，本书特收录这一珍贵资料。本资料由北京光华管理研修中心那国毅教授提供。

|目　录|

管理学的奠基之作

　　2005 年夏天我到母校美国加州克莱蒙特研究生大学看望老师德鲁克先生时，先生曾问起他的著作在中国出版的情况。我告诉先生，他的著作已经在中国出版多次，而且每次引起的反响都很大。现在机械工业出版社华章公司计划出版他所有著作的中文版，先生听了非常高兴。借此机会我曾问他："如果要您向中国的读者推荐您的著作，您首先会选择哪一本？"德鲁克先生几乎不假思索地回答："我希望大家看看《管理的实践》和《卓有成效的管理者》。"由于时间的原因，当时我并没有对原因深究下去。最近当我看到德鲁克先生为斯隆先生的《我在通用汽车的岁月》所写的推荐序时，才明白了老先生的一片苦心。在德鲁克先生看来，《管理的实践》是有关管理性质、原则和企业管理理论的框架性著作。《管理的实践》的根本目的在于通过对管理原则、责任和实践的研究，探索如何建立一个有效的管理机制和制度。而衡量一个管理制度是否有效的标准就在于该制度能否将管理者个人特征的影响降到最低限度。这其实也是美国宪政制度的核心和基石。相反，先生的另外一本著作《卓有成效的管理者》，则从管理者的培养和教育角度阐述了有效的管理者应该具备的基本技巧与素质。一个再高明的制度，如果没有具有职业道德的员工和管理者的遵守，制度也很快就会瓦解。一个再高效的组织，如果没有有效率的管理者和员工的支撑，组织的效率也不可能得到实现。现代工商管理教育一方面需要教育学生明白现代管理制度建立的基本原理和准则，另一方面也要培养一大批具有优秀管理技能的职业经理人。前者是"宪政教育"的范畴，而后者则是马基雅维利强调的"君主教育"的精髓。一个有效的组织既离不开良好的制度保证，也离不开有效的管理者，两者缺一不可。在这两个方面，我们都不难看出德鲁克先生对现代管理学的奠基作用。同时，我们也就能深刻认识到今天向大家推荐的《管理的实践》一书的重要价值。

《管理的实践》一书是德鲁克先生在1954年写成的一本具有经典意义的管理学著作。可以说，就是这本著作奠定了德鲁克先生在现代管理学学术史上的奠基人地位。在我指导的学生入学以后，我对他们提出的要求是，在学习《管理学原理》的同时一定要将这本书作为对照阅读材料。我常说："如果你不看这本书，你就不可能真正理解管理学。什么原因？很简单，现代管理学的大厦就是建立在这本书所提出的一系列思想的基础上的。"而且相对于教科书而言，这本书具有思想一脉相承、高度洞察性、前瞻性和启发性的优点。如果你认真读一读这本书你就不难看出，现代大部分流行的管理思想和实践都可以从这本书中找到根源。粗略列举一下，就可以包括：目标管理、参与管理、知识员工管理、客户导向的营销、业绩考核、职业生涯管理、事业部制分权管理、企业文化、自我管理团队等。甚至连最近非常流行的平衡计分卡，我们也可以从德鲁克先生在《管理的实践》一书对企业目标的论述中找到根源。卡普兰和诺顿教授是不是从德鲁克先生那里得到思想的启发，这就不得而知了。但我想读者看一看这本书就可以得到答案了。

对德鲁克先生生平了解较多的读者知道，德鲁克先生20世纪初出生于维也纳一个有着深厚知识传统的家庭。由于家庭条件优越，很小的时候他就有机会与当时欧洲最著名的知识分子弗洛伊德、熊彼特、波兰尼等人交往，深受传统欧洲的人文主义思想和奥地利经济学派的影响。由于德鲁克先生成长的前半生，正是服从、控制、独裁、统一、一致成为主流价值观的时代，因而他非常珍视人的价值、创新、多元和独特。虽然德鲁克先生的大部分著作是有关企业管理的，但在其中我们也可以看到他的自由、成长、创新、多样化、多元化的思想是一以贯之的。如果你不了解这些，恐怕就很难理解德鲁克先生的著作，也就很难理解《管理的实践》这本书。德鲁克在《旁观者》一书的序言中说，"未来是'有机体'的时代，由任务、目的、策略、社会的和外在的环境所主导，就这就是我在40年前写的《管理的实践》一书所倡导的"。很多人喜欢德鲁克提出的概念，但是德鲁克说："人比任何概念都有趣多了。""人"可以说是《管理的实践》这本书的中心。企业是什么？盈利能力？利润最大化？盈利不是企业和企业经营活动的目的，而是企业的一种约束因素。利润是对企业活动的检验。企业的主要职能只有两个：一是营销，创造顾客；二是创新。企业存在的目的不能从自身寻找，只能从外部，从对社会的贡献中寻找，从客户那里寻找。要满足客户的要求，各种生产要素的简单组合是不能创造价值的，只有依靠企业的创新。如何实现创新，只有依靠管理者的管理和员工主动性的发挥。管理不是一件由许多体力劳动者从事的工作，而是一件需要由具有想象力和受过教育的人员进行理性分析与概念思考的工作。我们习惯上将管理者和员工看成根据指示行事、没有责任、不做出决策的人，这只能消除企业的精神和创新。如何检验管理和创新的成果？不是知识，而只能是业绩和成就。那种试图向管理人员颁发许可证，没有专门学历的人员不能从事管理工作的做法，会对社会造成极大的破坏。管理本质上是一种实践，而不是一种科学和专业。任何热衷于将管理科学化或专业化的尝试，试图消除所有的波动、风险和不可知的措施也就是在消除自由、创新和成长。管理本质上是依据目标、业绩和责任进行的管理。管理者和员工在本质上没有差别，只有责任上的差别。员工的权利不是来自管理者授权，而是来自所承担的责任。区分高层管理者和基层管理者的唯一维度在于时间。管理者的重要任务就是将员工的目标引向组织目标。管理者需要在现在和未来之间取得平衡。因为管理能力是一种稀缺的资源，因而越是高层管理者，越是应该集中于组织长远目标。管理者必须在多种目标、现在和未来之间取得平衡。管理是什么？管理是一个有着多重目的机制，既管理企业，又管理管理者，同时也管理员工和工作。德鲁克先生在这本书中提出的一系列真知灼见，在六十多年后的今天依然闪耀着智慧的光芒。

二十多年前在美国读书期间，我曾多次阅读该书，由于受益良多，就一直将它放到床头。尔后，每隔一段时间，每每碰到新问题，就重新温故。令人惊奇的是，随着阅历的增长、知识的丰富，每每重新阅读的时候，竟然会有以前不曾有过的体会。一本优秀的著作就是一座挖不尽的宝藏，让人回味，可以伴人终生。这样的著作一旦诞生，就已经独立于作者、独立于时代并属于每个读者自己。不同地理区域、不同文化背景、不同时代的人都能够从中得到启发，得到教育。这样的书是永恒的、跨越时空的。我想，德鲁克先生的《管理的实践》就是这样的一本书。

赵曙明

南京大学人文社会科学资深教授、商学院名誉院长、博导

管理学：德鲁克留给人类的伟大遗产

1954 年 11 月 6 日是管理学中一个划时代的日子，彼得·德鲁克在这一天出版了他的《管理的实践》一书。该书的出版标志着管理学作为一门学科的诞生。在此之前，没有一部著作向管理者解释管理，更没有一部著作向管理者传播管理。

1985 年，德鲁克曾对一位来访者说："《管理的实践》一书的出版使人们有可能学会如何去管理。在这之前，管理似乎只是少数天才能做的事，凡人是无法做到的。我坐下来花了些工夫，把管理变成了一门学科。"

很少有人能享有开创一门学科的殊荣，作为公认的"现代管理学之父"，彼得·德鲁克对享有此殊荣当之无愧。在过去的六十余年里，他的著作、讲座和咨询工作为攻读管理学的学生建立了丰富的宝库，并且为管理者与企业家提供了取之不尽、用之不竭的灵感和相关方法的源泉。

企业界和学术界对德鲁克有各种各样的评价，尤其在德鲁克离开后，人们对他的评价更是莫衷一是，而这些评价都是基于他们各自不同的角度。德鲁克也许早就料到，在他百年之后，人们会不惜笔墨对他的一生和他的工作品头论足，因此，他早已给他的一生做了定论，不必再代劳他人了。为了准确地了解彼得·德鲁克在过去六十余年中对世界的贡献，我愿意和读者一起分享 2000 年 9 月 29 日我在美国德鲁克档案馆发现的彼得·德鲁克的"我认为我最重要的贡献是什么？"一文（见本书第 Ⅲ 页）。这篇定论性文章的原件打印在德鲁克的私人信笺上，并有先生的亲笔签名。

德鲁克指出："管理是一种器官，是赋予机构以生命、能动、动态的器官。没有机构（如工商企业），就不会有管理。但是，如果没有管理，那也就只会有一群乌合之众，而不会有机构。而机构本身又是社会的一个器官，它之所以存在，只是为了给社会、经济和个人提供所需的成果。"

管理是我们的社会机构，特别是工商业中领导、指挥和决策的器官，是一种普遍的职能。这种普遍的职能在每一个国家中，实质上在每一个社会中都面临着同样的基本任务。管理者必须为他所管理的组织指引方向。他必须深入思考本组织的使命，为之制定目标，为达到本组织必须做出的成果而组织资源。

需要提及的是，作为一种实践和一个思考与研究的领域，管理已经有了很长的历史，其根源几乎可以追溯到 200 年以前。但管理作为一个学科，其开创的年代应是 1954 年，即《管理的实践》的问世标志着管理学的诞生。而正是彼得·德鲁克创建了管理这门学科。2005 年 11 月 28 日的美国《商业周刊》的封面故事是："彼得·德鲁克：发明管理的人。为什么彼得·德鲁克的思想仍然重要？"德鲁克精辟地阐述了管理的本质："管理是一种实践，其本质不在于知，而在于行；其验证不在于逻辑，而在于成果；其唯一权威就是成就。"

德鲁克对"责任"，包括管理者的"责任"、员工的"责任"以及企业的"责任"谈得很多。1973 年，德鲁克将自己几十年的知识经验与思考浓缩到一本书中。这本浩瀚巨著以其简洁而浓缩的书名道出了管理学的真谛——《管理：使命、责任、实践》。据此，我们可以把管理诠释为：管理使命、承担责任、勇于实践。令人惊奇的是，当我在《管理：使命、责任、实践》这本书中搜索"责任"这一词条时，发现索引中有多达 36 处谈到"责任"，而竟无一处谈到"权力"。"权力（power）和职权（authority）是两回事。管理当局并没有权力，而只有责任。它需要而且必须有职权来完成其责任——但除此之外，绝不能再多要一点。"在德鲁克看来，管理当局只有在它进行工作时才有职权，而并没有什么所谓的权力。2004 年 10 月 1 日，德鲁克在美国德鲁克档案馆举办的"智者对话"上，精辟地阐述了 21 世纪 CEO 的职责，他又一次也是最后一次面对众多高管人员再一次强调了管理者的责任。他说："首先要说的是，CEO 要承担责任，而不是享有'权力'。你不能用工作所具有的权力来界定工作，而只能用你对这项工作所产生的结果来界定。CEO 要对组织的使命和行动以及价值观和结果负责。最重要的就是结果。有鉴于此，CEO 的工作因他们所服务的组织不同而有所不同。"

德鲁克反复强调，认真负责的员工确实会对管理者提出很高的要求，要求他们真正能胜任工作，要求他们认真地对待自己的工作，要求他们对自己的任务和成绩负起责任来。

责任是一个严厉的主人。如果只对别人提出要求而并不对自己提出要求，那是没有用的，而且也是不负责任的。如果员工不能肯定自己的公司是认真的、负责的、有能力的，他们就不会为自己的工作、团队和所在单位的事务承担起责任来。

要使员工承担起责任和有所成就，必须由实现工作目标的人员同其上级一起为每一项工作制定目标。此外，确保自己的目标与整个团体的目标一致，也是所有成员的责任。必须使工作本身富有活力，以便员工能通过工作使自己有所成就。员工则需要由他们承担责任而引起的要求、纪律和激励。因此，进入德鲁克管理世界的捷径就是从认识管理者的责任、员工的责任和企业的责任开始。

自《管理的实践》问世半个多世纪以来，德鲁克通过著书立说、讲学、提建议等方法，不厌其烦地提出：管理既要眼睛向外，关心它的使命及组织成果；又要眼睛朝内，注视那些能使个人取得成就的结构、价值观及人际关系。

德鲁克在《管理新现实》一书中清晰地解释了为什么称"管理"为一门"综合艺术"。他说："管理被人们称为是一门综合艺术——'综合'是因为管理涉及基本原理、自我认知、智慧和领导力；'艺术'是因为管理是实践和应用。"

为了表彰德鲁克对世界所做出的杰出贡献，2002 年 6 月 20 日时任美国总统乔治·布什授予德鲁克"总统自由勋章"。布什总统对德鲁克的评价是："彼得·德鲁克是世界管理理论的开拓者并率先提出私有化、目标管理和分权化的概念。"为什么德鲁克在 92 岁的高龄才得到"总统自由勋章"？我们也许都还记得：安然、世通、安达信等美国大公司都因为作假而纷纷倒闭。如果长此以往，华尔街将有崩盘的危险，到时不但美国的经济遭到重创，世界的经济也会受到严重的影响。面对这种情况，布什到华尔街做了题为"公司的责任"的演讲，要求美国公司的管理人员要恪尽职守。在这样的背景下，布什授予德鲁克"总统自由勋章"无疑是在向公众传达这样一个信息：责任是维系经济和社会发展的根本原则。而德鲁克管理学的核心就是：责任。

管理是关系到人类福祉和世界未来的决定性因素

1954 年，德鲁克在《管理的实践》中指出，无论就经济或社会发展而言，美国都居于领先地位，如果美国要避免走下坡路，只有提高管理能力和持续改善管理绩效。而在美国以外的其他国家，管理更具有决定性的作用，欧洲在战后能否恢复经济繁荣，这首先取决于其管理者的工作绩效。至于发展中国家能否成功地发展经济，这在很大程度上取决于它们能否迅速地培养出称职负责的管理者。管理者的能力、技能和职责的确对人类福祉和世界未来至关重要。

《管理的实践》是德鲁克在其管理思想发展过程中的一部承上启下的著作。

第二次世界大战期间，德鲁克花了 18 个月研究通用汽车公司并撰写了《公司的概念》一书。德鲁克在该书中首次提出"组织"的概念，并且奠定了组织学的基础。《公司的概念》成为第一部试图描写组织实际工作情况、挑战、问题和原则的著作。德鲁克在该书中提出的"分权""事业部"仍是我们 21 世纪企业组织设计的基本原则。

50 年后，吉姆·柯林斯在《基业长青》中坦言："我们也发现，我们的研究和德鲁克的著作深深契合，事实上，我们对德鲁克的先见之明深为敬佩。研读他的经典之作，如 1946 年出版的《公司的概念》、1954 年出版的《管理的实践》、1964 年出版的《为成果而管理》，你会深深叹服他遥遥领先今日管理思潮的程度。事实上，在我们做这个研究时，遇到很多深受德鲁克作品影响的公司，惠普、通用电气、宝洁、默克、摩托罗拉和福特只是其中几家而已。"

《管理的实践》一书中所提出的许多重要概念，又发展为德鲁克日后许多管理著作的主题。其中包括 1964 年出版的《为成果而管理》、1973 年出版的《管理：使命、责任、实践》以及 1980 年出版的《动荡时代的管理》等。如果说，

《圣经》和《希腊神话》是欧洲文学的土壤，那么，《管理的实践》就是管理学的肥沃土壤。

《管理的实践》是"第一本"将管理视为整体的管理书籍。更具有创新意义的是，德鲁克视社会和企业为有机体，因此，管理成为组织社会的基本器官，而器官只能按照其功能来定义。管理作为企业的具体器官，它具有以下三个功能。

管理企业

德鲁克对企业的独特见解是，要想知道什么是一个企业，必须从理解企业的目的开始。企业的目的必须存在于企业本身之外。事实上，企业的目的必须存在于社会之中，因为企业是社会的一部分。企业的目的只有一个适当的定义：创造顾客。

由于企业的目的是创造顾客，任何企业都有两项职能，也仅有这两项基本职能：营销和创新。营销和创新产生经济成果，其余的一切都是"成本"。

管理企业得首先回答德鲁克的三个经典问题：我们的事业是什么？我们的事业将是什么？我们的事业究竟应该是什么？我们的事业是什么，并非由生产者决定，而是由消费者来决定；不是靠公司名称、地位或规章来定义，而是由顾客购买商品或服务时获得满足的需求来定义。因此，要回答这个问题，我们只能从外向内看，从顾客和市场的角度，来观察我们所经营的事业。企业最高管理层的首要职责就是提出这个问题："我们的事业是什么？"

德鲁克关于企业需要设定目标的八大领域——市场营销、创新、人力资源、财务资源、实物资源、生产力、社会责任、利润需求，得到了美国商界和媒体的认可。美国《财富》杂志在评选"美国最受尊敬的公司"和"世界最受尊敬的公司"时，其评价指标都是基于德鲁克关于企业的八大目标而设定的。从2001年起，中国也开始举办"中国最受尊敬企业"的评选活动，其评价指标也是基于德鲁克关于企业的八大目标而设定的。

更为重要的是，德鲁克在《管理的实践》中率先提出"企业的社会责任"

这一概念。六十多年前他所提出的概念，在十几年前已成为一项新的国际标准。1997 年 8 月，美国制定了企业社会责任的国际标准，即 SA8000（Social Accountability 8000）。SA8000 是全球第一个关于企业社会责任的国际标准，其内容主要涉及的是人权和劳工权益问题。SA8000 体系认证已在全球范围内推行，其对于企业发展、全球贸易将会产生越来越大的影响。有报道说，不久前，一家外国企业竞标法国电信的设备采购，开始接受法国电信严格细致的考察和认证，而其中非常重要的一项内容就是企业的社会责任。

为了规范中国的企业管理，实现可持续发展，2006 年 1 月 1 日起执行的《中华人民共和国公司法》增加了"公司的社会责任"。至此，公司履行社会责任和依法纳税都已成为强制行为，没有讨论的余地。这又印证了德鲁克的一个观点：如果企业不尽社会责任，政府一定要强制企业去履行这个责任。我们应当明白这样一个道理：一个健康的企业不可能在一个病态的社会中生存和发展。企业是社会的一个器官，而器官不会活过它所效命的机体。

由此可见，德鲁克是改变世界的人。

管理管理者

三个石匠的寓言完美地解释了什么是真正的"管理者"。有人问三个石匠他们在做什么。第一个石匠回答："我在养家糊口。"第二个石匠边敲边回答："我在做全国最好的石匠活。"第三个石匠仰望天空，目光炯炯有神，说道："我在建造一座大教堂。"

当然，第三个石匠才是真正的"管理者"。

在管理管理者这一部分中，德鲁克创造性地提出"目标管理和自我控制"，他把这项管理原则视作"管理哲学"。

管理员工和工作

德鲁克认为，如果我们视员工为人力资源，我们就必须了解这种资源的特性是什么，而当我们把重点分别放在"资源"或"人"上时，会得到两种截然不同的答案。作为一种资源，人力能为企业所"使用"。然而作为"人"，唯有这个人本身才能充分自我利用，发挥所长。这是人力资源和其他资源最大的区别。使员工有成就感、使工作富有成效是对管理者永恒的挑战。管理者不只通过知识、能力和技巧来领导员工，同时也通过远景、勇气、责任感和诚实正直的品格来领导员工。

在《管理的实践》的结语中，德鲁克给我们带来了一缕思想的清风，他说："公司不能自称（绝对不可自称）是员工的家、归宿、信仰、生命或命运。公司也不可以干预员工个人的私生活或者员工的公民权。将员工与公司连在一起的，只是一份自愿的、随时可以被取消的聘用合同，并不是一条神秘的、不可撤销的纽带。"正确地定位个人与组织的关系，可以为组织和个人减少许多不必要的烦恼。那么，个人与组织应当是一种什么样的关系呢？"组织需要个人为其做出所需的贡献；个人需要把组织当成实现自己人生目标的工具。"德鲁克用清晰和简单的语言帮助我们理清了个人和组织的关系。

最后，也是最重要的，我们要重新审视曼德维尔的那句"私人恶德即公众利益"的格言，100多年前，曼德维尔的原则被美国全盘接受。然而，时过境迁，20世纪"美国革命"的真正含义是：企业在管理过程中必须把社会利益变成企业的自身利益。管理者必须继续把这个基本信念落实到每一个决策和每一个行为之中。这是管理者最为重要的终极责任。

管理的终极之善是改变他人的生活。

那国毅

《管理的实践》，永远的"管理圣经"

1954 年 11 月 6 日，彼得·德鲁克完成了《管理的实践》这本巨著，发明了"management"（管理或管理学）这个名词。由此，"管理"成了 20 世纪最伟大的社会创新，也为德鲁克奠定了"现代管理学之父"的历史地位。很多学会都认为，这是到目前为止条理最清晰的管理名著之一。

德鲁克总结他对思潮的贡献是："我是第一位认清企业经营的目的不在企业本身，而是在企业外部（也就是创造与满足顾客）的人；第一位认清决策过程重要性的人；第一位认清组织架构应该追随策略的人。我也是第一位认清，或至少是首先指出，有效的管理必须通过目标管理与自我控制来实现的人。"

德鲁克认为，"目标管理与自我控制"完全可以被称为一种管理哲学。为此，德鲁克也被世人尊称为 20 世纪最具影响力的管理哲学思想家之一。

"目标"这个管理名词是德鲁克发明的，因此，"目标管理之父"也就非德鲁克莫属。

《管理的实践》提供了观念、原则和工具，是一套极具系统化的管理知识。本书问世后，不仅在美国一炮而红，而且在全球各地也都非常成功，包括在欧洲、拉丁美洲，尤其在日本更是备受重视。的确，日本人认为本书的观念奠定了他们经济成功与工业发展的基石。

德鲁克以其深厚的人文素养，强调人的理想性、价值观及判断力，成了组织绩效表现的关键资源。因此，唯有找对人，摆对位置，从旁协助，才可能有"对"的成果。德鲁克对人总是以正面（用人之长）评价，对事则是以负面（高标要求）评估，这是各类组织唯一的最高指导原则。

《管理的实践》一书即以管理的本质切入——就管理者的角色、职务、功能的认知及其未来面临的挑战，有着精辟独到的见解，揭开了管理的奥秘与实务。

本书以"管理企业、管理管理者、管理员工和工作"三项管理的任务，贯穿整本书的主轴和精髓，并以 8 个关键成果领域、3 个经典的问句以及组织的精神丰富其内涵。

第一部分，德鲁克先以一家企业的实例点出了：我们的事业是什么，我们的事业将是什么，我们的事业究竟应该是什么，以及企业的目标、成果与生产的原则。

第二部分，德鲁克以福特汽车的故事，阐述了"目标管理与自我控制"的有效性管理，同时也呈现出组织精神（即企业文化）的完整性。

第三部分，德鲁克通过活动、决策与关系三项分析，深入管理的结构、最终的检验标准及绩效，同时也说明了 5 种组织结构的优缺点，与适用的大中小型企业及其限制条件。

第四部分，德鲁克以其"绩效为核心的整体观"，主张雇用整个人而不是一双手，以 IBM 的故事描述了创新的实践价值，使员工有成就感与满足感，进而创造巅峰绩效的组织。

第五部分，德鲁克描述了管理者及其工作、做决策及未来的管理者是什么，尤其一再主张"责任"的重要性与必要性。

管理是观念而非技术，是自由而非控制。管理是实务而非理论，是绩效而非潜能。管理是责任而非权力，是贡献而非升迁。管理是机会而非问题，是简单而非复杂。能向读者推荐《管理的实践》，实为荣幸之至。而该书中英文版的出版，则是广大中国读者的一大福音。

詹文明

远流管理咨询公司大中华地区首席顾问

全面探讨管理学的第一本著作

本书于 1954 年首度面世之前，已经有少数人撰写并出版过管理书籍。我自己就在 1946 年出版了第一部管理著作《公司的概念》（*Concept of the Corporation*, New York：John Day）。巴纳德（Chester I. Barnard）的《经理人员的职能》（*The Functions of the Executive*, Cambridge, Mass.：Harvard University Press）则更早几年，在 1938 年问世。

福列特（Mary Parker Follett）在 20 世纪 20 年代和 30 年代初期完成了多篇管理论文，并于 1941 年结集出版，书名是《动态管理》（*Dynamic Administration*, New York: Harper & Brothers）。

出生于澳大利亚的哈佛大学教授梅奥（Elton Mayo）分别在 1933 年和 1945 年出版了两本关于工作和员工的短篇论述：《工业文明的人类问题》（*The Human Problems of an Industrial Civilization*，New York: Macmillan）及《工业文明的社会问题》（*The Social Problems of an Industrial Civilization*, Cambridge, Mass.: Harvard University Press）。

法约尔（Henry Fayol）的《工业管理与一般管理》（*Industrial and General Administration*, London, England：Pitman）首先于 1916 年在巴黎出版，英文译本则在 1930 年于伦敦面世。

泰勒（Frederick W. Taylor）的《科学管理》（*Scientific Management*, New York: Harper & Brothers）推出的时间甚至还更早，早在 1911 年就

出版了，而且后来又加印了许多次。

这些管理书籍迄今仍然拥有广大的读者，而且也当之无愧。每一本著作都代表一项重大的成就，每一位作者都为管理学奠定了坚实而持久的基础，在他们各自的领域中，迄今还没有人能超越他们的成就。在我们称为"组织心理学"和"组织发展"的领域中，巴纳德和福列特的著作提供了最佳指引，无人能出其右。当我们谈到"质量环"和"员工参与度"时，也只能附和梅奥早在几十年前就已提出的观念。法约尔的用语虽然陈腐，但他对于管理和组织的真知灼见仍然饶富新意和具有原创性。而自从我完成《公司的概念》后，管理学界对于高层主管的职能和政策，迄今仍然没有提出什么新的创见。当我们想要了解知识工作者的工作内容，并学习如何提升知识工作的生产力时，我们甚至还要回过头来研读泰勒的著作。

尽管如此，本书仍然是第一本真正的"管理"著作，是第一本视管理为整体、率先说明管理是企业的特殊功能、管理者肩负了明确责任的管理书籍。早期的所有管理书籍都只探讨管理的某个方面，例如巴纳德在《经理人员的职能》中讨论沟通问题，或我在《公司的概念》中讨论高层主管的职能、组织结构和公司政策。

本书则讨论"管理企业""管理管理者"和"管理员工和工作"，这几个重点分别是本书第一部分、第二部分和第四部分的标题，同时也谈到"管理的结构"（第三部分），以及"做决策"（第28章）。本书一方面探讨"管理的本质"，管理层的角色、职责和所面对的挑战，另一方面也从人的角度来审视管理者，探讨拥有管理职位、执行管理工作的管理者：他们需具备什么资格，如何发展管理能力，以及他们的责任和价值。本书还专辟一章来谈"组织的精神"（第13章），目前针对"企业文化"的所有讨论内容几乎都可以在本章中找到。本书也是率先探讨"目标"、定义"关键成果领域"、说明如何设定目标，并运用目标来引导企业方向及评估绩效的第一本著作。的确，"目标"这个管理名词可能是本书发明的，至少在以前的各种论述中都不曾出现过。此外，本书也是兼顾管理现有企业和创新未来企业的第一本著作。

或许更重要的是，本书是"第一本"将管理视为一个整体的管理书籍。过去的管理书籍，甚至今天大多数管理书籍，都只探讨管理的某个方面。的确，它们通常都只看到企业的内在：组织、政策、组织内部的人际关系、组织中的权威等。而本书却从三个方面来描绘企业：首先，作为一个机构，企业生存的目的是对外（在市场上为顾客）产出经济成果；其次，企业是雇用人员、由人组成的社会"组织"，必须培育员工，支付员工薪资，组织员工以发挥生产力，并因此需要一定程度的治理，构建价值体系，建立权责之间的关系；最后，企业是扎根于社会和社区的"社会机构"，因而受公众利益所影响，因此本书也探讨"企业的社会责任"——在本书问世之时，还没有人听说过这个名词。

由此可见，本书在30年前，就开创了今天我们所谓的管理"学科"。这样的发展并非偶然，也绝不是靠运气，而是本书的使命和初衷。

在撰写本书时，我已经积累了10年成功的顾问实践经验。我的出身背景既非企业，也非管理。早年我曾经在银行工作——在德国一年，英国三年。后来我成为作家和新闻记者，并且开课讲授政府和政治学。在很偶然的情况下，我开始踏入管理领域。1942年，我出版了一本书《工业人的未来》（*The Future of Industrial Man*），我在书中主张，早期社会中许多由家庭和社区担负的社会任务如今已经改由组织，尤其改由企业来承担。全世界最大的制造公司通用汽车的一位高层主管注意到这本书，他在1943年秋末邀请我针对通用汽车的高层主管、公司结构和基本政策，进行深入研究。《公司的概念》就是脱胎于这项研究，这本书于1945年完成，1946年出版。

我发现这项研究工作既引人入胜，又令人深感挫折。我找不到任何帮助，不知从何准备。现有的寥寥数本有关企业和管理的书籍完全不敷使用，因为这些著作都只探讨管理的某个方面，仿佛这些方面可以独立存在，彼此互不相干。这不禁令我回想起一本人体解剖书籍，里面讨论人体的某个关节——肘关节，却完全不提及手臂，更不用说骨骼和肌肉了。更糟的是，管理的许多方面都不曾有人做过任何研究。

然而在我看来，管理者的工作之所以如此有趣，完全是因为管理涵盖了三个方面的整体。我很快就明白，谈管理时必须将三个方面都纳入考虑：第一是成果和绩效，因为这是企业存在的目的；第二必须考虑在企业内部共同工作的人所形成的组织；第三则要考虑外在的社会，也就是社会影响和社会责任。然而以上大半的议题却缺乏研究文献，更遑论有关其关联性的探讨了。当时的许多书籍都热衷于讨论政府政策对于企业的冲击。的确，无论当时或现在，关于政府法令对企业影响的课程都大受欢迎。但是，究竟企业又给社会和社区带来了什么影响呢？关于公司财务的书籍不计其数，但我们看不到任何讨论企业政策的著作。

结束了这项研究之后，我仍然继续担任通用汽车公司的顾问，后来其他大公司也陆续找我去担任顾问，其中包括西尔斯公司、切萨皮克与俄亥俄铁路公司和通用电气公司。我在每家公司都看到相同的情况：对于管理的职务、功能和挑战完全缺乏研究、思考和知识，几乎可以说是一片空白。于是我决定坐下来，先描绘出"黑暗大陆"——管理的整体结构，然后理清拼图中有待填补的失落片段，最后再将整体组合起来，成为有系统、有组织，但篇幅很短的一本书。

从事顾问工作的时候，我认识很多能干的年轻人，他们有的位居中高层管理职位，有的刚得到生平第一个重要职位，不是初为管理者，就是独立的专业人才。他们都很清楚自己是管理者，但他们的前辈，即第二次世界大战前活跃于职场的那一代人通常都不清楚这个事实，这些奋发向上的年轻人知道他们需要系统化的知识，需要观念、原则和工具，这些都是他们当时极为欠缺的。本书正是为他们而写的。

这个时代令本书一炮而红，这个时代也令管理者的意义从"阶级"转变为工作、职能和责任。本书出版后，不但在美国一炮而红，在全球各地也都非常成功，包括欧洲、拉丁美洲，尤其在日本更是备受重视。的确，日本人认为本书的观念奠定了他们经济成功和工业发展的基石。

在后来出版的管理书籍中，我更加详细深入地探讨了本书的各个主题。例如，《为成果而管理》（*Managing for Results*, 1964）是第一本有关企业战略的书籍，《卓有成效的管理者》（*The Effective Executive*, 1966）讨论组织中的管理者如何自我管理，《管理：使命、责任、实践》（*Management: Tasks, Responsibilities, Practices*, 1973）则是为实际管理工作者所撰写的系统化手册，也是研读管理学的学生的系统化教科书，因此内容尽可能翔实完整，有别于本书容易理解、重启发性的特色。《动荡时代的管理》（*Managing in Turbulent Times*，1980）进一步探讨了本书提出的基本问题：我们的事业是什么？我们的事业将是什么？我们的事业究竟应该是什么？但同时也探讨了在动荡时代，企业如何兼顾创新与延续，化变动为契机。

管理专业的学生、立志成为管理者的年轻人和成熟的管理者，仍然视本书为打好管理学根基最重要的一本书。有一家全球最大银行的董事长一再告诉部属："如果你只读一本管理书籍，那么就读《管理的实践》好了。"我相信本书之所以如此成功，原因在于内容既无所不包，又写得浅显易懂。每一章都很短，却又完整说明了管理的基本观念。当然，这正符合撰写本书的初衷：我希望提供曾经在客户公司中与我共事过的管理者工作上所必须知道的一切，协助他们为高层管理职位预做准备，同时书中的内容又必须好读且易懂，即使是忙碌的企业人都能在有限时间内抽空读完。我相信，正因为本书能兼顾这两方面的需求，因此尽管在本书问世后，30 年来出版过的管理书籍如过江之鲫，本书仍然持续畅销，而且无论读者是在政府部门还是在企业中服务，已经担任企业管理者还是有志于管理工作，都把本书当成他们最喜爱的管理书籍。我希望在未来的时光中，无论对新一代的学生、奋发向上的年轻管理人才，还是对实践经验丰富的企业管理者，本书仍然能发挥同样的功能，做出同样的贡献。

彼得·德鲁克

1985 年感恩节于美国加利福尼亚州克莱蒙特

概　论

管理的本质

THE PRACTICE
OF MANAGEMENT

CHAPTER 1 | 第 1 章

管理层的角色

在每个企业中注入活力的要素——独特的领导群体——管理层的
出现——管理对自由世界利害攸关

在每个企业中，管理者都是赋予企业生命、注入活力的要素。如果没有管
理者的领导，"生产资源"始终只是资源，永远不会转化为产品。在竞争激烈
的经济体系中，企业能否成功，是否长存，完全要视管理者的素质与绩效而定，
因为管理者的素质与绩效是企业唯一拥有的有效优势。

在工业社会里，管理层也是一个独特的领导群体。我们不再讨论"劳资"
之间的关系，而开始讨论"管理层"与"员工"之间的关系。"资方的责任"以
及"资方的权利"等字眼已经从我们的词汇中消失，取而代之的是"管理层的
责任"以及"管理层的特权"（一个不幸的词语）。事实上，我们正在建立完整而
明确的"管理教育"体系。当艾森豪威尔政府在 1952 年成立时，他们刻意组成
一个"管理型的政府"。

管理层逐渐成为企业中独特而必需的领导机构是社会史上的大事。自从 20
世纪初以来，很少见到任何新的基础机构或新的领导团体，像管理层一样，在
如此短的时间内快速诞生。在人类历史上，也极少看到任何新的机构这么快就
变得不可或缺；甚至更加罕见的是，这个新的机构在形成过程中遇到这么小的
阻力、这么少的干扰，引发这么少的争议。

只要西方文明继续存在，管理层都将是社会基本而主要的机构。因为管理不仅是由现代工业体系的性质所决定的，而且是由现代企业的需要所决定的。现代工业体系必须将其生产力资源（人和物质）交托给现代企业。管理还体现了现代西方社会的基本信念：它体现了通过系统地组织经济资源有可能控制人的生活的信念；它体现了经济的变革能够成为争取人类进步和社会正义的强大推动力的信念，正如斯威夫特（Jonathan Swift）早在 250 年前就夸张地强调的那样，如果某人能使只长一根草的地方长出两根草，他就有理由成为比沉思默想的哲学家或形而上学体系的缔造者更有用的人。

认为人类能利用物质来提升心灵的信念，并非就是人们长久以来称之为"物质主义"的异端邪说。事实上，这个观念和我们一般所理解的"物质主义"的意义不太一样。它是崭新、现代而且西方独有的观念。在过去以及现代西方社会以外的世界中，许多人始终认为资源限制了人类的活动，限制了人类控制环境的能力，而不是视资源为机会或人类控制大自然的工具。大家总认为资源是老天的恩赐，而且是不可改变的。的确，除了现代西方社会之外，所有的社会都认为经济变化将危害社会和个人，因此政府的首要任务就是保持经济稳定不变。

因此，管理层是专门负责赋予资源以生产力的社会机构，也是负责有组织地发展经济的机构，体现着现代社会的基本精神，所以它是不可或缺的，这也说明了为何这个机构一旦出现，它就发展得如此之快，遇到的阻力如此之小。

管理层的重要性

在未来几十年里，管理层的能力、操守和绩效将对美国和自由世界都具有决定性的意义，同时对管理的需求也会持续高涨。

长期的"冷战"状态不但造成经济的沉重负担（这种负担只有靠经济的不断发展，才能承受得起），而且在满足国家军事需求的同时，还要达到和平时期的经济扩张能力。实际上，它要求一种前所未有的、在一旦需要时便立即能在和平时期和战时生产之间来回转变的能力。这就要求我们的管理层，尤其是我们大企业的管理层能够胜任这一转变。我们的生存完全取决于能否满足这种要求。

今天，美国经济居于领先地位，因此管理绩效也就格外重要。由于美国已经站在巅峰，所以面前只有一条路：往下坡走。保持现有地位往往要比向上爬多花一倍的努力和技能。换句话说，目前美国所面临的危险是，由于缺乏愿景和不够努力，注定要走向衰退。

日后回顾时就会发现，1950年的美国就好像1880年的英国一样。证据显示，目前美国出现了宁可保持现状也不要向前迈进的倾向，许多产业的资本设备都已老旧，只有在非常新的产业中，生产力才会快速上升，在其他许多产业中，生产力不是下降，就是停滞不前。只有超人一等的管理能力和持续改善的管理绩效，才能够促使我们不断进步，防止我们变得贪图安逸、自满而且懒散。

在美国以外的其他国家，管理更是具有决定性的作用，管理的工作也更加艰巨。欧洲能否恢复经济繁荣，这首先取决于其管理层的工作绩效。过去遭受殖民统治的原料生产国能否成功地发展经济，也在很大程度上取决于它们能否迅速地培养出称职负责的管理者。管理层的能力、技能和职责的确对整个自由世界利害攸关。

---

* "management" 一词很难找到一个中文字来对应它。德鲁克在《管理：使命、责任、实践》一书的第1章中这样说道："management 这个词是极难理解的。首先，它是美国特有的一个词，很难译成其他的语言，甚至难以译成英式英语。它表明一种职能，但同时它又指承担这种职能的人。它表明一种社会地位和阶层，但同时它也指一门学科和一种研究领域。"关于本书中出现的"management"一词的译法，我曾和我的美国同事仔细地研讨过，根据上下文的意思，我们将"management"译成"管理"或"管理层"。——审订者注

第2章 | CHAPTER 2

管理层的职责

管理层是我们的基本机构中最鲜为人知的部分——企业的器官——首要职能：经济绩效——管理的首要职能是管理企业——管理是一项创造性的活动——目标管理——管理管理者——企业是一个真正的整体——管理者必须管理——"起作用的是能力而不是无能"——管理员工和工作——管理的两种时间尺度——管理的综合性

尽管管理如此重要，如此受瞩目，并如此快速地兴起，然而企业管理层仍然是我们的基本机构中最鲜为人知、最没有被人们了解的部分。即使是在企业中工作的人，也常常不知道管理者在做什么，管理者应该做什么、如何做、为什么要这样做，以及他们的工作究竟做得好还是不好。的确，即使是素来头脑清楚、见多识广的企业员工（通常包括那些本身承担管理责任的人和专业人员），当他们想到"高层"办公室中的状况时，脑子里浮现的画面和中世纪地理学家所描绘的非洲荒诞景象往往十分相似：充斥着独眼妖怪、双头侏儒、长生不死的凤凰和让人猜不透的独角兽。那么，究竟什么是管理？管理层的职责又是什么呢？

常见的答案有两种。第一种，管理层就是高层人士，是对"老板"比较婉转的称呼。第二种，管理层即指挥别人工作的人，就像我们常听到的口号——"管理层的工作就是使其他人完成他们各自的工作"。

但是，这些说法充其量都只是想办法告诉我们哪些人属于管理层（甚至连这一点都没有说清楚），而没有告诉我们管理层到底是什么，以及管理层要做什么。我们只有通过分析管理层的功能，来回答这个问题。因为管理层是企业的"器官"，⊖我们只有通过分析其功能，才能对这种器官进行描述和界定。

管理层是企业的一个具体器官，每当我们谈到企业的时候，例如美国钢铁公司或英国煤炭局决定盖一座新工厂、裁员或公平对待顾客，我们其实就是在谈论管理决策、管理活动和管理运作。一个企业只有当其管理者在决策、活动和运作时才能决策、活动和运作——就企业本身而言，它不是一个实际的实体。反过来，任何一个企业，无论法定结构如何，必须有一个活生生的起作用的管理层。在这方面，私有企业和国有化企业（如历史悠久的政府垄断企业邮政局）之间没有什么区别。

管理层是企业的一个具体器官，这个现象由于太过明显，常常被视为理所当然。但是企业管理和其他所有机构的治理机制都不同。政府、军队或教会——事实上任何重要机构——都必须具备治理机制，其部分功能和企业管理十分类似。但是本书所探讨的管理属于企业管理的范畴，而企业之所以存在，是为了提供商品和服务。企业必须履行经济责任，以促进社会发展，并遵循社会的政治信念和伦理观念。但是，如果套用逻辑学家的说法，这些都属于会限制、修正、鼓励或阻碍企业经济活动的附带条件。企业的本质，即决定企业性质的最重要原则，是经济绩效。

首要职能：经济绩效

在制定任何决策、采取任何行动时，管理层必须把经济绩效放在首位。管理层只能以所创造的经济成果来证明自己存在的价值和权威。企业活动可能会产生大量的非经济性成果：为员工带来幸福、对社区的福利和文化有所贡献等，但是，如果未能创造经济成果，就是管理的失败。如果管理层不能以顾客愿意

⊖ 德鲁克视社会和企业为有机体，因此管理层就成了企业的器官。——译者注

支付的价格提供顾客需要的产品和服务，就是管理的失败。如果管理层未能令交付于它的经济资源提高或至少保持其创造财富的能力，也是管理的失败。

就这个层面而言，企业管理是独一无二的。军方的总参谋部可能会很合理地自问，其基本军事决策是否符合国家的经济结构和利益，但是如果军事考虑从一开始就以经济需求为优先，那么总参谋部就是严重的失职。在军事决策中，决策所造成的经济影响通常都是次要考虑，只是限制性的因素，而不是军事决策的出发点或根本理由。身为军事组织的特殊机构，总参谋部必须把军事安全放在第一位，否则就是对其职责的背叛，是一种危险的渎职行为。同样，尽管企业管理层必须考虑企业决策对于社会所造成的影响，但同时也需要把经济绩效放在首位。

因此，管理层的第一个定义是：管理层是经济器官，是工业社会所独有的经济器官。管理层的每一个行动、每一项决策和每一个考虑，都必须以经济作为首要尺度。

管理的首要职能是管理企业

这一说法看似明显，却并不能推出明显的或被普遍接受的结论。它既意味着对管理层和管理者活动范围的严格限制，也意味着对创造性活动的重要职责。

首先，它表明企业管理的技巧、能力和经验是不能被照搬运用到其他机构的。一个人成功的企业管理生涯本身并不能保证他从政也会成功。企业管理生涯本身并不足以管理重要的政府机构，或领导军队、教会或大学。所谓共同的、能够相互转化的技能和经验就是指分析与行政管理上的技能和经验，这些技能和经验对企业管理来说非常重要，但对于各种非商业性机构而言是次要的。过去 20 年来，美国人一直激烈地争论，罗斯福究竟是一位伟大的总统，还是美国的灾难？但大家很少提及罗斯福其实是个非常糟糕的行政官员，甚至连他最顽固的政敌都认为这与争论毫不相干。大家都把争论焦点放在基本政治决策上，没有人会声称这些基本决策应根据以顾客愿意支付的价格向顾客供应其所需的商品和服务来决定。或者，根据对创造财富的资源的保护或提供的程度来决定。

企业管理者所重视的焦点在政治家的眼中，只不过是诸多因素之一而已。

第二个否定性的结论是，管理绝不能成为一门精确的科学。的确，我们可以系统化地将管理者的工作进行分析和分类，换言之，管理工作具备了明显的专业特性和科学的一面。管理一家企业绝非单凭直觉或天赋就能胜任。管理的要素和要求是可以进行分析的，是能够予以系统地组织的，是能够被任何具有正常天资的人所学会的。总而言之，本书完全是根据这样一个主题写就的，即按"直觉"办事的管理者是干不了几天的。本书认为，通过系统地学习原理，掌握有条理的知识，系统地分析其在工作所有领域中的表现，包括企业的管理，将提高管理者的绩效。的确，没有任何其他的东西能够如此有助于管理者提高他的技能、他的成效和他的绩效。这一论点的依据是确信管理者对现代社会和社会公民的影响如此之大以至于要求他严于律己，成为真正高水准的公共服务专业人才。

然而，最终检验管理的是企业的绩效。唯一能证明这一点的是成就而不是知识。换言之，管理是一种实践而不是一种科学或一种专业，虽然它包含这两方面的因素。如果试图通过向管理者"颁发许可证"，或把管理工作"专业化"，没有特定学位的人不得从事管理工作，那将会对我们的经济或我们的社会造成极大的破坏。

反之，正因为好的管理要经历这样的考验，因此成功的企业经营者才有办法完成他的工作，无论他是不是好的管理者。任何人如果想把管理变得更"科学"或变成一种"专业"，一定会开始设法除去那些"讨厌的麻烦"（商业世界中的不可预测性，包括风险、波动、"无益的竞争"、消费者"不理性的选择"等），而且在这个过程中，经济的自由和成长的能力也随之而去。早年有些提倡"科学管理"的先驱最后都要求经济走向彻底的"卡特尔化"（联合垄断），其实并非偶然，亨利·甘特（Henry Gantt）就是最好的例子。美国的"科学管理"在海外造成的影响之一，是20世纪20年代德国的"理性化"运动，试图透过企业联合垄断，塑造出更适合专业管理的环境，而在美国，那些沉浸于"科学管理"思想的人除了大力提倡"技术专家治国"，还在罗斯福新政元年推动"全国复苏法案"的努力中发挥重大作用，试图塑造全国性的超级联合垄断。

管理层的权责无论在范围或程度上都受到严格的限制。的确，为了履行对企业的职责，管理层必须在企业内行使大量社会的和管辖的职权——对身为企业一员的社会公民行使职权。由于企业的重要性，企业管理层不可避免地成为工业社会中的一个领导群体，这也是一个事实。然而，由于管理层的职责是建立在经济绩效的基础上的，因而管理层除了必须承担其经济职责外，没有任何职权。如果管理层超出其追求经济绩效的责任，开始对公民和公民的事务行使管理职权，就是滥用职权。此外，管理层只能是几个领导群体中的一个领导群体，就其自己的利益而言，它从不可能也绝不可能成为唯一的领导群体。它只具有一部分而不是全部的社会职责，因而也只具有一部分而不是全部的社会职权，如果管理层要求成为唯一的领导群体，或者甚至是具有职权的领导群体——要么它将遭到抵制，并在受到抵制的过程中被剥夺它能够合法地要求得到的职权；要么它为虎作伥，强化一个独裁政府，这个独裁政府将会剥夺自由社会中所有其他群体以及管理层的职权和地位。

虽然管理层是企业的器官，其活动范围和发展潜力都因而受限，但同时管理层也担负了创造性行动的重大责任。因为管理层必须管理，而管理不只是被动的适应性行为，而是主动采取行动，促使企业获得期望的成果。

早期的经济学家认为商人的行为完全是被动的：如果他们把事业经营得很成功，表示他们能快速地应对外界发生的事件，经济状况完全由客观的力量所控制，商人既无法控制外在经济环境，也无法借由其所采取的行动来影响经济状况。我们或许可以把这样的商人称为"交易者"。交易者即使不被视为寄生虫，他们的贡献也只是机械性的——把资源转移到更具生产力的用途上。在今天的经济学家眼中，商人理性地在各种方案和行动中做选择。交易不再只是机械性的概念，显然商人的选择会对经济造成实际的冲击。但是，在目前有关"公司"的经济理论和"追求最大利润"的定理所形成的画面中，经济学家心目中的"商人"尽管可以在各种不同的适应方式中有所选择，却仍然只是顺应经济发展而被动适应环境。基本上，这是"投资者"或"理财者"的观念，而非"管理者"的观念。当然，能够快速、明智而理性地适应经济发展是非常重要的，但是管理绝非仅是被动反应和适应，而隐含了一种企图塑造经济环境的责任，在经济变动中主动规划、开创和突破难关的责任，以及不断铲除经济环境对企业活动限制的责任。因此，在管理企业时，可能性——经济学家所谓的"经济条件"，只是其中一根支柱，如何符合企业利益是另外一根支柱。虽然人类永远也无法"主宰"环境，总是紧紧地受到各种可能性的钳制，但管理层的特殊任务就是让企业的希望先成为可能，然后再设法具体实现。管理者不仅是经济动物，同时也是开创者。只有当管理者能以有意识、有方向的行动主宰经济环境、改变经济环境时，才能算是真正的管理。因此企业管理也就是目标管理，这将是贯穿本书的基本原则。

管理管理者

要取得经济绩效，就必须有一家企业。因此，管理的第二种职能是利用人力和物质资源造就一家能创造经济价值的企业。具体地讲，这就是管理管理者的职能。

根据定义，企业必须能够生产出比这家企业所拥有的资源更多、更好的物质产品。它必须是一个真正的整体；大于或者至少不等同于它的所有部分的总和，它的产出大于所有投入的总和。

因而，企业绝不能成为一个机械的资源汇集体。利用资源组成一家企业，若仅仅将资源按逻辑顺序汇集在一起，然后打开资本的开关，如19世纪经济学家所笃信的那样（也如许多学究式经济学家的后继者所仍然相信的那样），是不够的，它需要资源的嬗变。而这种变化是不可能来自诸如资本之类无生命的资源的，它需要管理。

但是，人们也清楚，能够增大的资源只能是人力资源，所有其他的资源都受机械法则的制约。人们可以更好地利用这些资源，或者较差地利用这些资源，但是这些资源绝不会产生出比投入的总量更大的产出。相反，在将非人力资源汇集在一起的过程中，始终存在着一个如何将由于摩擦等原因造成的不可避免的产出损耗控制在最低限度的问题。在人类所有能够运用的资源中，只有人才能成长和发展。只有中世纪伟大的政论作家约翰·福蒂斯丘爵士（Sir John Fortescue）所谓的"有意识的大众行为"——自由人的有指导的、目标一致的、共同的努力——才能创造出一个真正的整体。的确，自从柏拉图以来，"美好社会"的定义就是能让整体大于部分的总和。

当我们谈到成长与发展时，隐含的意思是人类可以决定自己的贡献是什么。我们习惯上总是认定基层员工（有别于管理者）只是听命行事，既没有责任，也无法参与有关自己或他人工作的决策。这表示在我们眼中，基层员工和其他物质资源没有什么不同，而我们也根据机械法则来考量员工对于企业的贡献。这是很严重的误解。然而这种误解和基层工作的定义无关，而是未能看清许多基层工作其实是具有管理性质的，或是如果改为管理性质的工作，生产力会更高。换句话说，只有管理管理者，才能造就企业。

我们用来描述有效运作且具生产力的企业所需活动的各种名词，就足以证明前面的说法是正确的。我们谈到"组织"——企业的正式结构时，我们其实是指管理者和发挥管理功能的组织；无论砖头、水泥或基层员工在组织结构中都不占有任何地位。我们谈到"领导力"和企业"精神"，而领导力必须靠管理一群管理者来有效发挥；企业精神也必须通过管理层的精神来塑造。我们讨论企业"目标"和"绩效"，而企业目标是管理层的目标，企业绩效也代表管理层的绩效。如果一个企业未能取得应有的绩效，我们完全有理由去更换一名新的总裁，而不是去辞退员工。

管理者也是企业最昂贵的资源。在大企业中，会不断听到某个具有 10 年或 12 年工作经验的优秀工程师或会计师，其价值相当于 5 万美元的直接投资的说法。当然，这个数字纯属猜测。但是，即使实际数字没有这么大，仍然足以证实，虽然企业对管理者的投资从来没有显现在账面上，却超过企业对于其他任何资源的投资。因此企业管理者必须充分利用这笔投资。

因此，管理"管理者"也就是运用资源来打造企业，使资源能充分发挥生产力。而管理是如此复杂而多面，即使在很小的企业中，如何管理"管理者"都是非常重要且复杂的任务。

管理员工和工作

　　管理的最后一项职能是管理员工和工作。工作必须有效执行，而工作必须由员工来完成——从纯粹的非技术性员工到艺术家、从推车的工人到执行副总裁都是企业员工。这意味着要对工作进行组织，使之成为最适合人类的工作；对员工进行组织，使得员工最有效地进行工作。这也意味着应该将人视为资源，也就是说，人具备独特的生理特质、能力和限制，因此应该像处理其他资源（例如铜）一样，给予同等的关注。但同时也应该将人当成不同于其他资源的资源，每位员工都有自己的个性和公民权，能够掌控自己是否要工作，以及做多做少和绩效好坏，因此需要激励、参与、满足、刺激、奖励、领导、地位和功能。只有通过管理，才能满足这些要求。因为员工只有通过工作和职务，并身属企业才能得到满足，而管理层则是给企业注入生命的重要器官。

　　每个管理问题、管理决策和行动中还有一个共同要素，但这个要素并非管理的第四个职能（而是额外的尺度），那就是时间。管理者必须将目前的现况和长远的未来都一并纳入考虑。如果为了眼前的利润而危害长期利益，甚至企业的生存，那么就不是在解决管理的问题。如果管理决策为了宏伟的未来，而不惜给今天带来灾难，那么也不是负责任的管理决策。许多管理者在位时能创造伟大的经营绩效，但当他们不在其位后，公司就后继无力，快速衰败。这种情况屡见不鲜，正是管理者无法平衡现在和未来，采取不负责任的管理行动的例子。事实上，眼前的"经济成果"是虚幻的，是通过资本支出而达到的成果。每当无法同时满足眼前的利益和长远的利益，或至少在长短期之间求取平衡时，就会危害或摧毁企业的生财资源——资本。

　　时间的尺度是管理固有的，因为管理与行动的决策是联系在一起的。行动的目标通常都是未来的结果。任何负责"做"（而不仅仅是"知"）的人都会影响到企业的未来。但是，为什么在管理层的工作中，时间因素显得格外重要，也格外困难呢？原因有二。第一，经济和技术进步使得证实决策的成效和收获成果所需的时间不断延长。50年前，爱迪生从根据构想展开实验到建立工厂试产，需要花两年的时间。今天，后继者很可能需要花15年的时间才办得到。50

年前，新工厂预计在两三年内就能收回投入；今天，每位员工的平均资本投资额是 1900 年的 10 倍，然而在相同的产业中，却可能要花 10 年或 12 年的时间，才能完全收回。而像销售团队或经营团队这类组织，甚至可能需要更长的时间才能建立起来，并收回当初的投资。

第二个原因是，管理者必须能兼顾现在与未来。军事将领也明白这两种时间层面的重要性，但是他们通常都不需要同时兼顾两者。在和平时期，军事将领根本不需考虑"现在"，现在的一切都是为未来的战争做准备。但在战时，他眼中只有最近的"未来"，他最关心的是如何赢得眼前的战争，把其他的一切完全排除在外。但是，管理者必须保持企业目前的成功和盈利，否则将不会有企业生存下来并享受未来的乐趣。企业的管理者必须同时使企业能够发展和兴旺，或者至少使企业在将来能够生存下去——不然的话，他们就没有尽到保持资源的生产能力和不使其受损害的责任，就毁掉了资本。唯一与"时间紧缩"（time-squeeze）类似的是政治家所处的窘境：既对公众利益负有责任，又需要连任，并以此作为为公众利益贡献的先决条件。然而，寡廉鲜耻的政治家可能会觉得，对选民的承诺和一旦当政后的表现并不需要完全一致。但是，管理者对目前成就所做的工作直接决定着未来的成就，他对未来成就所做的工作（例如，研究的费用或工厂的投资）深刻地影响着目前现有的成就。

管理的综合性

管理的三项职能（管理企业、管理管理者以及管理员工和工作）都能够分别加以分析、研究和评估，并且区分目前与未来的状况，但是在日常的管理工作中，则无法清楚区分三者，也无法把今天的决策和关乎未来的决策完全分开。任何管理决策都会影响到管理的三项职能，而且也必须将三者同时纳入考虑。而影响未来的关键决策往往都是针对现况的决策，例如针对目前的研究经费、申诉处理、人员升迁和解雇、维修标准或顾客服务所做的决策。

我们甚至不能说其中任何一项任务比其他任务更重要，或需要更高超的技术或能力。没错，企业绩效是第一位的，这是企业的主要目标和存在目的。但是，无论管理层多么懂得经营企业，如果企业不能健全地运作，也就没有企业绩效可言。如果对员工或工作管理不善，情况也同样如此。未对管理者进行有效管理而取得的经济成效是虚构的，并且实际上是在糟蹋资本；未对员工和工作进行有效管理而取得的经济成效同样也是一种假象。它不仅会使成本增长到使企业失去竞争力的程度，它也将通过制造阶级仇恨和阶级纷争，使企业根本无法运作而使经济成效荡然无存。

管理企业在三项职能中居于首位，因为企业是经济机构，但是管理管理者及管理员工和工作也同样重要，因为我们的社会不是经济机构，因此它对管理的这两个领域极为关注。社会的基本信念和目的都要求在这两个领域内得以实现。

在本书中，我们将始终把现在与未来综合在一起。但是，我们将分别讨论管理层的三项主要职能：管理企业、管理管理者以及管理员工和工作。然而，我们必须牢记，在实际操作中，管理者总是在每一项活动中履行着这三项职能。我们必须牢记，在同一时间内履行的是三项而不是一项职能，由同样的人履行并由同样的人完成这些职能，执行同样的决定并推行同样的决策，实际上是管理者独特的状况。因此，在回答"什么是管理层，管理层在做什么"这些问题时，我们只能说管理层是一种有着多重目的的机构，它既管理企业，又管理管理者，也管理员工和工作。如果这其中缺掉任何一项，就不再有管理可言，也不会有企业或工业社会了。

管理层面临的挑战

新工业革命——自动化：科学幻想和现实——什么是自动化——
概念性的原理，不是技术或精巧的装置——自动化和工人——自动化、
计划和垄断——对管理层的要求

在即将来临、我们称之为"自动化"的工业革命中，管理层将面临第一个
大考验，也将面对最艰巨的任务。

今天，许多科幻小说都对自动化有所描绘，其中有关"按钮工厂"的描述
大概已经不算最荒诞的情节了（尽管基本上还是胡说八道）。20 世纪 30 年代"规
划家"的口号在新科技的推波助澜下重新复活，新的廉价惊险小说纷纷问世，
试图为读者描绘出这场噩梦——在科技专家的乐园中，完全不需要人类来做决
定、负责任或管理，"电脑"会自行操控按钮，创造财富，并分配财富。

这类小说还特别指出，由于新科技需要庞大的资本支出，因此只有大企业
才负担得起巨额投资。尤其在欧洲，我们被告知此后将不再有竞争，因而产生
的大型独占企业势必走向国有化，而且未来的按钮工厂将不再有工人。（虽然始
终没有人告诉我们，假如每个人都被迫无所事事，那么谁来购买工厂不断吐出
的商品？）未来的工厂唯一还需要的人力是纯技术人员——电子工程师、理论物
理学家、数学家或清洁工，但不需要管理人员。实际上，虽然许多预言家在其
他的观点上持有不同的意见，但不需要管理者他们似乎都坚决赞同。

难怪这类推测多数都出自控制型经济和中央计划型经济的倡导者口中——在欧洲尤其如此，因为目前对于未来的一切预测都完全出自规划家昨天催促我们接受的那张处方。由于身在自由世界的我们不再认为规划家开的药方有效，因而他们企图以这是不可避免的趋势为借口，迫使我们接受同样的药方。

什么是自动化

然而，所有这些主张、结论和恐惧都恰好与科技真正的意义背道而驰。的确，我们有充足的例证（例如炼油厂或合成橡胶厂的状况），因此无须凭空臆测，我们就可以说明自动化是什么，会带来什么影响。

自动化并不是以"技术"为其特征的。就像其他技术一样，自动化主要是由各种观念构成的体系，它的技术方面是其结果，而非原因。

第一个概念十分抽象：在看似变动的现象背后，其实隐藏着一种稳定而可预测的基本形态。第二个概念是关于工作的本质。新科技不像早期的单件生产，强调技能是整合性的工作原则；也不像亨利·福特的大量生产概念，以产品为导向，强调整厂原则，也就是整个工厂都采用单一产品的大量生产模式。新科技强调的是流程，把流程看成整合而协调的整体，目的是产生最佳流程——能以最低的成本和最小的投入，稳定地生产出最多样的产品。的确，流程中的变化和波动越少，则能生产的产品种类可能就越多。

最后，新科技包含了一种控制的观念，试图在手段和目的、投入和产出之间保持平衡。自动化要求预先建立起重要机制，因此，对于生产流程能够有预先设定并自我启动的控制机制。

控制的机制可能非常简单。

在一家人寿保险公司的理赔部门中，需要特殊处理的保险单，例如文件不全、缺乏数据、受益人不清楚、权利不明确等，都被挑出来，由一位职员个别处理。任何人都可以在几天内学会处理这些特殊案件（或设计一部机器来处理），如此一来，98%的正常保险单都能够平稳而迅速地处理完毕，即使这些保险单的理赔方式、受益人之间的分配等可能还是有成千上万种不同的情况，单纯的另案处理就足以提供充分的控制，以确保流程顺畅。

有时候，也可能需要复杂的控制机制，例如实施"回馈"的做法，将流程的成果回馈到前一个生产阶段，以确保流程顺畅，并在必要的时候修正流程。

最简单的例子就是蒸汽机的"安全阀"，锅炉中的大量蒸汽会将安全阀往上推，直到开启的气孔释放了过量蒸汽，降低了锅炉中的蒸汽气压，于是安全阀又下降至原本的位置，并关闭气孔。在生物世界里，腺体也是依据这个原理运作的，而高射炮的电子控制系统也利用了回馈原则。

不过，这类控制机制在自动化技术中只扮演次要角色，最重要的还是流程中内建的控制功能，通过剔除流程无法处理的状况，或调整流程以产出计划中的成果，从而保持流程顺畅。

只有当人们彻底地考虑了这些概念后，机器和精巧的装置才能被有效地运用。

只有做了这样一番概念性的反思后，这些以重复为特征的操作的机械化才既有可能又经济。人们能够用一台机器将原料输入另一台机器，改变原料在机器中的位置，或将原料从一台机器转向另一台机器。所有处理原料的工作（在大规模生产方式条件下这种工作提供了大量非熟练的重复性的工作）都能实行机械化操作。机器安装的调整和常规的检查（如机器温度是否太高或工具是否太过锋利）也都能实行机械化操作。

不过，这种"机械化"却不能代表自动化本身。它只是"自动化"的结果，而不是自动化不可或缺的要素。有很多例子显示，即使一条输送带都没有，也能达到大量生产的成效，例如票据交换所中的支票分类工作。我们将会看到许多成功自动化的例子都没有用到任何"自动化的工具"，更看不到任何一个"按钮"。

所以，在自动化的过程中，技术、工具和原理都由任务决定，也因任务而异。自动化并非由这几个因素所组成，自动化也不完全系于技术、工具和原理的应用上。自动化是把工作组织起来的一种概念，因此既适用于销售组织和行政作业，也同样适用于工业生产。

自动化和工人

许多人都认为，新科技出现后，机器人将取代人力，这种说法大错特错。我的学生有一次对我说："我负责操作模拟电脑已经有一段时间了，我仍然很震惊，竟然有这么多企业界人士相信我是受这部机器支配的。"

事实上（虽然一定会出现人力遭到取代的问题），新科技出现后，一定会雇用更多的人，尤其是技术高超、训练有素的人员。

20 年前，大家都认为大量生产的技术，即过去的工业革命会导致许多人失业。今天，我们知道凡是引进大量生产技术的地方，工作机会都快速增加。但是许多人仍然相信，大量生产作业以非技术性员工取代了技术性员工，今天我们业已知道了这种说法的谬误。举例来说，美国是最大规模地采用大量生产方式的国家，但在不同种类的员工中，训练有素的技术员工无论在数量或比例上都成长最快。而过去那种纯粹贡献体力、真正的非技术性员工今天已经摇身一变为半技术性的机器操作员——具备较高的技能，受过比较好的教育，能创造更多的财富，生活水准更比过去大幅提升。

目前发生的技术改变将会把这个过程更往前推进一大步，不但不会导致劳动力过剩，反而会需要大量技术高超、训练有素的人力——需要管理者来思考规划，需要训练有素的技师和工人来设计新工具，并且生产、维修、操作这些工具。的确，我们几乎可以确定，无论在任何国家，这样的转变如果要快速普及，主要障碍就在于受过训练的人力不足。

同样，只有大企业才能采用新技术的说法也是不正确的，更不用提新技术会排挤小公司和独立企业，导致大企业独占市场的说法了。在某些产业中，新技术或许的确扩大了最具经济效益的单位的规模，而在其他许多产业中（例如生产生铁的产业），很可能新技术反而能让较小的生产单位具备经济效益。

　　最后，新技术将导致资本需求剧增的说法也不对。诚然，生产工人的人均投资将会上升，但由于企业将需要更多的技术人员和管理人员，员工的人均投资根本不会增加。而且根据我们的经验，似乎也没有迹象显示每单位产出的平均投资会大幅增加。

对管理层的要求

　　最重要的是，新技术将不会造成管理者过剩，或是被纯技术人员取代，相反，未来会需要更多的管理者。管理的领域将会大幅扩大，许多现在被视为基层员工的人未来将必须有能力担负起管理工作。绝大多数的技术人员都必须了解管理工作的内容，并且从管理者的角度来看事情和思考。无论在任何阶层，对于管理者的责任和能力、他的愿景、他在不同风险中抉择的能力、他的经济知识和技能、他的管理管理者及管理员工和工作的能力，以及他的决断力等各方面的要求将会越来越高。

　　新技术不但不会造成垄断的情况，反而会要求高度的分权、弹性和自主管理。在新科技的时代，任何社会如果试图排斥自主企业的自由管理作风，这个社会便将痛苦地消亡。任何一个试图将责任和决策集中于高层的企业也将同样如此。

　　基于以上种种理由，任何关于管理本质的描述都不能不把自动化纳入讨论。我倾向于相信，自动化不会像突如其来的洪水般迅速将我们淹没，而会如涓涓细流般逐渐影响我们。但是毋庸置疑，自动化的时代即将来临。20 世纪下半叶，最先了解自动化，也率先有系统地应用自动化的工业国家，无论在生产力或财富上，都将领先他国。就好像 20 世纪上半叶的美国，由于了解和应用大规模的生产方式而取得全球领导地位。更加不需怀疑的是，哪个国家的管理者最能够了解管理的真谛，并彻底实践有效的管理，该国家必将取得世界领导地位。

1

第一部分

管理企业

THE PRACTICE
OF MANAGEMENT

西尔斯公司的故事

何谓企业，企业是怎样被管理的——一个尚未探索的领域——以西尔斯公司为例——西尔斯公司如何成为一个企业——罗森沃尔德的创新——发明邮寄工厂——伍德将军与西尔斯公司的第二个阶段——制定销售规划和培养管理者——T. V. 豪泽和未来的挑战

　　从表面上看来，如何管理一个企业的问题既然如此重要，相关书籍似乎早应汗牛充栋，但实际上，我们几乎看不到一本真正的关于如何管理企业的书。

　　市面上倒是不乏有关不同管理功能的书，例如，生产与营销、财务和工程、采购、人力资源、公共关系等，这类书籍即使没有成千上万，至少也有几百种，但是关于管理一个企业究竟是怎么一回事、需要什么条件、管理者应该做哪些事情以及如何管理，到目前为止，仍然备受忽视。⊖

　　这种情况并非偶然，而是反映出目前关于企业管理，非常缺乏站得住脚的经济理论。但我们不打算立刻着手自行构建理论，而是应该首先仔细观察企业实际的运营行为。要描绘企业的真实面貌，探讨管理的意义，最佳的范例莫过

⊖　我所知的唯一例外是克瑙特（Oswald Knauth）的文集《管理者的企业》（*Managerial Enterprise*，New York：Norton，1948），也可参见迪安（Joel Dean）的《管理经济学》（*Managerial Economics*，New York：Prentice-Hall，1951）。虽然迪安关注的主题是如何将经济学家的理论观念与工具应用在企业管理上，但是这本书，尤其是前面的通论，是管理者的必读之作。

于美国最成功的企业之一——西尔斯公司。⊖

西尔斯公司在 20 世纪初开始发展成为一家企业，当时西尔斯公司看出美国农民代表了一个被隔离而独特的市场：由于农民与世隔绝的生活形态，他们无法接触到既有的销售渠道；也由于农民不同于城市消费者的特殊需求，他们自成一个独特的市场。尽管个别农民的购买力很低，但全体农民代表了几乎从未被开发的庞大购买潜力。

为了接近农民，必须创建一种新的销售渠道，必须生产能符合农民需求的产品，必须向农民输送大量低价的，并能保证经常供应的商品。由于闭塞的客观条件使得农民不可能在货物装运前检验商品，或者在遭受欺骗时寻求赔偿，因此，供应商必须给予农民一种可靠和诚实的保证。

因此，在创建西尔斯公司时，需要对客户和市场进行分析，尤其需要分析什么是农民认为有"价值"的东西。此外，还需要在五个独特的领域进行创新。

第一，需要有系统的销售规划，即发现和发展能提供农民所需的特殊商品的供货渠道，以农民需要的数量和质量以及他们能承受的价格供应商品。第二，需要有邮购商品目录，该目录应能解除农民无法进城采购之苦。考虑到这一点，这份目录必须定期出版，而不能像拍卖廉价商品的告示那样，无固定发布日期。必须摒弃所有传统的邮购商品的做法，学会不以对商品夸张的炫耀来诱使农民购物，而是实事求是地向农民介绍所供的商品，其目的是通过使农民相信该份目录和目录背后的公司的可靠性来建立一个长久的客户。这份目录应该成为农民的"福音书"。第三，"买主自行小心"的陈旧观念应转变为"卖主自行小心"的新观念——西尔斯公司著名的"退还货款，不提任何问题"的政策充分表明了这个观念。第四，必须寻找一种方式，能价廉快捷地满足客户大量的订货。没有邮寄工厂，企业的经营是完全不可能的。第五，必须组建起人力组织。当西尔斯公司开始成为一家企业时，缺乏适应这种经营方式的客户，缺乏精通投

⊖　有关西尔斯公司的资料，我主要取材自埃米特与约伊克（Emmet & Jeuck）的《邮购目录与收银台：西尔斯公司发展史》(*Catalogues and Counters：A History of Sears, Roebuck & Co.*, Chicago: University of Chicago Press, 1950），这是有史以来写得最好的公司史之一。但是无论是历史资料的诠释或西尔斯的现况分析，我都必须负完全的文责。

资管理新要求的会计，缺乏制作目录插图的美工人员，缺乏具有处理大量客户订单经验的职员。

理查德·西尔斯以他自己的名字命名公司，但是使这家公司真正成为现代企业的并不是他。西尔斯本人的经营活动难以称得上"经营企业"。他是一个精明的投机商，他大量买进亏本销售的商品，然后，通过大肆进行广告宣传，再整批售出。他的每一笔交易其实质都是一种售后结算交易，交易完成后再与参与交易的企业进行结算。西尔斯为他自己赚了很多钱，但是，他的经营方式从未创造一个企业，更不要说长期经营企业了。事实上，像许多有着与他相似的经商经历，结果在他前面破产的人一样，没有几年他就不得不退出商界。

是朱利叶斯·罗森沃尔德在 10 年间，从 1895 年他掌管公司起到 1905 年芝加哥邮寄工厂开业为止，才使西尔斯公司脱颖而出成为一家企业。罗森沃尔德对市场进行了分析，他首创系统地开发商品渠道，他发明了定期发行内容翔实的邮购目录，推出了"保证质量，否则退款"的政策。他建立了富有成效的人力组织。他在开始阶段就赋予管理层最大的权力并对结果负全部责任。后来，他又给予每个雇员一份用经营利润购买的公司股份。因此罗森沃尔德不仅是西尔斯公司之父，也是"渠道革命"的先驱。"渠道革命"风靡 20 世纪的美国，是经济增长中极为重要的因素。

西尔斯公司早期历史的基本贡献中仅有一项不是罗森沃尔德做出的，那就是芝加哥邮寄工厂，是由奥托·多森在 1903 年设计的，比亨利·福特的工厂早5 年落成。亨利·福特的工厂是现代第一家以大规模生产方式进行生产的工厂。该厂以装配线、传送带、标准化的可互换的部件，尤其是以有计划的全厂范围的调度，将所有的工作分解成简单的重复操作。⊖

正是基于这些基础，到第一次世界大战结束时，西尔斯公司已经发展成为一个全国性的机构，它的"福音书"是除《圣经》之外唯一一份可以在许多农户家庭找到的印刷品。

西尔斯公司发展历程的第二个阶段始于 20 世纪 20 年代中期。如同它的第

⊖　在西尔斯公司一直有这样的故事流传，传说亨利·福特在组建第一个工厂之前，曾到西尔斯公司参观并学习它的邮寄工厂。

一阶段是由罗森沃尔德主导一样，它的第二阶段则是由另外一个人，即罗伯特E. 伍德将军主导。

20 世纪 20 年代中期，当伍德加盟西尔斯公司时，西尔斯公司原有的市场正在急剧地发生着变化。农民不再是闭塞的了，汽车使得他们能去城镇购物。他们不再是一个独特的市场，相反，在很大程度上由于西尔斯公司的作用，他们正迅速地将生活方式和生活标准向城市中的中产阶级靠拢。

与此同时，一个巨大的城市市场出现了。这个市场像 25 年前的农民市场一样，呈现出同样的闭塞，同样的供应不畅。城市中低收入群体已经崛起，他们不再满足维持生计的生活标准，不再适应"下层阶级"独特的习惯，他们迅速地开始拥有金钱，产生要与中产阶级和上层阶级相同的购买欲望。换言之，这个国家正急速地演变为一个巨大的、统一的市场，而配售体系却仍是一个分散的、阶级特性鲜明的配售体系。

早在加入西尔斯公司之前，伍德就做了一番分析。通过分析，他决定将西尔斯公司的侧重点转向零售商店——为商店添置设备，向已经购买汽车的农民和城市人口提供服务。

为了使这项决定能够实施，必须再次进行一系列的创新。为了找到供货来源以及向其购置商品，商品的营销必须增加两项重要的新功能：设计产品以及扶植能够大量生产这些产品的厂商。"上流社会市场"的产品，例如冰箱，必须重新设计，使之适销于购买力有限的"大众市场"。必须创造产品供应商——经常是由西尔斯公司来投资并培训管理者——来生产这些产品。这样做也需要进行另一项重要的创新，即处理好西尔斯公司与供应商的关系。营销计划的制订和研究，系统地培育数以百计的能为大众市场生产产品的小供应商，这些前所未有的工作都必须创造性地进行。这些工作大部分是由 T. V. 豪泽完成的，他多年担任西尔斯公司的销售副总裁。这些创新在西尔斯公司第二个发展阶段中对大规模商品配售所起到的作用，如同邮寄工厂和邮购目录在第一个发展阶段中所起的作用一样，对美国的经济做出了显著的贡献。

但是，从事零售业务也意味着要配备大量的商店经理，因为邮购销售并没有为零售商准备管理者。西尔斯公司经营零售业务的最初 10 年或 15 年中最大的瓶颈问题就是管理者的短缺，这个问题几乎一直持续到第二次世界大战。因此，必须对培育管理者的领域进行最系统的创新。西尔斯公司20世纪30年代的政策成了美国工业界正在进行的培育管理者的工作的起点。

向零售商店拓展意味着在组织结构方面进行彻底的改革。邮购销售是一种高度集中的经营方式——至少在西尔斯公司一直如此，但是零售商店不可能由几千公里之外的总部来经营，而必须由当地人来管理。虽然西尔斯公司当初只需几家邮寄工厂向全国供货，然而，今日却拥有700家商店，每家商店都有自己的市场和地区属性。分权制的组织机构、管理分权制公司的方法、对商店经理业绩的考核，以及既给予公司最大限度的自治权又保持公司的统一性，所有这些都必须探索出实施的办法，以便使零售商店有可能得以运行。另外，还需要制定新的报酬政策对商店经理的业绩进行奖励。

最后，西尔斯公司必须将创新引入商店的选址、建筑和外观布置等方面。传统的零售商店不适宜西尔斯公司的市场。这不仅仅是将西尔斯公司的商店搬到城市郊区的问题，也不仅仅是为商店提供足够的停车场的问题，整个零售商店的观念必须改变。事实上，即使在西尔斯公司也没有多少人意识到这种创新是多么深刻，它对美国人的购物和城镇市容有多大的影响。今日被吹捧为零售业重大创新的郊区购物中心，实际上只不过是西尔斯公司20世纪30年代确立的观念和方法的翻版而已。

拓展零售商店的基本决策是在20世纪20年代中期做出的，那些根本性的创新是在20世纪30年代早期进行的。这说明了为什么西尔斯公司的交易量和利润在萧条时期、第二次世界大战时期以及战后繁荣时期都持续上升，虽然这些基本决策的实施至今已近30年，但它们至今尚未被完全地付诸实施，包括女性时装领域和公共关系领域的一些决策。

商品规划——系统地设计用于大规模配售的优质产品，系统地培育从事大规模生产这些产品的人员——仍然有必要应用于女性时装领域。女性时装的传统生产组织（纽约"服装区"）并不符合大规模配售的要求。尽管西尔斯公司能将其他相同的传统工业转变为大规模生产和大规模配售的产业，并且，在今日的拉丁美洲正成功地这样做着，但它未能也不愿意改变女性时装产品的生产体系。

　　另一个未完成转变的领域是公共关系领域。西尔斯公司在罗森沃尔德领导下曾率先涉足公共关系领域，而且西尔斯公司的每一位成员也都认为这是一个至关重要的领域。虽然西尔斯公司的市场已经城市化，但是西尔斯公司的公共关系仍然侧重于当初的"西尔斯公司，农民的朋友"之上。鉴于西尔斯公司的市场实际状况，人们只能认为这是一种恋旧的心态，与企业的需要不相适应。

　　伍德将军于1954年春季从西尔斯公司的董事长职位上退了下来，T. V. 豪泽接替了他的职位。这充分标志着西尔斯公司一个时代的结束。西尔斯公司现在面临着新的问题和新的机遇。

　　曾经改变西尔斯公司市场的汽车似乎要再一次改变这个市场。在大多数城市中，驾驶汽车已是一种负担，停车更是困难，以致汽车迅速地失去它对购物者的帮助作用。与此同时，西尔斯公司的典型顾客——家庭主妇，正变为职业妇女，在购物的时间她们必须得上班，或者，她们在外出购物时无法照看小孩。

　　如果这种认识是正确的，那么西尔斯公司需要对市场和顾客再做一次分析，并制定出新的目标，就像其在历史上的两个转折点时曾做过的那样。可能需要有一种新型的配售体系，在这种体系中，当地的商店是售货员的总部，售货员受理顾客的订单。售货员也许会开着一辆样品车，挨家挨户地流动。最近几年，挨家挨户销售的交易额的增长也许预示着这样的一种发展趋势。这种变化似乎自然需要有新的销售体系概念、新的报酬政策和方法。可能会产生难以寻找合适的人员的新问题，就像20年前难以寻找零售商店管理者一样。在顾客家中提供西尔斯公司产品的服务可能最为关键，也许最终会像40年前的退款保证一样重要。大部分顾客的购物方式可能会又一次转向按目录购物的方式，虽然不会再通过信件传递，而是通过流动的售货员或通过电话传达。反过来，这又需要对邮寄工厂实施技术改造，迄今为止，邮寄工厂的经营几乎仍然沿袭50年前奥托·多林提出的基本模式。受理顾客的订单，无论这些订单是通过邮寄，通过电话或通过售货员送交，似乎都需要有一家运作完全建立在应用自动化和反馈原理基础上的全自动工厂。

　　甚至商品规划也需要确立新的目标。因为今日最重要的顾客（已婚的少妇和家庭主妇，她们常常拥有一份工作）在很多方面像处于最闭塞时期的美国农民，是一个独特的市场。

　　换句话说，西尔斯公司可能需要再一次思考企业是什么，其市场在哪里，需要进行哪些创新。

第 5 章 | CHAPTER 5

企业是什么

企业是由人创造和管理的，而不是由"经济力量"创造和管理的——利润最大化的谬误——利润是经济活动的客观条件而不是经济活动的根本原因——企业的目的：创造顾客——两种企业功能：营销和创新——营销不是一种专门的活动——通用电气公司的方案——企业是实现经济成长的器官——有效利用一切创造财富的资源——什么是生产劳动——作为生产力因素的时间、产品组合、工艺组合和组织结构——利润的功能——应追求多少利润——管理企业，一种理性的活动

从西尔斯的故事中，我们得到的第一个结论是：企业是由人创造和管理的，而不是由"经济力量"创造和管理的。经济力量限制了管理者所能做的事情。经济力量创造了新机会，让管理者能有所作为，但是，经济力量本身不能决定企业是什么或做什么。我们常听到的说法"管理就是设法让企业顺应市场的力量"是无稽之谈。管理者不仅要发现这些"力量"，还要靠自己的行动，创造这股力量。就像 50 年前，罗森沃尔德使西尔斯公司成为一家企业；就像 25 年前，伍德将军改变西尔斯的根本体制，在经济萧条和第二次世界大战期间，确保西尔斯仍然成长壮大；今天，西尔斯也必须仰仗某个人（或几个人）的决策能力，来决定西尔斯的兴衰存亡。而且，每一家企业都会面临相同的考验。

第二个结论是：我们不能单单从利润的角度来定义或解释企业。

　　当问到企业是什么时，一个普通商人的答案通常是："一个创造利润的组织。"经济学家的答案也如出一辙。但是这个答案不仅错误，而且答非所问。

　　同样，今天有关企业及企业行为的经济理论（利润最大化的理论），其实只是换个更复杂的说法来说明"低价买进，高价卖出"的传统模式罢了。这个理论或许可以充分反映理查德·西尔斯的经营方式，但我之所以说它完全错误，是因为这个理论不足以解释西尔斯公司或其他企业的运营方式，也无法说明应该如何经营企业。经济学家在努力拯救这条定理时，清楚显示了这一点。今天在研究企业管理理论的经济学家中，迪安可以说是最杰出且多产的一位学者，但是他仍然沿用这条定理，而他所下的定义是：

> 　　经济理论的基本假设是：每一个企业的基本目标都是追求最大利润。但是近年来理论家谈到"利润最大化"时，普遍从长期的角度来看其含义；指的是管理层的收入，而非企业所有者的收入；包括非财务收入，例如，为神经高度紧张的经理增加休闲时间，以及培养他们之间的默契；指用于特殊用途的津贴，例如，抑制竞争、保持对企业的控制、防止员工提出加薪的要求以及预防反托拉斯法等。这个观念变得十分笼统而模糊，几乎涵盖了我们大部分的人生目标。
>
> 　　这个趋势反映了理论家逐渐了解到许多公司，尤其是大型企业，不再从边际成本和边际利润的角度，采用利润最大化的原则……⊖

　　当然，采用这种已经证明没有存在价值的定理，是毫无意义的，也毫无用处。

　　这并不是说利润和盈利能力不重要，但其确实指出，利润不是企业和企业活动的目的，而是企业经营的限制性因素。利润并不能解释所有的企业活动与决策的原因，而是检验企业效能的指标。即使担任公司董事的是天使，尽管他们对赚钱毫无兴趣，还是必须关心企业的盈利能力。企业的问题不在于如何获得最大利润，而在于如何获得充分的利润，以应对经济活动的风险，避免亏损。

　　如此混淆观念的原因是，大家误以为所谓的"利润动机"能说明企业家的

⊖　*Managerial Economics*（New York：Prentice-Hall, 1951），p.28.

行为或是作为商业活动的指引。事实上，究竟有没有利润动机这回事，都很值得怀疑。古典经济学家发明了这个名词来解释经济行为的意义，然而，从来没有任何证据显示利润动机确实存在，而且我们很早就发现了经济学家企图通过利润动机来解释经济变化和经济成长背后的真正因素何在。

但是究竟有没有利润动机这回事，其实对于了解企业行为，包括了解利润和获利情况，都毫不相干。比方说，史密斯为了获利而经营企业，其实只关系到他自己和他的公司，我们无法借此了解史密斯所做的事情以及经营绩效如何；我们虽然知道在内华达沙漠探勘铀矿的人一心只想发财，但我们并不了解采矿者的工作；我们虽然知道心脏专家从事这一行是为了谋生或造福人类，但我们并不了解心脏专家的工作。同理，利润动机以及衍生而来的"利润最大化"理论，与企业的功能、目的以及企业管理的内容都毫无关系。

事实上，更糟的是，这个观念还带来危害，导致我们的社会误解利润的本质，并对利润怀有根深蒂固的敌意，视之为工业社会最危险的疾病。这个观念也要为美国和西欧最严重的公共政策错误负很大的责任——由于政府对企业的本质、功能和目的缺乏了解，而导致错误决策。

企业的目的

如果我们想知道企业是什么，我们必须先了解企业的目的，而企业的目的必须超越企业本身。事实上，由于企业是社会的一分子，因此企业的目的也必须在社会之中。关于企业的目的，只有一个正确而有效的定义：创造顾客。

市场不是由"上帝"、大自然或经济力量创造的，而是由企业家创造的。企业家必须设法满足顾客的需求，而在他们满足顾客的需求之前，顾客也许能感觉到那种需求。就像饥荒时渴求食物一样，不能满足的需求可能主宰了顾客的生活，在他清醒的每一刻，这种需求都盘旋在他的脑海中。但是，在企业家采取行动满足这些需求之后，顾客才真的存在，市场也才真的诞生，否则之前的需求都只是理论上的需求。顾客可能根本没有察觉到这样的需求，也可能在企业家采取行动——通过广告、推销或发明新东西，创造需求之前，需求根本不存在。每一次都是企业的行动创造了顾客。

是顾客决定了企业是什么。因为只有当顾客愿意付钱购买商品或服务时，才能把经济资源转变为财富，把物品转变为商品。企业认为自己的产品是什么，并不是最重要的事情，对于企业的前途和成功尤其不是那么重要。顾客认为他购买的是什么，他心目中的"价值"何在，却有决定性的影响，将决定这家企业是什么样的企业，它的产品是什么，以及它会不会成功兴旺。

顾客是企业的基石，是企业存活的命脉，只有顾客才能创造就业机会。社会将能创造财富的资源托付给企业，也是为了满足顾客需求。

企业的主要功能：营销和创新

由于企业的目的是创造顾客，因而任何企业都有两个基本功能，而且也只有这两个基本功能：营销和创新。

营销是企业的独特功能。企业之所以有别于其他组织，是因为企业会营销产品或服务，而教会、军队、学校或政府都不会这么做。任何通过营销产品或服务来实现本身目的的组织都是企业。任何一个不从事营销或偶尔从事营销的组织都不是企业，也不应该把它当成企业来经营。

麦考密克（Cyrus McCormick）是第一个把营销看作企业特有的核心功能的人，他认为管理的特殊任务在于创造顾客。史书往往只提到麦考密克发明了收割机，其实他也发明了现代营销的基本工具：市场研究和市场分析、市场定位的观念、现代定价政策、以服务为商品的推销员、为顾客供应零件和服务与分期付款的观念。他是真正的企业管理之父，而且早在1850年之前，就已达成上述成就。但直到50年后，美国人才普遍效法他。

1900年以来美国掀起的经济革命主要是一场营销革命。50年前，美国工商界人士对于营销的普遍态度都是："工厂生产什么，销售部门就卖什么。"今天，大家的态度日益转变为："我们的职责是生产市场需要的产品。"但我们的经济学家和政府官员才刚刚开始了解这个观念，例如，美国商务部直到现在才设立"商品分销局"。

欧洲迄今仍然不了解营销是企业的特殊功能——这也是今天欧洲经济始终停滞不前的主因。因为要完全理解营销的重要，必须先克服社会对"销售"根深蒂固的偏见——认为销售是卑贱的寄生行为，而把"生产"看成是绅士的活动，并由此产生谬误的推论，认为生产是企业最主要而关键的功能。

有一个很好的例子可以说明过去社会对于营销的态度：即使国内市场占了七成的业务量，许多大型意大利公司却没有在国内设置销售经理的职位。

事实上，由于营销扮演如此重要的角色，单单建立起强大的销售部门，并赋予营销的重任还不够。营销的范围不但比销售广泛得多，而且也不限于专业的活动，而是涵盖整个企业的活动，是从最终成果的观点来看待整个事业，换句话说，是从顾客的角度来看企业，因此企业的所有部门都必须有营销的考量，担负起营销的责任。

过去 10 年中通用电气公司所采取的政策正说明了这种营销观念，通用电气公司试图从设计阶段，就考虑到产品对顾客和市场的吸引力。他们认为，早在第一位工程师拿起铅笔描绘设计图时，就已经展开了销售产品的努力，实际的销售动作只是最后一步。根据通用电气公司在 1952 年公司年报中的陈述："这种做法从产品周期刚开始时，就引进营销人员，而不是最后才让他们参与，因此营销能融入企业各个领域的活动。如此一来，通过市场研究与分析，营销部门能告诉工程师、设计师和制造部门：顾客对于产品有什么需求、他们愿意以什么价格来购买、何时何地会需要这些产品。无论在产品规划、生产安排和库存控制，还是在销售通路、商品服务方面，营销都占有主导地位。"

企业是实现经济成长的器官

但是，单靠营销无法构成企业。在静态的经济中，不会有"企业"，甚至不会有"企业家"，因为在静态的经济中，"中间人"只不过是收取中介费用的"经纪人"罢了。

只有在不断扩张的经济中，或至少是视变化为理所当然且乐于接受改变的经济中，企业才可能存在。企业是经济成长、扩张和改变的具体器官。

所以，企业的第二个功能是创新，也就是提供更好、更多的产品及服务。对企业而言，只提供产品和服务还不够，必须提供更好、更多的产品和服务才行。企业不一定需要成长壮大，但是企业必须不断进步，变得更好。

创新可能表现在更低的价格上——一直以来，经济学家最关心的就是这一点，原因很简单，因为只有价格，经济学家才能用量化的工具来分析。但是，创新也可能表现在更新、更好的产品上（即使价格比较高），或提供新的方便性、创造新需求上；有时候则是为旧产品找到新用途。推销员可能成功地把电冰箱推销给因纽特人，用来防止食物结冻，这样的推销员和开发出新程序或发明新产品的人一样是"创新者"。卖冰箱给因纽特人冷藏食物，等于发现了新市场；卖冰箱给因纽特人来防止食物过冷结冻，事实上等于创造了一个新产品。从技术层面来看，当然还是旧产品，然而从经济角度来看，却是一种创新。

创新出现在企业的各个阶段，可能是设计上的创新，或产品、营销技术上的创新；可能是价格或顾客服务上的创新，企业组织或管理方式上的创新；也可能是能让生意人承担新风险的新保险方案。过去几年来，美国产业界最有效的创新或许不是众所周知的新电子产品或化学产品及程序，而是在材料处理和主管培育方面的创新。

创新发生在各个领域中。无论是对银行、保险公司、零售商店，还是对制造业、工程公司而言，创新都同样重要。

因此在企业组织中，创新就和营销一样，并非独立的功能，需要创新的不限于工程或研究部门，而是延伸到企业的所有领域、所有部门、所有活动中。我必须再重复一次，不只是制造业需要创新，销售渠道的创新也同样重要，而保险公司和银行业的创新也很重要。

企业可以由一个部门专门负责产品和服务方面的创新，以工程或化学为重心的行业通常都采取这种做法。保险公司也往往由一个特定部门主导开发新的理赔方式，可能又由另一个部门专门负责业务人员组织、保单管理和理赔处理的创新，因为两者加起来就构成了保险业务的重心。

有一家大型铁路公司设立了两个创新中心，都由副总裁领导。第一个创新中心负责的是所有与交通运输相关的系统工作，包括火车头、车厢、铁轨、信号、通信系统等；第二个创新中心负责在货运和旅客服务、开发新交通资源、拟订新费率、开拓新市场、发展新服务方面有所创新。

包括销售、会计、质量控制或人力资源管理，企业所有部门都应该担负明确的创新责任，建立清楚的创新目标，对公司产品和服务的创新有所贡献，并且努力不懈，在自己的专业领域中精益求精。

有效利用一切创造财富的资源

企业必须掌握创造财富的资源，以达到创造顾客的目的。因此企业重要的管理功能之一，就是有效地利用一切创造财富的资源，从经济角度来说，则称之为生产力。

在过去几年中，几乎每个人都在谈生产力。提高生产力（更有效地运用资源）不但是提高生活水准的关键，也是企业活动的成果，这已经不算什么新观念了。但我们其实不太了解生产力是什么，也不懂得如何衡量生产力。

生产力意味着所有生产要素之间的平衡，能以最少的努力，获得最大的产出。这和每位员工平均生产力或每个工时的平均生产力是两回事，这些传统标准充其量只是含糊地反映了生产力的部分事实。

原因在于，传统标准仍然执着于 18 世纪的谬误，认为体力劳动者是唯一的生产资源，体力劳动是唯一的真正"努力"，这种观念表现了机械论的谬误，认为人类的所有成就最终都能以劳动力为衡量的单位。但是在现代经济体系中，生产力的提升从来都不是靠体力劳动而达成的。事实上，企业从来都不是靠体力劳动者来达到提高生产力的目标，而是用其他方式取代体力劳动之后的结果。

当然，其中一个替代方式就是资本设备，换句话说，以机械能取代体能。㊀

至少同样重要，但未被探讨的问题是：以教育水准较高、善于分析推理的人才来取代技术或非技术性体力劳动者所提升的生产力，换句话说，以管理者、技术人员和专业人才来取代"体力劳动者"，以"规划"取代"工作"。显然，企业必须在安装资本设备以取代体力劳动者之前，就完成这样的转换；因为必须先有人规划和设计设备，这是具有概念性、理论性而且分析性特点的工作。事实上，只要稍加思考，就会发现经济学家所强调的"资本形成率"其实只是次要的生产要素，经济发展的基本要素必然是"智力形成率"，也就是一个国家能以多快的速度培养出想象力丰富、有愿景、受过良好教育、具备推理和分析技能的人才。

规划、设计和安装资本设备仍然只能反映以"脑力"取代"体力"后所提升的一小部分生产力而已。至少同等重要的是直接转换工作性质对于生产力的贡献——从需要许多技术性或非技术性劳动力，转换成需要受过教育、见多识广的人才进行理论化的分析与概念性的规划工作，而不需任何资本设备的投资。

最近的研究（例如斯坦福大学研究院所做的研究）清楚地显示，西欧和美国的生产力差距与资本投资的问题并不相关。许多欧洲产业的资本投资和设备都和美国企业不相上下，然而西欧产业的生产力却只有美国同产业的2/3。唯一的解释是西欧企业高度依赖人工技能，管理者和技术人员所占的比例较低，而且组织结构较不完善。

1900年，美国典型的制造公司每花100美元在直接员工的薪资上，可能最多只花5美元或8美元来聘请管理、技术和专业人才，而在今天的许多产业中，这两项开支几乎相等——尽管有些产业直接员工的工资增长速度和幅度都很快。而除了制造业以外，在交通运输业和矿业、销售、金融和保险业以及服务业中（即在美国经济的半壁江山中），生产力提升完全是以规划取代劳动、脑力取代体力、知识取代汗水的结果，因为在这些行业中，资本投资只是很小的因素。

㊀　宾州大学的西蒙·库兹涅茨（Simon Kuznets）严谨的研究显示了美国产业界的资本设备投资和生产力上升的直接关系。

生产力的提升并非局限于制造业。或许今天提升生产力的最大契机是在销售业。例如，如何运用大众广告媒体，包括报纸、广播、电视等，来取代个别推销员花在直接推销上的力气？如何在推销之前，先建立顾客的购买习惯？在许多行业中，广告花费的总额甚至还大于生产成本，然而广告专家（例如哈佛大学的麦克奈尔）都再三强调，我们无法衡量广告的影响和效益，更无从评估广告是否比推销员的努力更具生产力。近年来，在销售、自我服务和包装、通过大众媒体的广告宣传和通过直接邮件的销售上，技术都有长足的进步，其整体影响和自动化的趋势一样，都深具革命性。然而，我们甚至缺乏最基本的工具来界定，更不用说来衡量应用于流通领域的资源所产生的生产力了。

企业经营中（尤其在会计领域中）有关生产力的词汇早已过时了，容易令人误解。会计师所谓的"生产工人"指的是操作机器的体力劳动者，事实上，他们是最没有生产力的员工。而会计师口中的"非生产性员工"指的是其他所有对生产有贡献，但不需看管机器的人，其中包括像清扫工这类前工业时期、低生产力的体力劳动者，像制造器具的工匠这种身怀绝技、高生产力的劳动者，像维修电器的新工业的技术员，还有像工厂领班、工程师和质量检查员这类知识水平较高的专业人才。最后，会计师混起来统称为"管理费用"的人中其实包含了最具生产力的资源：管理者、规划人员、设计师、创新者。"管理费用"一词流露出一种抵触的情绪。当然，该词也可能包含了寄生在企业中的高薪人员，他们只不过是因为组织不良、士气不振或目标混淆（换句话说，因为管理不善）而存在的人员，管理不善的一个例子就是"协调者"（当然，此处的讨论完全不涉及个人能力或绩效）。

换句话说，有两种管理费用：生产性的管理费用——用于管理者、技术或专业人才的费用。这种费用取代了一笔至少数额相等的用于生产性或非生产性员工费用或资本支出。另一种是寄生性的或摩擦性的管理费用。这种费用不但没有提高生产力，反而降低了生产力，这是由摩擦造成的，反过来又会制造摩擦。

因此，我们需要的生产力观念是，一方面能将投入与产出的一切努力都加以考虑，同时又能根据与产出结果的关联性来呈现所投入的努力，而不是假定劳动力是唯一的生产性投入。但即使是这样的观念（尽管已经向前迈出了一大步），如果它对于努力的定义仍然局限于可见的形式和可以直接衡量的成本，也就是说，是根据会计师对努力所下的定义，那么这个观念还是有所不足。有一些无形的因素对于生产力有即使不是决定性的也是巨大的影响，却无法以成本数字来衡量。

首先是时间的因素——人类最容易消耗的资源。企业究竟是持续不断地使用人力和机器，还是只有一半时间用到人力和机器，都会影响生产力的高低。最没有生产力的政策，莫过于希望在一定时间内硬塞进超出合理状况的生产性努力，例如，在拥挤的厂房中或老旧的设备、昂贵的仪器上安排三班制作业。

其次是所谓的"产品组合"，在同样资源的多种组合中求取平衡。企业界人士都知道，这些不同组合在市场价值上的差异，与为了形成产品组合所投入的努力上的差异，几乎不成比例，两者之间几乎看不出任何关联。一家公司采用了相同的材料和技术，生产同样数量的商品，耗费相同的直接和非直接的劳动力，可能赚大钱，也可能破产，这完全要视产品组合而定。显然这代表尽管运用相同资源，生产力却会有很大的差异，但是这种差异不会以成本的形式显现，也无法靠成本分析来检测。

还有一个重要的因素，我称之为"流程组合"。一家公司究竟应该向别人采购零件，还是自给自足？怎么做生产力比较高？应该自己组装产品，还是外包？应该通过自己的销售渠道，打自己的品牌，还是把产品卖给独立经营的批发商，用他们的牌子销售出去？怎样运用公司具有的独特知识、能力、经验和商誉，以发挥最大的生产力？

并不是每个管理层都无所不能，也不是每个企业都应该从事经过客观评估后认为最赚钱的行业。每位管理者都各有其能力和限制。每当他试图超越自己的能力和限制时，无论他冒险开创的事业多么有利可图，都很可能失败。善于经营稳定生意的人没有办法适应变幻莫测或快速成长的行业，而日常经验也显示，习惯在快速扩张的环境中经营企业的人，一旦公司进入重整状态，很可能毁了原本的事业；善于在长期研究的基础上经营企业的人很可能无法成功地在高压下销售新奇时髦的商品。如何善用公司和管理层的特殊能力，体察自己的局限何在，也是重要的生产力要素。

最后，生产力深受组织结构的影响，而企业各种活动之间的平衡也会影响生产力。如果由于缺乏明确的组织结构，管理者把时间花在摸索自己应该做什么，而不是实际去做事情，就浪费了公司最稀有的资源。如果公司高层只对工程有兴趣（或许因为公司所有高层主管都具有工程背景），而公司需要的却是加强营销，那么这家公司就缺乏生产力，最终的结果将比人均每小时产量的下降更为严重。

因此，我们不只在定义生产力的时候，需要考虑所有影响生产力的要素，而且在设定目标时，也必须如此。无论是以资本取代劳动力，或以营业成本取代资本设备与人力（但设法区分创造性和寄生性的管理费用），我们都必须评估这些因素究竟对生产力产生何种影响，同时也必须衡量时间运用、产品组合、流程组合、组织结构和各种企业活动之间的平衡对生产力所造成的影响。

不只是个别企业管理层需要实质的生产力衡量指标，整个国家也需要。缺乏这样的指标是我们经济统计的一大漏洞，会削弱经济政策预测和对抗经济萧条的努力。

利润的功能

到现在，我们才有充分的准备，可以开始讨论利润和盈利能力，而一般有关企业本质的讨论通常一开始就讨论利润，因为利润不是原因，利润是结果——是企业在营销、创新和生产力方面的绩效结果。同时，利润也是对企业经营绩效唯一可能的检验方式。的确，当今天的科学家和工程师谈到自动化生产系统的反馈时，利润正是绝佳的例子，因为利润正是企业通过产品的生产与销售来自我调节的运营机制。

但是利润还有第二个同样重要的功能。经济活动总是着眼于未来，而我们对于未来唯一可以确定的事情，就是它的不确定性和其中蕴涵的风险。因此"风险"这个名词最初在阿拉伯文中的意思是"赚取自己每天的面包"也就不足为奇了。通过承担风险，企业人士可以赚到当天糊口的面包。由于企业活动是经济活动，所以总是试图带来改变，总是孤注一掷，甘冒更大的风险，或创造新风险。西尔斯的故事显示，经济活动的"未来"是很长的一段时间，要花15年、20年，才能看到西尔斯的基本决策完全奏效，重大投资开始回收。50年来，我们已经了解要促进经济进步，势必"延迟经济的回收期"。然而，尽管我们对于未来一无所知，我们知道当我们试图预测或评估未来的风险时，风险却以几何级数增长。

企业的首要任务是求生存。换句话说，企业经济学的指导原则不是追求最大利润，而是避免亏损。企业必须设法赚取额外的资金，才足以承担企业运营中不可避免的风险，而这种风险预备金唯一的来源就是利润。⊖ 的确，企业不只需要为自己的风险预做准备，还必须面对亏损，因为在经济的新陈代谢中，总是会有些企业亏损累累，销声匿迹，而这些都关系到社会的利益，这是自由、弹性和开放的经济体系主要的安全防护网。企业必须负担社会成本，对于学校、军备等有所贡献，也就是说，企业必须赚钱缴税。最后，企业还必须创造资本，以满足未来成长、扩张所需。但是最重要的是，企业必须有足够的利润来承担风险。

总而言之，追求最大利润是否为企业经营的动机仍值得商榷，但企业绝对需要赚取足够的利润，以承担未来的风险，至少需要获取必要的利润，以保存生财资源，继续在现有行业中求生存。企业通过对"必要的最低利润"设定严谨的限制，并检验其有效性，来影响企业的行为和决策。为了经营，管理者必须设定相当于"必要的最低利润"的经营目标，建立明确的标准，来评估利润表现是否达到目标。

那么，什么是"企业管理"？根据对企业活动的分析，企业通过营销和创

⊖　关于风险的更多内容，请参见拙著《新社会》(*The New Society*)（New York ： Harper & Bros., 1950）p.52 及以后的论述。

新来创造顾客，因此企业管理必须具备企业家精神，而不能只是官僚作风、行政作风，甚至决策工作。

由此可见，管理企业必须是一项创造性的而不是一项适应性的任务。管理层越是创造经济条件或改变经济条件，而不是被动地适应经济条件，才能把企业管理得越成功。

但是我们对于企业本质的分析也显示，尽管企业管理最终要靠绩效来检验，但管理是理性的活动。具体而言，这表示企业必须设定具体目标，表达企业预期达到的成就，而不是"像追求最大利润的理论一样"，只把目标放在适应可能的外在条件。因此，设定目标时必须把目光紧盯预期达到的成就，只有如此，接下来才应该考虑如何自我调整，以面对可能的状况。管理层因此必须决定企业所从事的是什么样的事业，或究竟应该从事什么样的事业。

CHAPTER 6 | 第6章

我们的事业是什么，我们的事业应该是什么

我们的事业是什么，既不简单也不明显——美国电话电报公司的例子——未能回答这个问题是企业失败的主要根源——成功地回答这个问题是企业成长和企业成功的主要原因——企业成功时的一个最重要的问题——谁是顾客——顾客购买的是什么——凯迪拉克公司和帕卡德公司——在顾客心目中，价值是什么——我们的事业将是什么，我们的事业应该是什么——盈利能力作为一个目标

似乎没有什么事情比回答"我们的事业是什么"更简单了。钢铁厂生产钢铁，铁路公司经营货运和客运业务，保险公司承保火险。的确，乍看之下，这个问题是如此简单，以至于很少被人提起，也正因为答案看起来如此明显，很少有人会认真回答这个问题。

事实上，"我们的事业是什么"从来都是个困难的问题，只有经过努力思考和研究之后才答得出来，而且正确的答案通常都不是显而易见的。

最成功地率先回答了这个问题的人是韦尔（Theodore N. Vail），他在大约50年前针对美国电话电报公司的情况表示："我们的事业就是服务。"一旦他说出答案，答案似乎显而易见，然而他必须从一开始就认识到，垄断的电话系统很容易被收归国有，在发达的工业化国家中，民营电话公司不是常态，而是例外，必须得到社区的支持，才能继续

生存。其次，他也必须了解，要赢得社区的支持，不能单靠宣传攻势或抨击批评者，而必须设法让顾客满意。有了这层领悟后，就必须大幅翻新经营政策，这意味着必须不断地向所有员工灌输献身于服务的思想，并且在公关活动中，强调服务的重要性，强化公司在研究和技术上的领导地位；在制定财务政策时，也秉持着只要有需求，公司就提供服务的原则；找到必需的资金，并从中获利，则是管理层的责任。现在看来，我们会觉得这些都是显而易见、应该采用的措施，然而当时却花了 10 年的时间来推动。如果不是美国电话电报公司在 1905 年曾经针对所从事的事业做了缜密的分析，或许早在罗斯福总统推行新政时期，美国就将电话服务收归国有了。

"我们的事业是什么"并非由生产者决定，而是由消费者来决定的；不是靠公司名称、地位或规章来定义的，而是由顾客购买产品或服务时获得满足的需求来定义的。因此，要回答这个问题，我们只能从外向内看，从顾客和市场的角度，来观察我们所经营的事业。时时刻刻都将顾客所见所思、所相信和所渴求的，视为客观事实，并且认真看待，其重要性不亚于销售员的报告、工程师的测试结果或会计部门的财务报表，但是能轻易做到这一点的企业管理层并不多。企业管理层必须设法让顾客诚实地说出他们的感受，而不是企图猜测顾客的心思。

所以，企业最高管理层的首要职责就是提出这个问题："我们的事业是什么？"并且确定这个问题会通过严谨的研究来得到正确的答案。的确，判断某项工作是否应由高层管理者负责，一个极有效的方法是了解该项工作的承担者是否需要关注并负责完成这项工作。

很少有人提出这个问题（至少不是以一针见血的方式提出），因此也很少有人充分研究和思考过这个问题，或许这正是企业失败的最重要原因。相反，每当我们发现一家卓越企业时，几乎总是发现它和美国电话电报公司及西尔斯公司一样，成功的主因在于它能审慎而明确地提出这个问题，并且在深思熟虑后，全面地回答了这个问题。

"我们的事业是什么"是决定企业成败的最重要的问题

西尔斯的例子也显示，这个问题不只在企业初创或深陷泥沼时才需要提及，相反，当企业一帆风顺时，最需要提出这个问题，并且需要深思熟虑，详加研究，因为假如没有及时提出这个问题，可能导致企业快速衰败。

新公司刚诞生时，通常都无法有意义地提出这个问题。调配出新的清洁剂配方，挨家挨户推销新产品的人只需知道他的配方功效极佳，能除去地毯和窗帘上的污渍就够了，但是当清洁剂逐渐流行起来后，他必须雇用其他员工来帮忙调配和推销清洁剂。当他必须决定究竟要继续维持直销方式，还是铺货到零售商店销售；考虑应该通过百货公司、超级市场、五金店销售，还是在以上三种渠道都铺货；考虑还需要增加哪些新产品，才能构成完整的产品线——那么这时候，他就必须提出和回答这个问题："我们的事业是什么？"如果他没有办法在事业蒸蒸日上时回答这个问题，即使拥有最好的产品，他仍然很快就会回到磨破鞋底、挨家挨户推销的苦日子。

无论对不太能掌控自己产品的企业，例如铜矿业或钢铁厂，还是像零售商店、保险公司等似乎很能掌控自己产品的行业而言，这个问题都同样重要。可以确定的是，铜矿出产铜，如果市场上不需要铜，铜矿就会关闭。但是市场上对于铜究竟有没有足够的需求，其实完全要看企业管理层采取什么行动来创造市场，寻找产品新用途，并且及早看出可能创造新契机或危及现有用途的市场趋势或技术发展趋势。

以产品为主或以加工为主的行业，如炼钢、石油化工、采矿或铁路运输，必然在许多而不是一项业务上，与其他行业存在着本质的差异，这意味着这些行业有着更为困难的任务——决定企业在顾客已表示满意的需求中哪些需求最为重要，最有发展前途。

美国无烟煤工业的命运以及铁路公司在货运和客运市场上的地位每况愈下，这些都清楚地告诉我们，无法回答这个问题时，意味着什么下场。我们可以很肯定地说，如果这些公司的管理层当初曾经好好思考公司的事业究竟是什么，而不是一味认为答案是一目了然、不证自明的，那么这两个行业原本不见得会在短短数十年间从高峰一落千丈。

谁是顾客

想要弄清楚我们的事业是什么，第一步是问："我们的顾客是谁？"谁是我们真正的顾客？谁又是我们潜在的顾客？这些顾客在哪里？他们如何购买？如何才能接触到这些顾客？

有一家在第二次世界大战期间创立的公司决定在战后从事家用保险丝盒和闸盒的生产，他们必须立刻就决定顾客究竟是电气设备承包商和建筑商，还是自行安装和维修电气设备的私屋业主。要接触到第一类顾客，这家公司必须建立起销售组织，而要接触到一般私屋业主，则可以通过现有的销售渠道，例如西尔斯和蒙哥马利华德百货公司的邮购目录、零售商店来销售。

当这家公司决定把电气设备承包商当作最大量且稳定的（尽管更困难，竞争也更激烈）市场后，接下来必须决定顾客在哪里。必须好好分析人口和市场趋势，才能回答这个看似简单的问题。事实上，如果依赖过去的经验来下判断，必然酿成一场灾难，他们可能因此把目标放在大都市，但实际上，战后的购屋热潮主要都出现在郊区。这家公司预见了这个趋势，于是他们打破业界惯例，率先建立以郊区为中心的销售组织，这个决定也成为这家公司成功的第一个主要因素。

就这个例子而言，"顾客如何购买"的问题也很容易回答：电气设备承包商都向专业批发商采购。至于接触到这批顾客的最佳途径是什么，则很难回答——的确，在公司运营 10 年后，他们仍然迟疑不决，不断尝试各种不同的销售方式，例如雇用推销员冲刺业绩，或通过代理商销售。他们曾经尝试通过邮购或各地的仓储中心，直接把产品卖给工程承包商；他们也尝试过业界从未尝试的做法：直接诉诸大众，打广告、直接宣传自己的产品，希望建立起最终顾客的需求。这些实验证实了过去的猜测：舍得花大钱在传统批发系统中打开一条路的供应商，将会在市场上大获全胜。

下一个问题是："顾客购买的是什么？"凯迪拉克的员工说他们制造汽车，因此他们经营的是通用汽车公司的凯迪拉克汽车。但是，为了一辆崭新的凯迪拉克汽车，不惜花费 4000 美元的顾客，他买的是交通工具，还是凯迪拉克汽车的名气？换句话说，凯迪拉克的竞争对手是雪佛兰、福特汽车，还是（挑个极端的例子来说）钻石和貂皮大衣？

针对这个问题，帕卡德汽车公司（Packard Motor Car Company）的兴衰正好可以说明正确和错误的两种答案。12 年前，帕卡德汽车是凯迪拉克汽车最害怕的竞争对手。美国经济萧条初期，在独立的高价汽车制造商中，只有帕卡德汽车公司始终屹立不倒。帕卡德汽车公司的事业之所以蒸蒸日上，是因为他们聪明地分析了顾客的购买行为，正确地推出了经济萧条时期需要的产品：价格昂贵，但技术精良、坚固实用的汽车，并且在销售活动和广告诉求中，它将这款车塑造成当时负债累累、缺乏安全感的世界中安全和稳定偿付能力的象征。然而到了 20 世纪 30 年代中期，这样已经不够了。帕卡德汽车公司一直难以明确它的市场究竟是什么，尽管它销售高价汽车，却无法象征车主已经到达某种地位——或许因为车子价格还不够昂贵。虽然帕卡德汽车公司也推出中价位汽车，却又无法把产品塑造为成功专业人士的价值与成就的象征，即使新官上任，仍然没有找到正确答案。结果，就在经济繁荣时期，帕卡德汽车公司却必须和另外一家公司合并，才幸免于难。

提出"顾客购买的是什么"的问题足以证明，管理人员赖以决策的这些市场和竞争的概念是多么的不完整。

生产厨房煤气灶的厂商过去总认为竞争对手是其他煤气灶制造商，但是它们的顾客——家庭主妇，其实买的不是炉子，而是最简易的食物烹调方式，可能是电炉、燃气灶（无论是用管道煤气、天然气或罐装液化气）、煤炭炉、木柴炉，或任意一种组合方式。至少在今天的美国，野炊是唯一不考虑的烹调方式。明天，家庭主妇很可能会考虑使用以超声波或红外线加热的炉子（或在一种尚待发现的化学物质上煮水的炉子）。由于家庭主妇身为顾客，她们实际上决定了厂商应该生产什么，因此煤气灶制造商真正的事业应该是提供简易的烹调方式，它们的市场是食品烹调市场，竞争对手则是提供各种烹调方式的供应商。

另外一个例子是：

大约在 25 年前，有一家小型食品包装厂商分析了自己的事业之后，提出一个问题：当顾客（杂货店）购买他们的产品时，顾客究竟购买的是什么。他们花了 5 年的时间辛苦研究，才找到答案，结论是杂货店非常依赖制造商提供管理方面的服务，尤其是对于购买、库存管理、簿记和商品陈列方式提出建议。他们向这家食品包装公司采购的其实不只是产品，因为其他许多地方也能提供相同的货源。于是，这家公司开始改变销售努力的重心。推销员转型为服务人员，首要任务是帮助顾客解决问题。当然，他们还是会推销公司的产品，但是当谈到顾客究竟需要多少竞争者的产品、如何陈列商品和销售商品时，顾客期待他们能公正客观地提出建议。顾客根据服务水准来评估他们的表现，付钱购买他们的服务绩效，销售产品反而变成公司的副产品。正因为这个决定，这家公司才能从一家微不足道的小公司蹿升为业界的领导企业。

在顾客心目中，价值是什么

最后是最难回答的问题："在顾客心目中，价值是什么？顾客采购时究竟在寻找什么？"

传统经济理论以一个名词来回答这个问题：价格。但是这个答案很容易误导大家。的确，对大多数产品而言，价格都是主要的考虑因素之一，但是首先我们必须了解，"价格"并不是一个简单的概念。

　　为了说明这个观念，我们先回到保险丝盒和闸盒制造商的例子，它的顾客——电气设备承包商，非常在意价格的问题。由于承包商购买的保险丝盒和闸盒都附有业界、建筑协会和消费者共同接受的品质保证，各个品牌之间，其实在品质上差异不大，因此承包商通常都四处寻找最便宜的产品。但是，如果把"便宜"理解为最低的制造商价格，那就大错特错了。相反，对于承包商而言，"便宜"意味着比较高的制造商价格，换句话说，这样的产品：①最后在顾客家里的安装成本最低；②成本能降低是因为安装时需要的时间最少和技术水平最低；③制造商的成本必须足够高，才能让承包商获得较好的利润。一般而言，好的电工工资也高，因此较低的安装成本省下的钱足以弥补制造商价格较高所增加的成本，而且根据这一行的传统惯例，承包商无法从安装的人工上面赚到什么钱。如果他用的不是自己的电工，那么他要求顾客支付的费用只会比实际的工资成本高一点点。他通常在账单上将所安装产品的制造商价格乘以 2 后，作为给顾客的开价，并从中赚取利润。因此，在承包商眼中，能够赚取最大差价的产品是——产品本身的标价高，但产品的安装成本低。如果价格代表了价值，那么对于承包商而言，制造商价格高的产品，价值反而比较高。

　　这个价格结构看起来似乎很复杂，但实际上，我没有看过几个比它更简单的结构。在美国汽车行业中，市场上大部分的新汽车是采取以旧换新的方式销售的，其"价格"实际上是一种介于生产商制定的新车价格、二手车和三手车的价格、三手车和四手车的价格，以及其他旧车之间的一个差价，这个差价是个经常变动的数字。整个交易错综复杂，一方面，交易商对旧车所拟定的价格和他对旧车所开的价格之间的变量不断变化；另一方面，不同型号和规格的车辆的运营成本存在着差异，只有高深的数学才能确切算出汽车的真正"价格"。

　　其次，价格只代表了一部分价值，其他还包括关于品质的总体考虑：产品是否持久耐用、制造商的地位等。有时候，高价本身实际上正代表了某种价值，例如名贵的香水、昂贵的毛皮或华丽的礼服。

最后，对顾客而言，有时候，顾客所得到的服务也代表了某种价值。例如，毋庸置疑，今天美国家庭主妇购买家电的时候，主要都参考朋友或邻居购买同一种品牌时所得到的售后服务如何，例如电器出现故障的时候，能多快获得维修服务、服务品质如何、需要花多少钱，这些都是主要的决定因素。

的确，顾客对于价值的看法十分复杂，只有顾客自己才能回答这个问题。企业管理层甚至不应该试图对其进行猜测，应该以系统化的方式直接向顾客探询真正的答案。

我们的事业将是什么

到目前为止，所有关于"我们的事业"本质的问题都和现况有关。但是企业管理层也应该问："我们的事业将是什么？"这个问题牵涉四个问题。

首先，是市场潜力和市场趋势。假定在市场结构和技术都没有任何基本变化的情况下，5 年、10 年后，我们预期市场会变得多大？哪些因素会影响市场的发展？

其次，经济发展、流行趋势和品位的变化，或竞争对手的动作，分别会导致市场结构发生什么样的改变？而定义"竞争者是谁"的时候，必须以顾客认为他所购买的产品和服务是什么为依据，而且也必须包括直接和间接的竞争。

再次，哪些创新将改变顾客需求、创造新需求、淘汰旧需求、创造满足顾客需求的新方式、改变顾客对价值的看法，或带给顾客更高的价值满足感？要回答这个问题，不仅需要工程技术或化学领域的创新，而且也需要探讨企业所有的活动领域。无论邮购业、银行业、保险业、办公室管理、仓库管理，或是冶金、燃料业，都有其独特技术。创新不只是企业达到市场目标的手段，同时也形成一股动态的力量，企业致力于推动创新，而创新的动力也倒过来影响企业。我并不是说，从事"纯粹的研发"是企业的功能之一——尽管在许多情况下，企业的确发现研究是获得销售成果的有效方式，然而，运用日益增进的知识不断改善我们"做"的能力，是企业的重要任务之一，也是企业生存与繁荣的要素。

最后，今天还有哪些顾客需求无法从现有的产品和服务中获得充分满足？能否提出这个问题，并且正确回答问题，通常就是持续成长的公司和只能搭上经济繁荣或产业兴盛的潮流乘势而起的公司真正的差别所在。任何人，只满足于随波而升也将会随波而降。

当然，要说明如何成功分析顾客尚未满足的需求，西尔斯公司已经是个绝佳的范例，这个问题实在太重要了，需要进一步进行阐述。

前面提到的保险丝盒和闸盒制造商在第二次世界大战后面临发展方向的抉择，于是他们在1943年提出了上述问题，也找到正确答案：顾客需要的闸盒和保险丝盒必须能比现有设备负荷更高的电量，容纳更多的电路，因为现有设备主要是在家庭电器还不普及时设计出来的。新的设计不仅能负荷几乎两倍的电量，而且所花的钱远低于两个现有设备相加的总和。房屋业主需要增加额外电路时，只需要求电工拆掉现有配电盘，装上新的高负荷配电盘，而不需要安装第二个标准型低负荷配电盘，所以，新的设计既简单又便宜。这家制造商快速成功的第二个原因是，他们能成功分析问题，并且找到正确答案，设计了顾客需要的高负荷配电盘。但是，他们没有看清另外一个顾客尚未满足的需求是造成其后来令人失望的业绩的主要原因。这家公司的管理层不了解，除了改善配电盘之外，顾客还需要自动断电器，以取代累赘的保险丝，因为每次保险丝烧断的时候，都需要一根根检查替换，十分麻烦。更糟糕的是，管理层虽然看到了需求，却以自己的判断来取代顾客的判断，他们认为顾客根本不了解自己的需求，也还没有准备好接受这么激烈的改变。结果，两家竞争对手在1950年相继推出家用电器保护器，这家公司措手不及，而他们认为"还没有准备好"的顾客则纷纷掉头而去，转而购买竞争对手的产品。

我们的事业应该是什么

关于"我们的事业"所做的分析，至此还没有真正完成。企业管理层还需要自问："我们是否在从事正确的事业，还是我们应该改变我们的事业？"

当然，许多公司都是在意外情况下跨入新事业，而不是有计划地朝既定方向发展。但是决定将主要的能量和资源从旧产品转移到新产品，换句话说，决定让整个事业不再只是意外的产物，必须以下列分析为基础："我们的事业是什么？我们的事业应该是什么？"

有一家成功的美国中西部保险公司分析了顾客需求之后，得出的结论是：传统寿险无法满足顾客的主要需求——保障现金购买力。换句话说，保险公司必须推出包含标准寿险、年金储蓄、证券投资的套装产品。为了满足顾客需求，这家保险公司买了一家管理良好的小型投资信托公司，参加保险和年金方案的老顾客和新顾客现在都可以购买信托凭证。这家公司不仅跨入证券投资管理业，而且也开展投资信托凭证的业务。

另外一个例子是，一家商业书籍出版社最近从销售导向转为服务导向。这家出版社原本专门为商界人士出版有关经济形势分析、税法、劳资关系和政府法令的相关报告，在第二次世界大战期间快速扩张，在战后初期，也持续成长。尽管他们的订户一年年增加，总销售量却从 1949 年开始停滞不前，实际获利更是逐渐下滑。经过分析后，他们发现问题出在续订率太低。事业部门不但需要费更大的力气，保持总销售量不再下滑，而且说服旧订户续订的高成本侵蚀了新订户带来的利润。因此管理层的观念必须改变，将事业重心从争取新顾客，改为留住老顾客。如此一来，他们的目标也必须改变，过去总是把新订单的目标定得很高，现在则强调续订率，因此事业重心也必须从推销产品转为服务于顾客，同时还必须改变组织结构，地区销售经理的角色转变为主要为续订率负责，地区销售经理下面各有一位销售主管和服务主管向他报告，业务人员的任用标准、薪酬制度和培训方式，也都必须彻底改变。出版物的内容更需要大幅翻新，增加更多分析长期经济趋势和企业长期规划的内容。

　　大家都已经非常了解因为创新而导致事业本质改变的情况，在此不必赘述。所有重要的工程公司和化学公司大多数都因为在新事业中注入创新的活力而成长，保险公司也一样，通过追溯保险公司成功的轨迹我们可以发现，这些公司大都能在保险业务上有所创新，从而发展出新事业。最近健康保险、住院保险与医疗保险的急剧成长，正是最好的例子。

　　生产力方面的考虑也可能激发事业本质改变。

　　　一家小型圣诞玩具批发商为了一年到头都能利用公司的主要资源——训练有素的销售人员，而增加了一项截然不同的新业务——批发海滩装。在这个例子里，增加新事业是为了充分利用时间。

　　　另外一家小型制造商为了更有效地运用资源，决定完全放弃生产机器零件，只从事焊接技术顾问的业务。尽管他们的生产事业依然有利可图，却和其他数百家小公司没什么两样，但在焊接顾问的领域，他们独树一帜。如果继续从事制造业，公司将无法有效地运用真正具有生产力的资源——可焊接专业技术，而且投资报酬率也很低。

　　　还有一个例子也显示出企业如何为了有效地运用管理资源，而改变事业本质。20年前，一家成功的小型专利药厂觉得公司高薪聘请的专业管理团队没能充分发挥效率。为了提升生产力，他们决定将业务范围从生产药品，扩大为管理大量销售的全国性品牌商品。这家药厂的本业仍然经营得很成功，但是他们开始系统化收购拥有自己的品牌，因经营不善而不太成功的小公司，包括宠物食品公司、男性化妆品公司、化妆品与香水公司等。他们派管理人员进驻每一家公司，大幅提升获利水准。

　　不过，不应该单单因为利润的考虑而改变事业本质。当然，当利润实在太差时，我们只好放弃这个事业，但通常市场地位、创新或生产力等指标几乎都早早地预告了事业的衰败。考虑利润当然会限制企业跨入某个事业，事实上，这也是利润衡量指标的主要用途——防止管理层不断投入资金和心力到衰颓不振的事业，而不是设法强化不断茁壮成长的事业。至少，好的利润衡量指标应该防止企业听信最危险而骗人的托词：由于帮忙吸收了"管理费用"，原本不赚钱的事业其实对企业也有所贡献（也就是会计师所谓"两个人一起生活的费用和独居一样便宜"的道理，但其实两种说法都同样不合理和不可信）。

如果从市场地位、创新和生产力的角度来看，跨入新事业领域的决定符合了企业构成的基本条件的话，那么管理层的责任就是要设法获得企业必要的最低利润。直言不讳地说，这就是公司付钱聘请管理人员的目的所在。如果管理人员无法在合理的时间内让公司获利，那么管理人员就有责任让位，让其他人尝试做好这份工作。

这只是换了一种方式来说明企业必须通过目标来管理。企业设定目标时，必须以对企业而言最正确而期望的方向为依据，不能为了权宜之计，或顺应经济潮流。也就是说，企业管理不能倚赖"直觉"。事实上，在现代工业经济体系中，从决策到成果的时间拉得很长，无论公司大小，依赖直觉的管理者都是企业难以负担的奢侈品。在管理完善的企业中，利润不是意外的收获，而是刻意追求的结果，因为企业都必须盈利。

当然，企业目标不是火车时刻表，或许企业目标可以和海上导航的指南针相比拟。指南针会明确指出通往港口的直线方向，但是在实际航程中，船只可能会为了避开暴风雨，而多绕几里路，可能在浓雾中放慢速度，在遭遇飓风时，整艘船会停下来，甚至可能在汪洋大海中改变目的地，重新设定指南针，驶向新的港口——或许原因是战争刚刚爆发，或许只不过因为船上载运的货物在途中就已售出，不过，4/5 的船只仍然会在预定的时间内驶进原定港口。如果没有指南针指引方向，船只不但无法找到正确的港口，也无法估计需花费的时间。

同样，企业为了达到预定目标，途中可能需要绕道，以避开障碍。的确，能够迂回而行，避开阻碍，而不是直接硬碰硬，是做好目标管理的重要条件。面临经济萧条时，进度可能会慢很多，甚至短暂地停滞不前，而新情况（例如竞争者推出新产品）可能使目标有所改变，这也是为什么企业必须不断检查目标。尽管如此，设定目标后，企业才能朝着正确的目的地前进，而不是完全只受天气、风向或意外状况的摆布。

企业的目标

单一目标的谬论——企业目标的 8 个关键领域——"有形"和"无形"的目标——如何设定目标——衡量艺术和科学的偏低地位——市场地位、创新、生产力和"贡献值"——实物资源和财力资源——利润率有多大——理性的资本投资政策——其余关键领域

今天，绝大多数关于目标管理的讨论都谈到寻找一个正确的目标。但是这种做法不但会像寻找点金石一样徒劳无功，而且必然有害无益，误导方向。

例如，一味强调利润，会严重误导管理者，甚至可能危害到企业的生存，以至于为了今天的获利而破坏了企业的未来。管理者可能因此拼命扩张目前销路最好的产品线，忽视了市场的明日之星，缩减其研发经费、广告支出和其他的投资。更重要的是，由于计算利润率时以资本投资为分母，因此他们将尽量降低可能提高资本投资的支出，以提高利润率，结果导致设备逐渐落伍。换句话说，一味强调利润率的做法会引导管理者采取最糟糕的经营方式。

企业管理是在设法平衡各种需求和目标，因此需要判断力。寻找单一目标，基本上就等于在寻找一种方程式，使得判断力毫无用武之地，这是非理性的；只有缩小范围，减少替代方案，明确重点，以事实为基础，建立衡量行动与决策效益的可靠标准，才能有良好的判断。因此，由于企业的本质使然，必须建立多重目标。

那么，企业的目标应该是什么呢？只有一个答案：**任何一个其绩效和结果对企业的生存和兴旺有着直接和举足轻重影响的领域，都需要有目标。**由于管理层的每个决策都会影响到这些领域，因此每个管理决策也都应该考虑到这些领域，这些领域决定了企业管理的实质意义所在，需要达到哪些具体成果，要达成哪些目标，以及需要采取哪些有效的做法。

这些关键领域的目标应该能做到 5 点：能用简洁易懂的语言说明所有的企业现象；在实践中接受检验；能预测行为；在决策制定过程中，就能加以评估；能让实际经营者分析自己的实践，并因此改善经营绩效。正因为追求最大利润的传统定理无法通过这样的检验，因此势必遭到淘汰。

乍看之下，不同的企业似乎会有截然不同的关键领域，以至于无法归纳出一个适用的通则。的确，在不同的企业中，各个关键领域强调的重点都不同，每家企业在不同的发展阶段也会强调不同的重点。但是无论从事哪一种行业，经济情势如何，企业规模是大是小，或发展到什么阶段，关键领域都不会改变。

企业应该设定绩效和成果目标的领域共有 8 个，包括市场地位、创新、生产力、实物和财力资源、获利能力、管理者绩效和培养管理者、员工绩效和工作态度、社会责任。

大家对于前 5 个目标应该不会有什么异议，却反对纳入无形的指标，包括管理者绩效和培养管理者、员工绩效和工作态度以及社会责任。

然而，即使管理只不过是经济学的应用，仍然需要涵盖这 3 个领域，并且要求设定目标。这 3 个领域都属于正式企业经济理论的一部分，如果过于忽视管理者绩效和培养管理者、员工绩效和工作态度以及社会责任，很快就会造成企业在市场地位、创新、生产力、实物和财力资源、获利能力方面的具体损失，最后终结企业的生命。这几个领域都不太容易进行量化分析和数学计算，与经济学家，尤其是现代经济分析家惯于分析的形态截然不同，因此令经济学家头痛不已。但是，不能因此就不将这几个项目纳入目标的考虑之中。

经济学家和会计师认为这几个领域不切实际的原因（谈的都是原则和价值问题，而不牵涉金额、数目），正说明了为什么这几个领域是企业管理的核心，其实和金额数字同样具体、实际，而且可以衡量。

　　企业原本就是人类的社会组织，企业的经营绩效也就是人表现出来的成绩。人的团体必须以共同的信念为基础，必须用共同的原则来象征大家的凝聚力。否则组织就会瘫痪而无法运作，无法要求成员努力投入，获得应有的绩效。

　　如果这类考虑过于抽象，那么管理层的职责就是设法把它变得更具体。如果忽视了这些领域，不止会危及企业竞争力，也容易引起劳资问题，或至少降低生产力，并且由于企业不负责的行为，而激起社会对企业的诸多限制。同时，这也意味着企业还要冒另外一个风险（雇用了一批毫无生气、庸庸碌碌、随波逐流的管理者），那些习惯于考虑自己利益而不是考虑企业共同利益的管理者，那些变得自私、心胸狭隘、缺乏进取心、无领导才能和洞察力的鼠目寸光的管理者。

如何设定目标

　　真正的困难不在于确定我们需要什么目标，而在于决定如何去设定目标。

　　要做好这个决定，只有一个有效的方法：先确定每个领域中要衡量的是什么，以及衡量标准是什么。因为采用什么衡量标准，决定了企业要把注意力的焦点放在哪些方面。如此一来，该做的事情会变得更具体和透明化，衡量标准中所包含的项目也变得彼此相关，不必再分心注意没有包括在内的项目。"智力就是智力测验的结果。"心理学家常用这句老掉牙的话来提醒大家，智力测验并非无所不能，绝不出错。然而父母或师长（包括很清楚这种理论和计算方式并不可靠的人），仍然忍不住去注意看似精确的"智商"分数。

　　不幸的是，目前针对企业关键领域设计出来的衡量方法，大半比智力测验还不可靠。我们只有在衡量市场地位上，建立了比较充分的观念。对于像获利能力这么明显的目标，我们却只有一把橡皮尺，缺乏实际的工具来衡量必须达到多高的利润率。至于创新，甚至生产力的衡量标准，我们几乎也一无所知。在其他领域（包括实物和财力资源），我们只会陈述意图，却无法说明要达到的具体目标和衡量标准为何。

　　这个崭新的题目是今天美国企业管理相关理论、研究和发明最活跃的新领域。许多公司纷纷致力于理清关键领域的定义，思考应该衡量的项目，并设计衡量工具。

几年内，我们对于应该衡量哪些项目的知识和衡量能力都将大幅提升，毕竟 25 年前，我们对于市场地位的基本问题，并不会比今天我们对于生产力甚至员工的效率和态度了解更多。今天大家对于市场地位的观念之所以比较清楚，并非这个领域有什么特别之处，而是靠辛勤专注的努力，以及充分发挥想象力的结果。

此时我们提出的只是"进度报告"，只勾勒出尚待完成的工作，而不能算是成果报告。

市场地位

衡量市场地位时，必须同时对照市场潜力及竞争对手的表现（无论是直接竞争还是间接竞争）。

"只要销售额一直成长，我们不在乎市场占有率的高低。"我们经常听到这样的说法，听起来似乎很有道理，但是一经分析就站不住脚。销售额本身无法充分反映企业经营的绩效、成果或前途。公司的销售额或许上升了，而实际上却快速迈向衰败；公司的销售额可能下降，但原因可能不在于他们不懂营销，而在于这是个日渐没落的行业，最好赶快改行。

有一家炼油设备公司销售额年年增长。但事实上，新的炼油厂都向竞争对手购买设备。由于这家公司过去供应的设备日渐老旧，需要修理，而这类设备的替换零件通常都会向原厂采购，因此销售绩效仍然暂时上升。不过老顾客迟早会开始引进更有效率的新设备，而不再一直修补老旧过时的设备。到了那时候，几乎可以确定老顾客会开始采购竞争对手设计制造的产品。这家炼油设备公司因此面临被淘汰的危机，而后来也确实关门大吉了。

销售额的绝对数字不代表什么意义（销售数字必须对照实际和潜在的市场趋势来看，才有意义），但市场地位本身具有实质的重要性。企业的市场占有率如果没有达到一定的程度，就变成不重要的供应商，只能根据其他大型供应商的定价决策来制定自己的价格。可能会因为任何小小的挫败，而面临全面出局的危机。由于竞争变得很激烈，经销商在削减库存时，会倾向淘汰周转太慢的商品，顾客则通常喜欢一窝蜂购买最流行的产品。在经济萧条时，小型供应商的销售量可能非常低，以致无法提供必要的服务。究竟供应商的销售额在低于哪一点时会被边缘化，每个行业情况都不一样。即使在同一产业中，不同的价格等级也会出现不同的标准。每个地方情况也不一样。但是无论如何，变成被边缘化的小供应商都是很危险的事，最好还是要设法维持最低限度的市场地位。

相反，即使没有反托拉斯法，市场地位太高，也不是聪明的做法。领导企业在取得市场主导地位后，往往过于安逸，丧失斗志。垄断者通常因为自满而衰败，而不是败在公开的对抗上。原因是市场霸主在内部进行任何创新时，都会遭到很大的阻力，也变得非常难以适应改变，而且市场领导企业总是把太多的鸡蛋放在同一个篮子里，又经不起任何经济波动。换句话说，市场地位有其上限和下限，尽管对大多数的企业而言，前者带来的危险似乎比后者要大多了。

要设立市场地位的目标，企业必须确定它的市场是什么——顾客是谁、顾客在哪里、购买哪些产品、顾客心目中的价值何在、顾客有哪些还未满足的需求。深入研究后，企业再以此为基础，根据自己的产品线，也就是根据企业所满足的顾客需求，来分析产品或服务。

所有的电容器可能外表都一样，以相同的技术制造，也出自同样的生产线。然而在市场上，新收音机所用的电容器却和修理收音机时用来替换的电容器完全不同，而且两者又和在外形上毫无差别的电话机电容器很不一样。如果美国南方人购买电容器时重视的是能否抗白蚁，而西北部的人则重视电容器抗高湿度的能力，那么维修收音机所用的电容器又要分为不同的产品线。

企业必须决定每条生产线的市场何在——实际的规模和潜力、经济和创新趋势，而且定义市场时，必须以顾客为导向，同时考虑直接与间接的竞争对手。

只有如此，才能真正设定营销目标。

大多数的企业都需要不止一个营销目标，而需要 7 个营销目标：

1. 现有产品在目前市场上的理想地位，以销售额和市场占有率来表示，同时和直接与间接竞争对手相比较。

2. 现有产品在新市场上的理想地位，以销售额和市场占有率来表示，同时和直接与间接竞争对手相比较。

3. 应该淘汰哪些旧产品——无论是为了技术原因、市场趋势、改善产品组合，或只是管理层考虑应该从事的事业后所做的决定。

4. 目前市场需要的新产品——产品的数量、性质以及应该达到的销售额与市场占有率。

5. 应该开发的新市场和新产品——以销售额和市场占有率来表示。

6. 达到营销目标和适当的定价政策所需要的销售组织。

7. 服务目标，衡量公司如何以产品、销售和服务组织提供顾客认为有价值的东西。

服务目标应该至少和竞争市场地位所设定的目标一致。但通常达到和竞争对手相同的服务水准还不够，因为服务是建立顾客忠诚度最好的方法，也是最容易的方法。服务水准绝不能靠管理层的猜测或"大老板"偶尔和重要顾客闲聊时的印象来评估，必须定期对顾客进行公正客观而系统化的意见调查。

在大公司里，可能需要采取年度顾客意见调查的形式。通用汽车就是个很好的例子，可以充分解释为什么其事业经营得如此成功。小公司则可以运用不同方式，达到同样效果。

有一家很成功的医疗用品批发商的总裁和董事长每年都拜访公司 600 位顾客中的 200 家医院。他们在每家医院待一整天，不推销产品——他们拒绝接受订单，而是花时间讨论顾客的问题与需求，并且要求顾客对他们的产品和服务提出批评。这家公司的最高主管将每年

的顾客调查看成首要之务。在过去的 12 年中，这家公司能够成长 18
倍，都要归功于这种作风。

创新

每家公司都有两种形态的创新：产品与服务的创新，以及提供产品与服务
所需的各种技能和活动的创新。创新可能源自市场与顾客的需求，需求可能是
创新之母。有时候，则是学校和实验室中的研究人员、作者、思想家和实践者
在技术和知识上的进步而引发了创新。

设定创新目标的问题在于难以衡量不同创新的相关影响和重要性。企业都
希望在技术上取得领导地位，但是我们怎么样才能决定何者更为重要呢？是 100
个立即可用、能改善产品包装的小小创新，还是下了 10 多年工夫、可能会改变
事业本质的化学上的大突破？对于这个问题，不但不同的公司会有不同的答案，
即使是两家不同的制药公司，都可能有不同的看法。

因此，创新目标可能永远不会像营销目标那么清楚。为了设定创新目标，
企业管理层必须先根据产品线、既有市场、新市场，通常也根据服务上的要求，
预测达到营销目标需要的创新。其次，也必须评估企业所有活动领域中在技术
上可能出现的新发展。这类的预测最好分成两部分：一方面着眼于不久的将来
就会出现的具体发展，只是实现已有的技术创新；另一方面还要放眼更长远的
未来，把目标放在日后可能出现的技术创新上。

以下是一般典型企业设定的创新目标：

1. 为了达到营销目标所需的新产品或新服务。

2. 由于技术改变，导致现有产品落伍，需要的新产品与新服务。

3. 为了达到市场目标，同时顺应其中的技术改变，需要进行的产
品改进。

4. 达到市场目标需要的新流程，以及在旧流程上有所改进——举
例来说，改善生产流程，以便达到价格目标。

5. 在企业所有重要活动领域的创新和改善——无论在会计或设计、办公室管理或劳资关系方面——以跟上知识与技能的新发展。

企业经营者千万不要忘记创新是一个缓慢的过程。许多公司今天之所以能居于领导地位，要归功于 25 年前的辛苦耕耘。许多目前还默默无闻的公司，可能因为今天的创新，将成为明天的产业龙头。成功公司面临的危机是，总是志得意满地挥霍前人累积的创新成果。因此需要建立衡量标准，来评估创新活动是否成功。

针对过去 10 年的绩效做个评估，就可以达到这个目的。所有重要领域的创新是否能与公司的市场地位等量齐观？如果不能，公司就是在吃老本，终将耗尽过去积累的创新资本。公司能否为未来发展出足够的创新资源？还是只依赖外界的研究成果，例如大学、其他企业甚至国外的研究，结果可能不足以满足未来的需求？

在很少出现重大技术变化的领域，更需要刻意强调创新的重要性。制药公司或合成有机化学品公司的每个员工都知道，公司要继续生存下去，就必须培养起每隔 10 年就将 3/4 的产品汰旧换新的能力。但是在保险公司中，有多少员工了解，公司能否成长（甚至能否生存）完全要看他们能否开发出新的保险形式、改良现有方式，并且不断开发更新、更好、更便宜的方式来销售保险方案和理赔呢？技术变化越是不显著的产业，企业组织就更容易变得僵化，因此强调创新也就变得格外重要。

有人可能争辩说：这类目标完全是"大公司的玩意儿"，只适合通用电气公司或通用汽车公司，小公司根本不需要。尽管小公司或许不需要如此详尽地分析需求和目标，但这表示小公司反而更容易设定创新目标，而不是说小公司不需要设定目标。事实上，我认识的好几家小公司主管都强调，规模小最大的优势之一，就是比较容易规划创新。其中一家货柜制造公司的总裁（年销售额不到 1000 万美元）表示："公司规模小的时候，你们比较接近市场，很快就知道市场上需要什么样的新产品。我们的工程部门也很小，工程师知道不可能什么都由自己来完成，因此他们会眼观六路，耳听八方，注意任何可能派得上用场的新技术。"

生产力和"贡献值"

生产力衡量标准是唯一能够确切地体现管理能力，并且比较企业各部门管理效能的标准。因为生产力涵盖了企业投入的一切努力，排除了企业无法掌控的任何东西。

每家企业能够运用的资源都差不多，除了少数垄断性事业之外，在任何领域中，一家企业和另外一家企业唯一的差别，就在于各个层次的管理品质。而能衡量这个关键因素的唯一方法，是通过生产力评估来显示资源的运用和产出状况。

华尔街的财务分析师把克莱斯勒汽车和通用汽车的利润率做比较，其实这毫无意义。通用汽车自行生产大多数的汽车零件，只对外采购汽车车体、轮子和刹车。克莱斯勒汽车直到最近都还是一家汽车组装公司，自己只生产汽车引擎，但引擎在整部汽车中只占了一小部分的价值。两家公司的生产流程组合完全不同，但都销售完整的汽车。就通用汽车而言，售价大部分用来弥补通用汽车本身在生产过程中的投入；在克莱斯勒，售价大部分用来付款给独立的零件供应商。通用汽车的利润所显示的是七成的成本与风险，克莱斯勒的利润所显示的则只有三四成的成本与风险。显然通用汽车的利润率应该比较高，但是到底应该高多少？唯有通过生产力分析，才知道两家公司如何善用资源，并且从中获取多大的利润，也才能看出哪家公司经营得比较好。

我们之所以需要这样的衡量标准，是因为管理者最重要的工作就是不断改善生产力。这也是最困难的工作，因为生产力代表了许多不同因素之间的平衡，而这些因素大都是定义模糊且不易衡量的项目。

到目前为止，企业还没有发展出衡量生产力的标准。仅仅在过去几年中，我们才找到一种只能使我们界定什么是我们必须衡量的基本的概念——经济学家称之为"贡献值"。

所谓"贡献值"是指营业毛收入（公司销售产品或服务的所得）和支出（公司购买原料和供应商提供的服务所花的费用）之间的差距。换句话说，"贡献值"包含了企业的一切努力所耗费的成本以及从努力中获得的报酬，说明了企业对于最终产品所贡献的资源有多少以及市场对于企业的努力评价如何。

贡献值不是一剂灵丹妙药。只有当各种成本构成有经济意义的数字时，贡献值才能用于分析生产力。这有可能需要对传统的会计概念、数字和方法进行重大的改革。由于管理费用是按百分比全面分摊的，这使得真正的成本分析难以实施。因此，我们不得不放弃这种沿袭多年的做法。我们必须全面考虑折旧费应该用于什么——冲抵资本开支，衡量设备价值的耗减，或提供设备更新的费用。我们不可能满足根据经验来估计折旧的百分比。简而言之，会计数据必须把焦点放在满足经营企业的需求上，而不是只着眼于税务和银行的要求或证券分析师的无稽之谈（尽管许多投资人趋之若鹜，把错误信息当成理财"圣经"）。

贡献值不会衡量由部门间的配合或组织结构而产生的生产力，因为这些代表的是"定性"的生产力，而非"定量"的生产力，贡献值却是严格的量化指标。不过"定性"的因素仍然是重要的生产力因素。

然而，在这些限制下，企业应该可以通过贡献值，理性地分析生产力，并且设定提高生产力的目标。尤其应该可以运用"经营研究"和"信息理论"等新工具，系统化地分析生产力。这些工具的目标都是找出各种可供选择的行动方案，并且预估可能的结果。生产力问题主要在探讨各种资源的可能组合方式，并且找出能够以最小的成本或努力，获得最大产出的组合。因此，我们现在应该有能力处理基本的生产力问题了。

究竟在何时何地，在哪些限制和条件下，才有可能以资本设备取代劳动力，来提高生产力呢？我们如何区分创造性的管理费用和寄生性的管理费用？创造性的管理费用可削减所需的综合成本，而寄生性的管理费用只增加成本。什么是运用时间的最佳方式？什么是最好的产品组合？什么是最好的生产流程组合？我们不应该再臆测这些问题，而可以系统化地找出正确答案。

贡献值的概念清楚显示了生产力的目标为：

　　1. 在现有流程中，提高贡献值在总收入中所占的比率，换句话说，企业的首要任务必须是让采购的原料或服务发挥最大的效用。

　　2. 提高贡献值保留为利润的比例。也就是说，企业必须提高自有资源的生产力。

实物与财力资源

　　企业需要哪些目标，以及如何衡量目标达成状况，都因公司而异。而且和其他领域不同的是，当谈到实物与财力资源时，并非所有的管理者都会参与目标的设定；规划实物和财力资源不虞匮乏，主要是高层主管的职责，执行这些计划则是专职部门的工作。

　　不过，实物资源和财力资源非常重要，不容忽视。任何需要处理物质商品的企业都必须有办法获得所需物资，也必须确保资源供应无缺。企业都需要物质设施——工厂、机器、办公室，而且每家企业也都需要财力资源。寿险公司可能称之为"投资管理"，而且可能把它看的比营销或创新还重要，但对玩具批发商来说，财力资源可能只是单纯地获得季节性贷款的问题。然而，除非确定能获得所需的财力资源，否则两家公司都无法运营。没有预先规划运营所需的资金，就贸然设定目标，就好像还没有点着炉火，就急着把肉放进烤箱一样。目前，人们太习以为常地将实物资源、物质设施以及提供资本的目标当作"应急之策"，而不是看作深思熟虑的谋略。

　　有一家大型铁路公司耗费了大量的金钱和时间预测运输量，然而当董事会要决定一笔数千万美元的新设备采购方案时，却没有任何有关投资报酬率的数字可供参考，也没有人说明采购新设备的必要性，单凭公司出纳拍胸脯保证可以筹措到低利资金，就说服董事会拍板定案。

另外一个有关运用资源的著名案例，是美国西部的克朗·泽勒巴克（Crown-Zellerbach）造纸厂的长期造林政策。这个政策的目标是确保未来木材仍然供应无虞，克朗·泽勒巴克公司才能在造纸业中继续生存下去。由于每一棵树木从幼苗长成大树，都需要50年以上的时间，今天为了取代被砍伐的树木而种下的每一棵幼苗，投下的资金都要到2000年才能回收。由于克朗·泽勒巴克公司预期纸和纸浆的消耗量将继续急剧上升，单单砍一棵树，就种一棵树，已经不敷所需。今天每砍一棵树，就必须种植两棵树，才足以供应50年后的需要量。

尽管不是很多公司都面临如此严重的物料供应问题，但有相同困扰的公司通常都很清楚其严重性。因此所有的大型石油公司都努力探勘新油井；大型钢铁厂也开始有系统、有计划地寻找新铁矿。但是一般企业多半不太担心未来物料供应的问题，像西尔斯这么有计划、有系统地开发新货源的公司其实寥寥无几。几年前，当福特公司宣布将有系统地为它的西海岸组装厂开发供应商时，某家大厂的采购代理视之为"过激的创新"。其实任何一家制造商、批发商、零售商、公共事业或运输业，都需要好好思考物资供应的问题，并制定基本政策。

公司应该依赖单一厂商供应材料、零件或产品吗？这样做或许可以享受到大量采购的价格优势。当物料短缺时，长期大量采购的大客户通常都享有优先供货的权利；与供应商关系紧密，往往也可以导致设计比较精良、更严格的质量管理。还是公司应该分别向几家不同的厂商采购物料？如此一来，公司就有独立性，不会因为单一供应商内部发生罢工就被迫停产，甚至还有可能因为几家供应商彼此竞争，而享受较低的价格。

无论决定是什么，设定的目标都应该是设法供应企业所需物料，以达到预定的市场地位和创新目标。

　　同样重要但更加少见的是良好的设备规划。许多公司都不清楚什么时候应该停止翻修旧工厂，开始建造新工厂，什么时候应该更换机器和工具，什么时候应该盖新的办公大楼。使用落伍的老旧设备所耗费的成本通常隐而未见。的确，在会计账簿上，老旧的工厂或机器可能非常赚钱，因为折旧已经摊提完毕，账面上看起来似乎不需花费任何运营成本。但是大多数管理者都知道这是不对的，要完全不受数字的蛊惑其实并不容易。

　　显然设备过多或不足都非常危险。有形设备无法临时建造，必须事先规划。

　　今天可用的设备规划工具都是由哥伦比亚大学企业经济学家迪安（Joel Dean）⊖所开发出来的，十分容易操作，无论公司大小，都可以用这个工具来决定公司规模达到基本目标时，需要哪些有形的设施和设备，并预先规划。如此一来，就必须拟订资本支出预算，于是产生了另外一个问题：我们需要多大的资本，以何种形式呈现，资金又从何而来？

　　　寿险公司长期以来都设有资本目标。它们很清楚，公司每年都必须获取一定数额的现金，以支付理赔的金额。它们也知道这笔钱必须来自投资所得，他们据此设定最低投资报酬率。的确，对寿险公司而言，"利润"只不过是投资收入超出预定最低投资报酬率的部分。

　　此外，通用汽车、杜邦、切萨皮克与俄亥俄铁路公司也都有资本供应计划。美国电话电报公司更是特别重视资本供应规划，甚至指派一位高级主管，专门负责这项工作。

　　整体而言，企业经营者常常都等到公司财务拮据时，才开始担心资本供应的问题。然而这时候才开始规划，为时已晚。至于筹措新资金时，究竟应该内部筹款，考虑长期或短期贷款，还是采用发行股票的方式，这些重要问题都必

⊖　特别参见迪安的著作《资本预算编列》（*Capital Budgeting*，New York：Columbia University Press，1951）以及他的精彩文章"衡量资本生产力"（*Measuring the Productivity of Capital*），刊登于 1954 年 1 月的《哈佛商业评论》。

须仔细思考评估，因为答案大体决定了企业应该采取哪一类型的资本支出。针对上述问题所做的决定，将影响公司定价、股利、折旧和税务政策等重大决策。除非预先思考，未雨绸缪，否则不重要的投资方案可能点点滴滴地耗尽公司可用的资本，等到要进行重大投资时，反而资金不足。包括许多管理好、声望高的公司在内，很多公司都因为没有思考资金供应和设定资本目标的问题，而在成长的路上碰到阻碍。结果经营者虽然在营销、创新和提升生产力上有亮丽表现，却徒劳无功，一切化为泡影。

利润率有多大

利润有三个目的。首先，利润衡量企业付出的努力有多少净效益以及是否健全。利润确实是企业绩效的最终检验。

其次，利润是弥补继续维持事业的成本（包括更新、淘汰、市场风险和其他不确定因素）的"风险溢价"⊖。由此观之，根本没有"利润"这回事，只有"经营事业的成本"和"继续维持事业的成本"。企业的任务是赚到足够的利润，"继续维持事业"，但能做到这点的企业还不够多。

最后，利润或者直接地以自我集资的手段，从留存的积累中提取资金，或者间接地通过提供诱因，以最适合公司目标的形式吸引新的外部资金，保障未来用于创新和发展的资金的供应。

这三种利润的功能都和经济学家追求最大利润的理论无关，强调的反而是"最小利润"的概念，也就是企业求生存发展所需的最小利润。因此获利目标衡量的不是企业所能创造的最大利润，而是企业必须达到的最小利润。

要找出最小利润，最简单的方法就是把重心放在利润的第三个功能——获取新资本的方式上。显而易见，企业需要的利润率是企业期望的融资方式在资本市场上的利率。如果采用自有资金，就必须创造足够的利润，因此一方面现有资金能达到资本市场的报酬率，另一方面还能产生所需的额外资本。

⊖ 有关这一名词的讨论，请参见拙著《新社会》（*New Society*，New York：Harper & Bros.，1950），尤其是第 4 章。

　　今天美国大多数的企业确定获利目标时，都是根据这个原则。当会计师说"我们的目标是达到 25% 的税前投资报酬率"时，他的意思是："要以我们愿意付出的成本，获得我们想要的资本种类和资金，我们最少需要达到 25% 的税前投资报酬率。"

　　这是个合理的目标。越来越多的企业采取这种方式，代表了一大进步。这个方法只要稍加改善，就更容易使用。首先，正如同迪安所说，⊖获利能力必须将时间因素考虑在内。除非我们知道多少年后可以获得这样的利润，否则获利能力根本是毫无意义的假象。因此谈到预期利润时，应该具体说明预期总利润除以投资期之后，所呈现出来的现值，而不是以年度报酬率来计算。资本市场计算债券或类似证券的报酬率时，采用的就是这种方式，毕竟整个利润的概念都是以资本市场的考虑为基础的。这种方法也克服了传统会计方式最大的缺点——迷信年度具有经济上的意义或能反映实际情况。只有设法摆脱一位企业总裁所谓的"会计年度毫无必要的严苛限制"，才有可能实施合理的管理。

　　其次，我们应该把报酬率当作好年头和坏年头平均之后的结果。企业或许真的需要达到 25% 的税前利润率，但是如果 25% 是景气好时公司的利润率，那么投资期间的平均利润率就不可能有这么高。我们可能必须在景气好的年头达到 40% 的利润率，才能在 12 年内达到平均 25% 的利润率。因此我们必须了解需要达到多高的实际利润率，才能得到我们所期望的平均利润率。

　　今天针对这类需求，已经有适当的工具，就是"损益平衡点分析法"。通过损益平衡点分析，我们能相当准确地预测不同经营条件下的投资报酬率幅度——尤其当分析数字经过调整以显示数量和价格的变动时。

　　对于一些规模小、经营单一的小公司而言，只要了解资本市场所需的最小利润概念就够了。对大型企业而言，只了解这个观念还不够，因为预期报酬率只是其中的一个因素，另外一个因素是其中涉及的风险。或许你们的税前投资报酬率是 40%，但是失败的风险可能高达 50%。那么这个投资项目难道会比投

―――――――――――――――――――

　　⊖　见《哈佛商业评论》中的文章。

资报酬率只有 20%，但是不需冒任何风险的稳当生意好吗？

就无法走回头路的既有投资而言，把目标放在 25% 的税前投资报酬率，或许已经很好了。但是对于新的投资决策，管理层必须能够说："我们的目标是扣掉所有成本（包括资金成本）后的预期报酬与预估风险的比率为 1.5∶1、1.33∶1 或 1.25∶1。"否则就无法拟订合理的资本投资政策。

如果没有合理的资本投资政策，就不可能拟订实际的预算，尤其对大型企业而言，更是如此。要推动有效的分权化管理，企业必须制定合理的资本投资政策，否则高层管理者总是会任意核准投资或保留资本，并且专横地集中掌控现金。合理的资本投资政策也是提升管理精神的先决条件，否则低层主管会一直感到，自己的绝佳构想一旦陷入高层拨款委员会作业程序的迷宫，就动弹不得。

合理的资本投资政策决定了经营决策的范围，显示出要达成营销、创新和生产力目标，应该采取哪一种方式最好，而且迫使企业主管了解自己在制定决策时，承担了哪些义务。长期以来，我们的主管在缺乏这种政策的情况下，竟然还可以经营公司，这就好像埃里克森（Leif Erickson）在没有地图、没有指南针的情况下，居然横越大西洋，返回文兰岛一样不可思议。

资本投资政策必须奠基于对报酬和风险比的可靠评估。这种风险和轮盘赌的概率或保险精算人员所估计的预期寿命等可计算的统计风险不同。在四种"继续维持事业的风险"中，只有一种是统计的风险，也就是重置。重置又称为折旧、摊提或重置准备金，难怪被视为成本。其他三种风险都比重置风险更严重，基本上都不能凭过去经验预测，换句话说，在统计上是不可测的风险，属于史无前例、不同于以往的新风险。

不过即使是这类风险，今天我们仍然可以将之简化为概率的预测，尽管误差率颇大。许多大公司显然正在从事这方面的研究，不过还没有办法完成系统化的分析。

然而关于获利能力，真正的问题不在于应该衡量哪些项目，而是拿什么来当衡量标准。

近来美国企业中很流行计算利润占销售额的比率，但这不是个恰当的指标，因为这个比率无法显示产品或企业在经济波动中的脆弱程度，这点只有"损益平衡点"分析才办得到。

计算"投入资本所获得的报酬"也有一些道理，但这是所有衡量标准中最糟糕的标准，就好像几乎有无穷弹性的橡皮尺一样。什么是"投入的资本"？1920年投资的1美元会等同于1950年投资的1美元吗？资本的定义是如会计师所说的，以最初的现金价值扣除后来的折旧，还是照经济学家的定义，是未来的获利能力按照资本市场利率贴现后估算出的现值？

两种定义都没有带来太大的帮助。会计师的定义没有考虑到货币购买力的变化和技术变迁，因为没有把不同企业所面临的不同风险纳入考虑，也没有比较不同企业、同一企业的不同部门，或新旧工厂之间的不同状况，所以无法用来评估企业的经营绩效。更重要的是，这样的定义等于在鼓励企业采用过时的技术。当设备过于老旧，账面价值降低为零时，在账面上反而比生产成本较低的新设备显得更有利可图，甚至在通货紧缩时期都是如此。

经济学家的投入资本观念则没有这些缺点，在理论上看来简直天衣无缝，却无法应用在实际状况上，因为根本不可能计算出过去的任何投资在未来的获利能力换算成今天的现值是多少。即使对一流的"电脑"而言，其中牵涉的变数都太多了，有太多未知和不可测的因素。即使要找出哪些是可预知的因素，需要付出的成本都会远超出可能得到的收获。

因此，许多管理者和会计师现在倾向采取折中方案，他们将"投入资本"定义为今天为了建构和旧组织、旧工厂、旧设备具备同样生产能力的新组织、新工厂、新设备所耗费的成本。理论上，这个定义也有缺陷，例如在经济萧条时期，当新设备的价格和建造成本很低的时候，这个定义会扭曲了获利能力的意义。但是最主要的问题还在于实务方面。由于要假设重置准备金的数额很不容易，数字也不可靠，即使假设的标准上有小小的变化，可能都会造成最终结果的极大误差。

换句话说，到目前为止，还没有找到真正有效的方法。或许最明智的做法是，不要试图找到能一举解决问题的办法，而是接受目前最简单的方式，了解其中的缺点，并且事先防范可能造成的严重问题。

因此我要提倡一个几乎没有什么理论基础的方法：借由折旧后的税前净利和以最初成本投入的原始资金（换句话说，是折旧前的金额）之比，来衡量获利能力。在通货膨胀时期，由于成本升高，会略微调整所投入的原始资本的金额。在通货紧缩时期（这个方法尚待测试）原始投资金额则同样会向下调整。如此一来，无论原始投资或原始的货币购买力在什么时候发生，我们都可以用在三五年内大约可以比较的币值，推出统一的投资数额。我承认这个方法很粗糙，我也没有办法反驳朋友的说法：这个方法岂不是和粉饰锈迹斑斑的污点差不多，但是至少这个方法很简单。而且正因为它的计算方式很粗糙，因此任何管理者都不会受到愚弄，而误以为这个数字很精确，事实上，无论投资报酬率的数字是怎么算出来的，充其量也只是粗略的猜测而已。

其余关键领域

关于其余三个关键领域：管理者绩效与培养管理者、员工绩效和态度、社会责任，在此不需多做说明，因为我们在后面几章还会详细探讨。

不过，需要特别说明的是，这些领域的绩效与成果无法完全以数字来衡量。这三个领域都和人有关。由于每个人都是独一无二的，我们不能把他们相加或相减，而必须建立质的标准，需要的是判断而非数据，评价而非衡量。

决定管理者的绩效和培养目标并不难。企业要长久经营下去，并持续获利，就必须为管理者设定目标，加强自我控制，界定工作职责，建立管理组织的精神，健全管理结构，并且培养未来的管理者。一旦目标清楚了，就可以评估是否达成目标。当然，我们在第 13 章讨论的组织精神评估将找出组织的重要缺点。

在每个企业中，只有管理层能决定社会责任这一目标是什么。我们在结语部分会讨论到，这个领域的目标虽然非常具体，却必须根据影响每个企业同时也受企业影响的社会和政治环境来决定，同时也必须以经营管理层的信念为基础。这也是为什么社会责任如此重要，因为企业管理者跨越了周围小小世界的局限，尽责地参与了社会的发展。但是，每个企业最重要的共同目标是努力为社会做出贡献，凡是能促进社会进步与繁荣的，也都能增强企业实力，带给企业繁荣与利润。

然而，当我们为员工绩效和态度设定目标时，问题却很多，原因倒不在于这个领域过于抽象。其实内容非常具体，到目前为止，我们对这个领域了解不多，大都是根据迷信、征兆和标语口号行事，而不是根据知识行事。

看清楚问题所在，找到有意义的衡量方式，将是对管理者的最大挑战。这个领域的目标应该包括劳资关系的目标。

如果本书的主题是工业社会，那么应该特别突出工会的角色，正如同我在《新社会》中的讨论，但本书谈的是管理的实践，工会只是管理层必须面对的外界团体和力量之一（例如供应商是另外一股势力），但工会是一股强大的外力，可以通过加薪的要求打击企业，同时借着罢工瓦解管理层对企业的掌控能力。在任何成立了工会的企业中，管理层都需要为劳资关系制定长期目标。如果任凭工会主导劳资关系，那么这家企业可以说毫无管理可言。不幸的是，过去 15 年、20 年来，美国许多企业主管正是采取这种方式来处理劳资关系，把主控权交到工会手上。他们甚至无法预期工会可能提出什么要求，他们基本上不了解工会，不知道工会如何运作，也不了解工会为什么会这么做。当下属报告工会将提出某些要求时，管理层通常都充耳不闻，认为工会不会真的提出要求，因为这些要求根本不合理。然后，等到工会真的提出要求时，他们往往一口拒绝，表示"绝无可能""这样做会毁了公司"。而三四天后，他们却又让步，屈服于工会的要求，还在联合声明中，和工会领袖一起盛赞这份协议是"民主化劳资关系的一大里程碑"。这样做简直不是在管理，而是放弃管理的权利。

劳资关系的目标究竟应该是什么，已经超出了本书讨论的范围，但首先管理层应该收回主导权！设法了解工会是什么，为什么会成立工会，同时他们也必须知道工会将提出什么样的要求，以及为什么提出这些要求。他们必须能预测到工会可能的要求，设法把最后达成的协议导向有利于企业的方向，或至少不要伤害企业。更重要的是，企业经营者也应该学会提出要求。如果只有工会提出要求，企业经营者会一直处于被动，在劳资关系中始终是缺乏效能、频频挨打的一方。

无论劳资关系多么重要，在工作管理和员工管理中都只占一小部分，至于主要的部分，我们甚至不知道能够具体衡量的项目（流动率、员工出缺勤、劳工安全与就诊记录、提案制度参与率、员工申诉、工作态度等）和员工绩效有没有任何关系，或充其量只是表面的指标而已。但是我们仍然可以利用这些项目来建立劳资关系指标，尽管我们仍然只能臆测衡量出来的结果所代表的意义，但至少系统化地尝试找出员工的工作状况，将有助于管理层集中精力到能做和该做的事情上。尽管只是暂时的缓和剂，至少能提醒管理者对于组织员工和工作应该担负的责任。这个方法甚至连权宜之计都谈不上，勉强只能算承认自己的无知。我们必须建立以知识为基础的真正目标，以取代目前的做法。

目标的时间幅度

设定目标时，应该把目标限制在多大的时间跨度内？我们应该把达成目标的时间，设定在多久之后？

这个问题显然和企业的性质有关。对某些服装企业而言，下个星期的清仓大拍卖可能已经算是"长远的未来"了。但是建造一部蒸汽涡轮机可能需要 4 年的时间，另外还要再花两年的时间来安装机器，因此对涡轮机企业而言，6 年可能算"最近"的事情。克朗·泽勒巴克公司甚至不得不在今天就种植 50 年后才能收回的树苗。

不同的领域需要拟订不同的时间跨度。至少可能要花 5 年的时间，才能把销售组织建立起来。目前工程和化学领域的创新，至少要 5 年后才能在市场和利润上有所收获。此外，资深的销售经理认为，促销攻势必须在 6 个星期内见效。一位经验老到的销售员表示："当然，有些产品正在沉睡当中，但是大多数从来不曾醒过。"

也就是说，为了达成目标，管理层必须设法在最近的将来（未来几年）和 5 年以上的长远未来之间，通过"管理支出预算"而取得平衡。因为几乎所有影响平衡的决策都被视为会计师所谓的"管理支出"，这些支出由目前的管理决策决定，而不是由不可改变的过去决策（如资本费用）或当前企业经营上的要求

（例如劳动力和原料成本）来决定。今天的"管理支出"将成为明天的利润，但也可能成为明天的亏损。

每个读到大二的会计系学生都知道，只要改变折旧费用的计算基准，几乎可以把任何"利润"数字都改变为"亏损"，而且新的基准似乎和旧基准一样有道理。但是企业经营者（包括他们的会计师）往往不了解这类支出有多少是基于对长期和短期需求的评估，而这种不了解对长短期需求都会带来重大影响。以下是部分的支出清单：

> 折旧费用；维修预算；资本重置、现代化和扩张成本；研究预算；产品开发和设计支出；团队的支出，包括人员组成和薪酬、规模以及培育未来管理者的开支；建立和维持销售组织的成本；促销和广告预算；顾客服务成本；人力资源管理，尤其是培训费用。

以上支出，几乎每一项都可以大幅削减或删除，而且删减后有一段时间，或许是很长的一段时间，都不会出现任何副作用。我们也可以大幅提高其中任何一项支出，而且也由于种种缘故，有很长一段时间看不出效益。但是，削减支出以后，账面数字总是立刻会显得好看许多，而提高支出以后，账面数字也立刻显得难看许多。

如何管理企业支出，没有一定的公式可循，只能依赖个人判断，而且几乎都是妥协后的结果。但即使是错误的决策，都比信手乱砍预算要好得多，换句话说，千万不要在晴天时乱开支票，一旦看到天边出现第一朵乌云，就立刻大刀阔斧削减支出。所有管理良好的支出都必须长期执行才能见效，短时间拼命冲刺，不见得有效果。而突然削减经费可能在一夕之间摧毁了长期耕耘的成果。在公司发达的时候，夸耀公司福利，成立球队，但是当订单下降10%，就大幅紧缩开支，甚至不再供应盥洗室的洗手肥皂（不要以为我夸大其词，美国在1951年的确发生过这种状况），与其这样还不如细水长流，规划适度而稳定的员工活动。与其等顾客习惯了良好的服务后，却在公司利润下降时裁掉半数的客户服务人员，还不如从一开始就只提供稳定的基本服务。与其1年投入200万美元的研究经费，之后9年却都不花1分钱从事研究，还不如连续10年来，每年花 5 万美元在研究上。在思考管理支出的问题时，宁可每天都有一片面包，而不要今天有一袋面包，明天却什么都没有。

几乎上述的每一项支出都必须依赖能干的员工，才能发挥效用。然而如果工作时经常觉得受制于突发、不可预测的高低起伏的公司政策，那么一流人才就不愿继续留在公司里，或即使留下来，也不再尽最大的努力，因为"到头来上面还是说砍就砍，努力工作又有什么用呢？"如果在面临"经济浪潮"冲击时，企业大刀阔斧地裁掉了训练有素的员工，那么当管理者突然决定要重整旗鼓时，就很难找到替代的人员，或是要花很长的时间重新训练人才。

有关管理支出的决策对于企业整体发展非常重要（更甚于对个别企业活动的影响），必须逐项慎重考虑，并且思考其加总起来的整体效益。管理者必须了解每一项开支在每个领域中有何用途，以及为什么要这么做。管理者也必须了解哪个领域最重要，哪个领域的经费可以先削减，削减的幅度有多大，以及哪个领域的经费需要增加，增加的幅度有多大。最后，管理者还必须了解为了追求短期效果，必须承担多少关系长远未来的风险，以及需要哪些短期牺牲，以换取长期的成果。

为期 5 年的支出预算应该显现在最近的将来，要达到企业每个领域的经营目标所需的必要支出；也应该显示为了维持企业 5 年后的地位，实现具体的目标，每个领域需要哪些额外的支出。如此一来，企业可以清楚地知道当景气好时，必须先提高哪些领域的支出；如果生意下滑时，必须先削减哪些领域的支出。因此管理部门可以预先规划即使在景气不好时，仍然应该维持哪些基本支出；如何随景气波动调整支出，以及即使碰到经济繁荣，仍然应该避免哪些支出。支出预算应该显示这些支出对于达到企业短期成果所发挥的整体功效，以及预期在长期发挥的影响。

平衡各种目标

除了要权衡最近的将来和长远的未来之外，企业管理者也必须在各种目标之间取得平衡。哪个目标更为重要：是扩张市场，提高销售量，还是提高投资报酬率？应该花多少时间和精力在提升制造部门的生产力上？如果把同样的精力和资金投注于新产品设计上，会不会获得更高的回报？

要区别管理是否有效，最好的指标莫过于管理者在平衡各种目标上所显现的绩效。这项工作也没有公式可循，每一家企业都必须达到自己的平衡，而且可能在不同的时期必须达到不同的均衡状态。唯一能确定的是，平衡各种不同的企业目标并非机械化的工作，不是靠"编制预算"就可以办得到的。预算只是最后用来表达平衡决策的文件，但是决策本身有赖于良好的判断力，而健全的判断则必须基于完善的企业经营分析。企业管理者能否谨守预算，往往被视为管理能力的一大考验。但是当预算将企业各种不同的需求做了最佳调和后，能否尽力达成预算，才是检验管理能力更重要的指标。已故的凯迪拉克总经理德雷斯达特（Nicholas Dreystadt）是我所认识的企业管理者中最有智慧的一位，他曾经说过："每个笨蛋都懂得遵守预算，但是在我这辈子见过的企业管理者中，只有极少数能拟出值得遵守的预算。"

关键领域的目标是引导企业发展方向的必要"仪表盘"。没有目标的管理就好像飞行时只凭直觉碰运气一样，既缺乏地标、地图的引导，过去也没有飞过相同路线的经验。

不过，仪表盘固然重要，飞行员的解读能力也同样重要。对企业管理者而言，则代表预期未来的能力。根据完全错误的预期来拟订目标，可能比根本没有目标更糟糕。因此，接下来我们必须讨论企业管理者需要哪些工具，才能让今天的决策在明天产出成果。

今天的决策，明天的成果

> 管理者必须始终预测未来——摆脱对经济周期的依赖——找出波动的范围——找出经济的基石——趋势分析——未来的管理者才是企业真正的保障

企业制定目标，是为了决定今天应该采取什么行动，才可以在明天获得成果，是以对未来的预期为基础的。因此要达成目标，必须采取行动塑造未来，权衡今天的手段和未来的成果，在不久的将来和遥远的未来之间求取平衡。

上述的考虑对于企业经营尤其重要。首先，几乎所有的经营决策都是长期决策，就今天而言，甚至 10 年的时间都算短了。不管是有关研究发展、建造新工厂、设计新的销售组织或产品，每个重大的经营决策都需要经过多年时间，才能真正奏效，更要在多年以后，才能有真正的产出，投入的资金和人力也才得以回收。

企业经营者别无选择，只有预测未来的发展，并试图塑造未来，在短期和长期目标之间取得平衡。要做好这两件事，远超出凡人的能力，不过虽然缺乏老天的指引，企业管理者绝对不可轻视这些艰难的责任，必须尽己之力，尽职尽责。

预测 5 年、10 年或 15 年后的发展，通常都只能算"猜测"而已。但"基于系统知识的猜测"和"单凭直觉"不同，理性评估后所做的猜测和有如赌博押注般的瞎猜之间，还是有差别的。

摆脱对经济周期的依赖

任何企业都生存于大的经济环境之中，因此规划未来时势必会关注"整体经营条件"的变化。不过企业管理者需要的不是一般人心目中的"经营环境预测"，也就是企图预测明天的天气，或解读三五年后，甚至 10 年以后的经营环境。企业管理者需要的是能够不受制于经济周期，让企业自由思考与规划的工具。

乍一看，这似乎是一种似是而非、自相矛盾的说法。经济周期当然是一种重要的因素。一项决定是在繁荣时期实施还是在萧条时期实施，将对这项决定是否有效和成功产生不同的影响。在经济衰退的低谷时期进行资本投资，在经济繁荣的顶峰时期抑制扩张和新的投资，经济学家这种千篇一律的建议似乎只不过是一种最基本的常识。

事实上，这个建议不会比低价买进高价卖出的建议更加有用和有效。尽管这个建议很好，但是应该如何执行呢？又有谁知道我们现在正处于经济周期的哪个阶段呢？而经济学家过去的平均准确率并不怎么样，生意人预测成功的概率也好不到哪里（还记得 1944～1945 年，大家都预测战后经济会开始走下坡路吗）。即使这个建议很好，利用经济周期依然是个无法实施的建议。

如果工商界人士真的能遵照这个建议行事，那么从一开始，压根儿就不会出现经济繁荣和经济萧条了。经济之所以会出现两极化的波动，正是因为就心理学而言，这个建议根本不可行。在经济繁荣时期，几乎每个人都相信这下子可以海阔天空，无所限制，而在经济跌落谷底时，每个人都相信这一回经济繁荣再也不可能恢复了，会一直走下坡路，或永远停在谷底，无法翻身。只要生意人一直围绕着经济周期思考，他们就会受这种心理所摆布，无论原本的意图有多好，经济学家的分析有多高明，他们都将因此做出错误的决策。

更糟糕的是，即使连经济学家现在都开始怀疑，是否真的有"周期"这回事。当然，经济一直有起有落，但是经济形势的发展真的具有可以预测的周期性吗？伟大的经济学家熊彼特在世时曾经耗费了 25 年的时间，苦心钻研周期的问题，但他找到的"经济周期"充其量只是各种不同的周期性运动加总起来的结果，而且是事后分析出来的形态。经济周期分析只能告诉我们曾经发生了经济周期，却无法告诉我们未来会如何发展，因此对于企业经营管理发挥不了什么作用。

最后，对许多经营决策而言，经济周期所涵盖的时间太短了。举例来说，我们没有办法根据对未来 4 年、5 年或 6 年的预测，拟订重工业的工厂扩建计划。这类计划通常必须放眼 15 年、20 年后。无论要根本改变产品或销售组织，成立新商店或开发新的保险方案，也都会碰到同样的情形。因此企业真正需要的，是能协助他们不需要猜测目前经济究竟处于周期的哪个阶段，就能制定决策的工具。无论目前经济形势如何，企业都需要借助这类工具做 3 年或 7 年以后的规划。

今天，这类工具有 3 种，在经营企业时，3 种工具都很有效。

首先，我们可以假定经济总是会不断起伏，而不需试图臆测目前的经济正处于经济周期的哪个阶段。换句话说，借着分析过去的经验，找出预期可能碰到的最坏可能或最可能碰到的严重挫败，[⊖]并据以检验目前的经营决策。如此一来，企业的决策就不必受制于对经济周期的臆测。

这个方法无法告诉我们决策是对是错，但能显示其中所牵涉的最大和最小周期性风险，因此在评估企业必要的最低利润时，这是最重要的预测工具。

第二种工具比较不容易掌握，但功效更大。这种工具是根据可能对未来经济产生重大影响的事件来制定决策，把考虑的重心放在过去已经发生且不具经济意义的事件上，而不去预测未来；试图找出影响经济环境的基本因素，而不去猜测未来的经济环境。

> 我们在前面曾经提过，有一家公司在第二次世界大战期间决定在战后转行成为保险丝盒和闸盒制造商。这个决定就是基于影响经济发展的基本要素——1937～1943 年，美国出现了新家庭日益增多的趋势和人口结构的变化。
>
> 到了 1943 年，很明显，美国的人口趋势已经发生根本变化，即

⊖ 对大多数美国制造业而言，过去碰到的最坏状况并非 1929～1932 年的"经济大萧条"，而是 1937～1938 年短暂的经济衰退。除了日本和德国战败后经济崩溃的惨况外，这 8 个月的衰退幅度在工业国家中可以说是前所未见的。

使人口统计专家的推论正确——他们预测高生育率是战时的短暂现象，在战后就会下降（这是历史上最缺乏根据的轻率推测）——仍然无法改变一个事实，新家庭形成率从1937年的低点开始大幅上升，远超过萧条时期的数字。即使新家庭形成率和人口出生率在战后再度下降，这些新家庭仍然需要房子住。除此之外，房地产市场已经停滞了将近20年，所以对于住宅潜藏了惊人的需求。由此可以得到的结论是，除非美国战败，否则战后建筑业必定非常兴旺。

如果战后美国发生严重的经济萧条，住宅兴建计划就会由政府主导。事实上，人口趋势和住宅供需情况都显示，兴建住宅势必成为政府对抗经济萧条的重要政策。如果战后美国经济日益繁荣，而后来情况也确实如此，那么房地产市场就会更加蓬勃发展，私有住宅会大量兴建。换句话说，无论战后经济形势是好是坏，住宅建设都会蓬勃发展（事实上，如果战后真的发生经济萧条，可能住宅建设还会更加兴旺）。

企业正是根据针对这类已经发生而且预期会影响未来经济发展的趋势所做的分析，决定是否跨入新行业。因此即使在做长期规划时，企业经营者仍然可以理直气壮地说，他们其实不是在预测未来。

当然，人口结构只是其中一项基本要素。在第二次世界大战刚结束的那段期间，人口结构可能是影响美国经济发展的主要因素，但在其他时候，人口结构可能只是次要甚至不相干的因素。

不过，基本方法依然放之四海而皆准：找到过去已经发生过的非经济性却会影响经济环境的事件，然后据以制定未来的决策。

尽管基本要素分析是我们手边所能拥有的最佳工具，但离完美仍还有一大段距离。1944年，法国也很可能根据同样的人口趋势分析而推出相同的结论——战后住宅建设将是一片繁荣。尽管他们的分析很正确，法国的住宅建设却没有盼到预期的繁荣。当然，原因可能完全与经济体系无关。或许问题出在法国实施房租管制和糟糕的税法，也可能住宅建设的繁荣只是暂时延后，仍然蓄势待发。战后住房不足的窘境可能是法国政治和经济问题的主因，因此根本就不该让这种情形发生。然而，对商人而言，这些安慰没什么用。在法国，转行生产保险丝盒和闸盒的决定虽然是基于理性的猜测，却仍然是错误的决定。

换句话说，我们不能说任何事情在未来一定会发生。即使必然会发生的事情确实发生了，我们仍然无法预估发生的时间。因此，我们绝不能单独运用基本要素分析法，必须由第三个降低预测风险的工具加以检验：趋势分析，这也是今天美国人普遍采用的方法。基本要素分析试图探究未来的事件"为什么"会发生，趋势分析问的问题则是"有多大的可能"和会"多快"发生。

趋势分析所根据的假设是：经济现象——例如家庭用电，或平均每 1 美元的家庭所得有多少花在寿险上——是长期的趋势，不会很快改变或变幻莫测。这种趋势可能会受到周期性波动的干扰，但经过长时间后，终将恢复原本的走势。拿统计学家的术语来形容，"趋势曲线"会是一条跨越 10 年、15 年或 20 年的"真实曲线"。

所以，趋势分析就是要找出关于企业发展的特有趋势，借着趋势，企业在制定长期决策时，不需要太在意短期的经济周期。

趋势分析非常重要，它可以拿来检验基本要素分析的结果，但是也不能单独运用这个工具，以免变得盲目依赖过去的经验或"社会惯性法则"。事实上，尽管这两种分析采用的方法不同，却能形成合力，帮助我们捕捉飞逝的时光，以便能好好审视一番。

尽管这三种方法都有缺点，但如果能持续熟练地运用这些方法，并且了解其限制，应该可以向前跨一大步。制定经营决策时，不再单凭预感，而是理性地推测。至少管理层知道，目标应该基于什么样的期望值，期望值是否合理，或是当预期的情况没有发生，或是不在预期的时间内发生时，什么时候该检验目标。

未来的管理者才是企业真正的保障

企业真正的安全保障，是未来的管理者。即使有了这些改进后的方法，关系未来的决策仍然只是预期而已，很可能出现猜错的情况。因此任何经营决策都必须预先做好改变、调整或补救的准备。针对每一个经营决策，管理者都必须预做充分准备，尽可能将未来打造成预期的模样。否则，就算预测未来的技术再高明，经营决策都不过是一相情愿的如意算盘，和所有根据长期预测所做的决定一样，将走向不可避免的下场。

具体来说，这表示今天的管理者必须有系统地为明天的管理者做好准备。明天的管理者能够调整今天的决策以适应明天的环境，能将理性推测转变为扎实的成就，让明天的环境更适合今天所制定的决策。

在探讨管理者培养时，我们强调必须协助有能力制定未来决策的管理者做好准备。话虽没错，但我们之所以需要有系统的管理者培养计划，首要目的还是为了今天的决策，尤其重要的是，必须为了解这些决策及其背后思想的人做好准备，因此当今天的决策变成明天的困扰时，他们才能采取明智的行动来处理。

最后我要指出，无论企业经济学的理论多么完备，分析多么周密，工具多么有用，企业管理终究都要回归到人的因素。

第9章 | CHAPTER 9

生产的原则

生产能力永远是一个决定性和限制性的因素——生产不是将工具应用于原材料，而是将逻辑应用于工作——每一种生产系统有其自身的逻辑，并对企业和管理层提出其自身的要求——三种生产系统——新式的大规模生产是第四种生产系统吗——单件产品的生产——"旧式"和"新式"的大规模生产——流程生产——管理层应向它的生产人员提出什么要求——生产系统对管理层的要求——"自动化"，革命还是渐变——要求每个管理者在以后的年代里都懂得生产的原则

生产管理就像销售、财务、工程管理，或保险公司的投资管理一样，都不是本书讨论的焦点。但是，任何从事商品生产或销售的企业，其最高管理层都应该认真思考生产的原则。因为在这类企业中，能否完成绩效目标，完全要视企业能否依照市场要求的价格和数量生产商品，并供应市场所需而定。制造业在设定目标时，必须考虑其生产能力。管理层的职责是利用现有的物质生产要素克服生产的限制，并把这些物质限制转为机会。

当然，这些都是老生常谈。但传统上，管理层对于生产的物质限制的反应往往就是对生产部门施压：与其他部门相比之下，"通过压力进行管理"在生产部门总是特别流行。而生产人员则把解决之道寄托在从机器设计到工业工程的各种技术和工具上。

不过，这些都不是关键。要克服物质限制，或将限制转为机会，管理层首先必须了解企业运营需要的是哪一种生产系统，了解这一系统运作的原则何在；其次是必须一致而彻底地应用这些原则。生产并非是把工具应用在材料上，**而是将逻辑应用在工作上**。越能更清楚、一致而合理地应用正确的逻辑，生产所受到的限制就会越少，碰到的机会则越多。

在企业的每个领域和每个阶层，每一种生产系统对企业管理都有不同的要求，要求管理者展现不同的能力、技巧和绩效。任何一组要求不一定"高于"另外一组要求，就好像非欧几里得式的几何学不一定就高于欧几里得几何学一样。但是每一组要求都不同。管理层必须了解他们所采用的生产系统有何要求，才能有效管理。

今天，当许多企业都从一种生产系统转换到另外一种生产系统时，这种观念尤其重要。如果管理者认为转换生产系统只与机器、技术和生产原理有关，企业操作新系统时将不可避免地碰上重重难关。要享受到新系统的好处，管理者必须明白，新系统将关系到新原则，因此必须先了解新的生产原则到底是什么。

三种生产系统

到目前为止，我们所知的基本工业生产系统有三种：单件产品的生产系统、大规模生产系统和流程生产系统。我们也可以把它算成四种生产系统，即大规模生产系统可分为："旧式"的大规模生产系统，也就是大规模生产同一种产品，以及"新式"的大规模生产系统，制造同一种零件，但组装成不同的产品。

每一种系统都有自己的基本原则，每一种系统对于管理也都有其特殊的要求。

要提升生产绩效，克服限制，有两个通则：

（1）能够在更短的时间内将生产限制降得更低，就能将生产系统的原则应用得更彻底、更持续。

（2）这几个系统本身代表了不同的先进程度，单件产品的生产系统是最落后的生产系统，流程生产则是最先进的生产系统。这几种系统也代表了对于物质限制不同的控制程度。这并不表示只要从单件产品系统往流程生产系统迈进，就一定能掌握进步的契机。每一种系统都有其特定的应用方式、要求和限制。但我们的确能进步到懂得遵循较先进系统的原则来组合生产的各个部分，并同时学习如何在企业内部调和两种不同系统。

关于每一种系统对于管理能力的要求，也有两个通则：

（1）各种系统的要求不但难度有别，而且所要求的管理能力和绩效顺序也不同。从一种系统转换到另外一种系统时，管理层必须学习如何做好新工作，而不只是把旧的工作做得更好。

（2）越能成功地贯彻每个系统的原则，就越容易达到系统对管理的要求。

每个管理者都必须根据其产品和生产的性质，来满足公司应采用系统的要求，而不是只求达到企业现有系统的要求。不能或不愿采用最适当的系统，只会导致绩效不彰，而不会降低系统对管理能力的要求。的确，如此一来，将不可避免地提高了企业管理的难度。

> 其中一个例子是钢铁制造业，采用"整批生产流程"的单件产品生产系统。钢铁制造业比任何产业都努力改进单件产品系统，而且也非常成功。不过，钢铁业的管理层所面临的问题完全出在流程生产上：由于对固定资本的要求很高，而且需要连续生产，因此损益平衡点很高，需要维持大量且稳定的业务，并且及早为长远的未来制定基本投资决策。而同时，钢铁业却没有享受到什么流程生产的效益。

总而言之，管理企业时，很重要的是必须了解企业所采用的是哪种系统；尽力贯彻系统的原则；找出生产系统的哪些部分能组合应用到更先进的系统，并且加以组合；了解每一种系统在管理上有哪些要求。

正如同钢铁业的情形，当历史和技术障碍阻挠生产组织采取适当的系统时，管理层的重大挑战就是如何有系统地克服这些障碍。的确，在这种情况下，不应该再把焦点放在如何让根本上已经错误的系统发挥更高的效益。我相信钢铁业在技术上投入的庞大心力，都用错了方向。一味地把焦点放在改善传统的生产工艺上，结果只是白费力气，因为钢铁制造业终究会采用流程生产方式，而且这种改变很可能在不久的将来就会发生。采用错误系统的企业仍然需要满足适当而先进的系统对管理的种种要求，但是缺乏必要的资金为后盾，因为只有靠更先进的系统来增强生产能力，才能提供充足的资金。

单件产品的生产

这三种生产系统及其生产原则究竟是什么？

在第一种生产系统——单件产品的生产系统中，每个产品都自给自足，各自独立。当然，严格说起来，根本没有所谓单件产品生产这回事，只有艺术家才会制造出独一无二的产品。建造战舰、大型涡轮机或摩天大楼和生产单件产品十分类似，盖房子也一样，而在大多数情况下，在作坊中进行的整批生产也一样。

在这种系统下，基本原则是将生产过程组成许多同质性的阶段。举个最单纯的例子——建造传统独栋住宅，我们可以把它分为四个阶段：首先是挖地基，为地基墙和地下室的地板浇灌水泥；接着是架设梁柱，建构屋脊；然后则是在内墙铺设管线；最后进行室内装修。这四个阶段各自独立，施工每完成一个阶段，都可以停下来一长段时间，而不至于对整个工程造成伤害。此外，在每个阶段中，工作都必须一气呵成，否则就会损及已完成的工程，甚至必须重头来过。建造不同的房子时，可能会有不同的阶段，但每个阶段不会为下一阶段带来任何困扰或延误，也不需要调整下一阶段的施工。每个阶段都有其产品（房子）内在的逻辑，自成完整的实体。

单件产品生产由于将工作组合成同质的阶段，和技能性组织截然不同。在技能性组织中，木匠完成所有的木工，水管工负责所有的水管维修工作。通过适当的组合，单件产品的生产不是靠手艺，而是靠半技术工来完成。安装电话的技工就是个好例子，电话安装工人不见得是技术熟练的电工、木匠、水管工或盖屋顶的工人，但是他能铺设电线、锯木板、连接地线、换装瓦片。换句话说，就是参与某个阶段工程的每一位工人都必须有办法完成那个阶段所有必要的工作；否则就像建造大型涡轮机一样，每个阶段都必须有一支整合件的团队，其成员拥有这个阶段需要的一切技能，但个别工人或整个小组所拥有的技能不需超越这个阶段的要求。

第二次世界大战期间，美国之所以能在极短的时间内成功建造所需战舰，这正是主要的原因。能够建造出前所未见的大量战舰，不是因为大量生产系统，而是把工作分割成同质性的不同阶段；满足每个阶段的特别需求而系统化组合工作，并且有系统地训练大量人力来完成各个阶段的所有工作。结果实现了积极的工作进度规划，节省了很多时间。

"旧式"和"新式"的大规模生产

大规模生产是把标准化的相同零件组装成（大量或小量的）不同产品。

今天在制造业中，大规模生产已成为最普遍的生产系统，而且也被视为工业社会的典型生产系统，尽管流程生产可能很快就会变成强劲的竞争对手。

今天大规模生产已经如此普遍，大家可能假定我们完全了解大规模生产系统及其基本原则，但事实并非如此。经过了40年以后，我们现在才开始了解应该做什么，原因在于当初引进大规模生产系统的人误解并误用了这个系统，先驱者往往会走上这条路。

当亨利·福特说，"顾客可以选择任何颜色的汽车，只要汽车是黑色的"时，他可不是在开玩笑。他的话正充分表达了大规模生产的本质——大规模制造出相同的产品。当然，福特知道要让顾客选择颜色也很容易，只需要给生产线末端的喷漆工人三四个喷漆枪就可以了。但是福特也很清楚，一旦他对产品多样性让步，产品的一致性立刻就会彻底消失，对他而言，产品一致性是大规模生产的关键。

这种旧式的大规模生产系统建立在误解之上。真正的大规模生产系统比人类所设计的任何生产方式都能制造出更多样的产品，而不是只能生产统一的产品。大规模生产系统其实是以统一的零件大量组装成各种不同的产品。

因此大规模生产的最佳范例并非福特汽车公司的生产线，反而是南加州的农具制造商，他们设计和制造特殊农耕机器，以供在灌溉过的土地上进行大规模耕作时使用。他们所设计的机器都十分独特。例如，他们制造的机器加上各种配件后，能够包办大规模栽种黄瓜的所有工作——从春天挖土施肥播种，在黄瓜成熟时适时收割，到腌制黄瓜。每一种机器每次都只制造一部，然而他们所设计的 700 多种不同的机器，每一部机器完全由大规模生产、统一且标准化的零件所组装而成，而这些零件都是由美国经济体系中的某个厂商大规模制造的。这位制造商最重要的工作不是解决设计机器的问题，例如如何让机器挑出成熟得可以拿来腌制的黄瓜，而是找到能大量生产某个零件的厂商，尽管这个零件原本是为了截然不同的用途而设计的，而把它装配到黄瓜耕种机上，却能发挥所需的功能。

应用这个原则的诀窍在于，必须能系统化地分析产品，找出构成这些产品多样化的模式。然后运用这个模式，可以用最少量的零件组装出最大量的产品。换句话说，把多样化的重担从制造转移到组装工作上。

10 年前，有一家大型电机公司制造了 3400 种机型的产品，每一种机型都包含 40～60 种零件。他们分析产品线后，发现其中有 1200 种机型是重复的，因此先将产品种类减少了 1/3，为了制造剩余的 2200 种产品，这家公司自行制造或采购了超过 10 万种不同的零件。

分析了产品之后，他们建立了产品模式，决定了需要的零件，结果发现这 2200 种机型可以依照使用的电压，归为 4 类。只有 40 种产品没有办法纳入这种模式。因此他们可以再度缩减产品需要的零件种类。接下来，他们又把每一种零件的种类减到最低；只有一种零件还需要 11 种不同的类型，如今每个零件平均只有 5 种类型。

尽管最终产品种类繁多，这家公司的生产其实只是零件生产，零件组装要肩负起多样化的重任。零件持续生产的进度是由存货的多寡来决定的，而不是视顾客订单而定，而存货的多寡则由组装和运送产品所需的时间来决定。

这种新式的大规模生产是今天最立即可用的生产概念。但是只有少数从事生产工作的人理解这个概念，也只有少数公司实践这个概念。充分运用这种概念的技术和方法也直到现在才出现。这是"作业研究"的合理方式，使得我们能够针对产品和零件进行必要而复杂的分析，让正确的大规模生产原则发挥效果。

只要运用了新生产原则的工厂，成本都大幅降低，有时候甚至降低了 50%、60%。而且这种概念也不是只能应用在生产流程上。由于零件存货取代了最终产品存货，公司因此能降低成本，并为顾客提供更好的服务。

换句话说，这种新原则确实达到了福特所追求的理想：持续生产统一的商品，不会因为订单不稳定或需要替换工具、式样或机型而中断。但是达到目标的途径并非由生产统一的产品，而是通过生产标准化的零件而办到的，是制造的一致性加上了组装的多样性的结果。

显然，要应用大规模生产的原则并不容易，已经超越了生产的范畴，需要营销人员、工程师、财务人员、人力资源部门和采购人员共同努力。这种做法的生产周期约 3 个月、6 个月，有时候甚至 18 个月，而且会连续使用机器，因此有它的风险，需要掌握新会计工具。

新式大规模生产也不可能一蹴而就，一家电机公司花了 3 年的时间来发展新的生产系统。但是由于省下的成本实在太惊人了，两年内就弥补了重新设计产品和生产设备的花费。

流程生产

第三种系统是流程生产，流程和产品合而为一。

流程生产最古老的例子就是炼油业。炼油厂所采用的流程决定了从原油提炼出来的最终产品究竟为何。炼油厂只能依照当初建厂时的设计，以确切的比例生产石油蒸馏物。如果要加上新的蒸馏物，或要大幅改变不同蒸馏物之间的比例，就必须将炼油厂重新改建。化学工业都遵循流程生产的原则而运作，和乳制品及平板玻璃工厂的基本生产系统其实大同小异。

"新式"的大规模生产及流程生产系统都很容易转换成自动化生产。

管理层应向它的生产人员提出什么要求

管理层应该要求负责生产的人员先了解哪一种生产系统最适合，然后持续采用那种系统的原则，并将之发挥到极致。要消除生产对于经营绩效的限制是决定性的第一步。

只有采取了这些步骤之后，才能展开下一步：依照更先进的系统来组织零件生产。

房屋预制构件失败的经验正显示了没有先分析生产流程，并适当组织生产流程，便急于推动更先进的生产系统可能造成的结果。以标准化的预制构件来盖房子似乎是理所当然的事情。然而第二次世界大战后预制构件房屋的尝试却惨遭败绩。失败的原因在于，硬要把标准化的统一零件（也就是大规模生产方式）套用在缺乏组织的单件产品生产系统上。建筑业的生产原则比较接近技能性的组织，而不是同质阶段的生产方式。在技能性的生产系统中，采用预制构件的结果反而会比传统方式更加昂贵，也更费时。不过当长岛的拉维兹公司把兴建住宅的过程组合成同质阶段时，立刻就因为采用统一的标准化预制零件，而明显节省了时间和金钱。

同样，如果一家火车头维修厂采取技能性的组织方式，标准化的零件将节省不了什么成本。但是，如果他们把工作分成几个小组来执行，每个小组都拥有他们所负责的阶段所需的一切技能，换句话说，阶段组织方式取代了技能性组织方式，标准化零件就能大幅节省成本。

这在大规模生产多种产品的产业中特别重要，因为这类产业中蕴藏了应用自动化生产的大好机会；但只有当企业能充分了解生产是怎么回事，并将之组织为统一零件的生产，再将零件组装成多样的产品，才能发挥自动化的效益。

前面提到的电机公司很容易就可以运用自动化的方式来生产零件，这种生产作业十分类似炼油厂和玻璃平板工厂那种持续生产和自动控制的状况。

美国标准局最近为海军研制出电路的自动化生产方式。这种方式不再需要个别焊接电路，换句话说，取消了电子业传统的"装配"生产过程。同时，他们又大量采用不同的电路和电路组，而不需要重新设计生产流程或改变生产方式。因为他们以少数预先设计好的零件，来取代收音机或电视机里面的线路。这些零件能在装配线上快速组装成许多电路和电路组。

我最喜欢的例子是一家衬衫制造商。他们面临的问题是衬衫的尺寸、样式和颜色种类繁多，几乎不可能做什么生产规划。不过他们也发现，他们所生产的衬衫中，有 3/4 是白衬衫，而制造白衬衫只需要 3 种基本布料，比例也都不难预测。此外，所有的衬衫都包含了 7 个部分：前片、后片、垫肩、领子、右袖、左袖、袖口。在组装各个部分，缝制成衬衫时，只要裁掉多余的长宽，调整衬衫的尺寸即可。因为牺牲几寸的布料，要比生产不同尺寸的衬衫便宜多了。生产不同样式时，也只需组合不同的衣领、袖口和纽扣即可。结果，除了袖口和领子之外，所有的衬衫组件都一律只用 3 种等级的布料即可；袖口有 3 种，领子则有 6 种。今天，只有容易生产的衣领是根据顾客订单而制作的。20 年前，还完全要靠手工在缝纫机上将一件件衬衫制作完成，今天却已经变成由存货标准来控制的连续自动化生产流程。结果成本大幅降低，成品的尺寸和样式种类都大幅增加，也大大提升了顾客满意度。

生产系统对管理层的要求

管理层必须了解不同的生产系统对于管理能力和绩效有什么不同的要求。

在单件产品生产的情况下，管理层的首要工作是获得订单。在大规模生产的情况下，管理层的职责是建立有效的销售组织，引导顾客适应企业所供应的产品种类。在流程生产中，管理层的首要任务是创造、维持并扩大市场，并且发现新市场。50 年前标准石油公司的著名故事（免费向他国农民赠送煤油灯，借此创造煤油的市场）正是个好例子。

对于个别产品而言，生产单件产品的成本很高，但工厂享有较大的灵活度。"新式"大规模生产能在广泛的产品范围内，廉价供应顾客需要的产品。但大规模生产系统需要较高的资本投资和高度的连续作业，同时也有存货风险，必须建立能持续销售产品的组织，而不是拼命追求特殊的个别订单。流程生产需要的资本投资最高（以绝对金额来计算的话），也需要连续不断的一贯作业方式。由于生产流程和产品合而为一，即使现有市场对于新产品没有任何需求，生产流程的改变仍然会创造出新的产品，化学工业就经常发生这种情况。因此企业管理层必须为新产品开发新市场，同时为旧产品维持稳定的市场需求。的确，在自动化时代，无论采取大规模生产还是流程生产，管理层的主要责任都是维持更稳定的经济活动，防止经济两极化波动——无论是趋向繁荣还是萧条。

在单件产品的生产系统中，决策的时间幅度很短。在大规模生产的系统中，决策的时间可以长一点，例如凯泽·弗雷泽汽车公司在第二次世界大战后发现，可能要花 10 年的时间，才能把销售组织建立起来。但是在流程生产系统中，制定决策往往是为了更长远的未来，生产设备一旦完工，就没有什么变动的弹性，必须耗费巨资才能改变，投资总额可能非常庞大，市场开发也需要长期的努力。大型石油公司的营销体系就是个好例子。生产组织越先进，针对未来所做的决策就越重要。

每个系统都需要有不同的管理技巧和管理组织。单件生产需要的是身怀绝技的人才，"新式"和"旧式"的大规模生产需要的管理人才必须受过分析思考、生产进度安排和规划的训练。新式大规模生产和流程生产一样，管理者在整合观念和制定决策时，都必须能视企业为整体。

单一产品的生产系统可能采取中央集权的管理方式，需要由高层来协调不同的部门。销售、设计、工程和生产部门可能各自分立，只有在制定公司决策时才需聚集一堂。尽管在 20 世纪 50 年代的美国大多数产业中，采取单件产品生产方式可能是例外，而非常态，但是我们的组织理论多半仍然以这种生产模式为假设状况。

"旧式"的大规模生产仍然可以维持这种管理方式，只不过会碰到相当大的困难，并且效率不高。如果能够将决策和整合的功能下放，将会获得较佳的绩效。因为在这种生产系统下，设计产品的工程师和制造产品的工人、营销产品的业务人员之间需要密切的协调。

在"新式"大规模生产和流程生产的系统中，根本不可能由中央一手控制企业所有的功能，因为所有的部门在每个生产阶段中都必须密切合作，因此必须由各部门代表组成小组，同时处理有关设计、生产、营销和组织的问题。小组成员必须了解自己部门的工作，并且随时都明白部门工作对于整个企业的影响。企业必须在分权的层级上（有时候甚至是今天不被视为"管理层"的层级）制定影响企业整体的决策。

在员工管理的做法上，不同的生产系统也有极大的差异。单件产品的生产系统通常会因为经济波动来调整员工结构，在不景气时，他们只保留领班和高技能的核心干部，因为通常很容易就可以在人才市场上找到其他技术人员。也正因为技术有限，"旧式"大规模生产系统中的劳动力必须不断要求企业保障他们的工作稳定性。然而在采用自动化系统的企业中（无论是"新式"大规模生产还是流程生产系统）企业本身必须努力稳定人员状况，因为自动化所需要的员工大半都是同时受过技术和理论训练的人才。流失这类人才不但意味着庞大的投资付诸东流，而且通常只有通过公司内部培训，经过多年的努力，才能造就这样的人才。难怪采取流程生产方式的典型公司——石油公司，即使在经济萧条时期，仍然费尽心力为员工保住稳定的工作，这绝非偶然，也不是石油公司突发善心所致。

在自动化的生产系统中，看不到什么"工人"。我们在前面曾经说过，自动化并不会减少企业整体雇用人数，就好像大规模生产系统也没有减少雇用人数一样。目前，我们从采取流程生产的产业中明显看到的情形是，整体工作人员不但没有缩减，反而增加了。但是自动化需要的是截然不同的人员，其所需的人员更近似于专业和技术人才，而不是今天的生产线工人。因此在员工管理上就面临新的问题，完全不同于过去的管理者很熟悉的"人力资源管理问题"。

自动化，革命还是渐变

每当有人开始预测技术或企业组织即将发生革命性或压倒性的改变时，我通常都抱着怀疑的态度。毕竟，今天距离第一次工业革命已经有 200 年的时间了，但是我们仍然看到纽约制衣业蓬勃发展，这个庞大的工业采取的是"外包"生产方式，而教科书却告诉我们这种方式早在 1750 年就已经落伍了。我们很容易就可以找到其他类似的例子，这些活化石很幸运地（而且还很赚钱地）浑然不知自己早已灭绝了。

当然，自动化革命前面横亘着重重阻碍，尤其是在新观念和新技能上受过良好训练的人员严重不足。据估计，就 20 世纪 50 年代的技术水准而言，只有 1/10 的美国产业已经能从自动化中获利。即使这场货真价实的"自动化革命"，都是渐进而非常不平稳的过程。

不过，革命确实发生了。在美国经济体系中，将会有一股巨大的力量——劳动力的不足，在未来 10 年中推动自动化革命的发展。主要肇因是 20 世纪 30 年代生育率过低，美国的劳动人口到 1965 年为止，只会增加 11%。然而即使目前破纪录的高生育率不再，美国总人口数增加的速度仍然比劳动人口增加的速度快得多。因此许多公司如果继续采用现有的生产系统，就必须雇用两倍的人力，才能达到上述人口数字、技术进步和经济趋势所提示的最低成长目标。

即使没有发生革命，在未来数十年中，提升企业经营绩效最有希望、最具持续性的重大契机，将不在于新机器或新流程的发明，而在于持续应用新式的大规模生产原则，和持续应用自动化的生产原则。未来，生产管理的技术和工具仍然是只有生产人员才需要精通的专业科目，但是每一位管理者都必须了解生产的原则，尤其了解到真正影响有效生产的其实是原则的问题，而不是机器的问题。因为如果缺乏这样的理解，企业管理者在未来数十年中，将无法善尽职责。

2

第二部分

管理管理者

THE PRACTICE
OF MANAGEMENT

福特的故事

　　管理者：企业最稀有、最昂贵、最脆弱的基本资源——缺乏管理者是福特衰败的主因——福特汽车公司濒临破产——重建福特公司的管理层——管理管理者意味着什么——不是通过授权进行管理——管理者的六项要求

　　包括秩序、结构、激励和领导力等企业的基本问题都必须通过管理管理者来解决。管理者是企业最基本的资源，也是最稀有的资源。在全自动化的工厂中，几乎看不到任何基层员工，但是有很多管理者——事实上，管理者的数目将会比我们今天在工厂中看到的多很多。

　　对大多数企业而言，管理者是最昂贵的资源，也是折旧最快，需要不断补充的资源。建立起一支管理团队，需要花多年的时间，但是能因管理不当而毁于一旦。管理者的数目和每位管理者所代表的资本支出都会稳定地增加，过去半个世纪以来，就呈现这样的趋势。同时企业对于管理者能力的要求也不断提高，每一代都加倍成长，在未来数十年中，我们看不出这个趋势有减缓的趋向。

　　究竟能不能管理好管理者，决定了企业是否能达到目标，也决定了企业如何管理员工和工作。因为员工的态度反映了管理层的态度，也直接反映出管理层的能力和结构。而员工的工作效益则大半取决于员工管理方式。早期的"人

事管理"的涵盖范围之所以只局限于基层员工,而将管理者排除在外,有其形成的历史背景。尽管如此,这仍然是个严重的错误。最近有一家大公司成立了人际关系部门,他们采取的正是一般通行的做法:"人际关系部门的管理范围是公司与年收入低于 5000 美元的员工的关系。"但这种做法几乎预告了新部门的种种努力必然失败。

对管理者的管理是每位管理者关注的焦点。在过去的 10 年或 15 年中,美国企业管理者不断在各种演讲和研讨活动中彼此告诫提醒,管理者的工作就是管理部属,应该把这项任务当成首要之务,同时他们还互相交换各种"向下沟通"的方法和昂贵的工具。我所遇到过的管理者,无论官衔和职务,几乎每个人最关心的都是和上司的关系,以及如何和上面沟通。我所认识的每一位企业总裁,无论他们的公司是大是小,担心和董事会的关系都远甚于担心与副总裁的关系,而每位副总裁也认为和总裁的关系才是真正重要的问题。依此类推,一直到第一线的主管、生产线领班或高级职员,他们都很确定,只要"老板"和人力资源部门不要管那么多,他们一定能和部属处得很好。

人力资源部门认为,这种情况透露出人性的黑暗面,其实并非如此。管理者理所当然会优先考虑和上面的关系。身为管理者,意味着必须分担责任,设法达成企业绩效。如果没有被预期来承担这份责任的人,就不是管理者。而没有把这项任务当成自己首要职责的人,即使不是玩忽职守,也是不称职的管理者。

管理者所担心的与上司的关系包括:与顶头上司的关系,上司对他的期望,难以将自己的看法传达给上司,无法让上司接受他的计划,重视他的活动,还有与其他部门和幕僚单位的关系等,这些问题全都和管理管理者有关。

因此,企业人事组织的讨论起点不能是普通的雇员和他们的工作,无论他们的数量何其之多,该起点必须是对管理者的管理。

缺乏管理者是福特衰败的主因

我们最好还是以实际例子来说明管理管理者的根本挑战和基本概念,而最

好的例子就是福特汽车公司的故事。⊖

没有一种变迁比福特汽车公司在短短的 15 年中从不可比拟的成功跌落到濒临崩溃的地步更具有戏剧性了。不过同样具有戏剧性的是该公司在过去的 10 年中又迅速地复苏。

20 世纪 20 年代初期，福特公司占有 2/3 的美国汽车市场。15 年后，在第二次世界大战爆发前，福特的市场占有率却滑落为 20%。当时福特公司还是未上市公司，没有公布财务数字，不过同业普遍认为，在那 15 年间，福特公司一直处于亏损状态。

当埃兹尔·福特（Edsel Ford）——亨利·福特唯一的儿子在第二次世界大战中突然去世时，在汽车工业界所引起的恐慌表明公司已经接近崩溃。将近 20 年来，在汽车工业界，人们一直在说：“那个老人不可能拖得太久。等吧，等到埃兹尔接管公司。”然而，他却去世了，而那个老人仍然活着，这使得汽车工业界不得不面对福特公司现实的状况。严峻的现实使公司继续生存似乎不大可能，有些人说根本不可能。

从当时底特律相关业者提议的急救方案中，我们就可以看出当时福特公司的生存危机是多么严重。他们建议美国政府足额贷款给美国第四大汽车制造公司（但规模还不及福特公司的 1/6）斯蒂旁克，让斯蒂旁克收购福特家族的股权，接管福特公司。业界普遍认为，如此一来，福特公司还可能保有一线生机，否则的话，就必须将福特公司收归国有，免得一旦福特倒闭，将危及美国经济和美国的战争。

为什么福特公司会陷入如此严重的危机呢？我们已经听过很多遍老福特治理不当的故事，知道许多不见得正确的恐怖细节。美国管理界也很熟悉老福特秘密警察式的管理和唯我独尊的独裁统治。然而大家不了解的是，这些事情并不只是病态的偏差行为或老糊涂所致，尽管两者或多或少有些影响。老福特失败的根本原因在于，他在经营 10 亿美元的庞大事业时，有系统且刻意地排除管

⊖ 撰写本书时，完整的福特汽车公司发展史尚未面世。内文斯（Allan Nevins）的著作《福特》（*Ford*, New York: Scribner's, 1954）只涵盖了 1915 年之前的发展。不过相关的重要事实几乎已经变成常识，在诠释上，我文责自负。

理者的角色。他派遣秘密警察监视公司所有主管，每当主管企图自作主张时，秘密警察就向老福特打小报告。每当主管打算行使他们在管理上的权责时，就会被炒鱿鱼。而老福特的秘密警察头子贝内特（Harry Bennett）在这段时间扶摇直上，成为公司权力最大的主管，主要原因就是，他完全缺乏管理者所需的经验和能力，成不了气候，只能任凭老福特差遣。

从福特汽车公司的早期，我们就可以看出老福特拒绝让任何人担负管理重任的作风。例如，他每隔几年就将第一线领班降级，免得他们自以为了不起，忘了自己的饭碗全要拜福特先生之赐。老福特需要技术人员，也愿意付高薪聘请技术人员，但是身为公司老板，"管理"可是他独享的职权。

正如同他在创业之初，就决定不要和任何人分享公司所有权一样，他显然也决定不和任何人分享经营权。公司主管全都是他的私人助理，只能听命行事；顶多能执行命令，绝对不能实际管理。他所有的作风都根源于这个观念，包括秘密警察，他深恐亲信会密谋背叛，很缺乏安全感。

在许多机构中，都可以看到这种视管理者为所有者的延伸和代表意义的现象。在西方社会中，军官最初只是领主的家臣。直到 18 世纪，许多欧洲国家的军队里，军阶仍然被视为军团司令官的私人财产，司令官可以把军阶任意卖给出价最高的人，而今天的军衔（尤其是尉官）也要回溯到过去军衔还是私相授受的年代。同样，政府公仆起先只是领主的代表（即使不是家仆）。法王路易十一可能最先想到设立全职行政管理者的概念，因此他雇用了专职的私人理发师、秘密警察头子和总管大臣。直到今天在英文中，政府的部长与"秘书"（secretary）还是同一个字。

当然，福特汽车的衰败正是因为缺乏管理者所致。即使在第二次世界大战前夕，福特公司跌落谷底的时候，其销售和服务组织依然十分健全。汽车业界认为，即使历经 15 年的亏损，福特的财力仍然和通用汽车相当，尽管当时福特汽车的销售额几乎只比通用汽车高 1/3。但是，福特公司中没有几个管理者（除了销售部门），大多数人才不是被开除，就是早已离开；美国在历经 10 年的经济萧条后，第二次世界大战开创了大量的就业机会，也吸引了大批福特主管另谋他就。少数留下来的主管多半都是因为不够优秀，找不到其他工作机会。几年后，当福特公司重整旗鼓时，这群老臣大都无法胜任中高层管理的工作了。

重建福特公司的管理层

假如战后出现萧条，福特公司究竟能否生存下来，这是颇有争议的。但是，即使在战后繁荣时期，如果亨利·福特的不用管理者管理企业的观念未被他的继承者，他的孙子福特二世（Henry Ford Ⅱ）迅速纠正的话，这家公司可能已经崩溃了。福特公司从1944年开始复苏的经历是美国企业的一部史诗。许多细节尚未被外界所知，现在是公开全部真相的时候了。但是，人们所知的情况足以清楚地表明，福特公司复苏的关键是管理层的组织和建设，恰如公司早先衰败的症结是抑制和破坏管理层。

随着父亲的过世和祖父迅速地衰老，当管理企业的责任突然降到福特二世肩上时，他年仅二十五六岁。他没有任何经商的经验，公司中也没剩下几个有水平的管理者来帮助他、指导他。然而，他很清楚真正的问题是什么，因为他的第一个举措就是制定一项基本的政策，即要有一个真正的管理层，组成该管理团队的大多数人员必须从企业外面寻找。但是在引进人才之前，必须先进行内部清理，建立起公司未来经营的基本原则。由于祖父仍然在世，祖父的亲信也位居要津，因此他必须独立完成这些工作。只有如此，他才能挑选新人来协助管理。新的主管能独立工作，获得充分授权，也负完全的责任。事实上，他任命的第一个新人是执行副总裁布里奇（Ernest R. Breech），他同时宣告，布里奇将完全担负起经营重任。在建立各层级的管理职位时，他都充分遵守这个基本概念。

福特二世还采取了目标管理的方式。在过去，福特公司的主管对于公司经营状况一无所知，新领导人则设法让每位管理者都能获得工作上所需的信息，并尽可能提供有关公司状况的信息。他们抛弃了旧观念——主管是企业老板的私人代理，取而代之的新观念是——管理者的权威基于客观的工作职责。个人武断的命令已由根据目标和测评的要求而制定的业绩标准所代替。

或许最大也最明显的挑战是组织结构上的挑战。过去福特公司采取严格的中央集权式管理。老福特不仅一手掌控了所有的权力,制定所有的数字,而且只用一套数字来反映公司整体复杂的经营状况。

> 举例来说,福特公司拥有自己的钢铁厂,每年有150万吨的产能,是美国最大的钢铁厂。但是,在福特公司的总成本数字中,根本看不到这座钢铁厂的成本数字,这种情况在底特律早已是公开的秘密。例如,钢铁厂厂长不知道他用的煤炭是花了多少钱买来的,因为在旧政权时代,采购合约是福特公司的"最高机密"。

相反,今天福特公司分成15个自主管理的事业部,每个事业部都有健全的管理团队,为经营绩效负起完全的责任,也享有充分的授权,能制定政策,设法达成目标。而钢铁厂也是众多事业部之一,和福特与水星林肯事业部、零件与设备事业部,以及负责国际和出口事务的事业部一样。

当然,这些管理观念和组织观念并非福特二世独创,他其实是吸收了福特公司最大的竞争对手——通用汽车公司的管理观念。这些观念是通用汽车公司的基石,㊀也是通用汽车能跃升为美国最大制造公司的原因。但福特二世最特别的地方是,他从一开始就采取整套原则,而不是一边做,一边不知不觉地发展出来。他的经验等于在实际验证这些管理观念,因此也别具意义。福特公司原本已经走到穷途末路了——缺乏管理、士气低落、乏人领导,10年后,福特公司的市场占有率却稳定上升,在汽车市场上和通用汽车的雪佛兰车争夺第一名的宝座,从一家奄奄一息的公司脱胎换骨为不断成长的重要公司。而奇迹的诞生完全要归功于福特公司彻底改变了对管理者的管理原则。

管理管理者意味着什么

根据福特的故事,我们可以很有把握地说,企业不能没有管理者。我们不

㊀ 有关通用汽车管理观念及管理实务的详细描述请参见拙著《公司的概念》。我曾经应通用汽车最高主管的要求,针对通用汽车公司进行了两年的研究分析,本书呈现的就是这项研究的成果。

能说，管理者是通过"企业所有者"的授权代替他们执行管理工作。企业需要管理者，不仅是因为管理工作太过庞杂，任何人都没有办法独立完成，而且也因为经营企业原本就和管理私人财产截然不同。

老福特把公司当成他的私人财产来经营。他的经验证实了无论法令如何规定，都不可能以这种方式经营现代企业。只有当企业资源能够长存，而且超越个人寿命时，企业所投入的资源才能创造出财富。因而，企业必须做到使企业本身长期不衰。而要做到这一点，必须有管理者。管理者的工作是如此复杂，即使在小公司中，都不可能由一个人在众多助手的辅佐之下完成。而必须建立起有组织的整合性团队，团队中的每一分子都履行自己的管理职责。

因此现代企业的定义是——它需要管理层，也就是治理和经营企业的机制。只有一件事能决定管理层的功能和责任：企业需要的目标。在法律上，企业所有者可能是管理层的"雇主"，甚至在某些情况下，享有无限的权力。但是在本质上，管理层的功能和责任永远因其任务来决定，而不是通过雇主的授权来决定。

没错，管理最初确实源自小公司老板在公司不断成长的情况下，将自己无法负荷的工作授权给助手来完成。但是当事业成长到一定规模，也就是发生量变之后，管理就必须产生质变。小生意一旦发展为企业，就不能单从企业所有者授权的角度来定义管理的功能，而是因为企业客观的需求而产生管理的功能。否定或贬低管理的功能就是毁灭整个企业。

管理本身并非目的，管理只是企业的器官。管理层是由个人所组成的，因此管理管理者的第一个要求是，必须将个别管理者的愿景导向企业的目标，而将他们的意志和努力贯注于实现目标上。管理管理者的第一个要求是"目标管理与自我控制"。

但是，管理者个人也需要付出必要的努力，产出企业要求的成果。设定工作内容时，必须以能达到最大的绩效为前提。因此，管理管理者的第二个要求是"为管理者的职务建立适当的结构"。

虽然管理者都是独立的个体，但他们必须在团队中共同合作，而这类有组织的团体总是会发展出自己的特质。虽然这种群体特质是经由个人以及他们的愿景、实践、态度和行为而产生的，但所产生的是大家共有的特质。即使始创者都已不在，这种群体特质仍然会持续长存，并塑造新进人员的行为和态度，决定谁将在组织中脱颖而出，以及组织究竟会肯定和奖励卓越的表现，还是成为安于平庸者的避风港。的确，组织特质决定了其成员会不断成长，还是停滞不前；会抬头挺胸，顶天立地，还是弯腰驼背，丑态毕露。组织精神卑劣，则产生的管理者也言行粗鄙；组织精神崇高，则能造就卓越的管理人才。因此管理管理者的重要要求是创造"正确的组织精神"。

企业必须具备治理的机构。事实上，企业需要能全面领导和制定最后决策的机制，也需要能全面检讨和评估的机制。企业既需要首席执行官，也需要董事会。

企业必须为自己的生存与成长做好准备，也为"未来的管理者"未雨绸缪。有组织的团体需要有结构。因此管理管理者的最后一个必要条件是"为管理组织建立健全的结构性原则"。

以上并非企业"应该"做的事情，而是每个企业目前已经在做的事情（无论管理者是否意识到这点）。在每一家企业中，管理者要不是方向正确，就是误入歧途；但是他们总是得将愿景和努力聚焦于一致的目标上。在每一家企业中，管理者的职务安排可能很适当，也可能不适当；但不能漫无章法，缺乏条理。每一家企业的组织结构也许很有效，也可能缺乏效益；但还是必须有一个组织结构。组织必定有其特有的精神，无论组织精神是在扼杀活力，还是激发生命力。企业总是在不断培育人才，唯一的选择是要促使员工充分发挥潜力，符合企业未来的需求，还是让员工不当地发展。

由于亨利·福特不想要任何管理者，结果他误导了管理者，而且安排管理职务失当，导致组织中弥漫怀疑和挫败的气氛，公司缺乏组织，管理者也没有得到适当的发展。在上述六个领域中，管理者只能选择将管理工作做好或是做得不好，却不可能逃避不做。而管理工作做得好不好则决定了企业的存亡兴衰。

目标管理与自我控制

誤导的力量——技艺：一种需要和一种危险——上司的误导——管理者的目标应该是什么——靠压力进行管理——管理者的目标应该如何确立，由谁确立——通过测评进行自我控制——正确使用报告和程序——管理哲学

任何企业都必须建立起真正的团队，并且把每个人的努力融合为共同的力量。企业的每一分子都有不同的贡献，但是所有的贡献都必须为了共同的目标。他们的努力必须凝聚到共同的方向，他们的贡献也必须紧密结合为整体，其中没有裂痕，没有摩擦，也没有不必要的重复努力。

因此，企业绩效要求的是每一项工作必须以达到企业整体目标为目标，尤其是每一位管理者都必须把工作重心放在追求企业整体的成功上。期望管理者达到的绩效目标必须源自企业的绩效目标，同时也通过管理者对于企业的成功所做的贡献，来衡量他们的工作成果。管理者必须了解根据企业目标，他需要达到什么样的绩效，而他的上司也必须知道应该要求和期望他有什么贡献，并据此评判他的绩效。如果没有达到这些要求，管理者就走偏了方向，他们的努力付诸东流，组织中看不到团队合作，只有摩擦、挫败和冲突。

目标管理必须投注大量心力，并需要特殊工具。因为在企业中，管理者并不会自动自发地追求共同的目标。相反，企业在本质上包含了三种误导管理者

的重要因素：管理者的专业工作、管理的层级结构，以及因愿景和工作上的差异，导致各级管理者之间产生隔阂。

在企业管理会议上，大家很喜欢谈的故事是：有人问三个石匠他们在做什么。第一个石匠回答："我在养家糊口。"第二个石匠边敲边回答："我在做全国最好的石匠活儿。"第三个石匠仰望天空，目光炯炯有神，说道："我在建造一座大教堂。"

当然，第三个石匠才是真正的"管理者"。第一个石匠知道他想从工作中得到什么，而且也设法达到目标。他或许能"以一天的劳力换取合理的报酬"，但他不是个管理者，也永远不会成为管理者。

麻烦的是第二个石匠。工作技艺很重要，没有技艺，任何工作都不可能获得生机。事实上，如果组织不要求成员展现他们最大的本领，员工必定士气低落，但太强调个人技艺，总是隐藏了一个危险。真正的工匠或真正的专业人士，常常自以为有成就，其实他们只不过在磨亮石头或帮忙打杂罢了。企业应该鼓励员工精益求精，但是专精的技艺必须和企业整体需求相关。

大多数的企业管理者都和第二位石匠一样，只关心自己的专业。没错，企业应该把职能性管理者的数目维持在最低限度，尽量增加"一般管理者"的数目。一般管理者负责管理整合性的业务，并且直接为绩效和成果负责。但即使将这个原理发挥到极致，大多数管理者负责的仍然是职能性职务，年轻的管理者尤其如此。

管理者在从事职能性和专业性工作时，通常会逐渐建立起管理的习惯、愿景和价值观。对专业人员而言，达到高技术水准是很重要的事情，他们追求的目标是"成为全国最优秀的石匠"。不为自己的工作设定高标准，是不诚实的行为，不但自己会日渐堕落，也会腐化下属。只有强调专业水准和追求专业水准，才能激发每个管理领域的创新和进步。努力达到"专业的人力资源管理"水准，经营"走在时代尖端的工厂"，从事"真正科学化的市场研究"，"实施最现代化的会计制度"或"最完美的工程"都值得鼓励。

但是这种努力提高专业水准的做法也会带来危险，可能导致员工的愿景和努力偏离了企业整体目标，而把职能性工作本身当成目的。我们看到，太多的部门主管只在意自己是否达到专业水准，而不再根据部门对于企业的贡献来评估自己的绩效。他根据部属的专业技术水准来评估他们的表现，决定奖励和升迁，抗拒上级为了达到经营绩效而提出的要求，视之为对于"良好的工程品质""顺畅的生产"和"畅销的产品"的一大干扰。除非能加以制衡，否则部门主管追求专业水准的合理要求，将成为令企业分崩离析的离心力，致使整个组织变得十分松散，每个部门各自为政，只关心自己的专业领域，互相猜忌提防，致力于扩张各自的势力范围，而不是建立公司的事业。

目前正在发生的技术变迁更是加深了这种危险性。受过高等教育的专业人才进入企业工作的比例将大幅增加，他们需要达到的技术水准也会大幅提升，因此将技术或部门职能本身当成工作目标的倾向也会愈演愈烈。但同时，新科技要求专业人才之间更密切地合作，并且，它将要求那些甚至在最低管理层次的职能性的管理者将企业看作一个整体，懂得企业对他们的要求是什么。新技术既需要追求卓越技艺，也需要各个层次的管理者坚持不懈地将共同的目标作为他们努力的方向。

上司的误导

管理的层级结构更令问题恶化。在下属眼中，"上司"的言行举止，甚至漫不经心的谈话或个人怪癖，都经过精心规划和考虑，具有特殊意义。

"在这地方你听到的都是人们在谈论人际关系。但是，当老板训斥你时，总是因为生产费用数额太高之故。而当提拔一个人时，钟摆总是倾向于那些会计报表做得最好的人。"这是一种最普遍的调子，尽管在各个管理层面，说法稍有不同。它会导致经营情况不理想——即使在削减生产费用数额时也是如此，它也表明对公司和公司的管理者失去信心，缺乏尊重。

对许多管理者而言，误导部属绝非他们的初衷。他们都真心相信，人际关系是管理者最重要的任务。他讨论成本数字，是因为他觉得必须让下属认为他很"务实"，或是以为和下属说同样的"行话"，会让下属觉得他很清楚问题所在。他再三强调会计表格的重要性，只不过是因为会计部门一直拿这个东西来烦他，就好像他一直拿这些表格来烦他的下属一样，或纯粹只因为会计主管已经把他烦得快受不了了。对下属而言，这些理由都隐而未宣；他们眼中所见，耳中所闻，都是关于成本数字的问题，以及一再强调填表格的重要性。

　　要解决这个问题，在管理结构上，必须兼顾管理者及其上司对管理工作的要求，而不是只重视上司的看法。目前许多企管理论只是一味地强调行为和态度，并不能解决问题，反而因为提高了不同层级的管理者对于关系的自觉，加重了问题的严重性。的确，今天在企业界屡见不鲜的情况是，管理者试图改变行为，以避免误导部属，却反而把原本还不错的关系变成充满误解、令人尴尬的梦魇。管理者变得过于小心自己的一言一行，以致再也无法恢复过去和下属之间轻松自在的相处方式。结果下属反而抱怨："救救我们吧，老头子读了一本书；以前我们还知道他对我们的要求是什么，现在我们只好去猜了。"

各个管理层次的差异

　　造成这种偏差的原因可能是不同层次的管理者关心的问题各异，职能也不同。下面的故事充分说明了这种状况，我称之为"盥洗室破门之斧"：

　　　美国西北部一家铁路公司刚上任的会计主管注意到，每年公司都花一笔超额的费用来为火车站盥洗室更换新的门。他发现如果按照规定，小车站应该锁上盥洗室的门，有人要用盥洗室时，再去向售票员拿钥匙。但是为了省钱，他们只发给每位售票员一把钥匙——一位早就卸任的总裁在位时颁布了这个节约措施，还沾沾自喜于一下子为公司省了200美元。因此，每次有旅客上完盥洗室，忘记归还钥匙时（而这种情形总是一再发生），售票员就没有钥匙可以开门。但是，花两毛钱来配一把新钥匙被视为"资本支出"，必须得到总公司旅客服务部的领导批准，而且文件往来要耗掉6个月的时间。此外，售票员却可以自行动用"紧急维修"费，并且直接从现金账户支付这笔费用。还有什么事情比盥洗室的门破了还要紧急呢？于是，每个小车站都准备了一把斧头，可以随时破门而入！

　　这个故事听起来荒谬绝顶，但是每一家企业都有自己的"盥洗室破门之斧"——奖励错误行为、惩罚或抑制正确行为的偏差政策、程序和方法。而且在大多数情况下，其结果都比每年花2万美元来更换盥洗室的破门要严重许多。

　　我们同样不能靠改变态度和行为来解决问题，因为问题的根源在于企业的结构。同样，"良好的沟通"也无法解决问题，因为要有良好的沟通，前提是先建立良好的共识和共同的语言，而这正是一般企业所缺乏的。

　　难怪管理界的人老是喜欢谈论盲人摸象的故事，因为每个层次的主管都从不同的角度，看到同样一头"大象"——企业。正如同盲人摸到象腿，却以为是树干一样，生产线领班也只看到眼前的生产问题。而高层主管则好像盲人摸到象鼻，却断定那是一条挡路的蛇一样，他们一心视企业为整体，眼中只看到股东、财务问题，全是一堆极端抽象的关系和数据。运营主管则好比摸到了象肚，却以为摸到了山坡，完全从职能性的角度来看事情。每个层次的管理者都需要具备独特的眼光，否则无法把工作做好。然而，由于每位管理者看事情的角度大相径庭，因此常见的情况是，不同层次的管理者明明在讨论同一件事情，却浑然不知，或明明讨论的是南辕北辙的不同事情，却误以为大家谈的是同一件事。

　　高效能的企业管理层必须将公司所有管理者的愿景和努力导入一致的方向，确定每位管理者了解公司要求达到的成果，而且他的上司也知道应该预期下属达到哪些目标。高效能的企业管理层必须激励每位管理者在正确的方向上投入最大的心力，一方面鼓励他们发挥最高的专业水准；另一方面，要把高超的专业技能当作达到企业绩效目标的手段，而不是把达到高标准本身当成努力的目标。

管理者的目标应该是什么

　　从"大老板"到工厂领班或高级职员，每位管理者都需要有明确的目标，而且必须在目标中列出所管辖单位应该达到的绩效，说明他和他的单位应该有什么贡献，才能协助其他单位达成目标。目标中还应该包括管理者期望其他单位有什么贡献，以协助他们达到目标。也就是说，目标从一开始就应该强调团队合作和团队成果。

而这些目标应该根据企业的整体目标来制定。我发现有一家公司甚至向领班提供一份详细的说明，让他不但了解自己的目标，也了解公司的整体目标和制造部门的目标，结果发挥了很大的功效。尽管由于公司规模太大，领班的个别生产绩效和公司总产量相比，有如九牛一毛，但结果聚沙成塔，公司的总产量仍然大幅提升。因此，如果"领班是管理团队的一分子"是我们的真心话，那么就必须说到做到。因为根据定义，管理者的工作是为整体绩效负责，换句话说，当他在切割石材时，他其实是在"建造一座大教堂"。

每位管理者的目标都应该说明他对于公司所有经营目标的贡献。显然，并非每位管理者都能对每个领域有直接的贡献。例如，营销主管对于提升生产力的贡献可能非常有限，但是如果我们并不期望每位管理者和他所管辖单位对于影响企业生存繁荣的某个领域有直接贡献的话，就应该明确说明。管理者应该明白，他在不同领域所投入的努力和产出的成果之间必须达到平衡，企业才能发挥经营绩效。因此，必须一方面让每个职能和专业领域都能发挥得淋漓尽致，另一方面也要防止不同单位各据山头，党同伐异，彼此忌妒倾轧。同时，也必须避免过度强调某个重要领域。

为了在投入的努力中求取平衡，不同领域、不同层次的管理者在制定目标时，都应该兼顾短期和长期的考虑。而且，所有的目标也应该包含有形的经营目标和管理者的组织和培养，以及员工绩效、态度和社会责任等无形的目标。

靠压力进行管理

正确的管理要求兼顾各种目标，特别是高层管理者对目标要统筹兼顾。它排斥那种普遍的、有害的经营恶习：靠"压力"和"危机"进行管理。

任何一家公司的管理者都不会说，"我们这里办成任何事情的唯一方法是靠施加压力"。然而，"靠压力进行管理"已成了一种惯例而不是一种例外。每个人都知道，并清楚地预料到，压力消失 3 周后事情将退回到原来的状态。"经济压力"的唯一结果可能是辞退收发员和打字员，15 000 美元薪金的经理不得不做 50 美元一周的工作，自己打印信件。许多管理者仍未得出显而易见的结论：归根结底，压力不是完成目标的方法。

但是，除了管理无效之外，靠压力进行管理还会形成误导：它片面强调工作的一个方面而损害其他的一切事情。

> "我们用了 4 周削减库存，"一个思维已经定型的惯用危机进行管理的老手有一次这样总结道，"然后我们用 4 周削减成本，接下去是用 4 周梳理人际关系。我们只有一个月的时间来提高对顾客的服务。然后，库存又恢复到我们开始时的水平。我们甚至无暇做我们的工作。整个管理层谈论的、思考的、告诫的就是上周的库存或这周的顾客投诉，他们甚至不想知道我们是怎样做其他工作的。"

在一个靠压力管理的企业中，人们或是将他们的工作置之一旁去对付当前的压力，或是悄悄地对压力采取一种集体怠工的态度，以便能做好他们的工作。不管是在哪一种情况下，他们对"狼来了"的叫声正变得麻木不仁。当真的危机到来，应当扔下手中所有的东西拼命干时，他们只是把它当作企业管理层的歇斯底里发作的又一个例子。

靠压力进行管理，像靠"严厉措施"进行管理一样，无疑是一种困惑的标志，它是对无能的一种承认，它是管理层不懂得怎样计划的标志。但是，首先它说明公司不知道对它的管理者应期待什么，即不知道如何引导他们，并对他们进行了误导。

管理者的目标如何确立，由谁确立

就定义而言，管理者应该负责让自己所管辖的单位对所属部门有所贡献，并且最后对整个企业有所贡献。他的绩效目标是向上负责，而非向下负责。也就是说，每位管理者的工作目标必须根据他对上级单位的成功所做的贡献来决定：地区销售经理的工作目标应该由他和销售小组对公司销售部门应有的贡献来决定，专案工程师的工作目标应该由他和手下的工程师、绘图员对工程部门应有的贡献来决定，事业部总经理的工作目标应该由他所管辖的事业部对母公司应有的贡献来决定。

所以，每位管理者必须自行发展和设定单位的目标。当然，高层管理者仍然需要保留对目标的同意权，但是发展出这些目标则是管理者的职责所在。的确，这是他的首要职责，而这也意味着每位管理者应该负责任地参与，协助发展出更高层级的目标。单单"让他有参与感"（套用大家最爱用的"人际关系"术语）还不够，管理者必须负起真正的责任。正因为管理者的目标必须反映企业需要达到的目标，而不只是反映个别主管的需求，管理者必须以积极的态度，认同企业目标。他必须了解公司的最终目标是什么，对他有什么期望，又为什么会有这样的期望，企业用什么来衡量他的绩效，以及如何衡量。每个单位的各级管理者都必须来一次"思想交流"。而只有当每一位相关管理者都能彻底思考单位目标时，换句话说，积极并负责地参与有关目标的讨论，才能达到会议的功效。只有当基层管理者积极参与时，高层管理者才知道应该对他们抱着什么样的期望，并据以提出明确的要求。

这件事太重要了，我认识的几位高效能的企业高层管理者还更进一步，要求下属每年要给上司写两封信。在信中，每位管理者首先说明他认为上司和自己的工作目标分别是什么，然后提出自己应该达到哪些工作绩效。接下来，他列出需要做哪些事情，才能达到目标，以及他认为在自己的单位中，有哪些主要的障碍，同时也列出上司和公司做的哪些事情对他会形成助力，哪些又会构成阻力。最后，他概要叙述明年要做哪些工作，以达到目标。如果上司接受信中的陈述，这封信就变成他进行管理工作的章程。

这个设计比我所看过的其他管理上的设计都更能显示，即使最优秀的"上司"，也不免通过未经思考的轻率发言来混淆和误导下属。有一家大公司已经推行这种制度长达 10 年之久，然而几乎每封信列出的目标和绩效标准都令上司极其困惑。每当他问下属："这是什么？"得到的回答都是："你不记得几个月前和我一起搭电梯下楼时说的话了吗？"

这种情形也反映出上司和公司对于员工的要求往往自相矛盾。当速度和高品质只能取其一时，是否公司仍然要求两者兼顾？如果为了公司利益着想，应该如何妥协？上司在要求下属具备自主性和决断力的同时，是否又要他们事事都先征得他的同意？他是否经常征询下属的想法和建议，却从来不采用或讨论他们的建议？每当工厂出问题的时候，公司是否期望工程小组能够立刻上阵，而平常却把所有的努力都投注于完成新设计上？他们是否期望管理者达到高绩效标准，但同时又不准他开除表现不好的下属？在公司所塑造的工作环境中，员工是否认为，"只要老板不知道我在做什么，我就能把工作做完"？

这些都是常见的状况，都会打击士气，影响绩效。"给上司的信"或许不能防止这种状况，但是至少会把它摆在阳光下，显示有哪些需要妥协的地方、需要深思熟虑的目标、需要设定的优先顺序以及需要改变的行为。

如这种方式所表明的，管理管理者需要做特殊的努力，不仅要确定共同的方向，而且要排除错误的导向。共同的理解从来不可能通过"向下沟通"而取得，只能产生于"向上沟通"，它既需要上司有听取下属意见的诚意，也需要有一种专门设计的手段使下属管理人员的意见能得到反映。

通过测评进行自我控制

目标管理最大的好处或许在于，管理者因此能控制自己的绩效。自我控制意味着更强烈的工作动机：想要有最好的表现，而不只是达标而已，因此会制定更高的绩效目标和更宏伟的愿景。虽然，即使有了目标管理，企业管理团队不一定就会同心协力，方向一致、但是如果要通过自我控制来管理企业，势必推行目标管理。

到目前为止，我在本书中还没有讨论到"控制"这件事，我只谈到"测评"。因为"控制"的意思很含糊，一方面代表一个人管理自我和管理工作的能力，另一方面也意味着一个人受到另外一个人的支配。就第一层意义而言，目标是"控制"的基础，然而在第二层意义中，目标却绝非"控制"的基础，因为如此一来，会失掉其原本的目的。的确，目标管理的主要贡献在于，我们能够以自我控制的管理方式来取代强制式的管理。

在今天的美国或美国企业界，毋庸置疑，大家都非常向往自我控制的管理。所有关于"把决策权尽量下放到基层"或"论功行赏"的讨论，其实都隐含了对这种管理方式的认同，因此传统观念和做法需要找到新工具，来推动深远的改变。

为了控制自己的绩效，管理者单单了解自己的目标还不够，还必须有能力针对目标，衡量自己的绩效和成果。所有公司都应该针对每个关键领域向管理者提供清楚统一的绩效评估方式。绩效评估方式不一定都是严谨精确的量化指标，但是必须清楚、简单而合理，而且必须和目标相关，能够将员工的注意力和努力引导到正确的方向上，同时还必须很好衡量，至少大家知道误差范围有多大。换句话说，绩效评估方式必须是不言而喻的，不需要复杂的说明或充满哲理的讨论，就很容易了解。

每位管理者都应该具备评估自己绩效所需的信息，而且应该及早收到这类信息，因此才能及时修正做法，以达到预定目标。这类信息应该直接提供给管理者，而非他的上司；这类信息是自我控制的工具，而不是上级控制下属的工具。

今天由于信息搜集、分析和整合的技术大幅进步，我们获得这类信息的能力也提高许多，因此特别需要强调这点。到目前为止，我们不是根本无法获得一些重要事实的信息，就是即使搜集到信息，却为时已晚，因此派不上什么用场。不过，无法产生可衡量的信息却不见得全然是件坏事。因为如此一来，固然很难有效地自我控制，但上级也因此不容易有效控制管理者。由于公司缺乏信息来控制管理者，因此管理者得以采用自己认为最适当的工作方式。

通过新科技，我们有能力获得可衡量的信息，因此也能进行有效的自我控制；如此一来，管理层的工作绩效将大幅提升。但是，如果企业滥用这种新能力来加强对管理者的控制，新科技反而会打击管理层的士气，严重降低管理者的效能，造成无法估计的伤害。

通用电气公司的例子充分显示企业可以将信息有效地运用在自我控制上：

　　通用电气公司有一个特殊的控制单位——巡回稽查员。稽查员每年都会详细研究公司每个管理单位一次，而他们的研究报告却直接呈交该单位主管。只要偶尔与通用电气公司的主管接触，都可以感受到通用电气内部所流露出的自信心和信任感。这种运用信息来加强自我控制，而非加强对下控制的作风，直接影响了公司的气氛。

但是通用电气的做法在企业界并不普遍，也不太为一般人所了解。管理层的典型想法通常都比较接近下面的例子所提到的大型化学公司的做法：

　　在这家公司里，控制部门负责稽查公司里的每个管理单位，然而他们并不会将稽查结果交给受稽查的主管，只会将报告上呈给总裁，总裁再把单位主管招来当面质问。公司主管为控制部门起了个绰号："总裁的秘密警察"，充分显示这种做法影响士气。的确，现在越来越多的主管不是把单位经营目标放在追求最佳绩效上，而是只力求在控制部门的稽查报告上能展现漂亮的成绩。

千万不要误以为我在鼓吹降低绩效标准或主张不要控制。恰好相反，以目标管理和自我控制为手段，可以达到比目前大多数公司绩效标准还高的绩效。而每位管理者都应该为绩效成果承担百分之百的责任。

但是，究竟要采取什么做法来获得成果，应该由管理者来主导（而且只有他能主导）。他们应该清楚了解哪些行为和手段是公司所禁止的不道德、不专业或不完善的做法。但是，在限制范围内，每位管理者必须能自由决定该做的事，而且只有当管理者能获得有关部门作业的充分信息时，他才能为成果负起百分之百的责任。

正确使用报告和程序

要采取自我控制的管理方式，就必须彻底反省我们运用报告、程序和表格的方式。报告和程序都是管理上的必需工具，但是我们也很少看到任何工具会如此轻易地被误用，而且造成这么大的伤害。因为当报告和程序被误用时，就不再是管理工具，而成了邪恶的统治手段。

有三种最常见的误用报告和程序的方式。第一，一般人普遍相信程序是道德规范的工具，其实不然。企业制定程序时，根据的完全是经济法则，程序绝对不会规定应该做什么，只会规定怎么做能最快速完成。我们永远也不可能靠制定程序来规范行为；相反，正确行为也绝不可能靠程序来建立。

第二个误用方式是以为程序可以取代判断。事实上，只有在不需要判断的地方，程序才能发挥效用，也就是说，只有在早已经过判断和检验的重复性作业上，程序才派得上用场。西方文明十分迷信制式表格的神奇效用，而当我们试图用程序来规范例外状况时，就是这种迷信危害最严重的时候。事实上，能否在看似例行的程序中，迅速分辨出目前的状况并不适用于标准程序，而需要特别处理，需要根据判断来做决定，才是检验良好程序的有效方法。

但是，最常见的误用方式是把报告和程序当作上级控制下属的工具，尤其是纯为提供信息给高级主管而交的每天例行报告更是如此。常见的情况是，工厂主管每天必须填 20 张表格，提供会计师、工程师或总公司的幕僚人员连他自己都不需要的信息。可能还有几千个类似的例子。结果，管理者没有办法把注意力集中在自己的工作上，在他眼中，公司为了达到控制目的而要求他做的种种事情，反映了公司对他的要求，成为他工作中最重要的部分；尽管心里愤愤不平，但是他只好把力气花在处理报表上，而不是专注于自己的工作。最后，甚至连他的上司都为这些程序所误导。

几年前，有一家大型保险公司推动了一项"经营改善"大计划，并且还为此特地建立了强有力的中央组织，专门处理有关续约率、理赔、销售成本、销售方式等事宜。这个组织表现卓越，高层对于保险公司的经营学到了宝贵的经验。但从那时候开始，这家公司的实际经营绩效就一路下滑。因为专业管理者必须花越来越多的时间写报告，越来越没有时间把工作做好。更糟糕的是，他们很快就知道"漂亮的报告"比实际绩效还重要，因此不只绩效一落千丈，内部风气更是日益败坏。专业管理者开始视公司高层和他们身边的幕僚为必须智取的敌人，不是阳奉阴违，就是敬而远之。

类似的故事简直不胜枚举，几乎在每个产业、在大大小小的公司里，都可以看到同样的故事上演。就某个程度而言，这种情况可说是错误的"幕僚"观念所造成的，我们随后会在本书其他章节中讨论。但是，最重要的仍然是误把程序当成控制工具所带来的后果。

企业应该把报告和程序保持在最低限度，只有当报告和程序能节省时间和人力时，才运用这项工具，并且应该尽可能简化。

有一家大公司的总裁说了这样一个亲身经历的故事。15年前，他在洛杉矶为公司买了一座小工厂。工厂每年有25万美元的利润，他也以这样的获利状况为基础来开价购买。当他和原来的工厂老板（他留下来担任厂长）一起巡视工厂时，他问："你们当初都是怎么决定价格的？"这位前老板回答："很简单，我们每1000个单位要比你们便宜0.1美元。"他又问道："那么，你们怎么控制成本呢？"他回答："很简单，我们知道总共花了多少成本在原料和人工上，也知道应该有多大的产量才能赚回我们花出去的钱。"他最后问道："那么，你们如何控制管理费用呢？""我们不操心这个问题。"

这位总裁想，嗯，只要引进我们的制度，实施彻底的全面控制，肯定能为工厂省下很多钱。但是一年后，这座工厂的利润下滑为125 000美元；尽管销售量不变，价格也相同，但是复杂的报表程序吃掉了一半的利润。

每一家企业都应该定期检视是否真的需要那么多报告和程序，至少应该每5年检讨公司内部表格一次。我有一次不得不建议一家公司采取激烈的手段来进行内部整顿，因为他们的报表就像亚马孙流域的热带雨林一样茂盛，已经深深危及这家老公司的生存。我建议他们暂停所有的报告两个月，等到过了两个月不看报告的日子以后，管理者仍然要求使用的报告才可以恢复使用。如此一来，居然淘汰了 3/4 的报告和表格。

企业应该只采用达到关键领域的绩效所必需的报告和程序。意图"控制"每件事情，就等于控制不了任何事情。而试图控制不相干的事情，总是会误导方向。

最后，报告和程序应该是填表者的工具，而不能用来衡量他们的绩效。管理者绝对不可根据部属填写报表的品质来评估他的绩效，除非这位部属刚好是负责这些表格的职员。而要确保管理者不会犯下这个错误，唯一的办法就是除非报表和工作绩效密切相关，否则不要随便要求下属填任何表格，交任何报告。

管理哲学

企业需要的管理原则是：能让个人充分发挥特长，凝聚共同的愿景和一致的努力方向，建立团队合作，调和个人目标和共同福祉的原则。

目标管理和自我控制是唯一能做到这点的管理原则，能让追求共同福祉成为每位管理者的目标，以更严格、更精确和更有效的内部控制取代外部控制。管理者的工作动机不再是因为别人命令他或说服他去做某件事情，而是因为管理者的任务本身必须达到这样的目标。他不再只是听命行事，而是自己决定必须这么做。换句话说，他以自由人的身份采取行动。

管理圈子里近来越来越喜欢大肆讨论"哲学"这个名词。我曾经看过一份由一位副总裁署名的论文，题目是《处理申购单的哲学》（就我所了解，此处所谓的"哲学"是指申购时应该采用三联单）。不过，目标管理和自我控制被称为管理"哲学"倒是合理的，因为目标管理与自我控制是基于有关管理工作的概念，以及针对管理者的特殊需要和面临的障碍所做的分析，与有关人类行为和动机的概念相关。最后，目标管理和自我控制适用于不同层次和职能的每一位管理者，也适用于不同规模的所有企业。由于目标管理和自我控制将企业的客观需求转变为个人的目标，因此能确保经营绩效。目标管理和自我控制也代表了真正的自由，合法的自由。

管理者必须管理

管理者的工作是什么——个人的任务和团队的任务——管理职责的幅度——管理者的职权——管理者和他的上司

管理者的工作是什么

管理者的工作应该以能够达成公司目标的任务为基础，是实质工作，能对企业的成功产生明显而且可以清楚衡量的贡献。管理者的工作范围和职权应该尽可能宽泛，凡是不能明确排除在外的事务都应该视为管理者的职责。最后，管理者应该受绩效目标的指引和控制，而不是由上司指导和控制。

企业需要哪些管理工作，以及工作内容为何，永远都应该取决于达到公司目标必须进行的活动和产生的贡献。管理者的工作之所以存在，是因为企业所面临的任务必须有人来管理，没有其他原因。既然管理工作有其必要性，则管理者必须有其自身的职权和自身的责任。

由于管理者必须为企业的最终成果负责并有所贡献，他们的工作必须涵盖充足的范围，总是迎接最大的挑战，承担最大的责任，产生最大的贡献，而且必须是明显可见并可衡量的具体贡献。管理者必须能够指着企业最终成果说："这部分就是我的贡献。"

有些任务对于个人而言太过庞大，而且无法分割为许多完整而明确的工作，就应该把它组织为团队的任务。

在企业界之外，团队组织广泛受到社会肯定。举例来说，几乎每一篇学术论文上面都有三四位作者的名字，其中每一位——无论是生化学家、生理学家、儿科医生、外科医生，都有其特殊的贡献。然而，每个人都贡献了自己的技能，并且为整个工作负责。当然，团队总是会有一位领导人，虽然领导人掌握了较大的职权，但是他总是采取引导的方式，而非监督或命令。他的权威是根源于知识，而非阶级。

企业界也经常采取团队运作方式，次数远比文献上所记载的频繁。每一家大型企业都经常运用团队来担负短期任务；做研究时，团队合作也很普遍。运作顺畅的工厂实际采用的是团队组织，而非组织图上显示的层级组织，尤其当牵涉工厂厂长和直属技术部门主管之间的关系时，更是如此。流程生产和新式大规模生产方式的许多工作都只能靠团队运作的方式来完成。

但是在任何企业中，最重要的团队任务都是高层管理任务。高层管理任务无论在范围、技能要求、工作的性质和种类上，都超越了个人能力。无论教科书和组织图怎么说，管理完善的公司都没有单人"首席执行官"，只有管理团队。

因此，很重要的事情是，管理层必须了解团队组织是什么，什么时候应该运用团队，以及如何运用团队。最重要的是，管理层必须了解，团队的每一位成员都应有明确的角色。团队并非只是把一团混乱变成美德，团队运作比个人的工作需要更多的内部组织、更多合作和明确的工作分派。

管理职责的幅度

在讨论管理职责究竟涵盖了多大的幅度时，教科书通常都会从一个观察开始：一个人只能督导少数人的工作，也就是所谓的"控制幅度"。这种说法导致管理变成怪物：复杂层级阻碍了合作和沟通，抑制了未来管理者的发展，腐蚀了管理工作的真义。

然而，如果管理者是受他自己工作的目标要求所控制，并且是根据他的绩效进行衡量，那就无须存在这样一种监督：告诉下属做什么，然后设法确保下属做其所被要求做的事。这里不存在控制范围。从理论上讲，一个上司可以无限量地拥有向他汇报工作的下属。然而，的确存在一种由"管理职责幅度"所设定的限制（我相信，这个术语是雷斯博士（Dr. H. H. Race）从通用电气公司照搬过来的）：一个上司所能够支持、教导和帮助他们实现自己目标的人员的数目。这是一种真正的限制，但是，它不是固定的。

我们听到的说法是，每个人的控制幅度不能超过6～8位下属。然而，管理职责的幅度却要视下属需要协助和教导的程度而定，只有在研究过实际状况后，才能决定。和控制幅度不同的是，当我们在组织中步步高升时，管理职责的幅度也随之扩大。管理新手需要最多的协助；他们的目标最难清楚界定，绩效也最难具体衡量。此外，我们假定资深主管应该知道如何把工作做好，他们的目标是要直接为企业带来贡献，他们的绩效是根据企业经营成果的标准而定。

因此，管理职责的幅度远比控制幅度宽广得多（雷斯博士认为理论上，上限应该在100人左右）。为了不任意扩大控制幅度，管理者负责领导的人数应该总是略高于他实际能照顾到的人数。否则，就会抵挡不住监督部属的诱惑，不是干脆跳下去做部属的工作，就是什么都要管。⊖

管理职责的幅度大小，不会因管理者的部属是个人或团队而有所差异。不过，团队成员的数目不应该太多。我在企业界见过最大的职能性团队是标准石油公司的董事会，董事会完全由公司全职主管组成，是全世界规模最大、最复杂也最成功的企业管理团队。14位董事会成员似乎不算太多，但是，只有靠最严谨的纪律，这么大的团队才能运作顺畅。举例来说，标准石油公司的董事会讨论问题时，必须全体无异议通过，才会成为决议。然而就一般情况而言，这个程序实在太过繁复了，因此，团队人数通常最多不超过五六个人，而且一般而言，三四个人的效果最佳。

团队通常不会造就杰出的管理者，换言之，在团队内部，管理者不应该有上下之分——虽然团队成员完全可能来自下层管理者。管理职责的基本因素是帮助和教导，只有通过个人才能得到最好的发挥。

⊖　曾任职于西尔斯百货公司，后来任职于美国商务部的沃西（James C. Worthy）曾针对这点，提出许多支持性的证据。

管理者的职权

尽可能给予管理者最大的工作幅度和职权，其实只是把决策权尽量下放到最低层次，以及让决策权尽可能掌握在实际行动者手中的另一种说法罢了。然而就效果而言，如此要求严重偏离了由上而下授权的传统观念。

企业的活动和任务可以说都是从上而下规划的，必须先从期望的最终产品着手分析企业的绩效目标和预期成果为何；从分析中再进一步决定应该完成哪些工作。但是在组织管理者的工作时，我们必须由下而上规划。我们必须从"第一线"活动着手——负责产出实际的商品和服务、把商品和服务销售给顾客，以及制作出蓝图和工程图的工作。

第一线管理者负责基本管理工作——其他所有工作都完全依赖基本管理工作的绩效。由此可见，高层管理工作是基本管理工作衍生出来的产物，目的是协助第一线管理者做好他们的工作。如果从企业的结构和组织上来看，第一线管理者才是所有权责的中心，只有第一线管理者无法亲自完成的工作才会向上交由高层管理者来完成。因此可以说，第一线管理者是组织的基因，所有高层的器官都是由基因预先设定的，也从基因发展而成。

显然，第一线管理者能够做和应该做的决定，以及应该担负的权责，仍有其实际限制——他仍然会受到职权所限。例如，改变销售人员的报酬就与生产线领班无关，地区销售经理无权插手其他地区的业务等。他能做的决定也有其限制。显然，他不应该制定会影响到其他管理者的决策，也不应该制定会影响到整个企业及其精神的决策。例如，任何管理者都不能在未经评估的情况下，独自决定下属的生涯和前途，这是基本的审慎态度。

我们不应该期待第一线管理者制定他们无法制定的决策。例如，必须为短期绩效负责的管理者没有时间考虑长期决策。生产线人员缺乏知识和能力来拟订养老金计划或医疗计划。这些决策当然会影响他，他应该知道这些计划，了解这些计划，而且尽可能参与这些计划的筹备和形成过程，但是他无法制定这些决策，因此也无法承担这方面的权责，因为职权与责任应该以任务为导向。这个原则适用于各级管理层，上至首席执行官本身的工作。

有一条简单的规则确定管理者有权做出的决策的局限性。通用电气公司电灯产品部的管理章程套用美国宪法，以如下的语言阐述这种局限性："任何未以书面形式明确表明为高层管理者所拥有的职权都为下层管理者所拥有。"这是旧的普鲁士的公民权利概念的翻版："任何未明确表明允许的事都属禁止之列。"换言之，应该详细列明管理人员在他的任务范围内无权做出的决定，因为对所有其他的决定而言，管理者都应该对其负有职权和责任。

管理者和他的上司

那么管理者的上司应该做哪些事情呢？他的职权是什么？责任又是什么？

如果纯粹从美学的角度而言，我不太欣赏美国布雷克皮鞋公司的吉文⊖所提出的"自下而上的管理"这个名词。

不过，这个名词所代表的含义却很重要。上下级管理者之间的关系不只是"督导"这个词中所表达的上对下关系，事实上，甚至不只是双向的上下关系，而包含了三个方面：下层管理人员与上层管理人员的关系，各个管理人员与企业的关系，上层管理人员与下层管理人员的关系。这三种关系的每一种实质上都是一种责任——是一种义务而不是一种权利。

每位管理者都有一项任务——对上级单位的需求有所贡献，以达成上级的目标。的确，这是他的首要任务，他也据此发展出自己的工作目标。

其次，则是管理者对企业的责任。他必须分析自己单位的任务，清楚界定需要采取哪些行动，才能达到目标。他必须构建这些活动所要求的管理职务，协助下属管理者通力合作，结合个人利益与企业整体利益。他必须指派下属执行这些管理工作，撤换绩效不佳的管理者，奖励绩效良好的部属，并且让表现卓越的管理者获得额外的报酬或升迁机会。他还需要协助下属管理者充分发挥能力，以及为明日的管理任务做准备。这些责任都很繁重，但不是其他人（下属）的工作责任，而是主管自己的工作责任。这些责任隐含在管理者自己的工作

⊖ William B. Given, *Bottom-up Management* (New York: Harper & Brothers, 1949).

中，而不是在部属的工作中。

最后，则是对于下属管理者应负的责任。他首先必须确定他们了解他的要求，帮助他们设定工作目标，并达成目标。因此他必须负责让下属获得必需的工具、人员和信息，提出建议和忠告，并在必要的时候，教导他们如何表现得更出色。

如果需要用一个词来定义这种上对下的关系，"协助"将是最接近的字眼。的确，许多成功的公司——其中最著名的是 IBM——称管理者为下属的"助手"。出于目标管理上的必要性，每个部属都必须为自己的工作负责，他们的绩效和成果归他们自己所有，同时也承担达成目标的责任，但是上级主管的责任是尽一切力量，帮助下属达成目标。

管理单位的目标应该包括本单位对于企业的成功必须贡献的绩效与成果，应该总是把焦点放在上级的目标上，但是单位主管的目标应该包括如何协助下级主管达到目标。管理者的愿景应该总是向上看，视企业为整体，但是他同样应该向下负责，向他所领导的团队中的管理者负责。或许在有效组织管理者的工作时，基本的要求是，管理者应该明白他和下属的关系是一种责任，而不是上对下的监督。

组织的精神

让平凡的人做不平凡的事——绩效的检验——注重优点——实践而非说教——安于平庸的危险——"你不可能发财，但也不会被解雇"——"我们不能提拔他，但他在这里工作时间太长，不能解雇他"——评价的需要——根据绩效进行评价，围绕着优点进行评价——作为奖励和激励的酬劳——延期支付酬劳的做法有效吗——不要过度强调升迁——合理的升迁制度——攸关管理者命运的决策——管理人员对组织的精神的自我检查——什么人不应被任命担任管理工作——关于领导力

我们可以用两段话来概括"组织的精神"。第一段话是卡内基（Andrew Carnegie）的墓志铭：

> 这里长眠着一个人
> 他知道如何在其事业中
> 起用比自己更好的人

另外一段话则是为残疾人找工作而设计的口号："重要的是能力，不是残疾。"目标管理告诉管理者应该做什么，通过工作的合理安排，管理者能顺利完成工作，而组织精神却决定了管理者是否有意愿完成工作。组织精神能唤醒员工内在的奉献精神，激励他们努力付出，决定了员工究竟会全力以赴，还是敷

衍了事。

套句贝弗里奇爵士（Lord Beveridge）的话，组织的目的是"让平凡的人做不平凡的事"。没有任何组织能完全依赖天才，天才总是非常罕见，而且不可预测。但是能不能让普通人展现超凡的绩效，激发每个人潜在的优点，并且运用这些优点，协助组织其他成员表现得更好，换句话说，能否取长补短，是组织的一大考验。

好的组织精神必须让个人的长处有充分的发挥空间，肯定和奖励卓越的表现，让个人的卓越表现对组织其他成员产生建设性的贡献。因此，好的组织精神应该强调个人优点——强调他能做什么，而不是他不能做什么，必须不断改进团体的能力和绩效；把昨天的优良表现当作今天的最低要求，把昨天的卓越绩效视为今天的一般水准。

总而言之，良好组织精神真正的考验不在于"大家能否和睦相处"；强调的是绩效，而不是一致。"良好的人际关系"如果不是根植于良好的工作绩效所带来的满足感与和谐合理的工作关系，那么其实只是脆弱的人际关系，会导致组织精神不良，不能促使员工成长，只会令他们顺从和退缩。我永远忘不了一位大学校长说过的话："我的职责是让一流的老师能够好好教书，至于他和我或其他同事相处得好不好（真正好的老师往往和同事相处得不好）完全是两码事。当然，我们学校有很多问题人物，但是他们很会教书。"当他的继任者改变政策，强调"安宁与和谐"时，教师的表现很快就每况愈下，士气也随之瓦解。

相反，对组织最严重的控诉，莫过于说他们把杰出人才当成威胁，认为卓越的绩效会造成别人的困扰和挫折感。对组织精神杀伤力最大的莫过于一味强调员工的缺点，而忽视他们的长处，不正视员工的能力，只怪罪他们的无能。企业必须把焦点放在员工的长处上。

实践而非说教

组织精神良好，表示组织所释放出来的能量大于个人投入努力的总和。显然，企业无法靠机械手段产生这样的结果。理论上，机械手段充其量只能完整无缺地保存能量，而不能创造能量。只有靠道德力量才有可能获得高于投入的产出。

为了在管理层中塑造良好的精神，必须依赖道德力量，强调优点，重视诚实正直，追求正义，在行为上树立高标准。

但是道德不等于说教。道德必须能够建立行为准则，才有意义。道德也不是告诫、说教或良好的愿望，重要的在于实践。的确，要达到效果，道德必须超然，独立于员工的能力和态度之外，是有形的行为，是每个人都看得到、可以实践和衡量的行为。

为了避免有人说我提倡伪善，我得事先声明，人类历史上所有曾经展现伟大精神的组织，都是借由实践而达成的。美国最高法院可以让迂腐的政客转变为伟大的法官；美国海军陆战队和英国海军也借由实践，打造出著名的团队精神；世界上最成功的"幕僚机构"——耶稣会的精神也是基于有系统的实践。

因此，管理需要具体、有形而清楚的实践。在实际做法上必须强调优点，而非缺点；必须激发卓越的表现；必须说明组织的精神根植于道德，因此必须建立在诚实正直的品格上。

企业必须通过5方面的实践，才能确保正确的精神贯彻于整个管理组织中：

1.必须建立很高的绩效标准，不能宽容差的或平庸的表现，而且必须根据绩效，给予奖励。

2.每个管理职位本身必须有其价值，而不只是升迁的踏板。

3.必须建立合理而公平的升迁制度。

4.管理章程中必须清楚说明谁有权制定事关管理者命运的重要决定，管理者必须有向高层申诉的途径。

5.在任命管理者的时候，必须很清楚诚实正直的品格是对管理者的绝对要求，是管理者原本就需具备的特质，不能期待他升上管理职位后才开始培养这种特质。

安于平庸的危险

当管理者说："在这里，你不可能发财，但也不会被解雇"时，对公司和组织精神的伤害，莫过于此。这种说法强调安于平庸，结果会养成官僚，变相惩罚了企业最需要的人才——企业家。这种心态不鼓励员工冒险犯错，导致员工不愿尝试新事物，既无法建立组织的精神——只有高绩效才能创造精神，也无法建立安全感。管理层所需要的安全感是建立在对高绩效的认知和肯定上的。

因此，对管理人员的精神的第一个要求是要有高绩效。管理者不应该被他人所督促，他们应该自己督促自己。其实，要求实行目标管理和根据工作目标的要求确定管理工作，其中一个主要的考虑就是需要管理者自己为他们的绩效确定高标准。

当管理者持续绩效不佳或表现平平时，公司是绝对不能容忍的，更遑论加以奖励了。公司不应该允许制定低目标或绩效总是不佳的管理者留在原来的岗位上，应该把他降到较低的岗位上或开除他，而不是把他"踢上楼去"。

这并不表示应该惩罚犯错的管理者。每个人都是从错误中学习，越优秀的人才犯的错越多，因为他比较愿意尝试新事物。我绝对不会把从未犯错的人升到高层领导岗位上，因为没有犯过大错的人必然是平庸之辈。更糟糕的是，没有犯过错的人将不会学到如何及早找出错误，并且改正错误。

但是，应该撤换持续绩效不佳或表现平平的员工，并不表示公司应该大开杀戒，无情地到处开除员工。公司对于长期效忠的员工负有强烈的道德责任。就像其他决策机制一样，企业的管理层在提拔一个人时，因自己犯下的错误，升了不该升的人，就不该为了他后来的表现没有达到预期的工作要求，而把他开除。公司或许不该完全怪罪这名表现不理想的员工，很可能经过几年后，工作的要求已经超越了他的能力。举例来说，没多久以前，许多公司还认为稽核工作和资深会计差不多，今天他们却视稽核为重要决策功能，因此 10 年前胜任的稽核人员在今天的新观念下，可能变得能力不足、表现不佳，但是这不能完全归咎于他，而是游戏规则已经改变了。

当下属失败的原因显然出自管理上的失误时，就不应该将他解雇，但仍然应该把绩效不佳的人调离目前的工作岗位。这是管理者对企业应尽的责任，也是为了全体的士气和精神着想而必须做的事情，这样才对得起表现优异的员工。这也是主管应该为绩效不佳的部属尽到的责任。由于能力不足而无法胜任工作，其实受创最深的还是员工自己。当员工绩效显示出有调整工作的必要性时，无论个人情况如何，管理者都必须痛下决心，采取行动。

至于是否应该继续雇用这名员工，考虑又完全不同。关于第一项决定的政策必须严格，关于第二项决定的政策却必须多一些体谅与宽容。坚持严格的标准能激励士气和绩效，但关于人的决定必须尽可能考虑周全。

福特汽车公司的做法是很好的例子。当福特二世接班后，某个部门的9位主管全都无法胜任组织重整过程中创造的新职位。结果，公司没有指派任何一位主管到新职位上，反而在组织内部另外为他们找到能胜任的技术专家职位。福特公司原本可以辞退他们，因为他们都无法胜任管理工作。尤其在这种特殊状况下，新官上任后，当然自认有权展开大幅人事改革。然而，福特的新管理团队秉持的原则是，虽然不应该允许任何人未有上佳的表现而占有一个职位，但是，也不应该因为前领导层的错误而惩罚任何人。

福特汽车后来快速重整旗鼓，有很大部分要归功于高层严格遵守这个原则（附带说明一下，那9位主管中，有7个人后来在新职位上表现优异，其中一个人因为绩效卓越，而被擢升到比他最初的职位更重要的位子上。有两个人仍然表现不好：一个人被迫退休养老，另一个人则遭到解雇）。

在实务上，要兼顾对高绩效的坚持和对个人的关怀并不难。只要肯努力，再发挥一点想象力，几乎都一定能在组织中找到与个人能力相符的实际工作（而不是"制造出来的工作"）。我们经常听到的借口是："我们根本动不了他；他在这里待太久了，不能随便把他开除。"这样的说法根本站不住脚，会伤害到管理者的绩效、士气以及他们对公司的尊敬。

评估的需要

要坚持高目标和高绩效，就必须系统化评估下属设定目标和达成目标的能力。

当管理者指派工作、调配人力、建议工资幅度和升迁名单时，他其实都在根据对下属及其绩效的评估来做决定。因此管理者需要系统化的评估方式，否则他就会浪费太多时间做决定，而且仍然依赖直觉而非知识来做决定。下属也必须要求主管制定这些决策时是出于理性，而不是单凭直觉行事，因为这些决策说明了上司对他们的期望以及重视的目标。

因此，美国企业界越来越流行系统化的管理者绩效评估，在大企业中尤其如此。许多评估程序都必须借重专家的协助，而且通常都是心理学家，把焦点放在开发个人潜能上。这种做法或许合乎心理学，却是很糟糕的管理。评估应该是主管的责任，也永远都应该把焦点放在改善绩效上。

评估下属及其绩效，是管理者的职责。的确，除非亲自评估下属，否则他无法履行协助和教导下属的责任，也无法尽到对公司的责任，把对的人放在适合的位置上。评估程序不应困难和复杂到必须委托专家来进行，因为如此一来，管理者不也是在放弃职权、规避责任吗？

评估必须基于绩效。评估是一种判断，总是需要有清楚的标准，才能下判断；缺乏清晰、明确的公开标准而做的价值判断是非理性而武断的，会腐化判断者和被判断者。无论多么"科学化"，无论能产生多少"真知灼见"，强调"潜能""性格"和"承诺"的评估方式，都是在滥用评估。

针对长期潜能所做的判断是最不可靠的。一个人对别人所下的判断通常都不值得信赖，而变化最大的莫过于人的潜能了。许多人年轻时潜力无穷，前程似锦，步入中年后却庸庸碌碌，平凡无奇。也有许多人原本只是平凡无奇，40岁以后却成为耀眼的明星。试图评估一个人的长期潜能，简直比蒙特卡罗的赌盘更没有胜算。而且，评估制度越"科学化"，预测错误的风险就越大。

但是，最大的错误是试图根据缺点来做评估。

有一个古老的英国趣闻很适合说明这个观点。皮特（Pitt）不到20岁就担任英国首相，在拿破仑横扫欧洲、英国孤军奋战的那段暗淡日子里，皮特以无比的勇气与决心，领导英国人顽强对抗拿破仑，并深以自己纯洁的私生活自豪。他在那腐败的年代展现了绝对诚实的作风；在道德沉沦的社会中，他是完美的丈夫和父亲。可惜他年纪轻轻就过世了。当皮特过世后来到天国之门，圣彼得问他："身为一个政客，你凭什么认为自己可以上天堂？"皮特指出自己从来不接受贿赂，也没有情妇等。但是圣彼得粗暴地打断了他的话："我们对于你没有做什么一点也不感兴趣，你到底做了哪些事情？"

一个人不可能通过他所没有的能力来完成任何事情，一个人也不可能什么都不做，而能达到任何成就。每个人只有靠发挥自己的长处，努力实践，才能有所成就。因此，评估的首要目标必须是能让每个人的能力充分发挥。只有当一个人的长处为人所知，并受到赏识时，提出以下的问题才有意义：他必须克服哪些缺点，才能发挥长处，有所进步？一个人希望做得更好、懂得更多、表现得不一样，这些需求都非常重要，必须达到这些目标，他才能成为更优秀的强者。

作为奖励和激励的酬劳

如果一个人会因为表现不好而被开除，他应该也有机会因为表现特别优异而致富。管理者所得到的报酬应该和工作目标息息相关。最糟糕的一种误导是告诉管理人员，他们必须平衡目标，以便能保留企业长期获利能力，而同时却根据目前短期利润发放他们的酬金。

几年前，一家大型制药公司就发生过这种情形。公司管理层原本强调他们希望资深化学家多从事基本研究，而不是去开发立即可以上市的产品。有一年，其中一位资深化学家在有机化学的领域有了重大的发现，但是还需要多年的努力，才能把他的发现转换成商品。结果发年终奖金的时候，这位化学家发现他得到的奖金数目和前一年差不多，拿到高额奖金的同事对既有产品做了很多简单的小改善，但是可以立即上市。管理层认为自己的行为完全合理，这位化学家的重大发现对于该年的获利毫无贡献，而年终奖金原本就是以每年获利为基础的。但是这位化学家觉得高层口是心非，于是他递了辞呈，四五位同事也和他一起离职，公司损失了一批最优秀的化学家，直到现在还无法网罗到一流的研究人员。

此外，薪资制度不可太过僵化，以致"超乎职责要求的特殊绩效"得不到应有的奖励。

我曾经在一家公司认识了一位工程人员，多年来，他训练了无数刚进公司的年轻工程师，而且连续四任总工程师当年都是从他手下训练出来的，但是他自己始终待在基层，毫无升迁机会。工程部门里每个人都知道他的贡献，然而直到他退休，公司始终没有给他应有的肯定。等他退休后，公司不得不雇用训练主任和两名助理来填补他留下的空缺。后来，这家公司为了弥补先前的疏忽，送了一份厚礼给这位退休老人。

这类贡献应该在当时就获得奖励。这类贡献或许无法直接带给企业可衡量的经营成果，但是能塑造企业精神，提升绩效，而且通常员工都很看重这类贡献，如果管理层不能肯定和奖励这些人，员工会觉得非常不公平。因为伟大的组织之所以有别于一般组织，正是因为其成员有奉献精神。任何组织如果拥有这样的员工，应该暗自庆幸，把原本的薪资上限抛在脑后。针对这类贡献而颁发的奖励应该像美国国会荣誉奖章或英国维多利亚十字勋章一般珍贵、眩目而伟大。

金钱上的奖励绝对不能变成贿赂，也不能制造出高层主管既无法辞职，也不能被解雇的处境。美国企业界为了节税，很流行延期支付酬劳的做法，因而引起严重的不满。

其中一个效应是，有位高层主管多年来一直觉得在公司无法一展所长，想要离开。其他公司开出了极富吸引力的条件，他总是在最后一刻婉拒了，原因很简单，他还有一笔 50 000～75 000 美元延期支付的红利扣押在公司里，他必须继续为公司效命 5 年，才能领到这笔钱。结果，他继续待在原本的工作岗位上，却十分痛苦，经常为去留问题彷徨不已，成为整个管理团队不满的对象。

企业无法买到忠诚，只能努力赢得忠诚。我们不能贿赂员工留在公司；只有当员工自己禁不起诱惑时，他们才只会怪罪公司。我们不能把开除员工变成过于严厉的惩罚，以至于从来没有人敢轻易尝试。我们不应该让高层主管变得太注重安全感。处理事情时，老是只考虑安全保障的人，不太可能从其他角度看待工作，也不太可能开拓和创新。

我举双手赞成弥补高税率带给高层管理者的损失。20世纪50年代的美国，只有企业管理者的税后收入明显地比1929年的水准低，我认为这种情形无论对于社会福祉或经济发展，都会带来严重的危机。提高薪水不能解决问题，因为高税率会吃掉加薪幅度，达到的唯一效果是激起员工的愤怒（因为没有几个员工明白税前收入其实不算真正的收入）。但是除了用延期支付报酬来贿赂员工之外，一定还有更好的解决办法，既能强调管理者的企业家角色，奖励卓越的绩效，而又不会让管理者变成公司的奴隶。

不要过度强调升迁

每个管理者应该都能从工作本身获益，得到满足，管理职位不应只是在组织中向上攀升的踏脚石。即使在快速成长的公司里，能够升上去的管理者仍然只占少数。对于其他各阶层主管而言，今天的职位很可能就是他们会一直做到退休，甚至过世的工作。每5位管理者中，可能会有三四个人因为公司过度强调升迁而深感挫败，士气低落。过度强调升迁的做法也会引发不当的竞争风气，为了自己能脱颖而出，员工将不惜牺牲同事。

为了避免过度强调升迁带来的坏处，薪资结构中应该提供特殊表现的奖赏，奖金几乎相当于因为升迁而增加的酬劳。举例来说，每个阶层的薪资幅度应该保留适当的弹性，因此绩效卓越的员工获得的报酬将超过比他高一个层级员工的平均薪资，而且相当于比他高两个层级员工的最低薪资。换句话说，即使没有升迁的机会，如果表现优异的话，每个人还是有可能大幅加薪的，而加薪幅度相当于连升两级所增加的酬劳。

但是，单单靠金钱奖励还不够。无论管理者或一般员工，无论在企业内外，每个人都还需要另外一种奖励——声望和荣耀。

对于大企业而言，这个问题尤其严重。无法满足这方面需求的有两个领域，而且主要都出现在大企业中：企业大单位主管以及专业人才对外的地位和声望的象征。

通用汽车或通用电气公司的事业部主管所负责的单位几乎都是产业界的龙头老大，规模通常都相当于或大于独立经营的任何一家同业，不过他们的头衔却只是"总经理"而已，而那些规模较小的竞争者，公司首脑却享有"总裁"的头衔和身为企业领导人的地位。因此基本上，大企业给予管理者的头衔必须能与他们承担的责任和重要性相称。或许应该称他们为事业部"总裁"，而事业部高层主管则叫"副总裁"。许多公司的例子显示（其中最著名的是联合碳化物公司和强生公司），其实在企业内部，这些头衔并不会改变实质关系，但是会对享有头衔的主管对外的身份地位和荣耀感、工作动机及组织精神，都产生莫大的影响。

同样，企业也必须给予专业人才在专业地位上应有的肯定和奖励。

合理的升迁制度

即使没有过度强调，升迁问题仍会不断盘旋在管理者的脑海中，激发他们的雄心壮志。因此必须有合理的升迁制度，才能塑造良好的组织精神和管理绩效。

企业应该根据绩效来决定升迁。危害最深的做法莫过于为了把绩效不彰的员工踢出去，而推荐他升官，或迟迟不肯让优秀的员工更上一层楼，借口是"假如没有他，我们不知道该怎么办"。升迁制度必须确保所有具备升迁资格的员工都列在考虑名单上，而不是只有最受瞩目的人出线。同时，还必须由更高层的主管审慎评估所有的升迁决定，才不容易发生"把庸才往上推"或"把优秀人才藏起来"的情况。

升迁制度还应该充分运用公司内部的管理资源。如果升迁机会总是落在工程师、业务员或会计人员头上，不仅有损于团队精神，而且，也是对昂贵的稀有资源的一种浪费。有些企业会需要某些特殊才能或技术背景的人才来担当要职，既然如此，他们就应该有系统地雇用较低层次的人员来担任其他工作，并且实实在在地和员工说清楚，免得他们抱着虚幻的期望。但是在大多数企业中，升迁机会失衡其实只反映了僵化的传统、混淆的目标、心理上的怠惰，或不靠实力只因为备受瞩目来决定升迁的做法依旧阴魂不散。

企业不应该完全从内部升迁。内部升迁确实应该是企业的常态，但很重要的是，不要让管理层完全依赖近亲繁殖，结果变得自鸣得意、自我封闭。公司规模越大，就越需要局外人的参与。公司内部应该建立起清楚的共识——即使是高层管理职位，都需要定期引进外部人才，而外部人才一旦加入公司，享受到的待遇将和遵循正常轨道升上来的"老干部"没什么两样。

西尔斯的发展过程显示了这种做法是多么重要。邮寄事业部自行培养出来的人才，没有一个人能够将事业领域扩展到零售商店，并且确保公司不断成长。因此他们必须寻求外援，借重伍德将军的才能。同样，福特汽车在重整旗鼓的过程中，必须从外界引进人才，担任高层职位。企业必须持续引进外部人才，而不是碰到危机才寻求外援，才能避免危机，或未雨绸缪。

管理章程

升迁决策是我称之为攸关管理者命运的重大决策，其他重大决策还包括有关解雇或降级、薪资高低及工作范围的决策。同样重要的则是有关管理者管辖单位的工作范围和内容的决策，例如资本支出。即使是绩效评估，也深深影响到管理者在公司的生涯发展。这些决策都非常重要，不应该只依赖一个人独自下判断。

就评估而言，一般人都认同上述观点，因此许多公司的评估制度都要求管理者和上司一起检视他对下属的评估。有些公司甚至把这个原则延伸到所有影响主管地位的决策，例如有关薪资或职位的决策。举例来说，通用电气公司要求管理者制定这类决策后必须再经上司核准，才能正式生效。但是在大多数的公司里，只有在任命高层主管时，才会遵守这个规定。至于企业在任命低层主管时，通常都没有明确划分权责，也没有制定任何措施来防止个人专断或错误决定。除了会直接影响个人升迁、降级、解雇或薪资的决定外，其他的决策就更缺乏明确准则了。

管理者应该了解谁是有权做决定的人，知道在做这类决定时必须咨询哪些人的意见，同时也知道在攸关自己工作和职位的决策上，是否有适当的措施防止个人独断专行或错误判断。他们也应该有申诉的权利。

有些罐头公司的做法最明智。在这里，每一位管理者都能够针对直接影响自己的重要决定（例如有关职位或工作的决定）提出申诉，而且可以一直上诉到总裁和董事长的层次。不过上诉到"最高法院"的机会微乎其微，因为绝大多数的申诉都在第一次审讯中就处理完毕。但是有权向最高层申诉的措施会对整个管理层造成极大的冲击，每位管理者碰到这类重大人事决定时，都会三思而后行。而受人事决策影响的主管在受到恶意、偏颇或愚蠢的对待时，不会再感到无依无靠。

比这些防范措施都更有效的做法是，告诉全体员工，管理层真正想要的是健全的组织精神。事实上，最简单的方法就是告诉所有的管理者："建立组织精神是每一个人的责任。想想看，你在自己所领导的部门中，做了哪些事情来建立健全的组织精神，然后告诉我们这些高层主管，我们可以做哪些事情，为你所属的部门建立起健全的组织精神。"

管理者深切反省自己和上司的做法，往往有助于改善现况，为管理精神带来重大贡献，也让员工相信管理层并不是只爱说教，而且也决心有所作为。这样做将能形成一种精益求精的愿望，而这种不断改善的决心和意愿甚至比实际的绩效还要重要，因为动态的成长远比静态的完善能带来更丰厚的回报。

什么人不应被任命担任管理工作

最好的做法未必能培育出正确的精神，除非每次管理层任命一个人担任管理工作时，都能证明对某人的任命是正确的。最终能证明管理层的真诚和认真的是毫不含糊地强调正直的品质，因为领导工作是通过品质才能贯彻实施的。好的品质才会树立起好的榜样，人们才会去仿效。品质不是一个人所能获得的某种东西。如果他不将品质带到工作中，他就永远不会有这种品质。品质不是一个人能愚弄人们的某种东西。与他一块工作的人，尤其是他的下属，通过几周就知道他是否具有正直的品质。他们可以原谅一个人的许多东西：无能、无知、不牢靠，或行为粗鲁，但是，他们不会原谅他的不正直。他们也不会原谅高层管理者，因为他们任命了这个人。

可能我们难以给品质下个好定义，但是，缺乏正直的品质所构成的严重性，致使某人不适合担任管理职务则不难界定。如果一个人的注意力只集中在人们的弱点上，而不是人们的长处上，这个人绝不能被任命担任管理职务。一个人如果总是对别人的能力缺陷看得一清二楚，而对他们的能力却视而不见，将会破坏其企业的精神。当然，一个管理人员应该清楚地了解他的人员的局限所在，但是，他必须将这些看作对他们所能做的事的局限，看作让他们把工作做得更好的一种挑战。他必须是一个现实主义者，应懂得如何对其下属扬长避短。

如果一个人对"谁是正确的"这一问题比"什么是正确的"这一问题更感兴趣，这个人就不应予以提拔。将个人的因素置于工作的要求之上是一种堕落的表现，并且起着腐蚀的作用。打听"谁是正确的"会鼓励下属谨小慎微，或是玩弄权术。总之，它会鼓励人们一发现错事，便立即进行"掩盖"，而不是采取纠正的行动。

管理层不应该任命一个将才智看得比品德更重要的人，因为这是不成熟的表现。管理层也不应该提拔害怕其手下强过自己的人，因为这是一种软弱的表现。管理层绝不应该将对自己的工作没有高标准的人放到管理岗位上，因为这样做会造成人们轻视工作，轻视管理者的能力。

一个人可能知之不多，绩效不佳，缺乏判断能力和工作能力。然而，作为管理者，他不会损害企业的利益。但是，如果他缺乏正直的品质（无论他知识多么渊博，多么聪明，多么成功），那么他就具有破坏的作用。他破坏企业中最有价值的资源——企业员工。他败坏组织精神，损害企业的绩效。

对于企业高层领导来说，尤其如此。因为组织精神是由最高管理层开创的。如果一个企业有良好风气，那是因为企业的最高管理层风气良好。如果一个企业腐败，那是因为企业的最高管理层腐败。常言道："上梁不正下梁歪。"在任命高层管理人员时，再怎么强调人的品德也不过分。事实上，除非管理层希望某个人的品质成为他的所有下属学习的典范，否则就不应该提拔这个人。

关于领导力

我们已经界定组织的目的为"让平凡的人做不平凡的事"，不过我们还没有讨论如何让平凡的人变成不平凡的人。换句话说，我们还没有讨论领导力的问题。

我是故意如此。领导力非常重要，领导力是无可替代的，但同时我们无法创造或提倡领导力，也无法教导或学习领导力。

在古希腊或古以色列关于领导力的论述中，作者已经充分说明了有关领导力的一切。如今每年都冒出许多关于企业领导才能的书籍、论文和演讲，其中并无新的创见，不外乎古代先知的话语及埃斯库罗斯（Aeschylus，前 525—前 456，古希腊剧作家）的作品中早已谈过的话题。第一部系统讨论领导力的著作是色诺芬（Xenophon，前 431—前 350，希腊史学家）的《尼鲁士的教育》（*Kyropaidaia*），这本书迄今仍然是有关领导力最好的一部杰作。然而经过了 3000 年的研究、告诫、约束和循循善诱，领导人才并没有显著增加，我们也没有比过去更懂得如何培养领导人才。

领导力是无可替代的，但是单单靠管理无法塑造领导，只能创造出有利于领导的潜在特质发挥的环境或抑制领导人才发挥潜能。由于领导人才过于稀有而难以预测，因此我们无法依赖领导人才来创造能让企业发挥生产力及凝聚力的企业精神。管理者必须通过其他方式来塑造组织精神，这些方法或许比较平凡无奇，效果也没有那么好，但至少是管理者可以掌握的方法。事实上，把焦点全部放在领导才能上，反而很容易在建立组织精神上毫无建树。

领导力需要看个人资质，而优秀的总工程师或总经理已经非常罕见，更遑论还要他们具备领导天分了。领导力还需要正确的基本态度，但是最难定义也最难改变的莫过于基本态度了。因此把领导力当作建立组织精神唯一的关键，结果往往一事无成。

但是，无论个人资质、个性或态度如何，只有通过实践才能完成任务，虽然实践的过程可能单调乏味。实践不需要天分，只需要行动；重要的是做事，而不是讨论。

正确的实践应该要充分激发、肯定和运用管理团队的领导潜能，同时为正确的领导打好基础。领导力并不等于吸引人的个性，那只是煽动人心的行为；领导力也不是"结交朋友，影响他人"，那只是推销能力。真正的领导力能够提升个人愿景到更高的境界，提升个人绩效到更高的标准，锻炼一个人的性格，让他超越原来的限制。要为这样的领导奠定良好基础，必须先建立起健全的管理精神，在组织日常运作中确立严格的行为准则和职责，追求高绩效标准，并且尊重个人及其工作。有个储蓄银行的广告词对于领导也颇适用：希望不能使愿望成真，只有实实在在地去做，才能使希望成真。

首席执行官与董事会

瓶颈通常都处在瓶子的顶端——首席执行官有多少项工作——工作多么杂乱无章——需要简化首席执行官的工作——一人当家的谬误——首席执行官的工作是团队工作——高层人士的孤立——他的继任问题——对明日企业最高管理层工作的要求——一人当家的危机——这种观念在实践中的废止——如何组织首席执行官管理团队——团队，而不是委员会——不存在一个成员向另一个成员提出恳求——明确分配首席执行官各个部门的工作——团队成员有多少——董事会——为什么需要董事会——董事会应该干什么，董事会应该是什么

俗话说："瓶颈通常都处在瓶子的顶端。"任何企业都不可能展现出比它的最高主管更宏观的愿景与更卓越的绩效。企业（尤其是大企业）或许可以靠着前任最高主管的愿景和绩效而过一段风平浪静的日子，但这只是把算账的时刻往后延，而且通常都比大家以为可以拖延的时间更短。企业需要建立中央治理机制和绩效评估机制，而这也是高层管理工作的内涵，企业的绩效、成果和精神主要依赖于这两个机制的品质。

前一阵子，我参加了几位大企业总裁为一位工商界前辈所举办的晚宴。这位前辈早年白手起家，建立了一家大公司，并且担任了多年总裁，一年前才转任董事长。晚餐后，他开始缅怀往事，而且很快就开始热切地讨论继任者的表

现。他花了将近一小时的时间，详细描述新总裁的工作方式。他一边讲，我一边匆匆记下他提到的各种活动。他最后说："我为公司所做过最好的一件事，就是挑选接班人。"于是我根据他的谈话，列了一张清单，说明企业首席执行官所从事的活动和肩负的责任。

我在这里列出这些活动，不是为了正确分析首席执行官的工作，而是因为这张清单忠实反映了一位成功企业家的思维。

企业首席执行官深入思考公司的事业领域。他发展并设定整体目标，制定达到目标所需的基本决策，和管理者沟通这些目标和决策，教导管理者把企业视为整体，并且协助他们从企业整体目标中发展出自己的目标。他根据目标衡量绩效和成果，并视情况检讨和修正目标。

首席执行官也决定高层人事，并且确保公司每个阶层都在培育未来的管理者。他负责制定有关公司组织的基本决策。他必须知道应该问公司主管什么问题，并且确定他们都明白问题的含义。他协调公司各个部门和产品线，在发生冲突时担任仲裁，防止或解决员工间的摩擦。

首席执行官就好像船长一样，在紧急状况下亲自发号施令。

这位前辈说："5个月以前，我们有个大厂发生火灾，打乱了所有的生产进度。我们必须把急着交货的订单挪到其他工厂生产，有些订单得外包给竞争者，有的只好延迟交货。我们还必须安抚重要客户，或为他们找到替代的供应商。我们还必须立刻决定，究竟要整修这座老工厂，还是干脆重新盖一座现代化的工厂。我们可以在6个月内，花200万美元整修这座工厂，但结果新总裁决定花1000万美元和两年的时间来建新厂，新厂的产能将是旧厂的两倍，成本却低很多。这是正确的决定，但这表示所有的生产计划和资本支出计划都必须改变。这也意味着在发行公司债券筹款之前，必须先想办法拿到6个月的银行贷款来应急，而原本我们打算一年后才发行公司债券。于是，足足有4个星期的时间，新总裁夜以继日地待在办公室里工作。"

他接着说，同样，当公司业务碰到严重的麻烦时，新总裁一肩挑起应负的责任。当有人控告他们公司侵犯了专利权时，新总裁和公司律师及外面的法律事务所为了应付这场官司，一起花时间准备资料，还拨出两个星期的时间出庭作证，为公司辩护。

接下来这位新总裁做的事情（也是只有他才能做的事情）是，负责规划资本支出，筹募资金。不管是银行贷款、债券发行或股票上市，新总裁都积极参与决策和谈判。他也向董事会建议股利政策，关心公司和股东之间的关系。他必须在年度股东大会上回答问题，保险公司和投资信托公司等大型法人投资机构的证券分析师在需要时，必须能随时找得到他，同时他还不时和重要报纸和财经杂志的金融记者见面。

他必须为每个月的董事会议安排议程，在董事会上报告和回答问题，同时把董事会的决议传达给公司主管。

"他每个月都会到华盛顿一次，花两天的时间参加两个政府顾问委员会的会议，原本我是委员，现在则由他接手。"前总裁说："直到现在，我还在我们最大的工厂所在的城市担任医院委员会的委员，也仍然担任地区红十字会的董事，但是新总裁已经接手担任社区福利基金会的副主席，同时也担任公司为员工子女设立的教育基金会董事。他获选为母校（一所工程学院）的理事，明年还将担任母校筹款活动的地区主席。他尽量减少公开演讲的次数，委由副总裁出面，但是每年仍然必须参加一两次商会的会议，通常只发表简短的谈话。上个月，他参加美国管理协会的会议，报告我们公司的组织结构。每年我们还会召开一次经销商大会，总裁必须做开场演讲，介绍我们的新产品和销售计划；他还必须在经销商大会的最后一天，主持一场盛大的晚宴。另外，在我们公司，由服务 25 年以上的资深员工组成的'老员工俱乐部'每年有一次聚会，总裁在大会上介绍新会员，并且颁发纪念章。我们每年也为即将退休的主管（从工厂领班到副总裁在内）举办两三次晚宴。我主持其中一次晚宴，新总裁则负责主持其他几场。公司还有个由我发起的宝贵习惯，就是每年都邀请刚提升到管理职位的新人到总公司来，把他们介绍给高层主管认识。当然，我们每批只介绍五六位新主管，因此每年有八九次这类的聚会，而且总裁要在高层主管餐厅招待他们用午餐。"

清单上最后一项工作是：每年新总裁都亲自造访在美国和加拿大的 52 座工厂。他规划在不久的将来，就去视察在欧洲和拉丁美洲的 7 座工厂。

"我们的工厂都蛮小的，"这位前总裁说，"只有一座工厂——就是起火的那座工厂，员工超过 2000 人。其他的工厂员工人数都不到 1000 人，平均只有 400 人左右。我们希望保持小规模，以把工厂管理得好一点。我们尽可能给工厂主管最大的自由度，但因此更必须强调，所有的工厂都是公司的一分子，所有管理者都属于同一个团队。而只有'大老板'亲自造访了每座工厂，才能达到这样的共识。而且总裁从参观工厂中学到的，也远比坐在办公室读报告要多得多。他通常都花一天的时间视察工厂，另外一天则拜访那个地区的客户，看看他们有什么不满的地方。"

当这位老前辈描述完接班人的工作后，立刻引发了同桌企业家的共鸣。其中一位问道："你们的新总裁视察工厂时，需不需要会见当地大学、医疗慈善机构的募款人？对我来说，这是最耗时的事情。"另外一位说："你们的总裁不用参与劳资谈判吗？我们公司的人事副总裁坚持我必须参与谈判过程。"第三位问："你们去年在芝加哥发生的罢工事件是怎么解决的？谁负责处理这个问题？"到此为止，没有一个人说："我不会亲自处理这件或那件事，我授权下属去做。"事实上，从这位老前辈开始谈话之后，我就一直想问这个问题："请问，你们这位新总裁是不是有三头六臂啊？"这时候，我已经列了 41 项不同的活动，全都是有经验的公司总裁认为首席执行官责无旁贷的工作。

工作多么杂乱无章

几乎没有一项工作比企业首席执行官的工作更需要组织和系统。企业总裁和其他人一样，一天只有 24 小时，而他需要的睡眠和休闲时间当然也和其他工作比较轻松的人没有两样。只有把总裁的工作内容拿来彻底研究一番，总裁工作时才不会漫无章法；只有系统化地安排优先顺序，首席执行官才不会把时间和精力都耗费在不重要的琐事上，才不会忽略了重要大事。

不过，我们几乎没有做过严谨而系统化的工作安排，结果无论公司大小，许多首席执行官工作时都缺乏条理，浪费了很多时间。

瑞典卡尔森教授（Professor Sune Carlsson）的研究报告是我所见过的唯一一份已发表的、把重心放在分析首席执行官日常工作方式上的研究。⊖卡尔森和同事花了几个月的时间用秒表记录瑞典 12 位企业家如何运用工作时间。他们记录了这些企业家花在谈话、开会、拜访、听电话等方面的时间，结果发现这 12 位企业家没有一位可以连续工作 20 分钟而不受到干扰。至少在办公室中绝对办不到。他们只有在家里，才可能集中注意力。他们经常需要在一大堆冗长而不重要的电话和"危机"问题之间，勉强挤出时间，即席做重要的和长期的决策，只有一位首席执行官例外。而这位例外的首席执行官每天早上进办公室之前，都先在家里工作一个半小时。

我们没有针对美国的企业首席执行官做过这样的研究，但是我们不需要研究就可以推断，许多首席执行官都被外在压力和紧急事件占据了工作时间，消耗了宝贵的精力。

即使是受到外在压力支配的首席执行官也比某些首席执行官好得多，至少他们还把时间花在首席执行官的工作上（尽管是比较不重要的部分），比这更糟的是把时间浪费在某一部分的功能，而非管理企业上：例如在应该制定财务政策时，却在招待客户；忙着修正工程图上的细节，却忽略了组织不良的危机；亲自检查每个销售人员的费用账目等。这些人不但无法完成自己的工作，而且因为他们把下属的工作抢过来做，因此妨碍了其下级管理者完成工作。这种紧

⊖ 详见卡尔森的著作《首席执行官的行为》(*Executive Behavior*, Stockholm: Stromberg, 1952)。

抓着自己擅长和熟悉的功能性工作不放的首席执行官其实不在少数。

这个问题牵涉工作的系统化概念和组织。如果没有建立这样的概念和组织，即使是最能干、最聪明和用意善良的首席执行官，也无法把工作做好，只好忙于应付压力和紧急状况。我曾经听到一位演讲人说："骑虎难下，咎由自取。"这正是深受工作压力所左右，而不能有系统地研究、思考和安排工作和时间的最好写照。

著名的法国工业家和管理学家诺德林（Rolf Nordling）最近指出，⊖首席执行官的工作是科学管理的应用中最缺乏探索的一大领域，尤其在"简化工作"方面。首先要做的应该是效法卡尔森在瑞典的做法：用秒表精确记录执行官每天的工作时间过程，并加以研究。

这种做法当然很不错，然而（正如诺德林急于指出的），在进行工作时间研究的同时，也必须深入思考执行官的工作内容应该是什么。有哪些活动需要首席执行官亲自参与？哪些事情可以放手让其他人做，让谁来做？应该把哪些活动摆在第一位？无论"危机"带来的压力有多大，他应该为这些活动保留多少时间？

换句话说，单凭直觉行事的管理者无法胜任首席执行官的职务，无论他多么才智过人、反应灵敏。首席执行官的工作必须有所规划，而且也必须根据计划来执行工作。

一人当家的谬误

即使有了系统化的研究、周全的组织和充分的授权，首席执行官的职务仍然不是单靠一己之力就能做得好、应该由个人承担的工作。的确，首席执行官工作上的问题有 90% 都根源于一人当家的谬误。我们就和亨利·福特一样，仍然把现代企业的首席执行官想成传统经济模式中独资的私人产业业主。

任何人在上班时间都有忙不完的工作。前面我列举了许多首席执行官实际

⊖ 出自他在 1954 年接受华莱士·克拉克"科学管理杰出贡献奖"时的致辞，这段致辞是在1954 年 1 月 13 日的（美国）国际管理发展理事会上说的。

参与的活动，或许我们应该从首席执行官的工作清单中删除其中一半的活动，交给其他人办理。剩下的 15 项、20 项重要工作，仍然不是单靠执行官一己之力就可以独立完成的。每一项工作对企业而言都非常重要，都困难而耗时，必须缜密地规划、思考和筹备。即使尽量加以简化，这份工作仍然超越了个人所能承担的管理责任幅度。即使老天爷能无限量供应万能的天才，除非也能同时命令太阳永不下山，否则一人当家的观念仍然站不住脚。

首席执行官职务中所包含的活动性质也过于南辕北辙，很难完全由一个人来执行。首席执行官的工作清单中主要都是和规划、分析、政策执行相关的工作，例如决定公司的业务、设定目标等，也包括需要迅速决策、当机立断的事项，例如处理重大危机；有的工作和公司长远的未来有关，有的则着眼于解决眼前的问题。不过，基本原则是，如果你把明日事和今日事混淆在一起，那么就绝对不可能达成目标，更不要说与昨天的事情混合在一起了。诸如仲裁内部冲突或发行股票等活动需要发挥谈判技巧，有些活动需要的则是教育家的才干，还有一些活动要求高明的交际手腕（至于像参加公司社交活动、喜庆宴会等，最重要的恐怕是要有铁打的肠胃了）。

企业首席执行官必须具备 3 个基本特质："思考者""行动者"和"抛头露面的人"（引用一位在企业担任高层主管的朋友的说法）。我们或许可以在一个人身上找到其中两项特质（"但是，你真的想要找个精神分裂的人坐在首席执行官的位子上吗？"同一位朋友质疑），通常很难在同一个人身上看到 3 个特质并存。不过，如果企业要繁荣发展，就必须在这 3 个重要领域中，都找到人好好负起责任。

因此结论只有一个：（或许非常小的企业是个例外）即使有再妥善的安排，都不可能由个人来承担企业首席执行官的所有工作，必须由好几个人共同努力，通过团队合作来完成。

这个结论还有两个值得讨论的论点：第一，是首席执行官的孤立状态。

无论公司大小，总裁的职位都会把他隔绝于其他人之外。每个人都有求于他：下面的主管想要"推销"自己的想法或升官；供应商想把产品卖给他；顾客希望获得更好的服务或享受到更低的价钱。因此总裁和其他人打交道时，出于自我保护，不得不采取若即若离的态度。而且一旦公司达到一定的规模，到达他手中的信息或等待决定的事项势必先经过筛选、整理或摘录，不是活生生的原始资料，而是过滤过的信息，否则总裁根本不可能处理。他的社交生活（如果他有任何社交生活的话；考虑到总裁的工作压力，他根本不太可能有社交生活）通常都是和同样阶级与身份地位的人在一起，因此他几乎没有什么机会和观点、经验或意见不同的人交流。他可能是全世界最随和的家伙，而他在视察工厂或和主管共进午餐时，却如拜占庭式的国家访问，尽管这完全不是他的错。结果，有一位敏锐的管理观察家曾经对我说："坐在总裁位子上的人是全世界最寂寞的家伙。"

妥善组织首席执行官的工作或许更强化了这种孤立的状况。因为首席执行官最不应该亲自插手的事情很多时候正好能让他穿破与世隔绝的帷幕。每个人都认为，首席执行官应该多花一点时间思考和规划，但这表示他花在和客户通电话、处理生产或设计上的细部问题，接见突如其来的访客或慈善机构募款人，以及与记者聊天或在销售大会上和大家打成一片的时间就更少了（或根本没有时间）。然而，尽管还不足够，但这些全是能打破总裁与外界产生隔阂的活动。

不过，妥善组织首席执行官的工作仍然绝对必要。为了达到这个目标，并且在随之而来的高度孤立状态中仍然维持首席执行官职位的效能，就需要团队的协助。有了团队之后，首席执行官可以和同阶层的人一起讨论，而且这些人对他并无所求，他们在一起时，他可以无拘无束，自由交谈，不需要战战兢兢，谨言慎行，可以坦白说出心中真正的想法，而不需要有所承诺。同时，他因此也可以听到各种不同的观点、意见和经验，这些都是完善的决策所不可或缺的，但一人独揽大权的情况下，即使是最聪明的公关专家都没有办法让首席执行官听到不同的声音。

其次，公司最高管理层采取团队方式运作，也足以解决接班的问题。如果公司高层只有一个人独揽大权，那么真的很难规划接班问题，将会引起一场龙争虎斗。⊖最高主管退休（或重病、过世）都会导致危机。而一旦正式任命了接班人，一般而言，不管后来发现这个选择有多糟，都无法中止任命或将他撤换。但是，如果最高管理层是一个团队，例如有 3 个人共同领导，那么几乎不太可能 3 人全数更迭。相对而言，要在 3 个人中间换掉一个人会容易许多，不会造成管理危机；即使选错了人，也不会演变为无可挽回的致命错误。

> 通用电气公司总裁科迪纳（Ralph J. Cordiner）1953 年以"有效的组织结构"为题在哈佛商学院演讲的时候，极力强调这个观点（通用电气公司本身就是在高层采取团队领导的著名例子）。他说："企业首席执行官如果负责，应该在接受任命后 3 年内，至少找到 3 名以上的主管和他的表现不相上下，有资格接任他的职位……

> 我们因此认为，企业最高阶层应该有一些职位和首席执行官的职位一样重要，薪资水准差不多，而且具有同样的威望，这是非常重要的事情。如此一来，等于创造了好几个执行副总裁的职位，他们组成了高层管理团队。我们的想法是，这些高层主管应该和总裁及董事长成为一个团队，每个人都有自己的特殊职责，同时在必要时，又能接替其他人的工作。"

最后，未来企业首席执行官的工作将包括了解一系列数学和逻辑分析、综合分析与衡量的新基本工具。首席执行官必须能够清楚可以把这些工具应用在什么地方，教育其他主管这些工具的意义和用途，同时具备基本的应用技巧。这些工具将包括前面所讨论过的分析和预测未来的技术，其中也包括诸如"作业研究""信息理论"和高等数学理论等（本书将在第五部分中讨论如何将这些工具应用到决策过程中）。

如此一来，20 年后，或可能更早一点，首席执行官的职位所要求的不只是"抛头露面的人""思考者"和"行动者"，除此之外，还必须是一流的分析家和

⊖ 在卡梅隆·霍利（Cameron Hawley）的畅销小说《行政套房》（*Executive Suite*）中对此有更有趣、更精彩的描述。这是很现实的，只是在真实的商业生活中，欢乐大结局可能会比较少一些罢了。

整合者。当然没有人能在一生中同时扮演好这 4 种角色，更不要说在同一个工作日中四者兼顾了。

一人当家的危机

企业的最高管理层应该是个团队，但即使将高层管理工作组织为团队工作的人都认为这种说法是异端邪说（举例来说，在我们前面引用的演说词中，通用电气公司的科迪纳强调需要有一组地位、威望相当的人参与高层管理，但是他仍然谈到"一位首席执行官"）。大多数组织理论专家似乎认为，一人当家是自然法则，不需要任何证明，也不容有任何怀疑的余地。

> 在美国以外的地方，成功的管理者大多数以团队方式来共同承担最高主管的职务，这充分证明了根本没有什么自然法则可言。在德国，每家大企业都有管理团队。通常都由其中一位成员主持团队的运作，但所有成员都平起平坐（具有讽刺意味的是，希特勒抨击这种运作方式为"无能的民主"和"美国主义"，他试图推动一人领导的管理模式）。同样，英国银行界的"五大"所创造的高效率管理组织建立了不止一个，而是两个高层管理团队：董事长和副董事长负责基本目标，总经理群负责政策、管理实务和人事。

今天，这种观念在企业中面临严重危机，在大企业中，情形尤其严重，由此可见高度怀疑一人当家的观念是合理的。一人当家再也无法好好制定决策。他根据下属给他的一页纸的建议，来核准攸关公司存亡的重要决策，而事实上，他根本无法根据这短短一页纸来下判断，更不用说改变决策了。他甚至不知道这份简短的报告是否呈现了所有的重要事实。更糟糕的是，他越来越依赖这些高度形式化的"口头报告"来做决策，而这些报告的目的都是希望能通过最少的讨论，让老板点头核准，换句话说，老板对于自己核准的决策，缺乏深入的了解。

更糟糕的是，"私人智囊团"的势力日益膨胀。由于无法做好首席执行官的工作，首席执行官周遭围绕着一群私人亲信和助理、分析家、"控制部门"等。私人智囊团都没有明确的职责，但都能直接同老板接触，在组织中拥有神秘的权力。他们削弱了一线主管的职权，重复了主管的工作，阻断主管直接和高层沟通的渠道。他们是组织不良的最大病源，形成了亲信统治的状况。然而一人当家很需要智囊团，如果组织在设计上不允许他组成一支适当的管理团队，他就只好将就一下，靠助理、秘书和亲信替他拿主意，而制定公司基本决策的重要权力也逐渐落入这些人手中。

> 我所看过的最糟糕的例子是，在一家规模不小的钢铁公司里，总裁助理的数目是副总裁的两倍。没有一位助理有明确的工作职责，总裁吩咐他们做什么，他们就做什么。例如，同一位助理可能既要为总裁采购圣诞礼物，又负责公司的财务规划。没有一位助理手中握有实权，而实际上，他们却是最后制定决策的人。然而，当新上任的董事长要求这位总裁取消这种畸形的做法时，他回答："我知道我早应该杜绝这种离奇的现象。但如果不是这样，我怎么样才能完成所有的工作呢？"解决办法其实很简单。让几位副总裁组成"规划委员会"，委员每个星期必须拿出两天的时间，来完成委员会的工作（因此，这几位副总裁把部分职务分出去，公司另外指定了四位新的副总裁来分担他们的工作）。委员会负责设定目标、提出有关政策、组织高层管理人事的建议，同时为财务计划和预算编制做准备。换句话说，公司的管理由团队来负责，团队成员包括扮演"行动者"和"抛头露面的人"的公司总裁，以及担任"思考者"的规划委员会。从此以后，公司就没有再碰上什么大麻烦，也无意恢复"私人智囊团"了。

一人当家观念逐渐瓦解的另外一个迹象是，许多大企业中高层主管日益增多。公司最高主管和实际运营单位之间，插进了越来越多的管理层级。例如，通用汽车公司的总裁和各产品事业部的主管之间，隔了两个管理层级。即使像雪佛兰这么庞大的事业部（雇用了20万员工，每年卖出去价值40亿美元的汽车），其总经理仍然不是直接向通用汽车的总裁报告，而是向事业集团主管报告，而事业集团主管再向执行副总裁报告，然后才呈报总裁本人。但到了这个阶段，已经不再有管理可言了，如果我们所说的"管理"仍然和"可管理的"有任何关系的话。当然，要管理像雪佛兰这么庞大的事业（比许多所谓"大公司"的规模都还要大好几倍），必须能和操最后生杀大权的人直接沟通。这种危险而令人困扰的超级管理结构之所以存在，纯粹是因为通用汽车的总裁无法亲自执行最高主管的所有工作。

最后，对速度的考虑导致企业一家接一家地纷纷放弃了一人当家的观念，这证明了一人当家其实是只能藏身于理论中的幽灵。实际上，工作是由一个团队来完成的。

美国新泽西州的标准石油公司则更前进了一大步，他们的最高阶层是由 14 个人所组成的董事会，而这 14 个董事都是公司的全职主管。比较常见的情况是通用电气公司的模式：高层管理团队包括总裁和一群可以称为代理总裁的高层主管，以及几位负责研究、营销或管理组织等重要领域目标和政策拟订的副总裁。纽黑文铁路公司、美国罐头公司、联合碳化物公司和杜邦公司都采取同样的模式。

事实上，究竟成功的企业是否采用了这种一人当家的方式，都很值得怀疑。在每个企业成长的案例中，都是至少由两三个人通力合作才会有所成就。公司在创立之初往往"活在一个人的阴影之下"，但是除非一人当家的领导模式逐渐转变成团队领导模式，否则公司不可能生存和成长。通用汽车公司成长最快的时期就是由两三个人组成的集体领导团队，其中包括先担任总裁、后来成为董事长的斯隆，以及先是副总裁、后来担任副董事长的布朗，通常还包括第三位主管——实际的公司总裁。在罗森沃尔德执政时期，西尔斯公司的高层管理团队包括 3 个人：罗森沃尔德自己、他的法律顾问罗伯，以及负责邮购作业的多林。伍德将军接掌西尔斯后，仍然由 3 个人团队担负起经营重任，包括他自己、负责商品规划的副总裁豪泽，以及公司总裁。标准石油公司和其宿敌索康尼公司也是如此，索康尼公司在 20 世纪 20 年代由两个人合力创建。

这份名单可以无止境地延伸下去，包括美国电话电报公司、通用食品公司、杜邦公司，几乎所有美国大公司都不例外。即使是福特汽车公司在成长最快、事业最兴旺的时期，都是由老福特和卡曾斯（James Couzens）两人小组所领导。

以团队组织方式执行高层管理职务，是成功大公司的惯例，也是他们成功的主要原因之一，1954 年 4 月《哈泼斯杂志》刊登的报道就指出过这点：

> 美国有一家很受推崇的银行最近向研究部门的主管抛出一个问题："有没有任何特征可以让我看出一家公司管理得到底好不好？"
>
> 研究人员很快就发现，这个问题乍看之下很简单，其实不好回答。单单利润本身，并非可靠的指标。短视的主管只要让工厂不停运转或耗尽库存原料，就可以轻易得到几年的高获利。此外，一直处于亏损状态的公司可能正走到转折点，即将一飞冲天，因为多年的研究发展和高瞻远瞩的管理终于开始收获了。
>
> 最后，在研究了几百家公司之后，研究人员发现了一个线索。这个发现完全出乎意料，显然商学院或专业市场分析师都还没有发现这个线索，银行因此能够更准确地投资，并获得出色的成果（顺便提一下，这个信息还是第一次公之于世）。
>
> 以下就是研究部门主管的报告：
>
> "如果一家公司的最高主管领的薪水比公司第二、第三、第四号人物的薪水高了好几倍，那么你可以肯定地说，这家公司一定管理不善。但是，如果公司最高层的四五位主管的薪资水准十分接近，那么整个经营团队的绩效和士气很可能都很高。
>
> "至于薪资高低反而没有那么大的差别。不管公司总裁的年薪是 2 万美元或 10 万美元，都不重要，只要副总裁能拿到总裁 75%～90% 的年薪就无妨。但是当总裁自己拿 10 万美元的高薪，而主要管理者只拿到 2.5 万～5 万美元的年薪时，麻烦就来了。"

成功的小公司也不例外。他们通常都由两人小组或三人小组（通常都是公司总裁，加上销售主管和财务主管）共同担负"首席执行官"的职责。除了初创时期以外，一人当家模式都行不通。

在采取分权化管理的公司里，例如通用汽车的事业部或通用电气的产品部门，也是同样的情况。每当我们分析这类单位时，我们发现他们的最高管理层都是一个团队。团队中可能包括这个单位的总经理和一位高层主管——通常都是财务主管（因为负责财务报表的财务主管，和总公司有直接的沟通渠道）。有时候，则包括单位总经理和他的直属上司，例如通用汽车的事业集团副总裁和通用电气的事业部总经理。我所见过最成功的例子是，以上三种高层主管通力合作，在团队中平起平坐（尽管在正式的组织阶层中并非如此）。

事实上，只有一个论点可以为一人当家辩护，尽管这个论点不太有说服力。这个论点是：一定要有一个人对董事会负责，而他必须是最后的老板。但是，尽管和董事会的关系非常重要，却只是最高主管诸多职能之一，而且今天大多数大企业的董事会成员都包含好几位高层主管，因此显然董事会也预期将会和不止一位高层主管共事（通用电气公司的董事长甚至还要向总裁报告）。

一人当家的观念违反了所有的经验和工作上的要求，成功的公司都不采取这种方式，推行这种制度的公司往往也深陷麻烦之中。

如何组织首席执行官管理团队

那么应该如何组织首席执行官管理团队呢？

第一个要求是，这必须是个"团队"，而不是"委员会"。团队没有集体责任，每个团队成员在他所负责的领域中享有最终决策权，有事情大家集思广益，但各自做决定。不过千万不要忘了，组成"团队"的方式有两种，或许我可以分别用棒球队和网球双打搭档为例。

在棒球队里，每位球员都有固定的守备位置，不能随便离开位置。在网球双打比赛中，每位球员一方面有自己的责任区，但是也需要在队友出现漏洞时灵活补位。在第一种组织形式中，必须为每位球员划定界限。在第二种组织形式中，界线由合作搭档自行制定。棒球队的好处是，即使完全陌生的一群人也可以一起打球，但是厉害的对手可以把球击往守备位置之间的三不管地带。至于网球双打比赛，如果想要赢球的话，双打搭档必须一起打球一段时间，等到两人彼此了解，建立信任之后，打球时就不会出现防守的空隙，让对手有可乘之机。换句话说，第一种团队完全依赖完善的组织，第二种团队则在组织中加上了个人调整和弹性的元素。两种方式都能组织起成功的管理团队，但是团队每位成员以及公司其他主管都必须了解他们选择的是哪一种组织方式。

尤其在设定有关企业关键领域的绩效目标，以及慎重考虑决策和行动对这些领域的影响时，责任归属必须非常明确。可能管理团队的每一位成员都必须承担部分责任；可能指派副总裁组成规划委员会来负责，或指派专人负责，事实上通用汽车公司的唐纳森（Mr. Donaldson Brown）在担任副董事长时，就肩负这一责任，也可以在每个领域指派一个人负责此事——虽然只有非常大的企业才会这么做。通用电气公司就采取这个做法，他们的最高管理层除了总裁和集团首席执行官外，还有几位副总裁，每位都横跨整个公司，专门负责管理某个关键领域。

在这里，公司规模和业务性质扮演了决定性的角色。最重要的是，有关长期规划和思考、设定明确目标、发展绩效评估标准和培养主管等工作，都必须理清责任归属和明确指派负责人。

第二个要求是，管理团队的成员之间不能相互责难。无论是谁做的决定，都代表整个管理团队的决定。这并不表示管理团队不需要有一位队长。相反，队长的角色非常必要，而且一定会有某个人凭着才干和道德权威脱颖而出。例如，在通用汽车公司中，不管斯隆先生坐在会议桌的什么位置，也没有人会质疑谁是老大。同样，在西尔斯公司，伍德将军的地位必然超越其他主管。但是，每当公司出现这样一位特殊人物时，他必须加倍小心，不要任意推翻别人的意见，干涉别人的领域，运用自己的优势，使别人处于弱势。换句话说，他应该运用自己的长处来协助团队成员扮演好各自的角色，发挥高效能的团队领导作用。他必须扮演队长的角色，而不只是在场边摇旗呐喊的管理者。

团队中究竟应该包含多少位成员？应该越少越好，但是至少要多于两个人。的确，如果两个人能密切合作，就能形成理想的团队。但这种情况极为罕见，由两个人组成的团队通常都极端不稳定。有一位企业管理团队的资深成员曾经告诉我："如果团队中只有两个人，只要彼此意见稍稍不一致，都可能变得很危险。如果团队中还有第三个人，即使其中两个人彼此不说话，团队还是能正常运作。"只有当两位搭档在情感上有强烈联系时，双人团队才会运作得很好，但是这种状况本身就非常不妥当。最后，接班问题会变得更严重。正因为两位合作伙伴的关系必须非常亲密，他们通常都会一起退休，否则留下来的人很难适应新搭档。当通用汽车的斯隆先生退休时，布朗也自愿提早好几年退休，就是个好例子。另外一个例子是通用电气公司的斯沃普（Mr. Swope）和扬（Mr. Young）一起从经营团队中退休。不过千万不要忘了，管理团队的重要任务之一是延续管理团队，让继任者能顺利接班，而非制造危机，掀起惊涛骇浪。

董事会

我们在前面谈到了首席执行官的概念所面临的危机。然而，我们没有提及其中一个原因——在企业运作机制中，董事会的功能逐渐没落。

根据法律，董事会是企业唯一的法定机构，无论用什么形式，每个工业国家都有这种机制。在法律上，董事会就代表企业主，他们掌握大权，也独享所有的权力。

而在现实世界里，董事会在立法者眼中充其量只是陈腐的假象罢了，甚至称之为"影子国王"也不为过。在大多数的大企业中，董事会成效不彰，管理团队早已取代了它的地位。"内部"董事可能是重要原因，也就是说，董事会完全由管理团队成员组成，他们在每个月的第一个星期一开会，监督和核准自己在每月其余29天所做的事情。或是董事会完全只是做做样子，将一堆名人安插在董事会中挂名，董事手中没有任何信息，也没有影响力或权力欲。在小公司中常见的模式则是，董事会只是积极参与家族事业的家族成员和前合伙人的遗孀所参加的另外一个会议罢了。

如果我们的信息正确的话，这种情形在其他国家也很普遍，因此董事会逐渐没落就不是偶然，而是有着根深蒂固的原因。部分原因在于：由于企业的所有权和控制权已经分立，因此由股东代表来指挥企业运作，就变成很荒谬的事情；其次，今天的企业运营变得非常复杂；或许最重要的原因是，要找到有时间召开董事会，而且还严肃看待董事职务的优秀人才，变得越来越困难。

但是，有些实际的功能只有依赖董事会的运作，才能充分发挥。公司究竟在从事什么样的事业及应该经营什么样的事业这类重大决策，必须有人点头同意；必须有人核准公司设定的目标和发展出来的绩效衡量标准；还必须有人以批判性的眼光审核公司的利润计划、资本投资政策和支出预算，也要有人扮演"最高法院"的角色，为各种组织问题做最后的仲裁；更需要有人来关心组织的精神，确定组织能充分发挥员工的长处，弥补他们的弱点，并积极培育未来的管理者，而且给予管理者的报酬、所运用的管理工具和管理方法都能强化组织的力量，引导整个组织朝着既定目标迈进。

董事会千万不可变成法律上的统治机构，而必须是企业审核、评估、申诉的机制。只有在企业面临危机时，董事会才能变成行动的机构——撤换失败的现任主管或填补离职、退休或过世主管的空缺。一旦新人上任，董事会就再度恢复到原本的角色。

需要对公司目标负责的管理团队成员必须直接与董事会合作。在大公司中，其中一个方法是针对每个重要目标，在董事会中成立委员会，而负责这个领域的高层主管则担任委员会的秘书或主席。我知道好几个大企业都采取这种做法，而且获得了不错的成果。但是无论如何安排具体细节，董事会都必须能直接接触到负责决定公司关键领域目标的最高主管。

董事会必须保持超然的立场，不介入公司经营管理。此外，董事会也必须视公司为整体，这表示实际担负管理大任的高层主管不应该掌控董事会。事实上，如果董事会真的是个"外部"董事会，也就是大多数的董事从来不曾在公司中担任全职主管，那么董事会将能发挥更高的功效。

许多人往往以大公司的复杂度为由而设立内部董事会，但是对大公司而言，董事不知道公司经营的细节，正是董事会的一大优点。当然，不诚实的最高主管可能会欺瞒董事会（虽然一旦董事开始要求看到他们应该看到的信息，提出他们应该问的问题时，这种情况就不会持久）。尽管内部董事比较不会遭到他人蒙蔽，却很容易自己骗自己。内部的全职主管往往考虑太多眼前的问题或技术问题，外部董事因为隔了一段距离，反而不会犯这个毛病，因此能够留意整体发展形态，关照到更宏观的目标和计划，针对概念和原则提出问题。

在典型的小型家族企业中，外部董事具备了另外一个同样重要的功能。小公司管理者通常没有谈话的对象，没有人来挑战或检验他们的决策，显得格外孤立，而且管理团队通常人数太少，没有办法通过团队成员不同的背景和个性，发挥矫正的功效，而在大公司里，管理团队成员的多样性往往有助于弥补孤立的坏处。因此，即使小公司的董事会中都需要包含外部董事。

不过，要真正从董事会中获益，每个企业都必须慎选董事。无论大企业或小公司，董事的经验、看法和利益都必须与管理团队不同。聘请与公司往来的银行家、供应商或客户来担任董事，达不到这个目标，必须寻找出身背景和管理团队截然不同的人来担任董事（从这个角度而言，英国企业喜欢邀请杰出的公仆在公职生涯结束后参与董事会，相较于美国人喜欢把董事会成员局限于一小撮"经营者的家族成员"，真可谓是一大进步）。我们需要的董事会不是会附和管理团队的董事会，而是能够对事情抱着不同的看法，能够提出异议和质疑，尤其必须质疑管理团队行动背后的假设。

为了找到公司需要的这类人才，董事的报酬必须非常有吸引力。

事实证明，董事会可以成为企业最重要、有效且建设性的根本组织。举例来说，默克制药公司（Merck & Company）认为能建立强而有力的董事会，是其崛起并成为制药业龙头的主因。但是，要让董事会发挥实际功效，而不只是法定的虚设机构；理清董事会的功能，并且设定明确的目标；吸引杰出人才加入董事会，并且让他们能够且愿意对公司有所贡献，都不是容易的事情。但这是最高管理团队最重要的工作之一，也是成功完成使命的主要条件之一。

培养管理者

培养管理者三重责任：对企业，对社会，对个人——哪种方式的培养不是培养管理者——它不能是升迁的计划或寻找"后备人选"——"可提拔人选"的谬误——培养管理者的原则——培养整个管理群体——为明天的需要培养管理者——工作轮岗还不够——如何培养管理者——自我发展需要——管理人才的规划——培养管理者不是一种奢侈，而是一种必需

任何企业的兴旺与存亡都必须依赖未来的管理者展现经营绩效。由于今天的企业基本决策需要更长的时间才能开花结果，因此未来的管理者就变得格外重要。既然没有人能预测未来，今天的管理者如果要制定合理而负责任的决策，就必须好好筛选、培养并考验将在未来贯彻这些决策的明日管理者。

管理已经变得日益复杂。由于技术快速变迁，至少在美国，日常竞争已经变得越来越重要，也越来越紧迫，因此今天的管理者必须有能力处理许多新"关系"——与政府的关系、与供应商及客户的关系、与员工或工会的关系，凡此种种，都需要更优秀的管理者。

今天的企业也需要更多的管理者。工业社会的本质就是理论知识、组织能力和领导能力（简单地说，就是管理能力）逐渐取代了手工技艺。事实上，美国是首先面临这种困扰的社会，基本问题不再是：我们的社会能够允许多少受过

教育的人不必为养家糊口而操劳，而是我们的社会能赡养得起多少没有受过教育的人。

　　培养管理者也是企业必须对社会承担的责任——如果企业不自动自发，社会将迫使他们采取行动。因为企业的延续性，尤其是大企业的延续性，是非常重要的事情。我们的社会不能容忍企业主管由于找不到足以胜任的接班人，而使这种创造财富的资源蒙受损害。

　　我们的公民越来越期待企业能够实现社会的基本信念和承诺，尤其是对"机会均等"的承诺。从这个角度而言，培养管理者不过是技术名词而已，代表了我们实现基本社会信念和政治传统的手段。

　　现代工业社会中的公民逐渐希望在工作中满足创造的欲望，并发挥本性，希望工作能超越经济需求，满足个人的自尊和自豪。因此，培养管理者只是企业管理层履行社会义务的另一种方式，如此一来，工作和工业发展的意义就不只是谋生工具而已。企业通过提供挑战和机会，让每位管理者将潜能发挥得淋漓尽致，企业借此履行了对社会的义务，把工作变成一种"生活方式"。

　　过去几年中，培养管理者之所以突然成为美国企业关注的焦点，正是因为看到了这些需求所致。15 年前，我刚对这个议题发生兴趣时，我发现只有一家公司注意到这个问题，那就是西尔斯公司。而今天，进行中的培养管理者计划可以说数以百计，几乎每家大公司都有类似的计划，甚至越来越多的小公司也在发展自己的培养管理者计划。

哪种方式的培养不是培养管理者

　　培养管理者不能只是"升迁计划"，只针对"可以获得升迁的员工"来规划，希望为高层管理职位找到接替的"后备人选"。因为"后备人选"这个名词本身隐含的意义是：管理者的工作和公司的组织结构仍然维持不变，因此公司只是找人来接替现有管理者的职务。然而我们可以确定的是，就和过去一样，未来的工作要求和组织结构也将不断改变。所以我们需要培养能够满足明日工作要求的管理者，而不是只能完成昨日任务的人。

通用电气公司总裁科迪纳就曾经清楚指出：

> 如果我们不得不完全依赖传统方式来提高生产力，我会认为这个目标（不到 10 年内，要将通用电气公司的生产力提高 50%）只是一厢情愿的想法。我们的实验室和工厂将继续找到办法，以花费更少的时间、努力和成本，生产出更多更好的产品，但是我们不能期望物理学承担所有的重大责任。
>
> 美国产业界逐渐了解，今天我们拥有大好机会，可以设法充分开发人力资源，尤其是培养企业管理者。无论目前或未来，由于技术在不断进步，管理也日趋复杂，因此培养管理者不但有其必要性，其中也蕴藏了大好机会。熟悉这个领域的人相信，通过更完善的管理，通用电气公司有机会在未来 10 年提升 50% 的生产力。

为最高管理者寻找后备人员的做法忽略了一个事实——早在一个人被提升到高层管理职位之前，这个最重要的决策就早已制定完成了。今天的低层管理者将在明天担任高层管理者。等到我们必须找人来接掌大厂厂长或销售部门主管时，我们能够选择的人选已经局限于三四个人了。当我们指派员工担任总领班、部门主管、地区销售经理或稽核人员时，我们已经做了攸关未来的关键决定。在做这些决定时，典型的后备人选其实没有什么帮助。

总而言之，所谓挖掘很有潜力、值得提拔的人才的观念，完全是谬论。我还没有见过任何方法可以预测一个人的长期发展。即使我们能预测一个人的成长，我们仍然没有权利扮演"上帝"的角色。无论这些方法是多么的"科学"，最多仍然只能有六七成的准确度，没有人有权根据概率来安排别人的职业发展。

更重要的是，这种"可提拔的人选"的观念所重视的人才只占全部的 1/10，充其量也只占 1/5，却把其余的 9/10 弃之不顾。但是，最需要培养管理者计划的不是这些后备人选或公司想提拔的人才，而是还没有优秀到能步步高升，但也没有糟到需要被解雇的员工。这类员工在企业中占了多数，而且他们也承担了大量实际的企业管理工作。他们大多数在 10 年后仍然会坚守目前的岗位。除非他们能自我提升，以满足未来工作的要求，否则无论公司提拔的人才是多么优秀、经过多么慎重的筛选和培养，整个管理团队仍然有所不足。无论中选的少数人才能带来多大的好处，遭到忽略的多数人扭曲和愤慨的心态都将抵消掉这些效果。无论企业多么谨慎地筛选它们想提拔的人才，就因为它做了选择，在众多管理者眼中，整个选拔制度仍然独裁专断，偏袒徇私。

培养管理者的原则

因此，培养未来管理者的第一个原则是必须培养所有的管理者。我们花了大量的时间、金钱和精力，只为了提高发电机 5% 的效率，但是可能不必花那么多的时间、金钱和精力，就能将管理者绩效提高 5%，而且所激发出来的能量还会大得多。

第二个原则是，培养管理者必须是动态的活动，绝不能只把目标放在今天——取代今天的主管、他们的工作或他们的资格，而必须总是把焦点放在明天的需求上。我们需要什么样的组织来达到明天的目标？因此会需要什么样的管理职务？为了能满足明天的需求，管理者必须具备哪些条件？他们需要获得哪些新的技能，拥有哪些知识和能力？

因此，今天通行的许多培养管理者工具都已经不再适用，不但后备人选的方式有所不足，大多数公司最喜欢采用的工具——"工作轮岗"，也已经不再适用了。

一般而言，工作轮岗不外乎两种形式。公司把某个部门的专才调到另外一个部门一段时间，通常一个接着一个轮调到不同的部门。或是公司有感于员工对于其他部门了解不够深入，无法执行管理工作，因此安排他从工作中接受特殊训练。有一家大型制造商不久以前宣布："名列升迁名单的员工将被轮调到他们不熟悉的部门，在每个指派的职位上工作 6 个月至两年的时间。"

但是，企业需要的不是对会计一知半解的工程师，而是能够管理企业的工程师。一个人不会因为多增加几项专能，就变成通才，只有视企业为整体，才能提升一个人的视野。员工在短短 6 个月内，究竟能对营销或工程等庞大的领域了解多少？或许懂得一些名词罢了。从一门好的营销课程或一份好的书目单中，他能学到的可能还更多。整个培训工作的观念都违背了既有的规则和经验。我们绝对不应该给员工一份非实际工作的工作、不要求绩效的工作。

总而言之，培养管理者计划必须纳入企业所有管理者，把目标放在激励每个人成长和自我发展上；强调绩效，而不是承诺；强调明天的要求，而不是今天的需要；必须是动态而重质的，而非根据机械化的轮调制度而进行的静态人事更迭。培养明日的管理者事实上就意味着把今天的管理者培养成更重要、更优秀的管理者。

如何培养管理者

由于培育明日管理者的工作太庞大也太重要了，我们不能把它看成特殊活动，其绩效取决于管理管理者的所有要素：工作的安排、与上司和下属的关系、组织的精神以及组织结构。举例来说，在欺弱怕强的组织中，在选择管理人才时不重视品格的组织中，即使有再多特殊的培养管理者活动，都不足以培养出未来的管理者。同样，在中央集权的组织里，再多特殊的培养管理者活动都不足以培养出未来的管理者，只会制造出未来的专家。反之，真正的分权化管理不需要额外增加任何培养管理者活动，就能培养、训练并检验出未来的管理者。

培养未来管理者的工作非常重要，不能只把它当成副业。当然，在大型组织中，特殊的培养管理者活动只是辅助工具，却是必要的辅助工具。至少这些活动凸显了公司对于这个问题的重视，因此也激励管理者协助下属开发自己的潜能。

其实真正重要的是自我发展，世上最荒谬的事情莫过于由企业一肩扛下发展员工的责任。真正应该承担这个责任的是个人，要靠自己的能力和努力才能成为好的管理者。没有任何企业有能力或有义务取代员工个人自我发展的努力。这么做不但是家长式的不当干预，也展现了愚蠢的虚荣心理。

但是，每位企业管理者都有机会鼓励或抑制、引导或误导个人的自我发展。

企业应该特别指派管理者负责协助所有与他共事的同仁好好凝聚和运用自我发展的努力。每家公司也应该有系统地提供管理者自我发展的挑战。

首先，每位管理者应该彻底思考部属各自具备什么能力。当然，思考这个问题时应该以前面提过的系统化绩效评估为基础。分析完部属的能力后，接着应该问两个问题：我们有没有把这个人放在能对公司产生最大贡献的位子上？他还需要哪方面的学习以及克服哪些弱点，才能充分发挥长处和能力？

这两个问题的答案决定了公司应该采取哪些行动来激发他的潜力，可能把他调去其他工作岗位，可能让他接受某个科目的正式教育，可能指派他解决某个具体问题，研究新政策提案或资本投资计划。尤其在大企业中，总是不乏这类机会（假如公司不准"幕僚"担当管理职务的话）。

公司不应该因人设事。不过在小公司中，当员工的工作范围改变时，往往也同时满足了个人发展的需求。而大企业经常有职位空缺，当出现了合适的工作机会时，应该根据针对个别管理者发展需求的分析来填补空缺。当然，这是生死攸关的重要决定，因此在人事命令生效前，应该由上级审慎评估，而且也应该给当事人充分参与的机会。

接下来再通过"管理者人力规划"，依照未来管理职位的要求和需求，检讨公司在培养管理者方面的努力是否充分。

管理者人力规划先从分析公司未来的需求和目标着手，也就是说，未来公司的事业将呈现何种面貌，因为这将决定公司未来的组织结构、有哪些工作以及工作要求为何。短期的管理者人力规划（只看未来两年）其实就是升迁计划。但是真正重要的计划是长期规划——考虑的是5年、10年之后的管理者资源。因为在这个计划中，无论是公司目标、组织结构、主管的年龄结构，都必须加以考虑，而公司也据此拟订培养管理者的方向。

在长期计划中，管理层千万不要忘了，他们的本意绝对不是在任期届满时结束营业。换句话说，单单找到适当人选，满足未来5年的需求还不够。未来5年的作为究竟能产生多大的成效要到10年或15年后才会显现，但是现在和未来几年的作为很可能决定了公司能否继续生存。

今天，我们不需再讨论培养管理者是否只是大公司在景气好时才负担得起的奢侈品。大多数的大公司，以及许多小公司都很清楚，培养管理者就好像研究实验室一样，不再是奢侈品。今天甚至不再需要像过去一样，担心公司会培养太多优秀人才。大多数高层主管都发现，优秀人才越来越供不应求，即使是非常成功的管理者培养计划，培养人才的速度都远远赶不上需求增加的速度（聪明的企业家都知道，被称为"培养总裁的摇篮"永远不会对公司有什么坏处。相反，公司对优秀人才的吸引力直接和它能不能为自己和其他公司培育成功人才的声誉有关）。

培养管理者已经变成非做不可的工作，因为现代企业已经成为社会的基本机构。在任何重要机构中，不管是教会或军队，寻找、培育和考验未来领导人都是非常重要的工作，最优秀的人才必须投入全部心力在这项工作上。

期望今天的管理者培养明天的管理者，对于振奋他们的精神士气，拓展他们的愿景，和提高他们的绩效而言，都是非常必要的。所谓教学相长，一个人在教导别人时，往往自己学到的也最多；一个人在试图协助别人开发自我潜能时，也能充分发展自我。的确，在努力培育别人的过程中，管理者才能自我发展，提高对自己的要求。任何行业的顶尖人物都把自己培养出来的人才视为他们能留存于世的最引以为豪的纪念碑。

3

管理的结构

THE PRACTICE
OF MANAGEMENT

企业需要哪一种结构

组织理论和"实际的"管理者——活动分析——决策分析——关系分析

直到17世纪，外科手术仍然不是由医生操刀，而是由未受教育、目不识丁的理发师负责执行，他们如法炮制当学徒时学到的折磨人的把戏。当时的医生都曾宣誓不伤害人体，他们恪遵誓言，甚至连手术过程都不应该观看，更不用说动刀了，操刀动手术简直是不道德的行为。根据行规，手术应该在专业医生指挥下进行，医生远离手术台，高坐在台子上朗读拉丁文经典，指示理发师该怎么做（理发师当然听不懂医生在念什么）。不用说，如果病人死了，一定都是理发师的错；如果把病人救活了，则是医生的功劳。无论病人是死是活，医生都拿走了大部分的酬劳。

400年前施行外科手术的状况和20世纪50年代的组织理论颇多类似之处。这个领域的相关著述很多，的确，在美国许多商学院中，组织理论是管理学的重要科目。这些论述都很有价值，就好像有关外科手术的文献也极富价值一样。但是从事管理实务的人一定常常会有和理发师同样的感觉。并不是因为他讲求实际，就不肯接受理论。大多数企业管理者，尤其是大公司的企业管理者，都经过一番辛苦的过程才了解到，良好的绩效必须依赖健全的组织。但是一般而言，有实务经验的企业管理者不见得了解组织理论学家，而组织理论学家也不见得了解企业管理者。

今天我们知道是哪里出了差错。通过建立起兼顾理论和实务的统一组织学科，两者之间的鸿沟正快速缩小。

我们知道，当企业管理者谈到"组织"时，他的意思不同于组织理论学家口中的"组织"。企业管理者想知道的是他需要哪一种组织结构，而组织理论学家讨论的却是应该如何建立组织结构。可以说，企业管理者想知道的是他应不应该建造一条高速公路，这条公路应该从哪里通往哪里；组织理论学家谈的则是悬臂梁和吊桥的相对优点和限制。两个题目都和"筑路"有关，如果提出的问题是应该筑哪一种路，而回答时讨论的却是不同形态的桥梁在结构上的张力，那么必然一团混乱，说不清楚。

在讨论组织结构的时候，必须同时考虑需要的是哪一种结构，以及应该如何建立这种结构。两个问题都很重要，只有当我们能有系统地回答这两个问题时，才能建立起健全、有效而持久的组织结构。

首先，我们必须弄清企业需要哪一种结构。

组织本身不是目的，而是达到经营绩效和成果的手段。组织结构是不可或缺的工具；错误的结构会严重伤害，甚至摧毁企业经营绩效。不过，任何针对组织的分析，都不应该从讨论结构开始，而必须先做经营分析。讨论组织结构的第一个问题应该是：我们的事业是什么？我们的事业究竟应该是什么？组织结构的设计必须能达到未来 5 年、10 年，甚至 15 年的企业经营目标。

有 3 种特殊方法可以找出达到经营目标所需的结构：活动分析、决策分析和关系分析。

活动分析

企业应该先弄清究竟需要哪些活动，才能达到经营目标，这似乎是天经地义的事情，几乎不值得一提。但是传统理论对于如何分析这些活动一无所知，传统的理论权威大都假定企业已经有整套"典型"职能，不需要经过事先分析，就可以放之四海而皆准，应用到每一种事业上。例如，制造业的典型职能就包括生产、营销、工程、会计、采购和人事。

当然，我们可以预期在从事商品制造和销售的企业中，许多活动都分别贴上了"生产""工程""销售"的标签。但是这些典型职能只是一个个空瓶子而已，究竟每个瓶子里装了什么内容？例如，在所谓的"生产"职能中，我们需要的是1分升的瓶子，还是1升的瓶子？这才是真正重要的问题，有关标准职能的传统观念却无法回答这个问题。一般制造业的确都需要这些职能，但是个别的制造厂商可能需要所有的职能，或可能还需要其他的职能。因此我们也需要弄清楚，这些分类方式是否真的适用于某些特定产业。如果对这些问题视而不见，只是照猫画虎，完全按照既有的整套标准职能来经营企业，就好像先让病人吃药，再为他诊断病情一样，结果如何也同样令人疑虑。

只有通过分析企业达到目标所需的活动，才能真正回答这些问题。

在女装业中，根本谈不上工程职能；生产职能大体上也很简单，称不上是主要职能，但是设计的职能有绝对的重要性。

对美国西岸大型纸业公司克朗·泽勒巴克而言，长期的森林管理实在太重要了，但又十分困难，因此必须在组织中独立成重要部门。

在金融市场上筹集资金也成为美国电话电报公司中的独立部门，和会计及长期资本投资计划区分开来。

还有一家大型电灯泡制造商认为，教育大众如何正确使用照明以及养成良好的照明习惯，是公司的主要需求，只有把这项工作独立出来，才能满足其他需求。由于美国所有的住宅、商店和工厂都使用电力，想要扩大市场，推动企业成长，关键在于设法让每位顾客增加电灯泡的使用数量，而不是开发新顾客。

如果将上述活动——克朗·泽勒巴克公司的森林管理、美国电话电报公司的筹集资金以及灯泡公司的顾客教育，归属于其他部门之下，必然会备受忽视。的确，通过活动分析，发现当这些活动归属于其他部门之下时，其重要性没有得到应有的重视，因此也无法达成公司要求的绩效时，就必须将它区分为独立的部门。

不去分析企业实际需要的活动，而只以典型的企业职能取而代之，反映了危险的怠惰心理，结果将事倍功半。因为只有经过完整细密的活动分析，才能理清必须完成哪些工作，应该把哪些工作归为一类，以及每一项活动在组织结构中有何重要性。

已经经营运作了一段时间的企业最需要活动分析，而经营状况不错的企业尤其需要活动分析。在这类企业中，活动分析必然会显示：某些重要活动不是完全没有规划，就是悬而未决，找不到头绪；有些活动曾经非常重要，如今已失去原本的意义，却仍被企业当成主要活动；还有些过去别具意义的分类方式如今不但不再适用，而且还成为企业经营的绊脚石。此外，活动分析当然还会找出许多毫无必要、应该取消的活动。

刚起步的企业也需要这样的思考。但是在规划活动时，最严重的错误往往是企业成长所造成的，尤其是成功导致的后果。常见的情形就好像公司刚起步时，在一栋只有两个房间，却很实用的简陋小屋中办公。随着公司不断成长，公司开始在这里加盖一间厢房，在那里加盖一个阁楼，在某个地方又多个隔间，最后朴实的小屋变成了有 26 个房间的庞然大物，公司元老得靠瑞士救护狗带路，才有办法从茶水间走回自己的办公室。

决策分析

要找出企业需要的组织结构，还有第二个重要工具——决策分析。企业需要哪些决策以达成绩效、实现目标？企业需要的决策属于哪一类？应该由组织中哪个层级来制定决策？其中牵涉哪些活动，或会影响到哪些活动，因此哪些管理者应该参与决策，至少在决策前应该征询他们的意见？决策制定后，应该告知哪些管理者？

或许会有人争辩，我们根本不可能预测未来将出现哪一类决策。尽管我们无法预测未来的决策内容，也无法预测应该制定决策的方式，却不难预测决策的种类和主题。我发现企业主管在五年内必须制定的决策有九成以上属于所谓的"典型"决策，而且不外乎有限的几种决策。如果能事先就把问题考虑周详，通常只有在少数情形下，才必须问：这个决策属于哪一类？不过由于缺乏决策分析，几乎有3/4的决策无法归类，结果其中大多数决策最后归属的决策层级都过高了。

也有人认为，将决策分析归类的方式通常都失之武断，他们的论点是："很可能某个总裁喜欢亲自制定这类决策，另外一个总裁却喜欢掌控另外一类决策。"当然，无论在任何组织中，决策者的个性和偏好或多或少都会产生影响，但是个人偏好的影响通常不大，很容易就可以调整过来（毕竟总裁并不会经常更换）。何况重要的不是总裁喜欢做什么，而是为了公司利益着想，他和管理层的其他成员应该做什么。的确，如果公司在制定决策的时候，竟然允许个人偏好凌驾于企业需求之上，那么绝对不可能建立高效能的组织，也不可能获得良好的经营绩效。企业无法持续成长壮大，反而每况愈下、濒临破产的最主要原因是，当企业老板不应该做决策的时候，却仍然紧握着决策权不放。

要区分各种决策的权责，首先必须根据决策的种类和性质加以归类。诸如"政策性决策"或"经营性决策"等标准分类实际上完全没有意义，徒然挑起无休无止、深奥难解的辩论。有四种基本特性决定了企业决策的本质。

第一，决策的未来性。这个决策需要公司承诺多遥远的未来？在多短的时间内能扭转决策？

> 公司在采购原料时，究竟应该根据生产进度，还是对价格波动的预测，来采购某个投机性商品（例如铜），这个决策可能牵涉很多钱，需要对多重因素做复杂的分析。换句话说，这是个艰难而重要的决策，但也是几乎可以立即扭转的决策；公司承诺的时间只不过是期货合约的有效期限（每个交易日都可以买卖）。因此尽管这个决策困难而重要，决策权却应该尽可能下放到最低层级：或许是厂长或采购人员。

第二，这个决策对公司其他职能、其他领域或企业整体的影响有多大。如果决策只会影响一个部门，那么可以把它归到最低的决策层级。提高决策层级时，可以考虑到这个决策对所有相关领域产生的冲击，或必须和其他相关领域的主管密切磋商后才做决定。套一句技术名词，就是不应该牺牲其他职能或领域，来达到某个职能或领域之流程和绩效的"最佳化"。

例如，一家大规模生产的工厂想要改变零件库存的方式，这个决策表面上似乎是个纯然"技术性"的决策，只会影响单一领域，但实际上会影响到其他许多领域。不但影响到整个生产作业，而且也必须在生产线上进行重大改变。这个决策也影响到交货流程，甚至因为必须放弃某些设计、机型以及产品利润，而不得不大幅改变营销和定价方式。有关库存的技术性问题尽管颇令人头大，但是比起改变库存方式造成的其他领域问题，简直是小巫见大巫。企业不应该允许管理者为了达到库存"最佳化"，而牺牲了其他领域。企业必须把这类决策提升到更高的决策层级，并且视之为影响企业整体流程的决定。因此决策层级应该提升到高于厂长的层次，或要求管理者在制定这类决策前，必须征询所有相关部门主管的意见。

第三，决策的性质是由其中包含多少质的因素来决定的，例如基本行为准则、伦理价值、社会和政治信念等。一旦将价值观列入考虑，决策就需要更高层级来做决定或评估。而所有质的因素中最重要也最普遍的是人的因素。

第四，我们可以根据究竟这是经常性决策，还是偶尔为之的特殊决策来归类。两种决策的层级都必须与决策的未来性、影响及特质相呼应。因为员工违纪而施以停职处分，就属于前者，而改变产品性质或公司业务性质，则属于后者。企业需要为经常性决策建立通则。由于对员工施以停职处分是有关人的决定，因此必须由组织高层制定处理原则。依照公司规定的办法来处理个别案例，却属于例行公事，因此较低层的主管就可以决定。但是必须把偶尔出现的突发性决策当作特殊事件来处理，从头到尾周详考虑后，才能决定。

企业应该将决策权尽可能下放到最低层级，越接近行动的现场越好。制定决策层级的时候一定要充分考虑到所有受影响的活动和目标。第一个原则告诉我们决策权"应该"下放到哪个层级，第二个原则告诉我们决策权"可以"下放到哪个层级，以及哪些管理者应该参与决策过程，哪些管理者应该获知决策内容。

因此分析可以预见的决策将指出企业需要什么样的高层管理结构，以及不同层级的主管应该拥有哪些权责。

关系分析

最后一步是关系分析。负责某项活动的管理者必须和谁合作，他必须对负责其他活动的管理者有什么贡献，反之，这些管理者又必须对他有什么贡献？

我们总是根据管理者领导的活动来定义他的职务，也就是说只考虑上对下的关系。从第 11 章中，我们了解这样做还不够。的确，在界定管理者的职务时，首先必须考虑的是他的活动对于所属的上级单位有什么贡献。换句话说，必须预先分析和建立起下对上的关系。

一家大型铁路公司的例子正好可以说明关系分析及其结果。依照传统，铁路公司有两种重要的工程职能，分别与设计新设施和维修旧设施有关，这两个职能都隶属于负责运送货物及旅客的运输部门。如果我们根据管理者向下关系来界定工程部门，这个传统就显得很合理。因为从这个角度来看，两个职能都附属于运输职能之下。我们一旦问道：这两个工程主管向上的关系是什么，传统组织结构就靠不住了，反而成为良好铁路管理的严重阻碍。因为这两位工程主管最重要的任务或许应该是为高层提出建言，同时参与有关铁路事业发展的长期决策。由于他们的工作性质和技术知识，他们必须负责一项攸关重要目标的决策：物力资源的供应，还必须一肩挑起设定创新目标和达成目标的重责大任。因此在安排他们的职务时，即使没有让他们加入高层管理团队，也应该让他们能直接向最高主管献策。否则企业将在缺乏必要知识的情况下，制定许多即使并非攸关生死但影响企业长远未来的基本决策。就算决策本身是正确的，也无法为负责执行决策的人（两位工程主管）所理解，还可能遭到抵制。换句话说，从向上关系的角度来看，这两种职能应该独立于运输部门之外，直接隶属于最高主管。

此外，还必须分析横向关系。管理者对其他单位管理者的贡献一直都是管理工作的重要部分，还可能是其中最重要的一部分。

营销主管的工作就是个好例子。在他的向下关系中，他是"销售经理"，负责管理一群努力争取订单的业务人员。但是如果这种向下关系依照传统方式决定了职位的组织结构，那么企业对于营销活动最重要的要求可能完全无法实现。工程师要善尽职责，必须从营销活动中得知顾客需要什么新产品，以及如何改良旧产品，获得有关产品发展和设计的方向，以及定价等相关信息。同样，生产部门只有从营销活动中才能获得预期销售量和交货日期等关键信息。采购部门也必须依赖营销主管提供的信息。反过来，营销主管需要上述部门提供信息和指引，才能建立合理的向下关系，善尽管理销售部门的职责：这种横向关系变得如此重要，越来越多的公司在销售经理之上另设营销主管，主要负责协调横向关系，要不就是将营销活动区分为营销职能和销售职能，分设两位管理者，他们具有同等的地位，独立运作，但又密切合作。

不只在决定组织结构时，必须分析关系，在有关人员配置的关键决策上，分析关系也非常必要。的确，只有好好分析工作中各种关系，才能做明智而成功的人事安排。

这三种分析——活动分析、决策分析、关系分析，都应该尽可能保持简短。在小公司里，可能花几个小时，在几张纸上写一写就完成了（不过，在通用电气或通用汽车这类的大企业中，可能要花几个月的时间研究分析，应用先进的数学分析和综合工具才能完成）。但是无论企业规模多小，业务多么单纯，都绝不可轻视这些分析。应该把这些分析视为一定要做好的必要工作。因为只有这些分析能显示企业需要哪一种结构。只有奠基于此，企业才能建立起高效能的组织。

CHAPTER 17 | 第 17 章

建立组织结构

企业组织的三个结构要求——为企业绩效设置组织结构——数量尽可能少的管理层级——培育和检验未来的高层管理者——两条组织结构的原则——联邦分权制——该制度的优点——该制度的要求——该制度的局限性——应用该制度的规则——职能分权制下的共同的公民意识——最高管理层保留的决策权——公司范围的升迁——共同的原则——组织不健全的症状——管理层年龄结构失衡

建立管理结构时，第一个要考虑的是：这个结构必须满足哪些条件？它主要的重点和要求是什么？必须达到什么样的绩效？

这一问题的主要答案有三个：

1. 管理结构在组织上必须以绩效为目标。企业的所有活动都是为了达到最后的目标。的确，我们可以把组织比喻为传动装置，把所有活动转化为一种驱动力——企业绩效。组织越小越简单，就越有效率——越不需要改变个别活动的速度和方向来达到企业绩效。应该尽量多让管理者扮演商人的角色，发挥经营绩效，而不是充当官僚；应该通过企业绩效和成果来检验管理者，而非借由行政技巧或专业能力的标准来检验。

组织结构不能将企业的努力引导到错误的绩效上。组织结构不应鼓励管理者把焦点放在容易生产、已经过时的老旧产品上，而忽视不断成长但可能难度较高的新产品；也不该允许不赚钱的产品和事业依靠赚钱的产品而苟延残喘。简单地说，管理结构必须让企业有意愿也有能力为未来打拼，而不是安于过去的成就；必须努力追求成长，而不是贪图安逸。

2. 组织结构必须尽可能包含最少的管理层级，设计最便捷的指挥链。每增加一个管理层级，组织成员就更难建立共同的方向感和增进彼此了解。每个新增的层级都可能扭曲目标，误导注意力。指挥链中的每个连接点都会带来压力，成为引发怠惰、冲突和松懈的另一个源头。

更重要的是，管理层级越多，就越难培养出未来的管理者，因为有潜力的管理人才从基层脱颖而出的时间拉长了，而且在指挥链中往上爬的过程中，往往造就的是专才，而非管理人才。对大企业而言，这个问题尤其严重。

今天，在好几家大公司中，第一线主管和公司总裁之间有12个管理层级。假定一个人在25岁时当上了一线主管，之后他每5年就晋升一级（这已经是非常乐观的预期了），等到他有资格角逐公司总裁时，早已85岁高龄，垂垂老矣。而企业针对这个问题找到的典型药方（为高层钦定的年轻"天才"或"太子"打造快速升迁的特殊阶梯）往往比病因本身还要糟糕。

对任何企业而言，无论组织是多么井然有序，管理层级增加都是严重的问题。因为管理层级就好像树木的年轮一样，会随着年岁增长，在不知不觉中逐渐增加，我们无法完全遏止这个过程。

就拿史密斯为例吧。他在工厂经理职位上非常胜任，但是还没有达到升迁标准。他的属下布朗是个振翅待飞的一流人才，但是他能飞到哪儿去呢？公司不可能把他升到和史密斯差不多的职位上，即使公司愿意让他越过上司跳级升官，也没有适当的工作给他。为了避免布朗受挫离开，管理层把史密斯升到新职位上，让他担任制造经理的特别助理，专门负责工具的供应，如此一来，就可以名正言顺地让布朗担任工厂经理。史密斯很懂得怎么把新工作弄得忙碌不堪，他的办公室很快就不断涌出大量油印文件。当史密斯终于退休时，公司不得不派一个能干的年轻人（姑且称他布朗二世）去清理史密斯留下的混乱。由于布朗二世十分优秀，他很快就把这个原本为了解决人事问题而虚设的职位变成实质工作。而不久下一个史密斯又出现了（就好像贫穷始终是个挥之不去的问题一样），必须想办法创造新职位，于是他变成一个"协调者"。这样，公司就创造了两个新的层级，这两个层级很快就变得不可或缺，成为公司传统的一部分。

如果没有适当的组织原则，管理层级只会不断增加。

3. 组织结构必须能培育和检验未来的高层管理者。企业必须在员工还很年轻，还能从新经验中学习时，就赋予他们实际的管理责任，让他们在管理职位上当家做主。如果仅仅是担任副手或助理，员工无法有充分的准备来面对日后独立决策时的压力。反之，我们经常看到，能力强、深受信赖的副手一旦独当一面，却变得手足无措。培养主管时，必须将他们放在能看到企业整体运作的位子上，即使他们还不必为经营绩效和成果直接负起责任。尽管刚起步时，多多累积在各部门工作的专业经验十分必要，但是如果在专业职位上做太久，一个人的视野会变得比较狭隘，误以为自己那小小的角落已经代表了整个世界。

单靠训练还不够，还必须检验企业看好的人才是否有能力承担起整个企业的运营重任，而且必须在有潜力的管理者还未爬到高层职位时，就加以检验，同时在他们还很年轻时就加以检验，因此他们即使碰到挫折，也不会就此一蹶不振，公司仍然能善用他们的专业能力，或让他们担任称职的副手。此外，考验他们的任务虽然性质独立，却又不能太重要，即使失败了，也不至于威胁到企业整体的生存发展。大企业应该为有潜力的管理者安排一系列这样的工作，因此能够根据唯一合理的选拔原则来筛选出未来的高层主管，通过唯一充分的检验标准——他们实际的经营绩效，来检验未来的管理者。

这类工作还必须是比较低层次的工作，因此即使有人通不过考验，仍然很容易把他换掉。要撤换总裁或执行副总裁十分困难，尤其在股权完全分散的上市公司中，几乎不可能这么做。有一家企业的董事长曾经语带嘲讽地说："你一旦选了某个人担任总裁，你就再也动不了他了，只能希望他突然心肌梗死而离开。"

两条组织结构的原则

为了满足这些要求，组织结构必须采取以下原则之一：

企业必须依照联邦分权制的原则，尽可能整合所有的活动，将企业活动组织成自主管理的产品事业，拥有自己的市场和产品，同时也自负盈亏；不可能采用这种原则的组织，则必须采取职能分权制的原则，设立整合的单位，为企业流程中最主要的阶段，负起最大的责任。

联邦分权制和职能分权制这两个原则其实是互补而非相互竞争的。几乎所有的企业都必须采用这两种原则。其中，联邦分权制的原则最有效，也最具生产力。但是这个原则在真正的小公司里派不上用场，因为整个公司就是一个"自主管理的产品事业"。联邦分权制原则也不适用于大企业中的内部管理组织，例如铁路事业的性质和流程就排除了联邦分权制原则的可行性。事实上，每个企业都有一个关键点，低于这一点，联邦分权制原则就不再适用，不可能组织起自主管理的产品事业。因此，联邦分权制原则虽然有其优势，却也有其限制。

职能分权制原则适用于所有的管理组织，却是大中型企业的次要选择。所有的企业几乎迟早都会采用这个原则，但是越晚开始采用，组织就越强韧。

过去几年来，无论联邦分权制或职能分权制的经营模式在美国企业界都十分风行，几乎成为家喻户晓的名词。实施分权制经营的历史其实至少要追溯到20世纪20年代，在1929年以前，杜邦、通用汽车、西尔斯和通用电气公司都已经开始发展分权制组织。

然而组织理论一直忽略了这个趋势。就我所知，我在1946年发表的有关通用汽车公司的研究，⊖是管理界第一次将分权制经营当成独特的组织原则来研究。

组织理论跟不上潮流的原因在于，传统组织理论是从企业内部职能着手，而不是从企业的目标和要求着手；把职能看成理所当然，眼中所看到的企业只

⊖ Under the title *Concept of the Corporation*（New York：John Day, 1946）.

是一堆职能的积聚。

传统理论仍然将职能定义为相关技能的组合，而且认为技能的相似性是职能主义的精髓和主要优点。然而当我们检视组织良好的职能性单位时，却找不到这类"技能群组"。举例来说，典型的销售部门包括销售活动、市场研究、定价、市场发展、顾客服务、广告和促销、产品发展，通常甚至还包括负责和政府部门及同业公会维持良好关系等职能。生产部门涵盖的范围也同样广泛。我们简直无法想象还有什么比这类"职能性"组织需要更多样的技巧、能力和特质，即使是整个企业所涵盖的多样性也不过如此。如果真的像书上所说，职能主义其实是通过技能之间的关联而形成的组织，那么典型的销售和制造部门就变得荒谬绝顶。但是职能主义之所以行得通（甚至比根据相似技能组织起来的单位成效更佳），是因为这类组织聚合了某个明确工作阶段所需的所有特殊活动。因此他们要求的技能和特质互不相同其实毫无关系，重要的是他们组合了达到绩效所需的各种活动。

事实上，教科书所认定的职能主义只反映了五六十年前的生产管理方式，现在已经完全落伍了。当时工厂的组织方式通常是把所有同类型机器放在一起：螺旋机全都放在工厂的一个角落，钻孔器占据另一个角落，刨床则放在第三个角落。但是后来我们了解到，有效的生产组织第一个原则就是宁可让机器迁就工作，而不要让工作迁就机器。应该根据工作的内在逻辑来安排工作流程，即使需要多买几部机器，都比把材料运来运去经济很多。同样，我们必须配合工作来安排特殊活动，绝不要配合特殊活动来安排工作，因为传递信息和想法的成本远比运送材料还高得多，而且通常更难掌握。

因此，把重心放在由相关技能组成的职能性组织是对合理的职能性组织（也就是通过流程阶段来组织）的一大误解。由同类技能组成的典型部门，例如会计部门、工程部门，通常表现并不理想，就是明证。会计部门老是和组织中的其他部门起冲突，而典型的工程部门也总是难以设定目标和衡量绩效。这两种情况都绝非偶然。

典型的会计部门至少包含三个不同的职能，把它们纳入同一个部门纯粹是因为几种职能都会用到相同的基本数据，同时也都需要加加减减的计算能力。会计的职能包括提供管理者充足的信息，加强其他部门自我控制的能力。会计部门也具备了财务和税务职能，以及记录和保管的职能。通常还要加上第四项职能——为政府簿记的职能，也就是在员工薪资中扣除所得税、保险费及处理数不清的报表等。即使是这几种职能背后的理论和观念也都不太一样，想要把适合某个职能的观念（例如财务会计）移植到别的职能上（例如管理信息），不但在会计部门中争议不断，而且也会造成会计师和其他部门主管之间频繁的冲突。

同样，典型的工程部门要进行长期基础研究、产品设计、应用工程、服务工程、工具设计、工厂工程，以及维修工程、建筑工程等后勤支援工作。有的专业必须靠创新，有的则需要营销技巧，有的需要和制造结合，有的则和维修固定资产有关，换句话说，和财务有关。这些任务唯一的共同点在于所使用的基本工具，甚至连需要的技能都不太一样。纯粹因为其中都包含了"工程"这两个字，把这些职能全都纳入同一个部门，结果就造成了无法管理的大杂烩。没有人能定出合理的绩效标准，也不知道公司对他有什么期望，甚至不知道他应该满足哪些人的期望。

今天有些大公司开始重新思考工程组织，根据需要完成工作的内在逻辑来安排工程工作，而不是根据需要的工具来安排。有的公司也开始根据工作逻辑来区分传统会计职能，而不是根据个人的技能和限制将会计工作分类。改变的脚步越快，企业组织就能运作得越好。

职能性组织的弱点

即使是依照流程阶段而建立的合理职能性组织，都不足以满足企业在结构上的要求。在职能性组织中，企业难以聚焦在经营绩效上。每位部门主管都认为他负责的职能最重要，试图强化这项职能，把自己单位的利益置于其他部门（即使不是整个企业）的利益之上。关于职能性组织的这种倾向，目前还找不到解决问题的药方。每个部门都渴望壮大自己，其实是每位管理者都希望善尽职责的结果，而这原本是值得嘉奖的心愿。

根据需要而形成的职能性组织把重心放在专业技能上，员工必须获得相关的知识和能力。然而职能性专家的愿景、技能和忠诚对象可能因此变得太过狭隘，以至于他们完全不适合担任总经理的职位。

更严重的缺点是企业难以根据职能的形态来设定目标、衡量绩效。由于这类职能通常只涉及一部分企业运营，而非企业整体，因此其目标也就只能根据"专业标准"来设定，而非紧扣着企业的成败。如此一来，管理者注意和努力的焦点很容易偏离了企业成功的目标，企业往往强调和奖励了错误的成果。

因此，职能性组织会造成管理上层级太多。几乎无法通过经营绩效来检验员工的表现，也几乎不可能把员工放在成败自负全责的职位上，借此培养他，并考验他的管理才干。也正因为这类组织需要很多管理层级，每份工作的意义因此大为减弱，每个职位都变得微不足道，只是员工往上爬的踏脚石罢了。

联邦分权制

这正是为什么联邦分权制的原则——由自主管理的产品事业形成组织，很快就为较大型企业普遍采用。在过去10年中，包括福特汽车、克莱斯勒汽车（通用汽车自从1923年左右就已经采用这个制度）、通用电气、西屋，以及主要的化学公司（除了在1920年之前就已经发展出这个做法的杜邦公司）、大多数的大型石油公司、重要的保险公司等，都采用这个组织原则，各种文章、演说、管理杂志和管理会议都更详细地探讨这个做法，因此现在每一位美国企业主管应该都已经很熟悉这个名词了。

以下是联邦分权制的原则为何通行于现代大型企业的重要原因：

1. 联邦式分权制的原则将管理者的愿景和努力直接聚焦在经营绩效和成果上。

2. 因此必定会大大降低管理者自我欺骗、安于现状而怯于创新，或依赖赚钱的产品来养活亏损的生产线等危险。

3. 从管理组织的角度来看，联邦分权制同样有极大的好处。企业可以充分发挥目标管理的功效。单位主管比其他任何人都清楚自己的绩效，因此每位主管所管辖的员工人数或单位数不再受到控制幅度的局限，而只会受到管理职责所限，因此可以管辖的范围扩大许多。

> 西尔斯公司的副总裁可能管辖了 100 家分店，每一家分店都是一个自主管理的独立单位，对营销和获利负责。分店负责人可能管理 30 位部门经理，每位经理都独立经营自己的单位，同时也为营销和获利负责。结果，西尔斯公司在最低层的管理职位——分店部门经理和公司总裁之间，只插入了两个管理层级：分店负责人和地区副总裁。

4. 西尔斯的实验戏剧化地证明了联邦分权制的原则对于培养未来管理者的重要影响。

> 第二次世界大战一结束，西尔斯公司就雇用了大批年轻人。他们随意分派这些年轻人工作，把 1/3 的新人分配到大型分店，1/3 分配到小型分店，剩下的 1/3 分配到邮寄事业部。5 年后，大型分店中表现最优异的年轻人将升为部门经理，小型分店中最杰出的年轻人也已经做好接任分店店长的准备。然而在邮寄事业部中，尽管 5 年来出现的职缺更多，但由于邮寄事业的组织方式一直都是根据职能而实施专业分工，因此最优秀的年轻人早已离开，其余的人 5 年后仍然还是按时打卡上班的小职员。

有一家大型货车及牵引机制造商也有同样的经验。

> 这家公司最大的部门是制造部所管辖的铸造厂。其他 3 个部门则是由公司第二大、规模较小的铸造厂负责供应，这个小铸造厂自成一

个独立经营的产品事业部，产品除了供应自家公司，也对外销售给其他顾客。两家铸造厂的每吨产能所投下的资本几乎完全一样，产品也十分类似，但是20年来，几乎所有新流程都是由这家独立经营的产品事业部研发出来的，而且即使要面临更激烈的竞争和更动荡的市场情势，小型铸造厂的获利始终高出大铸造厂1/5。此外，第二家铸造厂20年来培养出3位公司副总裁，第一家铸造厂却始终由1930年工厂一建好就担任厂长的老员工管理。

5. 最后，联邦分权制能及早在较低的管理层级上考验员工独立指挥的能力。

在一家大型货柜制造公司中，有两个人被认为是"明显的接班人选"，其中一个是非常能干的生产主管，另外一个是总裁的首席助理。当公司的组织改成众多独立经营的产品事业部时，公司任命他们两人担任新成立的两个最大的产品事业部总经理。不到3年，大家就可以明显看出，两个人都不适合担任高层经营工作。前生产主管在经营上无法做到收支平衡，他忽视营销和工程，也不懂制订计划或编制预算。前首席助理则没有办法做决定，总是回头去向上司讨答案，而不是自己承担起运营的责任。事实上，两个人都应该调回去担任副手。但是，另外有3个人，过去公司从不认为他们足以担当起高层经营重任，指派他们担任小型事业部总经理以后，他们却很快展现出领导力。这家公司的总裁最近说："我们实施分权制经营方式，其实是为了赶时髦，而不是因为我们真的了解这种做法或相信这种做法。但分权制经营让公司的发展比我们最大胆期望的速度还要快上一倍，而过去总出问题的生产线，如今却出现最高的销售增长和获利增长。更重要的是，分权制经营方式及时阻止我们犯下致命的错误，没有把错误的人选放到最高经营职位上。我以后绝对不会在还没有考验一个人独立经营的绩效时，就单凭个人判断，制定如此重大的决策。我们任命了8位事业部主管，其中只有3位达到预期的经营绩效。有两位主管（就是我们原先相中的两位）一直没有办法再升上去，而我们最不看好的3位主管却脱颖而出。"

西尔斯的分店主管和货柜制造公司的事业部总经理都了解公司对他们的期望，因为公司的期望取决于他们为管理单位设定的目标。只要达到目标，他们就无须担心上司的要求是什么，他们也不会有任何麻烦使上司理解他们所要求的和所需要的是什么。

联邦分权制的要求

如果我们把联邦分权制定义为管理结构的原则，在此原则之下，企业可以组成许许多多自主管理的单位，那么这种原则的具体内涵为何？必要条件是什么？又有什么限制？

在联邦分权制的模式下，自主管理的产品事业单位在规模上有很大的差异。规模较小的单位，包括像西尔斯的分店，员工人数不到 50 人，年销售额也低于 50 万美元。而规模较大的，则包括像通用汽车的雪佛兰事业部这类大单位，年销售额在 40 亿美元左右，员工更超过 20 万人。

事业单位在管理幅度上，也有很大差异。

> 通用汽车的电器部门——交流电火花塞事业部，是个完全自主管理的事业。它对外销售产品中较大的零件：直接卖给需要替换零件的顾客，同时也卖给其他汽车公司，而这些公司都是通用汽车的竞争对手。交流电火花塞事业部自行购料，自己负责工程和产品的设计、制造等。由于产品的特性，他们甚至不太用得上总公司的研究设施，只会用到如产品测试、消费者研究和法律咨询等服务性的职能，而许多完全独立的企业通常也都把这些职能外包。他们不直接与工会谈合约，但是许多独立经营的企业也都采用产业公会谈成的合约。不过，交流电火花塞事业部仍然自行处理工会的申诉。唯一一项独立企业会自行处理，而交流电火花塞事业部却不具备的职能是筹集资金，他们所需的一切资金都由通用汽车公司供应。

但是联邦分权单位的管理幅度也可能更小。

例如，西尔斯的分店（即使是每年做 1000 万美元生意的大店）自己不负责采购和商品开发，而由总公司统筹所有分店的需求。分店究竟销售哪些商品、每一种商品各占什么比例都是由总公司决定的，而不是分店店长决定。无论每家分店愿意与否，他们都得拨出店面空间摆放邮寄柜台，替邮寄事业接订单，而邮寄事业在业务上等于直接与分店竞争。即使是分店的柜台和店面陈列方式也大都由位于芝加哥的总公司操控。最后，分店店长无权决定商品售价。他的职责是努力促销已经设计、开发、采购完成而且定好价格的商品。

在这两种极端中间，还有许多种不同的可能性。

在通用电气公司里，某些产品事业部和通用汽车的交流电火花塞事业部同样掌握自主经营权，也有一些产品事业部虽然最后还是要负责营销，却把实际的销售和服务工作委托另外一个销售部门处理，而这个销售部负责经销通用电气好几个事业部的产品，经营方式就好像独立经销商会代理不同制造商互补的产品一样。通用电气公司有的产品事业部自己做研究，有的和邻近的事业部合作进行研究，有的则高度依赖总公司的研究机构。

化学公司也有多种不同的分权模式。的确，联邦分权制模式的优点之一就是一方面允许极丰富的多样化，另一方面又不会破坏基本的一致性。

不过，联邦分权制如果要见效，还必须满足一个必要条件，事业单位必须直接将利润贡献给公司，而不仅仅是对公司整体获利有所贡献。事业单位的盈亏应该直接反映在公司的盈亏上。事实上，公司的总利润必须是各事业单位利润加起来的总和，而且必须是真正的利润，不是靠操纵会计数字得出的结果，而是由经营目标和市场的最终判断来决定。

为了能够给公司贡献利润，事业单位必须有自己的市场，这里所说的市场可以纯粹是地理上的市场。

有一家宾夕法尼亚州的锅具制造商在西岸的分厂虽然与匹兹堡的

母厂生产的产品完全一致，却拥有自己的市场，因为横越美国内陆的运费实在太高了。一家寿险公司在亚特兰大地区的市场和波士顿地区的市场明显不同。而西尔斯在新罕布什尔州的分店也是如此，虽然不到 50 公里之外的马萨诸塞州就有另外一家西尔斯分店，以相同的价格供应相同的商品。

但有时候，市场也能靠产品来界定。

福特及通用汽车的自主管理部门，以及通用电气公司产品事业部的组织，都是建立在这样的基础之上。有一家大型橡胶公司也采取联邦式组织，把产品分成四条主要的产品线：客车轮胎、商用卡车轮胎、特殊卡车轮胎和非轮胎类橡胶产品。每一条产品线无论在客源、面临的竞争或经销渠道上，都各具特色，独立经营，互不相干。他们又把非轮胎类橡胶产品再分为六个自主管理的单位（例如高筒橡胶鞋就是其中之一），每个单位都各有独特的产品线和管理体系。

在有些产业中，同一个地理区域的相同产品线可能有不止一个市场。

医院、学校、餐厅、旅馆、大型办公室等大批采购椅子的团购客户，和零售顾客是不同的市场，两者的经销渠道、价格、购买方式都不一样。我知道有一家中型家具商就将公司的快速成长归功于他们分别设立了两个自主管理的产品事业部——零售家具事业和团购家具事业，虽然椅子的设计和生产过程没有什么两样，但是两个事业部都由自己的工厂供货。

实施联邦分权制的规则

无论事业单位的规模是大是小，多么独立自主或很多限制，如果要成功地实施联邦分权制，应该遵守五个规则。

1. 任何联邦式组织都需要强大的分部和强有力的中央。"分权"这个词事实上很容易引起误解，但是因为今天这个名词已经极为普遍，无法舍弃不用。分权似乎暗指中央的弱化，但是这绝对大错特错。联邦分权制需要中央为整体设定清楚、有意义的目标，强力指导地方部门。这些目标必须要求公司上下达到高度的经营绩效和行为标准。

联邦分权制的组织也需要通过评估来控制。的确，每次见到联邦式组织碰到问题时（例如，联邦结构之上的中央管理体系一层又一层），原因往往在于中央采取的评估方式不适当，因此还是必须依赖管理者的自我监督。现有的评估方式必须精准而适当，能够可靠地评断管理者的绩效。

2. 采取联邦分权制的单位规模必须大到足以支撑所需要的管理结构。目标应该尽可能地放在自主单位，单位的规模则越小越好，但是当单位的规模太小，以至于根本负担不起所需管理的质与量时，就变成荒谬的闹剧。

当然，究竟规模多小才算小，还是要视业务性质而定。西尔斯的分店规模很小，但仍然足以支撑起完善的管理。小店所需要的管理其实只是店长加上几个负责第一线业务督导的部门主管，并获得相应的报酬。

在大规模生产的金属制造业中，真正自主管理的产品事业部虽然拥有自己的工程、制造和营销组织，但我相信除非他们的年销售额达到1000万～1200万美元，否则撑不起完善的管理体系。产品事业部的销售额如果太低，就会有人手不足或实际上依赖中央控制的危险。

在联邦分权制组织中，既要享受到小规模的好处，又要有完善的管理，新泽西州的强生公司提供了一个解决办法。在强生公司里，独立经营的事业仍然尽可能保持小规模，有的单位甚至只有200名员工左右，相当于西尔斯只有50名员工的分店规模。这些小单位要自行承担企业运营的所有职能，包括财务在内。但不同于西尔斯分店的是，强生的事业单位是完全独立经营的事业，有自己的总裁。但是由好几个单位一起分摊几位"董事"的开支，董事都是母公司的高层主管，过去也曾经营过事业单位，因此可以扮演顾问和专家的角色。如此一来，这些事业单位尽管规模和营业额都不大，却负担得起一流的管理。

3. 每个联邦分权制的单位应该都富有成长的潜力。如果把所有停滞不前的生产线都组成一个自主管理的事业单位，而把所有前景看好、快速成长的产品线组成另外一个事业单位，是很不好的组织方式。

4. 管理者在工作上应该有充分的发挥空间和挑战。我可以用下面的例子更清楚地说明我的看法。

一家大型橡胶公司刻意让流程设计变成总公司的职责，而非由生产事业部自行负责，尽管每个生产事业部的财力都足以负担流程设计的人力成本。公司之所以把流程设计收归中央，并不是因为不同的事业领域都面临类似的问题。相反，公司应该把流程设计和其他职能一起下放给各事业部，如此一来，才能达到彼此竞争的效益。但是这家公司认为，"流程设计"需要大胆的想象、创新的思维和实验的空间，因此需要的施展舞台和挑战更大，绝非产品事业部有能力提供。

然而分权管理的单位和其主管也需要施展空间和挑战。例如，他们应该担负起相当大的创新责任，否则可能变得墨守成规。因此一方面需要有一些活动为联邦分权制单位提供更大的发挥空间，另一方面又需要为各单位主管提供充分的挑战，两者之间必须找到适当的平衡点。

5. 联邦单位应该并行，每个单位有自己的任务、市场和产品，同时彼此竞争，和通用汽车或福特汽车的汽车事业部一样。但是总公司通常不应该要求他们联合进行某项计划。他们的关系尽管紧密而友善，但是应该严格限制在商业关系上，而不是因为某个单位无法独立生存。

当联邦单位彼此之间不能够形成"常规交易"的关系，以至于一个单位必须靠另一个单位来养活，前者的运营完全要依赖后者时，就必须让这类单位享有"否决权"。通用汽车用来规范汽车事业部和零件事业部关系的规定正好说明了我的意思。

只要外部供应商的零件价钱更低或品质更好，汽车事业部有权向外采购，而不一定向自家公司的零件事业部采购。反之，只要能谈成好生意，零件事业部也有权把产品销到外面，甚至可以卖给汽车事业部的竞争对手。虽然他们很少行使这项权力，这个规定却绝非形同虚设，反而让两个事业部都更加壮大，更能够自主经营，也更有效率、更负责，并且达成更出色的经营绩效。

反对者往往辩称，如此一来等于否定了整合的价值，而且公司里究竟哪个单位赚钱其实没那么重要，反正利润全都落入同一个口袋里。但是这种说法假定表面的和谐比效率和低成本更重要，还假定无论公司各部分绩效如何，公司仍然可以从整合中获益。这两种假设都站不住脚。更重要的是，这种论点忽略了行使否决权对两个单位的绩效和责任带来的影响。

　　有两家大型石油公司都自己经营油轮。其中一家公司的运输部门只要能够拿到更高的价钱，就有权替其他炼油厂运油；炼油厂也有权雇用其他公司的油轮来运油，只要其他公司的价钱比较便宜。另外一家公司的油轮交由独立公司经营，尽管石油公司仍然握有百分之百的股权。但是，其油轮只能载运自己公司炼油厂的石油，而其炼油厂也不能委托其他油轮运油。双方频频因为运油费率而起争执，常常惊动最高主管来仲裁。

　　两家公司都认为它们的油轮服务是自主经营、自负盈亏的事业。第一家公司多年来未曾动用"否决权"，但是由于拥有这个权利，油轮事业的管理者感觉他们真的是在经营自己的事业。而第二家公司的油轮经营团队觉得自己在管理工厂设施，而不是在经营一个事业。的确，当最高主管虚伪地高谈他们的自主权时，运输部门的员工都愤愤不平。毋庸置疑，结果拥有真正"联邦制"油轮单位的公司能获得更便宜且更好的运输服务。

联邦分权制有其限制，就是必须有区隔的市场才能实施，因此，例如铁路公司就无法实施这种制度。铁路线上每个部门的业务量有3/4来自其他部门，或将归到其他部门。换句话说，铁路公司的任何运营单位并没有区隔的市场或独特的产品。

但是，由于联邦分权制需要有真正的市场，因此无法应用在企业的所有阶层和所有经营单位上。

西尔斯的分店全都施行联邦分权制。负责五金部门的经理等于自己经营一个小店铺，是最低的管理层级，而在他上面，只有分店负责人一个主管。他们之所以能这么做，当然是因为比起真正自主管理的事业单位，分店主管只需承担最低限度的经营责任。然而在其他企业中，低于某个标准之下，管理单位就只对整体利润有所贡献，而不是自己创造利润。举例来说，如果公司要销售产品，就必须有人负责制造产品。生产部门只对整体利润有所贡献，在会计师和经济学家的眼中，是利润创造过程中的支出。我们会说"生产成本"，却从来不说"生产利润"。换句话说，在每个企业中，低于某个标准之下，组织就必须实施职能分权制。

强调联邦分权制的限制和必须遵守的准则，以避免企业滥用这个观念，固然很重要，但是我们也不能不说，联邦分权制目前的应用状况并不如预期中普遍。联邦分权制适用于许多不同的产业，但是这些产业未必都采用这种组织模式。大多数采用联邦分权制的公司也没有把权力尽可能下放到最低层。但是企业越能贯彻实施联邦分权制，就越能满足企业绩效对结构的要求。

职能分权制

职能性组织越接近联邦分权制，则效益越高，问题越少。

最好的例子莫过于通用电气公司的灯具事业部。40 年前，通用电气公司将几个独立经营的事业部合并后，成立了这个事业部。40 年来，灯具事业部成长了 20 倍，推出了许多新产品。

灯具事业部的组织图乍看之下好像典型的制造业，制造、营销等职能都由中央掌控。事实上，灯具事业部的经营重任掌握在一百多位主管手中，每位主管负责管理一个综合单位。有些单位制造玻璃和零件，例如灯泡的金属基座。他们的产品一方面供应灯具事业部，同时也有很多销售到市场上，而且主要卖给灯具事业部的竞争对手。因此，他们拥有自己的市场，是真正的产品事业部。有些单位销售灯泡。他们以固定价格向灯具事业部的工厂买进灯泡，就好像西尔斯的分店向芝加哥采购办公室进货一样，然后在自己的市场（不管是纽约、得州或加州）上销售。他们自己掌握营销的职能，也能控制部分的利润——他们能掌控销售量、产品组合和销售支出，但采购价格和售价则已预先决定。分权程度最低的是制造工厂。他们以市场价格，从零件工厂买进玻璃和零件，而在灯泡成品出货时，却是依规定价格卖给销售单位。即使如此，制造单位仍然有自己的创新和生产力目标。他们可以直接根据市场定位发展出目标，例如根据产出的品质与数量，也可以制定获利目标，尽管获利目标还无法完全有效检验他们在市场上的绩效，但至少是个客观的标准，可以据以评估不同制造工厂的绩效。

　　灯具事业部有制造和营销主管，他们的职责并不是督导各事业单位主管的工作，而是为他们服务。各事业单位主管由总经理亲自任命，因此直接向总经理报告，也只有总经理有权撤换。

所以，组织职能性工作的时候，应该赋予管理者最大的权责，来产出已完成或接近完成的产品或服务。否则各部门主管就无法制定从企业目标所发展出来的绩效目标和成果衡量标准，也不会真的把注意力放在运营成果上。结果，他们只好根据"专业人力资源管理"或"优秀的专业工程技术"等标准来设定目标，通过技术能力，而不是通过对企业整体的贡献来评估工作成果。他们不是宣称："去年，我们成功地将公司所有员工的生产力提升了5%。"而是说："我们成功地把18个新的人事计划推销给第一线的主管。"

　　分权制一直都是组织职能性活动最好的方法。但是如果生产系统中包含了自动化的流程，采取分权制就更加必要。因为任何公司的生产组织如果采取了自动化的物料处理或回馈控制系统（这是自动化的两个主要元素），就必须在非常低的层级建立一系列的信息和决策中心，并且达到高度的整合。

福特汽车公司位于克利夫兰的引擎工厂就是很好的例子。这是个旧式的大规模生产工厂，生产同一种产品，而非同一种零件，但最近规划了全自动化的材料处理和输送流程。为了这个小小的技术改变，却必须彻底改造工厂的组织方式，从传统的职能性"指挥链"改成所谓的"任务小组形态"，许多小小的信息中心和决策中心尽管位于"指挥链"中的最底层，却横跨各不同职能的部门。

任何企业假如采用新科技来大规模生产零件，再组合成各种不同的产品，或是采取流程生产方式，那么就必须在生产组织之外，建立类似的信息和决策中心。因为设计产品已经不再是工程部门设计，然后工厂制造、销售部门推销，而是团队共同的努力，营销人员、生产人员和工程师从一开始就通力合作，这又是"任务小组"的概念。因此，必须以分权制的组织来取代中央集权的职能性运作方式，自主管理的单位掌握了最多的信息和最大的决策权，同时也有最宽广的施展空间。

采取分权制经营的职能性单位如何兼顾广阔的运营空间与小规模的问题，实际上主要都要靠所需管理层级的多寡来决定。在理想情况下，每一位部门主管都应该亲自向联邦单位或产品事业部的总经理报告，两者之间，最多只能插入一个管理层级。

原因在于，在管理完善的企业中，每位管理者都会负责任地参与由顶头上司所召集的目标设定讨论，根据上级单位的目标发展出自己所管辖单位的目标。如此一来，隶属于联邦单位之下的职能性部门的主管将积极参与事业单位的目标发展过程，并因此根据经营目标来设定自己部门的目标，下一级的主管也会积极参与目标发展的过程，所设定的目标将反映整体经营目标。但更低一级的主管（也就是说，如今在职能性部门主管和联邦单位或产品事业部之间，已经插入了两个层级）所面对的目标都是职能性的目标，而这些目标和他们必须协助达成的整体经营目标之间的关系，就好比逐字直译的诗文和原文之间的关系一样。根据我的亲身经验，当组织的职能性单位从两个层级发展为三个层级时，职能性主管对于企业的贡献以及他们对于企业需求的认知下滑得最厉害。

我知道在工厂中，要限制职能性管理层级不超过两级，几乎是不可能的事情，因为要管理的员工实在太多了。不过，其他的职能性活动应该都可以遵循这个原则。自动化的其中一个重要吸引力，或许正在于工厂因此可能采用"扁平式"组织结构，换句话说，自动化将会促进分权制的管理，而非阻挠分权制的管理。

当组织需要两个以上的职能性管理层级时，就表示企业的规模已经太大或太复杂，而不适合采取职能性的组织方式。这时候，如果可行的话，就应该引进联邦分权制，因为职能性组织已经无法满足企业在组织结构上的需求。

联邦单位之间的关系应该是"平行"联结，而职能性单位则是"序列"联结。由于职能性单位必须和其他单位通力合作，无法独立生产任何东西，因此最好的安排方式就好像在屋顶上排列瓦片一样：每个单位彼此都稍微重叠，因此可以确保所有必要活动都会涵盖在内，同时也明确制定需要合作的领域。因为联邦分权单位需要达成的目标大都能以金额数目具体而清楚地说明，职能性单位的目标不是那么"明确"，也可以说这些活动对于最后经营绩效所造成的影响不是那么直接，从而很难准确地表示。因此必须因为管理者不同的个性和能力，而保留调整的空间。必须允许强势领导的单位有些微扩权，或领导人较弱时，他所管辖的单位职权也随之削弱。换句话说，在职能性单位的屋瓦式联结中，必须保持一定的弹性。

建立共同的公民意识

无论实施联邦或职能分权制，都必须在企业上上下下建立共同的公民意识，在多元中保存一致性。即使最自主管理的产品事业部都不算真正独立的单位，反之，自治只是整个企业提高绩效的手段而已。因此，由于拥有更大的自主权，各单位管理者更应该把自己当成整个企业和广大团体的一分子。

事实上，分权制并不会影响建立共同的公民意识。在中央集权的职能性组织中，这个问题可能更严重，例如，分别效忠于生产部门或工程部门的单位可能彼此斗争，甚至因此与企业需求发生正面冲突。而在联邦分权制中，地方忠诚仍然会符合企业对经营绩效的要求。别克汽车事业部忠心耿耿的员工很可能也会是更好的"通用汽车人"。无论是因为职能性组织的派系斗争还是产品事业部狭隘的本位主义，要建立共同的公民意识，保持向心力，管理层可以采取如下方法。

第一种方法关系到高层保留给自己的决策权。例如在通用电气公司，放弃既有事业和开创新事业的决定权掌握在总裁一人手中。在通用汽车公司，只有企业总部的高层有权决定每个事业部的产品价格范围，他们借此控制了公司主要单位的竞争。在西尔斯公司，芝加哥总部决定了每家分店销售的商品类型，例如是家电还是时装等。

换句话说，必须有某种"共同福祉条款"，将影响企业整体及未来长期利益的重要决策权保留给中央主管机关，因此中央有权基于整体利益而驳回地方单位野心勃勃的计划。

第二种方法公司应该跨越部门和单位的界限，有系统地提拔管理人才。据说，除非美国能为所有军种建立统一的升迁渠道和生涯发展方向，否则就不可能产生协调一致的国防军力，因为在尚未达成这个目标之前，各军种只关心自己的需求和利益，视其他军种为竞争对手，而非合作伙伴。企业界也面临同样的问题。如果员工认定他的事业发展渠道只限制在一个单位之中，假定是通用汽车的交流电火花塞事业部，那么他会努力成为"交流电火花塞事业部人"，而非"通用汽车人"。如果员工认为会计部门的主管掌握了他能否升迁的大权，那么他就会重视自己在"专业会计工作"上的表现甚于对公司的贡献，把更多的精力投注于会计部门的扩展上，而非努力促进公司成长。以上两个人都只看到了企业的一小部分，视野都十分狭隘。

把非常一般的员工调来调去，其实没有多大意义，但是一旦员工已经从基层管理职位上脱颖而出，表现出特别优异的绩效时，就应该考虑把他提拔到其他单位去工作。通用汽车公司有一套统一的轮调制度，事业部高层主管——生产经理、销售经理、总工程师等，大都曾经在其他事业部担任过主管，虽然他们多半仍然领导同样的部门，不曾在其他事业部担任过高层主管的总经理是极少数的例外。

要建立共同的公民意识，必须遵守共同的原则，也就是具有相同的目标和信念，但是在实务上所要求的一致性不应超越具体任务对一致性的需求。

举例来说，在好几个采取联邦分权制的大公司里，从管理才干中获益最大的应该是整个公司，而且应该根据每位主管的绩效，给予他最大的升迁机会，这都是大家认同的基本原则。但在实现这些原则时，需要有一致的做法。必须有一套方法来搜集管理人员的名字和工作记录，也必须要求掌握升迁大权的管理者对所有合格的候选人一视同仁，不能特别青睐自己人。除此之外，至于如何评估候选人，采用什么选拔程序，推荐哪个人升迁，管理者完全有权自行决定。

另外一个例子是，一家成功的大型工具制造商15年前采用了一个原则：只做工程标准要求最高的生意。但是他们交由事业部主管来决定如何应用这条规定，结果每个事业部的做法都不同。有个事业部故意以高价供应高度专业的设备，因此把高品质工程技术的规定转换为促销时的一大资产。另外一个事业部仍然继续待在竞争激烈的市场上，但他们有系统地教育顾客提高对工程品质的要求，他们的口号是"同样的成本，更高的品质"。第三个事业部认为这个规定会对他们的廉价小工具销售业务形成阻碍，但是只要改善生产和销售方法，就能克服这个问题。他们的主管表示："一开始，我们的工程成本比竞争对手高，对我们十分不利。因为顾客不愿意为了比较高的工程品质而多花钱，他们完全看价钱来决定要买谁的产品。因此我们必须想办法把产品卖得比竞争对手还便宜，以扩大销售量来弥补增加的工程成本。"

换句话说，多样化的做法反而强化了一致的目标和信念，而这正是建立共同的公民意识所不可或缺的。只有当其他单位会直接受到影响时，才需要一致的做法。但是，必须建立一致的原则，并且明确说明，严格遵守。

组织不健全的症状

任何具备管理经验的人只要看到健全的组织结构，就会知道这个组织很健全（虽然碰到的机会并不多）。就好像医生看到病人，就能判断他是不是健康的人一样，他只能从反面来定义"健康"，换句话说，只要来看病的人没有病痛、残疾或病理学上的退化现象，他就认为他很健康。

同理，我们很难描述健全的组织是什么样子，却能指出不健全组织的症状。每当这些症状出现时，企业就必须对组织结构进行彻底的检查。出现这些症状，表示组织没有遵循正确的结构原则。

组织不健全的一个明显症状是管理层级不断增加——显示缺乏目标或目标混乱，不能撤换表现不佳的员工，过度中央集权，或缺乏适当的活动分析。当企业面临"间接费用"的压力时，例如必须增加协调者或助理的人力，这些员工本身没有明确的工作责任，只负责协助上司完成工作——也显现出组织不良的问题。同样，这种情况显示组织必须采取特殊措施来协调各种活动，并且建立管理者之间的沟通渠道：设立协调委员会、全职的联络人员、经常召开会议等。

同样明显的迹象是，员工喜欢"通过渠道沟通"，而不直接去找掌握了信息、有想法或应该被告知目前状况的人沟通。在职能主义下，这个问题会变得特别严重，因为会更强化职能性组织的成员重视自己部门甚于整个企业的风气。结果员工彼此隔绝，即使在充分实施分权管理的情况下，职能性组织仍然会导致孤立和隔绝。"通过渠道沟通"不只是组织不健全的症状，而且也是起因。

无论组织的形态和结构为何，管理者必须密切注意一个严重的体质失调的问题：管理层年龄结构失衡。

最近我们经常听到管理层年纪太大的讨论，但是如果主管多半是年轻人，也同样危险。因为管理层过于老化的问题很快就会自动消失，只要企业存活的时间够久，就可以避免问题再度出现。然而如果管理层大半都很年轻，就意味着未来很多年里，公司里其他年轻人的升迁机会变得很少，坐在重要位子上的人都还有二十几年的工作生涯才会退休。优秀人才要么根本不进入这样的公司，另谋他就；要么留下来，在沮丧中学会趋炎附势，并变得不再那么优秀。而 10 年后，今天的年轻主管会变成老化的管理层，而且看不出有人可以接替他们的位子。事实上，今天所有面临主管老化问题的公司，都是因为 20 年前在经济大萧条的影响下，他们引进了一批年轻的管理者，而今天，年轻人都不再年轻。

　　企业主管在进行人力规划时，应该把管理层年龄结构平衡当成重要课题。主管位子上必须有足够的老人，因此年轻人才有接班的机会；同时又有一定数量的年轻人，因此才能确保管理经验得以延续，不至于断层；必须有足够的老人来提供经验，同时又有年轻人可以带来冲劲。管理层的年龄结构就好像人体的新陈代谢作用一样；如果新陈代谢失衡，那么人就会生病。

　　好的组织结构不会自动产生良好的绩效，就好像有一部好宪法，并不能保证一定会出现好总统或好法律、有道德的社会一样。但是在不健全的组织结构下，无论管理者是多么优秀，企业一定不可能展现出色的绩效。

　　因此，通过尽可能强化联邦分权制，以及把分权制的原则应用在职能性的组织活动上，以改善组织结构，总是能提升企业的经营绩效。如此一来，优秀人才才不会受到压制，才能有效地在工作上有所表现。同时，公司也能借着提升他们的愿景和提高对他们的要求，让优秀人才脱颖而出。表现不佳的员工也无所遁形，遭到撤换。

　　健全的组织结构不是灵丹妙药，也不像某些组织理论专家所说的，是管理"管理者"最重要的工作。毕竟解剖学并不能代表生物学的全部。但是，正确的组织结构是必要的基础。如果没有健全的组织结构，其他管理领域也无法有效达成良好的绩效。

大企业、小企业和成长中的企业

世外桃源般的小企业的神话——多大才算大——雇员的人数不是
衡量的标准——赫德森公司和克莱斯勒公司——其他的因素：产业地
位、资本总额的要求、决策的时间周期、技术、地理——一家与管理结
构的需要相等的大公司——企业规模的四个阶段——多大才算太大——
无法管理的企业——规模小造成的问题——缺乏管理的规模和远见——
家族企业——小企业能干什么——规模大造成的问题——首席执行官和
首席执行官的工作——在内部发展的危险……幕僚形成的王国——如何
组织服务工作——改变基本的态度——成长是最大的问题

小企业没有精神和士气的问题，也没有组织结构或沟通的问题，这几乎已
经成为美国人的信条。不幸的是，这完全是神话。不能容忍异议、坚持独裁的
一人领导的小企业，通常都是企业精神不佳的例证。就我所知，沟通最差的企
业莫过于老板总是"讳莫如深"的典型小企业，而最没有组织的企业则是每人
身兼数职、没有人清楚究竟该做哪些工作的小公司。事实上，如果 20 世纪 30
年代的福特汽车公司代表了士气不振、组织散漫、沟通不良的典型例子，这完
全是因为老福特试图采取典型的小企业管理方式来经营福特公司。只不过因为
福特的经营规模实在太大了，因此小企业习以为常的经营方式才会显得如此
特殊。

小企业为管理者提供了更大的发展机会，这种说法简直是谬论，更遑论小企业会自动培养管理者的说法了。在这方面，大型企业绝对较具优势。大企业要系统化地培养管理人才，当然比小企业容易多了。大企业即使无法立即启用有潜力的人才，但仍然有能力把人才留在企业中。更重要的是，大企业能提供更多的管理机会，尤其是给新人提供更多的历练。因为在大公司里调职的机会较多，新人比较容易找到最适合自己的工作。对初入职场的新人而言，能够在自己最适合的工作或职位上起步，实在是难得的幸运。正如大家所说，许多大学毕业生都希望进入大企业工作或许是为了追求工作保障，但这种现象当然也反映了大学生衡量了现实状况和自身最佳利益的结果。

所以，企业规模不会改变企业的本质和管理的原则，而且既不会影响管理"管理者"的基本问题，更不会影响工作和员工的管理。

但是，规模对管理结构有重大影响。管理机制必须以不同的行为和态度来管理不同规模的企业，而规模的变化（也就是成长）则比规模大小本身的影响更大。

多大才算大

多大才算大？在经济和商业文献中，这是一再出现的问题。最常用的衡量指标是员工人数。当企业从只有30名员工成长到300名员工的规模时，的确在结构和行为上都有很大的改变；通常当企业规模从3000名员工成长为3万名员工时，又会经历另外一次质变。尽管员工人数和企业大小有关，却不是决定性的因素。有的企业只有几个员工，却具备了大企业所有的特色。

有一家大型管理顾问公司就是个好例子。这家公司只有200名左右的员工（这样的规模在保险公司就算很小了，而和汽车业比起来，更是小得多），然而大公司的所有"氛围"，这家公司却应有尽有，因此必须具备大公司的管理结构、态度和行为。原因当然是管理顾问公司里每个人（除了秘书、收发员和管理档案的职员之外）都是高层主管，或至少是中高层主管。管理顾问公司就像罗马军队一样，只有将官和校官。因此 200 人的高层管理团队其实已经相当于大公司的规模。

相反，员工人数众多的公司也可能从任何角度来看，都只是一家小公司，从管理结构和管理行为角度来看，更是如此。

据我所知，最好的例子莫过于一家供应地区用水的自来水公司。这家公司有 7500 名员工，但是正如同公司总裁所说："我们不需要有比玩具店更多的管理者。"由于自来水是垄断事业，根本没有竞争对手，水资源枯竭的危险也微乎其微。建造蓄水坝、滤水厂和泵站都需要很多技术，但合同商会负责解决所有的技术问题，因此总裁加上两名工程师就可以包办公司需要进行的所有工程。控制登录水表和寄发账单的成本是非常重要的事情，但不牵涉任何经营决策，只需要按照操作程序做即可。唯一需要某种程度管理的地方是与公用事业管理委员会、市议会和社会大众之间的关系。但是，正如自来水公司总裁所说，无论自来水公司有 75 名员工，还是 7500 名员工，其实都没有什么差别。

另外一个例子是赫德森汽车公司（Hudson Motor Car Company）。与纳什凯尔文纳特公司（Nash-Kelvinator）合并之前，赫德森汽车公司一直是成功的中型企业。赫德森汽车公司雇用的员工超过两万名，但在汽车市场上毫不起眼，市场上售出的汽车，只有 3% 是由赫德森汽车公司制造的。事实上对汽车公司而言，全国性的经销和服务网是不可或缺的，所以赫德森汽车公司的规模实在是太小了，难以生存，最后不得不与另外一家公司合并。

但是在 20 世纪 30 年代，由于赫德森汽车公司深知身为小公司的意义所在，因此蓬勃发展。例如赫德森汽车公司很清楚，小公司如果也和别人杀价竞争，必然会走向破产，于是他们采取了一种竞争策略，就是为自家汽车贴上高价标签，因此在顾客换车时，他们可以用比较好的价钱收购二手车。如此一来，顾客只要花费新旧车之间的差价，就买得起一辆"中价位"新车，结果花的钱和买一辆低价位汽车差不多（这是不重要的小公司采取正确价格政策的典型范例）。赫德森汽车公司的整个组织除了销售部门之外，都是小公司的经营形态。最高主管一人制定所有的经营决策，部门主管只有几位。

最有趣的例子是另外一家汽车公司——克莱斯勒。在第二次世界大战之前，克莱斯勒已经是全球第二大汽车制造公司，雇用了10万多名员工，年销售额超过10亿美元。然而克莱斯勒在20世纪30年代却刻意采取中型公司的组织结构和经营形态。克莱斯勒尽量化繁为简，自己只生产引擎，汽车中其他所有零组件，包括框架和车身、配件和仪器等，全都对外采购。因此生产变成单纯的组装工作，需要很高的技术能力，却不需要什么经营决策。组装厂的资本投资金额不大，也不用盖大厂或购买复杂的机器设备（很少有人知道汽车组装是靠手工完成的，通常螺丝刀和钳子已经是用得最多的工具了）。组装厂管理的优劣其实很好判断：只要看生产线每天究竟是产出15辆车还是17辆车就好了。其他一切需求，克莱斯勒全都用外包方式处理，例如他们聘请纽约一家法律公司负责和工会谈判。只有营销和设计还需要高层主管制定经营政策和管理决策，否则大体来说，克莱斯勒只需要一流的组装线技术人员就够了。结果，一个人就能承担所有的管理实务工作：克莱斯勒（Walter P. Chrysler）本人担负重任，另外还有一两个亲信协助他。经营团队人数少，关系紧密，组织简单，而且相处和谐。

当然，这样做究竟对不对，仍然有争辩的余地。战后的发展迫使克莱斯勒180度大转弯，改变政策，大幅整合。究竟克莱斯勒能不能建立公司所需要的管理结构，解决新结构所需要的管理组织、行为和绩效，要再过几年才看得出来。早期克莱斯勒试图表现得像一家中型公司，或许正是过去几年克莱斯勒节节败退的原因。但至少只要克莱斯勒还在世一天，这家庞大的企业都还是会成功地以中型公司的形态经营。克莱斯勒稳定成长，并且投资报酬率经常都是所有汽车公司中最高的。

有时候，甚至地理环境都有决定性的影响。有一家公司在世界 5 个不同的地区拥有 5 家小工厂——员工总数大约 1000 出头。然而由于 5 家工厂的生产和销售都紧密结合，结果管理层所面对的问题大都和雇用一两万名员工的企业才会碰到的问题没有两样。

但是所有这些因素都要归结到管理结构、管理的不同机制所要求的行为，以及管理层必须通过规划和思考来管理，而不是借着"实际作业"来管理。因此，衡量企业规模唯一可靠的标准是管理结构，尤其是高层管理结构。公司需要的管理结构有多大，公司就有多大。

企业规模的四个阶段

如果我们采用管理结构作为标准，那么我们会发现，企业不只有"大企业"和"小企业"之分，而是至少有 4 种，甚至有 5 种不同的企业规模，每一种规模都有其独特的特性和问题。

首先谈谈小企业。小企业和一人独资企业的不同之处是，小企业的最高主管和员工之间隔着一个管理层级。如果公司由两人合伙经营，一人主管销售，另外一人主管生产，那么仍然算独资创业的形态。如果工厂里有几个工头，扮演组长或技师的角色，那么也还是独资经营的形态。但是，如果公司还需要其他主管、财务主管、销售经理等，那么就是小企业了。

在小企业中，无论是最高主管职务中的具体行动或目标设定，都不是全职工作。小企业老板可能一方面要经营公司，另一方面还要负责某个部门，例如销售或制造部门。不过，这类小企业已经需要某种管理组织了。

企业规模的下一阶段可能是最普遍的阶段，也是最困难的阶段。由于在这个阶段无法解决管理组织的问题而带来严重的麻烦，是常见的情况。这个阶段没有自己的名称，甚至通常也不被认为自成一个阶段。由于没有更好的名称，我姑且称之为"中型企业"。

中型企业和小企业有两个不同的地方。第一，负责企业运营的工作已经变成全职工作，而且企业整体目标也不再由最高主管一人决定。设定目标有可能成为兼职工作，例如财务主管除了负责财务之外，还兼而为之。但是在中型企业中，比较好的做法通常是把目标设定当作独立的职能，例如由定期举行的部门主管会议扮演企划委员会的职能，负责设定目标。

因此中型企业需要成立高层经营团队，部门主管和高层主管之间的关系总是会发生问题，尽管问题还不大。

在这个阶段，企业必须决定采取哪一种组织结构原则。小企业通常根据职能来组织，部门主管直接向经营者报告，通常也毫无困难。在中型企业中，联邦式的组织原则不但可行，而且好处颇多。

第二，在中型企业中，我们头一次碰到组织技术专家的问题。大体而言，"幕僚职能"还不为人所知（或许除了人力资源部门比较熟悉这部分职能），但是许多领域都用得上技术专家。必须好好思考他们和各个部门及高层主管之间的关系，以及他们和企业目标的关系。

再下一个阶段是"大企业"。大企业的特色是最高主管的一项主要职能必须以团队方式运作，不管是高层的运营职能或设定整体目标，工作内容都太庞大，无法由一人独立承担，必须由不同的人分担。有时候，某项工作会变成一个人的全职工作，以及其他几个人的兼职工作。

举例来说，公司总裁的全职工作是企业经营管理，但生产副总裁和销售副总裁在部门职责之外，也花很多时间来分担高层运营责任。同样，企业可能由一位执行副总裁全职负责统筹整体目标，或常见的情况是，由总部处于半退休状态的董事长全职负责目标设定。同时，公司的财务主管、总工程师和人力资源副总裁可能也都花很多时间设定目标。

大企业通常比较适合采用联邦式的管理组织原则。在大多数的大企业中，这也是唯一令人满意的组织原则，但高层经营团队与联邦自治单位管理者之间的关系将形成问题。

最后一个企业规模的阶段是超大型企业。超大型企业的第一个特色是高层主管的企业运营和目标设定工作都必须以团队方式进行。每一项工作都必须由好几位高层主管全职负责。其次，超大型企业只能采用联邦式的管理结构。由于企业规模太庞大也太复杂，根本不可能采取其他组织方式。最后，高层经营团队必须优先把全副精力放在处理最高经营阶层和运营主管之间的关系上。在这种超大型企业中，有系统地组织最高主管的工作非常困难，但也非常必要。

多大才算太大

或许还有另外一个阶段：规模大到无法管理的企业。超大型企业究竟能成长到多大的规模？可以管理的企业组织究竟上限何在？有没有这样一个上限？

我们没有理由相信，仅仅规模本身就足以违反公众利益。企业规模不一定会造成垄断，阻碍经济或社会流动性（的确，美国经济体系中汰旧换新最快的是小公司和前 100 名规模最大的企业）。出乎一般人意料之外，超大型企业并不会抑制新公司或小企业的成长。除非法律允许垄断，否则能不能顺利进入一个产业，取决于技术和市场因素以及需要的资本大小而定，而不是由产业内部的形势来决定。超大型企业往往会支持一群独立的小企业，以其为供应商或经销商。同样，仅仅企业规模本身不一定会影响劳资关系或社会稳定。

不过，单就企业规模本身而言，却有可能令企业变得无法管理。当产品事业部最高主管无法直接和总公司的高层经营团队沟通，而必须通过渠道才能接触到最高层时，企业就变得无法管理了。如果除了多位代理总裁外，还需要多加一层副总裁，那么这家企业也已经接近无法管理的规模了。同样，当负责目标设定的高层主管无法直接参与经营团队，还需要执行副总裁或事业集团副总裁来居间协调，将他们的想法传达给高层时，那么企业也已经成长到无法管理的规模了。

当超大型企业需要的管理层级变得这么多，即使是具有真才实学的人才通常都无法从基层晋升到高层，而必须按部就班慢慢通过每个层级的绩效考验时，这家公司的规模也变得太庞大了。这样的企业不但必须倒退回温室般的主管培养方式，而且必然会面临管理人才不足的窘境，因为他们未能充分利用最宝贵的资源，违背了我们社会的基本前提。

在管理实践上，这表示任何企业如果在基层员工和高层主管之间，需要插入六七个层级的话，就表示企业已经变得太大了。顺便提一下，"七"是军队中的层级数目，而军队的例子告诉我们，七层似乎太多了，因为只有在战时军力扩充的情况下，最有才干的军官才能晋升到最高军阶。

最后，当企业扩大发展，跨入许多不同的行业，以至于管理人员不再具有共同的公民意识，无法把企业当作一个整体来管理，也不再有共同的目标时，企业就变得无法管理了。

通过化学或电机工程等一般技术起家的企业中，更加容易面临这种无法管理的危险。随着技术的发展，企业推出越来越多样的产品，打入不同的市场，设定不同的创新目标，甚至采用不同的科技。发展到最后，终于连最高主管都无法了解多元化事业的需求，看不清企业的整体面貌，甚至适用于一种事业（或事业集团）的目标和原则会危害到另外一种事业。

大型石油公司似乎很了解这个问题。石油业是高度复杂、紧密整合的事业，但是只有几样主要产品，而这些少数产品在生产和营销上都息息相关。因此即使是全球运营的石油巨人，仍然是可以管理的。但随着石化业的发展，大型石油公司把新的化学事业独立成不同的公司，只保留财务上的所有权，但把化学事业部的经营管理权交付给新公司。它们刻意打破石油业紧密整合的传统，就是为了解决无法管理的问题。

新科技或许令过度多元化经营的危险成为企业管理上最严重的问题。因为推动自动化并不是大企业的特权，在许多产业中，小企业反而因自动化而得以生存。但是自动化要求企业在设计和管理每个流程时，都视之为独立而整合的整体。针对某个流程所做的管理政策和决定或许不适用于其他流程，针对一个职能及一个领域所做的管理政策和决定可能无法适用于整个流程。因此，不仅联邦式组织变得十分必要，而且也为产品多元化设下严格限制，超过上限，经营团队可能就无法管理。难怪石油公司选择不要把化学事业整合到原本的事业体系中，反而决定把它们独立出来，成立新公司。毕竟在自动化这个名词还未出现之前，石油公司已经开始实施自动化了。即将跨入新科技领域的较大型公司或许应该认真思考石油业的例子。

要对抗导致企业无法管理的种种力量，企业可以着力的地方很多。合理安排管理工作和企业结构，经过很长一段时间后，将能预防企业规模变得无法管理。例如，采取联邦分权制经营，以及组成适当的高层经营团队，应该能够克服高层组织过于臃肿的问题。我从来没有看过任何组织真的需要过多的管理层级。

但是大多数的超大型企业并没有面临公共政策或公共便利上的要求，迫使整个组织必须存在于一家公司中。因此超大型企业的高层主管总是自问：我们离无法管理的地步有多近？如果答案是已经很接近了，他们就必须善尽对股东、管理人员和社会大众的义务，设法把事业分割成几个部分。

规模小造成的问题

企业规模的每个阶段不但需要明确的管理结构，同时也有自己的问题和典型的缺点。

小型和中型企业的主要问题在于规模太小了，无法支撑起所需的管理结构。在小型和中型的企业中担任高层主管的人必须比大型或超大型企业的高层主管更能干，更具备多方面的才华。他们不像大型企业的高层主管，有一群训练有素的技术人员和各方面的专业人才作为后盾。尤其中型企业通常都太小了，无法给管理者提供足够的诱因。在薪资方面，中型企业提供给一流人才的酬劳，可能还不如大型企业中低职位的薪水。因此中型企业培养的未来管理人才无论在质还是量上都有所不足。更严重的是，中型企业通常无法像大企业那样，提供管理职位所需的挑战和发挥的空间。管理能力无法满足管理上的需求始终是中型企业的一大问题，而且只要企业一直维持中等规模，往往就很难缩短这方面的落差。

中小型企业面临的另外一个典型问题源于这些企业往往是家族企业，因此高层职位往往都留给家族成员。只要不把能力不足的家族成员硬抬上管理职位，这种做法倒也不成问题，家族企业中常常听到的说法是："我们必须帮保罗表哥的忙，最好替他找份差事。"这种说法十分荒谬，因为保罗表哥没有能力完成分派给他的工作，更糟的是，真正有才干、有企图心的员工，只因为不是老板的亲戚，就备受打击。他们要么辞职，另谋高就，要么就是开始"怠工"，不再积极发挥自己的才干，只求过关就好。

最后，中小型企业的高层主管很容易变得视野狭隘，和外界接触不够，结果很可能知识和能力都越来越退步，对于决定企业存亡兴衰的社会趋势一无所知。他们甚至不明白企业碰到了管理组织的问题。更严重的是，他们可能完全不明白思考和规划的重要性，当公司的存亡问题需要更严密的分析时，他们仍然凭直觉来管理。

在许多中型企业中，由于这个问题太过严重，只有一个办法可以解决：借着和其他中小型企业合并或收购其他公司，而扩大企业规模。即使因此危害到家族对公司的控制权，仍然宁可走出这一步，以确保还能继续生存下去。

那么，中小型企业可以怎么做呢？首先，他们必须尽最大的努力，将外部观点引进主管会议中，以扩展管理层的愿景（这就是为什么我再三强调小公司必须聘请外部董事的原因）。

其次，如果这家公司属于家族企业，就应该采用一项铁律：任何家族成员都必须靠自己的能力争取职位。想帮保罗表哥的忙是一回事，但指派他担任销售经理或财务主管，又是另外一回事。如果只是帮忙，捐些钱给他，或给他一笔养老金，公司花费的成本只是每年给保罗表哥津贴而已。但是如果让他担任销售经理，公司付出的代价就是市场和公司迫切需要的管理人才。当家族成员和非家族成员同样都符合资格时，或许公司能优先录用家族成员，但是绝对不应该为了家族成员，而剥夺了更优秀的管理人才升迁的机会。

不过最重要的是，必须确定不会在行动决策的压力下忽略了规划、思考、分析的重要性。中小型企业的最高管理层每年至少应该拨出一个星期的时间来参加规划和检讨会议，而且会议应该在办公室之外的地方举行，每一位高层主管都应该参加。会议应该把讨论的焦点放在公司 5 年后的需要上，并且由此导出各个关键领域的目标。会议中应该评估过去一年各个领域所达到的成果，指派经营团队的个别成员为每个领域的绩效负起责任。

规模大造成的问题

大型和超大型企业所面临的第一个问题是：首席执行官工作的组织与范围。首席执行官应该做什么工作？如何组织这些工作？哪些决策应该由首席执行官制定？

我们已经谈过很多处理这个问题的方式，包括适当的结构原则，也包括必须将首席执行官的工作组织为团队的工作，同时需要分析首席执行官工作中涉及的活动、决策和关系。

不过首席执行官在企业中还是个新的职位。首席执行官是什么，做什么工作，以及应该做什么，都还是尚待探讨的新问题。

第二个问题是大企业和超大型企业的经营团队总是喜欢"近亲繁殖"，因此很容易变得自命不凡，流于自满。

根据生物学定律，有机体长得越大，质量与表面积之比就越大，内部细胞与外界接触的机会也就越小。因此随着生物逐渐成长，生物必须发展出特殊器官，来进行呼吸、排汗和排泄等职能。这个定律为生物的成长设下限制，因此树木才不会长到深入云际，而企业也和其他有机体一样，遵循着相同的定律。

一般而言，在大企业和超大型企业中，管理者一起成长，他们彼此熟识，每天通电话，在公司会议、训练课程、餐厅和乡村俱乐部中不时碰面，有共同的话题。

管理者自成一个小圈子的情形，就好像陆军军官只认识陆军军官，而海军军官只认识海军军官一样理所当然，也就好像海军军官的眷属只认识其他海军军官的眷属，而通用汽车、西尔斯或电话公司主管的太太也只认识同公司其他主管的太太一样天经地义。

大企业或超大型企业就像军队一样，需要在管理者之间建立起团队精神和亲密的同志情谊，同时对于公司和公司所代表的理念感到自豪。但是，千万不要让这种团队精神变质为只是盲目接受公司传统，只因为"我们过去一直都这么做"，就视之为神圣而不可改变的金科玉律，也不能对绩效不彰的情况视若无睹，轻视"外界"的意见。换句话说，绝不能因此导致内部腐化堕落。

这是一个十分严重的问题。它需要不止一种而是好几种的补救方法。其中一个解决办法是建立起真正独立的董事会，聘请工作勤奋、才干过人的圈外人担任董事。此外，可以有系统地安排管理者走出企业，和其他企业及社会各阶层多多接触。许多企业高层主管都认为，参加大学高级管理课程的一大好处是，有机会接触到其他公司的主管，彼此交流想法和信息，而且了解到自家公司的做法并不是唯一可行的做法，更遑论最好的做法了。尽管大多数企业主管都不怀念战时的服役经验，但是许多人也认为，正因为他们必须和非工商界人士共事一段时间，因此日后才能成为更优秀的主管。

要增加对外接触，以及外界的挑战和刺激，还有一个最简单有效的方法，就是有系统地从外界引进人才，甚至让他们担当重要管理职位。大企业和超大型企业就好像体积庞大的动物一样，必须有系统地发展出专司呼吸和排泄的特殊器官，而像大企业这样的庞大有机体如果要吸入新鲜空气，最好、最快的方法莫过于延揽成长于不同环境的企业主管来担任高层主管。起初圈外人可能不受欢迎，因为他老是挑剔新同事早已习以为常的做法和奉之为圭臬的金科玉律，但是他之所以不受欢迎的原因，也正是他最宝贵的价值所在。

更重要的是基本态度。今天，大企业和超大型企业总是期望管理者把公司当成整个宇宙的中心。但是，一个人如果"只为公司而活"，那么他的人生实在太狭隘了。由于公司几乎等于他的整个生命，他会死命抓住公司不放，因此压抑年轻人的发展空间，希望借此让自己变得不可或缺，拼命想办法延后退休的时间，希望能晚一点面对空虚度日的恐怖生活。管理层为了自身利益，应该鼓励公司主管发展对外界活动的兴趣，同时也不应该限制管理人员参与社区事务或同业公会，因为参与社区事务有助于公司的公共关系，参与同业公会也能提升公司在产业界的地位。在英国军队组织中，诗人是资产，而非负债，而对天主教神父而言，热衷研究昆虫（或罗马钱币）的学者则肯定受到赞赏。大企业应该了解，"只为公司而活"的员工对自己或对公司而言，都是一大危险，他很可能变成一个"长生不老的童子军"。

幕僚形成的王国

大企业和超大型企业面临的另外一个严重问题是：企业总部的幕僚有形成"幕僚王国"的危险。

现在流行以"第一线"和"幕僚"来描绘企业的不同活动，对此我不以为然。这两个名词源自军方用语，在军方组织中或许有其意义，把它应用到企业活动中，却会混淆视听。

任何企业都包含两种活动：企业的生产职能，包括营销、创新之类的活动，以及供应的职能。有的供应职能提供物质产品，例如采购和生产职能，有的则提供构想、观念，例如工程职能，还有的提供信息，例如会计职能。但其中没有一项属于幕僚的职能，没有一项为其他职能提供咨询或服务。

其实我觉得宁可没有幕僚职能还好些。就我所知，身为"幕僚"意味着你有职权，却不必负责任，这会带来极大的害处。管理者的确需要专家协助，但是专家的职责主要还是完成自己的任务，而不是建议管理者该怎么做。他们必须为自己的工作负起完全的责任，而且他们应该隶属于某个单位，他们为单位主管提供职能性的服务，而不是成为专职幕僚。

在中小型企业中，幕僚的职能通常只限于对工作和员工的管理上。即使如此（我们将在第 21 章中讨论到），幕僚的观念所引起的混乱仍然会造成极大伤害。而在大型和超大型企业中，幕僚的观念造成的后果更严重——制造出一批企业总部的专职幕僚，他们的职责是为实际负责运营的管理者提供服务和建议。

我们通常都会在大企业总部中看到负责营销职能的幕僚、制造职能的幕僚、工程职能的幕僚、人事职能的幕僚以及会计职能的幕僚等。

这些中央幕僚严重阻碍了高层的绩效。思考这些关键领域的经营绩效应该是高层经营团队中某位成员的职责。小企业会由一人全权负责这八大关键领域，他是公司里的"强人"。此外，超大型企业可能会就每个关键领域，指派一位高层主管全职负责，包括营销、创新、生产力、资源供应、获利率、管理组织、人事、员工绩效及态度、公共责任。但是如果这些人都必须管理一批幕僚，就没有时间，也不会思考自己真正的职责所在：把企业视为整体来考虑，彻底思考每个经营决策对于自己负责的领域有何影响。他们忙着管理庞大的行政机器，把太多的心思花在如何把管理工具和技巧琢磨得更臻完美，太热衷于推动他们的特殊"计划"。通用电气公司曾经试图扭转这种情况，他们希望副总裁只花八成时间来管理幕僚，保留 20% 的时间在经营团队上，多思考关系到公司整体的问题。但是，两者的比例其实应该扭转过来，才能确保高层主管能以前瞻的眼光来思考公司的问题。就我所知，其他公司甚至连通用电气的程度都还达不到，几乎每家公司的高层主管都把所有时间花在自己管辖的王国上，没有留下什么时间从事高层经营管理工作。据我所知，有一家超大型企业副总裁几乎什么事也做不了，成天就忙着亲自面谈辖下 56 家工厂厂长推荐的总领班候选人。

为运营主管服务的专职幕僚不太可能够格担当高层经营管理的重任。他是个"专家"，而不是"总经理"，能坐上目前的位子是因为他具备人力资源管理或市场研究方面的专业知识。但是幕僚的工作也需要具有成功企业主管的愿景和经验，而无论专家多么成功地建立起幕僚王国，他们很少能拥有总经理的愿景或在企业管理上展现经过验证的绩效。

更重要的是，企业总部的专职幕僚严重阻碍了运营主管的绩效表现。

在我所知的每一家大企业中，最严重的组织问题，几乎都是幕僚和运营主管之间的冲突。理论上，幕僚的观念很有道理，而实际上却窒碍难行。幕僚非但不能为实际在第一线的运营主管服务，反而试图变成他的主人。他们非但没有从企业的目标和需求中找出自己的目标，反而极力推销自己的专业知识，仿佛把专业的追求变成终极目标。于是，实际负责运营的管理者越来越觉得自己能否升迁的命运掌握在中央幕僚手中，完全要看幕僚呈上去的报告中给他的评语是什么。这些专家幕僚不是通过运营主管的经营绩效来衡量自己的工作成果，而是计算管理者允许他们推动的特殊"套装"计划有多少，并借此评估主管绩效。许多大企业的专职幕僚尽管高声宣扬自己是多么认同分权的理想，实际上却大力支持中央集权。他们拼命在整个公司中推行统一的工作方式、工具和技巧。他们不会说："正确的目标只有一个，但是达成目标的途径有很多。"由于他们的心思都放在工具和方法上，因此往往主张："无论目标是什么，都只有一种正确的工具，一个正确的方法。"他们非但不能协助管理者把工作做得更好，反而逐渐侵蚀了主管的权责。

提倡幕僚与一线主管观念的人也承认这个问题，但是他们把原因全归咎于好幕僚难求，认为具备幕僚性格的优秀人才太稀少了。他们说，只要我们培养出足够的谦逊的幕僚人员，所有问题就会迎刃而解。我总是很怀疑健全的企业职能是不是以素质为基础，我更不相信企业优生学那一套。更重要的是，理想幕僚的条件听起来还真像所有最危险而不负责的腐败贪污者、幕后操纵者和阴谋家，那些只想享受权利的特质，却不愿意负责任的人。

如何组织服务工作

问题的根源其实在于区分幕僚与一线主管的观念，在于相信天底下真有幕僚职能这回事。企业只有管理的职能，无论是经营企业、管理企业的生产职能或供应职能，都属于管理职能。

更重要的是，高层管理不应包含服务性工作，由于服务性工作只关乎工具和方法，并不会影响到企业整体，因此不属于公司总部的职责。由于服务性工作是为了协助运营主管，应该将它组织成运营主管的工具。

　　这表示服务性工作不应该交到专业人才的手中。但是也会有例外，例如和工会谈判已经变成高度中央集权的工作；由于工作契约变得复杂万分，必须高薪聘请训练有素的专家来谈判。管理层应该想办法扭转这种趋势，让劳资关系回到原本归属的地方——由当地主管全权负责。但即使如此，仍然需要专家来统筹全公司的劳资关系事务。不过，应该把这类事务当成合作性的计划，目的是为了服务于运营主管，而非中央幕僚。此外，企业中也会有跨组织的服务性活动。例如，负责聘雇的人力资源部门可能会为工厂及行政、工程、会计、销售等部门筛选和聘雇人员，公司内部可能有 20 个部门都必须以现代化的方式来管理办公室，然而每个部门的规模都不够大，负担不起全职的办公室管理人员。要解决这种状况，可以在员工人数最多的部门（例如生产部门）设立聘雇办公室，其他部门可用付费方式享受到他们的服务；也可以由相关部门共同出资，合作管理办公室，并且由相关部门指定人员轮流负责管理工作。

　　但是，大企业仍然需要总部的组织。负责达成关键领域目标的经营团队成员身边都需要几个高层次的幕僚，但是他们不应该变为公司总部的服务性幕僚，而且人数应该越少越好，只需要几个人就够了。负责关键领域的高层主管身边的幕僚越少，就可以拿更多的薪水，尽管这个方法在实际上未必可行，却不见得是个坏主意，而且绝对优于现行制度——以服务性幕僚的薪资总额来衡量他们的重要性和贡献。

　　企业宁可任用担任过运营主管的人来当中央幕僚，而不要任用专家。幕僚的权力不应凌驾于运营主管之上，而且也不应该掌握运营主管的升迁大权，因为掌握升迁大权，就等于掌握了控制权。

　　企业还应该严格限制中央幕僚的工作范围。他们不应该为运营主管制定政策、程序或计划，这项任务应该交付给实际负责运营的管理者。中央幕僚的任务就是负责组织任务小组，规划这类特殊政策，但绝对不该自己一手承担起这项工作。这类任务是企业培养管理者的大好机会，让服务性幕僚抢占了这个机会，企业等于白白损失了迫切需要的培养主管的机会。由于运营主管日后必须推行新政策、采用新工具、执行新计划，只有他们自己才能决定应该采取哪些新政策、新工具和新计划。

中央幕僚应该只有三个明确的职责。他们有责任（或许这也是他们最重要的贡献）说明管理者可以期待担任幕僚的各领域专家有何贡献，也有责任在任命幕僚后，好好训练他们，同时他们必须负责做研究，但不应该承担行政管理职责，也不应该推销一揽子计划，或以他们硬塞到运营主管手中的计划数量来衡量成败。换句话说，他们不应该是运营主管的服务性幕僚，而应扮演首席执行官的助手。

成长是最大的问题

无论是小型、中型、大型或超大型企业，有关企业规模最大的问题在于，这四种成长规模并不是循序渐进地出现的。企业并非是在不知不觉中从中型企业成长为大型企业的。每一个阶段都很独特。就企业规模而言，我们面对的并非古典物理学的渐进过程，而是量子现象。正因为如此，企业规模不但是质的问题，也是量的问题。

而企业规模最大的问题就在于成长问题，从一种规模转变到另外一种规模的问题。而成长问题其实主要是管理态度的问题。企业如果要成功地成长，先决条件是管理层必须能够大幅改变基本态度和行为。

几年前，有一家大工厂在开工 4 个月后就发生火灾，化为灰烬。安全专家一直在争辩火灾的教训。但是发生火灾的主因并非建筑物不安全，而是因为管理层无法调整态度，以适应大企业的实际状况。

这家企业的创办人在火灾发生时，仍然是企业的经营者。他在父亲的小店中担任机械工起家。起初，他只雇用两三个人。25 年后，在火灾发生时，他的员工已经多达 9000 人。尽管当时美国机械业大部分的关键零件都由他供应，他仍然抱持着管理小店铺的心态在经营公司。

当公司首度规划盖新厂时，好几位董事都极力主张应该同时盖四五个新厂，而不要只盖一个厂。他们指出，把所有的生产作业都安排在一家工厂中进行，万一碰到意外、轰炸或火灾时，会造成问题。他们也指出，由于客户分布在全国各地，单单为了货运的考虑，就应该多盖几个工厂。结果最高主管对这些建议充耳不闻。他辩称，由于他必须向客户保证产品品质，因此也必须亲自负责督导生产作业。其实真正的原因只不过是，他在情感上无法卸下任何一部分的职责。

而火灾一发生，火势就迅速蔓延，主要是因为工厂中缺乏隔火墙的设计。总裁为了能从办公室后面的长廊俯瞰整座工厂，而否决了建筑蓝图上所有隔火墙的设计。刚起火时，工厂领班试图报告总裁，但是总裁外出用餐了。工厂中没有其他主管可以负责，总裁仍然身兼厂长和部门主管。结果，没有人统筹救火行动，当工厂显然将付之一炬时，甚至没有人想办法把最重要的机器、档案或蓝图搬走。

结果，不但整座工厂化为灰烬，整个企业也毁于一旦。因为在重建工厂时，除了公司总裁之外，没有人能和客户、供应商及机器制造商谈判，或把生产作业外包。这家公司只有停业清算。

然而正如一位董事所说，对公司和股东而言，这样的命运都比苦等老总裁过世要好多了。"因为我们至少还可以分到保险金。如果苦等老人过世，我们甚至连保险金都拿不到，但这家公司仍然同样无以为继。"

当然，这是个极端的例子，却是非常普遍的情况。或许那家被烧光的工厂和一般情况唯一的不同之处是，一般公司不会精心设计有名无实的管理组织，来掩饰实际状况。但是创业者通常和这个工厂老板一样满心不情愿，也完全无法接受他不再能从小店后面的办公室中掌控全局的事实。

成长的真正问题不在于无知。首先是缺乏明确的工具来确定公司目前究竟到达什么状况。其次是态度的问题：管理者，尤其是高层主管，或许理智上知道公司需要什么，但是情感上无法采取必要的措施，反而紧抓着熟悉的传统做法不放。的确，他们往往建立起好听的机制，把组织结构"分权制"，宣扬"新哲学"，但是说一套，做一套，做法和过去没有两样。

以下两个例子证明企业必须具备检验成长阶段的诊断工具。

强生公司彻底实施联邦分权制的情况，足以成为大型企业组织的典范。但是当初它们完全是偶然领悟到，强生公司原本高度中央集权、一人领导的组织形态不再行得通。根据公司内部员工的回忆，当时他们有个产品出了问题。总裁请秘书召集所有需要直接为产品负责的人到他的办公室开会，结果来了 27 个人。总裁当下就决定，公司的组织方式上出了问题，开始寻找正确的组织结构。

在另外一个例子中，当公司总裁发现他自己无法回答董事会提出的有关 4000 万美元资本支出计划的问题时，他才深深领悟到公司必须开始实施分权制。这位总裁告诉我："我突然领悟到我一直忙着在领班的层次救火，反而忽略了公司的基本问题。我知道我必须放弃日常运营事务，多花一些时间思考。"

但是也有例外——有的公司有系统地思考这个问题。例如，当亨利·福特二世在 1945 年接管福特汽车公司时，他知道必须彻底改造福特的管理组织。大多数企业都是在偶然机会中了解到，管理组织已经不再适用公司成长了。

要改变基本态度究竟有多困难（即使知道非改变不可）下面这个例子是最好的说明。

有一家超大型公司的总裁经常到处宣扬好的管理方式，强调应该放手让运营主管自己经营事业，并且因此在业界享有盛名。这家公司今天有 14 个大型事业部，每个事业部都自成联邦式的自主运营单位，有自己的总经理。即使最小的一个事业部，和第一次世界大战后这位总裁上任时的公司规模比起来，都足足大了 3 倍。然而所谓分权制在这家公司里实行的方式，却是总裁一天到晚都待在事业部总经理的办公室里。总裁自认他把所有时间都拿来协助事业部总经理。他的名言是："我只是事业部总经理的仆人。"

事业部总经理却有不同的看法。他们认为总裁试图掌控他们的事业部，至少当他待在事业部的那段期间是如此。总裁心目中的协助在运营主管眼中却是干预，不但否定运营主管的权威，也削弱他们的职责。毋庸置疑，总裁不是单纯靠经营绩效来评估事业部总经理，而是看他们有多大意愿让他插手，以他认为适合的方式来经营事业部。

同时，总裁将高层管理的工作置之不顾，或是在权责、目标都不清楚的情况下，由副总裁代行高层管理工作，而每一位副总裁对于推动自己的专业领域都远比对公司整体经营更感兴趣。

但问题不只出在高层主管身上。在成长中的企业里，高层主管和中层主管同样也必须改变，而且也同样难以改变。

因此我相信，几乎大多数曾经大幅成长的公司都有过类似经验：曾担负企业经营重任的主管不再适合承担企业的经营重任。这些主管是在公司规模还很小的时候，升到目前的职位上的，当时他们的能力和愿景都还足以胜任。当公司逐渐成长时，工作的要求也随之升高，但是这些人未能跟随着工作成长。

在一家大公司中，由于会计部门日渐壮大，簿记员也步步高升，当上了会计主管。工厂主管发现自己要负责管理20家工厂，只不过因为他是公司初创时就担任资深领班的老干部。这些人通常都不懂管理，甚至没有领悟到自己现在面对的要求不同了，做事方式仍然像以前只需要整理现金账目和督导四个生产线领班时一样。结果，他们压抑了下属的成长，下属因此停滞不前，深感挫折。由于管理层顾念旧情，不愿意因提拔其他人，而伤了老干部的感情，结果老员工反而变成公司一大瓶颈，阻碍了真正的管理人才出头的机会。

随着企业成长，公司高层必须发展新的能力，了解到他们的职能不再只是了解工厂或地区营业处的状况而已，很重要的是，他们必须了解，不是单靠与基层主管、员工保持沟通渠道畅通，就能解决规模的问题，这种沟通既非必需，也不受欢迎。

当企业越来越大时，高层主管的工作就具备了不同的时间特性；企业越大，高层管理团队就必须越往前看。他们在目标设定和实际执行的比例分配上也会有所不同：企业规模越大，高层管理团队就越把重心放在目标设定上，而花更少的时间关注应该如何一步步达成目标。管理层内部的关系改变了，沟通的重心也转移：企业越大，高层越不需要考虑向下沟通的问题，反而必须花费精力建立从最低层的主管到最高主管的向上沟通渠道。

为了顺应成长，管理层必须了解和应用组织原则，严谨设计组织结构，清楚设定目标，并且赋予各阶层主管明确的职责。善意、直觉和热情无法取代态度、愿景和能力上的改变。大企业的最高主管叫得出所有工厂领班的名字，这没有什么值得炫耀的，反而应该为此感到惭愧。因为当他拼命背这些名字的时候，到底是谁在履行最高主管的职责？对下属的关心无法取代经营绩效。

的确，善意无法解决企业成长的问题，管理者反而因此难以看清眼前的问题。每一家成长快速的企业，高层主管都认为下属没有改变行为模式，仍像最初在管理一家修理店一样，他看到其他公司也面临同样的问题。的确，他看到其他人误以为能够靠善意来解决这个问题（就好像每个少女在成长阶段中，都曾深信单靠自己的力量，就可以改造酒鬼），这些人都以为单靠自己的力量，就可以照着老方法继续管理公司，因为（他们知道怎么和底下人打交道），他们关心部属，有一套自己的"沟通方式"。尽管说起来铿锵有力，他们却因此看不清自己无法面对现实状况，改变态度和行为。

就我所知，管理者要诊断出企业的成长状况，只有一个办法，就是分析达到目标所需的活动、分析需要制定的决策，也分析不同的管理工作之间的关系。在强生公司，这样的分析会显示在制定任何产品的相关决策时，必须咨询 27 个人的意见。同时，针对前面提到的另外一家公司的例子，这类分析也显示总裁必须花时间思考基本的资本支出决策，而不是忙着救火。

只有通过这三种分析，才能带来态度和行为的改变。首先，通过分析，能确定工作的优先顺序。决策分析将能迫使一家表面实施分权制管理的公司总裁了解到他必须思考的长期基本问题还有很多，不能整天都待在事业部总经理的办公室里管东管西，至少会迫使他在两者之间有所取舍。关系分析会让他领悟到"和员工打交道"不再是他的重要工作。或许事业部总经理也能通过决策分析和关系分析向总裁表示，总裁事实上已经越俎代庖了（至少他们或许能找到几位董事愿意也能够向总裁表达这个意见）。

分析企业需要哪一种结构也能告诉运营主管他们应该做哪些工作、制定哪些决策，阻止他们"把责任往上推"。当他们真的做了该做的决定时，也可以保护他们不受上司怪罪。最后，这些分析有助于建立明确的绩效标准，否则将很难解决老干部能力不足的问题。

如果成长不是不当增肥的话，成长应该是企业成功发展的结果。公司是因为表现优异，产品能够满足市场增长的需求，才得以成长。企业也只有不断成长壮大，才能服务顾客。例如一家制造锡罐的公司别无选择，只有努力建立全国经销网，因为顾客要求他们分别给在俄勒冈州种植的农作物和在纽约州种植的农作物供应锡罐。一家公司也有可能因为掌握了某种特殊技术而成长。例如大多数的化学公司都是因为从研究成果中开发出新产品，为了替新产品找到市场而成长。的确，有些大公司是金融操纵和企业并购下的产物，而不是因为经营成功而壮大。但是，在禁止垄断的经济体系中，企业通常都是因为成功而成长，因为杰出的管理能力而成长。

成长的问题之所以难以解决，也正因为成长的问题就是成功的问题。成功的问题是最难面对的问题，因为我们总是认为一旦成功了，所有的问题都会迎刃而解。因此，大多数管理者都不明白，他们的态度必须随着企业的成长而改变。他们老是喜欢争辩：同样的态度和行为在过去可以成功，应该在未来也能成功。

所以，在讨论如何管理管理者时，最重要的事情莫过于强调成长所带来的问题，尤其是强调要成功地成长，首要任务就是有意愿也有能力改变管理结构，同时也改变高层主管的态度和行为。

4

第四部分

管理员工和工作

THE PRACTICE
OF MANAGEMENT

CHAPTER 19 | 第 19 章

IBM 的故事

人力资源是所有经济资源中，使用效率最低的资源——最有希望提高经济效益的资源——在自动化条件下其日趋增加的重要性——IBM 的创新——使工作成为一种挑战——员工参与制订计划——员工的工资——保持员工就业是管理层的工作

人力资源是所有经济资源中，使用效率最低的资源。提升经济绩效的最大契机完全在于企业能否提升员工的工作效能，这种说法在美国管理界几乎已经变成老生常谈了。企业能否提高经营绩效，完全要看能否促使员工提高工作绩效。因此，管理员工和工作，是管理的基本功能之一。

员工的工作方式可能会改变。过去贡献体力的非技术员工今天变成半技术性的机器操作员，他们现在每天照管机器、供给原料、检验产品时，尽管都是例行公事，仍然需要判断力。技术员工从小工厂进入大工厂工作，仍然担任技术员工，但也有可能成为领班或技师。这种新的工作群体——职员、专业人员和管理者则应运而生。

今天我们还面临另外一个重大变革。新科技再度为整个工作群体创造了向上提升的契机。今天，半技术性的机器操作员将努力成为训练有素、身怀技术的维修人员、工具安装人员或机器装置人员。许多半技术性职员也将成为受过基本训练的技师，他们所受的训练尽管还赶不上未来的工厂人员，但已经相当

于实验室技师的基本训练。而受过高度训练的技术、专业和管理人才将充斥于企业界，这些都是我们前所未见，也难以预料的。

但是，工作始终要靠人来完成。或许自动化工厂中看不到人的踪影，但是仍然有许多人隐身幕后，负责设计设备、产品和流程、拟订计划、指挥运作、进行维修或检测。的确，我们可以确定，自动化真正重要的发展，绝不仅仅是完成定量工作所需的人力大幅减少。拜新技术之赐，我们的确能以同样的人力产出更多的商品，但是推动自动化之后，生产效率和生产力之所以能大幅提升，主要是因为自动化作业以受过高度训练的高级人力取代了训练不足的半技术性员工。这是一种"质变"，要求员工从劳力密集的工作转换到脑力密集的工作方式，而不只是减少人力使用的"量变"。而且当企业运用新技术来达到一定产出时，他们所需要的人力将是更昂贵、更重要的高级人力。

无论是技术性或半技术性员工、生产线工人或领薪水的职员、专业人才或基层员工，也无论他们做的是什么形态的工作，基本上都没什么两样。没错，他们的职务、年龄、性别、教育程度不同，但是他们都是人，都有人类的需求和动机。

IBM 的创新

我们要再度以一家公司的经验来说明管理员工和工作的基本问题，以及解决问题的原则。我所知道的最佳范例是美国制造计算机和办公室设备的大企业——IBM 的例子。⊖

IBM 所制造的大部分设备都非常复杂。有些"电脑"中包含了数十万个零件。即使是最简单的 IBM 产品，例如电动打字机，都是非常复杂的机器。他们制造的所有产品都必然是极端耐用的精密仪器，必须禁得起像打字员或记账机操作员这类不懂机械的非技术性人员粗糙的操作，而只需要最低限度的维修就

⊖　部分 IBM 的故事取自 Charles R. Walker 和 F. L. W. Richardson 的 *Human Relations in an Expanding Company*（New Haven：Yale University Press, 1948）。IBM 的管理者会在管理会议上自由地讨论各自领域的工作。当然，对于数据的解释，我文责自负。

能保持运作。

　　然而这类机器并不是由身怀绝技的工匠制造出来的。没错，如果这些设备要依赖个人技艺来打造的话，就不可能大规模生产，也不可能以顾客负担得起的价格出售。IBM 雇用非技术性的机器操作人员。IBM 的经验证明了企业能应用科学管理与大规模生产的原则，来生产小量而多样的复杂精密仪器。例如，IBM 有一部电子计算机的特殊机型，可能从头到尾只制造了一个样本。然而IBM 将这个独特产品的生产过程分割成几个同类型的工作阶段，因此能运用半技术性员工来进行大部分的生产作业。

　　但是每一项工作都需要一点判断力，并且让员工有机会调整工作的速度和节奏。

　　　IBM 的故事是这样的：有一天，IBM 总裁托马斯 J. 沃森（Thomas J. Watson）先生看到一个女作业员坐在机器旁边无所事事。沃森问女作业员为什么不工作，女作业员回答："我必须等安装人员来更改机器设定，才有办法展开新的工作。"沃森问："你不能自己动手吗？"女作业员回答："当然可以啊，但是我不应该自己动手做这项工作。"沃森因此发现每个工人每星期都花好几个小时等候安装人员。但是，他们只要花几天的时间，就可以训练工人学会如何自己设定机器。于是，他们把机器设定增列为作业员的工作项目。没多久，作业员又增加了一项工作——检查零件成品，因为他们发现工人只要稍经训练，就懂得如何检验成品。

　　出乎意料，像这样扩大员工的工作内容之后，IBM 的生产数量和品质都大幅改善。于是 IBM 决定有系统地扩大职务内容，把作业方式尽可能设计得简单。训练每位员工都能够兼顾多项作业，而且在他们需要完成的工作中，至少有一项工作需要用到某些技能或具备一定程度的判断力，而由于他们必须兼顾不同的工作项目，因此工作的节奏也会有所不同。如此一来，员工就有机会改变工作进度。

　　这种做法不但令 IBM 的生产力持续提升，而且也大大改变了员工的态度。

事实上，无论是 IBM 自己人或外界观察家都认为，最大的收获其实是提高了员工对工作的自豪感。

IBM 通过实施"工作丰富化"的政策，为半技术性员工开创了新契机。在每个领班的单位中，都设有一名或多名工作指导员，由资深员工担任，他们一方面做好自己的工作，另一方面则协助经验不足的新手学习更高深的技能，解决需要靠经验和判断来处理的问题。这是个备受尊崇的职位，许多人都渴望担任这一职位，而且事实也证明这个职位可以为未来管理者提供绝佳的历练，既训练了人才，又能考验人才，因此 IBM 不需费太多精力，就可以找到值得提拔的人才，不必再担心新任领班表现不好或无法赢得部属尊敬等问题。然而在其他大多数工厂中，这些都是令管理层头痛的实际问题。而在有的公司里，上任后表现符合理想的领班，甚至还不到一半。

IBM 的第二个创新似乎一半也是因偶然事件而引发的。几年前，IBM 正在开发第一部复杂的新型电子计算机，当时的需求量实在太大了（也有可能是因为花在工程设计的时间比预期中还长），结果在工程设计还没有完全结束前，就必须先展开生产作业，最后的详图设计是由工程师、领班和工人在生产线上共同完成的。但最后的成果显示这个产品的设计非常出色，生产作业不但大幅改善，而且省钱、省时，工人因为参与了产品和生产工作的设计，工作品质和生产力都大幅提升。今天每当 IBM 要推出新产品或改良既有产品时，都会充分应用从这次研发中学到的经验。他们在设计工程结束前，会指派一位工厂领班担任项目主持人，与工程师及负责生产这个产品的工人一起完成详细设计。该主持人将会在技术专家的协助下，和工人一起规划实际的生产作业，并且安排每个工人的工作。换句话说，工人也参与了产品和生产流程的规划，以及有关自己工作的安排。无论他们把这个方法用在什么地方，结果都会对产品设计、生产成本、生产速度和员工满意度等方面，产生同样的效益。

IBM 对于员工报酬和奖励措施，也同样采取非正统的方式。IBM 一直采取标准做法：由工业工程师为每项作业设定标准产量，再根据这个标准来制定工人基本工资，超出标准产量的工人则可以获得额外的奖金。后来，IBM 在 1936 年取消了传统的薪酬标准和奖金制度，不再按照单位产量来计算工资，反而直接付工人"薪水"（当然另外还加上加班费、休假津贴等）。工厂中不再由上级制定产出标准，反而由工人和领班一起规划自己的生产速度。当然，工人和领班都很清楚正常的产量应该是多少，即使是新的生产作业或流程或工作的重大改变，都交由工人自行决定标准产量。IBM 再三强调没有标准产量这回事，每个人都在上司协助下，决定对自己最有效、能创造最大产出的工作速度和流程。这种做法带来的一个重要结果是，领班和工人都越来越重视训练，尤其格外重视工作分配的问题。所有 IBM 人都很清楚，每个人从事任何工作的能力都有极大的差异，即使是非技术性工作也一样。结果，每位领班都努力把每个工人放在最适合的职位上，而工人自己也会努力找到自己能表现最好的工作。

当新措施实施不久，工人的产出立刻上升时，许多质疑这个做法的人（包括许多 IBM 的员工）认为这完全是工人害怕丢掉饭碗的缘故：毕竟 1936 年还是经济萧条时期。但是第二次世界大战期间，在大多数产业中，即使以高薪作为奖励，都无法防止生产量滑落，而 IBM 的员工产出仍然向上攀升，而且一直持续上升。

然而如果不是公司稳定的雇用政策，员工不会始终维持高产出，更不用说生产效率的持续上升了。而这项 IBM 最根本的创新措施，早在经济大萧条刚发生时，就已经开始实施。

IBM 是一家资本货物生产商，IBM 产品的使用者几乎全来自企业界。这样一家公司的雇用政策照理应该会高度受经济波动的影响，IBM 的主要竞争对手在经济萧条时期就大幅缩减雇用人数。不过，IBM 的管理层却决定维持人事稳定，而且显然只有一个方法可以达成目的：开发新市场。由于 IBM 成功地找到并开发出新市场，事实上整个 20 世纪 30 年代，IBM 所雇用的员工人数一直维持不变，毫无缩减。

结果，IBM 的员工完全不担心"太努力反而会丢掉饭碗"，他们不会在产量上自我设限，也不会因为同事的生产量比较高而不满，毕竟公司不会因此就提高标准产量，他们的饭碗也不会因此饱受威胁，因此他们不会抗拒改变。

或许有人会说，IBM 借着开发新市场来保障员工稳定的工作，并不能证明什么。因为在 20 世纪 30 年代，办公室设备的市场非但没有陷入萧条，反而蓬勃发展。美国政府当时推行的新政需要大量办公室机器，一位华盛顿名嘴还曾经称之为"IBM 革命"。除了社会保障、工资和住房管理等新设立的政府机构需要大量办公室机器设备之外，企业也需要机器设备来完成政府要求的建档作业。除此之外，办公室机器的市场趋势长期以来一直强劲上扬，因此即使没有新政，都足以缓和经济萧条带给 IBM 的冲击。

不过尽管美国政府推出新政，长期市场趋势也十分有利，许多 IBM 的竞争对手在经济萧条中仍然饱受重创。一位 IBM 主管的论点颇有几分道理："说我们在经济萧条时期之所以能够维持雇用人数是因为公司成长，其实是不正确的。公司成长是因为我们承诺要努力保住员工的工作，因此必须想办法为既有产品寻找新的使用者和新的用途，也必须找到市场上未满足的需求，并且发展新产品来满足这些需求；同时，我们也不得不开发国外市场，努力提高出口销售量。我相信，如果不是因为我们在经济萧条时期，致力于维持稳定的雇用政策，我们今天不会成为全世界首屈一指的办公室设备制造公司和外销厂商。"他接着又说："的确，我有时候不禁好奇，那时候如果有人劝我们致力于持续提升雇用人数，IBM 的发展是不是会更好。"

雇用整个人

管理员工和工作的三个要素——把员工当成资源——人力资源和人的资源——生产力是一种态度——需要用别的东西来替代恐惧——员工和群体——只有人才会发展——企业对员工的要求——"一分辛劳，一分酬劳"的谬误——员工接受改变的自愿性——员工对企业的要求——经济层面——企业和员工对工资的看法——利润的双重意义

企业雇用员工的时候，雇用的是整个人。IBM 的故事证明了我们不能只是雇用"人手"，而必须连双手的主人一起雇用。的确，很少有一种关系像人与工作的关系这样，必须整个人投入。《创世纪》（*Genesis*）告诉我们，工作并不是人的本性，但很快就被包括在了人的生活之中。"你必须汗流满面，才能有食可吃。"⊖ 这句话既是主对亚当堕落的惩罚，也是他送给堕落之人的礼物和祝福，工作将使人生变得可以承受和有意义。只有与创世主和自己家庭之间的关系可以优先于我们与工作之间的关系，因为这些才是人生最基本和重要的东西。所有人类的生命与成就、社会组织、艺术和历史，都离不开它们和工作的支持。

企业雇用的是员工整个人，而不是他的任何一部分，这说明了为何改善员工工作成效是提升企业经营绩效的最佳方法。人力资源是所有资源中最有生产力、最多才多艺也最丰富的资源。

⊖ 出自《创世纪 3:19》，原文为 "In the sweat of thy brow shalt thou eat thy bread"。——译者注

IBM 的故事也证明：当我们谈到管理员工和工作时，我们谈的其实是个复杂的课题。首先，如果我们视员工为人力资源，我们就必须了解这种资源的特性是什么，而当我们把重点分别放在"资源"或"人"上时，会得到两种截然不同的答案。

其次，我们需要了解：作为必须负责完成工作的社会机构，企业对于员工有什么要求，而身为一个人、一个独立的个体、一个公民时，员工对于企业又有什么要求。

最后还有经济层面要考虑，企业既是创造财富的社会机构，也是员工生计的来源。也就是说，在管理员工和工作的时候，我们必须调和两种不同的经济体系。一种把工资当成本，另一种则把工资当收入，两者彼此冲突，必须加以调和。而企业的基本要求是获利，在这方面，和员工之间也会出现问题。

把员工当成资源

如果我们把员工当成资源，认为这个资源除了是"人"以外，和其他资源没有两样，那么就好像我们把铜或水力当成特殊资源一样，我们必须找出运用人力资源的最佳方式。从工程观点来看，企业应该先考虑人力资源最大的长处和弱点，并据此建立最适合人力资源特性和限制的工作组织。人力资源有一种其他资源所没有的特性：具有协调、整合、判断和想象的能力。事实上，这是人力资源唯一的特殊优越性；在其他方面，无论是体力、手艺或感知能力上，机器都胜过人力。

但是我们也必须把工作中的人力当"人"来看待。换句话说，我们也必须重视"人性面"，强调人是有道德感和社会性的动物，设法让工作的设计安排符合人的特质。作为一种资源，人力能为企业所"使用"，然而作为"人"，唯有这个人本身才能充分自我利用，发挥所长。这是人力资源和其他资源最大的分别。人具有许多独一无二的特质。和其他资源不同的是，人对于自己要不要工作，握有绝对的自主权。专制的领导者常常忘了这一点。杀死抵抗分子无法完成工作，因此，应该设法改变工作动机。

　　第二次世界大战结束后，在马歇尔计划的赞助下，欧洲技术人员和管理人员组成了几百个访问团到美国来研究生产力提升的原因，他们所完成的报告正充分说明了以上的观点。最初访问团预期生产力提升的主因在于所采用的机器、工具或技术，但是他们很快发现这几种元素和美国的高生产力没有什么关系，反而是生产力提升背后真正的因素（管理者和员工的基本态度）所带来的结果。他们一致的结论是："生产力是一种态度。"⊖换句话说，员工的工作动机决定了员工的产出。

　　对今天的工业界而言，这个观点尤其重要。因为恐惧——产业工人传统的激励因素，在现代西方国家已经基本不复存在。恐惧的消除是由工业化产生的财富增长的主要结果。在一个十分富裕，甚至向失业者提供生活费的社会中，恐惧已失去了它的激励作用。剥夺管理层利用恐惧作为威胁的武器，曾经是工会的主要目的。毫无疑问，工人对这种武器的抵制是推动工会运动的主要力量。

　　恐惧不再是员工工作的主要动机，其实有莫大的好处。恐惧的威力太强大，除非在紧急状况下，不宜轻易动用。更何况我们经常都误用了恐惧。当面临共同威胁时，团体中每一分子反而会团结在一起。英国人在敦刻尔克大撤退之后的表现就是最好的例证，共同的危险是激发英国人奋发图强的最大力量。但是对团体中某个特定人物心生恐惧则会导致分化，削弱团体的力量，无论是运用恐惧为手段的人还是受到恐吓的人，都变得腐化堕落。因此不再把恐惧当作工作动机，实在是一大成就，否则根本不可能在工业社会中管理员工。

　　但是，单靠消除恐惧并不能激励员工，只是制造了一段真空，这和某些人际关系专家的说法恰好相反。我们不能理所当然地认为，既然员工不再恐惧，他们工作的动机自然会提升。我们必须主动创造正面的诱因来取代恐惧。这是管理者今天所面对的最核心、最困难也最紧急的任务。

　　此外，人类有办法控制自己究竟要把工作做到多好，以及做多少工作，也就是控制生产的品质和数量。他积极参与整个流程，而不像其他资源都只是消

　　⊖　详情请参见我的文章，"Productivity Is an Attitude"，1952 年 4 月，刊登于 *Nation's Business*。

极参与，针对预设的刺激被动地给予预设的反应。

　　在彻底机械化的作业中，生产速度和品质表面上似乎完全由机器决定，实际上工人才握有决定性的控制权。我们几乎不可能找出人力之所以能击败机器的真正原因，但是正如同拉丁谚语所说，即使拿把子大力铲除人性，人类的本性仍然坚定不移。在并非由半技术性操作员照管半自动化机械的作业中，换句话说，在所有具备了文书、技术、专业或管理性质的工作中，人都掌握了绝对的自主权。

　　新科技的发展更助长了这种情况。工厂中不再有人负责"照管"机器，处理与装填物料、启动和关闭机器等半技术性机器操作，全都改由机器自行控制。结果，工人不再按照机器的步调来工作，反而负责设定机器的工作步调，通过对机器的设定、指令和维修，决定机器该做什么，以及做到什么地步。工人握有完全的控制权，由于生产流程已经整合，每一位工人控制自己这部分工作的方式形成了整个生产作业的绩效。在现代的大规模生产和流程生产作业中，工人的参与是根本要素，很可能也是最关键的控制因素。

　　人类在群体中工作，也组成工作的团队。无论群体是如何形成或为何形成，每个团体形成后，都会很快把重心放在必须完成的任务上。群体关系会影响任务，而任务也会回过头影响群体中的人际关系。同时，人类终究还是各自独立的个体，因此在工作组织中，群体和个人之间必须保持和谐。

　　也就是说，工作的组织方式必须设法让个人所有的长处、进取心、责任感和能力，都能对群体的绩效和优势有所贡献。这是组织的首要原则，事实上，这也是组织开宗明义的目的。传统汽车装配线的工作方式并非如此，正足以证明我们到目前为止，还不懂得如何管理员工及工作。例如，有办法多装几片挡泥板的工人不见得因此帮了生产线上其他同事的忙。相反，他的高效率只会给旁边的同事带来压力（这位同事可能紧接着负责为汽车装上保险杠）和困扰，打乱了同事的工作步调，造成他的工作负荷过重，或手边的工作增加太快，以至于物料供应不足，最后导致同事绩效不佳，产出减少。这样其实违反了伦理规范，一个人的能力增强居然会形成自己和同事的一大威胁，真是罪孽，也是很糟的工程规划。

最后，人力资源和其他资源不同之处在于，一个人的"发展"无法靠外力来完成，不是找到更好的方法来运用既有特性这么简单。人力资源发展代表的是个人的成长，而个人的成长往往必须从内在产生。因此，管理者的工作是鼓励并引导个人的成长，否则就无法充分运用人力资源的特长。

换句话说，管理者应该设法挑战员工。最违反人力资源本质的莫过于试图找出"一般员工"的"平均工作量"。这个观念完全出自未经证实的心理学理论，把学习速度和学习能力画上等号，同时还认为员工越是无法掌控自己的工作，在工作上参与得越少，生产力就会越高，完全误解了人力资源的本质。这种平均工作量的观念不可避免地认为，平均工作量就是除了身心障碍者之外，任何人都能完成的工作量，把勉强达到正常标准，却不见得适合或喜欢这份工作的员工拿来当作绩效标准。把运用人力的工作变得不需要技能、努力或思考，结果工作无法提供任何挑战，员工即使技能高强、工作动机强烈，也和傻瓜没有两样。

正如同 IBM 的故事所显示的那样，上述观念呈现了很糟糕的工程规划，造成绩效标准不断降低，不但不能提升整个工作团队的绩效，也破坏了人力资源的生产力。人的本性就是追求最好的表现，而不是把表现最差的员工变成所有人的榜样。

企业对员工的要求

如果我们把焦点转到企业和员工对彼此的要求上，那么首先要提出的问题是：企业为了完成工作，必须对员工有什么要求？

这个问题的标准答案是："一分辛劳，一分酬劳。"不幸的是，没有人有办法算出多少辛劳拿到多少酬劳才算公平。这种说法真正的问题在于企业对员工要求的东西太少，而且提出的根本是错误的要求。

企业必须要求员工的是，员工应该主动积极，以企业目标为努力的方向。如果我们真的只是"雇用人手"，那么我们就能要求一分辛劳，一分酬劳；如果我们真的能购买劳动力，那么就能用任何计价单位来购买，然而法律规定"员工并非交易的商品"。正因为员工也是人，所以根本不可能有公平的劳动力付出这回事。这是消极顺从——是人类这一特殊资源所无法给予的。

如果企业真的想要有所获，就必须要求员工不只公平地付出劳动力，而且应该积极奉献。不能只是看到员工默默顺从就罢了，而必须建立积极的团队精神。

在大规模生产单一零件和将零件组装成多种产品时，以及在流程生产和自动化作业中，这一点都很重要。因为这些生产系统几乎都要求每位员工负起行动的责任，原因很简单，每个人执行工作、进行生产作业和维修设备的方式几乎控制和决定了整体产出。不管有意无意，"一分辛劳，一分酬劳"的论调都假定在生产系统中，工人完全听命行事，也假定用铁锹挖沟的工人代表了最先进的生产技术。因为对挖沟技术而言，"一分辛劳，一分酬劳"可能不是太糟糕的口号，但也正因为如此，挖沟是毫无生产力的技术。对于任何更先进的技术而言，这句口号就完全不适应。对于日新月异的新科技而言，更是极端荒谬的说法。

企业期望员工不只是被动接受劳动力工作，而必须主动承担达成经营绩效的责任。而且正因为这个要求远高于原先的要求，我们很可能得以实现目标。因为要求越高，表现越好，是人的特性，因此员工能发挥多大的生产力，有很大部分取决于企业对他们的要求有多高。

企业对员工还必须有第二个要求：员工必须愿意接受改变。创新是企业的必要功能，也是企业的重要社会责任。然而，员工必须愿意改变他们的工作、习惯和群体关系，企业才能不断创新。

人类改变的能力比其他动物都强，但并非毫无限制。首先，人类的学习速度惊人，但（在生存竞争中，十分幸运的是）忘掉所学的能力却比较差。今天我们明白，学习能力不会随着年龄的增长而消失，但是每个人学得越多，就越难忘掉所学。换句话说，我们之所以不容易忘掉所学，以至于无法快速学习新事物，主要因素是经验，而非年龄。要克服这个问题，唯一的办法就是学习如何忘掉所学，因此必须通过知识的获得来学习，而不是只靠经验来学习；必须有"教学"计划，今天许多典型的训练计划往往把员工变得不知变通，缺乏弹性，只传授做生意的花招，而不要求全盘理解。当员工需要具备的技能和知识水准都越来越高时，企业也必须训练员工学习和抛掉所学的能力。

改变不单单是思维上的历程，也是心理历程。许多工业心理学家一口咬定拒绝改变是人的天性，其实是不正确的。相反，天地万物之中，最喜欢求新求变的莫过于人类。但是人类必须在适当的条件下，才能做好心理准备，迎接改变。首先，改变必须看起来很合理，还必须能改善现有状况，但又不能太快或进行太大的改变，以至于铲除了所有能让一个人感到熟悉自在的重要元素，包括他对工作的理解、和同事的关系、对技能的概念、在同行间的声望和社会地位等。如果改变不能明显加强员工心理上的安全感，就必然会遭到抗拒。由于人生苦短，而且天有不测风云，所以人总是非常缺乏安全感，因此企业一方面要求员工具备改变的能力，另一方面也必须积极采取行动，帮助员工建立改变的能力。

员工对企业的要求

许多人都误用"公平的报酬"这句话来说明员工对企业的要求。对企业有所要求的员工是完整的个人，而不只是个经济单位。他是基于一个人、一位公民的身份，来提出超越经济报酬的要求。他要求能够通过工作，在职位上发挥所长，建立自己的地位；他要求企业履行社会对个人的承诺——通过公平的升迁机会，实现社会正义；他要求从事有意义的严肃工作。此外，员工对企业最重要的要求还包括：建立高绩效标准、具备组织和管理工作的高度能力，以及能明确表达对于良好工作表现的关注。

尤其在自由社会中，员工既身而为人，同时也是社会公民，自然给企业带来限制。企业雇用员工时，虽然雇用了他整个人，却无权完全支配他。由于企业只能满足社会的部分需求，因此也只能控制社会成员（公民）的一部分。企业绝对不能变成"福利公司"，企图包办个人生活的所有领域，无论就个人对企业的要求或企业提供的满足而言，企业的角色都必须局限在社会的基本机构上。要求员工对企业绝对忠诚，就好像企业承诺对员工负起百分之百的责任一样，都是不对的。

经济层面

最后，还有一大堆问题都源自经济领域。[⊖]

企业生存于两种经济体系中，一种是外部体系，一种是内部体系。企业内部的经济体系能动用的总额（最重要的是支付员工薪资）取决于企业产品在外部经济体系中的收益。

然而，企业内部的经济体系却不采用市场经济模式，而采用"重新分配"模式，全体产品会按照预设的公式分配给企业成员。无论市场经济或计划经济，都是基本的经济形态，但是只有在企业中，两者的关系才如此密不可分。企业管理层必须努力追求更高的收益，也就是必须提高生产，而员工注意的焦点却是，无论总产出有多少，怎么样才能分到更大的一杯羹。约翰 L. 刘易斯和矿工工会对于煤炭市场日益缩减的情况完全视若无睹，就是个极端的例子。他们感兴趣的只是如何在这块越来越小的饼中，分到更大的一份。尽管这是极端的例子，却也代表了员工典型的态度——的确，这种态度几乎是不可避免的。在企业外部，经济是最重要的考虑。在企业内部，所有的考虑都是基于权力平衡和权力之间的关系。

对企业而言，必须把薪资当作成本。对员工而言，薪资是收入，是个人或全家生计的来源。对企业而言，工资必须按照单位产量来计算；对员工而言，工资是他和家人生存的经济基础，因此其意义远超过单位产量。因此两者之间有基本的分歧：企业需要为薪资负担保留变通的弹性，个人所重视的却是稳定可靠的收入，依据的是个人工作意愿，而不是经济状况。

最后，利润其实有双重意义。对企业而言，利润是维系企业生存所必需的；对于员工而言，利润是别人的收入。企业的获利能力居然决定了他的饭碗、他的生活、他的收入，对他而言，是屈从于外来统治，即使不是"剥削"，也是专制的做法。

⊖　关于经济层面更完整的讨论，请参见拙著《新社会》(*The New Society*, New York：Harper & Brothers, 1950)及我的文章"The Employee Society"，刊于 *American Journal of Sociology*，1953 年 1 月。

　　一般人普遍认为，反对利润即使不是左翼分子的教条和煽动下的产物，也是现代工业社会的现象。这种说法真是大错特错，因为这个趋势要远远回溯到几百年前现代社会萌芽之初。欧洲工人对"资本主义剥削者"和"牟利者"的憎恨，乃源自于15世纪佛兰芒或佛罗伦萨纺织工人对商人牟取暴利的不满。现代社会不但没有加重这种敌意，反而缓和了工人的不满。难怪越是工业化的地区，工人就不那么激进，对管理层、企业和利润也没有那么大的敌意。

　　但员工对利润的敌意仍然是一大威胁。工业社会的生存有赖于企业获得充足的利润。在这样的社会中，大多数公民和有投票权的人都是受雇的员工，因此反对利润会形成一大威胁。这也是为什么产业国有化会成为这么强而有力的论点，因为倡议者认为如此一来，将可以消除工人对于利润的敌意。我相信，第二次世界大战后，当英法推动产业国有化后，发现工人反对国营事业获利，正如同他们当初反对"资本家"获利一样（甚至反对得更厉害），真是对国有化美梦致命的一击。

　　企业必须有充足的利润，才能经营，这是企业最重要的社会责任，也是企业对自己、对员工的首要义务。因此，企业管理者必须想办法告知员工获取利润的必要性，即使不是为了个人利益或公益。

　　对于这样一个庞大的主题，本章虽然只描述了粗略的轮廓，却也足以显示管理员工和工作都需要原则。单单"懂得处理人的问题"显然还不够。事实上，这方面的能力根本毫不相干，单靠技术也不够，我们需要的是基本观念。

　　这些观念的基本原则很清楚：必须先假定每个人都想工作，不能假定他们没有工作意愿，这和我们对人性的理解不符。如果不工作的话，大多数人都会面临精神和身体的崩溃瓦解，少数人能保持完好无恙，是因为他们的内在资源能让他们自己创造工作。从一开始就假定人们不想工作，将导致员工和工作的管理变得毫无希望可言。

　　因此，管理层的任务是激发员工的工作动机和参与感，唤起他们的工作欲望。要达成这个任务，我们到底已经具备了哪些基本概念、工具和经验呢？

人事管理是否已告彻底失败

人事管理和人际关系——人事管理究竟有何成就——它的三个基本的错误概念——人际关系理论的真知灼见——人际关系理论的限制——"科学管理"，应用最为广泛的人事管理概念——它的基本概念——它在全球范围内的影响——自 20 世纪 20 年代早期以来这种概念已显僵化——它的两个盲点——"c-a-t"还是"猫"——"计划与执行的分离"——科学管理和新技术——人事管理是否已彻底失败

几年前，有一位公司总裁写了一封信给我：

我雇用了 2300 个工人，从事非技术性装配作业，其中大多数是女工。烦请尽快寄给我适当的人事政策，并附上您的费用明细。

有一段时间，我一直把这封信当成玩笑（尽管是无心的玩笑）。但是近来我才领悟到，真正的笑柄其实是我。我开始怀疑，写信给我的那位总裁很像是安徒生童话《皇帝的新装》中的那个小孩，当其他人都假装看得见统治者的新衣时，只有这个天真无邪的孩子大声说，皇帝根本什么也没穿。

今天许多组织的管理方式本质上都非常机械化，确实可能通过邮寄方式来传授。两个通行的员工管理观念（人事管理和人际关系）把管理员工和管理业务视为相同的任务。管理员工和工作几乎不需要在企业经营方式上有任何改变，

而且需要的工具和观念似乎适用于任何企业。

人事管理和人际关系的领域一直进展缓慢，缺乏新思维和新建树，显示这种做法或许不见得正确。在整个管理领域中，投入最多人力和精力的领域莫过于人事管理和人际关系。人力资源部门快速成长，而且部门中不乏拥有博士学位、配有计算机的研究人员。在每一所大学中，数以百计的学者都在讲述、研究和搜集这方面的资料。的确，这个领域已经衍生出许多新学科，例如工业心理学、工业社会学、工业人类学、工业关系、人力资源管理等，而且产出许多深具原创性的论文，他们出版书籍、举办会议，同时还有数十本杂志致力于探讨这方面的议题。不管是美国播种者协会或舒城商会，任何自尊自重的商业组织在举办研讨会时，都至少会有一场演讲探讨如何管理员工的问题。

那么，这么多聪明优秀的人才投入这么大的精力后，产生了什么成果呢？

人事管理始于第一次世界大战时，是为了雇用和训练大量新劳工来从事战时生产活动并支付他们薪资而诞生的新领域。第一次世界大战距今已经35年，然而今天我们所知的人事管理却和20世纪20年代没有什么两样，我们所采取的做法都是当年他们开始实施的做法，尽管有一点改善，但其他则乏善可陈。举例来说，今天随便找一本有关人力资源管理的教科书，里面所谈的内容（除了关于工会关系的那一章之外），几乎都可以在人事管理理论的创始者之一托马斯·斯帕茨（Thomas Spates），于20世纪20年代初期所发表的文章和论文中找到。我们只是添油加醋地增加了一些人道主义的辞藻，就好像一个蹩脚的厨师在已经煮得过烂的甘蓝菜上，又加上浓稠的酱汁。

人际关系的领域也出现了同样的知识荒原，虽然这个领域的活动可能更多。人际关系也发源自第一次世界大战，但花了更长的时间才发展成熟，而终于在26年前，哈佛大学的梅奥和同事于1928年进行的霍桑实验中开花结果。哈佛小组在霍桑的研究报告迄今仍然是这个领域中最先进、完整和出色的论述。的确，后来有数不清的产业界、工会和学术界的人士试图进一步发展他的理论，而究竟是澄清了原来的见解还是混淆了原来的见解，这是可商榷的。

当然，新奇不见得代表健全。不过，要求任何新学说在萌芽之初就好像刚出水的维纳斯般完美无瑕，几乎是不可能的事。要经过几十年的时间，才能在第一代思想家所奠定的地基上盖起高楼大厦，因此不可能寄望两个新学说一诞生就呈现成熟的面貌。我们真正质疑的是，人力资源管理和人际关系的领域多年来鲜有新的建树，原因并不在于最初的地基不够稳固。

人事管理究竟有何成就

我们不难看出人事管理的限制为何，事实上，大多数人事管理人员都承认这些限制。人事管理人员经常都担心无法证明他们对公司的确有贡献，因此拼命想出各种"花招"，给主管留下深刻印象。他们不断抱怨在公司里没有地位，因为人事管理大体上用到的是一堆次要的、彼此没有什么关联的工作技巧。有些爱耍嘴皮子的人还故意说，把所有既和人的工作无关，又不属于管理领域的事情全都拿来拼凑在一起，就形成了所谓的"人事管理"。

不幸的是，这类嘲弄并不是完全没有道理的，因为人事管理构思下的员工和工作管理，包含了一部分档案管理员的工作，一部分管家的工作，一部分社会工作人员的工作，还有一部分"救火员"的工作（防止或解决劳资纠纷）。而人事管理人员典型的工作内容——安全措施、养老金计划、提案制度、人事聘用和处理工会投诉等，都是需要有人负责，却吃力不讨好的杂务。尽管如此，我仍然怀疑是否应该把这些事务全都放在同一个部门中，因为如果你看到典型的人力资源部门组织图或人力资源管理教科书的目录，一定会觉得这真是一盘大杂烩。既不是把执行业务的相关技能组合在一起，也并非基于要在管理者的工作内容或业务流程中联结相关工作，以形成特定阶段的功能。

这些活动本身都只需要中等的管理能力就已足够，对于企业经营也不会产生重大影响，把这么多活动全塞在一个部门，并不会因此就使这个部门变成能派代表参与经营团队，或需要高层主管来管理的重要部门。因为只有这个部门的"本质"（它所从事的业务，以及对于企业经营的影响）才能决定它是否为重要部门，或是否应该由高层主管负责管理。

即使这些事务全都妥善地纳入同一部门的管辖范围中，仍然对于管理员工毫无助益，甚至和许多人事管理领域该完成的工作毫不相干。例如许多人都提到，一般而言，人力资源部门通常无权参与管理企业最重要的人力资源——管理者，也回避了员工管理中最重要的两个领域——工作组织以及如何组织员工来完成工作，只是接受了既有的状况（当然也有例外，其中一个著名的例子是西尔斯的人力资源部门，但是西尔斯的人力资源工作并非从人事管理着手，而是从管理者的管理起步，也就不足为奇了）。

人事管理之所以毫无建树，原因在于 3 个基本误解。⊖首先是假定员工不想工作。正如同道格拉斯·麦格雷戈（Douglas McGregor）所指出的，他们认为"工作是员工为了获得其他的满足而不得不忍受的惩罚"，因此强调从外部获得工作以外的满足。其次，人事管理的观念认为管理员工和工作是专家的工作，而不是管理者的职责，正充分显示幕僚观念所引起的混淆。的确，所有的人力资源部门都很喜欢讨论应该教育运营主管如何管理员工，而却把 90% 的预算、人力和精力花在由人力资源部门构思、拟订和实施的计划上。例如，关于人事管理最好的一本教科书⊜开宗明义就谈到，人事管理工作最重要的两个任务就是向运营主管建议，以及诊断出组织是否具备高效能团队的稳定度和士气。但是接下来，这本厚达 321 页的教科书会花 301 页的篇幅来谈由人力资源部门组织推动的计划。

事实上，这要不然就意味着人力资源部门不得不侵占了运营主管的功能和职责（因为不管头衔是什么，掌握了经营权的人就是"老板"），要不然就意味着运营主管出于自卫，只好把人力资源部门的权责限制在处理杂务上，也就是处理与管理员工和工作不相干的事务上，难怪后者已几乎成为普遍的趋势。

最后，人力资源部门往往扮演"救火员"的角色，把"人力资源"视为会威胁到生产作业平稳顺畅的"头痛问题"。人事管理从一开始就出现这样的倾向，而 20 世纪 30 年代美国的工会运动却将之变成主流。可以说，许多人事管

⊖　对此，人事专家之一道格拉斯·麦格雷戈近期有更卓越的分析，他是安提克学院的院长。其论文 Line Management's Responsibility for Human Relations（American Management Association, Manufacturing Series Number 213, New York, 1953）是管理者之必读。

⊜　*Personnel Administration* by Paul Pigors and Charles A. Myers（New York：McGraw-Hill, 1947）。

理人员在潜意识中总是和麻烦脱不了关系。有一位工会领袖谈到一家大公司的人力资源部门时说的玩笑话其实有几分道理："那些家伙应该减薪 10%，缴给工会；但是对工会而言，他们仍然只是领周薪 50 美元的小职员。"但是如果人事管理始终聚焦在问题上，就不可能做好员工与工作管理。即使把焦点从"救火"转移到"防火"上，都还不够。IBM 的故事清楚地显示，对于员工和工作的管理必须把重心放在积极方面，以企业的根本优势与和谐为基础。

人际关系理论的真知灼见和限制

有关管理员工和工作的第二个通行的理论——人际关系理论，是从正确的基本观念着手：每个人都想工作，管理员工是管理者的职责，而非专家的职责。因此，这项工作绝不是汇集不相关的活动。这项工作是基于一种深刻的见解，这种见解可以归纳为一句话：我们不能只"雇用一只手"。

人际关系理论认识到人力资源是一种特别的资源，并且大力强调这个观点，反对把人看成机器，好像"投币自动售货机"一样，会自动对金钱刺激有所反应。由于这个理论，美国管理界了解到，管理人力资源需要有明确的态度和方法，这是很大的贡献。最初人际关系只是一股庞大的自由化潮流，卸下了企业经营层戴了一个世纪的眼罩。

然而至少以目前的形式而言，人际关系理论大体只发挥了消极的作用，让企业管理者免于受到错误观念的支配，但也未能成功地以新观念取而代之。其中一个原因是相信"自发性的动机"。人际关系专家似乎认为："只要消除恐惧的心理，员工自然就愿意工作。"当企业主管仍然认为只有恐惧可以驱使员工工作时，这个观念有很大的贡献。更重要的是，它隐约攻击了人们不想工作的假设。然而我们也知道，单单消除错误的工作动机还不够，人际关系理论还没有提出什么积极的工作动机，只是泛泛而论。

人际关系理论也没有把重心放在工作上。积极的工作动机必须以工作和职务为核心，然而人际关系理论却把焦点全放在人际关系和"非正式团体"上，把着眼点放在个人心理学，而不是针对员工和工作的分析上。结果，他们认为员工做的是哪一种工作根本无关紧要，因为只有他和同事的关系才能真正决定他的态度、行为和工作效能。

他们最喜欢说："快乐的员工就是高效率、有生产力的员工。"尽管这是句隽永的警语，却只说对了一半。创造快乐根本不关企业的事，企业的任务应该是制造和销售鞋子，更何况员工也无法单从抽象概念中得到快乐。

虽然人际关系理论强调人的社会性，却拒绝接受一个事实：有组织的团体不只是个人的延伸，而有其本身的关系，包括真实而健康的权力问题，还有客观的愿景和利益上的冲突，而不只是个性的冲突，换句话说，这些都涉及政治的范畴。从哈佛大学人际关系学院早期论述中所展现的对于工会近乎恐慌的惧怕，正说明了这点。

最后，人际关系理论对问题的经济维度缺乏了解。

结果，人际关系理论很容易变为一些口号，而没有真正的组织管理政策。更糟的是，由于人际关系理论从一开始就试图让"适应不良"的个人能适应"现实"（总是假定为合理而真实的现况），因此整个观念都带有强烈的人为操纵倾向，人际关系理论面临的严重危险是，有可能退化成新的弗洛伊德式家长作风，仅仅充当合理化管理者行动的工具，被管理者拿来"推销"他们所采取的做法。难怪人际关系理论总是大谈"培养员工责任感"，却很少讨论他们的责任，拼命强调让员工"感到受重视"，却很少谈到如何让员工和他们的工作具有重要性。当我们从一开始就假设某个人必须予以调整时，我们就会寻找能控制、操纵与出卖他的方式，而且我们会否认自己有任何地方需要调整。事实上，今天在美国，人际关系理论之所以大行其道，可能反映出人们误以为它是哄小孩的糖果，误用人际关系理论把所有对于管理层和管理政策的抗拒都解释为非理性和情绪化的行为。

这并不表示我们必须放弃人际关系理论。恰好相反，这方面的真知灼见为管理"人"的组织奠定了重要的基石。但它仍然不是大厦，而只是其中的一块基石，大厦的其他结构仍然有待建造，需要的不只是人际关系，必须超越人际关系理论。我这么说的时候，是对开创人际关系理论的先驱充满了敬意的（事实上，我自己也是他们的信徒），尽管他们有伟大的成就，却还不够。

"科学管理"，应用最为广泛的人事管理概念

每当讨论到员工和工作的管理时，几乎都会提到人事管理和人际关系，这也是人事部门关心的事情，但不是美国产业界实际拿来管理员工和工作的根本观念。真正的根本概念是科学管理。科学管理把焦点放在工作上。有组织地研究工作，把工作分解成最简单的元素，以及针对每一个元素，有系统地改善员工绩效，才是科学管理的核心做法。科学管理既有基本概念，也有容易应用的工具和技巧，因此不难证明其贡献：科学管理所达成的高产出是显而易见、可以清楚衡量的。

的确，科学管理是有关员工和工作的系统化科学，可能是自《联邦论》以来，美国对西方思想最伟大而持久的贡献。只要工业社会还存在一天，我们永远不会忘记：我们能有系统地研究、分析人类的工作，并且通过研究工作的基本元素而改善人类的工作。

就好像所有伟大的见解一样，科学管理本身非常单纯。人类已经工作了数千年，其间不停地探讨如何改善工作，但是在泰勒于 1885 年开始分析工作之前，没有什么人曾经有系统地分析工作。大家都视工作为理所当然，而一般人通常都不会认真看待被视为理所当然的事情。因此科学管理打破了传统思维，非常有先见之明。如果没有科学管理，就不可能研究工作中的人；如果没有科学管理，我们在管理员工和工作时，绝对不可能超越善意、劝诫和"加油"的层次。尽管科学管理所下的结论暧昧不明，但其根本见解为这个领域奠定了重要的基石。这是风行全球的美国观念，从印度到阿根廷、瑞士，都在实践科学管理。德国人甚至从中发展出伪形而上学，他们称之为"合理化"。世界各地批评美国的人都认为，如果他们抨击科学管理，就是在攻击"真正的美国"。

第二次世界大战后，当我们开始协助西欧国家改善生产力时，我们以为这代表输出美国的科学管理方式。我们拼命宣扬"生产力是一种态度"的观念，强调大规模销售、资本投资和研究的重要性，实际上只是派遣了大批配备了科学管理工具、深受科学管理哲理影响的工程师到欧洲去。尽管欧洲工业家对于大规模销售、资本投资和加强研究等建议都充耳不闻，却欣然接受科学管理的

方法，因为他们和其他国家的工商界人士一样，误以为科学管理是美国工业成就的精髓所在。

然而，科学管理也已经有很长一段时间都在原地踏步了。科学管理是管理员工和工作的做法中最古老的一种方法，在 19 世纪末和工程学一同兴起，但是也最早变得了无新意。1890～1920 年，科学管理领域中诞生了一个接着一个出色的新观念，一个接着一个有创意的思想家，包括泰勒、法约尔、甘特、吉尔布雷思夫妇等。但是在过去 30 年，除了在越来越狭隘的专业领域中产出一堆有关科学管理技巧的无聊论述外，科学管理可以说没有新的贡献。当然还是有例外，尤其是吉尔布雷思夫人和已故的霍普夫（Harry Hopf）。但是整体而言，在如汪洋般浩瀚的论述中，真正能提出新见解的作品寥寥无几。当然多年来，科学管理方式经过了大幅改良和修正，然而有关科学管理最成熟有力的论述，仍然是泰勒 1912 年在美国众议院特殊委员会中发表的证词。⊖

原因在于，尽管科学管理非常成功，却未能成功解决管理员工和工作的问题。正如同历史上其他新观念的发展过程，科学管理的见解其实只有一半是真知灼见，其中包含了两个盲点：一个是工程上的盲点，另外一个则是哲学上的盲点。科学管理所未能见的和它所看到的一样重要，的确，如果我们不能学会看清科学管理的盲点，我们甚至可能无法受惠于科学管理的真知灼见。

科学管理的第一个盲点是，认为我们必须将工作分解为最简单的各部分动作，我们也必须把工作组织成一连串个别动作的组合，而且如果可能的话，由一位员工负责执行一个动作。泰勒本人很可能明白整合的必要性，霍普夫当然也肯定看到了整合的必要性，但是几乎其他所有相关论述的作者和科学管理的实践者都认为，个别的分解动作是良好工作组织的根本要素。

这是错误的逻辑，把分析的原则和行动的原则混为一谈。分解和组合是截然不同的两件事，把两者混为一谈简直毫不科学。因为科学在萌芽之初就了解到，尽管分类非常重要，我们却无法通过分类，了解被分类事物的本质。

认为工作分解后就能产生最佳绩效，在工程上也是很糟糕的见解。

⊖ 在泰勒的 Scientific Management（泰勒重要论文集）中进行了再版，New York : Harper & Brothers（最新版，1947）。

关于这点，最好的证据就在于应用科学管理观念而达到的最大成就：字母表。字母表的发明人是 3500 年前阿拉伯贸易城中一位名不见经传的小职员，他永远也不可能获颁国际管理协会的金质奖章；但是他从当时人们书写时用到的数以千计的象形文字、符号、音节记号、语音标记中，分析出其中最基本、单纯而标准的元素，并且代之以 24 个足以表达所有声音、文字和思想的符号，这是最高层次的科学管理。然而，如果只因为英文中"猫"（cat）这个字，是由 c、a、t 三个字母拼成，因此当我们提到 cat 时，就必须逐字读出 c-a-t 的字母发音，那么字母的发明不但毫无用处，而且会形成沟通上的一大障碍。

要把字母整合成单词并不简单。即使很笨的孩子通常都可以学会认识字母，但即使对很聪明的孩子而言，要从认识 c-a-t 三个字母，直接跳到能念出 cat，仍然不是件容易的事。的确，几乎每个有阅读障碍的小孩，问题都出在如何把字母整合为单词；很多人从来都学不会拼字，但通过学习象形文字和表意文字，而非字母，学会了辨认一般单词和音节。

最后，把工作分析和工作中的动作混为一谈，其实是误解了人力资源的特质。科学管理试图组织人的工作，但不经验证，就假定人只是机械工具（虽然是设计不良的工具）。

我们必须把工作分解成各部分的动作，完全是正确的做法。通过改善个别员工的作业方式，将能提升工作绩效，也绝对正确。但是，如果认为越把工作局限于个别动作或操作上，员工的工作绩效就会越好，那么就不对了。即使对机器工具而言，都并非如此，把这种主张用在人身上，就更荒谬了。人并不擅长个别动作，如果把人当成机器工具，那么人类就是设计拙劣的机器。我们姑且先抛开所有关于人的意志、个性、情感、嗜好、心灵的考虑，只把人当成生产资源，而且只从工程师的角度来看产出和投入，那么我们别无选择，只好接受一个事实：人的特殊贡献往往在于人能够完成许多不同的动作，具备整合、平衡、控制、衡量和判断的能力。我们必须分析、研究、改进个别的操作，但是只有当工作不是由机械化的个别作业所组成，能够发挥人的特质时，才能有效地运用人力资源。

第二个科学管理的盲点是"区分计划和执行"——科学管理的重要信条之一。于是，健全的分析原则再度被误认为行动原则，但是除此之外，区分计划和执行反映出一种模糊而危险的精英哲学观，通过垄断这种神秘的知识，而掌握了操控无知平民的权力。

泰勒最重要的见解之一，就是发现计划和执行截然不同，他强调在实际执行之前，如果能规划得越周详，那么工作就会变得更容易、更有效，生产力也越高，这个发现对于美国工业发展的贡献更甚于秒表或有关时间与动作研究的贡献，整个现代管理的结构也都奠基于此。今天，我们能够郑重地讨论目标管理，其实也正是因为泰勒发现计划是工作中一个独立的环节，而且强调计划的重要性。

但是，在分析工作时，将计划和执行区分开来，并不表示计划者和执行者必然是不同的两群人，而且产业界也不应该把人区分为两类：由少数人决定有哪些工作需要完成，同时设计工作，设定工作步调、节奏和动作，并且发号施令，其他多数人则听命行事。

计划和执行是同一项工作的两个不同部分，而不是两项不同的工作，必须两者兼顾，才能有效完成工作。一个人不可能把所有的时间都拿来规划，一定至少会担任一部分执行工作；一个人也不可能永远都在执行，如果不稍稍规划一下自己的工作，即使是最机械化和重复性的例行杂务，员工可能都无法掌握得很好。主张把两者分开，就好像要求应该由不同的身体来担负食物吞咽和消化的功能。为了充分了解这两种人体功能，我们必须把吞咽和消化的过程分开来研究，两种功能需要不同的器官，会产生不同的疾病，并且由人体的不同部分来执行。但是同一个身体需要兼具这两种功能，才能吸收到营养，就好像工作也必须兼具计划和执行两个方面一样。

泰勒把计划和执行区分开来，这特别是美国，而且是 19 世纪晚期的作风，承袭了我们最古老的传统：早期清教徒在新英格兰的神权统治，将马瑟父子的牧师精英观念披上了现代的外衣，但是内涵几乎丝毫不变。泰勒就好像清教徒牧师一样，根据他的演绎，负责规划的精英拥有天赋的统治权。难怪今天有人将这种统治权解释为"管理层的特权"。

将计划和执行区分开来，我们将无法充分受惠于科学管理的见解，大幅降低了我们从工作分析，尤其是从计划中所得到的收获。在 IBM 的故事中，我们看到当企业赋予员工自行规划工作的职责时，生产力将会大增。同样，当我们区分计划与执行的同时，如果能够让计划者和执行者合而为一，那么生产力也会大增（更不用说员工态度和荣誉感都会大幅改善）。

传统科学管理的两个盲点说明了，为什么推行科学管理总是令员工更加抗拒改变。由于公司只教导员工个别动作，而不是把完整的工作交到他手上，因此他汰旧换新的能力非但没有增强，反而停滞不前。他增长了经验和习惯，而非知识和理解。由于公司对员工的要求是"行"，而不是"知"，更不用说规划了，因此每一项改变都代表了不可知的挑战，对员工心理上的安全感造成莫大的威胁。

过去对科学管理的批评是：在科学管理的工作设计下，企业能够达到每小时的最大产出，却不能在连续工作 500 小时后，达到 500 小时的最大产出。另外一个更加严肃而且有根据的批评是：科学管理方式懂得如何好好组织目前的工作，以达到最大产出，然而却会严重伤害到员工下一个工作。当然，如果他们所做的工作是不可改变的，那么就无所谓。亨利·福特（尽管他从来不曾听说过泰勒的名字，却是最彻底地实施科学管理方式的企业家）认为，装置挡泥板的流程一旦有了合理规划，这项工作就永远不会改变。

但是我们知道，改变是不可避免的；的确，企业的主要功能就是带动改变。我们也知道，未来数十年将会发生巨大的改变，而改变最大的莫过于员工的工作了。

科学管理和新技术

过去大家认为有一些条件限制了科学管理充分发挥效益，新科技的出现却把原本的限制变成重症。的确，在新科技之下，管理员工和工作的主要问题在于如何让员工有能力执行完整的工作，并且承担规划的责任。

推行自动化作业之后，员工不能只负责为机器填充材料或处理物料等重复性例行作业，而需要建造、维修、控制机器，而所有重复性例行作业现在都交由机器处理。因此，员工必须有能力从事许多项不同的作业，工作内容必须尽可能扩大，而非缩小，同时也必须具备协调能力。正如同IBM的故事所显示，这并不表示员工又回到过去，变成依赖手工技艺的劳工。相反，应该运用科学管理方法分析每一项作业，因此即使是非技术性员工都有办法完成工作，但是必须把各项作业整合成工作，否则就无法完成自动化作业中所需的工作。有了新技术之后，我们别无选择，必须直接念出"cat"。既然科学管理已经教导我们如何分解工作，我们现在必须学会如何整合。

一家自动拨号交换系统的电话维修人员展现了这样工作的面貌。他不是一个技巧熟练的机械工，他必须执行的工作都已经被简化为可以在短时间内学会的简单动作，因此是来自书本，而不是靠多年工作经验积累下来的手艺。但是他的工作其实涵盖了许多不同的作业，需要有良好的思考及判断，以及兼具身体和知识上的协调能力。

同样，在新技术下，我们将不能在分开计划与执行的情况下，组织员工与工作。相反，新技术要求雇用最少的生产人员，但员工必须有能力从事大规模的规划工作。他能做规划的越多，就能为自己的工作承担越大的责任，因此生产力也就会越高。如果员工总是听命行事，那么只会对工作造成伤害，因为不管是维修设备或设定、控制机器，都要求员工具备充分的知识、责任感和决策能力，也就是规划能力。我们的问题将不再是计划和执行没有清楚区分，而是未来的员工需要从事的规划工作可能会比今天的管理者还要多。

我们必须好好维护科学管理的基本见解，正如同我们必须珍视人际关系理论的基本观念一样，但同时我们也必须超越科学管理的传统方式，懂得看清科学管理的盲点，而这项工作因为新科技的来临显得更加迫切。

人事管理是否已彻底失败

人事管理是否彻底失败？我们现在回答："不，人事管理并没有彻底失败，它的负债还没有超越资产，当然它已经无力偿还债务，以现有的绩效，它无法履行针对管理员工和工作所许下的承诺。人事管理拥有的资产很庞大——人际关系和科学管理理论的基本见解都很可贵，如今这些资产都冻结了。人事管理发明了许多小技巧，对于解冻现有资产这项庞大工作，却没有太大帮助，尽管可能生产足够的商品来卖，以支付小笔账款。或许人事管理最大的流动资本是我们学会了不要做哪些事情，但是银行会因为这样的担保品而借钱给你吗？"

不过，根据事实，我们可以有更乐观的诠释。过去 20 年来，人事管理只有小幅修正，而没有大幅成长，在知识上原地踏步，在根本思维上没有长进，但是未来将会是全然不同的景象。技术改变将带动新思维、新实验、新方式。许多迹象显示，改变的流程已经启动。传统人际关系理论认为人与工作的关系（每个人适合什么类型的工作）根本无关紧要，而现在人际关系学派的相关学者已经开始研究这个议题。[一]在科学管理领域享有盛名的人也开始认真关注如何根据人力资源的特质来组织工作，而不是一味地假定人是设计不良的机器工具。[二] IBM的故事显示，实践者总是遥遥领先作家和理论家，他们早已突破了传统观念的束缚。

可以确定的是，这一切都只是起步而已。但是我们因此能期待，20 年后，我们将能详细地提出管理员工和工作的基本原则，掌握到有效的政策和经得起考验的技巧，然而我们已经知道什么才是正确的基本态度。

[一]　See *The Man on the Assembly Line* by Charles R. Walker and Robert H. Guest（Gambridge, Mass.：Harvard University Press, 1952）.

[二]　例见 Joseph M. Juran 教授的多篇论文及文章。

CHAPTER 22 | 第22章

创造巅峰绩效的组织

工作的筹划——汽车装配线的教训——装配线的真正含义：装配线是无效率的设计——使机器工作机械化和综合人的工作——整合的规则——科学管理的应用——员工需要看到工作成果——员工需要控制工作的速度和节奏——各项工作中的挑战——组织人力来完成工作——个人的工作——小组的工作——人员安排——"什么时候90天才会等于30年?"

本章的标题是一个宣言。当我们宣称把企业经营的目标放在创造巅峰绩效，而不是追求快乐和满足时，等于宣称要超越以人际关系为重心的做法。当我们强调人的组织时，等于声称我们必须超越传统的科学管理。

尽管以上只是陈述我们必须做的事，而不是整体说明我们目前的工作，但我们并非只是表达诚挚的意向而已。整体而言，我们今天还没有开始这么做，但我们知道应该怎么做。

工作的筹划

企业要追求巅峰绩效，首要条件是在设计工作时，以此为目标。我们有充分的理由宣称：企业在这方面所遭遇的困难和挫败并非出于无知，而是因为拒绝接受自己所拥有的知识。

我认为，我们目前的处境很像细菌学家过去 50 年来的处境。他们在寻找有效的杀菌剂时，一心一意想培养出纯细菌，却连连失败，因为大批真菌入侵培养皿，杀死了细菌。后来这些真菌变得很有名，但是大约在 50 年前，科学家就已经分离出青霉菌，并且明确描述出青霉菌的特性。由于细菌学家深信所有的研究都必须先从培养纯细菌着手，结果反而对摆在眼前的事实完全视若无睹：没能看出讨厌的真菌才是他们真正要寻找的东西且可能的杀菌剂。几十年来，他们一直把真菌当成眼中钉，总是丢掉培养皿中遭污染的细菌，重新消毒实验设备。只有天才才能懂得，是受感染的培养物而不是纯净的培养物提供了控制细菌的线索。当弗莱明（Alexander Fleming）"灵机一动"顿悟之后，只花了几年的时间，就开发出了今天的抗生素。

同样，半个世纪以来，我们在设计工作时，一直盲目寻找基本动作，以为每一项工作都应该尽可能对应基本动作。但是许多证据都显示，真实情况恰好相反，IBM 只是其中一个例子。但是我们丝毫不理会这些证据，视之为麻烦，试图以感情用事来解释，为工作设计不良而致歉。可以说，我们因为青霉素会杀死细菌，而把它丢掉，结果反而阻碍我们找到真正的杀菌剂。

我们之所以会蒙住自己的双眼，是因为汽车工业的作业方式深深影响了我们的思维。我先前曾经提到，亨利·福特坚持生产统一成品的想法混淆了我们对于大规模生产本质的理解。同样，由于福特成功地推动装配线作业方式，试图限制每个工人只负责一种操作（或一个动作），我们因此看不清科学化与系统化工作的真正意义与宝贵价值。

如果根据福特"一个员工执行一个动作"的原则，我们几乎组织不了什么工作。汽车装配线能够有效运用这个原则，有一个特殊条件：它们基本上只生产单一产品，然而其他产业大都不符合这个条件。事实上，制造业以外的行业，例如邮寄公司的订单处理部门，反倒具备这个条件。但过去几十年来，我们仍然无视这些困难，努力推动"一个员工执行一个动作"的原则。我们拒绝接受现实，拒绝正视现实，因为现实状况不符合汽车装配线的形态。

即使在汽车工业中，也已经有充分的证据显示"一个动作，一项工作"的观念不一定能创造出巅峰绩效。我只要举一个例子，就足以充分说明。

第二次世界大战期间，毫无技术、近乎文盲的黑人女工却生产出最复杂的飞机引擎零件。这项工作需要80多个不同的作业，但是所采取的方式不是由一个人负责一项操作，而是出于冶金学的原因，由同一位作业员负责一项完整的工作。通常在这种情况下，都会把这类工作交由技工处理，但是当时根本找不到技工，而且需要的零件数量庞大，时间又太紧迫，根本不可能组织起合格的技术人力。于是这批非技术性女工（当时唯一可用的劳力）必须承担起这项工作。他们把每项工作都分解成80个步骤，依照逻辑顺序安排好作业流程后，每位女工都拿到一张详细的操作说明图，指示她们每个步骤应该完成的作业，之前应做的动作，以及过程中应该注意的事情。出乎所有人意料，采取这个方法后，和过去雇用技术高超的技工或采取传统装配线作业的经验比起来，生产作业反而变得更有效率、品质更好、产量更多。

在其他行业中，每当环境迫使企业放弃传统装配线作业方式时，也出现同样的结果。

一家邮寄工厂最近重组了顾客来函处理部门。过去，这项工作都分解成个别的动作，由一位职员负责处理顾客投诉，另外一位处理顾客询问，第三个人则处理分期付款，依此类推。每位职员都只处理能用印好的统一格式信函回答的信件，少数需要个别处理或判断的信件，一律交由上级主管处理。现在每位职员都负责处理同一位顾客的所有往来信函，例如其中一位职员可能负责处理所有姓氏以"A"开头的顾客。每1000封信中，大约有998封信，都能以统一格式的信函处理完毕，工作本身和从前一样，内容早已预先设定，重复性也很高，但是，职员不必一再重复相同的动作，而负责执行与邮寄顾客保持关系所需的一系列动作——说得更准确一些，总共有 39 个动作。尽管这些非技术性的职员仍然不负责处理需要加上个人判断的少数回函，但是公司要求他们将信件转呈上级时，必须附上处理建议。结果，职员的生产力几乎提升了 30%，员工流动率则下降了 2/3。

然而，就我所知，只有 IBM 从这些经验中，获得了显而易见的结论。

我们总是对事实视而不见的原因是，我们最近才得知了解过去经验的关键。到目前为止，我们的问题一直都是：如果员工在执行整合的工作时，效能真的比只做单一动作高，那么要如何解释汽车装配线为什么能达到这么高的效率和生产力？只要"一个动作，一项工作"的观念一直在底特律发挥显著的功效，那么本书提到的经验就会被当成例外。

装配线是无效率的设计

不过我们现在知道，汽车装配线并非人类工作的完美设计，反而是不完善而且没有效率的机械工程设计。福特公司在克利夫兰建造的新厂就充分证明了这一点。他们把传统的装配线作业流程完全机械化，大幅提升了效率和产出。所有的材料处理、机器维护和例行检查都改成自动化作业，虽然总雇用人数并没有比传统工厂少很多，但是员工不再从事生产线工作，而是负责设计、建造、维修、控制自动化设备。

换句话说，今天我们知道，只要"一个动作，一项工作"的原则能充分发挥效益的地方，生产作业就能够，也应该自动化。在这样的作业中，装配线概念对人类的工作而言，可能是最有效的原则，而在这样的作业中，人类本身的工作却漏洞百出，因此这类工作原本就应该设计为机器的工作，而不是人的工作。

对于其他所有工作而言，包括今天制造业大多数的工作和自动化所创造的所有工作，组织工作的原则在于要将一系列的动作或作业整合成一个整体。

因此，我们有两个原则。针对机械性工作，以机械化为原则；针对人的工作，则以整合为原则。两者都从系统化地将工作分解为个别动作开始，都依照逻辑顺序来安排工作，也都把注意力的焦点放在每个动作上，设法让每个动作变得更容易、更快速、更不费力气；要提升工厂整体产出，就得先改善生产作业中包含的各项个别动作。但是前者机械化地组织各个动作，以充分发挥机器的特性，也就是机器能够快速且毫无瑕疵地完成一件事情的能力；后者则整合各项作业，以充分发挥人类的特性，也就是能够将许多动作组合为整体的能力，以及判断、规划及改变的能力。

目前发生的技术改变不但有助于实践正确的原则，而且也迫使我们应用这些原则。过去有许多工作把人当成机器工具的附属品，如今我们可以通过新技术将这些工作机械化，但是其他无法机械化的工作，尤其是推动和支援新科技所需的工作，在自动化之下，只有根据整合的原则来加以组织，否则根本不可能完成这些工作。因此唯有充分了解和应用这两个原则，才能提升生产力。

究竟要自动化到什么程度、发展得多快，在哪些地方应用自动化，以及如何应用自动化，都属于工程问题，而且也已经在其他地方讨论过了。在这里，我们要说的只是，只要工作能依照"一个动作，一项工作"的原则来有效组织，就有初步的证据显示我们能将这类工作机械化，并能因此导致效率和生产力提升。如果未能将这类工作完全机械化，应该把它看成权宜之计，是工程设计不完善的结果，而不是人类工作组织的范例。汽车装配线上的工人不是人类工作的典范，而是代表了已经落伍的机械化工作形态。

但是，我们真的知道该如何组织人的工作吗？我们知道整合代表什么意义，有哪些规则吗？我们能够分辨有效和无效的整合吗？换句话说，我们知道人类要如何工作，才能达到巅峰绩效吗？

整合的规则

关于这些问题，我们还没有完整的答案，但我们确实知道其中的基本规则是什么，我们甚至知道要采取哪些工作模式，来取代汽车装配线工人的工作方式，或许最好的例子是外科医生的工作模式。

外科医生的工作基本上详细分割为许多细微的局部动作。年轻的外科医生要花好几个月的时间来练习如何在有限的空间内将缝线打结、改变拿手术器械的方式和缝合伤口。他们不断努力改进每个动作,加快不到一秒钟的速度都好,把动作变得更简单,或删除一个动作等。外科医生通过改进这些个别、局部的动作,来提升手术的整体绩效。他们严谨地依照预先规定的顺序执行这些动作。事实上,手术小组的每一个人,不管是外科医生、他的助手或麻醉师、护士,都经过无数次的练习,因此都很清楚下一步该怎么做。外科手术实际上应用了科学管理的原则,尽管医生不一定了解这点,但是出于必要性,外科手术其实是经过整合的工作。当外科医生要为病人割除扁桃腺的时候,并不是由一位医生拿钳子夹住血管,另外一位医生划下第一刀,第三位医生切除左扁桃腺,依此类推,直到最后一位医生把止血钳拿掉,而是由一位医生从头到尾负责整个手术。

外科医生是很好的例子,显示了整合的基本规则,以及组织人类工作时应该遵循的方向。即使工商业的工作在技巧、速度、判断或责任等层面上与外科医生的工作仍有一段差距,但如果能够采用外科手术的原则,生产力一定能大幅提升,工作也将更适合人的本性。

第一个规则是,应用科学管理的方法来分析和组织工作。的确,这类工作分析的范围比一般人所了解的广泛许多,不只能应用在体力或事务性工作上,也适用于大脑的工作。正如同外科医生的例子所显示的,这种方法不但适用于泥水匠的工作,也能应用在需要高度技巧和判断的工作上,就好像动物学的分类原则能同时应用在人类与变形虫的分类上。即使是最高主管的工作也需要这样的分析。

第二个规则是,提高工作绩效最快的方法是改善个别动作或局部工作的绩效。只有改善局部绩效,才能系统化地提升整体绩效。

第三个规则(仍然是科学管理的一部分)是,这些动作的顺序必须经过系统化的设计,根据合乎逻辑的工作流程来安排。就拿之前所举的例子来解释吧:

如果想让非技术性黑人女工达到与训练有素的技工同样高的工作效率，必须明确指示她们动作的正确顺序。而工作顺序安排也正是整个过程中最困难、花最多时间、修改最多次的步骤，甚至比教女工认字还要困难许多（刚开工时，有1/3的女工完全不识字）。

然而，当牵涉职务本身时，问题不再是如何把工作分解成局部或动作，而是将工作组合成整体，这又是截然不同的任务。

我们对于这方面，已经有相当的了解。首先我们知道职务应该是工作流程中一个独特的阶段。担任这项职务的人要看得到工作的成果，或许他的职务不见得是完整的部分，但必须自成一个完整的步骤。举例来说，金属零件最后的热处理就是这类步骤。这个步骤能够产生明显、重要而且不可改变的贡献。负责热处理设备的员工提到这套设备时，会称之为"我的设备"——就好像邮寄公司里负责处理某一群顾客来函的职员会称这些顾客为"我的客户"一样。

而且履行职务的速度和步调也应该因人而异，而不应该完全依赖之前或之后职务的工作速度。员工应该有时候能做得快一点，有时候做得慢一点，而在他下游的员工应该不必完全受制于他的工作速度与步调，不应该因为他有时做得快一点而感受到压力，或是因为他偶尔放慢速度就变得无事可做。

最后，IBM的故事显示，每个职务应该都具备某种挑战，包含了某些技巧或判断。对飞机工厂的女工而言，这代表她们在工作前，必须先看懂操作图，在邮寄公司的例子里，职员必须做3个决定——在39种标准格式的回函中，应该采用哪一种回函，哪些顾客来函不适合用标准回函来回信，应该建议上级如何回复这些信件。无论看懂操作图或选择回函格式，都不要求员工具备特殊的聪明才智、高教育水准或重要的技能（虽然他们仍然要求员工懂得读写，能适应工业文明）。对于上述员工而言，这些都代表了真正的挑战。他们不断地说："这个工作总是会不停地冒出新的情况。"严格地说，真实状况绝非如此，但他们真正想说的是："在这个职位上，我经常需要思考应该怎么做。"这是每个职务都应该具备的要素。

低层和高层工作或低薪和高薪的工作，主要的差别应该在于例行、重复性事务与需要技巧或判断的工作各占多少比例，要求具备的技能和判断力有多高，以及承担的职责有什么不同，也就是说，如果缺乏必要的技能或判断错误的话，会对组织整体绩效产生多大的影响。但是和机械化工作不同的是，绝对不应该有任何工作完全不需要任何技巧或判断，即使是最低层的人员工作都应该需要一些规划，只不过需要的是比较简单的规划罢了。

在实务上则会有很大的差异。有的工作比其他工作需要整合更多简单的作业，才能构成一个完整的工作，不同的工作也需要不同程度的技巧和判断，但一般而言，我们可以说，工作中需要越多的人工作业技巧，那么就应该把越少的基本步骤整合为一项工作；需要的判断越多，就越需要把较多的基本步骤组合在一起。

组织人力来完成工作

到目前为止，我们一直都在讨论如何设计工作，让人力达到最佳绩效。当然，这只反映了一半的问题，我们必须组织人力来完成工作。

一般所理解的科学管理理论的假设是，当我们安排人的工作时，把人力当成机器一样，也就是把每个人的工作以序列方式相联结，就能发挥最大的工作绩效。我们现在知道这种说法并不正确。员工在独立作业或团队合作时，工作绩效都很好。

只要能够将整合好的工作组织成为一个人的工作，那么就很容易发挥良好的效能。

> 电话安装人员是最好的例子。安装电话是一项独立进行、经过整合的工作，不需要高度技巧或判断，说明书几乎详述了安装人员可能遭遇的所有状况，但一位资深电话安装人员曾经告诉我，其中所涉及的技能和判断已经足以让"每一次电话安装作业都是一项挑战"。不过电话公司从来都不需要打电话问我满不满意电话安装服务，也从来不曾听说电话公司必须督导或检查电话安装人员的工作。

未来的技术变化将大幅增加个人工作，例如维修工作，但是绝大多数工作仍然需要两人或多人共同合作，团队工作仍然会是常态。

幸运的是，关于团队运作方式，我们已经具备了许多知识，以下是几个例子。

包装巧克力糖的时候，女工两人一组，面对面坐着，一起把巧克力盒装满。几年前，糖果公司推出奖励措施，凡是超过标准产量的女工，酬劳将大幅提高。例如，每小时包装30盒巧克力的女工拿到的工资将比只能包装20盒巧克力的女工整整多一倍。结果完全出乎大家意料之外，几个星期内，女工就形成了自己的"斯达汉诺夫制度"（苏联鼓励员工以竞争方式提高工作效率的奖励制度）。举例来说，星期一由第一组女工超越所有生产标准，领到了高额奖金。其他四组都把产量维持在标准产量（这是很容易达到的目标），把多出来的时间拿来协助"突击队"达到最大产量，拿到最高的酬劳。星期二则由另外一组女工担任"突击队"，其他女工则组织起来协助她们达到最大产量，依此类推。采用这种方式，所有女工都能拿到最高的酬劳，比任何一组独立作业所获得的酬劳都多，即使她们可能总是超出标准产量25%（令人感到意外的是，结果公司也以最低的单位成本，获得最大的产出）。

另外一个可以媲美的是IBM团队的例子，是第二次世界大战的飞机引擎工厂。这座工厂由4~6个人一组负责安装汽缸头和活塞。由于时间的压力，工程师来不及规划出每个人工作的所有细节，结果令他们大吃一惊的是，每个小组都自行规划工作组织和工作步调、节奏，并且设计团队结构。小组之间开始互相竞争，看看谁做得最快，不合格的件数最少，而小组自行发展出来的生产标准也远高于工业工程师心目中的生产标准。

当工作变得太庞大、太复杂，也太繁重，以至于个人无法负荷时，就应由一群人以有组织的团队形态来完成工作，而不是用机械化的方式把一群个人连接在一起。一起工作的一群人形成了一个社会团体，在工作关系之外，也建立起人与人之间的关系。当工作组织阻碍或抵触了这类群体组织及其社会需求时，受害的总是工作。

因此，有效组织工作的第一要件是，应该设法运用群体的力量和社会凝聚力，提升工作绩效，或至少应该避免两者彼此冲突。

为了达到这个目的，必须有工作让群体来完成，也就是说，以团队方式工作的一群人，他们的任务必须是整合了许多动作之后的完整任务，在生产流程中自成一个特定的阶段，而且包含了某些技能或判断上的挑战。

更重要的是，个人必须组成真正的团队，目的是为了一起工作，而不是彼此对抗；企业奖励团队共同努力的同时，也奖励个人的努力；团队成员认为自己和周围的伙伴同属于一个有凝聚力的社会单位，他们为自己感到自豪，对于伙伴和团队的表现，也深深引以为傲。组织工作时，应该设法让个人的能力和表现无论对自己还是整个团队都有所助益，同时提升个人和团队绩效。虽然个人的动作及其顺序早已通过工作分析而预先设定，应该也要从团队的角度加以考虑——团队成员在安排动作时，应该尽量符合团队需求，例如改变位置，把原先为一个人设计的动作改成两个人的作业形态。

即使在汽车装配线上（有效群体组织的反面），能够从一项作业转换到另外一项作业的能力也能提高绩效和员工的满足感。克莱斯勒的实验就证明了这一点。20 世纪 30 年代，克莱斯勒曾经进行一连串的实验，让作业员随着他们所组装的汽车移动，从一项作业转换到另外一项作业。10 年后，查尔斯 R. 沃克在《装配线上的员工》一书中指出，⊖在新英格兰一家新的组装厂中，专门负责在装配线上临时补位的"机动人员"反而工作满足感较高，倦怠感较低，同时也有强力的证据显示，他们的工作表现也比较好。

人员安排

组织人力完成工作也意味着必须把人放在最适合他的职位上。

　⊖　见 *The Man on the Assembly Line*（Cambridge, Mass.: Harvard University Press, 1952）。

　　我们投入大量的时间和金钱来筛选员工，然而，筛选只是消极的过程，我们通过这个过程，淘汰不适合的应征者。但是企业需要的绝不仅仅是还过得去的绩效，企业需要员工充分发挥潜能，达成最佳绩效。员工需要的也不仅仅是能有所表现的职务，他需要的工作必须能为他的能力和才华提供最大的发挥空间，给予他最大的机会持续成长和表现卓越。IBM 的做法导致工厂领班和员工努力把每个人放在最适合的位子上，IBM 高层主管认为这是 IBM 最有价值的成就之一。

　　在任何特定时间内，如何分配员工的工作，以及把哪个员工放在哪个位置，决定了他是否能成为有生产力的员工，也决定了他究竟能为企业的经济和社会优势加分，还是减分，以及他是否能从工作中获得满足，实现自我，而这一切有很大部分都取决于企业是否能好好管理员工。

　　几年前，通用汽车公司针对工厂领班做了一次调查，调查主题是："什么时候 90 天才会等于 30 年？"通用汽车指出，通过 90 天试用期考验的员工很可能此后 30 年都会留在公司工作。因此当上司决定最初 3 个月要分派新人做什么工作时，他做的其实是新人攸关一生的决定。

　　通用汽车强调这个决定的重要性，尽管他们的观点没错，却只说明了目前企业在分派员工职务时，做法是多么短视，因为我们不可能在 90 天内决定员工最适合的职位。

　　许多人都自有一套决定职务的小技巧。我们的经验是，很多装配线上的员工最后都留在他们觉得有归属感的职位上，但是他们通常都先花了多年的时间在不同的工作岗位游走，这是个散漫、耗时、令人深感挫败的过程。沃克在前面提到的研究中调查了一家才创办了四五年的汽车组装厂，他发现没有几个装配线上的工人真正适合现在的位置。

　　因此在管理员工和工作时，最重要的任务之一是把安排员工职务视为持续性且系统化的努力。不能在新人刚来时就决定，而必须等到他花时间了解工作，公司也对他有更多的了解之后，才真正指派他工作，而且也不是一旦做了决定就绝不更改，必须不断检讨工作分派是否合适。

　　许多证据都显示，即使是最低层次、完全非技术性，而且非常重复性的工作，甚至即使是完全机械化的作业，员工的情绪、能力、态度和技巧上的差异仍然会影响到产出和绩效。我们也知道，过去假设员工不想工作，其实完全不正确。人类不但在精神和心理方面需要工作，而且每个人通常都想做一点事情。我们的经验显示，一个人擅长的事情，通常就是他想从事的工作，工作意愿通常都基于工作能力。

因此所有企业都应该把员工职务安排当作头等大事，无论企业把先进技术用在什么地方，职务安排仍然非常重要。过去有的人认为，企业可以把工作组织得完全不受个人的贡献、技能、判断的影响。在新科技下，这样的观念再也站不住脚，因为这类工作不应该由人来做，而应该交由机器来完成。现在越来越多的人独自工作，不需要密切督导，他们或是采取独立作业方式，或是组成工作小组，担任维修人员、修理工、查账员等，他们能否达到高产出和高绩效，完全要视他们的工作意愿，尤其是把工作做好的意愿而定——换言之，是否适当安排员工职务非常重要。

我知道，在美国典型的中型企业中，为了维持人事部门的活动，平均每年每位员工的平均成本是 67 美元。许多人事主管认为这个数字实在太小了，还不到工资总额的 2%，但是只要把这个金额的 1/4 真正用在合理安排员工的职务上，我相信，员工的绩效和工作动力都会得到极大的提高。

激励员工创造最佳绩效

需要怎样的激励——"员工满意"还不行——企业需要责任心——负责任的员工——高标准绩效——能按目标来管理员工吗——管理的绩效——让员工了解情况——拥有管理者的愿景——参与的重要性——切萨皮克与俄亥俄铁路公司的例子——工厂中的社区活动

员工需要什么样的动机才能达到最佳绩效？今天美国工业界的答案往往是"员工满意度"，但是这个概念可以说毫无意义。就算它具有某种意义，"员工满意度"仍然不足以激励员工充分满足企业的需求。

一个人很满意他的工作，可能是因为他能从工作中获得真正的满足，也可能是因为这份工作足以让他养家糊口。一个人不满意他的工作，可能是因为他无法从工作中获得满足，也可能是因为他想要有所长进，想要改善他和所属团队的表现，想要完成更大、更好的任务。而这种不满其实是公司能在员工身上找到的最宝贵的态度，是员工对于工作的荣誉感和责任感最真实的表达。然而，我们无法分辨员工之所以感到满意是出于工作上的满足感，还是因为对工作漠不关心；也无法分辨员工不满意是因为工作上得不到满足，还是因为希望把工作做得更好。

究竟多高的满意度才能称之为满意，我们也没有固定的衡量标准。如果问员工："你认为这里是适合工作的好地方吗？"70% 的员工回答"是"，这究竟代

表 "高满意度" "低满意度"，还是有其他意义？而这个问题又代表什么意义？每一位管理者都能以 "是" 或 "否" 来回答这个问题吗？我们能衡量公司的具体政策是否有效吗？如果问："你觉得在目前的时间规划下，你能够有效率地工作吗？还是常常需要等候零件？" 这就是个有意义的问题。"停车位够不够" 也是个有意义的问题。而 "满意" 却是无法衡量、没有意义的用语。

没有人知道我们试图从满不满意的角度来衡量的事情，有哪些对于我们的行为和绩效有任何影响，以及影响有多大。从激励员工的角度来看，对同事的满意度会比对工作环境的满意度还重要吗？还是两者都重要？我们其实并不清楚。

但是更重要的是，满意并不是充分的工作动机，只能算消极默许。对公司极度不满的员工可能选择辞职，或即使他留下来，很可能心怀怨恨，处处和公司及主管唱反调。但是满意的员工又会怎么做呢？毕竟企业一定会要求员工心甘情愿地投入某项工作，必须展现绩效，而不是默许而已。

企业之所以关心满意度的问题，是因为领悟到在工业社会中，恐惧不再是员工的工作动机。但是企业不直接面对恐惧不再是工作动机后所制造的问题，反而将焦点转移到员工满意度上。我们需要采取的做法是以追求绩效的内在自我动机，取代由外部施加的恐惧。**唯一有效的方法是加强员工的责任感，而非满意度。**

我们无法用金钱买到责任感。金钱上的奖赏和诱因当然很重要，但大半只会带来反效果。对奖金不满会变成负面的工作诱因，削弱员工对绩效的责任感。证据显示，对奖金感到满意未必足以形成正面的工作动机。只有当员工出于其他动机而愿意承担责任时，金钱上的奖赏才能发挥激励作用。当我们研究因工作量而增加的奖金时，就可以清楚地看到这点。当员工已经有意愿要追求更高绩效时，发奖金才能导致更高的产出，否则反而有破坏力。

人们究竟想不想承担责任的问题，过去已经讨论了几千年，今天产业界又把它拿出来讨论。一方面，人际关系学派一直告诉我们，人们想承担责任，的确，他们必须负责任；另一方面，管理者却又告诉我们，人们害怕负责任，简直避之唯恐不及。

两方面的证据都不太有说服力，但是所有的讨论也都文不对题。员工想不想承担责任根本无关紧要，重要的是企业必须要求员工负起责任。企业需要看到绩效，既然企业不能再利用恐惧来鞭策员工，只有靠鼓励、诱导，甚至必要时要推动和促使员工负起责任来。

负责任的员工

我们可以通过四种方式来造就负责任的员工，这四种方式包括：慎重安排员工职务、设定高绩效标准、提供员工自我控制所需的信息、提供员工参与的机会以培养管理者的愿景。四种方式都非常必要。

有系统而慎重地持续安排员工到适当的职位上，从来都是激发员工干劲的先决条件。最能有效刺激员工改善工作绩效、带给他工作上的自豪感与成就感的，莫过于分派他高要求的职务。只求过关就好，往往消磨员工的干劲；通过不懈努力和发挥能力，专注于达到最高要求，总是能激发员工的干劲，这并不表示我们不应该鞭策员工工作，相反，我们应该让他们自我鞭策。唯一的办法是提升他们的愿景，把焦点放在更高的目标上。

一般员工的产出标准通常必然都是最低标准，因此不可避免地会误导员工。企业甚至不应该公布这个最低标准（而且超过标准的人甚至还可以获得额外奖赏），以免员工会认为这个标准代表常态。的确，这样做很可能反而对轻易就能"超越标准"的优秀员工产生负面效应。他要么刻意压低产出，以免凸显同事能力不足；要么失去了对管理层的敬意，因为他们居然如此无知，以至于定出这么荒谬的低标准。每当管理层试图提高标准时，他会第一个站出来抱怨。

IBM决定取消通行标准，让员工决定自己的工作标准，是很正确的做法，而结果也证实了这点。IBM的成功显示产业界应该更进一步为员工设定真正的工作目标，而不是设定产出标准。我们或许应该从员工需要有什么贡献着手，而不是从员工实际上能做什么着手。针对每一个职务，我们都应该有办法说明这个职务对于达成部门、工厂、公司的目标应该有什么贡献。因为新技术带来的新工作，必须以目标来取代最低生产标准。但是即使是今天组装厂中的机械性工作，如果我们在工作中加上一些技能和判断上的挑战，仍然可以设定有意义的目标。要激励员工达成最高绩效，同样重要的是，管理者也必须针对决定员工表现能力的各种管理功能，设定高绩效标准。

为了激励工人获取最佳绩效，还有一件很重要的事情要做，那就是管理层必须对自己的工作绩效提出高标准，因为较好的管理职能是决定工人能否达到最佳绩效的关键。

最打击员工士气的事情莫过于管理者像无头苍蝇般瞎忙时，却让员工闲在那儿无所事事，无论员工表面上多么庆幸可以领薪水不做事，在他们眼中，这充分显现了管理者的无能。妥善拟订进度，让员工随时都有事可做，可不是一件小事；让设备保持在一流状态，勤于保养，或在机器有故障时能立刻修好，也不是小事。最能激励员工绩效的就是把内部管理事务处理得无懈可击，通过这些活动向员工展现管理者的才干和他对待工作的认真态度，也直接反映出管理者的能力和标准。

这个原则无论对销售人员或机器操作人员，对办公室职员或工程师都一样适用。管理能力的第一个考验就是管理者是否有能力让员工在干扰最小的情况下，发挥工作最大的效益。最浪费成本的莫过于办公室主管一早上班后，让部属等着他看完所有的信件，并且加以分类，到了下午才拼命压迫下属赶工，以弥补上午损失的时间。如果工厂领班只顾着自己在工具房找替换零件（他早在一个星期前就应该采购的零件），让其他工人站在一旁无事可做，他对削减产出的影响将甚于工会的呼吁。而如果总工程师储存了一批"备用"人手，把他们放在虚设的职位上，也会严重打击士气。这类规划不良的状况会降低员工对管理层的尊敬，让员工认为公司并不是真的在意他们的表现，因此也降低了他们为公司奉献的意愿。当有人说，这好比"犯了谋杀罪以后，居然还能若无其事地走开"，这已经够糟了，但是拿下面一句话来形容公司的状况，杀伤力更强："就好像在军队里一样，先催促你快一点、快一点，然后又要你等半天。"

一位聪明的工厂主管有一次告诉我，他只想让领班做好几件事情：保持部门和机器一尘不染，总是在 3 天前就把该做的工作规划好，确保工厂拥有最新的设备，以及适时更换老旧的工具，除此之外，其他什么事都不必管。他的继任者引进了一大堆人事管理的技巧和花招，花了很多时间和金钱来筛选领班、训练领班，向他们发表一堆人际关系的谈话。然而，却从来无法追上前任所创下的生产纪录。

让员工了解情况

要根据目标来衡量绩效，需要有充足的信息。问题不在于员工需要多少信息，而在于企业为了自身利益，必须让员工了解多少信息。员工必须获得多少信息，才能承担起企业要求他的绩效？还有，应该什么时候获得这些信息？

员工必须有能力控制、衡量和引导自己的表现，应该知道自己的表现如何，而不必等别人来告诉他。有关工作程序和信息流通的规则既适用于管理者，也适用于一般员工。

但是企业也必须设法让员工为后果负责，他应该知道自己的工作和整体有何关联，他也应该知道他对于企业有何贡献，以及通过企业对社会有何贡献。

我明白要提供员工工作所需的信息并不容易，需要新的技术。数字本身通常都有完整的记录，但是要快速把信息传递给员工，就需要借助新工具。如果缺乏信息，员工就没有足够的诱因和方法来提升绩效。

要提供员工关于企业，以及他对于企业有何贡献的信息，就更困难了。传统数据对他而言，大半都毫无意义，尤其是如果信息还是以传统形式呈现，又加上一贯的时间延滞的话，就更加没有意义。不过管理者仍然应该尽量提供信息——不是因为员工要求看到这些数据，而是因为这么做才符合公司最大利益。即使尽了最大的努力，或许还是不可能把信息传递给大多数员工，但是当管理者努力把信息传达给每位员工时，他才有可能接触到在每个工厂、办公室或分店中影响公众意见和态度的人。

拥有管理者的愿景

职务安排、绩效标准和信息是激发员工责任感的条件，但是它们本身并不会提供这个动机。只有当员工拥有管理者的愿景时，也就是说，如果员工能站在管理者的角度来看待企业，认为自己的绩效将影响企业的兴衰存亡，那么他才会承担起达到最高绩效的责任。

今天，许多人经常谈到如何"赋予"员工对工作的自豪感、成就感以及受重视的感觉，但是别人无法"给"你荣誉感、成就感和受重视感。员工不会因为公司总裁在信中称呼他们"亲爱的同仁"而感到更受重视，总裁只是凸显了自己的愚蠢罢了。自豪感和成就感都必须源自于工作本身，无法衍生自工作以外的事物。员工或许极为珍视公司为了感谢他25年来忠诚的服务而颁发的纪念章，但是只有当纪念章确实象征了他在工作上的实际成就时，员工才会感激公司的安排，否则就只会被看成虚情假意，反而容易招致不满。

当员工确实做了值得骄傲的事情时，他们才会感到骄傲，否则就是不诚实，反而有杀伤力。只有当员工确实有所成就时，他们才会有成就感，也只有当他们承担了重要的任务时，他们才会觉得自己重要。真正的自豪感、成就感和受重视感是奠基于积极、负责地参与有关自己工作和工厂社区管理的决策。

最近，切萨皮克与俄亥俄铁路公司的员工提供了一个令人印象深刻的例子。1953年11月14日出版的美国《商业周刊》报道了这个故事。

> 本周一批切萨皮克与俄亥俄铁路公司的员工走进董事会的豪华办公室中，展示他们的骄傲与喜悦：他们为重建亨廷顿工厂所构思的模型。
>
> 这个模型是由60位铁匠、电工、木匠、引擎技工和学徒出于对工作的热爱，经过6个星期马不停蹄的努力（而且大半利用工余时间）完成的。切萨皮克与俄亥俄铁路公司高层估计，类似的规划可能要花30个月到3年的时间才能完成，由此可见这次集体努力的规模是多么庞大。
>
> 最初之所以会引发这个想法，是因为切萨皮克与俄亥俄铁路公司领悟到亨廷顿工厂必须重建，才有办法维修柴油引擎火车头。于是，在厂房中上班的员工开始在午餐时间讨论重建计划。

　　根据主管斯莱克的说法，1928 年建好的旧厂房设计得很糟糕，早就让员工受不了了。举例来说，车轮厂竟然离设厂地点很远，只好大老远把轮子运过来。

　　那天中午，谈话内容很快就落实为具体方案，每个人都提议如何解决自己厂房现有设计上的问题。他们的上司斯莱克仔细聆听各种建议，并且详做笔记。他找了绘图员把构想画成蓝图，然后邀请所有人参与整个规划工作。最后的成品就是本周在董事会中展示的模型。

　　整个计划除了让员工很开心外，还有几个极具说服力的优点：整个重建工程的预估成本大约在 250 万美元，远低于管理层原本预期的 1000 万～1500 万美元，真是大快人心。

　　当然，需要重建整个厂房的机会并不多，但是管理者会不停地碰到需要设计个人职务或团队工作的问题。

　　我们总是设法把工作分解为小单位，依照逻辑顺序安排工作流程，却没有理由一定要由工程师来为员工分析工作、安排流程，这种做法无非是迷信应该区分计划和执行罢了。我们有充分证据显示，如果负责执行工作的人能预先参与工作的规划，那么计划将会更加完善，这正是"工作简化"技术的精髓所在。而 30 年来，这种做法显然非常成功，无论应用在什么地方，都产生一致的成效：工作的规划更加完善、绩效更高、员工也不再抗拒改变。难怪切萨皮克与俄亥俄铁路公司早在员工主动参与厂房重建计划之前多年，就已经开始在工厂推动工作简化计划了。

工厂中的社区活动

　　参与规划自己的工作并不是培养管理者愿景的唯一方法。员工还必须有机会在工厂社区中担当领导，这是获得实际管理经验的最佳途径。

　　一个人能在工厂社区中挑起领导重担并赢得尊敬的特质，通常不见得符合管理职位所需要的特质。然而，企业肯定和奖励员工的唯一方式通常都是升迁。

无论升迁机会多么丰富，升迁制度多么公平，员工中总是会有一些广受尊重的领导人物没能更上一层楼，他们因为失望而开始和公司唱反调，以继续发挥他们的领导才能。难怪有这么多工会领袖选择工会为他们事业发展的舞台，因为企业无法通过升迁制度肯定他们的领导才能。

著名的工会领袖鲁瑟（Walter Reuther）正是其中一个杰出的例子。毋庸置疑，鲁瑟深信自由企业制度不是那么理想，他的想法主要是根据一个前提——好的制度应该早就发掘并且重用像他这样的领导人才。我也认识许多不管在气质或外表上都极端保守的工会干部，他们对工会活动产生兴趣，主要是因为一直无法获得上司赏识，在公司里老是当不上主管。

在每个企业中，员工都有机会在管理员工的同时获得管理者的愿景。在每个企业中，也都有许多活动不属于企业经营的范畴，而是工厂社区活动。这些活动必须有人负责，但这些活动通常又和企业经营没有直接的关系，对于企业成败的影响也微乎其微，因此不需要由管理层来主事。例如，这些活动可能包括红十字会的献血活动、圣诞晚会、排轮班表，或安全措施、员工餐厅或员工出版品的设计规划。每一项活动本身似乎都不是那么重要，但是加总起来又很庞杂。对员工而言，这些活动非常重要，因为直接影响到他们的社交生活。

信息服务领域也是员工可以自行规划推动的部分。例如，发行员工年报，为新进人员撰写员工手册，规划有关新技术、新技巧、顾客服务，或如何答复顾客来电的培训课程。

如果交由管理层负责这些计划，而不是迫使员工自行负起责任，公司就丧失了培养员工像管理者那样看待问题的大好机会，而且对企业经营也没有好处。管理者需要忙的事情已经够多了，不需要在运营重任之外，还负责规划其他非经营性质的活动。更何况要办好社区活动，需要花费许多时间和人力，如果全部由管理者操控，而不是让员工充分发挥热情和才干，将会格外招致批评与不满。例如，由企业主管负责的公司餐厅不就老是令员工怨声载道吗？

我要声明一点：我相信在企业经营的领域，员工不能享有同样的参与度。由于员工不需担负"责任"，自然也就没有"职权"。我也不希望看到一般企业中出现更多的社区活动——事实上，我认为在许多企业中，还应该减少这类活动。我并不主张企业有更多的幕僚人员、更频繁的会议，以及其他组织臃肿的症状。我只是主张反正都要做的事，就应该以合情合理的方式把它做好，但是用较少的人力来做，而且由工厂中的社区自行负责。

我们应该以高标准来要求这些活动的品质，的确，这些活动提供了绝佳的机会来展现绩效标准的真正意义，但是应该由工厂社区来负起实际的责任，员工可以借此培养管理者的愿景，并且因此深受激励，努力追求最高绩效。

要发展出足以取代恐惧的工作动机并不容易，但并非这样做不可。今天，我们拥有充足的工程知识，能够有效设计个人和团队职务，以达成最高绩效。我们也拥有社会知识，知道如何组织人力来获取工作效益。在新科技之下，我们还有一套生产和销售系统，可以提供员工发挥才干、满足成就动机的空间。如果员工本身没有表现的欲望，那么即使有这些机会，也终究无法开花结果。在办公室中消除恐惧是件好事，但是单单消除恐惧还不够，我们需要更积极的激励措施，包括慎重的职务安排、高绩效标准、提供员工自我控制的充足信息，以及员工能像负责任的公民一般参与工厂社区的事务。

我称第22章为"宣言"，本章其实也一样。这两章虽然只提纲挈领地针对如何管理员工和工作，举出部分成功的案例，不过就我所知，还没有任何企业全面推动这方面的尝试。

到目前为止，我们已经了解了很多。我们知道应该做什么，至少知道比起目前的进展，还有许多应该做的事情。当然我们很有理由期望20年后，今天的目标变成已经达到的成就，而今天的宣言也将成为历史。

第24章 | CHAPTER 24

经济层面

金钱奖励不是动力的源泉——严肃决策已迫在眉睫——对收入和就业的期待得到了保障——对利润的抗拒——利润分享和股份分享——"没有销售，便没有工作"

我刻意延后讨论企业和员工之间的经济关系，并不是因为这件事情不重要，而是因为正如前面所说，在现代工业社会中，金钱报酬不再是重要的激励员工的手段，尽管对金钱报酬的不满，将会降低工作绩效。但是经济报酬再高，都无法取代责任感或慎重的职务安排。反之，非经济性诱因也无法弥补员工对经济报酬的不满。

在这方面，我们可能要面临最严肃而迫切的决定。即使只是工会要求企业实施"保障年薪"这样一个因素，都将决定美国是否有办法解决经济冲突，为企业、员工和社会都带来长期利益，还是问题在未来几年反而更加恶化。

尽管企业员工对于"错误"的薪资差距表达了强烈的不满，但主要的问题不在于薪资高低，甚至不是薪资差距的问题。真正的问题其实隐藏在更深层。

首先是企业将薪资看作成本，要求薪资必须有弹性，而员工将薪资看作收入，要求薪资稳定，两者之间有很大的分歧。只有通过可预测的薪资和雇用计划，才能解决这个冲突。⊖

⊖ 更详细的讨论，请参见拙著《新社会》(*The New Society*) p.232 及以后的论述。

　　要求企业给予员工绝对的工作保障，例如工会所宣传的"保障年薪"制，就好像承诺一个人可以长生不老一样疯狂。这种承诺根本毫无价值，因为在经济萧条的时候，根本无法兑现这张支票。如果普遍实施保障年薪，整个经济体系将变得僵硬而没有弹性，经济萧条将无法避免，而且更加严重。意大利承诺"保障就业"的例子正充分证明了其中蕴涵的危险。在第二次世界大战后意大利经济崩溃的那段黑暗日子里，意大利政府颁布了一项法令，规定除非企业面临严重的经济困境，否则严禁雇主解雇正式员工。结果在意大利没有人敢雇用员工，因为一旦雇用了任何人，他们立刻就变成正式员工，必须终身雇用，不得任意解雇。因此，企业宁可放弃扩张计划，也不敢雇用更多的人。尽管当时意大利北部工业区的电力严重不足，电力公司宁可延长原本的建厂计划，也不愿意雇用更多的建筑工人，以免 5 年后就没有工作给这批人做。通过这项法案的原意是为了预防失业问题，就 1945 年或 1946 年的情况，这样做或许有其必要性，而结果却成为意大利人大量失业的主要原因。然而没有人敢公开表达反对意见，更遑论提议修改或废除这项法令了。由于这个法案已经贴上了"保障就业"的标签，早已变成工会中最神圣不可侵犯的圣地。

　　我们需要的不是长生不老的保证——工会传统的"保障年薪"诉求。我们需要的是寿险计划，这是企业做得到的。⊖

　　大多数公司都可以根据过去经验，预估雇用人数在一年内大幅滑落的可能性（对大多数美国企业而言，1937～1938 年是企业雇用人数降幅最大的时期）。根据这些经验可以推算出今天的员工可能面临的最恶劣情况，如此预估的雇用人力和收入状况将远超出员工的预期。只有一小部分企业曾经碰到过一年内工时下降 1/3 的情况，而即使是工时滑落了 1/3，仍然意味着有八成员工未来 12 个月的工作时数是目前的 80%。而能够预期未来能拿到目前收入的八成，已经足以让员工规划未来的预算。

　　一旦有了这样的预期，企业和员工的风险就有了限制。当然天有不测风云，如果公司破产或整个产业崩盘，即使预估了雇用人力和收入状况，也无法保障

⊖　在 1954 年 1 月刊登的 *Personnel* 杂志中，就描述了位于新泽西贝勒维尔的一家小公司 Resisto-flex Corporation 所实施的简单而有效的计划。

工作。但是这就好比因为火险不能赔偿龙卷风造成的损失，就说火险不好一样荒谬。

到目前为止，我们已经积累了充足的经验，因此知道只要妥善执行，企业将能直接受益于稳定的雇用和薪资政策，并且削减运营成本。这不是慈善活动，也不应该把它当成慈善活动。的确，能够稳定运营，削减成本，才能发展出成功的可预测薪资与雇用计划。

其中一个例子是铁路的维修作业。过去维修工作都是根据目前的营收状况来进行的。然而，这表示大多数的维修都是在交通最繁忙的时候进行的，也就是说，维修工人花在等候火车通过的时间总是比实际工作的时间还要多。后来铁路公司固定编制预算来进行铁路维修，同时在交通低谷时间进行密集维修，结果成本降低了 1/3。他们在 12 个月内一直维持稳定的雇用人力，波动幅度不超过 10%。

新技术将迫使企业实施稳定的雇用政策。一方面自动化设备需要以稳定的速率持续运转，训练有素、具有专业技能的员工也是企业几乎无法替代的投资。无论情景好坏，企业为了自身利益，都必须尽一切努力留住人才。

在现代经济体系中，人类有史以来首度有机会解决经济弹性和经济保障之间长久以来的冲突。一旦解决了这个问题，将能大幅强化企业实力，减少经济负担。IBM 的例子就是明证。

但如果企业经营者未能了解这个道理，并且以此为行动的原则，将会被迫采取"保障年薪"之类的政策。我们有充分的理由强调，在现代工业社会中，员工已经成为"中产阶级"，但是象征中产阶级地位的向来都是稳定而可预期的周薪或月薪，而"无产阶级"最显著的象征则是按时或按件计酬的工资。

我们也明白，对大多数员工而言，最重要的是保障他们持续工作。相比较之下，例如养老金或医疗等其他保障反而变得无关紧要。不管我们的工会在今年或明年提出保障工作的要求，这个问题迟早都会出现，因为它呼应了社会现实。管理层只有在能兼顾企业与员工利益的雇用人力与薪资预测计划，以及对两者都造成伤害的"保障年薪"之间做选择，选择究竟要解决长期以来的冲突，以强化企业体质，还是宁可相信经济永远繁荣的虚假承诺，结果反而制造了新的痛苦和更多冲突。

对利润的抗拒

　　要克服员工对利润根深蒂固的抗拒，可预测的收入和雇用计划或许也是关键。对自由经济危害最大的莫过于员工对利润的敌意。到目前为止，我们采用的疗法都只能治标，而不能治本。

　　表面看来，利润分享显然是个解决问题的方法。从100年前开始，企业界已经在尝试推行利润分享制度，然而结果并不太振奋人心，大企业的施行效果尤其不理想。当企业获利高，员工也分得多时，这个计划广受员工欢迎。但是真正困难的是，必须说服员工因为企业随时都可能面临亏损的危险，所以必须把利润拿来发展他们未来的工作，强化未来的生计，而这是利润分享计划所做不到的。相反，依照一贯的利润分享方式（员工年终分红），员工认为企业轻而易举就可以获利（高利润），他们因此可能觉得公司获利是一件好事，甚至相信他们的工作绩效关系到年终可以拿到多大面额的支票（尽管实际状况可能连最大力支持利润分享制的员工，都难以打动）。不过，员工并不会因为利润分享制而了解利润的功能，不会明白对企业而言，利润是绝对必要的，否则就会面临亏损和经济衰退。利润分享也许缓和了原本的问题，而只要是能缓和这个问题的方案，都会受到欢迎。但至少就目前的形式而言，利润分享制还不能提供我们需要的解决问题的办法。

　　同样，虽然普及股权分享制符合企业和社会的利益，但是认为员工只不过因为拥有公司10股、25股或100股的股份，就会改变对利润的态度，也未免太天真了。员工之所以反对利润，在经济利益之下还有更深层的原因——乃是根源于员工对于个人目标必须屈从于企业缺乏人性的目标和规定所产生的反感。如果就员工拥有百分之百股权的公司及国营企业的经验看来，即使完全让员工分享股权，也不是办法。10年、20年后，美国上市公司大半的股份将直接或间接落入企业员工或他们的退休信托基金、投资信托基金、保险基金手中，但即使如此，也不会改变企业员工对于利润原则的抗拒。

这些立意善良的认真尝试之所以无法奏效，可能是因为焦点偏离了员工的工作，然而在企业中，最与员工利害相关的还是工作。所以员工必须了解，他们的工作完全系于企业的利润，企业有利可图时，员工的工作才会更好、更有保障、更愉快。这些计划的目的都是希望借着让员工感觉像个"所有者"而接受利润的观念。然而工作才是员工在企业中真正拥有的东西，利润分享或股权分享都不是核心，只是附加品而已。

只要员工把获利当成企业的目的，他就会认为自己的利益和企业利益之间有基本的分歧，而且更加迷信"生产会创造利润"的传统说法，换言之，他坚信自己创造了利润。任何论点都无法让他看清"为使用而生产"及"为利润而生产"这种古老对比的谬误。但是如果企业的目的是创造顾客，那么两者应该协调一致，毫无冲突。因为如果企业不销售产品，就不能提供工作机会。⊖

或许在 20 世纪 30 年代，当 IBM 经营团队有感于应该负责维护员工的工作机会，而决定开发新市场时，他们提供了解决这个问题的线索。因为这个决定把利润从由员工供应但被公司夺走的东西，转变为由市场供应且公司和员工都同样需要的东西。员工因此认识到自己与公司其实休戚相关，双方都同样需要利润。

企业或许能充分运用利润分享制来加强有关雇用人力和收入的预测。的确，根据过去的经验，我认为在运用利润的所有方式中，员工可能最想要这种方式。但是在任何与员工分享利润的尝试中，这些都还是次要的，或许更重要的是，企业经营者对于维护员工的工作机会必须许下坚定的承诺，以及必须设法让企业的成功与员工的工作保障之间，建立直接而明显的关系。

但基本上，这种方式是健全而有效的，显示出企业的利益与员工的利益其实是一体的，管理层在追求企业利益时，同时也满足了员工的利益；管理层自认是为员工创造就业机会和捍卫工作的人。更重要的是，这种方式显示，对于员工和他的工作而言，利润都是绝对必要的。

⊖ 克朗·泽勒巴克公司副总裁赫伦（Alexander R. Heron）在他的著作《没有销售，就没有工作》(*No Sale，No Job*，New York：Harper & Brothers，1954) 中提出相同的论点。

　　显然我们还缺乏这方面的知识和经验。到目前为止，我们只能描绘出一些粗略的方法，但还不是很清楚究竟应该怎么做。毕竟直到最近几年，我们才在经济上有了基本的领悟，知道员工应该看清楚，为了自身利益着想，他们不该问："利润是不是太高了？"而应该问："利润够高了吗？"员工无法从"经济教育"中学到这个观念——即使是真正的经济教育，而不仅仅是宣传，也无法教导他们这点。必须由管理者采取明确的行动，让企业的目的和员工的目的趋于一致，同时建立起双方互惠的关系和对充足利润的共同依赖，才是根本之道。

主　　管

主管是"管理员工"的吗——为什么主管必须要成为管理人员——主管的职责是什么——主管的两项工作——今天的混乱状况——缩减主管管辖的人员数目是错误的选择——主管需要什么——主管的工作目标——主管与工人的提升机会——主管的管理现状——主管的职责是什么——更需要的是经理，而不是主管

第一线主管并非"管理员工的管理者"。无论是设计工作、组织人力来完成工作、适当的激励措施、员工与企业的经济关系，或组织的精神、原则和实务，都不是由主管决定的，甚至也不太受主管的影响，而是由公司高层所发动的，同时员工很清楚这个状况。即使是最优秀的主管都无法取代糟糕的员工管理原则和实际做法。今天许多管理者喜欢在口头上过度强调主管的重要性，这种做法可能有害，因为有时候管理层误以为他们因此可以卸下管理员工的责任，只要张口督促主管把工作做好就成了。

不过，第一线主管（不管称他们为"领班""组长"或"科长"都好）能帮助管理层了解员工的需求，以创造最高绩效。员工的工作能力取决于主管的规划能力，员工的工作绩效究竟是卓越还是平庸，也要视主管在培训员工和安排职务上的表现而定。

第一线主管必须好好安排工作进度，让工作能够平稳地进行。他必须确保

员工有完成工作所需的设备、合理的工作环境，同时也能和同事一起在有组织的团队中工作。他也须负责让员工具有工作意愿和能力。他必须为自己所督导的小组设定工作目标，但目标必须以企业整体目标为依据，同时根据小组目标和每位小组成员一起发展出各自的绩效目标。他还必须承担起安排职务的主要责任，并且应该负责在第一线发掘团队成员的领导潜力。

今天的混乱状况

上面提到的这些要求，要比今天企业所提出的对主管的要求低得多。企业的种种要求只有无所不能的天才才办得到。我们甚至还没有提到辅导员工、传授经济观念或代表管理层向员工说明事情等事项，这些事情应该是由位居要津的干才来负责的重要职务。

主管的职务设计多半不符合这些要求，因为在过去，主管的工作内容并没有经过合理的设计，甚至没有经过周详的思考。至少在美国的企业，主管的工作内容可以说是一盘大杂烩，几十年来一直变来变去。每个人都知道，或自称他知道主管应该做哪些工作。他应该负责收发文件、填写表格；也应该在工作团队中担任技术高手或师傅，或对工具和设备了如指掌；他还应该扮演领导人的角色。而且上述的每一项工作，他都应该做得尽善尽美，而他的年薪只有4000美元。

更糟的是，管理层一方面宣扬主管的首要职责是人际关系，另一方面却看他们有没有保持良好的工作记录来决定升迁。难怪当少数学者试图研究主管的工作内容时，发现主管总是忙得团团转，手上同时在处理四五十件毫不相干的不同事情，不知道该以哪一件事情为重。我们可能高谈主管是管理团队的一分子，拼命夸耀这个职位的重要性，然而在极端现实的工会领导人眼中，主管只是为管理层跑腿的小弟，他们做不了什么决定，老是挨骂，想要把事情办好，就得绕过他们，直接和上面的人沟通，而实际状况也八九不离十。

这种混乱的状况，有一部分从这个职位设立之初就埋下了种子。主管就好像混血儿一样，一部分源自于"师傅"兼老板的古老传统。1880年，在新英格兰担任第一线主管的是真正的企业家，他们通过投标的方式获得生产某种产品的权利，他们雇用并组织工人进行生产，从投标数额与实际成本之间赚取差价。但此外，主管工作也有一部分源自于以前带队挖水沟的工头，或是纤夫的领队，因为他总是负责在队伍最前面带头高喊："一、二、三，拉——"，设定工作的步调（德文的"Vorarbeiter"或英文的"charge hand"都比"工头"或"领班"更清楚说明了主管工作的起源）。今天，大家对于主管的期许主要沿袭了古代社会对工匠师傅的期许。但是，主管的实际职位则主要承袭自挖沟人或纤夫的领队。

多年来，我们已经系统化地把所有非固定性工作排除在主管的工作之外。组织人力变成工业工程师的职责；人力资源部门接掌了越来越多的员工管理事务，例如员工的筛选、职务安排、培训、薪酬等；检验、质量控制、成本会计等部门也侵占了主管管辖的领域；工会的兴起，更剥夺了主管维持纪律的角色。最后只剩下一大堆五颜六色的破布，永远也拼凑不成一件完整的衣服。

从 20 世纪 20 年代中期以来，由于认识到主管工作面临的问题，我们试图削减主管负责管理的员工人数，以增进主管工作的成效。30 年前，制造业一般主管要负责管理 60 名以上的员工，到了今天，每位生产线领班几乎都只需要带 20～25 个人。

毋庸置疑，我们必须设法让主管工作发挥功效，但是削减工作小组的人数无法达到这个目的。首先，主管的问题不在于他们需要管的人太多了，而是手上有太多事情要做，分不清哪些事情比较重要。其次，削减组员人数等于削减了主管工作的重要性，结果根本不可能有人为主管分劳，让他能摆脱记录和存档等不重要的杂务。更重要的是，这样做削弱了主管在面对管理层时代表员工的能力。

换句话说，问题不在于主管的控制幅度，而在于管理责任的幅度。他要负责太多事情了（根据美国陆军⊖最近的研究，一般生产线的领班要负责 41 件不

⊖　"Activities and Behaviors of Production Supervisors" Report No.946, Personnel Research Section, PR & P Branch, The Adjutant General's Office, Department of the Army, Washington, D.C., 1952.

同的事情）。同时，他既没有权威，也没有地位，更没有时间来承担责任。

　　缩小主管负责的单位规模不但没有办法解决问题，反而会令问题更加恶化。唯一解决问题的方法是合理规范职务内容。

主管需要什么

　　主管在履行职责时首先需要的是为自己的活动制定明确的目标，而且目标必须直接聚焦于企业的经营目标。和所有真正的目标一样，主管的目标一方面需要涵盖从经营成果出发的目标，另一方面则必须能实践基本信念和原则。因此他们必须在眼前的需求和长远的需求之间有所权衡。

　　为了达成这些目标，主管除了承担责任，也必须有相对的权力。他需要了解公司的运营、结构、目标和经营绩效，否则他自己的目标必然缺乏意义。他需要掌握能达成目标的方法，同时根据达成目标的状况来衡量他的绩效。事实上，达到部门目标所需的一切都应该由他来掌控，否则他就无法承担主管的责任。

　　其次，企业必须提供主管充足的升迁机会，并且根据明确的绩效标准，制定合理的升迁制度。

　　主管最严重的不满大概莫过于缺乏升迁机会了，而且也难怪他们会抱怨。有几项调查显示，高达七成的主管承认，无论他们在工作上表现得多么出色，都完全看不到任何升迁机会。

　　剥夺主管应有的升迁机会严重浪费了人力资源。主管已经证明了他们很清楚应该怎么做事才符合公司需求，例如应该如何规划工作、安排进度、领导和训练员工、安排职务等。然而就我所知，每家公司都拼命抱怨他们找不到具有这些特质的人才。不断在主管中搜寻能够成为管理者或技术专家的人才，显然非常必要。

　　如果希望主管在员工管理上有好的表现，升迁机会就非常重要。升迁机会的多寡决定了企业能否激励主管追求最佳绩效，还是主管都只求明哲保身，过关就好。企业不见得需要使每一位主管都得到升迁，无论我们怎么做，真正能升上去的比例总是有限的。但重要的是，必须让主管知道，表现好的人总是有机会升迁，不要让他们觉得无论在目前的岗位上表现是好是坏，都不会影响到未来前途（至少在今天的美国制造业中，大多数主管似乎都有这种感觉）。

不提供主管充足的升迁机会，不但破坏了自由社会的基础，同时也是对企业社会责任的否定。因为自由社会的团结和力量乃奠基于对机会均等的承诺上。在工业社会中，机会均等就代表能够凭自己的能力、绩效和努力，从员工晋升到管理层。而在美国，主管的职位既代表了员工的升迁机会，代表他们已经踏出了晋升到管理层的第一步，同时也说明了企业中没有阶级之分，也没有阶级斗争。

正因为如此，企业应该提拔基层员工成为主管，如果不让基层员工有机会升为主管，将严重打击士气，就好像不提供主管升迁机会一样，违背了社会基本信念。培养主管最好的方法，莫过于在团队中工作的实际经验。今天的企业很喜欢招募初出茅庐的大学毕业生来担任主管工作，基本上，这是不负责任且违反社会信念的做法。把较高层的管理和专业职位保留给以"储备干部"的名义招募来的大学毕业生也同样不合理。在这方面，我是个保守的反对派，因为我认为教育应该赋予我们责任，而非特权。我反对有些学校大肆宣扬教育提供了一条不需靠工作表现，就可以直接获得高地位和高收入的捷径。这种政策不但和企业的社会责任背道而驰，也无法达到人尽其才的目的，更无法满足企业对于高效能主管的需求，这完全是偷懒的招数，而且偷懒的招数照例在最后只会带来更多的麻烦，需要花更多精力来收拾残局。

因此培养管理者应该从主管着手。当中层主管职位和技术职位出缺时，必须充分考虑以主管替补的可能性。想要培养工业工程、质量管理和生产规划方面的专才，最好先看他们在第一线主管工作上能否展现卓越的绩效。能干的主管可以从训练课程中获得所需的一切专业技术知识，但是对这些工作而言，最重要的知识——了解组织，了解员工、主管和运营主管的需求，以及了解在整体运营中技术工作所扮演的角色等，只有借着担任第一线主管，才能学到最多。

最后，主管需要拥有管理者的地位。他的职务本身必须深具意义，也必须有足够的重要性，因此他能代表下属在上司面前发言，同时管理层也愿意聆听他的意见，并且重视他的话。如果必须经过特殊安排，才能让管理层听到他的声音，就显示主管的职务可能缺乏适当的组织。

主管的职责是什么

　　IBM 的例子说明了主管的职务内容。的确，在企业管理员工和工作的做法上，最值得学习的大概就是 IBM 安排主管职务的经验了。

　　我们学到的第一课是，主管工作必须是真正的管理工作，主管必须担负起大部分的管理责任。IBM 的主管身为项目经理，必须负责让新的产品设计上线生产。他必须和部属一起制定标准产量，并负责规划工具、材料和零件的供应。一般而言，大家都公认主管不是"技工"，许多工会合约中都明定除了修理机器外，主管不能亲自操作机器。但是，大家还没有充分明了的是，主管还必须是个真正的管理者，必须担负起规划和决策的重责大任。的确，他们的工作目标必须直接源自企业目标，同时必须根据他们对于企业绩效和成果的贡献来衡量他们的绩效和成果。

　　我们学到的第二课是，主管必须能够控制履行职责时所需的活动，也必须有充足的人力来处理相关事务。即使在最佳状况下，主管的一天总是排得满满的，但是如果他真的善尽职责的话，他根本不可能抽得出时间来填一大堆印好的表格，然而今天大多数主管却把 1/3 左右的时间花在填表格上。公司需要找个职员来帮主管填表，IBM 就为主管配了这样的帮手，他们称之为"收发员"。

　　主管也没有什么时间为下属进行例行培训，传授老手的工作经验。单单规划工作、安排进度、保持物料供应顺畅和设备状态良好，就已经忙不完了（根据前面提到的美国陆军的研究，对成功的生产线主管而言，这些工作占了一半以上的工作量），其余的时间则几乎都用在个别辅导下属解决问题，或教导他们新技术或新制程等。换句话说，他需要一位或多位培训员的协助，也就是 IBM 的"工作指导员"。

　　但是主管也需要技术服务。他可能需要工业工程、工作方法与成本会计方面的协助，可能也需要有人帮他追踪进度，了解工具供应或机器维修状况。这些都是主管需要的服务功能，应该由自己的下属来承担这部分的责任，因为主管是需要为最后绩效负责的人。

从 IBM 学到的第三课是，我们必须设法扭转趋势，不再削减主管的权限。IBM 的主管负责雇用、推荐、解雇、培训、提升人员及规划进度，同时负责处理他的单位和公司之间的所有关系，例如与人力资源部门之间的关系。当然，所有关于人的决策都应该先经过上司核定，这个规定适用于每一位管理者所做的人事决策，而且下属必须有申诉的权利。但是，决策本身必须由主管来做，否则就是有责无权了。

我们还有许多证据显示，企业需要扩大主管的管理权限，以及这样做将影响他的工作效能：

一家大型汽车组装厂最近把员工雇用权从中央掌控改为由主管掌控。聘雇部门仍然负责面谈、筛选和测验应征者，但是由主管决定是否聘用，而且职位出缺时，聘雇部门都会提出几个候选人供主管考虑，结果产量明显提升了许多。主管认为改进生产绩效的第一个原因是职务安排比过去理想，"我可以挑选最适合这个职位的人"是他们典型的答案。其次，他们觉得，当主管负责决定聘用什么人时，员工比较清楚上司对他的期望。一位工会干部表示："聘雇部门总是告诉应征者公司会提供多棒的发展机会，以及我们有完善的退休金制度和医疗保险，但是他们不会和应征者讨论职务内容——他们根本对职务内容一无所知。主管则会实事求是地告诉应征者公司期望他做什么，工作内容是什么。因此，我们不会找个聪明家伙进来，结果他从上班第一天开始就不断嫌东嫌西，也不会有人上班后才发现，自己不可能在六个星期内升为工厂经理，因为幻想破灭而另谋高就。"最后，公司和工会的关系大为改善。多年来，这座工厂和工会的冲突一直不断，现在尽管高层与工会的关系仍然不佳，但是在工厂的层次，主管现在不至于每个动作都招致工会不满，这在过去屡见不鲜，是导致怠工的重要原因。

最后，主管的单位规模应该要比目前大。当然，实际的规模会随着职务状况有所不同，但是整体而言，主管单位的规模应该比目前扩大至少两三倍。如此一来，主管才有充分的分量在面对管理层时代表员工发言，也防止主管只是一味地"督导"下属，而必须实施目标管理，通过慎重安排职务、员工培训、工作规划来管理下属。企业因此能付给主管比较像样的主管薪资，而不要老是像今天这样，付给他"比最高薪金的基层员工高出 10%"的薪水。这种说法本身充分反映了在管理员工时，主管工作的现实面和虚幻面之间的鸿沟（付给少数几位主管高薪，即使将为主管请助手的薪资都包括在内，仍然比今天以低薪雇用太多主管的做法节省成本）。

如果主管负责真正的管理工作，如果他能有助手分劳，如果他能掌握实权，如果他的单位规模够大，那么主管工作将再度变得可以管理。他也将有更充裕的时间和员工一起工作，更清楚自己的工作重点。

如此一来，主管工作将如同美国过去的传统，再度成为开创新机会的主要途径。"工作指导员"的职位可以训练员工担任主管工作，并且从实际表现中检验他的能力。难怪 IBM 不太担心如何挑选主管的问题，但几乎每一家制造公司都深受这个问题困扰。也难怪 IBM 不需担心员工会排斥新上任的主管，因为这些人昨天还是他们的同事，担任"工作指导员"时的表现好坏被视为合理的升迁标准。最后，IBM 很少会因为主管绩效不佳而将他降级。然而在其他公司常见的状况是，几乎每四位新进的主管中，就有两位做不好，尽管在他们升迁之前和到任后，公司都提供了密集的培训课程。

或许更重要的是，只要合理安排主管的职务，让主管晋升到负更大责任的管理职位就变得顺理成章了。今天的主管在与下属面对面相处时，是个卓越的管理者。但是他还不懂得如何通过设定目标、通过组织工作和职务，以及通过完善的规划来管理，换句话说，通过构成管理的要素来管理员工，而不再通过人际关系来管理员工。然而一旦提升到负更大责任的管理职位，他就必须有能力管理这些要素，具备设定目标、组织和规划的能力。即使是规划完善的督导职务，重心仍会放在与员工面对面的关系上，但是其中依然会包含充分的概念性、分析性、整合性的管理工作，可以训练主管为担负更大责任做准备，并且检验他的实际绩效。

如果有人认为，我表面上似乎要把主管工作变得更容易管理，也更有意义，但实际上是要"废除"主管职务，那么我的回答是，我的本意确实是如此。当企业希望促使员工达到最高绩效时，他们需要的是管理者，而非主管。

我不喜欢为了这类名词而讨论不休。但是"主管"这个名词所代表的意义恰好和主管工作应该具备的内容背道而驰。我认为，这个名词本身构成了一大障碍，干脆把它直接改成"管理者"还好一点（IBM 已经这么做了，而通用电气公司也在考虑跟进）。否则，"工头"这类旧观念仍然会继续误导我们。

无论我们用的是哪个名词，职务本身应该毫无疑义，担任这项职务的人承接了早年工匠师傅的古老传统，然而他们不再担任鞋匠或石匠，而是从事管理实务。

专业人员

专业人员算不算管理人员——专业人员是工作人员队伍中发展最快的部分——既不属于管理层，也非一般劳动工人——专业人员与管理者——专业人员与员工——专业人员的特殊需求——专业人员的目标——专业人员的机会——专业人员的薪酬——抓好专业人员的工作和职责——从专业上给予认可

许多人也常常主张，除了主管之外，专业人员是管理层的一分子。而且和主管的情形一样，必须明白宣示这个主张，正显示许多人对于专业人员的职务安排以及管理专业人员的方式日益感到不安。

专业人员是企业成长最快的工作群体。在第二次世界大战结束时，美国75家工业公司的研究实验室各自雇用了100多位专业人员。当时许多人认为这是战时的特殊现象，是因为美国对企业获利征税过高而导致的大手笔。但是5年后朝鲜战争爆发时，美国工业界这类大型研究实验室的数字几乎加倍增长，如果不论规模大小，全都计算在内，如今美国从事科学研究的工业实验室已经有3000多家。

专业人员的数目一直稳定增长。对外行人和大多数生意人而言，所谓"专业人员"，就是研究工程师或化学家。过去10年来，物理学家大批涌入工业界，到了今天，企业界已经雇用了数千名地质学家、生物学家和其他自然科学家，

还有至少数百位经济学家、统计学家、有执照的会计师和心理学家，更不用说律师了。

新科技推波助澜，扩大了专业人员的雇用范围。除了开创研发工程的新领域之外，许多研究市场和收入形态的数学经济学家和逻辑方法专家、数学家都纷纷进入企业界工作。

无论到哪里，我发现如何规划这些专业和技术人才的职务都是一大问题。

例如，我针对这个题目所发表的文章（"Management and the Professional Employe"，《哈佛商业评论》，1952 年 5/6 月刊）要求抽印本的读者人数之多，远超过我所撰写的其他管理文章。我每一次向企业界人士演讲后，总是有人问："我们应该如何管理专业人才？"几乎我所知道的每家大企业都在研究这个问题，而且在非商业性组织中（例如陆军）问题似乎也同样严重。

然而由于这个现象刚发生不久，我们甚至不知道应该如何称呼专业人员。只有通用电气公司自创了一个名词，他们称这些人为"个体的专业贡献者"。尽管这一称谓还大有商榷的余地（因为这些人通常不是单打独斗的，他们往往以小组为单位开展工作），但在想出更为恰当的名词之前，我们还是先沿用这一称呼为好。

即使找到了称呼专业人员的最佳名词，也无法告诉我们问题出在哪里，应该怎么解决，而只是显示了问题确实存在。

既不属于管理层，也非一般劳动工人

每当有人主张专业人员也是"管理层的一分子"时，他们的目的都是要强调，专业人员不是"劳动工人"。如果管理者抱持着这种主张，那么他通常是要表明，专业人员不能参加工会。如果专业人员自己也这么主张，他往往在表示，他们的升迁机会、待遇和地位都应该和管理者相当，而不只是个高技能的熟练工人。

　　当然，本书的一个重要观点就是，根本没有"劳工"这回事，所谓"劳工"，是把人看成纯粹的物质资源。在这样的论点之下，管理员工和工作的最终目标是要使企业的所有成员实现管理愿景，而主要的方法是让每位员工承担重要的责任和掌握决策权。

　　由此可见，把工业社会区分为管理者和劳工，假定一个人不是管理者就是劳工，反之亦然，其实是根本的逻辑错误。首先，我们应该了解，在企业中每个人都是工作人员，而管理本身是一种独特的工作，企业的每一分子无论担任什么工作，都必须有管理者的愿景。其次，每个人也应该了解，专业人员代表一个独特的团体，尽管他们兼具管理者和劳工的特质，但他们也拥有自己的特性。只有了解专业人员是什么，我们才能适当地安排他们的职务，并且进行适当的管理。

　　事实上，现在大家越来越清楚，现代企业至少需要3种类型的工作人员：企业需要管理者，也需要普通工人，无论他们是技术或非技术性员工，从事体力劳动或事务性工作。最后，企业越来越需要个体的专业贡献者。

　　那么，专业人员和管理人员究竟有何不同呢？不同之处并不在于专业人员不和别人一起共事。例如，市场研究人员或许除了自己的秘书之外，不需要管理任何人。然而，尽管他的工作要求高度技能，但仍然可能属于管理工作，应该采取职能性分权的方式来组织工作。冶金实验室主持人可能需要带领50个人工作，不过虽然他的职务要求具备行政能力，却仍然属于个人的专业工作。

　　换言之，专业人员和管理者一样，同时肩负"工作"和"团队运作"的责任。

　　还有一些其他差别。管理者必须为成果负责，因此他必须为别人的工作负责。个体的专业贡献者无论采取单独工作方式，或是团队的一分子，都为自己的贡献负责。

　　由于管理者必须为单位的工作成果负责，因此他必须有权安排、调动单位的员工，并指导他们工作；他必须规划他们的职务内容，将他们在工作上付出的心力组织起来，把他们整合为一个团队，同时评估他们的工作成果。个别的贡献者也为成果负责，但只为自己的工作成果负责。只有当其他人了解他的工作成果，并且能运用他的工作成果时，他的工作才能发挥功效。这意味着个别贡献者对于其他人也有应负的权责，但是这些权责不同于管理者的权责，反而比较像是老师的权责。

第二个不同之处在于专业人员的工作和企业的绩效目标及经营成果之间的关系。设定职务目标时，如果直接以企业的经营目标为依据，那么这必然是管理性职务，可以直接依照这个职务对企业成功的贡献来衡量其绩效。只要依照正确的结构原则来组织职务内容，就能符合组织精神的要求。但是如果无法直接从企业经营目标发展出职务的目标，这就不是一项管理性的职务，它的目标可能是专业上的目标，而不是以企业成功为目的，绩效衡量时根据的是专业标准，而非对企业经营绩效和成果有多少贡献。

管理者也有其专业上的标准，但是这些标准不会决定管理者的工作内容——管理者应该做什么完全取决于企业的目标为何。专业标准只会影响他达到目标时会采取什么经营管理方式，以及不会采取什么方式。此外，专业人员根据专业目标而发展出个人目标。企业的经营目标只会影响他把重心放在哪里，如何调整专业工作来顺应企业的需求，如何安排优先顺序等。如果公司破产的话，称赞销售部门表现优异，根本毫无意义。无论公司经营绩效如何，称赞公司聘请的化学家、地质学家、税务律师、专利律师或成本会计师在专业上表现卓越，却完全无妨。

那么，究竟专业与非专业人员、技术与非技术性员工真正的差别何在呢？身为专业人员，他的工作内容、工作标准、目标和愿景都完全要根据某个专业的标准、目标和愿景来制定，换句话说，主要取决于企业外部的因素。专业人员必须自行决定他的工作内容为何，做到什么地步才称得上表现优异，别人无法替他决定他应该做什么，以及工作标准为何。专业人员的工作也不能受别人"监督"，他可以接受别人的指引、教导和协助，就好像管理者也会接受指引、教导和协助一样，但是专业人员不能受别人指挥或控制。

当然，这些界限都很模糊。许多专业人员十分近似于管理者；许多专业人员则比较像非专业性的员工，也就是单纯的技术人员。今天，许多企业员工的工作方式和行为模式都类似专业人员，在自动化作业下，技术性员工、技师和专业人员的界限有时候十分模糊，不过根本差异主要在于，专业人员有其自身的问题，仅仅主张专业人员是管理层的一分子，无法解决这些问题，反而会因为挑起了专业人员和管理层不切实际的期望，让问题变得更严重。传统的人事管理观念更加无助于解决这些问题，企业硬要把人事管理的传统做法套用在专业人员身上，正是今天专业人员如此不满和不安的主因。

专业人员的特殊需求

要让专业人员在企业中发挥效能和生产力，必须满足五个特殊需求：他必须是专业人员，但也必须对企业有所贡献，而且知道自己有何贡献；他必须享有专业人员和个别贡献者的升迁机会；当他改善绩效和提高个人贡献时，企业必须提供金钱上的奖励；他的职务必须属于专业工作；他需要在企业内部和更广大的社区中获得专业上的肯定。

1. 专业性职务的目标必须是专业上的目标。不过，设定这些目标时也必须尽可能将企业目标涵盖在内，尽可能为专业人员提供管理者的愿景，让他们了解专业工作对于企业整体的影响。

要达到这个目标，其中一个方法是在正常的专业工作之外，指派专业人员特殊任务，让他有机会参与管理层的运作。例如，有一家公司指派原本只负责长期基础研究的资深化学家参与公司的预算委员会，这位化学家对财务一窍不通，也漠不关心，但这并不构成反对他参与财务管理的理由，反而变成支持他加入的有力论点。

另外一家大药厂以不同的方式来解决同样的问题，他们面对的问题是，必须让专利律师融入企业运营，但又不能削弱他们的专业能力或破坏他们在专利领域中诚实正直的形象。

专利部门面对一个特别困难的问题，就是如何在企业经营目标和专业标准之间有所取舍。高级专利律师很容易从"毫无瑕疵的专利工作"的角度来思考问题，而不会为公司的需求着想。然而如果从全球的角度来看，专利不只是一项重大的资本支出，专利策略对于制药业的成功有决定性的影响。

这家制药公司解决问题的方法是，由3位专利部门的资深人员和营销、研究、财务和生产部门的高层人员一起组成专利委员会。他们每两个月举行一次会议，每次会议历时3天，由小组成员一起讨论公司的专利需求，拟订专利策略。在会议之后，专利律师仍旧秉持自己的专业来工作，不会受到管理层任何干扰。制药公司的执行副总裁说："我们花了10年时间，才想出这个显而易见的解决办法。在这10年中，管理层和专利人员经常发生摩擦，互控对方固执短视。现在，我们在专利上表现得比过去出色多了，却只要花过去一半的成本。"

为了让专业人员了解企业的经营目标，必须让他们了解身为员工，公司对他们的要求是什么。

让个别贡献者更了解企业运营和其中的问题，也是避免"项目狂"的唯一办法，这种常见的企业病源于管理层试图掌控他们毫不了解的专业工作。他们希望看到绩效，往往出于眼前急迫性的需求，推动各种"项目"，却缺乏长远的考虑。但是要让高级专业人员发挥实质效益，唯一的办法就是网罗优秀的人才，然后让他们做好自己的工作。不过，必须先让专业人员了解企业和企业的目标，因此他们可以自己想清楚怎么做才能为公司带来最大的贡献。

2. 工业社会划分工人阶层和管理层这种似是而非的做法，对于专业人员的升迁机会造成莫大的伤害。结果，一般企业只懂得一种升迁制度：升到管理职位，担负起管理他人工作的责任。

但是，优秀的专业人员往往不是杰出的管理人才。原因不见得在于专业人员宁可独自工作，而是他们通常很厌烦行政工作。优秀的专业人员往往对行政管理人员缺乏敬意，他敬佩的是在专业领域中表现比他优秀的人。提拔表现优异的专业人员到管理职位上，常常毁掉了出色的专业人才，却没有培养出优秀的管理人才。但是在专业人员眼中，如果公司只提拔优秀的行政管理人才（而且这类人通常不是卓越的专业人才）实在很不合理，简直是在偏袒行政管理人员，奖励平庸之辈。如果公司除了行政管理职位以外，一直不提供其他升迁机会，那么就只能被迫两害相权取其轻了。

企业需要的是为个体贡献者提供一条与管理职位平行的升迁渠道（通用电气公司目前就在设法建构这样的升迁渠道）。除了"冶金研究部门经理"这样的职称之外，还需要如"资深冶金专家""总顾问"之类的职位。这些新升迁机会的声望、重要性地位应该和传统管理职位没有两样。

3. 专业人才应该和管理者同样享有金钱上的奖励。主要因为传统企业对管理者和员工采取二分法，专业人员往往在升到管理职位时，才能获得薪酬上的奖励。但是，公司给员工的待遇应该根据他们对公司的贡献来决定，而不是根据管理职位高低来决定。我们必须肯定专业人员对公司的贡献绝对不逊于管理者的贡献。

4. 企业必须具备两个条件，才能让专业人员的工作真正专业化。首先，企业不应该"监督"专业人员的工作。专业人员需要严谨的绩效标准和设定高目标，公司应该对专业人员提出许多要求，绝对不接受，也不宽容拙劣和平庸的表现。但是，究竟专业人员如何完成工作，则必须由他自行负责。换句话说，专业人员的职务安排方式以及和上司的关系，都应该和管理者一样。专业人员的上司应该有能力协助、教导、指引下属，他和专业人员的关系应该好像大学的资深教授与年轻教授之间的关系，而不是从属关系。

其次，我们需要持续付出特别的努力来安排专业人员的职务。有的人希望终身都致力于在小小的专业领域中不断精进，只想成为全球顶尖的变阻器专家，我们必须为这类人安排适合他的职务；有的人希望成为整个领域的大师级人物，以及希望从变阻器专家转换到电机工程的领域，从税法转换到公司法的领域，我们也必须为他们安排适当的职务。不过，他们需要的是不同的职务、不同的挑战和不同的机会。学术生涯允许这两种人发挥所长，因此对专业人员很有吸引力。企业需要给予稀有而宝贵的专业人才——能启发同事的教师，充分的肯定、地位和奖励。

5. 最后，专业人才需要在企业内外都获得专业上的肯定。企业需要赋予杰出的资深专业人员特殊的地位，以象征公司非常珍视专业人员的贡献。年轻人需要有机会从专业领域中学习，在大学或专科兼任教职，不断进修，增进自己的技能。今天的企业通常都允许专业人员从事这些活动，不过这些活动对企业而言十分重要，即使企业不奖励，至少也应该鼓励员工参与这类活动。能在专业上获得肯定的专业人员通常都会在自己的领域中不断精进，追求完美，或至少始终在专业领域中保持领先地位。他很可能吸引到最有潜力的新一代专业人才进入公司，当专业人才越来越炙手可热时，这方面的效应可不能等闲视之。

今天关于专业人才的社会责任，引起很多讨论，许多人谈到专业人才应该变成"更宽广的人文主义者"，而不要只是"狭隘的专家"。由于今天在我们的社会中，越来越多的专业人才进入企业中工作，因此专业人才越来越需要通过对企业有所贡献，而履行他们的社会责任，也必须了解自己在企业的社会结构中占据什么样的位置，以及与企业目标、企业绩效和企业组织之间的关系，从而成为视野更宽广的人文主义者。

如何管理专业人才，是今天企业所面临的严重问题之一。我们不能靠主张专业人员也是管理层的一部分来回避这个问题。要管理专业人员，首先必须肯定专业职务的独特性。专业人员必须具备管理者的愿景，而他的主要功能却非管理。他是企业的员工，但是他必须自行决定工作内容，自己设定目标，同时在薪酬奖励和升迁机会上又参照管理人员的待遇。我们还需要更多的研究和实验，才会知道应该如何解决这个问题。但是基本而言，问题和解决办法已经呼之欲出。在解决这个问题的时候，企业不但解决了自己最重要的问题，同时也对于解决现代社会的核心问题有所贡献。

5

当一名管理者意味着什么

THE PRACTICE
OF MANAGEMENT

管理者及其工作

是"白胡子老头儿"，还是"万能天才"——管理者如何开展工作——管理者的工作——信息：管理者的工具——善用时间——管理者的资源：人——对管理者的要求：为人正直——什么样的人才能当管理者——管理者又是教育者——管理者既要有洞察力，又要有道德责任感

我记得俾斯麦曾经说过："要找到教育部部长很容易，只需找个白胡子老头儿就成了。但是要找到一位好厨师就不那么容易了，他必须是一位无所不能的天才。"

到目前为止，本书讨论的都是管理者的职务——从前面的讨论可以清楚地看出，做好管理者的职务需要的不只是长长的白胡子而已。显然担任管理者，仅仅有漂亮的头衔、大办公室和其他阶级象征都还不够，必须展现卓越的能力和绩效。那么，必须是无所不能的天才，才有资格担任管理者吗？管理工作靠的是方法，还是直觉？管理者如何完成他的工作？管理者的职务与企业中其他非管理性职务，有哪些不同？

管理者有两项特殊任务，企业中其他人都不需担负这两项任务，而且凡是必须承担这两项任务的人都是管理者。

第一项任务是创造出大于各部分总和的真正整体，创造出有生产力的实体，

而且其产出将大于所有投入资源的总和。管理者就好比交响乐团的指挥家，通过他的努力、想象力和领导力，将发出各种声响的乐器组合起来变成富有生命力的和谐乐章。但是交响乐指挥家只负责诠释作品，管理者则既要扮演作曲家，也要充当指挥家。

为了完成任务，管理者必须善于发挥资源优势，尤其是人力资源方面的长处，以中和其短处。要创造真正的整体，只有采取这个办法。

因此，管理者必须能平衡和协调好 3 种企业的主要功能：管理企业、管理"管理者"以及管理员工和工作。任何决策或行动如果为了满足某个功能的需求而削弱其他功能，那么将削弱整个企业的实力。企业的决策和行动必须能兼顾这 3 个领域的需求。

要创造真正的整体，管理者还必须在采取每个行动时，同时考虑企业的整体绩效，以及需要哪些不同的活动来达成一致的绩效。最佳的比喻仍然是交响乐团的指挥家，交响乐指挥家必须同时聆听整个乐团和第二双簧管奏出的乐音。同样，管理者也必须同时考虑企业整体绩效和所需的市场研究活动，企业整体绩效提升时，也为市场研究创造了更大的空间和挑战，而通过改善市场研究的绩效，企业同时也改善了企业整体绩效。管理者必须随时思考两个问题：企业需要达到什么样的绩效，并因此需要什么样的活动？这些活动如何改善绩效和成果？

管理者的第二项任务是协调每个决策和行动的长远的需求和眼前的需求。无论牺牲长期或短期利益，都会危及整个企业。换句话说，他必须一方面埋头苦干，另一方面却放宽视野、高瞻远瞩，这简直像表演特技一样困难。或者我们换一种比喻方式，管理者既不能说"船到桥头自然直"，也不能说"真正重要的是百年大计"。面对远方的桥，他不仅必须预先做好过桥的准备，还必须在抵达桥头之前，先把桥造好。如果管理者不能处理好未来 100 天可能遭遇的问题，公司或许根本看不到百年后的未来，说不定 5 年后公司已经不在了。管理者无论做什么事情，应该一方面是短期的权宜之计，另一方面也符合长期的基本目标和原则。当他无法完全调和长短期的考虑时，至少要设法在中间取得平衡，他必须审慎评估为了保护眼前的利益，将牺牲哪些长期利益，或为了明天的发展，今天需付出多大的代价。无论是哪一种状况，他都必须有所节制，尽可能将必要的牺牲降到最低，同时尽快修补带来的伤害。他穿梭于两种时间范围内，为企业整体绩效和自己部门的绩效负责。

管理者的工作

每位管理者都要做许多非管理性质的工作，可能把大半的工作时间都花在上面。例如，销售经理要做统计分析或安抚重要客户；工厂领班得修理机器或填写生产报表；制造经理需要设计新工厂配置图，检验新材料；公司总裁需要处理银行贷款细节或谈判重要合约，或花几个小时主持晚宴，表扬资深员工。这些事情都具备特殊功能，也有其必要性，而且必须把它做好。

但是，这些工作内容有别于所有管理者共同且独有的工作，而无论管理者负责的功能和活动为何，层级和地位多高，都必须完成这些工作。我们能够把科学管理的系统分析应用在管理者的职务上，就是最好的证明。我们可以把管理者的工作独立出来，将这些工作区分为五项基本作业内容。管理者可以借着改善这几部分的绩效，提升管理绩效。

管理者的工作中包含了 5 项基本活动，这五项活动共同将所有资源整合成生气蓬勃、不断成长的组织。

首先，管理者设定目标，决定目标应该是什么，也决定应该采取哪些行动，以达到目标。他将目标有效传达给部门员工，并通过这些员工来达成目标。

其次，管理者从事组织的工作。他分析达成目标所需的活动、决策和关系，将工作分门别类，并且分割为可以管理的职务，将这些单位和职务组织成适当的结构，选择对的人来管理这些单位，也管理需要完成的工作。

接下来，管理者还必须激励员工，和员工沟通。他通过管理，通过与下属的关系，通过奖励措施和升迁政策，以及不断地双向沟通，把负责不同职务的人变成一个团队。

再次，第四个管理工作的基本要素是衡量标准。管理者必须为工作建立衡量标准，这是关乎组织绩效和每位成员最重要的因素之一。他必须确立组织中每个人都有适用的衡量标准，并把衡量标准重心放在整个组织的绩效上，同时也放在个人工作绩效上，并协助个人达到绩效。他分析员工表现，也评估及诠释他们的表现。同时，和其他方面的工作一样，他和下属也和上司沟通这些衡量标准的意义及衡量结果。

最后，管理者必须培养人才。管理者可以通过管理方式，让员工更容易或更难以自我发展。他可能引导下属朝正确的方向发展，也可能误导他们；他可能激发他们的潜能或压抑他们的发展；他可能强化他们正直的品格，或令他们腐败。

无论管理者是否意识到这点，他们在管理的时候都会做这些事情。他可能做得很好，或做得很糟，但是他总是在做这些事情。

这些工作都可以再进一步分类，而这些分类都可以分别出书来深入讨论。换句话说，管理者的工作很复杂，做好每个分类工作都需要不同的资格和品质。

举例来说，设定目标是平衡的问题：在经营成果和实现信念之间求取平衡，在企业目前的需要和未来的需求之间求取平衡；也在想要达到的目标和可用的方法之间求取平衡。因此，设定目标需要有分析和综合能力。

组织也需要分析能力，因为必须以最经济的方式来运用稀少的资源。但是，组织的工作处理的是人的问题，因此必须遵循公正的原则。在培养人才的时候，同样需要具备分析能力，秉持诚实正直的态度。

不过，激励和沟通的技巧比较偏向社交能力，需要的不是分析能力，而是综合的能力，必须把公平正义放在第一位，经济考虑则在其次，诚实正直也比分析能力重要多了。

对绩效评估而言，最重要的是分析能力，但采用的衡量方式必须有助于自我控制，而不是从外部或任由上级滥用衡量方式来控制员工、支配员工。由于企业经常违反这个原则，因此绩效评估往往是管理工作中最弱的一环。只要企业继续滥用绩效评估，把衡量标准当作控制的工具（例如，把绩效评估拿来作为公司秘密政策的武器，直接把管理者的稽核和绩效评估结果呈交给上级，而不给管理者一份副本），绩效评估始终都会是管理者工作中最弱的一环。

设定目标、组织、激励和沟通、绩效评估和培养人才，都是正式的管理工作项目。只有靠管理者的经验才能具体实践这些工作内容，并且赋予意义。但是由于这些工作都是正式的管理工作，适用于每一位管理者，以及管理者所从事的每一件事情，因此，每一位管理者都可以通过这些项目来评估自己的能力和绩效，有系统地自我改善及提高管理绩效。

一个人不会因为有能力设定目标就成为管理者，就好像一个人不会只因为能够有办法在狭小空间中打结就是外科手术的高手。外科医生改善打结的技巧之后，可以变成更好的外科医生；同理，管理者在所有这 5 个方面改善他的技巧和绩效的话，那么他就能使自己更加称职。

信息：管理者的工具

管理者有一个特殊工具：信息。管理者不"操纵"人，而是激励、引导、组织他人做好自己的工作。而他做这一切事情的唯一工具是语言、文字或数据。无论管理者的职务属于工程、会计或销售领域，都必须依赖听、说、读、写的能力，来发挥工作效能。他必须懂得如何将自己的想法传达给别人，同时也必须懂得如何掌握别人的需求。

今天的管理者在所有必需的技能中，至少掌握了读、写、说和计算的能力。只要看看大公司里的"政策语言"，就会明白自己是多么无知。这不是仅仅靠学习速读或练习公开演讲就能有所改善的，管理者必须学习了解语言，了解每个字的意义。或许最重要的是，他们必须尊重语言，把语言当作人类最宝贵的天赋与遗产。管理者必须了解修辞学的传统定义乃是："促使人类的心灵去热爱真实知识的艺术。"管理者如果不能通过书写和口头文字或明确的数据来激励部属，就不可能成为成功的管理者。

善用时间

每个人都有时间的问题，因为时间是最稀有、最昂贵，也最难以掌握的资源。但是，管理者必须运用特殊方法，解决这个普遍的问题。

管理者永远都在为时间不够用的问题寻找神奇的灵丹妙药：上速读课、规定员工呈交上来的报告不能超过一页、机械化地限定面谈时间一律不能超过 15 分钟。这些办法根本没有用，最后只是浪费时间罢了。不过管理者却有可能聪明地分配时间。

懂得善用时间的管理者通过良好的规划达成绩效。他们愿意先思考，再行动，花很多时间彻底思考应该设定目标的领域，花更多时间有系统地思考如何解决一再出现的老问题。

大多数的管理者都要花很多时间来评估部属的工作绩效与工作品质。然而善用时间的人却不会如此，他们每年对下属做一次系统化的评估。只需要几个小时，许多需要判断的决策，包括部属的薪资、升迁或工作分派等问题，就能获得解答。

善用时间的人也不会花大量时间修改产品的工程设计。他们每年一度——或许花几天的时间，和生产及营销部门一起坐下来讨论必须修改的基本政策、目标和规定，同时也决定修改幅度，并预先指派工程人员负责这项工作。在他们眼中，下面这段话并不值得称许："多亏了去年的经验，今年我们设法渡过了库存危机。"如果公司一再发生同样的危机，他们应该花时间找出问题的根源，防止危机一再发生。这样做或许会耗掉很多时间，但是长远来看，将省下更多时间。

善用时间的管理者花在和上司沟通的时间远多于和下属沟通的时间。他们希望和部属保持良好的沟通，但是似乎不费吹灰之力就能做到。他们不和下属讨论自己的问题，但是懂得如何让下属主动谈论他们的问题。例如，他们每隔半年阅读"给上司的一封信"，每位下属都在信中设定自己的目标、计划，并说明上司所做的事情中，哪些会提供助力，哪些会形成阻力。他们可能每半年都和每位下属花一整天的时间，仔细沟通"给上司的一封信"中所讨论的内容。结果，他们在其他时候就不需要经常担心和下属沟通的问题。

善用时间的管理者也花很多时间思考上司的问题，以及思考他对上司、对整个企业的成功可以有什么贡献。换句话说，他愿意为上司的工作负起责任——认为这是管理者的分内之事。所以，他似乎不需要花额外的时间理清目标和观点。

管理者的资源：人

管理者手中掌握的资源——人，非常特殊。由于人是特殊的资源，因此管理者运用这个特殊资源时，也需要他具有某些特殊的品质。

因为人（也唯有人）不能"被操纵"。两人之间的关系总是双向的关系，和人与一般资源的关系很不一样。无论是夫妻、父子，或主管和部属，这种相互关系的性质在不断地改变着对方。

培养人才的方向决定了员工（无论把他当成"人"或当成"资源"）究竟是更能发挥生产力，还是最后变得百无一用。我们再三强调，这个原则不但适用于被管理者，也适用于管理者。管理者培养部属时，方向是否正确，能否协助部属成长为更重要、更丰富的人，将直接决定管理者自己能否成长、发展，还是逐渐颓废；内涵越来越丰富，还是每况愈下；不断进步，还是日趋堕落。

管理者能从管理工作中学到一些技巧，例如，主持会议的技巧或面谈的技巧。他可以规划一些有助于人才培育的做法，例如，管理者及部属的关系结构、升迁制度、组织的奖励措施等方面。但是当所有该说的都说了，该做的都做了，管理者还需要一种基本的品质，才能做好人才培育的工作，我们无法靠提供人才培育的技能或强调人才培育的重要，创造出这种品质，必须管理者原本就具备诚实正直的品格。

近来，许多人极力强调喜欢别人、乐于助人和能够与别人相处融洽的重要性，认为这是管理者的重要条件。但是单靠这些条件绝对不够。每一个成功的组织，都有不喜欢别人、不帮助别人、很难相处的上司。但是尽管这类上司冷酷、不讨人喜欢、要求严苛，但是他培养了许多人才。他也比其他人缘好的上司赢得更多尊敬。他要求下属一丝不苟，也严格要求自己；他建立高标准，期望下属能够始终维护高标准；他只考虑怎么做才正确，绝不因人而异。虽然这些管理者通常才华横溢，但是他在评价下属的时候，绝对不会把聪明才智看得比正直的品格还重要。缺乏这些品格的管理者，无论他多么讨人喜欢、乐于助人、和蔼可亲，甚至才智过人、能力高强，都是危险人物，"不适合担任管理者"。

　　或许有人会争辩，无论从事哪个职业——医生、律师、杂货店老板，都需要有正直的品格，但是其中还是有差别。管理者和他所管理的员工生活在一起，决定他们应该做什么工作，指挥和训练他们完成任务，评估他们的工作绩效，并且往往决定了他们的前途。商人和顾客或专业人员与客户之间要求的都是买卖公正。然而管理者的角色却比较像父母或教师，在这类关系中，仅仅公平对待还不够，诚实正直的品格才是关键。

　　我们现在可以回答这个问题：只有天才，或至少具备特殊才华的人，才能担任管理者吗？管理究竟是艺术，还是直觉？我的答案是："都不是。"我们可以系统化地分析管理工作，也可以学会管理者必须做的工作（尽管不见得总是有人教）。不过，有一种无法学会的品质，一种管理者无法获取却必备的条件。它不是人的天才，而是人的品格。

什么样的人才能当管理者

　　标准定义是：如果一个人要为他人和他人的工作承担责任，那么他就是一位管理者。但是这个定义太过狭隘，管理者的首要职责是向上负责：对企业负责。他和上司及其他管理者的关系，与他和下属的关系同样重要。

　　另外一个定义（虽然通常都没有明说）是根据重要性来定义员工算不算管理者。但是，在现代企业中，没有任何团队比其他团队更重要。机器操作员、实验室的专业人员或绘图员，都和管理者同样重要。这是为什么企业的每一分子都必须具备管理者的愿景。企业的不同团体之间最大的差别不在于重要性，而在于不同的功能。

　　关于管理者的定义，最通行的观念是根据阶级和待遇来决定。这种观念不但错误，而且具有破坏力。即使到了今天，我们仍然不时会发现有些所谓的基层员工的收入比大多数管理者都还高。举例来说，在汽车公司制作模型的技术员年收入超过 1.5 万美元，但是大家仍然视他们为技术员，让他们参与工会的劳资谈判。除非我们能付专业贡献者足够的薪水，让个人贡献者也有充足的升迁机会，赋予他们专业人员的地位、尊严和价值，否则，我们将无法管理这批日益增长的人员。

总而言之，以阶级和待遇来确定管理者的观念，就好像把现代的企业经理人当成过去做生意的老板一样荒谬。

我们只能以一个人的功能和企业期望他发挥的贡献来定义他是不是管理者。而管理者有别于其他员工的独特功能乃是教育的功能。企业期望他发挥的独特贡献，则是赋予他人达成绩效的能力和愿景。最后，是道德责任和愿景决定了一个人究竟算不算管理者。

第28章 | CHAPTER 28

做决策

无论管理者做什么，他都通过决策来完成工作。这些决策可能是例行工作，他甚至没有意识到自己做了决策。这些决策也可能影响公司的未来，需要经过多年系统化的分析，才有办法做决定。但管理就是决策的过程。

一般人都承认决策在管理中的重要性，但是这方面的讨论大都把焦点放在解决问题上，换句话说，强调"找出答案"。这是错误的。管理决策中最常发生的错误是只强调找到正确的答案，而不重视提出正确的问题。

只有不重要的、例行的、属于战术层次的决策才会把重心放在解决问题上面。如果解答问题必须满足的条件和要求都很明确，那么解决问题就是唯一要做的事。在这种情况下，需要做的只是在几个明显的方案中做选择，通常依据的都是经济上的选择标准：哪个方案能以最小的投入和最少的干扰达到预期的目标。

举个最简单的例子。"每天早上应该由哪一位秘书下楼准备咖啡？"这个问题应该是：怎么做才合乎文化和社会习惯？比如要不要每天上午安排工间的"咖啡休息"时间？那么你就会面临两个需要考虑的问题：这种休息对完成工作任务是有好处还是有损失？也就是说，所带来的好处能不能补偿时间方面的损失？假如损失超过好处的话，那么是不是值得为几分钟的时间就废除一项早已成为惯例的做法？

当然，大多数的战术决策都更复杂，也更重要，但通常总是单向思考，也就是说，在既定的情况和明确的要求下做的决策。唯一的问题只是要找到最符合经济效益的方式，来运用已知的资源就好。

但是真正重要的决策，都是战略性决策，必须设法了解情势或改变情势，找出可用的资源或应该采用的资源。这些都属于管理决策。任何管理者都必须制定这类战略性决策，管理者的层级越高，则需要制定的战略性决策就越多。

凡是与企业目标及达成目标的手段有关的决策都属于此类，与生产力相关的所有决策也属于此类，因为总是把目标放在改变整体形势上。此外，战略性决策还包括所有的组织决策和所有的重大资本支出决策。大多数的经营决策在本质上也属于战略性决策，例如规划销售地区或训练推销员；工厂配置或原料库存；预防性维修或薪资发放流程。

战略性决策无论幅度、复杂度或重要性如何，都不应该通过问题解决方式来制定。的确，这些特殊管理决策最重要而困难的部分，从来都不在于能否找到正确答案，而在于能否提出正确的问题。因为最徒劳无功的做法（即使不是最危险的做法），莫过于为错误的问题寻找正确的答案。

仅仅找到正确的答案还不够，更重要也更困难的是，一旦做了决定，如何有效地采取行动。管理者关心的不是知识，而是绩效。最没用的做法就是找到了正确答案后却束之高阁，或决定了正确的解决方案后，负责推动方案的人却默默抵制这项决策。决策过程中最重要的工作是确定企业中不同部门、不同层级所制定的决策必须彼此相容，都能与企业整体目标相呼应。

决策包含了 5 个不同的阶段：界定问题、分析问题、制订可行的替代方案、寻找最佳的解决方案、把决策转化为有效的行动。每个阶段又包含了好几个步骤。

做决策可能很浪费时间，但可能是管理者解决时间运用问题的最佳工具。管理者应该把时间花在界定问题、分析问题和制订可行的替代方案上，要有效实施解决方案，也需要投入相当的时间。但是，管理者不应该花太多时间来寻找最佳的解决方案。一旦做了决策，再花时间来推销决策都纯粹是浪费时间，只证明在最初几个阶段，没有好好运用时间。

界定问题

现实人生中没有任何问题（无论在企业经营或其他领域）呈现的面貌可以让我们直接据以做决定。许多问题，我们乍看之下，以为找到了关键因素，实际上这些因素却多半既不重要，也不相干，充其量只是症状而已，而且最显而易见的症状往往透露不出任何重要线索。

管理者看到的可能是个性上的冲突，而真正的问题却缘于组织结构不良；管理者看到的可能是生产成本过高的问题，于是大力削减成本，但实际问题可能出在工程设计或销售规划不佳；管理者看到的可能是组织的问题，但实际问题可能缘于缺乏明确的目标。

因此，决策的首要任务是找出真正的问题是什么，并且界定问题。在这个阶段，花再多的时间都不为过。许多关于领导力的著作和文章都充斥着各种忠告，建议读者如何迅速果断地做决定。但是最愚蠢而浪费时间的建议，莫过于劝读者赶快决定问题到底出在哪里。

大多数管理者采用的症状诊断方式，其实不是解决之道。这个方法依赖的是经验，而不是分析，因此不能以系统化的方式获取经验的企业管理者，就无法采取这个方法。我们不能像医院治疗病人一样，把生了病的企业送入病房，向学生展示治疗方式。我们也无法先测试管理者是否已有足够的经验做出正确的诊断，然后才放手让他解决实际问题。我们可以利用不同的案例，协助管理者为制定决策做准备，但即使最好的案例，充其量都只是泡在福尔马林里的标本罢了，无法取代企业面临的真实问题，就好像人体解剖标本无法取代病房中活生生的病人一样。

更重要的是，只有当我们找到确切的症状，能假定某些显而易见的表象与特定疾病相关时，才能采用症状诊断的方法。医生诊断病人的症状时，可以假定这些症状不会撒谎（虽然今天医生仍然试图以更严格的分析，取代症状诊断方式）。然而管理者却必须假定症状可能撒谎，了解截然不同的问题可能产生相同的症状，同样的问题也可能呈现出无数种不同的面貌，因此管理者必须分析问题，而不是诊断问题。

要明确界定问题，管理者必须先找到"关键因素"，也就是在进行任何改变或采取任何行动之前，必须先改变的要素。

有一家规模颇大的厨具制造商10年来把所有的经营精力都投注于削减成本上。他们的成本的确降低了，但利润没有提升。关键因素分析显示真正的问题出在产品组合上。他们的销售人员大力推广最容易卖出去的产品，而且极力强调最明显的销售诉求：价钱便宜。结果，利润最低的产品越卖越多，而且每次只要成本一降低，产品就跟着降价。因此尽管销售量大增，却只是虚胖而已，没有实质的成长。事实上，厨具公司的品质反而变得更差，更容易受到市场波动的影响。只有弄清问题，把问题界定在产品组合上，才有可能解决这个问题。只有当他们问"就目前情况而言，关键因素是什么"时，才能找到真正的问题。

要通过分析问题找到关键因素并非易事，通常必须采取两种辅助的做法，两种方法都应用到 18 世纪物理学家用来分离出关键因素的"虚拟运转"原理。第一种方法先假定一切条件都不变，然后问：未来将发生什么状况？第二种方法是回顾过去，然后问：当初发生这个问题的时候，如果采取了什么行动，或不曾采取什么行动，将会影响到目前的状况？

有一家化学公司由于执行副总裁猝然去世，而必须寻找替代人选，这正是运用上述两种方法的好例子。每个人都认为已逝的前副总裁对公司贡献卓著，但是他们同时也同意，由于他霸道专制，公司里比较有主见的人才全都被他赶跑了。在管理层眼中，问题似乎是，要不然就是根本不找人来填补他的空缺，要不然就是找另外一个强人来当执行副总裁。但是，如果是第一种情况的话，公司要靠谁来经营呢？如果是第二种情况，会不会又出现另一个暴君？

第一个问题："如果什么都不做，会发生什么状况？"透露出公司需要高层管理团队，而且应该立刻采取行动。如果不采取任何行动，公司缺乏管理团队，将会日渐衰败。

第二个问题："10 年前，如果采取什么行动，可以改变目前的状况？"显示执行副总裁的功能和性格其实都不是问题，真正的问题在于公司名义上的总裁实际上并没有发挥总裁的职能。因此，执行副总裁必须制定所有的决策，承担所有的责任，然而总裁仍然掌握最后的权力，也是最高权位的象征，他满怀妒意地捍卫自己的权利，但事实上已经形同罢黜。10 年前，如果公司能尽快确立这位已逝执行副总裁身为公司最高经营者的权威和责任，让他权责相符，那么这位已逝执行副总裁将能充分发挥长处，令公司获益，同时又可防止他的缺点对公司带来伤害。在体制上建立预防措施，组成高层管理团队，指派副总裁组成企划委员会，负责目标设定的工作，或采取联邦分权制，成立产品事业部。以上分析显示，撤换总裁应该是他们第一个必须采取的行动，一旦这么做了，问题也就迎刃而解。

第二个步骤是决定解决问题需要什么条件，同时彻底想清楚解决方案的目标为何。

要找人来填补执行副总裁的空缺，解决方案的目标很明显，必须让公司的最高层发挥效能，避免再度发生一人独裁的状况，同时杜绝再次发生公司无人领导的情况，必须培养未来的高层主管。

第一个目标排除了某些副总裁偏爱的解决方案：由各部门副总裁组成非正式的委员会，与名义上的总裁维持松散的合作关系。第二个目标则排除了董事长偏好的解决方案：聘用新的执行副总裁。第三个目标要求的是，无论未来最高管理层的组织结构如何，都必须建立联邦分权式的产品事业部，以训练并检验未来的最高主管。

解决方案的目标必须反映企业目标，聚焦于经营绩效和经营成果上，在短期的未来和长期的未来之间取得平衡，并且将企业整体以及经营企业所需的活动一起纳入考虑。

同时，必须深思熟虑限制解决方案的各种规定。解决问题时，必须遵循哪些原则、政策和行为准则？公司可能规定，借贷金额绝对不能超过资本需求的一半，公司用人的原则可能是，必须审慎考虑过所有内部管理者后，才能从外部引进空降部队；公司可能认为，好的管理者培养计划的必要条件是不能有内定的人选；公司也可能制定一项政策：工程部门更改任何产品设计时，都必须先征询制造部门和营销部门的意见后，才能生效。清楚说明这些规定是非常必要的，因为在许多情况下，必须改变既有政策或做法，才能做正确的决定。除非管理者彻底想清楚他想改变什么，以及为什么要改变，否则他可能陷入既试图改变同时又维护既有做法的危险之中。

事实上，这类规定代表了决策所依循的价值体系。这些价值可能是道德的、文化的，也可能代表公司目标或公认的组织原则，整体构成了一个伦理体系。这个体系不会决定应该采取什么行动，只会决定不应该采取哪些行动。管理人员经常想把"希望别人怎么对待你，你先要这样对待他"当作行动准则。这是错误的想法，金科玉律只能决定不该采取哪些行动。决策的先决条件是先剔除根本无法接受的行动方案。如果没有这个条件，过多的选择将使我们丧失行动能力。

分析问题

找到正确的问题、设定目标以及确立规则等步骤，构成了决策的第一个阶段。问题界定清楚之后，下一个阶段是分析问题：将问题分类，并寻找事实。

为了了解谁是必须做决策的人，以及应该把决策内容传达给哪些人，必须先将问题分类。如果没有预先将问题分类，将严重危害最后的决策品质，因为问题分类后将能说明如果要将决策转化为有效行动，应该由什么人做什么事情。

问题分类原则必须预先经过讨论（参见第 16 章），有 4 个原则：决策的未来性（企业采取行动所承诺的时间长短，以及决策会多快改变）、决策对于其他领域和其他部门的影响、决策品质的考虑、决策的独特性或周期性。这样的分类能确保决策对于企业整体产生实质贡献，而不是牺牲整体利益解决眼前或局部的问题。因为这个分类方式乃是根据问题与企业整体目标，以及问题和个别单位目标之间的关联性来筛选问题的，强迫管理者从整个企业的观点来看自己的问题。

大多数有关决策的论述列出的第一条戒律都是"寻找事实"。但是只有在问题已经界定清楚、完成分类后，才能开始寻找事实。在这之前，没有人知道什么是事实，每个人都只掌握了数据而已。定义和分类决定了哪些数据是与决策相关的数据，也就是事实。管理者因此可以剔除有趣但毫不相干的信息，知道哪些是有用的信息，哪些是错误的信息。

在获取事实的过程中，管理者必须自问：我需要哪些信息才能做决定？他必须确定手边的资料有多大的关联性和能发挥多大的用处，他也必须确定还需要哪些额外信息，并且尽最大的努力，得到这些信息。

这些都不是机械性的工作。分析信息需要熟练的技巧和丰富的想象力，必须详细审查信息，从中找出潜藏的形态。这些形态或许能说明问题根本定义错误或分类错误。换句话说，"寻找事实"只是一部分的工作而已。同样重要的是，运用信息来检测整个做法是否有效。

有一本财经月刊陷入财务困境。他们把问题界定为广告费率的问题，但是分析了事实和数据后，他们发现了杂志社工作人员过去从来不曾怀疑过的事情：无论这份月刊过去多么成功，对订户而言，它只是成功扮演了消息来源而已。市面上各种厚重的月刊已经供过于求，却缺乏轻薄短小的新闻性刊物，因此这本财经月刊在形式和内容上越接近新闻杂志，就越能获得订户的肯定。结果，分析了读者群之后，他们重新把问题定义为：我们要怎么样才能成为一份新闻杂志？解决方案是：转行为周刊。杂志后来的成功显示了这是正确的解决方案。

管理者永远都不可能获得所有应该掌握到的事实。大多数决策的基础都是不完整的知识——原因可能是无法获得所需信息，或要掌握完整信息需要花太多的时间和太高的成本。我们不需要掌握所有事实之后，才能有好的决策；但是我们必须了解还欠缺哪些信息，由此判断决策的风险有多大，以及当建议采取某个行动方案时，其严谨度和准确度有多高。因为最大的骗局莫过于想要根据粗糙不足的信息，来制定精确的决策，但这都是常见的现象。当我们无法获得需要的信息时，就必须依赖推测，只有决策的后果能告诉我们，原先的推测究竟是对还是错。医学界有一句谚语："最会诊断病情的医生不是正确诊断次数最多的医生，而是能及早发现自己误诊，并能立即修正错误的医生。"这句谚语也适用于负责决策的管理者。然而要修正错误的判断，管理者必须知道哪部分是迫于信息不足而做的推测，他必须先界定哪些是已知，哪些是未知，制订出各种可行的替代方案。

制订可行的替代方案

有个不变的决策原则，就是必须针对每个问题，制订出各种选择方案，否则很容易陷入"两者择其一"，非此即彼的陷阱中。大多数人听到以下的说法："世间万物不是绿的，就是红的"，一定会提出抗议。但是多数人每天都接受同样荒谬的论述。我们经常看到各种矛盾所产生的混乱，例如绿色和非绿色，这种说法涵盖了所有的可能性，塑造了对比的情况；或例如红色和绿色，这种说法只在无数种可能性中列出两种可能。而人类喜欢走极端的倾向更强化了其中的危险。然而当我们说"黑或白"时，只不过因为我们说出了颜色的两种极端，我们还以为已经说出其中涵盖的所有颜色。

有一家小型水管设施制造厂由于设备老旧，已经形同报废，在高度竞争、价格意识高涨的行业中，这家公司快被市场淘汰出局了。经营者得出了正确的结论——必须尽快把生产作业移出这座工厂。但是由于他们决定盖新厂的时候，没有逼自己发展出其他选择的方向，结果盖新厂的决定后来导致公司破产。事实上，发现厂房老旧的时候，他们除了决定工厂停产外，没有任何动作。其实他们可以采用的替代方案还很多，例如外包生产、经销其他厂商的产品。由于他们已经知道盖新厂所牵涉的风险，任何一个替代方案都会比盖新厂的决定更好、更容易被大家所接受。然而管理层却丝毫不曾思考过其他可能的解决方案，最后悔之晚矣。

另外一个例子是一家大型铁路公司的例子。第二次世界大战后，铁路运输量急速上升，这家铁路公司很清楚他们必须扩充运输设施，而扩充的瓶颈似乎是公司最大的调度场。调度场位于两个重要车站之间，负责调度所有的货运列车，将所有的货运车厢打散并重新编组。由于调度场塞车的情况日益严重，有时候火车得在调度场外倒车几里路，等候 24 小时，才有办法开进调度场。最明显的解决方案就是扩大调度场的规模，于是他们花了几百万美元来扩充调度场，但是无法利用扩充后的设施。因为新设施一旦启用，分别位于主调度场与两个车站之间、一北一南的两座辅助调度场将无法负荷增加的调度量。这样，情况很快就弄清了，一直以来，真正的问题都出在辅助场有限的调度能力上。如果辅助场的规模较大，处理速度更快的话，铁路公司根本不需要扩充主调度场，也有能力处理庞大的运输量，而扩充两个辅助调度场的花费还不到扩充主调度场的 1/5，大笔的投资就这么白白浪费掉了。

这些案例都显示，大多数人的想象力是多么有限。我们总是看到了一个形态之后，就以为那是正确的形态（即使不是唯一的形态）。由于公司总是自己制造产品，因此必须一直生产下去。由于利润一向是销售价格和生产成本之间的差距，因此要提高获利率，只有削减成本。我们完全没有想到把生产工作外包或改变产品组合的可能性。

只有提出各种可供选择的替代方案，才能把基本假设提升到意识的层次，迫使自己检视这些方案，测试其效能。替代方案不见得能保证我们的决定都是明智而正确的，但至少能防止我们在未经深思熟虑的情况下做错决策。

事实上，找出各种选择方案，也是我们激发想象力、训练想象力的不二法门，是"科学方法"的精髓所在，一流科学家都具备这样的特质——无论他多么熟悉观察到的现象，他还是会把其他可能的解释都纳入考虑。

当然，缺乏想象力的人不会单靠寻找选择方案和思考选择方案而变得富有想象力。但是大多数人所拥有的想象力，都远远超过真正用到的想象力。盲人当然没有办法学会看东西，但令人惊讶的是，视力正常的人也常常视而不见，通过系统化的训练，每个人的视野可以变得宽广许多。同样，我们也必须训练和拓展心灵的视野，而方法就是有系统地寻找并发展各种可供选择的解决方案。

选择方案的内容因想要解决的问题而异，但是永远都需要考虑一个可能的方案：根本不采取任何行动。

不采取行动和采取特定的行动都同样算是完整的决策，不过真正了解这点的人寥寥无几。他们认为什么都不做，就可以避免不愉快的决定。要防止他们自我欺骗，只有让他们清楚看到，决定什么都不做，将造成什么后果。

企业采取行动就好像动手术一样。也就是说，员工必须改变自己的习惯、做事方式、人际关系、目标或使用的工具。一个健康的有机体会比有病的有机体禁得起手术的煎熬，对于企业组织而言，"健康"的意思就是能够轻松自在地接受改变，没有任何痛苦。不过除非有必要，否则即使是优秀的外科医生也不会随便动刀。

认为碰到问题时，就必须采取行动，这种想法纯属迷信。

　　20 年来，一家大型航运公司一直找不到适当的人选来填补某个高层主管的空缺。好不容易找到人时，新人往往一上任就陷入麻烦和冲突之中。但是，20 年来，每当这个职位出缺，他们都立刻找人填补空缺。终于在第 21 年的时候，新任总裁问：如果我们不填补这个空缺，会发生什么状况？答案是：什么也不会发生。结果显示，这个职位负责的根本是毫无必要的工作。

　　在所有的组织问题中，尤其重要的是必须考虑到不采取任何行动的选择方案。传统的做事方式，以及只反映了过去需求，却不能反映目前需求的职位扼杀了管理者的愿景和想象力，除非我们在决定如何填补某个职位空缺时将不填补空缺也纳入选择方案，否则就会面临组织中的管理层级不断增加的危险。

寻找最佳的解决方案

　　只有到了这个阶段，管理者才应该决定什么是最适合的解决方案。如果他之前做了完善的功课，那么现在他的手上应该已经掌握了好几个足以解决问题的替代方案，或是有好几个不尽完美的选择方案，每个方案各有缺点。只找到一个解决方案的情况可以说是微乎其微。事实上，如果分析问题之后得到的是这个令人心安的结论时，我们可以合理地怀疑，这个唯一的解决方案不过是为原本已有的定见背书罢了。

　　我们可以根据四个标准，在各种可能方案中，选出最适合的解决方案。

　　1. 风险。管理者必须根据预期的收获，来权衡每个行动的风险。任何行动都有风险，即使不采取任何行动，也有其风险。但最重要的既不是预期的收获，也不是预期的风险，而是两者的比率为何。因此每个选择方案都应该包含对比率的评估。

　　2. 投入的精力所达到的经济效益。哪些行动能花最小的力气，得到最大的成果，能够在受到组织最少干预的情况下，推动所需的变革？可惜的是，许多管理者偏偏喜欢用牛刀来杀鸡，或试图螳臂当车。

3. **考虑时机**。如果情况十分紧急的话，那么宁可采取戏剧化的决策和行动来提醒整个组织有大事发生了。此外，如果需要的是持续性的长期努力，那么最好稳扎稳打，积累动能。在有些情况下，解决方案必须是决定性的行动，而且必须能立刻将整个组织的注意力聚焦于新目标上。在有些情况下，最重要的是踏出第一步，最后的目标可以暂时隐而不宣。

需要考虑时机的决策非常不容易系统化，难以分析，且依赖敏锐的洞察力。但是仍然有一个指导原则。当管理者必须完成新计划时，最好雄心万丈，有宏观的愿景、完整的规划和远大的目标。但是当他们必须改变惯常的做法时，刚开始最好一步一步慢慢来，宁可稳扎稳打，不要有不必要的动作。

4. **资源的限制**。执行决策的人是谁，是最需要纳入考虑的资源限制。只有找对了执行人选，才能有效执行决策。执行者的愿景、能力、技巧和理解决定了他们能做什么和不能做什么。有的行动方案对于执行者的要求或许高于他们目前的能力，然而却是唯一适当的解决方案，这时候，决策中就必须包含了提升执行人员能力和标准的计划，否则就必须另觅合格人选来执行决策。听起来似乎理所当然。然而今天许多管理者每天在制定决策、制定程序与政策的时候，都没有先问：我们有没有办法将之付诸实施？我们有这样的人才吗？

管理者绝对不可因为找不到足以胜任的人才，而采取了错误的决策。制定决策时，必须在真正可行的各种替代方案中做选择，也就是说，无论最后决定采取哪种行动，都足以解决问题。如果对现有人员的要求必须高于他们目前的能力才能解决问题，那么现有人员就必须学会做更多的事情，达到更高的要求，否则就必须找别人取而代之。只是因为找不到人来执行决策，或有能力的人才不在其位，就会让找到的解决方案沦为纸上谈兵，无法付诸实行，根本解决不了问题。

使决策生效

最后，任何解决方案都必须有效实施。

今天，企业花了很多时间"推销"解决方案，这其实是在浪费时间。企业似乎在暗示，只要员工"买账"，一切都没有问题。然而，管理决策的本质就在于，员工必须执行这项决策，让决策发挥有效性。管理者制定的都是关于其他人应该怎么做的决策。因此，员工仅仅肯买账还不够，他们必须把执行决策当成自己的工作才行。

"推销"又意味着正确的决策要符合"顾客"的需求，但是这种说法是不实而有害的。决策正确与否要由问题的本质来决定，与"顾客"的期望和接受度没有什么关系。如果决策是正确的，无论他们最初喜不喜欢决策的内容，终究还是会接受这个决策。

如果管理者必须花时间来推销决策，那么这一定不是个适当的决策，也无法有效执行。不过，虽然不应该把最后的结果看得太严重，向员工传达决策内容时，仍然应该用他们惯用而且容易理解的语言来说明。

尽管我对于强调"推销"一词很不以为然，不过这也点出了一个重要事实：管理决策的本质就是要通过他人的行动，来发挥决策的有效性。"做"决策的管理者其实没有真的"做"了决策。他界定了问题，设定目标，说明规则。他还将决策分类，搜集信息，寻找各种可行的选择方案，并且发挥判断力，从中选取最适合的解决方案。但是，决策必须采取行动，才能真正解决问题，而负责决策的管理者并没有做到这一点。他只能和下属沟通他们应该做的事情，然后激励他们把事情做好。只有当下属采取了正确的行动时，管理者才真的做了决策。

要把解决方案转化为行动，必须让员工了解他们和同事在行为上应该有哪些改变，也必须让他们了解新的做事方式有什么最低要求。如果所做的决策要求员工从头做起或改变思维方式，这样的决策显然不合适。有效沟通的原则就是以清晰、精准而明确的形式沟通，只商讨重大的偏差和例外。

但是，激励是心理上的问题，因此有不同的规则。要激励员工，必须让每个决策在负责执行决策的员工心目中，变成"我们的决策"。也就是说，他们必须参与决策过程。

他们不应该参与界定问题的过程。管理者一开始并不清楚谁应该参与，等到他把问题清楚界定和分类以后，他才知道决策将会对什么人产生什么影响。

员工不需要、通常也不喜欢参与信息搜集的阶段。但是负责执行决策的人应该参与寻找选择方案的工作。他们可以提醒管理者疏漏之处，指出潜在的困难，找出可以利用而未经利用的资源，因此改善了最后的决策品质。

正因为决策会影响到其他人的工作，所以决策应该帮助他们达到目标，展现更好的绩效，发挥更高的工作效益，并且获得更高的成就感。决策不应该只是为了协助管理者更好地经营、工作更顺利，以及从工作中得到更高的满足感。

决策的新工具

到目前为止有关决策的讨论内容一点都不新；相反，我只不过把几千年来大家早已知道的事情再重述一遍而已。虽然许多管理者很懂得运用决策的方法，却没有几个人真正清楚自己在做什么。

由于近来的新发展，管理者了解到决策过程变得非常重要。首先，目前已经有一系列决策的辅助工具，这些工具都非常有用，但是管理者必须先了解工具的用途，才有办法利用它。

其次，新科技正快速改变战术性和战略性决策之间的平衡。许多决策在过去会被归为战术性决策，如今却快速转变为战略性决策，含有高度的未来性、重大的影响力，以及许多品质的考虑；换句话说，这些决策逐渐变成高层次的决策。管理者必须很清楚自己所做的事情，而且能够有系统地做决策，决策才会成功而有效。

这种新工具有个令人困惑的名称"作业研究"（运筹学），但既非"作业"，也非"研究"，而是系统化的数学分析工具。事实上，我们甚至不应该说这是新工具，因为作业研究和中世纪高等数学家所用的工具没有太大的差别，只是采用新的数学和逻辑技巧罢了。

因此仅仅训练员工懂得运用新工具来做管理决策还不够，管理决策终究要由管理者来制定，而且要以判断力为决策的基础。但是新工具对于某些决策阶段，将带来很大的帮助。

　　引进任何新工具的时候，很重要的是先说清楚新工具不能做哪些事情。作业研究和其中包含的技术（数学分析、现代符号逻辑、数学信息理论、博弈理论、数学或概率等）都无助于界定问题，无法决定正确的问题是什么，无法为解决方案设定目标，也不能建立规则。同样，新工具也无法代为决定哪个方案是最适合的解决方案，更无法独立促使决策生效。而这些都是决策过程中最重要的阶段。

　　但是，在中间的两个阶段——分析问题和制订可行的替代方案，新工具可以发挥很大的功效。新工具可以超越管理者有限的视野和想象力，找出企业和环境中潜藏的行为形态，因此导出更多可供选择的行动方案。新工具可以显示哪些是相关的因素（事实），哪些是不相干的因素（只是数据而已）；也能显示手边数据的可信度，以及还需要哪些额外数据才能做正确判断。新工具还能显示每个行动方案需要哪些资源，每个单位或部门需要有何贡献。我们也能运用新工具来显示每个行动方案的限制、风险和可能性，某个特定方案对其他领域、单位或部门的影响，以及对于投入和产出之间的关系、瓶颈的位置和性质又有何影响。新工具还能结合每个部门的工作与贡献和其他部门的工作与贡献，显示对于企业整体的行为和成果有何影响。

　　然而，新工具当然也有其危险性。事实上，除非妥善运用，否则新工具也可能成为错误决策的重要帮凶。正因为新工具让我们有办法对过去面貌模糊的问题进行具体而明确的分析，我们可能会滥用新工具来"解决"小小领域或单一部门的问题，却牺牲了其他领域或部门的利益，甚至企业整体利益。正如技术人员所说，新工具可能遭到滥用而达到二流的结果。很重要的是我们必须强调，几乎所有专业论述所引用的作业研究案例，解决问题的方式都不可避免地会导致二流的结果，因此根本不应该这样解决问题。事实上，只有当我们先用这些工具来分析和定义企业的特质时，才有可能妥善运用这些工具。如此一来，应用这些工具来分析个别问题，改善决策品质时，才能充分发挥效益。

　　最后，新工具希望能帮助大家了解必须采取什么行动。数学信息理论才刚萌芽，这个理论或许能发展出新的工具，来辨认行动模式中新的关联偏差，并且以明确的符号加以定义。

　　事实上，历代许多想象力丰富的人士都曾经发展出各种方法，而新工具则帮助每个人掌握这些方法，让每个人在适当工具的辅助下，能够受到引导与激发，而充分发挥想象力。

　　这些工具在本质上属于信息处理的工具，而不是决策的工具。它们是最好的信息工具。事实上，我预期一二十年内，这些新的逻辑和数学工具很可能取代我们今天所熟悉的传统财务会计方法。

　　因为新工具不是单纯描绘现象，而是针对现象背后的因素提出质疑，把焦点放在行动上，显示出有哪些可以选择的行动方案，每个方案各有何含义，因此，在新工具辅助下，就有可能制定在未来性、风险和可能性方面，需要高度理性判断的决策。这是每位管理者为了对企业产生最大贡献时需要的信息，也是他们为了自我控制而设定目标时需要的信息。在向股东、税务部门、托管机构提供财务报表时，会计工作仍是不可缺少的，但是管理信息将越来越多地采用逻辑和数学形式。

　　管理者或许不需要亲自运用这些工具（尽管今天许多的应用工具并不会比阅读销售图表需要更高的数学能力），但很重要的是，管理者必须了解这些方法，知道什么时候应该请专家协助运用这些工具，同时也知道应该对专家提出什么要求。

　　但是，最重要的是，他必须了解制定决策的基本方式，否则他不是完全无法运用新工具，就是过度强调了新工具的贡献，把新工具视为解决问题的关键，结果很容易在解决问题时，以技巧取代了思考，技术取代了判断。管理者如果不了解决策是一种界定、分析、判断、承担风险和有效行动的过程，不但无法从新工具中获益，反而像魔法师的笨学徒一样，施展法术时，未蒙其利，先受其害。

　　同时，无论管理者的职能或层级为何，他们都必须制定越来越多的战略性决策，并越来越无法依赖直觉制定正确的战术性决策。

　　当然，管理者仍然需要在战术上有所调整，但是必须在基本的战略性决策结构下完成调整。对于未来的管理者而言，即使具备再多的战术性决策技巧，他们仍然必须制定战略性决策。今天的管理者即使不懂决策方法，或许仍然能侥幸过关，但是到了明天，他们势必要了解和运用决策方法。

第 29 章 ｜ CHAPTER 29

未来的管理者

新要求——新任务——但是，没有新人——靠"直觉"行事的管理
者将被淘汰——为未来的管理者做准备——对年轻人进行常规教育——
对有经验者进行当好管理者的教育——诚实正直的品格最重要

过去 50 年来，对于管理者的技能、知识、绩效、责任感和诚实正直品格
的要求可以说每过一代人都提高一倍。我们现在期望刚出校门的年轻人做到的
事情，是 20 世纪 20 年代只有少数开风气之先的企业高层管理者才懂得的事情。
然而昨天的大胆创新，例如市场研究、产品规划、人际关系或趋势分析，今天
大家早已司空见惯，作业研究很快也会变得平凡无奇。那么，我们能期待对管
理者急速升高的要求仍会持续下去吗？未来的管理者将会面对什么样的要求？

在本书的讨论中，我们一再提及管理者面临的新压力和社会对管理者的新
要求。我现在再一次扼要说明其中最重要的几个要求：

新技术要求所有的管理者都必须了解生产的原则及其应用，必须把整个企
业视为整合的流程来管理。即使产品的生产与销售是分开的，由独立的经销商
负责产品销售，仍然必须把销售视为流程中不可分割的一部分。同样，原料采
购、顾客服务也都是流程的一部分。

这种流程要求高度的稳定性，而且必须有能力预测未来、未雨绸缪，因此必
须在所有关键领域都有审慎的目标和长期的决策，同时又需要在内部有很大的弹

性和自我引导的力量。不同层级的管理者都必须有能力在制定决策的时候，调整流程来适应新的形势及环境的变动与干扰，但同时又保持流程持续进行而不中断。

尤其是新技术要求管理者要创造市场。管理者再也不能满足于既有市场，再也不能只把销售当成努力为公司所生产的任何产品找到买主。他们必须通过有意识且系统化的努力，创造顾客和市场。更重要的是，他们必须持续致力于创造大众购买力和购买习惯。

营销本身也深受新技术的基本观念所影响。整体而言，我们讨论自动化的时候，好像自动化完全只是一种生产的原则。其实，自动化也是一般工作的原则。的确，新的大众营销方式尽管可能不会用到任何一部自动化机器或电子装置，却可能比自动化的工厂更需要应用到自动化原则。营销本身变成越来越整合的流程，需要和企业经营的其他阶段有更密切的配合。营销不再把重心放在向个别顾客推销，而是越来越把重心放在商品和市场规划、商品设计、商品发展和顾客服务上；得到的回报不是个别的销售业绩，而是创造了大众的需求。换言之，电视广告和机械化的机器进料方式一样是自动化。新的销售方式和营销技术所造成的影响绝不逊于生产技术变革的影响。

因此，未来的管理者无论层级和功能为何，都必须了解营销目标和公司政策，知道自己应该有何贡献。企业管理者必须能深思熟虑长期的市场目标，规划和建立长期的营销组织。

新技术对于创新将会产生新的要求。不但化学家、设计师、工程师必须和生产人员、营销人员密切合作，而且必须采取系统化的创新做法，例如西尔斯公司用在商品规划和培植供应商的做法。创新必须通过目标来加以管理，以反映长期的市场目标，同时也必须通过系统化的努力，预见未来科技的可能发展趋势，并且据以制定生产和营销政策。

新技术也会导致竞争越来越激烈。的确，新技术将扩大市场、提升生产与消费的水准，但是这些新机会也将要求企业和企业管理者持续不断地努力。

一方面由于新技术的要求，另一方面则出于社会压力，未来的管理者必须能预测就业的变化，并且尽可能维持稳定的员工队伍。同时，由于今天的半技术性机器操作人员将在未来成为训练有素的维修人员，今天的技术性员工将在未来成为个别的专业贡献者，人力将演变为更昂贵的资源——成为企业的资本支出，而不是经常费用。而人力运用的绩效也将对整个企业有更重要的影响。

最后，管理者将会需要整套工具，而且需要自行发展出其中的许多工具。管理者必须针对企业目标的关键领域，拟订完整的绩效标准，也必须掌握经济工具，才能在今天为长远的未来制定有意义的决策。他还必须获取各种决策的新工具。

新任务

总而言之，明天的管理者必须达成七项新任务：

1. 他必须实施目标管理。

2. 他必须为更长远的未来承担更多的风险，而且机构中的基层单位也要制定风险决策。因此，管理者必须有能力评估风险，选择最有利的风险方案，为可能发生的情况预做准备，在面临突发事件，或事情发展不如预期时，可以"控制"后续的行动。

3. 他必须有能力制定战略性决策。

4. 他必须有能力建立一支整合的团队，每一位成员都具备管理能力，能根据共同目标，衡量自己的绩效与成果。此外，还有一项重要任务是培养能满足未来需求的管理者。

5. 他必须有能力迅速清晰地沟通信息，懂得激励员工。换句话说，他必须有能力让企业中的其他管理者、专业人才和其他员工都愿意共同参与，共同负责。

6. 过去我们期望管理者能精通一种或多种管理功能，但未来仅仅这样还不够。未来的管理者必须能视企业为整体，并且将自己负责的领域融合到企业整体之中。

7. 传统的管理者只需要了解几种产品或一种行业就够了，但未来这样也不够。未来的管理者必须有能力找出自己的产品和产业与周围环境的关联性，找出哪些是重要的因素，并且在决策和行动时将之纳入考虑范围。未来的管理者也越来越需要拓展自己的愿景，关注其他市场和其他国家的发展，了解全球的政经社会发展趋势，同时将世界趋势融入决策的考虑中。

但是，没有新人

我们缺乏新人来承担这些艰巨的任务。未来的管理者将不会比前辈更伟大。他们的天分不会比前辈高，也受制于同样的弱点和限制。从过去的历史轨迹来看，没有任何证据显示人类已经有了很大的改变，当然在智力水准和情绪成熟度上，也没有太大的长进。

那么，我们如何用同样的人才来完成崭新的任务呢？

答案只有一个：必须将任务简单化。也只有一个工具能完成任务：将过去靠直觉完成的工作转换为系统化的工作方式，将凭经验行事的方法归纳为原则和概念，以合乎逻辑、协调一致的思维方式取代对事物的偶然认识。无论人类到目前为止进步了多少，完成新任务的能力增强了多少，这一切都是靠将事情有系统地简单化而达成的。

未来的管理者不可能只是直觉型管理者，他必须精通系统和方法，构想各种模型，将个别元素整合为整体，他还必须能阐述概念、应用通则，否则就必败无疑。无论在大企业或小公司，担任高层管理者或部门主管，管理者都必须要用"管理的实践"来武装自己的头脑。

找出必要的一般概念，制定正确的原则，建立合理的制度和方法，提出最基本的工作模式，所有这一切便是本书想要告诉读者的主要内容。本书建立在这样一个前提之下，即在个人的管理工作中，我们已经积累了不少经验，从中我们可以为明天的管理任务挑选出一些有用的方法以及通用的结论。

为未来的管理者做准备

假如一个人要靠概念、模式及原则来进行管理，假如他要靠制度和方法来做好管理工作，那么他完全可以为自己做好充分的准备工作。因为概念和原则与制度和方法以及模式的形成一样，都是可以被教会的。也许获得这些知识的唯一方法就是进行系统的学习。至少我从未听到过有什么人可以通过经验就能掌握那些基本模式、字母及乘法表。

事实上，未来的管理者需要两种准备。有些事情是一个人在成为管理者之前就可以学会的，而且可以在年轻的时候或在成长过程中学会。但有些事情则只有在担任管理者一段时间之后才能学会，属于成人教育。

我们不需要等到成为管理者，才学习阅读和写作。的确，一个人最好在年轻时期就获得读写的能力。

> 我们可以毫不夸张地说，今天大学所开的一般课程，最接近职场培养管理者需求的是诗和短篇小说的写作课程。这两门课程教导学生如何自我表达，学习文字和文字的意义，更重要的是，给学生实际练习写作的机会。我们也可以说，对有志成为管理者的年轻人而言，帮助最大的莫过于为论文进行口头答辩，不过应该把它变成大学课程中经常而持续的练习，而不是在正式学校教育已近尾声时，才获得唯一的一次练习机会。

一个人在年轻时代最容易了解逻辑，学会运用逻辑分析和数学工具。年轻人也比较有能力对科学和科学方法培养基本的理解，而这些都是未来的管理者需要的知识。年轻人还能培养了解环境的能力，并且通过历史和政治科学来理解环境。年轻人也能学习经济学，并且学会运用经济学家的分析工具。

换句话说，要为未来的管理工作做准备，年轻人必须接受通才教育。他可以通过正式的学校教育获得通才教育，也可以和许多出类拔萃的杰出人才一样进行自我教育。但是上述的项目构成了一般人公认的通才教育内容，也是受过教育的人应该具备的基本素养。

> 我的意思不是说，有志于管理工作的年轻人要做的准备，与商业及工程方面的训练互不相容。相反，商学院和工程科系的课程中也应

该包含通才教育（而且工程科系也越来越认识到通才教育的重要性）。我的意思也不是要贬低商业或工程课程的价值。相反，通过这些课程，学生才能具备一定程度的技能来承担职能性工作。企业的每一分子都具备职能性工作的能力，仍然非常重要，而管理者因为他的技术或才艺而赢得尊敬，更是非常重要。不过，年轻人如果只学会职能性的技术，只懂得某些商业或工程科目，并不算为管理工作做好了准备。他只不过准备好面对第一份工作而已。

的确，未来对管理者的要求会迫使我们回头去重拾我们曾经拥有，却早已失去的东西：通才教育。但是，今天所说的通才教育，和我们的祖父辈所认知的通才教育截然不同，仍然有严谨的方法和实质的标准，尤其强调自我纪律和伦理，而不像今天所谓的"进步教育"根本放弃了方法和标准。通才教育中仍然有统一的重心，不会支离破碎。今天的通才教育和过去一样，是为成年后的工作和公民角色做准备，而不只是"文化修养"而已。

要学习目标管理，能够分析公司业务，学习设定目标和平衡目标，协调短期和长期的需求，除了需要管理经验，也需要相当的成熟度。如果没有管理经验，一个人或许能把这些事情说得头头是道，却不懂得实际上应该怎么做。

我们也需要具备管理经验，才懂得如何评估和承担风险，知道如何发挥判断力，制定决策，看清企业在社会上扮演的角色，懂得评估环境对企业的影响，决定管理者应该负什么社会责任。

年轻人根本无法领会管理"管理者"及管理员工和工作的意义何在。最可悲的事情莫过于年轻人在商学院中学了"人力资源管理"的课程以后，就自认为具备了管理别人的资格，最有百害而无一利的事莫此为甚。

只有具备了设定目标和组织、沟通、激励员工，以及衡量绩效及培养人才的经验，管理的各项工作才有意义，否则这些就只是形式化、抽象而沉闷的工作。但是对于能以亲身经验充实这些骨架的管理者而言，这些专业名词都非常有意义，分门别类之后，成为他组织工作的工具，能够根据这些项目来检视绩效，改进工作成果。但这些分类对于缺乏管理经验的年轻人而言，就好像乡下学童看到法文中的不规则动词一样，只能靠机械化的学习来完成作业。他们只好像鹦鹉学舌一样反复背诵："第 16 个控制原则是……"或许他们因此可以在考试中拿高分，但是对于工作而言，这样做却毫无意义。有经验的管理者运用这些工作分类的方式，则好像成熟的法国诗人运用不规则动词的方式：把不规则动词当成工具，用来提升他对于母语的洞察力，并增强写作技巧和思想深度。

为了达成未来的管理任务，我们需要为今天的管理者提供更高层次的教育。我们已经朝这个方向跨出了第一步，过去 10 年来美国企业界冒出了无数的"高级管理课程"。我们可以笃定地预测，管理教育的重心将逐渐转移到为成年、有经验的管理者开设的更高层次的课程。

企业管理者需要有系统地规划自己更高层次的教育，还是刚兴起的新趋势，但并非没有前例。所有的军队都有类似美国"指挥与参谋学院"的机构，为高级军官进行专业训练。所有的军队也都知道，这类训练只适合实际指挥过军事任务的资深军官，不适用于年轻的储备军官。

事实上，管理者需要更高层次的教育，也需要系统化的管理者培养计划，这表示今天的管理层已经成为社会的重要机制。

诚实正直的品格最重要

不过，仅靠知识和概念方面的教育，管理者无法建立起完成未来任务的能力。

未来的管理者在工作上越成功，就越需要具备诚实正直的人格。因为在新科技之下，管理者的决策、决策跨越的时间幅度及其风险都会对企业产生严重的影响，因此管理者必须把企业的整体利益置于个人利益之上。管理者的决策对于员工的影响也非同小可，因此管理者必须把真正的原则置于权宜的考虑之上。管理者的决策对于经济更会产生深远的影响，因此社会将要求管理者负起应负的责任。的确，管理者的新任务要求未来管理者的每一项行动和决策都根植于原则上，管理者不只通过知识、能力和技巧来领导部属，同时也通过愿景、勇气、责任感和诚实正直的品格来领导。

　　无论管理者接受的是通才教育或管理教育，由于将来情况将会与过去的情况不一样，在将来最起决定性作用的既不是教育，也不是技能，而是一个人诚实正直的品格。

管理层的责任

企业与社会——管理的三重社会责任——能影响企业的社会发展——企业决策对社会的影响——盈利是首要的社会责任——开放机会之门——管理层是领导团体——履行职责离不开职权——管理部门的合法职权是什么——管理与财务政策——最终职责：将社会公众的好处当成企业自身的利益

到目前为止，我们的讨论都把企业视为单独存在，而且追求自我利益。的确，我们也强调了企业和外界的关系，包括企业与顾客及市场，与工会，与影响社会的各种社会、经济和技术力量之间的关系。但是这种关系往往被看作船与大海之间的关系，大海使船可以航行，但也以风暴和沉没威胁着船的安全。船要在大海里航行，而大海却是如此遥远、如此陌生。大海只是一种环境，而不是船的避风港。

但是，社会不仅仅是企业所处的环境，即使最彻底的私有企业仍然是社会的一个机构，发挥着某种作用。

的确，基于现代企业的本质，企业赋予管理者的责任和过去截然不同。

现代工业要求企业将拥有的基本资源有机组织起来，这完全不同于我们过去所知。首先，现代的生产和决策所涵盖的时间很长，远超过个人在经济流程中发挥作用的时间；其次，必须统筹运用人力和物力资源，而且必须持久，才能发挥生产效率；最后，必须集中使用大量的人力和物力资源，虽然究竟需要集中多少资源才能获得最佳经济效益仍无定论。但这正意味着负责整合调度资源的管理者拥有高于他人的权力，他们的决策对社会有巨大的影响力，而且将影响未来经济、社会和人民生活的面貌。换句话说，现代工业要求的企业是与过去不同的新企业。

在历史上，社会一直都不允许权力像这样高度集中（至少不能集中在私人手上），当然也不允许为了经济目的而集中权力。然而现代企业如果不是如此集权，工业社会根本就不可能存在。因此，社会被迫推翻过去的坚持，赋予企业永久的特权（即使不是"法人"在理论上的不朽地位），并满足企业需求而赋予管理者某种程度的权力。

然而，社会也因此要求企业及其管理层负起责任，这种责任超越了任何管理私人财产的传统责任，而且也和传统责任截然不同，不再假定财产所有人在追求自我利益的同时，也促进了公众利益，或自我利益和公众利益能完全区分开来，互不相干。相反，企业管理者必须承担起维护公众利益的责任，采取的行动必须符合道德标准。如果追求自我利益或行使职权时会危害公众利益或侵犯个人自由，就必须有所节制。

现代企业为了生存，必须招募最能干、教育水准最高、最能全力以赴的年轻人来为公司服务。为了吸引和留住优秀人才，企业只许诺他们前途、生活和经济上的成功还不够，必须给年轻人愿景和使命感，满足他们希望能对社会有所贡献的愿望。换句话说，企业管理者必须具备高度的社会责任感，才能达到未来管理者的自我要求。

因此，任何有关管理实践的讨论都不应该忽略了企业的社会性和公共性，即使私人色彩浓厚的公司也不例外。

除此之外，企业必须要求管理者彻底思考企业的社会责任。公共政策和公共法律限定了企业行动和活动的范围，决定了可以采取的组织方式及营销、定价、专利和劳工政策，也控制了企业获取资本和价格的能力，更决定了私人企业是否仍然保持私有性质和自主管理方式，由自己挑选的经营团队来负责经营公司。

在我们的社会中，企业管理层的责任不但对于企业本身，而且对于管理者的社会地位、经济和社会制度的未来，以及企业能否保持独立自主，都有决定性的影响。因此，企业的所有行为都必须以管理者的社会责任为依据。基本上，社会责任充实了管理的伦理观。

今天，至少在美国，有关社会责任的讨论从一开始就把企业管理层当作社会的领导团体。其实首先应该讨论的是管理层对企业应负的责任，而且这份责任不容妥协或规避。因为管理层是受企业委托而负起管理企业的责任，其他的一切都源自于这种委托关系。

从舆论、政策和法律的角度而言，企业管理层应负的第一个责任是，将社会对企业的要求（或可能在近期内对企业的要求）视为可能对企业能否达成目标有所影响。企业管理层的职责是设法让这些要求不会威胁或限制了企业的行动自由，反而成为企业健全发展的契机，或至少以对企业危害最小的方式来满足这些要求。

即使最坚定拥护企业管理的人都不敢声称，目前企业管理已经完美无瑕，无须改善。

有一个例子足以说明我的意思。10 年前，美国人口年龄结构正在改变，加上美元购买力下降，导致企业必须对年纪大的员工有所安排。有些企业管理层早在多年以前，就已经碰到这个问题。美国从 1900 年开始，就已经有了很好的退休金计划。但是许多企业管理层拒绝正视这个不可避免的问题，结果他们不得不接受员工提出的退休金要求，以至于企业必须承担最多的责任，却不见得能解决问题。退休金无法解决高龄员工的问题，已经是越来越明显的事实。如果有 1/5 的员工已届退休年龄（我们的社会很快就会出现这种现象），强迫老人退休将造成较年轻的员工无法承受的重担。同时，许多员工的年龄尽管在过去会被视为老年，他们却仍然体力充沛，可以继续工作，也渴望继续工作。企业管理层必须做的是，好好规划如何继续雇用这批想工作也能工作的资深员工，不能也不愿意继续工作的老年员工，则让他们领退休金，可以有所依靠。同时，这些计划还需要确保留下来工作的资深员工不会成为升迁瓶颈，挡住了年轻人晋升的机会或威胁到他们的工作保障。对这些问题如果没有深思熟虑，企业管理层不可避免地将面对工会或政府提出的强迫雇用高龄员工计划，并因此增加额外的成本和新的限制。

美国管理界在稳定薪资和稳定就业方面，几乎立即就要犯同样的错误。必须满足这方面的需求，已经是不争的事实。不但企业员工需要薪资保障，社会也需要把员工当作中产阶级的象征。同时，20世纪30年代遗留下来的"经济萧条恐惧症"也在背后蠢蠢欲动。

之前我曾经试图说明，我们能通过改善和强化企业，提高生产力和整体利润，以满足这方面的需求。不过，如果企业管理层不肯面对责任，不肯设法将不可避免的问题转为建设性的方案，那么就只能接受保障年薪的做法，而这是满足社会需求最昂贵而无效的方式。

企业管理层也必须确保目前企业的行动和决策不会在未来创造出危害企业自由与繁荣的舆论、要求和政策。

过去几年来，许多公司都在不同的地方分散设厂。在设厂的时候，许多公司只是在新的地点复制了一座原本的工厂，为同样的市场生产同样的产品。在许多情况下，老工厂和复制的新工厂都是当地社区最重要的就业单位。类似的例子包括一家橡胶公司在艾克隆有一座旧厂，在南方小镇又盖了新厂；一家滚珠轴承公司的旧厂设在新英格兰的小镇，新厂设在俄亥俄州的小镇；一家衬衫制造商的旧厂设在纽约州北部，新厂则设在田纳西州的乡下。

在经济萧条时期，这样做将引发严重的社会问题。管理层届时将被迫决定要关掉哪一座工厂，保住哪一座工厂——是投入了大量资金、损益平衡点高，因而运营必须获利的新工厂，还是与整个社区共存共荣的旧工厂？但是无论有多么渴望获得新工业，任何社区会默默接受企业剥夺了他们主要的收入来源，以保住其他地方的就业机会吗？因

　　为市场因素和商业周期而导致失业是一回事，但是企业管理层单方面采取行动又是另外一回事了，因此，企业管理层在规划新厂时的重责大任，就是必须让新厂拥有自己的市场和产品，而不只是在地理上分散设厂而已。否则企业扩张只会引发管理层和社区的冲突，以及企业需求和公共政策之间的矛盾。

　　其他引起舆论和公共政策对企业不满的做法还包括：只任用大学毕业生来担任管理职务，因此扼杀了内部员工的机会；减少领班的升迁机会，因此阻断了美国人传统中迈向成功之路最重要的一步；或不雇用高龄或残障人士的政策。为了履行对企业的责任，管理者必须审慎思考这些做法，以及这些做法对公共福祉的影响。

　　简单地说，针对每个政策和每个决定，企业管理者都应该自问：如果产业界的每个人都这么做，大众会有什么反应？如果这种行为代表一般的企业行为，会对社会大众产生什么影响？这个问题不只是针对大企业，小企业也会对舆论和政策产生相同的影响。而无论企业大小，所有的企业都应该切记，如果它们只挑容易的路来走，把问题丢给别人，那么最后必定要被迫接受政府的解决方案。

企业决策对社会的影响

　　本书的讨论已经清楚阐明，管理决策对社会的影响不仅限于企业的"社会"责任而已，管理决策其实与管理层对企业的责任紧密相关。不过，管理层对于公众利益仍然有应负的责任，这份责任基于一个事实：企业是社会的器官，企业的行动对于社会也会产生决定性的影响。

　　企业对社会的首要责任是盈利，几乎同等重要的是成长的必要性。企业是为社会创造财富的器官。企业管理层必须获得充足的利润，以抵消经济活动的风险，保持创造财富的资源不受损害。此外，还必须增强资源创造财富的能力，从而增加社会的财富。

这是绝对的责任，是管理者不能放弃也不容推卸的责任。企业管理层老爱把"我们有责任为股东赚钱"这句话挂在嘴边，但是至少对上市公司而言，股东总是可以卖掉手上的股票，社会却无法摆脱企业。如果某个企业未能获得足够的利润，社会就不得不承担这部分损失。假如企业的创新和发展未能取得应有的成果，那么社会就会变得贫困虚弱。

同理，企业管理层还有一个社会责任，就是必须确保未来有良好的管理层，否则资源将遭到误用，丧失盈利能力，并且最终会把资源破坏殆尽。

企业管理层有责任引导企业不违反社会信念或破坏社会的凝聚力。这意味着企业有一种消极的责任——不可以对公民不当施压，要求员工绝对的忠诚。如果企业忘掉了这个原则，社会将会强力反弹，通过政府扩权来约束企业。

今天的许多企业，特别是大企业，都有这种倾向，总喜欢摆出一副天皇老子的架势，要求管理人员对企业特别忠诚。其实这种要求，从社会的角度来看，是极其不负责任的，是滥用权力的表现。从对社会的政策以及企业自身的利益来看，这种做法是不可原谅的。公司不能自称（绝对不可自称）是员工的家、归宿、信仰、生命或命运。公司也不可以干预员工个人的私生活或者员工的公民权。将员工与公司连在一起的，只是一份自愿的、随时可以被取消的聘用合同，并不是一条神秘的、不可撤销的纽带。

企业承担对社会信念和凝聚力的责任，有其正面的意义。至少在美国，企业管理层有责任给所有的员工提供机会，基层员工可以凭借能力和绩效而崛起。如果企业没有担当这方面的责任，长此以往，企业所创造的财富将会产生社会阶级、阶级仇恨和阶级斗争，不但不能强化社会，反而削弱了我们的社会。

此外，企业管理者还有其他必须担当的责任。例如，大企业的管理层有责任制定与经济周期逆向操作的资本支出政策（在自动化作业下，这样的政策变得非常必要）。我也相信管理者有责任拟订政策，消除员工对于利润根深蒂固的敌意，原因很简单，仇视利润的倾向对于我们的社会制度和经济体系造成威胁。我还相信，在目前的世界局势下，任何企业都有责任对于增强国家的国防实力做最大的贡献。

但是，最为重要的还是管理者必须认识到：他们应该认真考虑每项企业决策和行动可能会对社会产生些什么影响，应该让企业的每项行动都能促进公众的福利，增强社会的基本信念，为社会的安定、和谐及强大做出自己的贡献。

管理层是领导团体

只有到了现在，我们才能探讨企业管理者身为社会领导团体应负的责任——超越企业本身职责的责任。

企业发言人几乎每天都主张一种新的社会责任。他们说，企业管理层应该为文科大学的生存、为员工的经济教育、为宗教的包容、为新闻自由、为强化或废除联合国的功能、为广义的文化和文化工作者负责。

毋庸置疑，领导团体肩负重责大任，而逃避责任将为社会带来莫大的伤害。然而，危害更甚的是坚持为自己不必负责的团体负责，夺取不属于自己的责任。目前的管理方式却正好出现了上述两种情况：一方面逃避既有的责任，另一方面又把根本不存在，也不应存在的责任揽在自己身上。

因为"责任"也代表"职权"，权与责相互依存，缺一不可。主张管理层在某方面的责任，就必须赋予其相对的权力。我们有理由认为自由社会的企业管理层对于大学、文化、艺术、新闻自由或外交政策等领域，应该拥有任何职权吗？不用说，这样的职权是社会无法容忍的。即使依照社会惯例，在毕业典礼或年度员工野餐会上，老板可以讲一些热情洋溢的废话，但是也应该避免提出这样的权利要求。

身为社会领导团体，企业管理层的社会责任应该局限于他们能合法主张职权的领域。

从经验上看，我给企业管理者的建议是，凡是他们不想让工会领袖或政府掌控的活动，他们自己也应该避免为这方面的活动承担责任。这类活动应该是完全自由开放的，由当地公民自动自发地组织发起，而不是由任何团体或统治机构来主导。如果企业管理者不想让工会领袖控制活动，我们可以合理地假设，工会领袖（及众多的追随者）也不会想让管理层控制这些活动，而且社会也不会允许企业管理层或工会领袖任何一方单独掌控这类活动。因此为了确保这些领域不会遭到控制，明显而单纯的替代方案是由有组织的政府机构代表全民来掌握控制权。

如果企业因为税法的原因而成为某些机构的财务资助来源，那么管理层必须小心，不要让这种资助变成"责任"，不要因为受到误导而侵占了自己根本不应该拥有的职权。

但是，由于权与责必须相互配合，因此当企业管理者由于他所具备的特殊能力而拥有了职权时，就应该负起相应的社会责任。

其中一个相关领域是财政政策。尽管美国的税制结构初建时，最高的所得税率为 4%（只有百万富翁才适用这个税率），直到 20 世纪 50 年代，美国的税制都是不合逻辑的、难以管理的、不道德的制度，等于变相鼓励企业和个人不负责任的行为和决策。企业管理者可以在这方面有所贡献，因此这也是他们的重要责任，他们有责任采取积极的行动。

有些企业主管不断高喊税负太重，但是这样做还不够。我们需要的是能够继续维持政府的高额支出，同时又能兼顾社会和经济需求的政策。如果管理层只会不断高喊"降低税率"，他们就没有尽到对财政政策的责任。事实上，呼吁降税是没有效果的，只会显得非常不负责任。

在企业管理者因自己的特长而拥有和负有责任的地方，管理部门在履行其责任时，必须要将公众的利益放在心上。如果只是从"对企业有好处的，也必然对国家有好处"这样的前提出发，那是不够的，尽管这一说法对大企业来说可能有一定的道理，因为大企业实际上就是美国经济的典型截面。因为当管理层的职权是以能力为基础时，唯有基于公众利益，才能行使这项职权。至于如何才能对企业有利，这完全是另外一个问题。

但是，在认真考虑过企业管理层身为社会领导团体所应该承担的社会责任之后，我们得到了最后一项结论，也是最重要的结论：设法让能增进公众利益的事情也成为企业的自我利益。

对于社会的领导团体而言，仅仅大公无私还不够，甚至把公共福祉置于自我利益之上，也都还不够。企业必须能成功地调和公众利益和私人利益，让公众利益和私人利益协调一致。"通过我们公司的经营管理方式，凡是能增强国力、促进经济繁荣的事情，必然也同时能增强公司实力、促进公司繁荣。"这是美国最成功的公司之一——西尔斯公司的经营管理原则。就经济上的事实而言，"凡是对国家有利的，也设法让它对西尔斯有利"，这种做法或许和"对企业有好处的，也必然对国家有好处"没有多大的不同，然而在精神上、本质上和对责任的主张上，却是截然不同的。

西尔斯的声明并不代表私有利益和公众福祉之间已经协调一致，相反，要让对国家有益的也有利于企业，还需要艰苦的努力、卓越的管理技巧、高度的责任感和宏观的愿景。要完全实现这个理想，需要能将基本元素点化成金的点金石。但是如果企业管理层仍然担当领导的责任，继续独立自主地经营自由的企业，他们就必须把这个原则当作行为准则，努力达到这个目标，并且成功地实践这个原则。

250 年前，英国有位时事评论家，名叫曼德维尔，他以一句相当出名的警句对当时的新商业时代的精神做了概括："私人恶德即公众利益"——在不知不觉之中，私利竟然成了公众福祉。曼德维尔也许并没有错，不过自亚当·斯密以来的经济学家一直在对这一说法进行着争论，直到现在也没有得出一致的结论。

但是曼德维尔究竟是对是错，其实都无关紧要，没有任何社会能够长期建立在这样的信念上。因为在一个美好的、道德的、文化悠久的社会中，公众利益必须建立在私人的良好品质的基础之上。没有任何秉持曼德维尔观点的领导团体能够为社会所接受，相反，每个领导团体都必须声称公众利益决定了他们的自我利益。这样的主张是领导地位的唯一合法基础，而领导人的首要任务则是实现这样的主张。

根据 19 世纪的观点，"资本主义"乃是基于曼德维尔的原则，或许这说明了资本主义为何在物质上如此成功，当然也解释了为何过去百年来，反资本主义和反资本家的浪潮席卷西方世界。的确，无论曼德维尔的说法在逻辑上多么天衣无缝，也不管它的利润多么丰厚，主张私人之恶乃是大众之福的社会很难长远存续。

20 世纪初的美国人完全接受曼德维尔的原则。但是今天，美国人已经能提出相反的原则——经营管理企业的时候，必须设法让公众利益也成为企业的自身利益，而这也是 20 世纪"美国革命"的真正意义。越来越多的美国企业管理层声称，他们有责任在日常活动中实现这个新原则，这将是美国社会，或许也是整个西方社会，未来最大的希望所在。

确保不让这条新原则成为空谈，而是使它成为活生生的现实，是非常重要的。这已成了管理部门最重要的终极责任。管理部门在承担这一责任时，它不光对自己负责，而且是在对企业、对我们的传统、对我们的社会及生活方式负责。

Preface

Management books, though only few of them, had been written and published before *The practice of Management* appeared in 1954. I myself had published in 1946 my first management book, *Concept of the Corporation* (New York: John Day). A few years earlier, in 1938, Chester I. Barnard's *The Functions of the Executive* (Cambridge, Mass.: Harvard University Press) had appeared. The papers on management Mary Parker Follett had written in the 1920s and early 1930s were collected and published under the title *Dynamic Administration* (New York: Harper & Brothers) in 1941. Elton Mayo, the Australian born Harvard professor, had published his two short books on work and worker: *The Human Problems of an Industrial Civilization* (New York: Macmillan) and *The Social Problems of an Industrial Civilization* (Cambridge, Mass.: Harvard University Press) in 1933 and 1945, respectively. The English translation of Henry Fayol's *Industrial and General Administration*—first published in Paris in 1916—had come out in 1930 (London, England: Pitman); and Frederick W. Taylor's *Scientific Management* had come out even earlier, in 1911 (New York: Harper & Brothers), and had been reprinted many times since.

Every one of these books is still being read widely, and deserves to be read widely. Every one was a major achievement. Every one laid firm and lasting foundations; indeed, in their respective fields, none has yet been surpassed. There are no better guides to what we now call organizational psychology and organizational development than Barnard and Mary Parker Follett. When we talk of "quality circles" and "worker involvement," we only echo what Elton Mayo wrote forty and fifty years ago. Fayol's language is outdated, but his insights into the work of management and its organization are still fresh and original. Little has been added in respect to top management, its functions and its policies to what I wrote in *Concept of the Corporation*. And we find ourselves today going back to Taylor in order to understand the work of knowledge-workers and to learn how to make knowledge-work productive.

Still, *The Practice of Management* was the first true "management" book. It was the first to look at management as a whole, the first that attempted to depict management as a distinct function, managing as specific work, and being a manager as a distinct responsibility. All earlier books had dealt with one aspect of management and managing—with communications, for instance, as did Barnard's *Functions of the Executive*, or with top management, organizational structure, and corporate policy, as did my *Concept of the Corporation*. *The Practice of Management*, talks of "managing a business," "managing managers," and "the management of worker and work" —the titles, respectively, of Parts One, Two, and Four. It talks of "the structure of management" (Part Three) but also of "making decisions" (Chapter 28). It talks of "the nature of management," its role, its jobs, and the challenges managements face. But it also talks of managers as people, of the individual men and women who perform managerial work and hold managerial positions: their qualifications, their development, their responsibilities, their values. *The Practice of Management* has a chapter entitled "The Spirit of an Organization" (Chapter 13), in which can be found everything that is now discussed under the heading of "corporate culture." *The Practice of Management* was the first book to talk of "objectives," to define "key result areas," to outline how to set objectives, and to describe how to use them to direct and steer a business and to measure its performance. Indeed *The Practice of Management* probably invented the term "objectives" —at least, it is not to be found in the earlier literature. And *The Practice of Management* was the first book to discuss both managing the existing business and innovating the business of tomorrow.

Perhaps even more important—and certainly more novel—was the fact that *The Practice of Management* was a "first" also in that it saw the enterprise as a whole. All earlier management books—and indeed most management books even now—only see one aspect. Indeed, they usually see only the internal dimension:

organization, policies, human relations within the organization, authority within it, and so on. *The Practice of Management* portrays the enterprise three-dimensionally: first, as a "business" that is an institution existing to produce economic results outside of it, in the market and for customers; second, as a human and social "organization" which employs people, has to develop them, has to pay them, has to organize them for productivity, and therefore requires governance, embodies values and creates relationships of power and responsibility; and third, as a "social institution" embedded in society and community and thus affected by the public interest. *The Practice of Management* also discusses the "social responsibilities of business" —a term that was practically unknown at the time the book was published.

The Practice of Management thus created some thirty years ago what we now refer to as the "discipline" of management. And this was neither accident nor good luck—it was the book's mission and intent.

When I wrote *The Practice of Management*, I had ten years' successful consulting practice under my belt. My own starting point had been neither business nor management. To be sure, I had, much earlier, worked for banks—one short year in Germany, three years in England. But I had become a writer and journalist and taught government and political science. I thus came to management almost by accident. In 1942 I published a book, *Future of Industrial Man*, in which I argued that a good many of the social tasks which community and family had performed in earlier societies had come to be discharged by organizations and especially by the business enterprise. This book attracted the attention of a senior executive of the world's largest manufacturing company, General Motors, who, in the late fall of 1943, invited me to make an in depth study of his top management, its structure and its basic policies. Out of this study grew *Concept of the Corporation*, finished in 1945 and published in 1946.

I found the work fascinating—but also frustrating. There was practically nothing to help me prepare myself for it. Worse, what few books on management and business enterprise existed were totally inadequate. They dealt with one aspect and one aspect only, as if it existed in isolation. They reminded me of a book on human anatomy that would discuss one joint in the body—the elbow, for instance—without even mentioning the arm, let alone the skeleton and musculature. Worse still, there were no studies at all on most aspects of management. Yet what made management and the work of the manager so interesting, I thought, was precisely that there was always a true whole, a three-dimensional entity. Managing, I soon learned, always had to take into account the results and performance for the sake of which the business exists, the internal organization of people engaged in a common task and the outside social dimension—the dimension of social impacts and social responsibilities. Yet nothing could be found on most of these topics, let alone on their relationship to one another. Plenty of books existed at the time on the impact of government policy on business; indeed, courses on government regulation of business were then—and still are—highly popular. But what about the impact of business on society and community? There was ample material on corporate finance—but virtually nothing on business policy and so on.

I continued for some time as a consultant to General Motors after I had finished my study. And then I gradually was called in to consult by some other large corporations—Sears, Roebuck, the Chesapeake & Ohio Railroad, General Electric. Everywhere I found the same situation: a near-total absence of study, thought and knowledge regarding the job, function and challenges of management—nothing but fragments and specialized monographs. And so I decided to sit down, first to map out that "dark continent," management, then to define what pieces were missing and had to be forged and finally to put the whole together into one systematic, organized—yet short—book. In my consulting assignments I was meeting large numbers of able younger people, people in middle-and uppermiddle management positions or in their first major assignment, either as a manager or as an individual professional contributor. These were the people who *knew* that they were managers—their predecessors, who had made their careers before World War II, were often barely conscious of that fact These younger achieving people knew that they needed systematic knowledge; needed concepts, principles, tools—and had none. It was for them that I wrote the book. And it was that generation which made the book an immediate success, that generation which converted being a manager from being a "rank" into work, function and responsibility. And the book was an immediate success, not only in the United States but worldwide, in Europe, in Latin America and, especially, in Japan. Indeed, the Japanese consider it the foundation of their economic success and industrial performance.

Some of my subsequent management books have taken one major theme of *The Practice of Management* and developed it at greater length—for instance, *Managing for Results* (1964), which was the first book on business strategy, and *The Effective Executive* (1966), which treats managing oneself as a manager and executive in an organization. *Management: Tasks, Responsibilities, Practices* (1973) was written as a systematic handbook for the practicing executive but also as a systematic text for the student of management; it thus aims at being comprehensive and definitive, whereas *The Practice of Management* aims at being accessible and stimulating. *Managing in Turbulent Times* (1980) *further develops basic questions raised in The Practice of Management*—What is our business? What could it be? What should it be? —but also considers the question of how a business both innovates and maintains continuity in a time of change, thus turning change into opportunity. These four volumes—all originally published by Harper & Row—have now come out as Harper paperbacks in the same format as this paperback edition of *The Practice of Management.*

But *The Practice of Management* has remained the *one* book which students of management, young people aspiring to become managers and mature managers still consider the foundation book. "If you read only one book on management," the chairman of one of the world's largest banks tells his officers again and again, "read *The Practice of Management.*" What explains this success is, I believe, the book's balance between being comprehensive and being accessible and easy to read. Each chapter is short, yet each presents the fundamentals in their entirety. This is, of course, the result of the book's origins; I wanted something that would give the managers I was working with in my client companies *everything* they would need to do their jobs and prepare themselves for top-management responsibilities; yet the material had to be accessible, had to be readable, had to fit the limited time and attention busy people could give to it. It is this balance, I believe, that has made this book keep on selling and being read for thirty years despite the plethora of books on management that have been written and published since. This balance, I believe, has made it the preferred book of the practitioner of management and of those who aspire to become managers, in public-service organizations as well as in businesses. And I hope this paperback edition will serve the same function and make the same contribution to new generations of students, aspiring young management professionals, and seasoned practitioners for years to come.

PETER F. DRUCKER
Claremont, California
Thanksgiving Day, 1985

THE NATURE OF MANAGEMENT

CHAPTER 1

The Role of Management

The dynamic element in every business—A distinct and a leading group—
The emergence of management—The free world's stake in management

The manager is the dynamic, life-giving element in every business Without his leadership the "resources of production" remain resources and never become production. In a competitive economy, above all, the quality and performance of the managers determine the success of a business, indeed they determine its survival. For the quality and performance of its managers is the only effective advantage an enterprise in a competitive economy can have.

Management is also a distinct and a leading group in industrial society. We no longer talk of "capital" and "labor"; we talk of "management" and "labor." The "responsibilities of capital" have disappeared from our vocabulary together with the "rights of capital"; instead, we hear of the "responsibilities of management," and (a singularly hapless phrase) of the "prerogatives of management." We are building up a comprehensive and distinct system of "education for management." And when the Eisenhower Administration was formed in 1952, it was formed consciously as a "Management Administration."

The emergence of management as an essential, a distinct and a leading institution is a pivotal event in social history. Rarely, if ever, has a new basic institution, a new leading group, emerged as fast as has management since the turn of this century. Rarely in human history has a new institution proven indispensable so quickly; and even less often has a new institution arrived with so little opposition, so little disturbance, so little controversy.

Management will remain a basic and dominant institution perhaps as long as Western civilization itself survives. For management is not only grounded in the nature of the modern industrial system and in the needs of the modern business enterprise to which an industrial system must entrust its productive resources—both human and material. Management also expresses basic beliefs of modern Western society. It expresses the belief in the possibility of controlling man's livelihood through systematic organization of economic resources. It expresses the belief that economic change can be made into the most powerful engine for human betterment and social justice—that, as Jonathan Swift first overstated it two hundred and fifty years ago, whoever makes two blades of grass grow where only one grew before deserves better of mankind than any speculative philosopher or metaphysical system builder.

This belief that the material can and should be used to advance the human spirit is not just the age-old human heresy "materialism." In fact, it is incompatible with materialism as the term has always been understood. It is something new, distinctly modern, distinctly Western. Prior to, and outside of, the modern West, resources have always been considered a limit to man's activities, a restriction on his control over his environment—rather than an opportunity and a tool of his control over nature. They have always been considered God-given and unchangeable. Indeed all societies, except the modern West, have looked upon economic change as a danger to society and individual alike, and have considered it the first responsibility of government to keep the economy unchangeable.

Management, which is the organ of society specifically charged with making resources productive, that is, with the responsibility for organized economic advance, therefore reflects the basic spirit of the modern age. It is in fact indispensable—and this explains why, once begotten, it grew so fast and with so little opposition.

The Importance of Management

Management, its competence, its integrity and its performance will be decisive both to the United States and to the free world in the decades ahead. At the same time the demands on management will be rising steadily and steeply.

A "Cold War" of indefinite duration not only puts heavy economic burdens on the economy, which only continuous economic advance can make bearable; it demands ability to satisfy the country's military needs while building up, at the same time, an expanding peacetime economy. It demands, indeed, an unprecedented ability of the entire economy to shift back and forth between peacetime and defense production, practically at an instant's notice. This demand, on the satisfaction of which our survival may well depend, is above all a demand on the competence of the managements, especially of our big enterprises.

That the United States is the leader today, economically and socially, will make management performance decisive—and adequate management performance much harder. From the peak there is only one easy way to go: downwards. It always requires twice as much effort and skill to stay up as it did to climb up. In other words, there is real danger that in retrospect the United States of 1950 will come to look like the Great Britain of 1880—doomed to decline for lack of vision and lack of effort. There are evidences of a tendency in this country to defend what we have rather than advance further; capital equipment is getting old in many industries; productivity is improving fast only in the very new industries, and may be stagnant if not declining in many others. Only superior management competence and continuously improved management performance can keep us progressing, can prevent our becoming smug, self-satisfied and lazy.

Outside the United States management has an even more decisive function and an even tougher job. Whether Europe regains her economic prosperity depends, above all, on the performance of her managements. And whether the formerly colonial and raw-material producing countries will succeed in developing their economies as free nations, depends to a large extent on their ability to produce competent and responsible managers in a hurry. Truly, the entire free world has an immense stake in the competence, skill and responsibility of management.

CHAPTER 2

The Jobs of Management

Management the least known of our basic institutions—The organ of the enterprise—The first function: economic performance—The first job: managing a business—Managing as creative action—Management by objectives—Managing managers—The enterprise as a genuine whole—Managers must manage—"It's the abilities, not the disabilities, that count"—Managing worker and work—The two time dimensions of management—The integrated nature of management

Despite its crucial importance, its high visibility and its spectacular rise, management is the least known and the least understood of our basic institutions Even the people in a business often do not know what their management does and what it is supposed to be doing, how it acts and why, whether it does a good job or not. Indeed, the typical picture of what goes on in the "front office" or on "the fourteenth floor" in the minds of otherwise sane, well-informed and intelligent employees (including, often, people themselves in responsible managerial and specialist positions) bears striking resemblance to the medieval geographer's picture of Africa as the stamping ground of the one-eyed ogre, the two-headed pygmy, the immortal phoenix and the elusive unicorn. What then is management: What does it do?

There are two popular answers. One is that management is the people at the top—the term "management" being little more than euphemism for "the boss." The other one defines a manager as someone who directs the work of others and who, as a slogan puts it, "does his work by getting other people to do theirs."

But these are at best merely efforts to tell us who belongs in management (as we shall see, they don't even tell us that). They do not attempt to tell us what management is and what it does. These questions can only be answered by analyzing management's function. For management is an organ; and organs can be described and defined only through their function.

Management is the specific organ of the business enterprise. Whenever we talk of a business enterprise, say, the United States Steel Company or the British Coal Board, as deciding to build a new plant, laying off workers or treating its customers fairly, we actually talk of a management decision, a management action, a management behavior. The enterprise can decide, act and behave only as its managers do—by itself the enterprise has no effective existence. And conversely any business enterprise, no matter what its legal structure, must have a management to be alive and functioning. (In this respect there is no difference between private enterprise as a Post Office.)

That management is the specific organ of the business enterprise is so obvious that it tends to be taken for granted. But it sets management apart from all other governing organs of all other institutions. The Government, the Army or the Church—in fact, any major institution—has to have an organ which, in some of its function, is not unlike the management of the business enterprise. But management as such is the management of a *business* enterprise. And the reason for the existence of a business enterprise is that it supplies economic goods and services. To be sure, the business enterprise must discharge its economic responsibility so as to strengthen society and in accordance with society's political and ethical beliefs. But these are (to use the logician's term) accidental conditions limiting, modifying, encouraging or retarding the economic activities of the business enterprise. The essence of business enterprise, the vital principle that determines its nature, is economic performance.

The First Function: Economic Performance

Management must always, in every decision and action, put economic performance first. It can only justify its existence and its authority by the economic results it produces. There may be great non-economic results: the happiness of the members of the enterprise, the contribution to the welfare or culture of the community, etc. Yet management has failed if it fails to produce economic results. It has failed if it does not supply goods and services desired by the consumer at a price the consumer is willing to pay. It has failed if it does not improve or at least maintain the wealth-producing capacity of the economic resources entrusted to it.

In this management is unique. A General Staff will ask itself quite legitimately whether its basic military decisions are compatible with the economic structure and welfare of the country. But it would be greatly remiss in its duty were it to start its military deliberations with the needs of the economy. The economic consequences of military decisions are a secondary, a limiting factor in these decisions, not their starting point or their rationale. A General Staff, being the specific organ of a military organization, must, by necessity, put military security first. To act differently would be a betrayal of its responsibility and dangerous malpractice. Similarly, management, while always taking into consideration the impact of its decisions on society, both within and without the enterprise, must always put economic performance first.

The first definition of management is therefore that it is an economic organ, indeed the specifically economic organ of an industrial society. Every act, every decision, every deliberation of management has as its first dimension an economic dimension.

Management's first job is managing a business

This apparently obvious statement leads to conclusions that are far from being obvious or generally accepted. It implies both severe limitations on the scope of management and manager, and a major responsibility for creative action.

It means in the first place that the skills, the competence, the experience of management cannot, as such, be transferred and applied to the organization and running of other institutions. In particular a man's success in management carries by itself no promise—let alone a guarantee—of his being successful in government. A career in management is, by itself, not a preparation for major political office— or for leadership in the Armed Forces, the Church or a university. The skills, the competence and the experience that are common and therefore transferable are analytical and administrative—extremely important, but secondary to the attainment of the primary objectives of the various non-business institutions. Whether Franklin D. Roosevelt was a great President or a national disaster has been argued hotly in this country for twenty years. But the patent fact that he was an extremely poor administrator seldom enters the discussion; even his staunchest enemies would consider it irrelevant. What is at issue are his basic political decisions. And no one would claim that these should be determined by the supply of goods and services desired by the consumer at the price the consumer is willing to pay, or by the maintenance or improvement of wealth-producing resources. What to the manager must be the main focus is to the politician, of necessity, only one factor among many.

A second negative conclusion is that management can never be an exact science. True, the work of a manager can be systematically analyzed and classified; there are, in other words, distinct professional features and a scientific aspect to management. Nor is managing a business just a matter of hunch or native ability; its elements and requirements can be analyzed, can be organized systematically, can be learned by anyone with normal human endowment. Altogether, this entire book is based on the proposition that the days of the "intuitive" managers are numbered. This book assumes that the manager can improve his performance in all areas of management, including the managing of a business, through the systematic study of principles, the acquisition of organized knowledge and the systematic analysis of his own performance in all areas of his work and job and on all levels of management. Indeed, nothing else can contribute so much to his skill, his effectiveness and his performance. And underlying this theme is the conviction that the impact of the manager on modern society and its citizens is so great as to require of him the self-discipline and the high standards of public service of a true professional.

And yet the ultimate test of management is business performance. Achievement rather than knowledge remains, of necessity, both proof and aim. Management, in other words, is a practice, rather than a science or a profession, though containing elements of both. No greater damage could be done to our economy or to our society than to attempt to "professionalize" management by "licensing" managers, for instance, or by limiting access to management to people with a special academic degree.

On the contrary, it is the test of good management that it enables the successful business performer to do his work—whether he be otherwise a good manager or a poor one. And any serious attempt to make management "scientific" or a "profession" is bound to lead to the attempt to eliminate those "disturbing nuisances," the unpredictabilities of business life—its risks, its ups and downs, its "wasteful competition," the "irrational choices" of the consumer—and, in the process, the economy's freedom and its ability to grow. It is not entirely accident that some of the early pioneers of "Scientific Management" ended up by demanding complete cartelization of the economy. (Henry Gantt was the prime example); that the one direct outgrowth of American "Scientific Management" abroad, the German "Rationalization" movement of the twenties, attempted to make the world safe for professional management by cartelizing it; and that in our own country men who were steeped in "scientific management" played a big part in "Technocracy" and in the attempted nation-wide super-cartel of the National Recovery Act in the first year of Roosevelt's New Deal.

The scope and extent of management's authority and responsibility are severely limited. It is true that in order to discharge its business responsibility management must excercise substantial social and governing authority within the enterprise—authority over citizens in their capacity as members of the enterprise. It is also a fact that because of the importance of the business enterprise, management inevitably becomes one of the leading groups in industrial society. Since management's responsibility is always founded in economic performance, however, it has on authority except as is necessary to discharge its economic responsibility. To assert authority for management over the citizen and his affairs beyond that growing out of management's responsibility for business performance is usurpation of authority. Furthermore management can only be one leading group among several; in its own self-interest it can never and must never be *the* leading group. It has partial rather than comprehensive social responsibility—hence partial rather than comprehensive social authority. Should management claim to be *the* leading group—or even to be the most powerful of leading groups—it will either be rebuffed and, in the process, be shorn of most of the authority it can claim legitimately, or it will help into power a dictatorship that will deprive management as well as all other groups in a free society of their authority and standing.

But while the fact that management is an organ of the business enterprise limits its scope and potential, it also embodies a major responsibility for creative action. For management has to *manage*. And managing is not just passive, adaptive behavior; it means taking action to make the desired results come to pass.

The early economist conceived of the businessman and his behavior as purely passive: success in business meant rapid and intelligent adaptation to events occurring outside, in an economy shaped by impersonal, objective forces that were neither controlled by the businessman nor influenced by his reaction to them. We may call this the concept of the "trader." Even if he was not considered a parasite, his contributions were seen as purely mechanical: the shifting of resources to more productive use. Today's economist sees the businessman as choosing rationally between alternatives of action. This is no longer a mechanical concept; obviously what choice the businessman makes has a real impact on the economy. But still, the economist's "businessman"—the picture that underlies the prevailing economic "theory of the firm" and the theorem of the "maximization of profits"—reacts to economic developments. He is still passive, still adaptive—though with a choice between various ways to adapt. Basically this is a concept of the "investor" or the "financier" rather than of the manager.

Of course, it is always important to adapt to economic changes rapidly, intelligently and rationally. But managing goes way beyond passive reaction and adaptation. It implies responsibility for attempting to shape the economic environment, for planning, initiating and carrying through changes in that economic environment, for constantly pushing back the limitations of economic circumstances on the enterprise's freedom of action. What is possible—the economist's "economic conditions"—is therefore only one pole in managing a business. What is desirable in the interest of the enterprise is the other. And while man can never really "master" his environment, while he is always held within a tight vise of possibilities, it is management's specific job to make what is desirable first possible and then actual. Management is not just a creature of the economy; it is a creator as well. And only to the extent to which it masters the economic circumstances, and alters them by conscious, directed action, does it really manage. To manage a business means, therefore, to *manage by objectives*. Throughout this book this will be a keynote.

Managing Managers

To obtain economic performance there must be an enterprise. Management's second function is therefore to make a productive enterprise out of human and material resources. Concretely this is the function of managing managers.

The enterprise, by definition, must be capable of producing more or better than all the resources that comprise it. It must be a genuine whole: greater than—or at least different from—the sum of its parts, with its output larger than the sum of all inputs.

The enterprise cannot therefore be a mechanical assemblage of resources. To make an enterprise out of resources it is not enough to put them together in logical order and then to throw the switch of capital as the nineteenth-century economists firmly believed (and as many of their successors among academic economists still believe). What is needed is a transmutation of the resources. And this cannot come from an inanimate resource such as capital. It requires management.

But it is also clear that the "resources" capable of enlargement can only be human resources. All other resources stand under the laws of mechanics. They can be better utilized or worse utilized, but they can never have an output greater than the sum of the inputs. On the contrary the problem in putting non-human resources together is always to keep to a minimum the inevitable output-shrinkage through friction, etc. Man, alone of all the resources available to man, can grow and develop. Only what a great medieval political writer (Sir John Fortescue) called the "intencio populi," the directed, focused, united effort of free human beings, can produce a real whole. Indeed, to make the whole that is greater than the sum of its parts has since Plato's days been the definition of the "Good Society."

When we speak of growth and development we imply that the human being himself determines what he contributes. Yet, we habitually define the rank-and-file worker—as distinguished from the manager—as a man who does as he is directed, without responsibility or share in the decisions concerning his work or that of others. This indicates that we consider the rank-and-file worker in the same light as other material resources, and as far as his contribution to the enterprise is concerned as standing under the laws of mechanics. This is a serious misunderstanding. The misunderstanding, however, is not in the definition of rank-and-file *work*, but rather in the failure to see that many rank-and-file *jobs* are in effect managerial, or would be more productive if made so. It does not, in other words, affect the argument that it is managing managers that makes an enterprise.

That this is true is shown in the terms we use to describe the various activities needed to build a functioning and productive enterprise. We speak of "organization"—the formal structure of the enterprise. But what we mean is the organization of managers and of their functions; neither brick and mortar nor rank-and-file workers have any place in the organization structure. We speak of "leadership" and of the "spirit" of a company. But leadership is given by managers and effective primarily within management; and the spirit is made by the spirit within the management group. We talk of "objectives" for the company, and of its performance. But the objectives are goals for management people; the performance is management performance. And if an enterprise fails to perform, we rightly hire not different workers but a new president.

Managers are also the costliest resource of the enterprise. In the big companies one hears again and again that a good engineer or accountant with ten or twelve years of working experience represents a direct investment of $50 000 over and above the contribution he has made so far to the company's success. The figure is, of course, pure guess—though the margin of error may well be no greater than that in the accountant's meticulous and detailed calculation of the investment in, and profitability of, a piece of machinery or a plant. But even if the actual figure were only a fraction, it would be high enough to make certain that the investment in managers, though, of course, never shown on the books, outweighs the investment in every other resource in practically all businesses. To utilize this investment as fully as possible is therefore a major requirement of managing a business.

To manage managers is therefore to make resources productive by making an enterprise out ot them. And management is so complex and multi-faceted a thing, even in a very small business, that managing managers is inevitably not only a vital but a complex job.

Managing Worker and Work

The final function of management is to manage workers and work. Work has to be performed; and the resource to perform it with is workers—ranging from totally unskilled to artists, from wheelbarrow pushers to executive vice-presidents. This implies organization of the work so as to make it most suitable for human beings, and organization of people so as to make them work most productively and effectively. It implies consideration of the human being as a resource—that is, as something having peculiar physiological properties, abilities and limitations that require the same amount of engineering attention as the properties of any other resource, e. g., copper. It implies also consideration of the human resource as human beings having, unlike any other resource, personality, citizenship, control over whether they work, how much and how well, and thus requiring motivation, participation, satisfactions, incentives and rewards, leadership, status and function. And it is management, and management alone, that can satisfy these requirements. For they must be satisfied through work and job and within the enterprise; and management is the activating organ of the enterprise.

There is one more major factor in every management problem, every decision, every action—not, properly speaking, a fourth function of management, but an additional dimension: time. Management always has to consider both the present and the long-range future. A management problem is not solved if immediate profits are purchased by endangering the long-range profitability, perhaps even the survival, of the company. A management decision is irresponsible if it risks disaster this year for the sake of a grandiose future. The all too common case of the management that produces great economic results as long as it runs the company but leaves behind nothing but a burned-out and rapidly sinking hulk is an example of irresponsible managerial action through failure to balance present and future. The immediate "economic results" are actually fictitious and are achieved by paying out capital. In every case where present and future are not both satisfied, where their requirements are not harmonized or at least balanced, capital, that is, wealth-producing resources, is endangered, damaged or destroyed.

The time dimension is inherent in management because management is concerned with decisions for action. And action is always aimed at results in the future. Anybody whose responsibility it is to act—rather than just to know—operates into the future. But there are two reasons why the time dimension is of particular importance in management's job, and of particular difficulty. In the first place, it is the essence of economic and technological progress that the time-span for the fruition and proving out of a decision is steadily lengthening. Edison, fifty years ago, needed two years or so between the start of laboratory work on an idea and the start of pilot-plant operations. Today it may well take Edison's successors fifteen years. A half century ago a new plant was expected to pay for itself in two or three years; today, with capital investment per worker ten times that of 1900, the pay-off period in the same industry is ten or twelve years. The human organization, such as a sales force or a management group, may take even longer to build and to pay for itself.

The second peculiar characteristic of the time dimension is that management— almost alone—has to live always in both present and future. A military leader, too, knows both times. But rarely does he have to live in both at the same time.

During peace he knows no "present"; all the present is a preparation for the future of war. During war he knows only the most short-lived "future"; he is concerned with winning the war at hand to the practical exclusion of everything else. But management must keep the enterprise successful and profitable in the present— or else there will be no enterprise left to enjoy the future. It must simultaneously make the enterprise capable of growing and prospering, or at least of surviving in the future—otherwise it has fallen down on its responsibility of keeping resources productive and unimpaired, has destroyed capital. (The only parallel to this time-squeeze is the dilemma of the politician between the responsibility for the common good and the need to be re-elected as a prerequisite to making his contribution to the common good. But the cynical politician can argue that promises to the voters and performance once in office need not resemble each other too closely. The manager's action on present results, however, directly determines future results, his action on future results—research expenditures, for instance, or plant investment— profoundly influences visible present results.)

The Integrated Nature of Management

The three jobs of management: managing a business, managing managers and managing worker and work, can be analyzed separately, studied separately, appraised separately. In each a present and a future dimension can be distinguished. But in its daily work management cannot separate them. Nor can it separate decisions on present from decisions on future. Any management decision always affects all three jobs and must take all three into account. And the most vital decisions on the future are often made as decisions on the present—on present research budgets or on the handling of a grievance, on promoting this man and letting that one go, on maintenance standards or on customer service.

It cannot even be said that one job predominates or requires the greater skill or competence. True, business performance comes first—it is the aim of the enterprise and the reason for its existence. But if there is no functioning enterprise. there will be no business performance, no matter how good management may be in managing the business. The same holds true if worker and work are mismanaged. Economic performance that is being achieved by mismanaging managers is illusory and actually destructive of capital. Economic performance that is being achieved by mismanaging work and worker is equally an illusion. It will not only raise costs to the point where the enterprise ceases to be competitive; it will, by creating class hatred and class warfare, end by making it impossible for the enterprise to operate at all.

Managing a business has primacy because the enterprise is an economic institution; but managing managers and managing workers and work have primacy precisely because society is not an economic institution and is therefore vitally interested in these two areas of management in which basic social beliefs and aims are being realized.

In this book we shall always bring together both present and future. But we shall discuss separately each of the three major jobs of management: managing a business, managing managers, managing work and worker. We must, however, never allow ourselves to forget that in actual practice managers always discharge these three jobs in every one action. We must not allow ourselves to forget that it is actually the specific situation of the manager to have not one but three jobs at the same time, discharged by and through the same people, exercised in and through the same decision. Indeed, we can only answer our question:"What is management and what does it do?" by saying that it is a multi-purpose organ that manages a business *and* manages managers *and* manages worker and work. If one of these were omitted, we would not have management any more—and we also would not have a business enterprise or an industrial society.

CHAPTER 3

The Challenge to Management

The new industrial revolution—Automation: science fiction and reality—What is Automation?—Conceptual principles, not techniques or gadgets—Automation and the worker—Automation, planning and monopoly—The demands on the manager

Management faces the first great test of its competence and its hardest task in the imminent industrial revolution which we call "Automation."

A lot of rather lurid "science fiction" is being written today about Automation. The "push-button factory" is the least fantastic of them (though it, too, is largely nonsense). The coming of the new technology has revived all the slogans of the "planners" of the thirties. It is producing a new crop of penny-dreadfuls purporting to give us a glimpse of that nightmare, the technocrat's paradise, in which no human decisions, no human responsibility, no human management is needed, and in which the push button run by its own "electronic brain" produces and distributes abundant wealth.

Specifically we are being told in these mathematical romances that the new technology will require such capital investments as to make impossible all but the giant business. We are told—in Europe even more than here—that it will make almost inevitable the elimination of competition and will make both possible and necessary the nationalization of the resulting giant monopolies. We are told that the push-button factory of the future will have practically no workers (though who will buy the unlimited supply of goods it will spew out if everyone lives is enforced idleness we are not being told). And those people that are still needed will be pure technicians—electronics engineers, theoretical physicists, mathematicians—or janitors. But managers will not be needed. Indeed, however much the prophets disagree on other points, they seem to be in emphatic agreement that managers will not be needed.

It is no accident that so much of this speculation comes from the advocates of controlled economy and central planning—especially in Europe. For every item in the present prediction of things to come is straight out of the prescription the planners urged us to swallow yesterday. Now that we in the free world no longer accept the planners'remedies as good for us, an attempt is being made to make us swallow the same nostrums under the pretext that they are inevitable.

What Is Automation?

Yet every one of these assertions, conclusions and fears is the direct opposite of what the new technology really means. Indeed, we have enough examples of it around—in an oil refinery, for instance, or in a synthetic rubber plant—so that we do not have to speculate. We can show what Automation is and what its effects will be.

Automation is not "technical" in character. Like every technology it is primarily a system of concepts, and its technical aspects are results rather than causes.

The first concept is a metaphysical one: that there is a basic pattern of stability and predictability behind the seeming flux of phenomena. The second concept is one of the nature of work. The new technology does not, as did early individual production, focus on skill as the integrating principle of work. Nor does it, as did Henry Ford's concept of mass production, focus on the product as the organizing principle. It focuses on the process, which it sees as an integrated and harmonious whole. Its aim is to arrive at the best process—the process that will produce the greatest variety of goods with the greatest stability, at the lowest cost and with the least effort Indeed the less variety and fluctuation there is in the process, the greater may be the variety of goods that can be produced.

Finally, the new technology has a concept of control to maintain the equilibrium between ends and means, output and effort. Automation requires that what is signifi-cant be pre-established, and that it be used as a pre-set and self-activating governor of the process.

The mechanics of control can be extremely simple.

> In the claims office of a life-insurance company, policies that require special handling—because the documents are not all there, because data are missing, because the beneficiary is not clearly established, because the title is clouded, etc.—are simply put aside and handed over to a separate clerk for special, individual handling. This anyone can learn to do in a few days (or a machine could be designed to do it). It makes possible the rapid, smooth and continuous processing of the 98 per cent or so of all policies that are routine—even though there are literally thousands of variations in the mode of payment, the distribution among beneficiaries and so on. Simple rejection is adequate control to maintain the process.

Control may also require complicated machinery. It can be exercised as "feed-back," in which the result of the process is fed back into an earlier stage to maintain the process and to adjust it if necessary.

> The simplest example is the "safety valve" on a steam engine which is lifted up by steam pressure in the boiler until it opens up a hole through which the excess steam escapes, thus lowering the pressure enough for the safety valve to sink back to its former place and to close the opening again. It is this principle on which glandular body functions operate. And it is feed-back that is used by the electronic control system of an antiaircraft gun.

The mechanics of control are, however, quite secondary to the technology of Automation. What is essential is that there always be a control built into the process which maintains it either by eliminating what the process cannot handle, or by adjusting the process so as to make it produce the planned result.

Only *after* these concepts have been thought through can machines and gadgets be fruitfully applied.

After this conceptual rethinking, however, mechanization of those operations that are repetitive in character becomes both possible and economical. A machine can be used to feed material into another machine, to change the material's position in the machine and to move it from one machine to the next. All materials handling— which contributes the bulk of unskilled repetitive work under mass production— can be mechanized. So can changes in machine setting and routine judgments (for instance, whether the machine has become too hot or the tool bit too blunt).

This mechanization is not, however, Automation itself. It is only the result of Automation and it is not essential to it. We have plenty of examples of effective mass production without a single conveyor belt; for instance, the sorting of checks in a clearing house. We will see examples of Automation without a single "automatictool," let alone a single "push button."

Techniques, tools and gadgets are thus in Automation, as in every technology, specific to the task and determined by it. They do not constitute Automation; nor does Automation consist in their application. Automation is a concept of the organization of work. It is therefore as applicable to the organization of distribution or of clerical work as to that of industrial production.

Automation and the Worker

The popular belief that the new technology will replace human labor by robots is utterly false.

"I was in charge of an analogue computer for some time," one of my students told me. "I am still appalled by the number of businessmen who believe that the machine was in charge of me."

Actually the new technology (though there will certainly be problems of displacement) will employ more people and, above all, more people who are highly skilled and highly trained.

A scant twenty years ago, it was widely believed that the massproduction technology—yesterday's industrial revolution—threw people out of work. Today we know that wherever it has been introduced, it has rapidly increased the number of job opportunities in industry. But it is still widely believed that mass production replaces skilled labor by unskilled labor. We know this today to be a fallacy. In the United States, for instance, where mass-production methods have been applied on the broadest scale, the class of employees that has been growing most rapidly in numbers and proportion is that of skilled and trained people. And the truly unskilled laborer of yesterday, who contributed only his brawn, has become the semi-skilled machine operator of today—a man of higher skill and education, producing more wealth, earning a vastly higher standard of living.

The technological changes now occurring will carry the process a big step further. They will not make human labor superfluous. On the contrary, they will require tremendous numbers of highly skilled and highly trained men—managers to think through and plan, highly trained technicians and workers to design the new tools, to produce them, to maintain them, to direct them. Indeed, the major obstacle to the rapid spread of these changes will almost certainly be the lack, in every country, of enough trained men.

It is similarly not true that the new technology demands the giant enterprise, let alone that it squeezes out the small and independent and establishes monopoly. In some industries it may indeed increase the size of the most economical unit. In many others (one example is the production of raw steel) it is likely to make significantly smaller units economically possible, if not necessary.

It is finally not true that the new technology brings a tremendous increase in capital requirements. Investment per *production* worker will, of course, go up. Investment per *employee* may, however, not rise at all, as more technicians and managers will be needed; and there is nothing in our experience to make it appear likely that investment per *unit of output* will increase significantly.

The Demands on Management

Above all, the new technology will not render managers superfluous or replace them by mere technicians. On the contrary, it will demand many more managers. It will greatly extend the management area; many people now considered rank-and-file will have to become capable of doing management work. The great majority of technicians will have to be able to understand what management is and to see and think managerially. And on all levels the demands on the manager's responsibility and competence, his vision, his capacity to choose between alternate risks, his economic knowledge and skill, his ability to manage managers and to manage worker and work, his competence in making decisions, will be greatly increased.

Far from making inevitable, let alone desirable, centralized planning and monopoly—whether nationalized or private cartel—the new technology will demand the utmost in decentralization, in flexibility and in management autonomy. Any society in the era of the new technology would perish miserably were it to attempt to get rid of free management of autonomus enterprise so as to run the economy by central planning. And so would any enterprise that attempted to centralize responsibility and decision-making at the top. It would go under as did the great reptiles of the Saurian age who attempted to control a huge body by a small, centralized nervous system that could not adapt itself to rapid change in the environment.

For all of these reasons, no description of the nature of management will be complete that fails to take Automation into account. I am inclined to believe that Automation will not inundate us in a sudden flood but will seep in gradually though steadily. But there can be little doubt that it is coming. There can be little doubt that the industrial country that first understands Automation and first applies it systematically will lead in productivity and wealth during the second half of the twentieth century, just as the United States, through understanding and applying mass production, came to lead the world during the first half of this century. And there is even less doubt that this leadership position will fall to the country whose managers understand and practice management in its fullest sense.

1

MANAGING A BUSINESS

THE PRACTICE
OF MANAGEMENT

CHAPTER 4

The Sears Story

What is a business and how it is managed—Unexplored territory—Sears, Roebuck as an illustration—How Sears became a business—Rosenwald's innovations—Inventing the mail-order plant—General Wood and Sears's second phase—Merchandise planning and manager development—T. V. Houser and the challenges ahead

How to mangae a business would seem to be of such importance as to insure a veritable flood of books on the subject. Actually there are almost none.

There are hundreds, if not thousands, of books on the management of the various functions of a business: production and marketing, finance and engineering, purchasing, personnel, public relations and so forth. But what it is to manage a business, what it requires, what management is supposed to do and how it should be doing it, have so far been neglected.[⊖]

This oversight is no accident. It reflects the absence of any tenable economic theory of business enterprise. Rather than start out theorizing ourselves, we shall therefore first take a good look at the conduct and behavior of an actual business

---

[⊖] The only exception I know of is the short essay by Oswald Knauth: *Managerial Enterprise* (New York: Norton, 1948). See also Joel Dean's *Managerial Economics* (New York: Prentice-Hall, 1951). Though Dean is concerned mainly with the adaptation of the economist's theoretical concepts and tools to business management, the book, especially its earlier, general parts, is required reading for any manager.

enterprise. And there is no better illustration of what a business is and what managing it means, that one of America's most successful enterprises: Sears, Roebuck and Company.⊖

Sears became a business around the turn of the century with the realization that the American farmer represented a separate and distinct market. Separate, because of his isolation which made existing channels of distribution virtually inaccessible to him; distinct, because of his specific needs which, in important respects, were different from those of the city consumer. And while the farmer's purchasing power was individually low, it represented a tremendous, almost untapped, buying potential in the aggregate.

To reach the farmer a new distribution channel had to be created. Merchandise had to be produced to answer his needs and wants. It had to be brought to him in large quantities, at low price, and with a guarantee of regular supply. He had to be given a warranty of reliability and honesty on the part of the supplier, since his physical isolation made it impossible for him to inspect merchandise before delivery or to seek redress if cheated.

To create Sears, Roebuck as a business therefore required analysis of customer and market, and especially of what the farmer considered "value." Furthermore, it required innovation in five distinct areas.

First, it demanded systematic merchandising, that is, the finding and developing of sources of supply for the particular goods the farmer needed, in the quality and quantity he needed them and at a price he could pay. Second, it required a mail-order catalogue capable of serving as adequate substitute for the shopping trips to the big city the farmer could not make. For this reason the catalogue had to become a regular publication rather than an announcement of spectacular "bargains" at irregular intervals. It had to break with the entire tradition of mail-selling and had to learn not to highpressure the farmer into buying by exaggerated boasts, but

---

⊖   For the data on Sears I have drawn heavily on Emmet & Jeuck *Catalogues and Counters; a History of Sears, Roebuck & Co.* (Chicago: University of Chicago press, 1950), one of the best company histories written so far. For the interpretation of these data I am alone responsible, however; and I also bear sole responsibility for the analysis of Sears's present position.

to give him instead a factual description of the goods offered. The aim had to be to create a permanent customer by convincing him of the reliability of the catalogue and of the company behind it; the catalogue had to become the "wish book" for the farmer.

Third, the age-old concept of "caveat emptor" had to be changed to "caveat vendor"—the meaning of the famous Sears policy of "your money back and no questions asked." Fourth, a way had to be found to fill large quantities of customer orders cheaply and quickly. Without the mail-order plant, conduct of the business would have been physically impossible.

Fianlly, a human organization had to be built—and when Sears, Roebuck started to become a business, most of the necessary human skills were not available. There were, for instance, no buyers for this kind of an operation, no accountants versed in the new requirements of inventory control, no artists to illustrate the catalogues, no clerks experienced in the handling of a huge volume of customer orders.

Richard Sears gave the company his name. But it was not he who made it into a modern business enterprise. In fact, Sears's own operations could hardly be called a "business." He was a shrewd speculator, buying up distress-merchandise and offering it, one batch at a time, through spectacular advertising. Every one of his deals was a complete transaction in itself which, when finished, liquidated itself and the business with it. Sears could make a lof of money for himself. But his way of operation could never found a business, let alone perpetuate it. In fact, he would have been forced out of business within a few years, as all the many people before him had been who operated on a similar basis.

It was Julius Rosenwald who made a business enterprise out of Sears in the ten years between 1895 when he took control, and 1905 when the Chicago mail-order plant was opened. He made the analysis of the market. He began the systematic development of merchandise sources. He invented the regular, factual mail-order catalogue and the policy of "satisfaction guaranteed or your money back." He built the productive human organization. He early gave to management people the maximum of authority and full respon sibility for results. Later he gave every employee an ownership stake in the company bought for him out of profits.

Rosenwald is thus the father not only of Sears, Roebuck but of the "distribution revolution" which has made over twentieth-century America and which is so vital a factor in our economic growth.

Only one basic contribution to the early history of Sears was not made by Rosenwald. The Chicago mail-order plant was designed by Otto Doering in 1903. It was, five years before Henry Ford, the first modern mass-production plant, complete with breakdown of all work into simple repetitive operations, assembly line, conveyor belt, standardized, interchangeable parts—and, above all, with planned plant-wide scheduling.$^{\ominus}$

It was on these foundations that Sears had grown by the end of World War I into a national institution with its "wish-book" the only literature, outside of the Bible, to be found in many farm homes.

The second phase in the Sears story begins in the mid-twenties. Just as the first chapter was dominated by one man, Julius Rosenwald, the second chapter was dominated by another: General Robert E. Wood.

By the mid-twenties, when Wood joined Sears, the original Sears market was changing rapidly. The farmer was no longer isolated; the automobile had enabled him to go to town and to shop there. He was no longer a distinct market but was, largely thanks to Sears, rapidly assimilating his way of life and his standard of living to those of the urban middle classes.

At the same time a vast urban market had come into being that was, in its way, as isolated and as badly supplied as the farmer had been twenty-five years earlier. The low-income groups in the cities had outgrown both their subsistence standards and their distinct "lower-class" habits. They were fast acquiring both the money and the desire to buy the same goods as the middle and upper classes. In other words, the country was rapidly becoming one big homogeneous market—but the distribution system was still one of separate and distinct class markets.

Wood had made this analysis even before he joined Sears. Out of it came the decision to switch Sears's emphasis over to retail stores—equipped to serve both

---

$\ominus$ There is indeed a persistent legend at Sears that Henry Ford, before he built his own first plant, visited and carefully studied the then brand-new Sears mail-order plant.

the motorized farmer and the city population.

Again a whole series of innovations had to be undertaken to make this decision possible. To the finding of sources of supply and to the purchase of goods from them, merchandising had to add two new major functions: the design of products and the development of manufacturers capable of producing these products in large quantity. "Class market" products—for instance, refrigerators in the twenties—had to be redesigned for a "mass market" with limited purchasing power. Suppliers had to be created—often with Sears money and Sears-trained management—to produce these goods. This also required another important innovation: a basic policy for the relations between Sears and its suppliers, especially those who depended on the company's purchases for the bulk of their business. Merchandise planning and research and the systematic building of hundreds of small suppliers capable of producing for a mass market had to be invented—largely by T. V. Houser, for many years the company's merchandising vice-president. They are as basic to mass distribution in Sears's second phase as mail-order house and catalogue were in its first. And they are as distinct a contribution to the American economy.

But to go into retail selling also meant getting store managers. Mail-order selling did not prepare a man for the management of a retail store. The greatest bottleneck for the first ten or fifteen years of Sears's retail operation, that is almost until World War Ⅱ, was the shortage of managers. The most systematic innovations had to be in the field of manager development; and the Sears policies of the thirties became the starting point for all the work in manager development now going on in American industry.

Expansion into retail selling also meant radical innovations in organization structure. Mail-order selling is a highly centralized operation—or at least it has always been so in Sears. But retail stores cannot be run from headquarters two thousand miles away. They must be managed locally. Also only a few mail-order plants were needed to supply the country; but Sears today has seven hundred stores, each with its own market in its own locality. A decentralized organization structure, methods of managing a decentralized company, measuring the performance of store managers and maintaining corporate unity with maximum local autonomy—

all these had to be created to make possible retail selling. And new compensation policies had to be found to reward store managers for performance.

Finally, Sears had to turn innovator in respect to location, architecture and physical arrangement of the stores. The traditional retail store was unsuited for the Sears market. It was not just a matter of putting the Sears store on the outskirts of the cities and of providing it with an adequate parking lot. The whole concept of the retail store had to be changed. In fact, few people even at Sears realize how far this innovation has gone and how deeply it has influenced the shopping habits of the American people as well as the physical appearance of our towns. The suburban shopping center, touted today as a radical innovation in retail selling, is really nothing but an imitation of concepts and methods developed by Sears during the thirties.

The basic decisions underlying the expansion into retail stores were taken in the mid-twenties; the basic innovations had been made by the early thirties. This explains why Sears's volume of business and its profits grew right through depression, World War II and postwar boom. And yet, almost thirty years after these basic decisions were taken, they are still not fully carried through into practice.

Merchandise planning—the systematic design of quality goods for mass distribution, the systematic development of mass producers for them—has still to be applied to the women's fashion field. The traditional production organization for women's fashions—the New York "Garment District"—simply dose not go with mass-distribution requirements. And while Sears has been able to transform other equally traditional industries to mass production and mass distribution—and is doing so today with singular success in Latin America—it has either been unable or unwilling to change the production system of women's fashion goods.

Another area in which the transition has not yet been completed is that of public relations. Sears, under Julius Rosenwald, pioneered in public relations; and everyone at Sears considers it a vitally important area. Yet although it was basic to the analysis that underlay the expansion into retail stores that the Sears market had become urban, at least in its shopping habits, Sears's public relations are still focused primarily on "Sears, the farmer's friend." In view of the reality of the Sears market, this can only be considered an agrarian nostalgia unsuited to the needs of the business.

General Wood retired from the chairmanship of Sears in the spring of 1954, and T. V. Houser took his place. This well symbolizes the end of an era for Sears, which now faces new problems and new opportunities.

For the automobile that changed Sears's market once seems to be about to change it again. In most of our cities driving has become so unpleasant, and parking so difficult, that the automobile is rapidly ceasing to be an aid to the shopper and is becoming its own worst enemy. At the same time, the typical Sears customer, the housewife, tends more and more to be employed and at work during shopping hours. Or else she has small children and nobody to leave them with when she goes shopping.

If this interpretation is correct, Sears needs as searching an analysis of market and customer as was made in the two earlier turning points in its history. New objectives will have to be developed. A new type of distributive organization might be needed in which the local store becomes headquarters for order-taking salesmen, traveling (perhaps with a sample car) from house to house. Such a development might well be foreshadowed in the growing volume of door-to-door sales during the last few years. This change would almost certainly require new concepts of organization, new compensation policies and new methods. It would create a new problem of finding the right personnel as difficult as was finding retail store managers twenty years ago. Servicing the Sears products in the customer's home might well become of central importance—perhaps eventually as important as was the original money-back warranty of forty years ago. The bulk of customer buying might again shift to catalogue buying—though no longer by mail—either from a traveling salesman or over the telephone. And this in turn would require a technological change in the mail-order plant which, to this day, operates almost unchanged from the basic pattern developed fifty years ago by Otto Doering. The filling of customers' orders, whether received by mail, by telephone or through salesmen, would appear to demand a fully automatic plant based on a radical application of the principles of Automation and feed-back.

Even in merchandising there might be need for new objectives; for today's most important customer—the young married mother and housewife, who often holds down a job as well—is in many ways as distinct a market as the American farmer ever was in the days of his most complete isolation.

Once again, in other words, Sears may have to think through what its business is, where its markets are, and what innovations are needed.

CHAPTER 5

What is a Business

Business created and managed by people, not by forces—The fallacy of
"profit maximization"—Profit the objective condition of economic activity,
not its rationale—The purpose of a business: to create a customer—The
two entrepreneurial functions: marketing and innovation—Marketing not a
specialized activity—The General Electric solution—The enterprise as the
organ of economic growth—The productive utilization of all wealth-producing
resources—What is productive labor?—Time, product mix, process mix and
organization structure as factors in productivity—The function of profit—How
much profit is required?—Business management a rational activity

The first conclusion to be drawn from the Sears story is that a business enter-
prise is created and managed by people. It is not managed by "forces." Economic
forces set limits to what management can do. They create opportunities for manage-
ment's action. But they, by themselves, do not determine what a business is or what
it does. Nothing could be sillier than the oft-repeated assertion that "management
only adapts the business to the forces of the market." Management not only finds
these "forces"; management creates them by its own action. Just as it took a Julius
Rosenwald fifty years ago to make Sears into a business enterprise, and a General
Wood twenty-five years ago to change its basic nature and thus insure its growth
and success during the depression and World War II, it will take somebody—and
probably quite a few people—to make the decisions that will determine whether

Sears is going to continue to prosper or will decline, whether it will survive or will eventually perish. And that is true of every business.

The second conclusion is that a business cannot be defined or explained in terms of profit.

The average businessman when asked what a business is, is likely to answer: "An organization to make a profit." And the average economist is likely to give the same answer. But this answer is not only false; it is irrelevant.

Similarly, there is total bankruptcy in the prevailing economic theory of business enterprise and behavior: the theory of the "maximization of profits"— simply a complicated way of phrasing the old saw of "buying cheap and selling dear." This theorem may adequately explain how Richard Sears operated. But it is bankrupt precisely because it cannot explain how Sears, Roebuck—or any other business enterprise—operates, nor how it should operate.

This shows clearly in the attempts the economists themselves must make to salvage the theorem. Joel Dean, the most brilliant and fruitful of the economists analyzing business today, still maintains the theorem as such. But this is how he defines it:

> Economic theory makes a fundamental assumption that maximizing profits is the basic objective of every firm. But in recent years "profit maximization" has been extensively qualified by theorists to refer to the long run; to refer to management's rather than to owners' income; to include non-financial income such as increased leisure for high-strung executives and more congenial relations between executive levels within the firm; and to make allowance for special considerations such as restraining competition, maintaining management control, warding off wage demands, and forestalling anti-trust suits. The concept has become so general and hazy that it seems to encompass most of men's aims in life.
>
> This trend reflects a growing realization by theorists that many firms, and particularly the big ones, do not operate on the principle of profit maximizing in terms of marginal costs and revenues ...⊖

⊖ *Managerial Economics* (New York: Prentice-Hall, 1951), page 28.

Surely a theorem that can be used only when qualified out of existence has ceased to have meaning or usefulness.

This does not mean that profit and profitability are unimportant. It does mean that profitability is not the purpose of business enterprise and business activity, but a limiting factor on it. Profit is not the explanation, cause or rationale of business behavior and business decisions, but the test of their validity. If archangels, instead of businessmen, sat in directors' chairs, they would still have to be concerned with profitability despite their total lack of personal interest in making profits. For the problem of any business is not the maximization of profit but the achievement of sufficient profit to cover the risks of economic activity and thus to avoid loss.

The root of the confusion is the mistaken belief that the motive of a person—the so-called "profit motive" of the businessman—is an explanation of his behavior or his guide to right action. Whether there is such a thing as a profit motive at all is highly doubtful. It was invented by the classical economists to explain economic behavior that otherwise made no sense. Yet there has never been any but negative evidence for the existence of the profit motive. And we have long since found the true explanation of the phenomena of economic change and growth which the profit motive was first put forth to explain.

But it is irrelevant for an understanding of business behavior, including an understanding of profit and profitability, whether there is a profit motive or not. That Jim Smith is in business to make a profit concerns only him and the Recording Angel. It does not tell us what Jim Smith does and how he performs. We do not learn anything about the work of a prospector, hunting for uranium in the Nevada desert, by being told that he is trying to make his fortune. We do not learn anything about the work of a heart specialist by being told that he is trying to make a livelihood, or even that he is trying to benefit humanity. The profit motive and its offspring, maximization of profits, are just as irrelevant to the function of a business, the purpose of a business and the job of managing a business.

In fact, the concept is worse than irrelevant. It does harm. It is a major cause for the misunderstanding of the nature of profit in our society and for the deep-seated hostility to profit which are among the most dangerous diseases of an industrial society. It is largely responsible for the worst mistakes of public policy—in this country as well as in western Europe—which are squarely based on a lack of understanding of the nature, function and purpose of business enterprise.

The Purpose of a Business

If we want to know what a business is we have to start with its *purpose*. And its purpose must lie outside of the business itself. In fact, it must lie in society since a business enterprise is an organ of society. There is only one valid definition of business purpose: *to create a customer*.

Markets are not created by God, nature or economic forces but by businessmen. The want they satisfy may have been felt by the customer before he was offered the means of satisfying it. It may indeed, like the want for food in a famine, have dominated the customer's life and filled all his waking moments. But it was a theoretical want before; only when the action of businessmen makes it effective demand is there a customer, a market. It may have been an unfelt want. There may have been no want at all until business action created it—by advertising, by salesmanship, or by inventing something new. In every case it is business action that creates the customer.

It is the customer who determines what a business is. For it is the customer, and he alone, who through being willing to pay for a good or for a service, converts economic resources into wealth, things into goods. What the business thinks it produces is not of first importance—especially not to the future of the business and to its success. What the customer thinks he is buying, what he considers "value," is decisive—it determines what a business is, what it produces and whether it will prosper.

The customer is the foundation of a business and keeps it in existence. He alone gives employment. And it is to supply the consumer that society entrusts wealth-producing resources to the business enterprise.

The Two Entrepreneurial Functions

Because it is its purpose to create a customer, any business enterprise has two—and only these two—basic functions: marketing and innovation. They are the entrepreneurial functions.

Marketing is the distinguishing, the unique function of the business. A business is set apart from all other human organizations by the fact that it markets a product or a service. Neither Church, nor Army, nor School, nor State does that. Any organization that fulfils itself through marketing a product or a service, is a business. Any organization in which marketing is either absent or incidental is not a business and should never be run as if it were one.

> The first man to see marketing clearly as the unique and central function of the business enterprise, and the creation of a customer as the specific job of management, was Cyrus McCormick, The history books mention only that he invented a mechanical harvester. But he also invented the basic tools of modern marketing: market research and market analysis, the concept of market standing, modern pricing policies, the modern service-salesman, parts and service supply to the customer and installment credit. He is truly the father of business management. And he had done all this by 1850. It was not until fifty years later, however, that he was widely imitated even in his own country.

The economic revolution of the American economy since 1900 has in large part been a marketing revolution caused by the assumption of responsibility for creative, aggressive, pioneering marketing by American management. Fifty years ago the typical attitude of the American businessman toward marketing was still:"The sales department will sell whatever the plant produces." Today it is increasingly:"It is our job to produce what the market needs." But our economists and government officials are just beginning to understand this: only now, for instance, is the U. S. Department of Commerce setting up an Office of Distribution.

In Europe there is still almost no understanding that marketing is the specific business function—a major reason for the stagnation of the European economies of today. For to reach full realization of the importance of marketing requires overcoming a deep-rooted social prejudice against "selling" as ignoble and parasitical, and in favor of "production" as gentlemanly, with its resultant theoretical fallacy of considering production as the main and determining function of a business.

A good example of this historical attitude toward marketing are those big Italian companies which have no domestic sales managers even though the home market accounts for 70 per cent of their business.

Actually marketing is so basic that it is not just enough to have a strong sales department and to entrust marketing to it. Marketing is not only much broader than selling, it is not a specialized activity at all. It encompasses the entire business. It is the whole business seen from the point of view of its final result, that is, from the customer's point of view. Concern and responsibility for marketing must therefore permeate all areas of the enterprise.

One illustration of this concept of marketing is the policy worked out by the General Electric Company over the last ten years, which attempts to build customer and market appeal into the product from the design stage on. It considers the actual act of selling but the last step in a sales effort that began before the first engineer put pencil to drawing paper. This, according to a statement in the company's 1952 annual report, "introduces the marketing man at the beginning rather than the end of the production cycle and would integrate marketing into each phase of the business. Thus marketing, through its studies and research, will establish for the engineer, the designer and the manufacturing man what the customer wants in a given product, what price he is willing to pay, and where and when it will be wanted. Marketing would have authority in product planning, production scheduling and inventory control, as well as in the sales distribution and servicing of the product."

The Enterprise as the Organ of Economic Growth

But marketing alone does not make a business enteprise. In a static economy there are no "business enterprises." There are not even "businessmen." For the "middleman" of a static society is simply a "broker" who receives his compensation in the form of a fee.

A business enterprise can exist only in an expanding economy, or at least in one which considers change both natural and desirable. And business is the specific organ of growth, expansion and change.

The second function of a business is therefore *innovation*, that is, the provision of better and more economic goods and services. It is not enough for the business to provide just any economic goods and services; it must provide better and more economic ones. It is not necessary for a business to grow bigger; but it is necessary that it constantly grow better.

Innovation may take the form of lower price—the form with which the economist has been most concerned, for the simple reason that it is the only one that can be handled by his quantitative tools. But it may also be a new and better product (even at a higher price), a new convenience or the creation of a new want. It may be finding new uses for old products. A salesman who succeeded in selling refrigerators to the Eskimos to prevent food from freezing would be an "innovator" quite as much as if he had developed brand-new processes or invented a new product. To sell the Eskimos a refrigerator to keep food cold, is finding a new market; to sell a refrigerator to keep food from getting too cold is actually creating a new product. Technologically there is, of course, only the same old product; but economically there is innovation.

Innovation goes right through all phases of business. It may be innovation in design, in product, in marketing techniques. It may be innovation in price or in service to the customer. It may be innovation in management organization or in management methods. Or it may be a new insurance policy that makes it possible for a businessman to assume new risks. The most effective innovations in American industry in the last few years were probably not the much publicized new electronic or chemical products and processes but innovations in materials handling and in manager development.

Innovation extends through all forms of business. It is as important to a bank, an insurance company or a retail store as it is to a manufacturing of engineering business.

In the organization of business enterprise innovation can therefore no more be considered a separate function than marketing. It is not confined to engineering or research but extends across all parts of the business, all functions, all activities. It is not, to repeat, confined to manufacturing business alone. Innovation in distribution has been as important as innovation in manufacturing; and so has been innovation in an insurance company or in a bank.

The leadership in innovation with respect to product and service can normally be focused in one functional activity which is responsible for nothing else. This is always true in a business with a strong engineering of chemical flavor. In an insurance company, too, a special department charged with leadership responsibility for the development of new kinds of coverage is in order; and there might well be another such department charged with innovation in the organization of sales, the administration of policies and the settling of claims. For both together are the insurance company's business.

A large railroad company has organized two centers of innovation, both under a vice-president. One is concerned with systematic work on all physical aspects of transportation: locomotives and cars, tracks, signals, communications. The other is concerned with innovation in freight and passenger service, the development of new sources of traffic, new tariff policies, the opening of new markets, the development of new service, etc.

But every other managerial unit of the business should also have clear responsibility and definite goals for innovation. It should be responsible for its contribution to innovation in the company's product or service; and it should in addition strive consciously and with direction toward advancement of the art in the particular area in which it is engaged: selling or accounting, quality control or personnel management.

The Productive Utilization of Wealth-Producing Resources

The enterprise must control wealth-producing resources to discharge its purpose of creating a customer. It therefore has the function of utilizing these resources productively. This is the administrative function of business. In its economic aspect it is called productivity.

Everybody these last few years has been talking productivity. That greater productivity—better utilization of resources—is both the key to the high standard of living and the result of business activity is not news. But we actually know very little about productivity; we are indeed not yet able to measure it.

Productivity means that balance between *all* factors of production that will give the greatest output for the smallest effort. This is quite a different thing from productivity per worker or per hour of work; it is at best distantly and vaguely reflected in these traditional standards.

For these standards still stand on the eighteenth-century superstition that manual labor is, in the last resort, the only productive resource, manual work the only real "effort." They still express the mechanistic fallacy—of which Marx, to the permanent disability of Marxian economics, was the last important dupe—that all human achievement could eventually be measured in units of muscle effort. But if we know one thing it is that increased productivity, in a modern economy, is never achieved by muscle effort. It is, in fact, never achieved by the laborer. It is always the result of doing away with muscle effort, of substituting something else for the laborer. One of these substitutes is, of course, capital equipment, that is, mechanical energy.⊖

At least as important but unexplored is the increase in productivity achieved by replacing manual labor, whether skilled or unskilled, by educated, analytical, theoretical personnel—the replacement of "labor" by managers, technicians and professionals, the substitution of "planning" for "working." Obviously this

---

⊖   Here we now have available the careful studies of Simon Kuznets of the University of Pennsylvania to show the direct relationship in United States in dustry between investment in capital equipment and increase in productivity.

substitution must take place *before* capital equipment is installed to replace man's animal energy; for someone must plan and design the equipment—a conceptual, theoretical and analytical task. In fact, a little reflection will show that the "rate of capital formation" to which the economists give so much attention is a secondary factor. The basic factor in an economy's development must be the rate of "brain formation," the rate at which a country produces people with imagination and vision, education, theoretical and analytical skill.

The planning, design and installation of capital equipment is also only a part of the increase in productivity through the substitution of "brain" for "brawn." At least as important is the contribution made through the direct change of the character of work from one requiring the manual labor of many people, skilled and unskilled, to one requiring the theoretical analysis and conceptual planning of men of vision and education without any investment in capital equipment whatsoever.

Recent studies (for instance, one made by the Stanford Research Institute) show quite clearly that the productivity differential between western Europe and the United States is not a matter of capital investment. In many European industries capital investment and equipment were found to be fully equal to America; yet productivity was as much as two thirds below that of the corresponding American industry. The only explanation is the lower proportion of managers and technicians and the poor organization structure of European industry with its reliance on manual skill.

In 1900 the typical manufacturing company in this country spent probably no more than five or eight dollars for managerial, technical and profesional personnel for every hundred dollars in directlabor wages. Today there are many industries where the two items of expenditure are almost equal—even though direct-labor wage rates have risen, proportionately, much faster. And outside of manufacturing, transportation and mining, in distribution, in finance and insurance, in the service industries (that is, in one half of the American economy) the increase in productivity has been caused entirely by the replacement of labor by planning, brawn by brain, sweat by knowledge; for in these industries capital investment, at its highest, is a small factor.

Nor is productivity limited to manufacturing. Perhaps the greatest opportunities for increasing productivity today lie in distribution. How can the mass advertising media—the press, radio, television—be used, for instance, to substitute for individual selling efforts? How can customer habit be created before any sales effort is made? The sums spent on advertising are in some industries larger than the cost of physical production. Yet as the advertising experts (for instance, Harvard's Malcolm P. McNair) all emphasize, we have no measurements of their impact and effectiveness. Even less can we measure whether advertising is more productive than individual selling effort. The technological changes in distribution, self-service and packaging, advertising through mass media, directmail selling, etc., are in their total impact as revolutionary as is Automation in its sphere. Yet we lack even the most elementary tools to define, let alone to measure, the productivity of the resources employed in distribution.

The vocabulary of business—and especially of accounting—in relation to productivity has become so obsolete as to be misleading. What the accountant calls "productive labor" is the manual workers tending machines who are actually the least productive labor. What he calls "non-productive labor"—all the people who contribute to production without tending a machine—is a hodgepodge. It contains pre-industrial low-productivity brawn labor like sweepers; some traditional high-skill, high-productivity labor like toolmakers; new industrial high-skill labor like maintenance electricians; and industrial high-knowledge personnel like foremen, industrial engineers or quality-control men. Finally, what the accountant lumps together as "overhead"—the very term reeks of moral disapproval—contains the most productive resource, the managers, planners, designers, innovators. It may also, however, contain purely parasitical, if not destructive, elements in the form of high-priced personnel needed only because of malorganization, poor spirit or confused objectives, that is, because of mismanagement. One example—always a sign of malorganization—is the "co-ordinator." (Needless to say, I am not talking about an individual's competence or performance.)

There are, in other words, two kinds of overhead: productive overhead—expenditure for managerial, technical or professional people which replaces at the very least the same expenditure for productive or non-productive labor or capital costs; and parasitical of frictional overhead—which does not add to, but detracts from, productivity and which both is caused by friction and in turn causes it.

We need therefore a concept of productivity that considers together all the efforts that go into output and expresses them in relation to their result, rather than one that assumes that labor is the only productive effort. But even such a concept—though a tremendous step forward—would still be inadequate if its definition of effort were confined to the things expressed in the form of visible and directly measurable costs, that is, In the accountant's definition of, and symbol for, effort. There are factors of tremendous, if not decisive, impact on productivity that never enter in visible form into cost figures.

First there is time—man's most perishable resource. Whether men and machines are utilized steadily or only half the time will make a difference in their productivity. And there is nothing less productive than the attempt to cram more productive effort into time than it will comfortably hold—for instance, the attempt to run three shifts in a congested plant or on old or delicate equipment.

Then there is the "product mix," the balance between various combinations of the same resources. As every businessman knows, differentials in the market values of these various combinations are rarely identical with the differentials in the efforts that go into making up the combinations. Often there is barely any discernible relationship between the two. A company turning out the same volume of goods requiring the same materials and skills and the same total amount of direct and indirect labor, may reap fortunes or go bankrupt, dependent on the product mix. Obviously this represents a considerable difference in the productivity of the same resources—but not one that shows itself in cost or can be detected by cost analysis.

There is also an important factor I would call "process mix." Is it more productive for a company to buy a part or to make it, to assemble its product or to contract out the assembly process, to market under its own brand name through its own distributive organization or to sell to independent wholesalers using their own brands? What is the company good at? What is the most productive utilization of its specific knowledge, ability, experience, reputation?

Not every management can do everything, nor should any business necessarily go into those activities which are objectively most profitable. Every management has specific abilities and limitations. Whenever it attempts to go beyond these it is likely to fail, no matter how inherently profitable the venture. People who are good at running a highly stable business will not be able to adjust to a mercurial or a rapidly growing business. People who have grown up in a rapidly expanding company will, as everyday experience shows, be in danger of destroying the business should it enter upon a period of consolidation and rest. People good at running a business with a foundation in long-range research are not likely to do well in highpressure selling of novelties or fashion goods. Utilization of the specific abilities of the company and its management, observance of their specific limitations, is an important productivity factor.

Finally, productivity is vitally affected by organization structure and by the balance between the various activities within the business. If, for lack of clear organization, managers waste their time trying to find out what they are supposed to do rather than doing it, the company's scarcest resource is being wasted. If top management is interested only in engineering (perhaps because that's where all the top men came from) while the company needs major attention to marketing, it lacks productivity; and the end result is likely to be more serious than a drop in output per man-hour.

We therefore need not only to define productivity so as to embrace all these factors affecting it, but also to set objectives that take all these factors into account. And we must develop yardsticks measuring the impact on productivity of the substitution of capital for labor, and of overhead expense for both—with some way to distinguish between creative and parasitical overhead; the impact on productivity of time utilization, product mix, process mix, organization structure and the balance of activities.

Not only does individual management need a real measurement of productivity, the whole country needs it. Its absence is the biggest gap in our economic statistics and seriously weakens all attempts of economic policy to forecast, anticipate and fight a business depression.

The Function of Profit

Only now are we ready to talk of profit and profitability with which discussions of the nature of a business usually begin. For profit is not a cause. It is the result—the result of the performance of the business in marketing, innovation and productivity. It is at the same time the test of this performance. Indeed, profit is a beautiful example of what today's scientists and engineers mean when they talk of the feed-back that underlies all systems of automatic production: the self-regulation of a process by its own product.

But profit has a second function, equally important. Economic activity, because it is activity, focuses on the future; and the one thing certain about the future is its uncertainty, its risks. It is no accident that the word "risk" itself in the original Arabic meant "earning one's daily bread"; it is through risk-taking that any businessman earns his daily bread. Because business activity is economic, it always attempts to bring about change. It always saws off the limb on which it sits, always on purpose making existing risks riskier or creating new ones. As the Sears story showed, this "future" of economic activity is a long one; it took fifteen or twenty years for basic Sears decisions to become fully effective, and for major investments to pay off. "Lengthening the economic detour" has been known for fifty years to be a necessity of economic advance. Yet, while we know nothing about the future, we know that its risks increase in geometric progression the further ahead we try to predict or to foreordain it.

It is the first duty of a business to survive. The guiding principle of business economics, in other words, is not the maximization of profits; *it is the avoidance of loss*. Business enterprise must produce the premium to cover the risks inevitably involved in its operation. And there is only one source for this risk premium: profits.$^{\ominus}$ Indeed, business enterprise must provide not only for its own risks. It must contribute toward covering the losses of those businesses that operate unprofitably. For society has a real interest in an active economic metabolism in which some

---

$\ominus$ For a detailed discussion of this, see my *The New Society* (New York: Harper & Bros., 1950) page 52 ff. where the various risks are discussed in detail.

businesses always incur losses and disappear. This is a main safeguard of a free, flexible and "open" economy. The enterprise must also make a contribution to the social cost—the schools, the armament, etc.—of a society; that is, it must earn enough to pay taxes. Finally, it must produce capital for future expansion. But first and foremost it must have enough profit to cover its own risks.

To summarize, whether it is the motive of the businessman to maximize profits is debatable. But it is an absolute necessity for the business enterprise to produce at the very least the profit required to cover its own future risks, the profit required to enable it to stay in business and to maintain intact the wealth-producing capacity of its resources. This "required minimum profit" affects business behavior and business decisions—both by setting rigid limits to them and by testing their validity. Management, in order to manage, needs a profit objective at least equal to the required minimum profit, and yardsticks to measure its profit performance against this requirement.

What then is "managing a business"? It follows from the analysis of business activity as the creation of a customer through marketing and innovation that managing a business must always be entrepreneurial in character. It cannot be a bureaucratic, an administrative or even a policy-making job.

It also follows that managing a business must be a creative rather than an adaptive task. The more a management creates economic conditions or changes them rather than passively adapts to them, the more it manages the business.

But our analysis of the nature of a business also shows that management, while ultimately tested by performance alone, is a rational activity. Concretely this means that a business must set objectives that express what is desirable of attainment rather than (as the maximization-of-profit theorem implies) aim at accommodation to the possible. The objectives should therefore be set by fixing one's sights at the desirable. Only then should the question be raised what concessions to the possible have to be made. This requires management to decide what business the enterprise is engaged in, and what business it should be engaged in.

CHAPTER 6

What is Our Business—And What Should It Be?

What is our business, neither easy nor obvious—The Telephone Company example—Failure to answer the question a major source of business failure—Success in answering it a major reason for business growth and results—Question most important when business is successful—Who is the customer?—What does the customer buy?—Cadillac and Packard—What is value to the customer?—What will our business be?—What should our business be?—Profitability as an objective

Nothing may seem simpler or more obvious than to answer what a company's business is. A steel mill makes steel, a railroad runs trains to carry freight and passengers, an insurance company underwrites fire risks. Indeed, the question looks so simple that it is seldom raised, the answer seems so obvious that it is seldom given.

Actually "what is our business" is almost always a difficult question which can be answered only after hard thinking and studying. And the right answer is usually anything but obvious.

One of the earliest and most successful answers to the question was the one that Theodore N. Vail worked out for American Telephone and Telegraph almost fifty years ago:"Our business is service." This sounds obvious once it has been said. But first there had to be the realization that a telephone system, being a natural monopoly, was susceptible to nationalization, that indeed a privately owned telephone service in a developed and industrialized country was exceptional and needed community support for its survival. Secondly there had to be the realization that community support could not be obtained by propaganda campaigns or by attacking critics. It could only be obtained by creating customer-satisfaction. This realization meant radical innovations in business policy. It meant constant indoctrination in dedication to service for all employees; and public relations which stressed service. It meant emphasis on research and technological leadership; and a financial policy which assumed that the company had to give service wherever there was a demand, and that it was management's job to find the needed capital and to earn a return on it. In retrospect all these things are obvious; but it took well over a decade to work them out. Yet would we have gone through the New Deal period without a serious attempt at telephone nationalization but for the careful analysis of its business that the Telephone Company made around 1905?

What is our business is not determined by the producer but by the consumer. It is not defined by the company's name, statutes or articles of incorporation but by the want the consumer satisfies when he buys a product or a service. The question can therefore be answered only by looking at the business from the outside, from the point of view of the customer and the market. What the consumer sees, thinks, believes and wants at any given time must be accepted by management as an objective fact deserving to be taken as seriously as the reports of the salesman, the tests of the engineer or the figures of the accountant—something few managements find it easy to do. And management must make a conscious effort to get honest answers from the consumer himself rather than attempt to read his mind.

It is, then, the first responsibility of top management to ask the question "what is our business?" and to make sure that it is carefully studied and correctly answered. Indeed, the one sure way to tell whether a particular job is top management or not is to ask whether its holder is expected to be concerned with, and responsible for, that answer.

That the question is so rarely asked—at least in a clear and sharp form—and so rarely given adequate study and thought, is perhaps the most important single cause of business failure. Conversely, wherever we find an outstandingly successful business we will almost always find, as we did in the case of the Telephone Company or in that of Sears, that its success rests to a large extent on raising the question clearly and deliberately, and on answering it thoughtfully and thoroughly.

"What Is Our Business?" Most Important in Successful Business

The example of Sears also shows that it is not a question that needs to be rasied only at the inception of a business or when the company is in trouble. On the contrary: to raise the question and to study it thoroughly is most needed when a business is successful. For then failure to raise it may result in rapid decline.

At the very inception of a business, the question often cannot be raised meaningfully. The man who mixes up a new cleaning fluid and peddles it from door to door need not know more than that his mixture does a superior job taking stains out of rugs and upholstery fabrics. But when the product catches on; when he has to hire people to mix it and to sell it; when he has to decide whether to keep on selling it directly or through retail stores, whether through department stores, supermarkets, hardware stores or through all three; what additional products he needs for a full "line"—then he has to ask and to answer the question:"what is my business?" If he fails to answer it when successful, he will, even with the best of products, soon be back wearing out his own shoe leather peddling from door to door.

It is as important a question in a business that appears to have little control over what it produces physically—a copper mine, for instance, or a steel mill—as in a business such as a retail store or an insurance company, that seems to have a great deal of control. To be sure, a copper mine produces copper. If there is no demand for copper, it will have to shut down. But whether there is demand for copper depends substantially on management's action in creating markets, in finding new uses, and in spotting, well in advance, market or technological developments that might create opportunities for copper or threaten existing uses.

The product-determined or process-determined industries—steel making, petroleum chemistry, mining or railroading—differ from the rest only in their being, inevitably, in many businesses rather than in one. This means that they have a much more difficult task deciding which of the wants that customers satisfy with their products are most important or most promising.

What failure to do so can mean is shown by the fate of the American anthracite coal industry and by the steady decline of the railroads' competitive position in the freight and passenger business. Neither industry, it can be asserted with confidence, *need* have tumbled from the high estate it occupied less than a generation ago had managements thought through what business they were in, instead of considering the question so obvious as to answer itself.

Who Is the Customer?

The first step toward finding out what our business is, is to raise the question: "Who is the customer?"—the actual customer and the potential customer? Where is he? How does he buy? How can he be reached?

> One of the companies that had come into existence during World War II decided after the war to go into the production of fuse boxes and switch boxes for residential use. Immediately it had to decide whether its customer should be the electric contractor and builder or the homeowner making his own electric installations and repairs. To reach the first would require a major effort at building a distributive organization; the homeowner could be reached through the mail-order catalogues and retail stores of such existing distributive organizations as Sears, Roebuck and Montgomery Ward.
>
> Having decided in favor of the electrical contractor as the larger as well as the stabler (though the more difficult and much more competitive) market, the company had to decide where the customer was. This innocent-sounding

question required major analysis of population and market trends. In fact, to go by past experience would have meant disaster to the company. It would have led them to look for their customer in the big cities—and the postwar housing boom was primarily suburban. That the company foresaw this and built a marketing organization centering in the suburbs—unprecedented in the industry—was the first major reason for its success.

The question "how does the customer buy?" was fairly easy to answer in this case: the electrical contractor buys through specialty wholesalers. But the question of how best to reach him was hard—indeed, today, after almost ten years of operations, the company is still undecided and is still trying out various methods such as salesmen or manufacturer's agents. It has tried to sell direct to the contractor—by mail or out of central sales warehouses of its own. It has tried something never attempted before in the industry: to advertise its products directly to the public so as to build up ultimate-consumer demand. These experiments have been successful enough to warrant the suspicion that the first supplier who finds a way around the traditional wholesaling organization of the industry with its high distributive expenses will sweep the market.

The next question is:"What does the customer buy?" The Cadillac people say that they make an automobile and their business is the Cadillac Motor Division of General Motors. But does the man who spends four thousand dollars on a new Cadillac buy transportation or does he buy primarily prestige? Does the Cadillac, in other words, compete with the Chevrolet and the Ford; or does it compete—to take an extreme example—with diamonds and mink coats?

The best examples of both the right and the wrong answers to this question are found in the rise and fall of the Packard Motor Car Company, only a dozen years ago Cadillac's most formidable competitor. Packard, alone among the independent producers of high-priced cars, survived the early depression years. It prospered because it had shrewdly analyzed what the customer buys and had come up with the right answer for depression times: a high-priced but carefully engineered, solid and unostentatious car, sold and advertised as a symbol of conservative solvency and security in an insolvent and insecure world. By the mid-thirties, however, this was no longer adequate. Since then Packard has found it difficult to figure out what its market is. Though it has highly priced cars, they do not symbolize that the owner has "arrived"—perhaps because they are not high-priced enough. Though it brought out medium-priced cars, it did not succeed in making them symbolize the sterling worth and solid achievement of the successful professional. Even a new management recently come in did not find the right answer. As a result, Packard in the midst of a boom had to merge with another company to stave off disaster.

To raise the question "what does the customer buy?" is enough to prove inadequate the concepts of market and competition on which managements usually base their actions.

The manufacturer of gas kitchen stoves used to consider himself in competition only with the other manufacturers of gas stoves. But the housewife, his customer, does not buy a stove: she buys the easiest way to cook food. This may be an electric stove, a gas stove (whether for manufactured, natural or bottled gas), a coal stove, a wood stove, or any combination thereof. She only rules out—at least in today's America—the kettle over the open fire. Tomorrow she might well consider a stove that uses supersonic waves or infra-red heat (or one that runs water over a yet-to-be-discovered chemical). And since she, being the customer, decides what the manufacturer really produces, since she, being the customer alone can create an economic good, the gas-stove manufacturer has to consider his business as that of supplying an easy way to cook, his market as the cooking-implement market, his competition as all suppliers of acceptable ways of cooking food.

Another example:

Twenty-five years ago or so a small manufacturer of packaged and branded foods analyzed his business by raising the question of what his customer—the retail grocer—actually bought when he bought his product. The conclusion—and it took five years of hard work to reach it—was that the retail grocer looked to the manufacturer for managerial services, especially for advice on buying, inventory keeping, bookkeeping and display, rather than for goods which he could get from many other sources. As a result the company shifted the emphasis of its sales effort. The salesman has become a serviceman whose first responsibility is to help the customer work out his own problems. He will, of course, push the company's products. But he is expected to advise the customer objectively and impartially on how much of the competitors' products he needs, how to display them, how to sell them. And he is being judged by service standards and paid first for service performance. Selling the company's own product has become a by-product. It was this decision that the company still considers responsible for its rise from a fairly minor to a leading position in the industry.

What Is Value to the Customer?

Finally, there is the most difficult question:"What does the customer consider value? What does he look for when he buys the product?"

Traditional economic theory has answered this question with the one word: price. But this is misleading. To be sure, there are few products in which price is not one of the major considerations. But, first, "price" is not a simple concept.

To return, for illustration's sake, to the fuse-box and switch-box manufacturer; his customers, the contractors, are extremely price-conscious. Since all the boxes they buy carry a quality guarantee accepted by the trade as well as by building inspectors and consumers (the Underwriters' Laboratories label), they make few quality distinctions between brands, but shop around for the cheapest product. But to read "cheap" as meaning lowest manufacturer's price would be a serious mistake. On the contrary, "cheap" for the contractor means a product that has a fairly high manufacturer's price: a product that (a) costs the least money finally installed in the home, (b) achieves this low ultimate cost by requiring a minimum of time and skill for installation, and (c) has a high enough manufacturer's cost to give the contractor a good profit. Wages for skilled electrical labor being very high, low installation costs go a very long way to offset high manufacturer's price. Furthermore under the billing tradition of the trade, the contractor makes little money out of the labor required for installation. If he is not his own skilled worker, he bills his customer for little more than his actual wage costs. He makes his profit traditionally by charging double the manufacturer's price for the product he installs. That product that will give him the lowest cost to the homeowner, with the lowest installation cost and the highest mark-up on the product—that is, the highest manufacturer's price—is therefore the cheapest to him. And if price is value, then high manufacturer's price is better value for the electrical contractor.

This may appear to be a complicated price structure. Actually I know few others as simple. In the American automobile industry, where most new cars are sold in trade against a used car, the "price" is actually a constantly shifting configuration of differentials between the manufacturer's price for a new car, a second-hand and third-hand used car, a third-hand and fourth-hand used car, and so on. And the whole is complicated on the one hand by constantly changing differentials between the amount a dealer will allow on a used car and the price he will ask for it, and on the other hand by the differences in running costs between various makes and sizes. Only advanced mathematics can actually calculate the real automobile "price."

And, secondly, price is only a part of value. There is the whole range of quality considerations: durability, freedom from breakdown, the maker's standing, purity, etc. High price may actually be value—as in expensive perfumes, expensive furs or exclusive gowns.

Finally, what about such concepts of value on the part of the customer as the service he receives? There is little doubt, for instance, that the American housewife today buys appliances largely on the basis of the service experience she or her friends and neighbors have had with other appliances sold under the same brand name. The speed with which she can obtain service if something goes wrong, the quality of the service and its costs have become major determinants in the buyer's decision.

Indeed, what the customer considers value is so complicated that it can only be answered by the customer himself. Management should not even try to guess at it— it should always go to the customer in a systematic quest for the answer.

What Will Our Business Be?

So far all questions regarding the nature of "our business" have been concerned with the present. But management must also ask:"What will our business be?" This involves finding out four things.

The first is market potential and market trend. How large can we expect the market for our business to be in five or ten years—assuming no basic changes in market structure or technology? And what are the factors that will determine this development?

Second, what changes in market structure are to be expected as the result of economic developments, changes in fashion or taste, or moves by competition? And "competition" must always be defined according to the customer's concept of what product or service he buys and must include indirect as well as direct competition.

Third, what innovations will change the customer's wants, create new ones, extinguish old ones, create new ways of satisfying his wants, change his concepts of value or make it possible to give him greater value satisfaction? This has to be studied not only in respect to engineering or chemistry, but on respect to all activities of the business. There is a technology in the mail-order business, in banking, in insurance, in office management, in warehousing, etc., as well as in metallurgy, or in fuels, And innovation is not only a servant of the marketing goals of the business but is in itself a dynamic force to which the business contributes and which in turn affects it. Not that "pure research" is a function of the business enterprise—though in many cases business enterprises have found it a productive way to obtain marketable results. But the "advancement of the arts"—the constant improvement of our ability to *do* by applying to it our increased *knowledge*—is one of the tasks of the business enterprise and a major factor in its survival and prosperity.

Finally, what wants does the consumer have that are not being adequately satisfied by the products or services offered him today? It is the ability to ask this question and to answer it correctly that usually makes the difference between a growth company and one that depends for its development on the rising tide of its economy or industry. And whoever contents himself to rise with the tide will also fall with it.

The outstanding example of a successful analysis of the customer's unsatisfied wants is, of course, that of Sears, Roebuck. But the question is so important as to warrant further illustration.

> Our manufacturer of fuse boxes and switch boxes asked the question back in 1943 when he was deciding what to do after World War Ⅱ. He gave one correct answer: the customer needed a switch and fuse panel that would accommodate much higher electricity loads and carry more circuits than existing equipment—which had been designed in the main before household appliances became general. Yet this new equipment, while carrying almost twice the load of existing panels would have to cost, fully installed, much less than two and not much more than one of the old panels. A homeowner in need of additional circuits would have to find it easier and not much more expensive to have his electrician rip out the existing panel and replace it with a new high-load panel, instead of putting in a second standard low-load panel. The manufacturer's success in first analyzing the problem and then answering it by designing the required high-load panel was the second major factor in his rapid progress. But his failure to see another unsatisfied want of the customer is largely responsible for his disappointing performance since. Management did not see that the customer also wanted an automatic

circuit breaker to take the place of the clumsy fuses that, when they blow out, have to be individually inspected and individually replaced. What makes management's failure even greater is that it saw the need, but substituted its judgment for that of the customer. It decided that the customer did not know what he wanted and was not ready for so radical a change. When two competitors came out with a domestic circuit breaker in 1950, the company was caught unprepared; and the "unready" customer has gone all out for the competitors' new product.

And What Should It Be?

The analysis of "our business" is not yet complete, however. Management still has to ask:"Are we in the right business or should we change our business?"

Of course, many companies get into a new business by accident; they stumble into it rather than steer into it. But the decision to shift major energies and resources to new products and away from old ones, the decision, in other words, to make a business out of an accident should always be based on the analysis:"What is our business and what should it be?"

A successful Midwestern insurance company, analyzing the needs of their customers, came up with the conclusion that traditional life insurance leaves unsatisfied a major want of the customer: a guarantee of the purchasing power of his dollars. Life insurance and annuities, in other words, need to be supplemented by equity investment by means of a "package" containing both standard life insurance, or pension in dollars, and an equity investment. To fulfil this want, the life-insurance company bought a small but well-managed investment trust and now offers its certificates to the holders of its insurance policies and pension contracts as well as to new customers. The company has not only gone into the business of managing equity investments; it has gone into the business of merchandising investment trust certificates.

Another example is the shift from sales focus to service focus recently made by a business publisher. This company, which publishes reports for businessmen on economic conditions taxes, labor relations and government regulations, underwent tremendous expansion duringWorld War Ⅱ; and the expansion continued at first in the postwar period. But while new sales continued to rise year after year, total business volume began to stagnate around 1949; and profits began actually to go down. Analysis showed that low renewal rate was to blame. Not only did the sales force have to sell ever harder to keep total volume from slipping; the high cost of selling renewals threatened to eat up the profits from new sales. What was needed was actually a complete shift in management's concept of the nature of the business from one of selling new customers to one of keeping old customers. This required a change in objectives; where new-sales quotas had formerly been dramatized, emphasis is now on renewal quotas. It required a shift in major effort from selling the customer to servicing him. It required a change in organization structure; the regional sales managers were converted into managers primarily charged with renewal responsibility and with both a sales and a service manager reporting to them. It required a complete change in salesman compensation, in the criteria of selection and in the methods of training salesmen. It required changes in the editorial content of the publications with more space given to long-range economic trends and long-range business planning.

Changes in the nature of the business arising out of innovation are too well known to require much documentation. All major enterprises in the engineering and chemical fields have largely grown by projecting innovation into new businesses. The same is true of insurance companies; the growth of the successful ones is largely traceable to their ability to develop new business on the basis of innovations in insurance coverage. The recent almost explosive growth of health, hospitalization and medical expense insurance is an example.

Productivity considerations, too, may demand a change in the nature of the business.

A small wholesaler of Christmas toys added an entirely different business, the wholesaling of beachwear, to employ all year round his major economic resource: his trained sales force. Here utilization of time demanded adding a new business.

To improve the productive utilization of his resources another small manufacturer decided to give up making machine tool parts entirely, and instead confines himself to being a consultant on welding problems and techniques. His manufacturing, while profitable, was no more so than that of hundreds of other small companies. But as a welding consultant he was in a class by himself. As long as he kept on manufacturing he used his really productive resource, his welding expertise, at a very low rate of productivity and return.

Another illustration also shows a change of business to utilize productively the managerial resources of the business. A successful, though still fairly small, manufacturer of patent medicines decided some twenty years ago that he did not get full productivity out of his highly trained and highly paid management group. To attain higher productivity he decided to switch from supplying a certain line of products to managing businesses engaged in the mass-distribution of branded packaged and nationally advertised goods. The company still runs its original business successfully. But it has systematically acquired small branded-goods companies that, for lack of management, had not been too successful: a company making dog food, a company making toiletries for men; a company making cosmetics and perfumes, etc. In each case it has supplied a management that raised the business to a substantial and highly profitable position.

Profitability considerations alone should not, however, normally lead to changes in the nature of the business. Of course, a business can become so unprofitable as to be abandoned. But almost always market standing, innovation or productivity would have counseled its abandonment much earlier. Certainly profitability considerations limit the businesses an enterprise might go into. In fact, it is one of the main uses of a profitability yardstick to warn against such businesses and to prevent management from pouring money and energy into bolstering the weak, ailing and declining, rather than into strengthening the strong and growing, among its ventures. At the least a good profitability yardstick should block that most dangerous and most deceptive of all alibis for following the line of least resistance: the argument that an otherwise unprofitable venture pays for itself by "absorbing overhead" (the accountant's translation of "two can live as cheaply as one," and as irrational and questionable as the original).

But if the decision to go into a business is sound on the basis of market standing, innovation and productivity, if it is sound according to what makes a business, it is the responsibility of management to make it produce the needed minimum profit. That, bluntly, is what managements are being paid for. And if a management cannot, over a reasonable period of time, produce the minimum profit needed, it is in duty bound to abdicate so as to let another management try to do the job properly.

This is simply another way of saying that a business must be managed by setting objectives for it. These objectives must be set according to what is right and desirable for the enterprise. They must not be based on the expedient or on adaptation to the economic tides. Managing a business cannot, in other words, depend on "intuition." In fact, in the modern industrial economy with its long time-span between a decision and the ripening of its fruits, the intiuitive manager is a luxury few companies, large or small, can afford. And profit in a well-managed business is not what one happens to make. It is what one sets out to make because one has to make it.

Of course, objectives are not a railroad time-table. They can be compared to the compass bearing by which a ship navigates. The compass bearing itself is firm, pointing in a straight line toward the desired port. But in actual navigation the ship will veer off its course for many miles to avoid a storm. She will slow down to a walk in a fog and heave to altogether in a hurricane. She may even change destination in mid-ocean and set a new compass bearing toward a new port—

perhaps because war has broken out, perhaps only because her cargo has been sold in mid-passage. Still, four fifths of all voyages end in the intended port at the originally scheduled time. And without a compass bearing, the ship would neither be able to find the port nor be able to estimate the time it will take to get there.

Similarly, to reach objectives, detours may have to be made around obstacles. Indeed, the ability to go around obstacles rather than charge them head-on is a major requirement for managing by objectives. In a depression progress toward the attainment of the objectives may be slowed down considerably; there may even be standstill for a short time. And new developments—for instance, the introduction by a competitor of a new product—may change objectives. This is one reason why all objectives have to be reexamined continually. Yet, setting objectives enables a business to get where it should be going rather than be the plaything of weather, winds and accidents.

CHAPTER 7

The Objectives of a Business

The fallacy of the single objective—The eight key areas of business enterprise—"Tangible" and "intangible" objectives—How to set objectives—The low state of the art and science of measurement—Market standing, Innovation, Productivity and "Contributed Value"—The physical and financial resources—How much Profitability?—A rational capital-investment policy—The remaining key areas

Most of today's lively discussion of management by objectives is concerned with the search for the one right objective. This search is not only likely to be as unproductive as the quest for the philosopher's stone; it is certain to do harm and to misdirect.

To emphasize only profit, for instance, misdirects managers to the point where they may endanger the survival of the business. To obtain profit today they tend to undermine the future. They may push the most easily saleable product lines and slight those that are the market of tomorrow. They tend to short-change research, promotion and the other postponable investments. Above all, they shy away from any capital expenditure that may increase the investedcapital base against which profits are measured; and the result is dangerous obsolescence of equipment. In other words, they are directed into the worst practices of management.

To manage a business is to balance a variety of needs and goals. This requires judgment. The search for the one objective is essentially a search for a magic formula that will make judgment unnecessary. But the attempt to replace judgment by formula is always irrational; all that can be done is to make judgment possible by narrowing its range and the available alternatives, giving it clear focus, a sound foundation in facts and reliable measurements of the effects and validity of actions and decisions. And this, by the very nature of business enterprise, requires multiple objectives.

What should these objectives be, then? There is only one answer: *Objectives are needed in every area where performance and results directly and vitally affect the survival and prosperity of the business.* These are the areas which are affected by every management decision and which therefore have to be considered in every management decision. They decide what it means concretely to manage the business. They spell out what results the business must aim at and what is needed to work effectively toward these targets.

Objectives in these key areas should enable us to do five things: to organize and explain the whole range of business phenomena in a small number of general statements; to test these statements in actual experience; to predict behavior; to appraise the soundness of decisions when they are still being made; and to enable practicing businessmen to analyze their own experience and, as a result, improve their performance. It is precisely because the traditional theorem of the maximization of profits cannot meet any of these tests—let alone all of them—that it has to be discarded.

At first sight it might seem that different businesses would have entirely different key areas—so different as to make impossible any general theory. It is indeed true that different key areas require different emphasis in different businesses—and different emphasis at different stages of the development of each business. But the areas are the same, whatever the business, whatever the economic conditions, whatever the business's size or stage of growth.

There are eight areas in which objectives of performance and results have to be set:

Market standing; innovation; productivity; physical and financial resources; profitability; manager performance and development; worker performance and attitude;

public responsibility.

There should be little dispute over the first five objectives. But there will be real protest against the inclusion of the intangibles: manager performance and development; worker performance and attitude; and public responsibility.

Yet, even if managing were merely the application of economics, we would have to include these three areas and would have to demand that objectives be set for them. They belong in the most purely formal economic theory of the business enterprise. For neglect of manager performance and development, worker performance and public responsibility soon results in the most practical and tangible loss of market standing, technological leadership, productivity and profit— and ultimately in the loss of business life. That they look so different from anything the economist—especially the modern economic analyst—is wont to deal with, that they do not readily submit to quantification and mathematical treatment, is the economist's bad luck; but it is no argument against their consideration.

The very reason for which economist and accountant consider these areas impractical—that they deal with principles and values rather than solely with dollars and cents—makes them central to the management of the enterprise, as tangible, as practical—and indeed as measurable—as dollars and cents.

For the enterprise is a community of human beings. Its performance is the performance of human beings. And a human community must be founded on common beliefs, must symbolize its cohesion in common principles. Otherwise it becomes paralyzed, unable to act, unable to demand and to obtain effort and performance from its members.

If such considerations are intangible, it is management's job to make them tangible by its deeds. To neglect them is to risk not only business incompetence but labor trouble or at least loss of worker productivity, and public restrictions on business provoked by irresponsible business conduct. It also means risking lack-luster, mediocre, time-serving managers—managers who are being conditioned to "look out for themselves" instead of for the common good of the enterprise, managers who become mean, narrow and blind for lack of challenge, leadership and vision.

How To Set Objectives

The real difficulty lies indeed not in determining what objectives we need, but in deciding how to set them.

There is only one fruitful way to make this decision: by determining what shall be measured in each area and what the yardstick of measurement should be. For the measurement used determines what one pays attention to. It makes things visible and tangible. The things included in the measurement become relevant; the things omitted are out of sight and out of mind. "Intelligence is what the Intelligence Test measures"—that well-worn quip is used by the psychologist to disclaim omniscience and infallibility for his gadget. Parents or teachers, however, including those well aware of the shakiness of its theory and its mode of calculation, sometimes tend to see that precise-looking measurement of the "I. Q." every time they look at little Susie—to the point where they may no longer see little Susie at all.

Unfortunately the measurements available to us in the key areas of business enterprise are, by and large, even shakier than the I. Q. We have adequate concepts only for measuring market standing. For something as obvious as profitability we have only a rubber yardstick, and we have no real tools at all to determine how much profitability is necessary. In respect to innovation and, even more, to productivity, we hardly know more than what ought to be done. And in the other areas—including physical and financial resources—we are reduced to statements of intentions rather than goals and measurements for their attainment.

For the subject is brand new. It is one of the most active frontiers of thought, research and invention in American business today. Company after company is working on the definition of the key areas, on thinking through what should be measured and on fashioning the tools of measurement.

Within a few years our knowledge of what to measure and our ability to do so should therefore be greatly increased. After all, twenty-five years ago we knew less about the basic problems in market standing than we know today about productivity or even about the efficiency and attitudes of workers. Today's relative clarity concerning market standing is the result not of anything inherent in the field, but of hard, concentrated and imaginative work.

In the meantime, only a "progress report" can be given, outlining the work ahead rather than reporting accomplishment.

Market Standing

Market standing has to be measured against the market potential, and against the performance of suppliers of competing products or services—whether competition is direct or indirect.

"We don't care what share of the market we have, as long as our sales go up," is a fairly common comment. It sounds plausible enough; but it does not stand up under analysis. By itself, volume of sales tells little about performance, results or the future of the business. A company's sales may go up—and the company may actually be headed for rapid collapse. A company's sales may go down—and the reason may not be that its marketing is poor but that it is in a dying field and had better change fast.

A maker of oil refinery equipment reported rising sales year after year. Actually new refineries and their equipment were being supplied by the company's competitors. But because the equipment it had supplied in the past was getting old and needed repairs, sales spurted; for replacement parts for equipment of this kind have usually to be bought from the original supplier. Sooner or later, however, the original customers were going to put in new and efficient equipment rather than patch up the old and obsolescent stuff. Then almost certainly they were going to go to the competitors designing and building the new equipment. The company was thus threatened with going out of business—which is what actually happened.

Not only are absolute sales figures meaningless alone, since they must be projected against actual and potential market trends, but market standing itself has intrinsic importance. A business that supplies less than a certain share of the market becomes a marginal supplier. Its pricing becomes dependent on the decisions of the larger suppliers. In any business setback—even in a slight one—it stands in danger of being squeezed out altogether. Competition becomes intense. Distributors in cutting back inventories tend to cut out slow-moving merchandise. Customers tend to concentrate their purchases on the most popular products. And in a depression the sales volume of the marginal supplier may become too low to give the needed service. The point below which a supplier becomes marginal varies from industry to industry. It is different in different price classes within the same industry. It has marked regional variations. But to be a marginal producer is always dangerous, a minimum of market standing always desirable.

Conversely, there is a maximum market standing above which it may be unwise to go—even if there were no anti-trust laws. Leadership that gives market dominance tends to lull the leader to sleep; monopolists have usually foundered on their own complacency rather than on public opposition. For market dominance creates tremendous internal resistance against any innovation and thus makes adaptation to change dangerously difficult. Also it almost always means that the enterprise has too many of its eggs in one basket and is too vulnerable to economic fluctuations There is, in other words, an upper as well as a lower margin—though for most businesses the perils of the former may appear a good deal more remote.

To be able to set market-standing objectives, a business must first find out what its market is—who the customer is, where he is, what he buys, what he considers value, what his unsatisfied wants are. On the basis of this study the enterprise must analyze its products or services according to "lines," that is, according to the wants of the customers they satisfy.

All electric condensers may look the same, be the same technically and come off the same production line. Market-wise, condensers for new radios may, however, be an entirely different line from condensers for radio repair and replacement, and both again quite different from the physically indistinguishable condensers that go into telephones. Condensers for radio repair may even be different lines if customers in the South judge their value by their resistance to termites, and customers in the Northwest by their resistance to high humidity.

For each line the market has to be determined—its actual size and its potential, its economic and its innovating trends. This must be done on the basis of a definition of the market that is customeroriented and takes in both direct and indirect competition. Only then can marketing objectives actually be set.

In most businesses not one but seven distinct marketing goals are necessary:

1. The desired standing of existing products in their present market, expressed in dollars as well as in percentage of the market, measured against both direct and indirect competition.

2. The desired standing of existing products in new markets set both in dollars and percentage points, and measured against direct and indirect competition.

3. The existing products that should be abandoned—for technological reasons, because of market trend, to improve product mix or as a result of management's decision concerning what its business should be.

4. The new products needed in existing markets—the number of products, their properties, the dollar volume and the market share they should gain for themselves.

5. The new markets that new products should develop—in dollars and in percentage points.

6. The distributive organization needed to accomplish the marketing goals and the pricing policy appropriate to them.

7. A service objective measuring how well the customer should be supplied with what he considers value by the company, its products, its sales and service organization.

At the least the service objective should be in keeping with the targets set for competitive market standing. But usually it is not enough to do as well as the competition in respect to service; for service is the best and the easiest way to build customer loyalty and satisfaction. Service performance should never be appraised by management guesses or on the basis of occasional chats the "big boss" has with important customers. It should be measured by regular, systematic and unbiased questioning of the customer.

In a large company this may have to take the form of an annual customer survey. The outstanding job here has probably been done by General Motors; and it explains the company's success in no small degree. In the small company the same results can be achieved by a different method.

In one of the most successful hospital-supply wholesalers, two of the top men of the company—president and chairman of the Board— visit between them two hundred of the company's six hundred customers every year. They spend a whole day with each customer. They do not sell— refuse indeed to take an order. They discuss the customer's problems and his needs, and ask for criticism of the company's products and service. In this company the annual customer survey is considered the first job of top management. And the company's eighteen-fold growth in the last twelve years is directly attributed to it.

Innovation

There are two kinds of innovation in every business: innovation in product or service; and innovation in the various skills and activities needed to supply them. Innovation may arise out of the needs of market and customer; necessity may be the mother of innovation. Or it may come out of the work on the advancement of skill and knowledge carried out in the schools and the laboratories, by researchers, writers, thinkers and practitioners.

The problem in setting innovation objectives is the difficulty of measuring the relative impact and importance of various innovations. Technological leadership is clearly desirable, especially if the term "technology" is used in its rightful sense as applying to the art, craft or science of any organized human activity. But how are we to determine what weighs more: one hundred minor but immediately applicable improvements in packaging the product, or one fundamental chemical discovery which, after ten more years of hard work, may change the character of the business altogether? A department store and a pharmaceutical company will answer this question differently; but so may two different pharmaceutical companies.

Innovating objectives can therefore never be as clear and as sharply focused as marketing objectives. To set them, management must first obtain a forecast of the innovations needed to reach marketing goals—according to product lines, existing markets, new markets and, usually, also according to service requirements. Secondly, it must appraise developments arising or likely to arise out of technological advancement in all areas of the business and in all of its activities. These forecasts are best organized in two parts: one looking a short time ahead and projecting fairly concrete developments which, in effect, only carry out innovations already made; another looking a long time ahead and aiming at what might be.

Here are the innovation goals for a typical business:

1. New products or services that are needed to attain marketing objectives.

2. New products or services that will be needed because of technological changes that may make present products obsolete.

3. Product improvements needed both to attain market objectives and to anticipate expected technological changes.

4. New processes and improvements in old processes needed to satisfy market goals—for instance, manufacturing improvements to make possible the attainment of pricing objectives.

5. Innovations and improvements in all major areas of activity—in accounting or design, office management or labor relations—so as to keep up with the advances in knowledge and skill.

Management must not forget that innovation is a slow process. Many companies owe their position of leadership today to the activity of a generation that went to its reward twenty-five years or so ago. Many companies that are unknown to the public will be leaders in their industry tomorrow because of their innovations today. The successful company is always in danger of living smugly off the accumulated innovating fat of an earlier generation. An index of activity and success in this field is therefore indicated.

An appraisal of performance during the last ten years serves well for this purpose. Has innovation in all the major areas been commensurate with the market standing of the company? If it has not, the company is living off past achievements and is eating up its innovating capital. Has the company developed adequate sources of innovation for the future? Or has it come to depend on work done on the outside—in the universities, by other businesses, maybe abroad—which may not be adequate to the demands of the future?

Deliberate emphasis on innovation may be needed most where technological changes are least spectacular. Everybody in a pharmaceutical company or in a company making synthetic organic chemicals knows that the company's survival depends on its ability to replace three quarters of its products by entirely new ones every ten years. But how many people in an insurance company realize that the company's growth—perhaps even its survival—depends on the development of new forms of insurance, the modification of existing forms and the constant search for new, better and cheaper ways of selling policies and of settling claims? The less spectacular or prominent technological change is in a business, the greater is the danger that the whole organization will ossify; the more important therefore is the emphasis on innovation.

It may be argued that such goals are "big-company stuff" suitable for General Electric or for General Motors, but unnecessary in the small business. But although the small company may be less in need of a complete and detailed analysis of its needs and goals, this means only that it is easier to set innovation objectives in the smaller business—not that the need for objectives is less. In fact, the managements of several small companies I know assert that the comparative simplicity of planning for innovation is one of the main advantages of small size. As the president of one of them—a container manufacturer with sales of fewer than ten million dollars—puts it:"When you are small, you are sufficiently close to the market to know fairly fast what new products are needed. And your engineering staff is too small to become ingrown. They know they can't do everything themselves and therefore keep their eyes and ears wide open for any new development that they could possibly use."

"Productivity" and "Contributed Value"

A productivity measurement is the only yardstick that can actually gauge the competence of management and allow comparison between managements of different units within the enterprise, and of different enterprises. For productivity includes all the efforts the enterprise contributes; it excludes everything it does not control.

Businesses have pretty much the same resources to work with. Except for the rare monopoly situation, the only thing that differentiates one business from another in any given field is the quality of its management on all levels. And the only way to measure this crucial factor is through a measurement of productivity that shows how well resources are utilized and how much they yield.

The Wall Street exercise of comparing the profit margin of Chrysler and General Motors is actually meaningless. General Motors manufactures most of the parts of the car; it buys only the frame, the wheels and the brake. Chrysler until recently was an assembler; it made nothing but the engine which is but a fraction of the value of the car. The two companies are entirely different in their process mix. Yet both sell a complete car. In the case of G. M. the bulk of the sales price is compensation for work done by G. M.; in the case of Chrysler the bulk of the sales price is paid out again to independent suppliers. The profit G. M. shows is for 70 per cent of the work and risk, the profit Chrysler shows is for 30 or 40 per cent of the work and risk. Obviously General Motors must show a must bigger profit margin—but how much bigger? Only an analysis of productivity which would show how the two companies utilize their respective resources and how much profit they get out of them, would show which company did the better managing job.

But such a yardstick is needed also because the constant improvement of productivity is one of management's most important jobs. It is also one of the most difficult; for productivity is a balance between a great variety of factors, few of which are easily definable or clearly measurable.

We do not as yet have the yardstick we need to measure productivity. Only within the last few years have we found a basic concept that even enables us to define what we have to measure—the economist calls it "Contributed Value."

Contributed Value is the difference between the gross revenue received by a company from the sale of its products or services, and the amount paid out by it for the purchase of raw materials and for services rendered by outside suppliers. Contributed Value, in other words, includes all the costs of all the efforts of the business and the entire reward received for these efforts. It accounts for all the resources the business itself contributes to the final product and the appraisal of their efforts by the market.

Contributed Value is not a panacea. It can be used to analyze productivity only if the allocation of costs which together make up the figures is economically meaningful. This may require major reforms in the accountant's traditional concepts, figures and methods. We have to give up such time-honored practices as the allocation of "overhead" on a percentage basis "across the board" which makes realistic cost analysis impossible. We have to think through what depreciation charges are supposed to do—charge for the use of capital, measure the shrinkage in value of the equipment, or provide for its eventual replacement; we cannot be satisfied with a "rule of thumb" percentage depreciation allowance. In short, we have to focus accounting data on management's needs in running a business, rather than on the requirements of tax collector and banker, or on the old wives' tales so many investors imbibe at their security analyst's knee and forever after mistake for financial wisdom.

Contributed Value will not measure productivity resulting from balance of functions or from organization structure, for these are qualitative factors rather than quantitative ones, and Contributed Value is strictly a quantitative tool. Yet, the qualitative factors are among the biggest factors in productivity.

Within these limitations, however, Contributed Value should make possible, for the first time, a rational analysis of productivity and the setting of goals for its improvement. In particular it should make possible the application to the systematic study of productivity of new tools such as the mathematical methods known as "Operations Research" and "Information Theory." For these tools all aim at working out alternative courses of action and their predictable consequences. And the productivity problem is always one of seeing the range of alternative combinations of the various resources, and of finding the combination that gives the maximum output at minimum cost or effort.

We should therefore now be able to tackle the basic productivity problems.

When and where is the substitution of capital equipment for labor likely to improve productivity, within what limits and under what conditions? How do we distinguish creative overhead, which cuts down total effort required, from parasitical overhead, which only adds to costs? What is the best time utilization? What the best product mix? What the best process mix? In all these problems we should no longer have to guess; we can find the right answer systematically.

The Contributed Value concept should show us clearly what the objectives for productivity are:

1. To increase the ratio of Contributed Value to total revenue within the existing process. This is simply another way of saying that the first goal must be to find the best utilization of raw materials or of services bought.

2. To increase the proportion of contributed value retained as profit. For this means that the business has improved the productivity of its own resources.

Physical and Financial Resources

What resources objectives are needed and how progress toward them is to be measured differs for each individual business. Also objectives in this area do not concern managers throughout the enterprise as do the objectives in all other areas: the planning for an adequate supply of physical and financial resources is primarily top management's job; the carrying out of these plans is mainly the job of functional specialists.

Yet, physical and financial resources are too important to be left out of consideration. Any business handling physical goods must be able to obtain physical resources, must be sure of its supply. Physical facilities—plants, machines, offices—are needed. And every business needs financial resources. In a life-insurance company this may be called "investment management," and it may be more important even than marketing or innovation. For a toy wholesaler the problem may simply be one of obtaining a seasonal line of credit. Neither, however, can operate unless assured of the financial resources it needs. To set objectives without planning for the money needed to make operations possible is like putting the roast in the oven without turning on the flame. At present objectives for physical resources, physical facilities and supply of capital are only too often taken as "crash decisions" rather than as carefully prepared policies.

One large railroad company spends a lot of time and large amounts of money on traffic forecasts. But a decision to spend ten million dollars on new equipment was taken in a board meeting without a single figure to show what return the investment would bring or why it was necessary. What convinced the Board was the treasurer's assurance that he could easily raise the money at low interest rates.

A notable exception in respect to physical resources is the long-range forest-building policy of Crown-Zellerbach, the West Coast pulp and paper manufacturer. Its aim is to make sure that the company can stay in business by providing the timber supply it will need in the future. Since it takes fifty years or more to grow a mature tree, replacement of cut trees involves investing today capital that will not pay off until the year 2000. And since the company expects the trend of pulp and paper consumption to continue to rise sharply, mere replacement is not enough. For every tree cut today, two are being planted to become available in fifty years.

Few companies face a supply problem of Crown-Zellerbach's proportions. Those that do usually realize its importance. All major oil companies work on the finding and exploration of new oil wells. The large steel companies, too, have begun to make the search for new iron-ore reserves a systematic, planned activity. But the typical business does not worry enough about tomorrow's supply of physical resources. Few even of the big retailers have, for instance, anything comparable to the planned and systematic development of "sources" that is so important an activity in Sears, Roebuck. And when the Ford Motor Company announced a few years ago that it would systematically build up suppliers for its new West Coast assembly plants, the purchasing agent of a big manufacturing company considered this a "radical innovation." Any manufacturer, wholesaler, retailer, public utility or transportation business needs to think through the problem of its physical resources, and spell out basic decisions.

Should the company depend on one supplier for an important material, part or product? There may be a price advantage because of bulk purchases; in times of shortage a big and constant buyer may get priority; and the close relationship may result in a better design or in closer quality control. Or should the company find several suppliers for the same resource? This may make it independent; it minimizes the danger of being forced to close down because of a strike at a single supplier; it may even lead to lower purchase prices as a result of competition between several suppliers, A cotton-textile manufacturer has to decide whether he should attempt to outguess the cotton market or try, in his buying policy, to average out fluctuations in cotton price, and so forth.

Whatever the decision, objectives should aim at providing the physical supplies needed to attain the goals set for market standing and innovation.

Equally important is good facilities planning. And it is even rarer. Few industrial companies know when to stop patching up an old plant and start building a new one, when to replace machines and tools, when to build a new office building. The costs of using obsolete facilities are usually hidden. Indeed, on the books the obsolete plant or machine may look very profitable; for it has been written down to zero so that it looks as if running it involved no cost at all. Most managers know, of course, that this is pure fallacy; but it is not easy to free ourselves completely from the spell of arithmetical sleight of hand.

Yet, clearly, both undersupply of facilities and their oversupply are extremely dangerous. Physical facilities cannot be improvised; they must be planned.

The tools for the job are available today. They have been developed above all by Joel Dean, the Columbia business economist.$^{\ominus}$ They are simple enough to enable every business, large or small, to decide what physical facilities and equipment it needs to attain its basic goals, and to plan for them.

This, of course, requires a capital budget. And this raises the questions: How much capital will we need, and in what form; and where will it come from?

The life-insurance companies have had capital objectives for a long time. They know that they have to obtain a certain amount of money each year to pay off their claims. They know that this money has to come from the income earned on their invested reserves. Accordingly they plan for a certain minimum rate of return on these investments. Indeed, "profit" in a life-insurance company is essentially nothing but the excess of investment earnings over the planned minimum return.

Other examples of capital-supply planning are those of General Motors, Du-

---

$^{\ominus}$ See especially his *Capital Budgeting* (New York: Columbia University Press, 1951) and his brilliant article:*"Measuring the Productivity of Capital,"* in the January 1954 issue of the *Harvard Business Review.*

Pont and the Chesapeake and Ohio Railroad. And the American Telephone and Telegraph Company, as already mentioned, considers this so important a job as to justify the full-time attention of a senior member of top management.

But, on the whole, managements do not worry over capital supply until the financial shoe pinches. Then it is often too late to do a good job. Such vitally important questions as: should new capital be raised internally by self-financing, borrowed long-term or short-term, or through stock issue, not only need careful thought and study; they largely determine what kinds of capital expenditure should be undertaken. Decisions on these questions lead to conclusions regarding such vital matters as pricing, dividend, depreciation and tax policy. Also, unless answered in advance, the company may well fritter away its available capital on the less important investments only to find itself unable to raise the capital for vital investments. In far too many companies—including some big and reputedly well-managed ones—failure to think through capital supply and to set capital objectives has stunted growth and nullified much of the management's brilliant work on marketing, innovation and productivity.

How Much Profitability?

Profit serves three purposes. It measures the net effectiveness and soundness of a business's efforts. It is indeed the ultimate test of business performance.

It is the "risk premium" that covers the costs of staying in business—replacement, obsolescence, market risk and uncertainty.⊖ Seen from this point of view, there is no such thing as "profit"; there are only "costs of being in business" and "costs of staying in business." And the task of a business is to provide adequately for these "costs of staying in business" by earning an adequate profit—which not enough businesses do.

Finally, profit insures the supply of future capital for innovation and expansion, either directly, by providing the means of self-financing out of retained earnings, or

---

⊖   For a discussion of these terms see *my New Society*, (New York: Harper & Bros, 1950), especially Chapter 4.

indirectly, through providing sufficient inducement for new outside capital in the form in which it is best suited to the enterprise's objectives.

None of these three functions of profit has anything to do with the economist's maximization of profit. All the three are indeed "minimum" concepts—the minimum of profit needed for the survival and prosperity of the enterprise. A profitability objective therefore measures not the maximum profit the business can produce, but the minimum it must produce.

The simplest way to find this minimum is by focusing on the last of the three functions of profit: a means to obtain new capital. The rate of profit required is easily ascertainable; it is the capital market rate for the desired type of financing. In the case of selffinancing, there must be enough profit both to yield the capital market rate of return on money already in the business, and to produce the additional capital needed.

It is from this basis that most profitability objectives in use in American business today are derived. "We shoot for a return on capital of 25 per cent before taxes," is accountant's shorthand way of saying:"A return of 25 per cent before taxes is the minimum we need to get the kind of capital we want, in the amounts we need and at the cost we are willing to pay."

This is a rational objective. Its adoption by more and more businesses is a tremendous step forward. It can be made even more serviceable by a few simple but important refinements. First, as Joel Dean has pointed out,[⊖] profitably must always include the time factor, Profitability as such is meaningless and misleading unless we know for how many years the profit can be expected. We should therefore always state anticipated total profits over the life of the investment discounted for present cash value, rather than as an annual rate of return. This is the method the capital market uses when calculating the rate of return of a bond or similar security; and, after all, this entire approach to profit is based on capital market considerations. This method also surmounts the greatest weakness of conventional accounting: its superstitious belief that the calendar year has any economic meaning

---

⊖ Most effectively in the *Harvard Business Review article mentioned above.*

or reality. We can never have rational business management until we have freed ourselves from what one company president (himself an ex-accountant) calls "the unnecessary tyranny of the accounting year."

Second, we should always consider the rate of return as an average resulting from good and bad years together. The business may indeed need a profit of 25 per cent before taxes. But if the 25 per cent are being earned in a good year they are unlikely to be earned over the life time of the investment. We may need a 40 per cent return in good years to average 25 per cent over a dozen years. And we have to know how much we actually need to get the desired average.

> The tool for this is also available today. It is the "break-even point analysis" (best described by Rautenstrauch and Villiers in their book *The Economics of Industrial Management*, New York: Funk and Wagnall's 1949). This enables us to predict with fair accuracy the range of returns under various business conditions—especially if the analysis is adjusted to express both changes in volume and in price.

For small and simple businesses this capital market concept of the minimum profitability required is probably adequate. For the large business it is not sufficient, however, for the rate of return expected is only one factor. The other is the amount of risk involved. An investment may return 40 per cent before taxes but there may be a 50 per cent risk of failure. Is it a better investment than one returning 20 per cent with practically no risk?

Shooting for a 25 per cent return before taxes may be good enough for existing investments, investments that have already been made irrevocably. But for new decisions management needs to be able to say:"We aim at a ratio of 1.5 to 1, 1.33 to 1, or 1.25 to 1 between anticipated return after all costs (including those of capital) and estimated risk." Otherwise a rational capital investment policy cannot be worked out.

And without a rational capital-investment policy, especially in the big business, no real budget is possible. It is a necessity for effective decentralization of management; for without it central management will always manage its components by arbitrarily granting or withholding capital and arbitrarily centralizing the management of cash. It is a prerequisite of the spirit of management; without it lower management will always feel that its best ideas get lost in the procedural maze of the Appropriations Committee "upstairs."

A rational capital-investment policy sets the range for management decisions. It indicates which of the alternative ways of reaching marketing, innovation and productivity goals should be preferred. Above all, it forces management to realize what obligations it assumes when making decisions. That our business managers have for so long been able to manage without such a policy is as amazing a feat of navigation as Leif Erickson's feat in finding his way back to Vineland across the Atlantic without map, compass or sextant.

A capital-investment policy must be based on a reasonably reliable assessment of the ratio between return and risks. These risks are not statistical risks like the odds at the roulette table or the life expectancies of the actuary, which can always be calculated. Only one of the four "costs of staying in business" is a statistical risk: replacement. It is no accident that it is the only one that is being handled as a cost, called variously depreciation, amortization or replacement reserve. The other three—each of which is a more serious risk than replacement—are essentially not predictable by what happened in the past; that is, they are not predictable statistically. They are the risks of some new, different, unprecedented occurrence in the future.

Still we can today reduce even these risks to probability forecasts—though only with a fairly large margin of error. Several of the large companies are apparently doing work in the field; but the systematic job has yet to be done.

The real problem concerning profitability is not however what we should measure. It is what to use for a yardstick.

Profit as percentage of sales—lately very popular in American business—will not do, for it does not indicate how vulnerable a product or a business is to economic fluctuations. Only a "breakeven point" analysis will do that.

"Return on invested captial" makes sense, but it is the worst of all yardsticks—

pure rubber of almost infinite elasticity. What is "invested capital"? Is a dollar invested in 1920 the same thing as a dollar invested in 1950? Is capital to be defined with the accountant as original cash value less subsequent depreciation? Or is it to be defined with the economist as wealth-producing capacity in the future, discounted at capital market interest rates to current cash value?

Neither definition gets us far. The accountant's definition makes no allowance for changes in the purchasing power of the currency nor for technological changes. It does not permit any appraisal of business performance for the simple reason that it does not take the varying risks of different businesses into account, does not allow comparison between different businesses, between different components of the same company, between the old plants and the new plants, etc. Above all, it tends to encourage technological obsolescence. Once equipment is old enough to have been written down to zero, it tends to look much more profitable on the books than new equipment that actually produces at much lower cost. This holds true even during a deflationary period.

The economist's concept of invested capital avoids all this. It is theoretically perfect. But it cannot be used in practice. It is literally impossible to figure out how much future wealth-producing capacity any investment made in the past represents today. There are too many variables for even the best "electronic brain." There are far too many unknowns and unknowables. To find out even what would be knowable would cost more than could possibly be gained.

For these reasons a good many management people and accountants now incline toward a compromise. They would define "invested capital" as the amount it would cost today to build a new organization, a new plant, new equipment with the same productive capacity as the old organization, plant and equipment. Theoretically this, too, has weaknesses—it would, for instance, greatly distort profitability in a depression period when new equipment prices and building costs are low. But the main difficulties are practical. For replacement assumptions, besides being not too reliable, are difficult to make; and even minor changes in the assumed basis will lead to wide divergences in the end results.

There is, in other words, no really adequate method as yet. Perhaps the most sensible thing is not to search for one but to accept the simplest way, to realize its shortcomings and to build safeguards against its most serious dangers.

I have therefore come to advocate a method which has little in theory to commend it: to measure profitability by projecting net profit—after depreciation charges but before taxes—against original investment at original cost, that is, before depreciation. In inflationary periods the original investment figures are adjusted roughly for the rise in costs. In deflationary periods (this method has still to be tested in one) original investment figures would similarly be adjusted downward. In this way a uniform investment figure can be arrived at in roughly comparable dollars every three or five years, regardless of the date of the original investment or the purchasing power of the original money. This is admittedly crude; and I cannot defend it against the argument advanced by a friend that it is no better than painting over a badly rusted spot. But at least the method is simple; and it is so crude that it will not fool any manager into mistaking for precision what, like all "return on invested capital" figures, no matter how obtained, is at best a rough guess.

The Remaining Key Areas

Little needs to be said here about the three remaining key areas: manager performance and development, worker performance and attitude, and public responsibility. For each is dealt with in later parts of this book.

However, it should be clear that performance and results in these areas cannot be fully measured quantitatively. All three deal with human beings. And as each human being is unique, we cannot simply add them together, or subtract them from one another. What we need are qualitative standards, judgment rather than data, appraisal rather than measurements.

It is fairly easy to determine what objectives are needed for *manager perfor-mance and development*. A business—to stay in business and remain profitable—needs goals in respect to the direction of its managers by objectives and self-control, the setting up of their jobs, the spirit of the management organization, the structure of management and the development of tomorrow's managers. And once the goals are clear, it can always be determined whether they are being attained or not. Certainly the examination of the spirit of management, proposed in Chapter 13 below, should bring out any significant shortfall.

No one but the management of each particular business can decide what the objectives in the area of *public responsibility* should be. As discussed in the Conclusion of this book, objectives in this area, while extremely tangible, have to be set according to the social and political conditions which affect each individual enterprise and are affected by it, and on the basis of the beliefs of each management. It is this that makes the area so important; for in it managers go beyond the confines of their own little world and participate responsibly in society. But the overriding goal is common for every business: to strive to make whatever is productive for our society, whatever strengthens it and advances its prosperity, a source of strength, prosperity and profit for the enterprise.

We are in a bad way, however, when we come to setting objectives for *worker performance and attitude*. It is not that the area is "intangible." It is only too tangible; but we know too little about it so far, operate largely by superstitions, omens and slogans rather than by knowledge.

To think through the problems in this area and to arrive at meaningful measurements is one of the great challenges to management.

The objectives in this area should include objectives for union relations.

If this were a book on industrial society, the union would figure prominently (as it does indeed in my *New Society*). In a book on the *Practice of Management* the union is only one of many outside groups and forces management deals with—suppliers, for instance. But it is a powerful outside force. It can through wage demands wreck the business, and through a strike deprive management of control. The management of any unionized company therefore needs definite long-range objectives for its union relations. If it leaves the initiative in labor relations entirely to the union, it can be said not to manage at all.

Unfortunately that has been precisely the way too many of our managements have conducted their labor relations in the last fifteen or twenty years. They have left the initiative to the union. They have usually not even known what to expect in the way of union demands. They have, by and large, not known what the union is, how it behaves and why it behaves as it does. When first told that certain union demands are about to be made, the typical management refuses to listen. It is sure that the demand will not be made—for the simple reason that it does not consider it justified. Then, when the demand is made, management tends to turn it down as "impossible" and as "certain to ruin the business," if not our free enterprise system. Three days to three years later management caves in, accepts the demand, and in a joint statement with the union leader hails the agreement as a "milestone in democratic labor relations." This is not management; it is abdication.

What union-relations objectives should be concretely goes beyond the scope of this book. But they should first focus on returning the initiative to management. This requires that management must know how a union operates and why. It must know what demands the union will make and why; indeed it must be able to anticipate these demands so as to make their eventual acceptance beneficial to the enterprise or, at the least, harmless to it. Above all, it must learn to make demands itself; as long as the union alone makes demands, management will remain the passive, the frustrated, the ineffectual partner in the relationship.

Union relations, no matter how important, are however only a small and peripheral part of the management of work and worker. Yet, in the main areas we simply do not even know whether the things we can measure—turnover, absenteeism, safety, calls on the medical department, suggestion system participation, grievances, employee attitudes, etc.,—have anything at all to do with employee performance. At best they are surface indications. Still they can be used—in some companies are being used—to build an Employee Relations Index. And though we can only guess what such an index measures, at least the systematic attempt to find out what goes on in the work force focuses management's attention on what it could and should do. While no more than the merest palliative it serves at least to remind managers of their responsibility for the organization of the worker and his work. Admittedly this is hardly even a stopgap, perhaps only an acknowledgment of ignorance. The goal must be to replace it by real objectives which are based on knowledge.

The Time-Span of Objectives

For what time-span should objectives be set? How far ahead should we set our targets?

The nature of the business clearly has a bearing here. In certain parts of the garment business next week's clearance sale is "long-range future." It may take four years to build a big steam turbine and two more to install it; in the turbine business six years may be "immediate present" therefore. And Crown Zellerbach is forced to plant today the trees it will harvest fifty years hence.

Different areas require different time-spans. To build a marketing organization takes at least five years. Innovations in engineering and chemistry made today are unlikely to show up in marketing results and profits for five years or longer. On the other hand a sales campaign, veteran sales managers believe, must show results within six weeks or less; "Sure, there are sleepers," one of these veterans once said, "but most of them never wake up."

This means that in getting objectives management has to balance the immediate future—the next few years—against the long range: five years or longer. This balance can best be found through a "managed-expenditures budget." For practically all the decisions that affect the balance are made as decisions on what the accountant calls "managed expenditures"—those expenditures that are determined by current management decision rather than by past and irrevocable decisions (like capital charges), or by the requirements of current business (like labor and raw material costs). Today's managed expenditures are tomorrow's profit; but they may also be today's loss.

Every second-year accountancy student knows that almost any "profit" figure can be turned into a "loss" by changing the basis of depreciation charges; and the new basis can usually be made to appear as rational as the old. But few managements—including their accountants—realize how many such expenditures there are that are based, knowingly or not, on an assessment of short-range versus long-range needs, and that vitally affect both. Here is a partial list:

> Depreciation charges; maintenance budgets; capital replacement, modernization and expansion costs; research budgets; expenditures on product development and design; expenditures on the management group, its compensation and rewards, its size, and on developing tomorrow's managers; cost of building and maintaining a marketing organization; promotion and advertising budgets; cost of service to the customer; personnel management, especially training expenditures.

Almost any one of these expenditures can be cut back sharply, if not eliminated; and for some time, perhaps for a long time, there will be no adverse effect. Any one of these expenditures can be increased sharply and for good reasons, with no resulting benefits visible for a long time. By cutting these expenditures immediate results can always be made to look better. By raising them immediate results can always be made to look worse.

There are no formulas for making the decisions on managed expenditures. They must always be based on judgment and are almost always a compromise. But even a wrong decision is better than a haphazard approach "by bellows and meat ax": inflating appropriations in fair weather and cutting them off as soon as the first cloud appears. All managed expenditures require long application; short spurts of high activity do not increase their effectiveness. Sudden cuts may destroy in one day what it took years to build. It is better to have a modest but steady program of employee activities than to splurge on benefits, lush company papers and plant baseball teams when times are good, only to cut down to the point of taking out the soap in the washrooms when orders drop 10 per cent.⊖ It is better to give the customer minimum service than to get him used to good service only to lay off half the service force when profits go down. It is more productive to spend 50 000 dollars each year for ten years on research than to spend, say, two millions one year and nothing the next nine. Where managed expenditures are concerned, one slice of

---

⊖   Lest this be considered hyperbole, it actually happened, in this country, and in 1951.

bread every day is better than half a loaf today and none tomorrow.

Almost every one of these expenditures requires highly skilled people to be effective. Yet, first-rate people will not remain with a business if their activity is subject to sudden, unpredictable and arbitrary ups and downs. Or if they stay, they will cease to exert themselves—for "what's the use of my working hard if management will kill it anyhow." And if the meat ax cuts off trained people during an "economy wave," replacements are hard to find or take a long time to train when management, applying the bellows, suddenly decides to revive the activity.

Decisions concerning managed expenditures themselves are of such importance for the business as a whole—over and above their impact on individual activities— that they must not be made without careful consideration of every item in turn and of all of them jointly. It is essential that management know and consciously decide what it is doing in each area and why. It is essential that management know and consciously decide which area to give priority, which to cut first and how far, which to expand first and how far. It is essential finally that management know and consciously decide what risks to take with the long-run future for the sake of short-term results, and what short-term sacrifices to make for long-run results.

A managed-expenditures budget for a five-year period should show the expenditure considered necessary in each area to attain business objectives within the near future—up to five years or so. It should show the additional expenditure considered necessary in each area to maintain the position of the business beyond the five-year period for which concrete objectives are being set. This brings out the areas where expenditures are to be raised first if business gets better, and those where they are to be cut first if business turns down; it enables management to plan what to maintain even in bad times, what to adjust to the times, and what to avoid even in a boom. It shows the total impact of these expenditures on short-range results. And finally it shows what to expect from them in the long range.

Balancing the Objectives

In addition to balancing the immediate and the long-range future, management also has to balance objectives. What is more important: an expansion in markets and sales volume, or a higher rate of return? How much time, effort and energy should be expended on improving manufacturing productivity? Would the same amount of effort or money bring greater returns if invested in new-product design?

There are few things that distinguish competent from incompetent management quite as sharply as the performance in balancing objectives. Yet, there is no formula for doing the job. Each business requires its own balance—and it may require a different balance at different times. The only thing that can be said is that balancing objectives is not a mechanical job, is not achieved by "budgeting." The budget is the document in which balance decisions find final expression; but the decisions themselves require judgment; and the judgment will be sound only if it is based on a sound analysis of the business. The ability of a management to stay within its budget is often considered a test of management skill. But the effort to arrive at the budget that best harmonizes the divergent needs of the business is a much more important test of management's ability. The late Nicholas Dreystadt, head of Cadillac and one of the wisest managers I have ever met, said to me once:"Any fool can learn to stay within his budget. But I have seen only a handful of managers in my life who can draw up a budget that is worth staying within."

Objectives in the key areas are the "instrument panel" necessary to pilot the business enterprise. Without them management flies by the "seat of its pants"— without landmarks to steer by, without maps and without having flown the route before.

However, an instrument panel is no better than the pilot's ability to read and interpret it. In the case of management this means ability to anticipate the future. Objectives that are based on completely wrong anticipations may actually be worse than no objectives at all. The pilot who flies by the "seat of his pants" at least knows that he may not be where he thinks he is. Our next topic must therefore be the tools that management needs to make decisions today for the results of tomorrow.

CHAPTER 8

Today's Decisions for Tomorrow's Results

Management must always anticipate the future—Getting around the business cycle—Finding the range of fluctuations—Finding economic bedrock—Trend analysis—Tomorrow's managers the only real safeguard

An objective, a goal, a target serves to determine what action to take today to obtain results tomorrow. It is based on anticipating the future. It requires action to mold the future. It always balances present means and future results, results in the immediate future and results in the more distant future.

This is of particular importance in managing a business. In the first place, practically every basic management decision is a long-range decision—with ten years a rather short time-span in these days. Whether on research or on building a new plant, on designing a new marketing organization or a new product, every major management decision takes years before it is really effective. And it takes years for it to be productive, that is, to pay off the investment of men or money.

Management has no choice but to anticipate the future, to attempt to mold it and to balance short-range and long-range goals. It is not given to mortals to do either of these well. But lacking divine guidance, business management must make sure that these difficult repsonsibilities are not overlooked or neglected but taken care of as well as is humanly possible.

Predictions concerning five, ten or fifteen years ahead are always "guesses." Still, there is a difference between an "educated guess" and a "hunch," between a guess that is based upon a rational appraisal of the range of possibilities and a guess that is simply a gamble.

Getting around the Business Cycle

Any business exists as a part of a larger economic context; a concern with "general business conditions" is mandatory to any plan for the future. However, what management needs is not the "business forecast" in the usual sense, that is, a forecast that attempts to read tomorrow's weather and to predict what business conditions will be like three, five or ten years ahead. What management needs are tools that enable it to free its thinking and planning from dependence on the business cycle.

At first sight this may look like a paradox. Certainly the business cycle is an important factor; whether a decision will be carried out in a period of boom or in a period of depression may make all the difference in its validity and success. The standard advice of the economists to make capital investments at the trough of the depression and to refrain from expansion and new investments at the peak of a boom seems to be nothing but the most elementary common sense.

Actually it is no more useful and no more valid than the advice to buy cheap and sell dear. It is good advice; but how is it to be followed? Who knows in what stage of the cycle we are? The batting average of the economists has not been impressive—and the forecasting success of businessmen has not been much more so. (Remember the all but general prediction back in 1944 or 1945 of a major postwar slump?) Even if it were sound, to play the business cycle would be unusable advice.

If people could act according to this advice, we would not have boom and depression to begin with. We have extreme fluctuations only because it is psychologically impossible to follow such advice. In a boom almost everybody is convinced that this time even the sky will not be the limit. At the bottom of a depression everybody is equally convinced that this time there will be no recovery but that we will keep on going down or stay at the bottom forever. As long as businessmen focus their thinking on the business cycle they will be dominated by the business-cycle psychology. They will therefore make the wrong decision no matter how good their intentions and how good the economists' analytical ability.

Moreover, economists doubt more and more whether there is a real "cycle." There are ups and downs, no doubt; but do they have any periodicity, any inherent predictability? The greatest of modern economists, the late Joseph A. Schumpeter, labored mightily for twenty-five years to find the "cycle." But at best, his "business cycle" is the result of so many different cyclical movements that it can only be analyzed *in retrospect*. And a business-cycle analysis that only tells where the cycle has been but not where it will go, is of little use in managing a business.

Finally, the business cycle is too short a period for a good many business decisions—and for the most important ones. A plant expansion program in heavy industry, for instance, cannot be founded on a forecast for the next four or five or six years. It is a fifteen-or twenty-year program. And the same is true of a basic change in product or marketing organization, of a decision to build a new store or to develop a new type of insurance policy.

What business needs therefore are tools which will enable it to make decisions without having to try to guess in what stage of the cycle the economy finds itself. These tools must enable business to plan and develop for more than the next three or even the next seven years, regardless of the economic fluctuations to be expected over the cyclical period.

We have today three such tools. In managing a business all three are useful.

In the first place, we can assume that there will always be fluctuations, without attempting to guess what stage of the cycle the economy is currently passing through. We can, in other words, free decisions from cyclical guesswork by testing the business decision against the worst possible and the sharpest possible setback that past experience could lead us to expect.⊖

⊖   For most American manufacturing industries this was not the "Great Depression" of 1929-32, but the much shorter "recession" of 1937-38. The rate of decline during the eight months of that depression was the sharpest ever witnessed in an industrial country other than the collapse following total defeat in war such as that of Germany or Japan.

This method does not indicate whether a decision is right or not. It indicates, however, the extremes of cyclical risk involved. It is therefore the most important forecasting tool in the determination of the minimum necessary profit.

The second tool—more difficult to handle but also more productive—consists of basing a decision on events which are likely to have heavy impact upon future economic conditions but which have already happened. Instead of forecasting the future, this method focuses on past events—events which, however, have not yet expressed themselves economically. Instead of attempting to guess economic conditions, this method tries to find the "bedrock" underlying economic conditions.

We have mentioned before the case of the company which decided during World War II to turn to the production of fuse boxes and switch boxes after the war. This decision was based on such an analysis of the bedrock underlying the economy, namely, the pattern of family formation and population structure that had emerged in the United States between 1937and 1943.

By 1943 it had become clear that something fundamental was happening to population trends. Even if the population statisticians had turned out to be right in their forecast that the high birthrate was a wartime phenomenon and would come to an end with the conclusion of the war (one of the most groundless, if not frivolous, forecasts ever made), it would not have altered the fact that from a low point in 1937 the rate of family formation had risen to where it was significantly above the rate of the depression years. These new families would need houses, even if the rate of family formation and the birthrate were to decline again after the end of the war. In addition, there had been almost twenty years of stagnation in residential building, so that there was a tremendous pent-up demand for houses. From this it could be concluded that there would be substantial residential building activity in the postwar period. The only thing that could have prevented it would have been America's losing the war.

If the postwar period had brought a sizable depression, this housing activity would have been a government project. In fact, population trends and the housing situation indicated that housing would have to be the major depression-fighting tool of governmental policy. If the postwar period were to be a boom period, as it turned out to be, there should be substantial private housing activity. In other words, housing would be at a high level in depression as well as in boom. (In fact, building would probably have been on a higher level than the one we actually experienced in the postwar period, had the much-heralded postwar depression actually come to pass.)

It was on the basis of this analysis of a development that had already happened and that could be expected to shape the economy regardless of business conditions, that the company's management decided to move into its new business. Management could justifiably claim that, even though it planned long-range, no forecast regarding the future was actually involved.

Of course, population structure is only one of the bedrock factors. In the period immediately following World War II it was probably a dominant factor in the American economy. In other times, however, it might well be secondary, if not irrelevant.

However, the basic method used is universally applicable: to find events that have already occurred, events that lie outside of economic conditions, but in turn shape those conditions, thus basing a decision for the future on events that have already happened.

But though the best tool we have, bedrock analysis is far from perfect. Exactly the same bedrock analysis of population trends with the same conclusion for a postwar housing boom could have been made in 1944 for France. The analysis would have been right; but the French housing boom never occurred. Of course, the reasons may be totally outside of the economic system proper. Perhaps they are to be found in strangulation by rent controls and by a vicious tax system. The boom may only be delayed and may still be "just around the corner." And the lack of any appreciable postwar residential building in France may be a major cause of the French political and economic sickness, and therefore should not have been allowed to happen. This would have been cold comfort to the businessman, however. In France the decision to go into fuse boxes and switch boxes, though based on rational premises, would still have been the wrong decision.

In other words, one cannot say that anything will "inevitably" happen in the future. Even if the inevitable does happen, one does not know when. Bedrock analysis should therefore never be used alone. It should always be tested by the third and final method of limiting the risks of making prediction: Trend analysis— the most widely used of the three tools in this country today. Where bedrock analysis tries to find the "why" of future events, trend analysis asks "how likely" and "how fast."

Trend analysis rests on the assumption that economic phenomena—say, the use of electric power by a residential customer or the amount of life insurance per dollar of family income—have a longterm trend that does not change quickly or capriciously. The trend may be confused by cyclical fluctuations; but over the long run it will reassert itself. To express it in the terms of the statistician: the "trend line" will tend to be a "true curve" over a ten, fifteen-or twenty-year period.

Trend analysis thus tries to find the specific trends that pertain to the company's business. It then projects them in such a form that decisions can be taken for the long term without too much attention to the business cycle.

As a check of the results of bedrock analysis, trend analysis is invaluable. But it, too, should never be used by itself lest it become blind reliance on the past or on a rather mythical "law of socialinertia." In fact, though quite different in techniques, the two analyses are really the two jaws of the same vise with which we attempt to arrest fleeting time long enough to get a good look at it.

Despite their shortcomings, the three methods sketched here, if used consistently, skillfully and with full realization of their limitations, should go a long way toward converting management decisions from "hunch" into "educated guess." At least they will enable management to know on what expectations it founds its objectives, whether the expectations are reasonable, and when to review an objective because the expected has not happened or has happened when not expected.

Tomorrow's Managers the Only Real Safeguard

But even with these improved methods, decisions concerning the future will always remain anticipations; and the odds will always be against their being right. Any management decision must therefore contain provision for change, adaptation and salvage. Management must with every decision make provision for molding the future as far as possible toward the predicted shape of things to come. Otherwise, despite all technical brilliance in forecasting, management decisions will be merely wishful thinking—as all decisions based on long-range prediction alone inevitably are.

Concretely this means that today's managers must systematically provide for tomorrow's managers. Tomorrow's managers alone can adapt today's decision to tomorrow's conditions, can convert the "educated guess" into solid achievement. They alone can mold tomorrow's conditions to conform to the decisions made today.

In our discussions of manager development we tend to stress that provision must be made for managers capable of making the decisions of tomorrow. This is true; but systematic manager development is first needed for the sake of the decisions made today. It must, above all, provide for men who know and understand these decisions and the thinking behind them, so that they can act intelligently when the decisions of today will have become the headaches of tomorrow.

In the last analysis, therefore, managing a business always comes back to the human element—no matter how sound the business economics, how careful the analysis, how good the tools.

The Principles of Production

Ability to produce always a determining and a limiting factor—Production is not the application of tools to materials but the application of logic to work—Each system of production has its own logic and makes its own demands on business and management—The three systems of production—Is mass production "new style" a fourth?—Unique-product production—Mass production, "old style" and "new style"—Process production—What management should demand of its production people—What production systems demand of management—"Automation"; revolution or gradual change?—Understanding the principles of production required of every manager in the decades ahead

Manufacturing management, as the term is commonly understood, is not the concern of this book any more than the management of selling, finance, engineering or insurance-company investments. But the principles of production must be a serious concern of top management in any business that produces or distributes physical goods. For in every such business the ability to attain performance goals depends on the ability of production to supply the goods in the required volume, at the required price, at the required quality, at the required time or with the required flexibility. In any manu facturing enterprise, ability to produce physically has to be taken into account when setting business objectives. Management's job is always to push back the limitations set by the hard reality of physical production facts. It must so manage its business as to convert these physical limitations into opportunities.

There is, of course, nothing new in this. But traditionally management reacts to the physical limitations of production by putting pressure on its manufacturing function: there are few areas in which "management by drives" is as common. And production people themselves see the answer in a number of techniques and tools, ranging from machine design to industrial engineering.

Neither, however, is the key. To push back the physical limitations or to convert them into opportunities requires first that management understand what system of production its operations require and what the principles of that system are; and second that it apply these principles consistently and thoroughly. Production is not the application of tools to materials. *It is the application of logic to work.* The more clearly, the more consistently, the more rationally the right logic is applied, the less of a limitation and the more of an opportunity production becomes.

Each system of production makes its own demands on the management of the business—in all areas and on all levels. Each requires different competence, skill and performance. One set of demands is not necessarily "higher" than another, any more than non-Euclidian geometry is higher than Euclidian geometry. But each is different. And unless management understands the demands of its system of production, it will not manage well.

This is particularly important today when many businesses are moving from one system of production into another. If this move is considered a mere matter of machines, techniques and gadgets, the business will inevitably reap only the difficulties of the new system. To reap its benefits management must realize that the new system involves new principles, and must understand what these are.

The Three Systems of Production

There are three basic systems of industrial production known to us so far: unique-product production, mass production and process production. We may perhaps count four systems; for mass production "old style," that is, the production of uniform products, is different from mass production "new style," which manufactures uniform parts but assembles them into diversified products.

Each of these systems has its own basic principles; and each makes specific demands on management.

There are two general rules for advancing production performance and pushing back limitations:

1) The limitations of production are pushed back further and faster, the more consistently and thoroughly the principles pertaining to the system in use are applied.

2) The systems themselves represent a distinct order of advance, with unique-product production the least advanced, process production the most advanced. They represent different stages of control over physical limitations. This does not mean that opportunities for advance lie everywhere in moving from the unique-product system to the process-production system. Each system has its specific applications, requirements and limitations. But it does mean that we advance to the extent to which we can organize parts of production on the principles of a more advanced system and learn, at the same time, how to harmonize the two systems within the business.

There are also two general rules concerning the demands on management competence made by each system.

1) The systems differ not just in the difficulty of their demands, but in the variety of competence and the order of performance. Management, in moving from one system to another, has to learn how to do new things rather than learn to do the old things better.

2) The more we succeed in applying consistently the principles of each system, the easier it becomes for management to satisfy its demands.

Each management has to meet the demands of the system it ought to have according to the nature of its product and production, rather than those of the system it actually has. Being unable or unwilling to apply what would be the most appropriate system only results in lack of performance; it does not result in lower demands on management. Indeed, it inevitably increases the difficulties of managing the business.

One case in point is basic steel making, which has—in the "batch process"—primarily a unique-product system. There is probably no industry that has worked harder or more successfully on perfecting a uniqueproduct system. Yet, the problems the managements of basic-steel companies face are all process-production problems: high fixed capital requirements and the need for continuous production resulting together in high break-even points, the need for a high and constant level of business, the need to make basic investment decisions for a long time ahead, etc. At the same time the basic-steel industry enjoys few of the benefits of process production.

It is, in summary, of major importance in managing a business to know which system applies; to carry its principles through as far as possible; to find out which parts of production can be organized in a more advanced system and to organize them accordingly; to know what demands each system makes on management.

And where, as in the basic-steel industry, historical and technological obstacles have barred the organization of production in the appropriate system, it is a major challenge to management to work systematically on overcoming these obstacles. Indeed, emphasis in such a situation should not be given to working a little more effectively what is basically the wrong system. I am convinced that a great deal of the tremendous technological effort in the steel industry has been misdirected. Focused on improving the traditional process, it will turn out to have been wasted when steel making will finally become process production—which is in all probability not too far off any more. A business using the wrong system has to satisfy all the demands that the appropriate and more advanced system would make on management. Yet, it does not have the wherewithal to pay for them, for this can come only out of the increased ability to produce which the more advanced system provides.

Unique-Product Production

What, then, concretely are these three systems of production and their principles?

In the first, the production of a unique product, each product is self-contained. Of course, strictly speaking, there is no such thing as manufacturing unique products—they are produced only by the artist. But building a battleship, a big turbine or a skyscraper comes close to turning out a unique product. So does the building of a house, and in most cases "batch production" in a job shop.

Under this system the basic principle is organization into homogeneous stages. In the building of the traditional one-family house—one of the simplest examples of unique-product production—we can distinguish four such stages. First, digging the foundation and pouring concrete for the foundation walls and the basement floor. Second, putting up the frame and the roof. Third, installing plumbing and wiring equipment in the inside walls. Finally, interior finishing. What makes each of these a distinct stage is that work on the house can stop after each is completed, without any damage—even for a fairly long time. On the other hand, within each stage, work has to be carried right through; or else what has been done already will be damaged and may even have to be done again. Each stage can be varied from house to house without too much trouble or adjustment and without delaying the next stage. Each of these stages by the inner logic of the product, that is, of the house, is an entity in itself.

Unique-product production, with its organization of the work by homogeneous stages, is radically different from craft organization, in which a carpenter does all the carpentry, a plumber all the plumbing, etc. Properly organized, unique-product production does not go by craft skills but by stage skills. The model is the telephone installation man who, without being a skilled electrician, carpenter, plumber or roofer, installs electric wiring, saws through boards, makes a ground connection and can take up a roof shingle and replace it. In other words, either every man engaged in the work of a particular stage must be able to do everything needed within that stage; or, as in the building of a big turbine, there must be an integrated team for each stage which contains within itself all the stage skills needed. No skill is needed by individual or team that goes beyond the requirement of the particular stage.

This is largely how we succeeded in building ships at such a tremendous rate during the war. It was not mass production that resulted in the unprecedented output of ships. It was the division of the work into homogeneous stages; the systematic organization of the work group for the specific requirements of each stage; and the systematic training of a large number of people to do all the work required within one stage. This in turn made possible the progressive scheduling of the work flow which was the greatest time saver.

Mass Production "Old Style" and "New Style"

Mass production is the assembly of varied products—in large numbers or small—out of uniform and standardized parts.

In the manufacturing industry mass production is today the prevailing system. It is, and with good reason, considered to be the typical system of an industrial society—though process production may soon become a strong contender.

So universal is mass production today that it might be assumed that we know all about it, certainly that we know all about its basic principles. This is far from true. After forty years we are only now beginning to understand what we should be doing. The reason for this is that the man who ushered in mass production as a universal system misunderstood and misapplied it—so often the fate of the pioneer.

When Henry Ford said that "the customer can have any color car as long as it's black," he was not joking. He meant to express the essence of mass production as the manufacture of uniform products in large quantity. Of course, he knew that it would have been easy to give his customer a choice of colors; all that was needed was to give the painter at the end of the assembly line three or four spray guns instead of one. But Ford also realized, rightly, that the uniformity of the product would soon be gone altogether once he made any concession to diversity. And to him the uniformity of the product was the key to mass production.

This old-style mass production is, however, based on a misunderstanding. It is the essence of genuine mass production that it can create a greater diversity of products than any method ever designed by man. It does not rest on uniform products. It rests on *uniform parts* which can then be mass-assembled into a large variety of different products.

The model of mass production is therefore not the old Ford assembly line. It is rather the farm equipment manufacturer in Southern California who designs and makes specialized cultivating machines for large-scale farming on irrigated land. Every one of his designs is unique. He makes, for instance, a machine that performs, with various attachments, all operations needed in large-scale cucumber growing—from preparing the hills in the spring, to harvesting cucumbers at the right stage of their growth, to pickling them. He rarely makes more than one of each machine at a time. Yet every one of his more than seven hunderd different machines is made up entirely of mass-produced, uniform, standardized parts, which someone in the American economy turns out by the thousands. His biggest job is not to solve the problem of designing a machine that will identify cucumbers of the right ripeness for pickling, but to find a mass producer of a part that, though originally designed for an entirely different purpose, will, when put on the cucumber cultivator, do whatever is needed.

The specific technique for applying this principle is the systematic analysis of products to find the pattern that underlies their multiplicity. Then this pattern can be organized so that the minimum number of manufactured parts will make possible the assembly of the maximum number of products. The burden of diversity, in other words, is taken out of manufacturing and shifted to assembly.

One large manufacturer of electric implements produced, ten years ago, 3400 different models, each composed of 40 to 60 parts. The analysis of this line of products first made it possible to reduce the number by about one third; 1200 models were found to be duplications. The analysis still left 2200 products—and to make them the company was making or buying well over 100 000 different parts.

After the products had been analyzed, their pattern established and the parts determined, it was found that almost all of the 2200 models fell into 4 categories, according to the voltage they were supposed to carry. Only 40 products did not fit into this pattern. This made it possible to reduce the number of parts for all the other products. Then the number of variations for each part could be cut down to the minimum. Only one part now requires as many as 11 variations; the average today is 5 variations per part.

Production in this company is production of parts—even though the final products are widely different. The burden of variety is thrown on assembly. The parts themselves can be produced continuously against a schedule determined by the size of the inventory rather than by customer orders. And the size of the inventory is again determined by the time needed for assembly and delivery.

This new-style mass production is the most immediately useful production concept that we have in our possession today. It is still understood only by a minority of production people, and applied only in a fairly small number of companies. Also the techniques and methods to take full advantage of the concept have only now become available. It is above all the logical methods of "Operations Research" that allow us to make the complicated analyses of products and parts that are necessary to put the correct mass-production principle into effect.

Wherever this new principle has actually been applied cost reductions have been spectacular—sometimes reaching 50 or 60 per cent. Nor is its application confined to the production process itself. By making it possible to keep an inventory in parts instead of in finished products, it often enables a company to cut its cost and yet give the customer better service.

This new principle does achieve, in other words, what Henry Ford was after; the continuous production of uniform things without interruption because of an irregular flow of customer orders, or the need to change tools, styles or models. But it does this not by producing uniform products but by producing standardized parts. Uniformity in manufacturing is coupled with diversity in assembly.

Obviously the application of the mass-production principle, is not simple. It goes well beyond manufacturing and requires hard and extensive work on the part of the marketing people, engineers, financial people, personnel people, purchasing agents and so forth. It carries risks, as it must be based on a fairly long production cycle at a constant rate of machine utilization—three, six, in some cases, eighteen months. It requires new accounting tools.

New-style mass production can also not be put in overnight—the development in the electrical implement company took all of three years. But so great are the savings that the company recovered the expense of a virtually complete redesign of its products and manufacturing facilities in less than two years.

Process Production

The third system is process production. Here process and product become one.

The oldest example of a process industry is the oil refinery. The end products that a refinery will obtain out of crude oil are determined by the process it uses. It can produce only the oil distillates for which it is built and only in definite proportions. If new distillates have to be added, or if the proportion between the various distillates is to be changed significantly, the refinery has to be rebuilt. Process production is the rule in the chemical industries. It is, with minor variations, the basic system of a milk-processing or a plate-glass plant.

And both mass production "new style" and process production are ready for Automation.

What Management Should Demand of Its Production People

Management must demand that those responsible for production know what system of production is appropriate, and apply the principles of that system consistently and to the limit. These are the first and decisive steps in pushing back the limitations of production on business performance.

Only when these steps have been taken can the next one be made: the organization of parts of production on the basis of a more advanced system.

The result of doing this without first analyzing the production process and organizing it properly is shown by the failure of the prefabricated house. It would seem the most obvious thing in the world to build a house from prefabricated, standardized parts. Yet the attempt, when made after World War II, proved abortive.

The reason was that uniform, standardized parts—mass production, in other words—were superimposed on a badly disorganized unique-product system. Instead of homogeneous stages, the organizing principle was craft organization. The use of prefabricated parts in a craft system proved more expensive and slower than the old methods. When, however, the Levitts in Long Island organized home building by homogeneous stages, they could immediately use uniform standardized prefabricated parts with conspicuous savings in time and money.

Similarly, standardized parts brought no savings in a locomotive repair shop as long as it was craft-organized. When the work was organized in teams, each containing all the skills needed in a particular stage of the work, when, in other words, craft organization was replaced by stage organization, standardized parts brought tremendous savings.

This is of particular importance in a mass-production industry, which produces diversified products. For there the great opportunity lies in the application of Automation; and this can only be achieved if production is properly understood and organized as the manufacture of unform parts and their assembly into diversified products.

The electrical instrument maker mentioned above could fairly easily put his production of parts on an automatic basis, approaching closely the continuous flow and automatic self-control of an oil refinery or a plate-glass plant. There are other illustrations.

The U. S. Bureau of Standards has recently worked out, for the U. S.

Navy, a method of automatic production of electronic circuits. This process does away with the soldering of individual circuits; it eliminates, in other words, the traditional "production by assembly" of the electronics industry. At the same time it makes possible the use of a large number of different circuits and their combinations without redesign of the process and without change in production. It does this by replacing the wiring in a radio or television set with a fairly small number of predesigned parts that can be plugged together in assembly to give many circuits or combinations of circuits.

My favorite example is a shirt manufacturer who faced the problem of an almost infinite variety of sizes, styles and colors, seemingly making impossible any production planning. He found, however, that three quarters of his production were in white shirts; and that there were only three basic qualities of fabric used in making white shirts, and in fairly predictable proportions. He then found that all shirts were made of seven parts: front, back, shoulder yoke, collars, right sleeve, left sleeve, cuffs. Size adjustments could all be made in assembly where the finished shirt is sewn together by cutting off excess length or width; for it is cheaper to sacrifice a few inches of material than to turn out parts of different size. Style adjustments could be made by using different collars and cuffs and different buttons. As a result all parts except collars and cuffs could be produced in the three grades of cloth without variation; cuffs required three variations; collars six. Only collars, which are simple to produce, are therefore made according to customers' orders today. And a job that, twenty years ago, was still almost entirely run by hand on individual sewing machines, is now done as a continuous automatic process, controlled by inventory standards. The result has been a sharp cut in cost, a tremendous increase in the variety of final products—sizes and styles—and greater customer satisfaction.

What Production Systems Demand of Management

But management must also know what the various systems of production demand of its own competence and performance.

In unique-product production, management's first job, it might be said, is to get an order. In mass production, the job is to build an effective distributive organization and to educate the customer to adapt his wants to the range of product variety. In process production, the first task is to create, maintain and expand a market and to find new markets. To distribute kerosene lamps free to the Chinese peasants to create a market for kerosene—the famous Standard Oil story of fifty years ago—is a good example of what this means.

Unique-product production has high costs for the individual product but great flexibility in the plant. Mass production "new style" has the ability to supply wants cheaply and within a wide and flexible range of products. But it requires much higher capital investment than unique-product production and a much higher level of continuous activity; it involves inventory risks; and it needs a distributive organization that can sell continuously rather than one that goes after a specialized, individual order. Process production requires the highest capital investment—in absolute dollars—and the most nearly continuous operation. Also, since products and process have, so to speak, become one, new products will be created by changes in the process even if there is no demand for them in the existing market— a common occurrence in the chemical industry. Management must therefore develop new markets for any new products as well as maintain a steady market for the old. Indeed, under Automation it is a major responsibility of management both in mass production and in process production to maintain a steadier level of economic activity and to prevent extreme economic fluctuations, whether of boom or of depression.

Under the unique-product system the time-span of decisions is short. Under mass production it becomes longer: a distributive organization, for instance, may take ten years to build, as the KaiserFrazer Automobile Company found out after World War II. But under a process system decisions are made for an even longer future. Once built, the production facilities are relatively inflexible and can be changed only at major expense; the total investment may be large; and the development of a market is long-range. The marketing systems of the big oil companies are good examples. The more advanced the production organization, the more important are decisions for the future.

Each system requires different management skills and organization. Unique-product production requires people good at a technical function. Mass production—"old style" and "new style"—requires management trained in analytical thinking, in scheduling and in planning. New-style mass production as well as process production requires management trained in seeing a business as a whole in conceptual synthesis and in decision-making.

Under unique-product production management can be centralized at the top. Co-ordination between the various functions is needed primarily at the top. Selling, design, engineering and production can all be distinct and need only come together where company policy is being determined. It is this pattern of unique-product production that is still largely assumed in our organization theory—even though unique-product production may well be the exception rather than the rule in the majority of American industry today.

Mass production "old style" can still maintain this pattern, though with considerable difficulty and at a high price in efficiency. It does better with a pattern that establishes centers of decision and integration much further down. For it requires close co-ordination between the engineers who design the product, the production people who make it, the sales people who market it, and so forth.

In both mass production "new style" and process production, functional centralization is impossible. They require the closest co-operation of people from all functions at every stage. They require that design, production, marketing and the organization of the work be tackled simultaneously by a team representing all functions. They require that every member of the team both know his own functional work and see the impact on the whole business all the time. And decisions affecting the business as a whole have to be taken at a decentralized level—sometimes at a level not even considered "management" today.

There are significant differences with respect to the work force and its management. Unique-product production can usually adjust its work force to economic fluctuations, keeping in bad times only foremen and a nucleus of the most highly skilled. It can, as a rule, find what other skills it needs on the labor market. Precisely because they have limited skill, the workers in old-style mass production must increasingly demand employment stability from the enterprise. And in any business that uses Automation—whether new-style mass production or process production—the enterprise itself must make efforts to stabilize employment. For the work force needed for Automation consists largely of people trained both in skill and in theoretical understanding. It not only represents too great an investment to be disbanded; it can normally only be created within the company and with years of effort. It is neither accident nor philanthropy that the oil companies—typical process businesses—have tried so hard to keep employment steady even in bad depression years.

Under Automation there are few "workers." As said before, Automation will not (in the traditional sense of the word) cut down the total number of people employed—just as mass production did not do so. What we can see so far in the process industries shows clearly that the total work force does not shrink. On the contrary, it tends to expand. But Automation requires totally different workers who are actually much closer to the professional and technical specialist than to today's production worker. This creates a problem of managing people that is quite different from any "personal management problem" businessmen are normally familiar with.

Automation—Revolution or Gradual Change?

I have learned to be extremely skeptical of any prediction of imminent revolution or of sweeping changes in technology or business organization. After all, today, two hundred years since the first Industrial Revolution, there still flourishes in our midst the New York garment industry, a large industry organized on the "putting-out" system which, the textbooks tell us, had become obsolete by 1750. It would not be difficult to find other examples of such living ancestors who are blissfully (indeed profitably) unaware that they died a long time ago.

Certainly the obstacles to the Automation revolution are great—above all, the lack of men properly trained in the new concepts and skills. Also it has been estimated that only one tenth of America's industries could readily benefit from Automation at the present state of its technology. Even a real "Automation revolution" would be a gradual and highly uneven process.

Still revolutions do happen. And in the American economy there will be one powerful force pushing toward an Automation revolution in the next decade: the shortage of workers. As a result mainly of the lean birth years of the thirties, our labor force will increase only 11 per cent until 1965. Yet, our total population will go up much faster, even if present record birth rates should not be maintained. To reach minimum growth objectives indicated by population figures, technological progress and economic trends would require, in many companies, a doubling of the labor force were production to continue on the present system.

Even without a revolution, the most significant, the most promising and the most continuous opportunity to improve the performance of business enterprise will not lie, for decades to come, in new machines of new processes. *It will lie first in the consistent application of the new mass-production principle* and secondly in the *application of the principles of Automation.* The techniques and tools of production management will continue to be a specialized subject with which only production people need to be familiar. But every manager will have to acquire an understanding of the principles of production—above all, an understanding that efficient production is a matter of principles rather than of machines or gadgets. For without it he will not, in the decades ahead, adequately discharge his job.

2

MANAGING MANAGERS

THE PRACTICE
OF MANAGEMENT

CHAPTER 10

The Ford Story

Managers the basic resources of a business, the scarcest, the most expensive and most perishable—Henry Ford's attempt to do without managers—The near-collapse of the Ford Motor Company—Rebuilding Ford management—What it means to manage managers—Management not by delegation—The six requirements of managing managers

The fundamental problems of order, structure, motivation and leadership in the business enterprise have to be solved in the managing of managers. Managers are the basic resource of the business enterprise and its scarcest. In a fully automatic factory there may be almost no rank-and-file employees at all. But there will be managers—in fact, there will be many times the number of managers there are in the factory of today.

Managers are the most expensive resource in most businesses—and the one that depreciates the fastest and needs the most constant replenishment. It takes years to build a management team; but it can be destroyed in a short period of misrule. The number of managers as well as the capital investment each manager represents are bound to increase steadily—as they have increased in the past half century. Parallel with this will go an increase in the demands of the enterprise on the ability of its managers. These demands have doubled in every generation; there is no reason to expect a slowing down of the trend during the next decades.

How well managers are managed determines whether business goals will be reached. It also largely determines how well the enterprise manages worker and work. For the worker's attitude reflects, above all, the attitude of his management. It directly mirrors management's competence and structure. The worker's effectiveness is determined largely by the way he himself is managed. That "personnel management" confines itself by and large today to the rank-and-file employee and all but excludes managers from its purview, can be explained historically. But it is nonetheless a serious mistake. The common practice expressed recently by a large company in setting up a Department of Human Relations—"The Department will of course confine itself to the relations between the company and employees earning less than $5000 a year"—almost guarantees in advance the failure of the new department and of its efforts.

Managing managers is the central concern of every manager. During the last ten or fifteen years American managers have subjected themselves to a steady barrage of exhortations, speeches and programs in which they tell each other that their job is to manage the people under them, urge each other to give top priority to that responsibility and furnish each other with copious advice and expensive gadgets for "downward communications." But I have yet to sit down with a manager, whatever his level or job, who was not primarily concerned with his upward relations and upward communications. Every president I know, be the company large or small, worries more about his relations with his Board of Directors than with his vice-presidents. Every vice-president feels that relations with the president are the real problem. And so on down to the first-line supervisor, the production foreman or chief clerk, who is quite certain that he could get along with his men if only the "boss" and the personnel department left him alone.

This is not, as personnel people seem inclined to think, a sign of the perversity of human nature. Upward relations are properly a manager's first concern. To be a manager means sharing in the responsibility for the performance of the enterprise. A man who is not expected to take this responsibility is not a manager. And a manager who does not take it as his first responsibility is a poor manager, if not untrue to his duty.

These problems of upward relations that worry the manager—the relationship to his own boss; his doubts as to what is expected of him; his difficulty in getting his point across, his program accepted, his activity given full weight; the relations with other departments and with staff people, and so forth—are all problems of managing managers.

The starting point of the discussion of the human organization of the enterprise cannot therefore be the rank-and-file employees and their work, no matter how numerous they are; it must be managing managers.

Henry Ford's Attempt To Do without Managers

The basic challenges as well as the basic concepts in managing managers are again best illustrated by an example. And the best example is the story of the Ford Motor Company.⊖

There is no more dramatic story than that of the fall of Ford from unparalleled success to near-collapse in fifteen short years—unless it is the equally swift and dramatic revival of the company in the last ten years.

In the early twenties Ford's share of the automobile market had climbed to two thirds. Fifteen years later, by the time World War Ⅱ started, Ford's market share had fallen to 20 per cent. The Ford Motor Company, being privately owned, publishes no financial figures. But it is widely (though probably mistakenly) believed in the automobile industry that the company did not make a profit in any one of these fifteen years.

How close the company had come to ruin was shown by the nearpanic in the automobile industry when Edsel Ford, Henry Ford's only son, suddenly died during World War Ⅱ. For almost twenty years everybody in the industry had been saying:"The old man can't last much longer; wait till Edsel takes over." That he died while the old man was still alive forced the industry to face the reality of the Ford situation. And the reality was such that the survival of the company seemed

---

⊖　The history of the Ford Motor Company is still to be written, Allan Nevins' *Ford*. (New York: Scribner's, 1954), though definitive, carries the story only to 1915. But the main facts are common knowledge. For their interpretation I alone bear the responsibility.

improbable—some people said impossible.

The best indication of the seriousness with which these chances of survival were viewed was a scheme proposed in responsible circles during those days in Detroit. The U. S. Government, it was said, should lend enough money to Studebaker—the fourth largest automobile producer but still less than one sixth the size of Ford—to buy out the Ford family and to take over the company. In this way, and this way alone, Ford would have a chance to survive. Otherwise, it was agreed, the company might well have to be nationalized lest its collapse seriously endanger the country's economy and its war effort.

What brought Ford to this crisis? The story of Henry Ford's personal misrule has been told in lurid and not too accurate detail several times. People in American management—if not the public at large—have become familiar with his secret-police methods and his one-man tyranny. What is not understood, however, is that these things were not pathological aberration or senility—though both may have played a part. Fundamental to Henry Ford's misrule was a systematic, deliberate and conscious attempt *to run the billiondollar business without managers*. The secret police that spied on all Ford executives served to inform Henry Ford of any attempt on the part of one of his executives to make a decision. When they seemed to acquire managerial authority or responsibility of their own, they were generally fired. And one of the chief reasons why Harry Bennett, Ford's police chief, rose during these years to almost supreme power in the organization was that he could never be anything but the old man's creature, and totally lacked the experience and competence to hold any managerial position.

This refusal to allow anyone to be a manager goes back to the early days of the Ford Motor Company. Even then it had been the old man's practice, for instance, to demote first-line supervisors regularly every few years or so lest they "become uppity" and forget that they owed their job to Mr. Ford's will. Technicians Henry Ford wanted; and he was willing to pay them generously. But management was his personal job as owner. Just as, early in his career, he decided not to share ownership with anybody, he apparently decided not to share management. His executives had to be his personal assistants, doing what he told them to do; they had at most to execute, never to manage. From this concept followed everything else: the secret police, Ford's fear of a conspiracy against him among his closest associates, his basic insecurity.

> The concept of the executive as an extension of the owner and as his delegate has parallels in the development of many institutions. The army officer started out as the personal vassal of his lord. As late as the eighteenth century, commissions in many European armies were still considered the personal property of the regimental commander, to be sold by him to the highest bidder; and, our military titles—lieutenant, especially—recall to this day the origin of officership in personal delegation. Similarly, the pubic servant was at first his sovereign's delegate if not his bodyservant. Louis XI of France, who may have conceived the modern idea of a staff of full-time lay administrators, used the same man as his personal barber, secret-police chief and chief minister. And the ministers of government are "secretaries" to this day.

Certainly it was the absence of a management that caused the fall of the Ford Motor Company. Even at its lowest point—just before World War II—it still had a strong distributive and service organization. The automobile industry believed that Ford's financial resources after fifteen years of losses were fully equal to those of General Motors, even though Ford sales were hardly more than one third those of General Motors.

But Ford had few managers (except in sales). Most of the good people had either been fired or had left; there was a mass exodus of Ford executives as soon as World War II created job opportunities after ten years of depression. And few of the Ford executives who stayed on were good enough to find other jobs. When the company was revived a few years later, not many of the old-timers were found to be competent to hold a management job much above the lowest.

Rebuilding Ford Management

Whether Ford could have survived at all had there been a postwar depression is debatable. But the company might have collapsed even in the postwar boom had Henry Ford's idea of managing without managers not been reversed radically by his grandson and successor, Henry Ford Ⅱ. The story of the revival of the Ford Motor Company since 1994 is one of the epics of American business. Many of the details are not known outside the company; it is high time that the whole story was published. But enough is known to make it clear that the key to Ford's revival has been the building and organization of management—just as the stifling and destruction of management had been the key to the earlier decline.

Henry Ford Ⅱ was in his mid-twenties when responsibility suddenly fell on his shoulders, with his father dead and his grandfather rapidly failing. He had no business experience at all. And there were few executives of stature left in the company to help or guide him. Yet he obviously understood what the real problem was; for his first act was to establish as basic policy that there would be a real management. Most of the men constituting this management had to be found on the outside. But before he could bring in anyone he had first to clean house. And he had to establish the basic principles on which the company would operate in the future. All this he had to do alone—with his grandfather still alive and his grandfather's henchmen still on the job. Only then could he pick new people to help him manage, people who could run their activities themselves, take full responsibility for them and be given full authority over them. In fact, the first appointment, that of Ernest R. Breech as executive vice-president, announced that Breech would have full operating authority. And this concept has been observed in setting up all management jobs throughout the organization.

Management has become management by objectives. Where Ford executives under the old regime were never told anything, the new regime has been trying to supply every manager with the information he needs to do his own job, and with as much information about the company as is feasible. The concept of the executive as a personal delegate of the owner has been replaced by the concept of the manager whose authority is grounded in the objective responsibility of the job. Arbitrary orders have been replaced by performance standards based on objectives and measurements.

The greatest change perhaps—certainly the most visible—is in organization structure.

The old Ford Motor Company was rigidly centralized. Not only was all power and decision in the hands of old Henry Ford; but there was only one set of figures for the whole, complex operation.

> The Ford Motor Company owns its own steel mill, for instance. With a capacity of 1.5 million tons a year, it is one of the country's largest. Yet it was an open secret in Detroit that the cost figures of the steel mill disappeared in the over-all cost figures for the company. The mill superintendent for instance, did not know what price the company paid for the coal he used. Purchase contracts under the old regime were usually "top secret."

By contrast Ford today is decentralized into fifteen autonomous divisions, each with its own complete management fully responsible for the performance and results of its business and with full authority to make all decisions to attain these results. The steel mill, incidentally, is among these divisions, along with major automobile-producing divisions like Ford and Mercury-Lincoln, parts and equipment divisions and one division in charge of international and export business.

Henry Ford II did not, of course, invent his concepts of management and organization. He took most of them—along with his top managers—from his big competitor, General Motors. They are the concepts on which General Motors was built,⊖ and which underlay General Motors' rise to the position of largest manufacturing enterprise in the country. But Henry Ford II is unique in that he started out with a complete set of principles rather than develop them imperceptibly as he went along. His experience is therefore of particular significance as a test of these concepts. Here was a company that seemed headed for almost certain decay, if not ruin, a company without any management, demoralized and leaderless. Ten

---

⊖ For full description of General Motors' management concepts and practice see my book *The Concept of the Corporation* (New York, John Day, 1946). This book presents the results of a two-year analysis undertaken at the request of General Motors' top management.

years later, Ford's share of the market is climbing steadily. It has joined battle with General Motors' Chevrolet car for first place in the automobile market. From being moribund it has become a major growth company. And the miracle—for miracle it is—has been brought about by a complete change in the principles of the management of managers.

What It Means to Manage Managers

The Ford story enables us to say dogmatically that the enterprise cannot do without managers. One cannot argue that management does the owner's job by delegation. Management is needed not only because the job is too big for any one man to do himself, but because running an enterprise is something essentially different from running one's own property.

The older Ford ran his company quite consciously as a single proprietorship. His experience proves that, whatever the legal rules, the modern business enterprise cannot be run this way. The resources entrusted to it can produce wealth only if they are maintained beyond the life-span of one man. The enterprise must therefore be capable of perpetuating itself; and to do this it must have managers. The complexity of the task is such, even in a small business, that it cannot be discharged by one man working with helpers and assistants. It requires an organized and integrated team, each member of which does his own managerial job.

It is therefore the definition of modern business enterprise that it requires a management—that is, an organ which rules and runs the enterprise. The functions and duties of this organ are determined by only one thing: the objective needs of the enterprise. Owners may legally be the "employers" of management; they may even be omnipotent in a given situation. But the nature, functions and responsibilities of management are always determined by the task rather than by delegation.

It is true that in its genetic origin management grows out of the delegation to assistants of those tasks which the owner of a small but growing business can no longer discharge himself. But while growth in size, that is quantitative change, makes management necessary the change itself is qualitative in its effects. Once there is a business enterprise, management's function is no longer definable in terms of delegation by the owners. Management has a function because of the objective requirements of the enterprise. To deny or to slight this function is to ruin the enterprise.

Management is not an end in itself. It is an organ of the business enterprise. And it consists of individuals. The first requirement in managing managers is therefore that the vision of the individual managers be directed toward the goals of the business, and that their wills and efforts be bent toward reaching these goals. The first requirement in managing managers is *management by objectives and self-control*.

But the individual manager must also be able to make the needed efforts and produce the required results. His job must be set up so as to allow maximum performance. The second requirement of managing managers is therefore the *proper structure of the manager's job*.

Though managers are individuals, they have to work together in a team, and such an organized group always has a distinct character. Though made by individuals, their vision, their practices, their attitudes, and behavior, this character is a common character. It survives long after the men are gone who originally created it. It molds the behavior and attitudes of newcomers. It decides largely who will succeed in the organization. It determines whether the organization will recognize and reward excellence or scuttle into the shallow harbor of placid mediocrity. Indeed, it controls whether men will grow or become stunted, whether they will stand straight and erect or become crooked and misshapen. A mean spirit in the organization will produce mean managers, a great spirit great managers. A major requirement in managing managers is therefore the creation of the *right spirit in the organization*.

A business enterprise must have a government. In fact it needs both an organ of overall leadership and final decision, and an organ of overall review and appraisal. It needs both a *chief executive* and a *board of directors*.

The business enterprise must make provision for its own survival and growth. It must make *provision for tomorrow's managers*.

An organized group needs a structure. Arriving at *sound structural principles of management organization* is therefore the final necessity in managing managers.

These are not things that "should" be done; they are things that are done in every enterprise whether its managers realize it or not. In every enterprise managers are either guided in the right direction or are misdirected; but their vision and efforts are always focused on something. In every business enterprise managers' jobs are set up either properly or improperly; they cannot be left unorganized. Every business enterprise has either an effective or an ineffective organization structure; but it always has an organization structure. It has either a spirit that killeth or one that giveth life. People are always being developed. The only choice is whether they are to be developed equal to their potential and to tomorrow's demands or are to be misdeveloped.

Henry Ford wanted no managers. But the only result was that he misdirected managers, set up their jobs improperly, created a spirit of suspicion and frustration, misorganized his company and misdeveloped management people. The only choice management has in these six areas is therefore whether it will do the jobs right or not. But the jobs themselves cannot be evaded. And whether they are being done right or not will determine largely whether the enterprise will survive and prosper or decline and ultimately fall.

CHAPTER II

Management by Objectives and Self-control

The forces of misdirection—Workmanship: a necessity and a danger—Misdirection by the boss—What should the objectives be?—Management by "drives"—How should managers' objectives be set and by whom?—Self-control through measurements—The proper use of reports and procedures—A philosophy of management

Any business enterprise must build a true team and weld individual efforts into a common effort. Each member of the enterprise contributes something different, but they must all contribute toward a common goal. Their efforts must all pull in the same direction, and their contributions must fit together to produce a whole—without gaps, without friction, without unnecessary duplication of effort.

Business performance therefore requires that each job be directed toward the objectives of the whole business. And in particular each manager's job must be focused on the success of the whole. The performance that is expected of the manager must be derived from the performance goals of the business, his results must be measured by the contribution they make to the success of the enterprise. The manager must know and understand what the business goals demand of him in terms of performance, and his superior must know what contribution to demand and expect of him—and must judge him accordingly. If these requirements are not met, managers are misdirected. Their efforts are wasted. Instead of team work, there is friction, frustration and conflict.

Management by objectives requires major effort and special instruments. For in the business enterprise managers are not automatically directed toward a common goal. On the contrary, business, by its very nature, contains three powerful factors of misdirection: in the specialized work of most managers; in the hierarchical structure of management; and in the differences in vision and work and the resultant insulation of various levels of management.

A favorite story at management meetings is that of the three stonecutters who were asked what they were doing. The first replied:"I am making a living." The second kept on hammering while he said:"I am doing the best job of stonecutting in the entire county." The third one looked up with a visionary gleam in his eyes and said:"I am building a cathedral."

The third man is, of course, the true "manager." The first man knows what he wants to get out of the work and manages to do so. He is likely to give a "fair day's work for a fair day's pay." But he is not a manager and will never be one.

It is the second man who is a problem. Workmanship is essential; without it no work can flourish; in fact, an organization demoralizes if it does not demand of its members the most scrupulous work-manship they are capable of. But there is always a danger that the true workman, the true professional, will believe that he is accomplishing something when in effect he is just polishing stones or collecting footnotes. Workmanship must be encouraged in the business enterprise. But it must always be related to the needs of the whole.

The majority of managers in any business enterprise are, like the second man, concerned with specialized work. True, the number of functional managers should always be kept at a minimum, and there should be the largest possible number of "general" managers who manage an integrated business and are directly responsible for its performance and results. Even with the utmost application of this principle the great bulk of managers will remain in functional jobs, however. This is particularly true of the younger people.

A man's habits as a manager, his vision and his values, therefore, will as a rule be formed while he does functional and specialized work. And it is essential that the functional specialist develop high standards of workmanship, that he strive to be "the best stonecutter in the county." For work without high standards is dishonest. It corrupts the man himself. It corrupts those under him. Emphasis on, and drive for, workmanship produces innovations and advances in every area of management. That managers strive to do "professional personnel management," to run "the most up-to-date plant," to do "truly scientific market research," to "put in the most modern accounting system," or to do "perfect engineering" must be encouraged.

But this striving for professional workmanship in functional and specialized work is also a danger. It tends to direct a man's vision and efforts away from the goals of the business. The functional work becomes an end in itself. In far too many instances the functional manager no longer measures his performance by its contribution to the enterprise, but only by his own professional criteria of workmanship. He tends to appraise his subordinates by their craftsmanship, to reward and to promote them accordingly. He resents demands made on him for the sake of business performance as interference with "good engineering," "smooth production," or "hard-hitting selling." The functional manager's legitimate desire for workmanship becomes, unless counterbalanced, a centrifugal force which tears the enterprise apart and converts it into a loose confederation of functional empires, each concerned only with its own craft, each jealously guarding its own "secrets," each bent on enlarging its own domain rather than on building the business.

This danger will be greatly intensified by the technological changes now under way. The number of highly educated specialists working in the business enterprise is bound to increase tremendously. And so will the level of workmanship demanded of these specialists. The tendency to make the craft or function an end in itself will therefore be even more marked than it is today. But at the same time the new technology will demand much closer coordination between specialists. And it will demand that functional men even at the lowest management level see the business as a whole and understand what it requires of them. The new technology will need both the drive for excellence in workmanship and the consistent direction of managers at all levels toward the common goal.

Misdirection by the Boss

The hierarchical structure of management aggravates the danger. What the "boss" does and says, his most casual remarks, his habits, even his mannerisms, tend to appear to his subordinates as calculated, planned and meaningful.

"All you ever hear around the place is human-relations talk; but when the boss calls you on the carpet it is always because the burden figure is too high; and when it comes to promoting a guy, the plums always go to those who do the best job filling out accounting-department forms." This is one of the most common tunes, sung with infinite variations on every level of management. It leads to poor performance—even in cutting the burden figure. It also expresses loss of confidence in, and absence of respect for, the company and its management.

Yet the manager who so misdirects his subordinates does not intend to do so. He genuinely considers human relations to be the most important task of his plant managers. But he talks about the burden figure because he feels that he has to establish himself with his men as a "practical man," or because he thinks that he shows familiarity with their problems by talking their "shop." He stresses the accounting-department forms only because they annoy him as much as they do his men—or he may just not want to have any more trouble with the comptroller than he can help. But to his subordinates these reasons are hidden; all they see and hear is the question about the burden figure, the emphasis on forms.

The solution to this problem requires a structure of management which focuses both the manager's and his boss's eyes on what the job—rather than the boss—demands. To stress behavior and attitudes—as does a good deal of current management literature—cannot solve the problem. It is likely instead to aggravate it by making managers self-conscious in their relationships. Indeed, everyone familiar with business today has seen situations in which a manager's attempt to avoid misdirection through changing his behavior has converted a fairly satisfactory relationship into a nightmare of embarrassment and misunderstanding. The manager himself has become so self-conscious as to lose all easy relationship with his men. And the men in turn react with:"So help us, the old man has read a book; we used to know what he wanted of us, now we have to guess."

Differences in Levels of Management

The misdirection that can result from the difference in concern and function between various levels of management is illustrated by this story. I call it "the mystery of the broken washroom door."

The newly appointed comptroller of a railroad in the Northwest noticed, when going through the accounts, that extraordinarily large sums were spent each year for the replacement of broken doors in passenger stations. He found that washroom doors in small stations were supposed to be kept locked, with the key obtainable from the ticket agent on request. For economy reasons the agent was only issued one key perdoor— a long-defunct president had decreed this economy measure and had preened himself on thus saving the company two hundred dollars at one stroke. Hence when a customer walked off without returning the key— as happened all the time—the agent had a locked door on his hands and no means of opening it. To get a new key made—cost twenty cents—was, however regarded as a "capital expenditure"; and agents could make capital expenditures only with the approval of the Superintendent of Passenger Service at company headquarters, which it took six months to obtain. "Emergency repairs," however, an agent could make on his own and pay for out of his cash account. There could be no clearer emergency than a broken washroom door—and every small station has an ax!

This may seem the height of absurdity. But every business has its "broken washroom doors," its misdirections, its policies, procedures and methods that emphasize and reward wrong behavior, penalize or inhibit right behavior. In most cases the results are more serious than an annual twenty-thousand-dollar bill for wash-room doors.

This problem, too, cannot be solved by attitudes and behavior; for it is rooted in the structure of the enterprise. Nor can it be solved by "better communications"; for communications presuppose common understanding and a common language, and it is precisely that which is usually lacking.

It is no accident that the old story of the blind men meeting up with an elephant on the road is so popular among management people. For each level of management sees the same "elephant"—the business—from a different angle of vision. The production foreman, like the blind man who felt the elephant's leg and decided that a tree was in his way, tends to see only the immediate production problems. Top management—the blind man feeling the trunk and deciding a snake bars his way—tends to see only the enterprise as a whole; it sees stockholders, financial problems, altogether a host of highly abstract relations and figures. Operating management—the blind man feeling the elephant's belly and thinking himself up against a landslide—tends to see things functionally. Each level needs its particular vision; it could not do its job without it. Yet, these visions are so different that people on different levels talking about the same thing often do not realize it—or, as frequently happens, believe that they are talking about the same thing, when in reality they are poles apart.

An effective management must direct the vision and efforts of all managers toward a common goal. It must insure that the individual manager understands what results are demanded of him. It must insure that the superior understands what to expect of each of his subordinate managers. It must motivate each manager to maximum efforts in the right direction. And while encouraging high standards of workmanship, it must make them the means to the end of business performance rather than ends in themselves.

What Should the Objectives of a Manager Be?

Each manager, from the "big boss" down to the production foreman or the chief clerk, needs clearly spelled-out objectives. These objectives should lay out what performance the man's own managerial unit is supposed to produce. They should lay out what contribution he and his unit are expected to make to help other units obtain their objectives. Finally, they should spell out what contribution the manager can expect from other units toward the attainment of his own objectives. Right from the start, in other words, emphasis should be on teamwork and team results.

These objectives should always derive from the goals of the business enterprise. In one company, I have found it practicable and effective to provide even a foreman with a detailed statement of not only his own objectives but those of the company and of the manufacturing department. Even though the company is so large as to make the distance between the individual foreman's production and the company's total output all but astronomical, the result has been a significant increase in production. Indeed, this must follow if we mean it when we say that the foreman is "part of management." For it is the definition of a manager that in what he does he takes responsibility for the whole—that, in cutting stone, he "builds the cathedral."

The objectives of every manager should spell out his contribution to the attainment of company goals in *all areas* of the business. Obviously, not every manager has a direct contribution to make in every area. The contribution which marketing makes to productivity, for example, may be very small. But if a manager and his unit are not expected to contribute toward any one of the areas that significantly affect prosperity and survival of the business, this fact should be clearly brought out. For managers must understand that business results depend on a balance of efforts and results in a number of areas. This is necessary both to give full scope to the craftsmanship of each function and specialty, and to prevent the empire-building and clannish jealousies of the various functions and specialties. It is necessary also to avoid overemphasis on any one key area.

To obtain balanced efforts the objectives of all managers on all levels and in all areas should also be keyed to both short-range and long-range considerations. And, of course, all objectives should always contain both the tangible business objectives and the intangible objectives for manager organization and development, worker performance and attitude and public responsibility. Anything else is shortsighted and impractical.

Management by "Drives"

Proper management requires balanced stress on objectives, especially by top management. It rules out the common and pernicious business malpractice: management by "crisis" and "drives."

There may be companies in which management people do not say:"The only way we ever get anything done around here is by making a drive on it." Yet, "management by drive" is the rule rather than the exception. That things always collapse into the *status quo ante* three weeks after the drive is over, everybody knows and apparently expects. The only result of an "economy drive" is likely to be that messengers and typists get fired, and that $15 000 executives are forced to do $50-a-week work typing their own letters. And yet many managements have not drawn the obvious conclusion that drives are, after all, not the way to get things done.

But over and above its ineffectiveness, management by drive misdirects. It puts all emphasis on one phase of the job to the inevitable detriment of everything else.

"For four weeks we cut inventories," a case-hardened veteran of management by crisis once summed it up. "Then we have four weeks of cost-cutting, followed by four weeks of human relations. We just have time to push customer service and courtesy for a month. And then the inventory is back where it was when we started. We don't even try to do our job. All management talks about, thinks about, preaches about, is last week's inventory figure or this week's customer complaints. How we do the rest of the job they don't even want to know."

In an organization which manages by drives people either neglect their job to get on with the current drive, or silently organize for collective sabotage of the drive to get their work done. In either event they become deaf to the cry of "wolf." And when the real crisis comes, when all hands should drop everything and pitch in, they treat it as just another case of management-created hysteria.

Management by drive, like management by "bellows and meat ax," is a sure sign of confusion. It is an admission of incompetence. It is a sign that management does not know how to plan. But, above all, it is a sign that the company does not know what to expect of its managers—that, not knowing how to direct them, it misdirects them.

How Should Managers' Objectives Be Set and by Whom?

By definition, a manager is responsible for the contribution that his component makes to the larger unit above him and eventually to the enterprise. His performance aims upward rather than downward. This means that the goals of each manager's job must be defined by the contribution he has to make to the success of the larger unit of which he is a part. The objectives of the district sales manager's job should be defined by the contribution he and his district sales force have to make to the sales department, the objectives of the project engineer's job by the contribution he, his engineers and draftsmen make to the engineering department. The objectives of the general manager of a decentralized division should be defined by the contribution his division has to make to the objectives of the parent company.

This requires each manager to develop and set the objectives of his unit himself. Higher management must, of course, reserve the power to approve or disapprove these objectives. But their development is part of a manager's responsibility; indeed, it is his first responsibility. It means, too, that every manager should responsibly participate in the development of the objectives of the higher unit of which his is a part. To "give him a sense of participation" (to use a pet phrase of the "human relations" jargon) is not enough. Being a manager demands the assumption of a genuine responsibility. Precisely because his aims should reflect the objective needs of the business, rather than merely what the individual manager wants, he must commit himself to them with a positive act of assent. He must know and understand the ultimate business goals, what is expected of him and why, what he will be measured against and how. There must be a "meeting of minds" within the entire management of each unit. This can be achieved only when each of the contributing managers is expected to think through what the unit objectives are, is led, in others words, to participate actively and responsibly in the work of defining them. And only if his lower managers participate in this way can the higher manager know what to expect of them and can make exacting demands.

This is so important that some of the most effective managers I know go one step further. They have each of their subordinates write a "manager's letter" twice a year. In this letter to his superior, each manager first defines the objectives of his superior's job and of his own job as he sees them. He then sets down the performance standards which he believes are being applied to him. Next, he lists the things he must do himself to attain these goals—and the things within his own unit he considers the major obstacles. He lists the things his superior and the company do that help him and the things that hamper him. Finally, he outlines what he proposes to do during the next year to reach his goals. If his superior accepts this statement, the "manager's letter" becomes the charter under which the manager operates.

This device, like no other I have seen, brings out how easily the unconsidered and casual remarks of even the best "boss" can confuse and misdirect. One large company has used the "manager's letter" for ten years. Yet almost every letter still lists as objectives and standards things which completely baffle the superior to whom the letter is addressed. And whenever he asks:"What is this?" he gets the answer:"Don't you remember what you said last spring going down with me in the elevator?"

The "manager's letter" also brings out whatever inconsistencies there are in the demands made on a man by his superior and by the company. Does the superior demand both speed and high quality when he can get only one or the other? And what compromise is needed in the interest of the company? Does he demand initiative and judgment of his men but also that they check back with him before they do anything? Does he ask for their ideas and suggestions but never uses them or discusses them? Does the company expect a small engineering force to be available immediately whenever something goes wrong in the plant, and yet bend all its efforts to the completion of new designs? Does it expect a manager to maintain high standards of performance but forbid him to remove poor performers? Does it create the conditions under which people say:"I can get the work done as long as I can keep the boss from knowing what I am doing?"

These are common situations. They undermine spirit and performance. The "manager's letter" may not prevent them. But at least it brings them out in the open, shows where compromises have to be made, objectives have to be thought through, priorities have to be established, behavior has to be changed.

As this device illustrates: managing managers requires special efforts not only to establish common direction, but to eliminate misdirection. Mutual understanding can never be attained by "communications down," can never be created by talking. It can result only from "communications up." It requires both the superior's willingness to listen and a tool especially designed to make lower managers heard.

Self-control through Measurements

The greatest advantage of management by objectives is perhaps that it makes it possible for a manager to control his own performance. Self-control means stronger motivation: a desire to do the best rather than just enough to get by. It means higher performance goals and broader vision. Even if management by objectives were not necessary to give the enterprise the unity of direction and effort of a management team, it would be necessary to make possible management by self-control.

So far in this book I have not talked of "control" at all; I have talked of "measurements." This was intentional. For "control" is an ambiguous word. It means the ability to direct oneself and one's work. It can also mean domination of one person by another. Objectives are the basis of "control" in the first sense; but they must never become the basis of "control" in the second, for this would defeat their purpose. Indeed, one of the major contributions of management by objectives is that it enables us to substitute management by self-control for management by domination.

That management by self-control is highly desirable will hardly be disputed in America or in American business today. Its acceptance underlies all the talk of "pushing decisions down to the lowest possible level," or of "paying people for results." But to make management by self-control a reality requires more than acceptance of the concept as right and desirable. It requires new tools and far-reaching changes in traditional thinking and practices.

To be able to control his own performance a manager needs to know more than what his goals are. He must be able to measure his performance and results against the goal. It should indeed be an invariable practice to supply managers with clear and common measurements in all key areas of a business. These measurements need not be rigidly quantitative; nor need they be exact. But they have to be clear, simple and rational. They have to be relevant and direct attention and efforts where they should go. They have to be reliable—at least to the point where their margin of error is acknowledged and understood. And they have to be, so to speak, self-announcing, understandable without complicated interpretation or philosophical discussion.

Each manager should have the information he needs to measure his own performance and should receive it soon enough to make any changes necessary for the desired results. And this information should go to the manager himself, and not to his superior. It should be the means of self-control, not a tool of control from above.

This needs particular stress today, when our ability to obtain such information is growing rapidly as a result of technological progress in information gathering, analysis and synthesis. Up till now information on important facts was either not obtainable at all, or could be assembled only so late as to be of little but historical interest. This former inability to produce measuring information was not an unmixed curse. For while it made effective self-control difficult, it also made difficult effective control of a manager from above; in the absence of information with which to control him, the manager had to be allowed to work as he saw fit.

Our new ability to produce measuring information will make possible effective self-control; and if so used, it will lead to a tre mendous advance in the effectiveness and performance of management. But if this new ability is abused to impose control on managers from above, the new technology will inflict incalculable harm by demoralizing management, and by seriously lowering the effectiveness of managers.

That information can be effectively used for self-control is shown by the example of General Electric:

> General Electric has a special control service—the traveling auditors. The auditors study every one of the managerial units of the company thoroughly at least once a year. But their report goes to the manager of the unit studied. There can be little doubt that the feeling of confidence and trust in the company that even casual contact with General Electric managers reveals is directly traceable to this practice of using information for self-control rather than for control from above.

But the General Electric practice is by no means common or generally understood. Typical management thinking is much closer to the practice exemplified by a large chemical company.

> In this company a control section audits every one of the managerial units of the company. The results of the audits do not go, however, to the managers audited. They go only to the president who then calls in the managers to confront them with the audit of their operations. What this has done to morale is shown in the nickname the company's managers have given the control section:"the president's Gestapo." Indeed, more and more managers are now running their units not to obtain the best performance but to obtain the best showing on the control-section audits.

This should not be misunderstood as advocacy of low performance standards of absence of control. On the contrary, management by objectives and self-control is primarily a means to obtain standards higher than are to be found in most companies today. And every manager should be held strictly accountable for the results of his performance.

But what he does to reach these results he—and only he—should control. It should be clearly understood what behavior and methods the company bars as unethical, unprofessional or unsound. But within these limits every manager must be free to decide what he has to do. And only if he has all the information regarding his operations can he fully be held accountable for results.

The Proper Use of Reports and Procedures

Management by self-control requires complete rethinking concerning our use of reports, procedures and forms.

Reports and procedures are necessary tools. But few tools can be so easily misused, and few can do as much damage. For reports and procedures, when misused, cease to be tools and become malignant masters.

There are three common misuses of reports and procedures. The first is the all too common belief that procedures are instruments of morality. They are not; their principle is exclusively that of economy. They never decide what should be done, only how it might be done most expeditiously. Problems of right conduct can never be "proceduralized" (surely the most horrible word in the bureaucrat's jargon); conversely, right conduct can never be established by procedure.

The second misuse is to consider procedures a substitute for judgment. Procedures can work only where judgment is no longer required, that is, in the repetitive situation for whose handling the judgment has already been supplied and tested. Our civilization suffers from a superstitious belief in the magical effect of printed forms. And the superstition is most dangerous when it leads us into trying to handle the exceptional, non-routine situation by procedure. In fact, it is the test of a good procedure that it quickly identifies the situations that, even in the most routine of processes, do not fit the pattern but require special handling and decision based on judgment.

But the most common misuse of reports and procedures is as an instrument of control from above. This is particularly true of those that aim at supplying information to higher management—the "forms" of everyday business life. The common case of the plant manager who has to fill out twenty forms to supply accountants, engineers or staff people in central office with information he himself does not need, is only one of thousands of examples. As a result the man's attention is directed away from his own job. The things he is asked about or required to do for control purposes, come to appear to him as reflections of what the company wants of him, become to him the essence of his job; while resenting them, he tends to put effort into these things rather than into his own job. Eventually, his boss, too, is misdirected, if not hypnotized, by the procedure.

> A large insurance company, a few years ago, started a big program for the "improvement of management." To this end it built up a strong central-office organization concerned with such things as renewal ratios, claim settlement, selling costs, sales methods, etc. This organization did excellent work—top management learned a lot about running an insurance company. But actual performance has been going down ever since. For the managers in the field spend more and more time filling out reports, less and less doing their work. Worse still, they soon learned to subordinate performance to a "good showing." Not only did performance go to pieces—spirit suffered even more. Top management and its staff experts came to be viewed by the field managers as enemies to be outsmarted or at least kept as far away as possible.

Similar stories exist *ad infinitum*—in every industry and in companies of every size. To some extent the situation is caused by the fallacy of the "staff" concept which will be discussed later on in this book. But, above all, it is the result of the misuse of procedures as control.

Reports and procedures should be kept to a minimum, and used only when they save time and labor. They should be as simple as possible.

> One of our leading company presidents tells the following story on himself. Fifteen years ago he bought for his company a small independent plant in Los Angeles. The plant had been making a profit of $250 000 a

year; and it was purchased on that basis. When going through the plant with the owner—who stayed on as plant manager—the president asked:"How do you determine your pricing?" "That's easy," the former owner answered; "we just quote ten cents per thousand less than your company does." "And how do you control your costs?" was the next question. "That's easy," was the answer; "we know what we pay for raw materials and labor and what production we ought to get for the money." "And how do you control your overhead?" was the final question. "We don't bother about it."

Well, thought the president, we can certainly save a lot of money here by introducing our thorough controls. But a year later the profit of the plant was down to $125 000; sales had remained the same and prices had remained the same; but the introduction of complex procedures had eaten up half the profit.

Every business should regularly find out whether it needs all the reports and procedures it uses. At least once every five years every form should be put on trial for its life. I once had to recommend an even more drastic measure to clear up a situation in which reports and forms, luxuriating like the Amazon rain forest, threatened to choke the life out of an old established utility company. I suggested that all reports be suspended simultaneously for two months, and only those be allowed to return which managers still demanded after living without them. This cut reports and forms in the company by three quarters.

Reports and procedures should focus only on the performance needed to achieve results in the key areas. To "control" everything is to control nothing. And to attempt to control the irrelevant always misdirects.

Finally, reports and procedures should be the tool of the man who fills them out. They must never themselves become the measure of his performance. A man must never be judged by the quality of the production forms he fills out—unless he be the clerk in charge of these forms. He must always be judged by his production performance. And the only way to make sure of this is by having him fill out no forms, make no reports, except those he needs himself to achieve performance.

A Philosophy of Management

What the business enterprise needs is a principle of management that will give full scope to individual strength and responsibility, and at the same time give common direction of vision and effort, establish team work and harmonize the goals of the individual with the common weal.

The only principle that can do this is management by objectives and self-control. It makes the common weal the aim of every manager. It substitutes for control from outside the stricter, more exacting and more effective control from the inside. It motivates the manager to action not because somebody tells him to do something or talks him into doing it, but because the objective needs of his task demand it. He acts not because somebody wants him to but because he himself decides that he has to—he acts, in other words, as a free man.

The word "philosophy" is tossed around with happy abandon these days in management circles. I have even seen a dissertation, signed by a vice-president, on the "philosophy of handling purchase requisitions" (as far as I could figure out "philosophy" here meant that purchase requisitions had to be in triplicate). But management by objectives and self-control may legitimately be called a "philosophy" of management. It rests on a concept of the job of management. It rests on an analysis of the specific needs of the management group and the obstacles it faces. It rests on a concept of human action, human behavior and human motivation. Finally, it applies to every manager, whatever his level and function, and to any business enterprise whether large or small. It insures performance by converting objective needs into personal goals. And this is genuine freedom, freedom under the law.

CHAPTER 12

Managers Must Manage

What is a manager's job?—Individual tasks and team tasks—The span of managerial responsibility—The manager's authority—The manager and his superior

What Is a Manager's Job?

A manager's job should be based on a task to be performed in order to attain the company's objectives. It should always be a real job—one that makes a visible and, if possible, clearly measurable contribution to the success of the enterprise. It should have the broadest rather than the narrowest scope and authority; everything not expressly excluded should be deemed to be within the manager's authority. Finally, the manager should be directed and controlled by the objectives of performance rather than by his boss.

What managerial jobs are needed and what each of them is should always be determined by the activities that have to be performed, the contributions that have to be made to attain the company's objectives. A manager's job exists because the task facing the enterprise demands its existence—and for no other reason. It has its own necessity; it must therefore have its own authority and its own responsibility.

It should always be a job of managerial proportions. Since a manager is someone who takes responsibility for, and contributes to, the final results of the enterprise, the job must have sufficient scope. It should always embody the maximum challenge, carry the maximum responsibility and make the maximum contribution. And that contribution should be visible and measurable. The manager should be able to point at the final results of the entire business and say:"This part is my contribution."

There are some tasks which are too big for one man and which can still not be cup up into a number of integrated, finite jobs. These should be organized as team tasks.

Outside of business, team organization is widely recognized. Almost any scientific paper, for instance, bears the names of three or four men. Every one of the four—the biochemist, the physiologist, the pediatrician and the surgeon—does a specific kind of work. Yet though each contributes only his own skill, each is responsible for the entire job. There is, of course, always a leader to the team; but though his authority is great, it is guidance rather than supervision or command. It derives from knowledge rather than from rank.

In business, teams are used a good deal more than the literature indicates. They are regularly employed for short-term assignments in every large company. They are common in research work. Team organization, rather than the hierarchy of rank shown on the organization chart, is the reality in the well-run manufacturing plant, especially in respect to the relationship between the plant manager and the heads of the technical functions reporting to him. Many tasks in process manufacturing or in mass production new style can only be done if organized on a team basis.

But the most important team task in any business is the topmanagement task. In scope, as well as in its requirements of skills, temperaments and kinds of work, it exceeds any one man's capacity. No matter what the textbooks and the organization charts say, wellmanaged companies do not have a one-man "chief executive." They have an executive team.

It is therefore of genuine importance that management understand what team organization is, when to use it and how. Above all, it is important that management realize that in any real team each member has a clearly assigned and clearly defined role. A team is not just chaos made into a virtue. Teamwork requires actually more internal organization, more co-operation and greater definiteness of individual assignments than work organized in individual jobs.

The Span of Managerial Responsibility

In discussing how big a manager's job should be, the textbooks start out with the observation that one man can *supervise* only a very small number of people—the so-called "span of control." And this in turn leads to that deformation of management: levels upon levels, which impede co-operation and communication, stifle the development of tomorrow's managers and erode the meaning of the management job.

If the manager, however, is controlled by the objective requirements of his own job and measured by his results, there is no need for the kind of supervision that consists of telling a subordinate what to do and then making sure that he does it. There is no span of control. A superior could theoretically have any number of subordinates reporting to him. There is, indeed, a limit set by the "span of managerial responsibility" (the term was coined, I believe, by Dr. H. H. Race of General Electric): the number of people whom one superior can assist, teach and help to reach the objectives of heir own jobs. This is a real limit; but it is not fixed.

The span of control, we are told, cannot exceed six or eight subordinates. The span of managerial responsibility, however, is determined by the extent to which assistance and teaching are needed. It can only be set by a study of the concrete situation. Unlike the span of control, the span of managerial responsibility broadens as we move upward in the organization. Junior managers need the most assistance; their objectives are least easy to define sharply, their performance least easy to measure concretely. Senior men, on the other hand, have supposedly learned how to do their job; and their objectives can be defined as directly contributing to the business, their performance measured by the yardsticks of business results.

The span of managerial responsibility is therefore wider than the span of control. (H. H. Race thinks that the theoretical limit is around a hundred.) And where good practice would counsel against stretching the span of control, a manager should always have responsibility for a few more men than he can really take care of. Otherwise the temptation is to supervise them, that is, to take over their jobs or, at least, to breathe down their necks.⊖

⊖ This point has been made with a wealth of supporting evidence by James C. Worthy, formerly of Sears, Roebuck and now of the U. S. Department of Commerce.

Whether a manager's subordinates are individuals or teams makes no difference in the span of managerial responsibility. However, a team should always have a small number of members. The largest functioning team I have found in business is the Board of Directors of Standard Oil. It is a Board composed exclusively of full-time officers of the company, and it is actually the top management of one of the world's largest, most extensive, most complicated and most successful businesses. Hence its membership of fourteen does not seem excessive. Still, a team so large can function only if it rigidly disciplines itself. The Standard Oil Board, for instance, never takes any decision except unanimously. For ordinary purposes, however, this procedure is too elaborate. Teams should normally not exceed five or six in number; and they work best, as a rule, if they have three of four members.

A team does not normally make a good superior manager. It should, in other words, have no subordinate managers—though individual members of the team may well have them. Assisting and teaching, the elements of managerial responsibility, are best performed by an individual.

The Manager's Authority

That each manager's job be given the broadest possible scope and authority is nothing but a rephrasing of the rule that decisions be pushed down as far as possible and be taken as close as possible to the action to which they apply. In its effects, however, this requirement leads to sharp deviations from the traditional concept of delegation from above.

What activities and tasks the enterprise requires is indeed worked out from the top down, so to speak. The analysis has to begin with the desired end product: the objectives of business performance and business results. From these the analysis determines step by step what work has to be performed. But in organizing the manager's job we have to work from the bottom up. We have to begin with the activities on the "firing line"—the jobs responsible for the actual output of goods and services, for the final sale to the customer, for the production of blueprints and engineering drawings.

The managers on the firing line have the basic management jobs—the ones on whose performance everything else ultimately rests. Seen this way, the jobs of higher management are derivative, are, in the last analysis, aimed at helping the firing-line manager do his job. Viewed structurally and organically, it is the firing-line manager in whom all authority and responsibility center; only what he cannot do himself passes up to higher management. He is, so to speak, the gene of organization in which all higher organs are prefigured and out of which they are developed.

Quite obviously there are real limits to the decisions the firing-line manager can or should make, and with them to the authority and responsibility he should have.

He is limited as to the extent of his authority. A production foreman has no business changing a salesman's compensation. A regional sales manager has no authority in somebody else's region, etc. He is also limited as to the kind of decision he can make. Clearly he should not make decisions that affect other managers. He should not make decisions that affect the whole business and its spirit. It is only elementary prudence, for instance, not to allow any manager to make by himself and without review a decision on the career and future of one of his subordinates.

The firing-line manager should not be expected to make decisions which he cannot make. A man responsible for immediate performance does not have the time, for instance, to make long-range decisions. A production man lacks the knowledge and competence to work out a pension plan or a medical program. These decisions certainly affect him and his operations; he should know them, understand them, indeed participate as much as is humanly possible in their preparation and formulation. But he cannot make them. Hence he cannot have the authority and responsibility for them; for authority and responsibility should always be task-focused. This applies all the way up the management hierarchy to the chief executive job itself.

There is one simple rule for setting the limitations on the decisions a manager is authorized to make. The management charter of General Electric's Lamp Division in paraphrasing the U. S. Constitution expresses it by saying:"All authority not expressly and in writing reserved to higher management is granted to lower management." This is the opposite of the old Prussian idea of a citizen's rights:"Everything that is not expressly allowed is forbidden." In other words, the decisions which a manager is not entitled to make within the extent of his task should always be spelled out; for all others he should be supposed to have authority and responsibility.

The Manager and His Superior

What then is the job of the manager's superior? What is his authority? What is his responsibility?

If only for aesthetic reasons, I am not over-fond of the term "Bottom-up Management," coined by William B. Given, Jr., of the American Brake Shoe Company.⊖

What it means, however, is important. The relationship between higher and lower manager is not just the downward relationship expressed in the term "supervision." Indeed, it is not even a two-way, up-and-down relationship. It has three dimensions: a relationship up from the lower to the higher manager; a relationship of every manager to the enterprise; and a relationship down from the higher to the lower manager. And every one of the three is essentially a responsibility—a duty rather than a right.

Every manager has the task of contributing what his superior's unit needs to attain its objectives. This is indeed his first duty. From it he derives the objectives of his own job.

He has secondly a duty toward the enterprise. He has to analyze the task of his own unit, and define the activities needed to attain its objectives. He has to establish the management jobs these activities require, and he has to help his managers to work together and to integrate their own interests with those of the enterprise. He has to put men in these jobs. He has to remove managers in his unit who fail to perform, reward those who perform well and see to it that those who perform superbly receive extraordinary return or promotion. He has to help the managers in his unit to develop to the limit of their capacities and prepare themselves for the

---

⊖   In his book *Bottom-up Management*, (New York: Harper & Brothers, 1949).

management tasks of tomorrow.

These are heavy responsibilities. But they are not responsibilities for what somebody else—a subordinate—is doing. They are, as all responsibilities should be, responsibilities for what the manager himself is doing. They are inherent in his own job, not in those of his subordinates.

Finally, the manager has responsibilities downward, to his subordinate managers. He has first to make sure that they know and understand what is demanded of them. He has to help them set their own objectives. Then he has to help them to reach these objectives. He is therefore responsible for their getting the tools, the staff, the information they need. He has to help them with advice and counsel. He has, if need be, to teach them to do better.

If a one-word definition of this downward relationship be needed, "assistance" would come closest. Indeed, several successful companies—notably International Business Machines (IBM)—have defined the manager's job in relation to his subordinates as that of an "assistant" to them. Their jobs are theirs—by objective necessity. Their performance and results are theirs, and so is the responsibility. But it is the duty of the superior manager to help them all he can to attain their objectives.

> The Catholic Church is customarily considered to exercise authoritarian control over its priests. A Bishop can appoint a priest to a parish (though he cannot remove him except for cause and after a hearing). The Bishop can set up new parishes and abolish or merge existing ones. But he cannot tell a parish priest what to do; that is determined objectively by the nature of the job and laid down in the charter of the Church, Canon Law. Nor can the Bishop himself exercise the functions of the parish priest; as long as the parish has a duly appointed priest the authority and the responsibility of the office are exclusively his. In theology each priest holds office by delegation through Apostolic Succession; in law he has original and sole authority grounded in the objective requirement of his function and limited only by the limits of his function.

The objectives of a managerial unit should always and exclusively consist of the performance and results it has to contribute to the success of the enterprise. They should always and exclusively focus upward. But the objectives of the manager who heads the unit include what he himself has to do to help his subordinate managers attain their objectives. The vision of a manager should always be upward—toward the enterprise as a whole. But his responsibility runs downward as well—to the managers on his team. That his relationship toward them be clearly understood as duty rather than as supervision is perhaps the central requirement for organizing the manager's job effectively.

CHAPTER 13

The Spirit of an Organization

To make common men do uncommon things: the test of performance—Focus on strength—Practices, not preachments—The danger of safe mediocrity—"You can't get rich but you won't get fired"—"We can't promote him but he has been here too long to get fired"—The need for appraisal—Appraisal by performance and for strengths—Compensation as reward and incentive—Does delayed compensation pay?—Overemphasizing promotion—A rational promotion system—The "life and death" decisions—Managers' self-examination of the spirit of their organization—Whom not to appoint to management jobs—What about leadership?

Two sayings sum up the "spirit of an organization." One is the inscription on Andrew Carnegie's tombstone:

> Here lies a man
> Who knew how to enlist
> In his service
> Better men than himself

The other is the slogan of the drive to find jobs for the physically handicapped:"It's the abilities, not the disabilities, that count."

Management by objectives tells a manager what he ought to do. The proper organization of his job enables him to do it. But it is the spirit of the organization that determines whether he will do it. It is the spirit that motivates, that calls upon a man's reserves of dedication and effort, that decides whether he will give his best or do just enough to get by.

It is the purpose of an organization to "make common men do uncommon things"— this phrasing is Lord Beveridge's. No organization can depend on genius; the supply is always scarce and always unpredictable. But it is the test of an organization that it make ordinary human beings perform better than they are capable of, that it bring out whatever strength there is in its members and use it to make all the other members perform more and better. It is the test of an organization that it neutralize the weaknesses of its members.

Good spirit requires that there be full scope for individual excellence. Whenever excellence appears, it must be recognized, encouraged and rewarded, and must be made productive for all other members of the organization. Good spirit therefore requires that the focus be on the strengths of a man—on what he can do rather than on what he cannot do. It requires constant improvement of the competence and performance of the whole group; yesterday's good performance must become today's minimum, yesterday's excellence today's commonplace.

Altogether the test of good spirit is not that "people get along together"; it is performance, not conformance. "Good human relations" that are not grounded in the satisfaction of good performance and the harmony of proper working relations are actually poor human relations and result in poor spirit. They do not make people grow; they make them conform and contract. I shall never forget the university president who once said to me:"It is my job to make it possible for the first-rate teacher to teach. Whether he gets along with his colleagues or with me—and very few of the really good teachers do either—is irrelevant. We certainly have a collection of problem children here—but, boy, do they teach." And when his successor substituted for this a policy of "peace and harmony," both the performance and the spirit of the faculty rapidly went to pieces.

Conversely, there is no greater indictment of an organization than that the strength and ability of the outstanding man become a threat to the group and his performance a source of difficulty, frustration and discouragement for the others.

And nothing destroys the spirit of an organization faster than focusing on people's weaknesses rather than on their strengths, building on disabilities rather than on abilities. The focus must be on strength.

Practice, not Preachments

Good spirit in a management organization means that the energy turned out is larger than the sum of the efforts put in. It means the creation of energy. This, clearly, cannot be accomplished by mechanical means. A mechanical contrivance can at its theoretical best conserve energy intact; it cannot create it. To get out more than is being put in is possible only in the moral sphere.

What is necessary to produce the proper spirit in management must therefore be morality. It can only be emphasis on strength, stress on integrity, and high standards of justice and conduct.

But morality does not mean preachments. Morality, to have any meaning at all, must be a principle of action. It must not be exhortation, serman or good intentions. *It must be practices.* To be effective, morality must, indeed, be independent of the abilities and the attitudes of people. It must be tangible behavior, things everyone can see, do and measure.

Lest I be accused of advocating hypocrisy, let me say that all the organizations in human history that have achieved greatness of spirit have done so through a code of practices. This is true of the United States Supreme Court with its ability to transform hack politicians into great judges. Practices make the famed *esprit de corps* of the U. S. Marines or of the British Navy. Practices—systematic and codified—underlie the spirit of the most successful "staff organization" in the world, the Jesuit Order.

Management therefore needs concrete, tangible, clear practices. These practices must stress building on strength rather than on weakness. They must motivate excellence. And they must express and make tangible that spirit is of the moral sphere, and that its foundation therefore is integrity.

There are five areas in which practices are required to insure the right spirit throughout the management organization.

1. There must be high performance requirements; no condoning of poor or mediocre performance; and rewards must be based on performance.

2. Each management job must be a rewarding job in itself rather than just a step in the promotion ladder.

3. There must be a rational and just promotion system.

4. Management needs a "charter" spelling out clearly who has the power to make life-and-death decisions affecting a manager; and there should be some way for a manager to appeal to a higher court.

5. In its appointments management must demonstrate that it realizes that integrity is the one absolute requirement of a manager, the one quality that he has to bring with him and cannot be expected to acquire later on.

The Danger of Safe Mediocrity

Few things damn a company and its spirit as thoroughly as to have its managers say:"You can't get rich here but you won't get fired." This puts the emphasis on safe mediocrity. It breeds bureaucrats and penalizes what every business needs the most: entrepreneurs. It does not even, as often believed, encourage people to risk making a mistake; it discourages them altogether from trying anything new. It does not build spirit—only high performance can do that. Indeed, it does not even create a feeling of security. The security a management group needs is one grounded in the consciousness of high performance and its recognition.

The first requirement of management spirit, then, is a high demand on performance. Managers should not be driven, but they should drive themselves. Indeed, one of the major reasons for demanding that management be by objectives and that it be founded in the objective requirements of the job, is the need to have managers set high standards of performance for themselves.

Consistently poor or mediocre performance cannot be condoned, let alone rewarded. The manager who sets his goals low, or who consistently fails in performance, must not be allowed to remain in his job. He must be removed—and moved to a lower job or dismissed rather than "kicked upstairs."

This does not mean that people should be penalized for making mistakes. Nobody learns except by making mistakes. The better a man is the more mistakes will he make—for the more new things he will try. I would never promote a man into a top-level job who has not made mistakes, and big ones at that. Otherwise he is sure to be mediocre. Worse still, not having made mistakes he will not have learned how to spot them early and how to correct them.

That a man who consistently renders poor or mediocre performance should be removed from his job also does not mean that a company should ruthlessly fire people right and left. Management has a strong moral obligation to a man who has served the company long and faithfully. It also, like every other decision-making body, is committed by its own mistakes. If it makes a mistake in promoting a man, it should not fire him because his subsequent performance shows that he should never have been given the promotion. It may not be the fault of the man alone that he performs badly; the requirements of the job may have grown beyond his capacity over the years. Not so long ago the comptroller, for instance, was considered in many companies to be not much more than a senior bookkeeper. Today management is apt to look upon comptrollership as a major policy-making function. A comptroller perfectly adequate to the job ten years ago may well be incompetent to perform under the new concept of his function. Yet, he alone cannot be blamed; the rules of the game have been switched on him.

Whenever a man's failure can clearly be traced to management's mistakes, he has to be kept on the payroll. But, still, people who fail to perform must be removed from their present jobs. Management owes this to the enterprise. It owes it to the spirit of the management group, especially to those who perform well. It owes it to the man himself, for he is likely to be the major victim of his own inadequacy. This decision has to be taken whenever objective performance makes it necessary— regardless of the personal circumstances.

Whether the man should stay in the company's employ, however, is a different matter. While the policy governing the first decision should be strict, the policy governing the second should be considerate and lenient. Strict insistence on standards builds spirit and performance. But decisions on a person demand the greatest consideration for the individual.

One good illustration is the Ford Motor Company. When Henry Ford II took over, none of the nine management people in one department was found to be competent to take on the new jobs created in the course of reorganization. Not one was appointed to these new jobs. Yet, for all the men, jobs as technicians and experts were found within the organization, jobs which they could be expected to perform. It would have been easy to fire most of them. Their incompetence as managers was undisputed. And a new management coming in—especially under such extraordinary conditions—is considered entitled to make pretty drastic personnel changes. Yet, the new Ford management took the line that while no one should be allowed to hold a job without giving superior performance, no one should be penalized for the mistakes of the previous regime. And to the strict observance of this rule the company owes to a considerable extent its rapid revival. (Incidentally, seven of these men did indeed perform in their new jobs—one so well that he has been promoted into a bigger job than the one he originally held. Two men failed; one was pensioned off, one discharged.)

It is fairly easy in practice to combine insistence on superior performance with consideration for the individual. A real job—not "made work"—consonant with the person's capacities can almost always be found with effort and imagination. The frequent excuse:"We can't move him; he has been here too long to be fired," is bad logic and rarely more than a weak-kneed alibi. It does harm to the performance of management people, to their spirit and to their respect for the company.

The Need for Appraisal

Insistence on high goals and high performance requires that a man's ability both to set goals and to attain them be systematically appraised.

Day after day a manager makes decisions based on his appraisal of a man and his performance: in assigning work to him; in assigning people to work under him;

in salary recommendations; in promotion recommendations, etc, The manager needs a systematic appraisal. Or else he wastes too much time on these decisions and still goes by hunch rather than by knowledge. The subordinate, too, must demand that these decisions be rational rather than hunch, for they more than anything else spell out what his superior expects and considers important.

For these reasons systematic appraisal of managers has become popular in this country, especially in the larger company. Many of these appraisal procedures require a specialist—often a psychological specialist. They focus on a man's potential. This may be sound psychology. But it is poor management. Appraisal should always be the direct responsibility of a man's manager. It should always focus on proven performance.

To appraise a subordinate and his performance is part of the manager's job. Indeed, unless he does the appraising himself he cannot adequately discharge his responsibility for assisting and teaching his subordinates. Nor can he adequately discharge his responsibility to the company for putting the right man in the job. The appraisal procedure should not be so difficult and complicated that it must be entrusted to the specialist. For this is abdication by the manager and evasion of his responsibility.

Appraisals must be based on performance. Appraisal is judgment; and judgment always requires a definite standard. To judge means to apply a set of values; and value judgments without clear, sharp and public standard are irrational and arbitrary They corrupt alike the judge and the judged. No matter how "scientific," no matter even how many insights it produces, an appraisal that focuses on "potential," on "personality," on "promise"—on anything that is not proven and provable performance—is an abuse.

There is nothing quite so unreliable as a judgment on long-range potential. Not only are few of us reliable judges of a man; nothing, also, may change as much as potential. The world is full of men whose youthful promise of excellence has turned into middleaged mediocrity. It is full of men who started out as pedestrian plodders only to blossom out into star performers in their forties. To try to appraise a man's long-range potential is a worse gamble than to try to break the bank at Monte Carlo;

and the more "scientific" the system, the greater the gamble.

But the greatest mistake is to try to build on weaknesses.

> There is an old English anecdote to illustrate the point. The younger Pitt who was Prime Minister before he was out of his teens, and who supplied the courage, the resolution and the leadership for England's firm resistance to Napoleon in those bleak years when she stood alone against the tyrant who had conquered Europe, prided himself on the purity of his personal life. In an age of corruption he was scrupulously honest. In an age of immorality he was a perfect husband and father. When he died, still a very young man, he presented himself at the Pearly Gates. St. Peter, the story goes, asked him:"And what makes you, a politician, think you belong up here?" The younger Pitt pointed out how he had not taken bribes, had not had mistresses and so forth. But St. Peter interrupted him rather gruffly:"We aren't a bit interested in what you didn't do; what *did* you do?"

One cannot do anything with what one cannot do. One cannot achieve anything with what one does not do. One can only build on strength. One can only achieve by doing. Appraisal must therefore aim first and foremost on bringing out what a man can do. Only when a man's strengths are known and understood does it make any sense to ask: What weaknesses does he need to overcome to make the progress his strengths would support? Weaknesses as such are of no interest—apart from usually being obvious enough A man's needs for doing better, knowing more, behaving differently, are the important things. They are the things that have to be accomplished for him to become a better, stronger and more effective person.

Compensation as Reward and Incentive

If one can "get fired" for poor performance, one must also be able to "get rich" for extraordinary performance. Rewards should be directly tied in with the objectives set for the manager's job. It is misdirection of the worst kind to tell managers that they have to balance objectives so as to preserve the long-term earning power of the business while basing their pay on immediate short-range profits.

Such misdirection occurred a few years back in a big pharmaceutical company. Management had emphasized that it wanted its senior chemists to work on basic research rather than on immediately saleable products. One year, one of the senior men came up with a discovery of major importance to the whole field of organic chemistry. But the discovery required many years of hard work before it could be turned into commercial products. And when the annual bonus was distributed, the chemist received just about the same sum he had gotten the year before. The big bonus went to a man who had made a large number of small and fairly easy but immediately saleable improvements in existing products. Management thought its behavior completely rational. The major discovery had contributed nothing to yearly profits; and the bonus was clearly based on yearly profits. But the man involved felt that management had convicted itself of dishonesty and double-dealing. He quit; and so did four or five of his colleagues— altogether the best chemists the company had. It still has difficulty recruiting first-rate research men.

Moreover, the salary system should never be so rigid as to exclude special rewards for "performance over and above the call of duty."

In one company I know a member of the engineering department, who himself never climbed beyond the bottom rungs on the promotion ladder, trained for many years all the young engineers that entered the company's employ—including four successive chief engineers. Everybody in the department knew what he was doing. Yet the value of his contribution was not recognized until he retired. Then the company had to hire a training director and two assistants to fill the gap. To the honor of the company, let it be said that it then made good its oversight through a substantial post-retirement gift to the old man.

Contributions of this kind should always be rewarded while they are being made. They may yield no directly measurable business results. But they build spirit and performance. They are rightly valued highly by the people in the organization who are apt to consider it a serious injustice if management fails to recognize and reward them. For it is the willingness of people to give of themselves over and above the demands of the job that distinguishes the great from the merely adequate organization. Any organization that has such a maker of men in its employ should count itself lucky—and forget that the salary limit for his job range is set at $8 500. The reward for such contributions should be rare like the Congressional Medal of Honor or the Victoria Cross. But it should also be as conspicuous and as great.

Financial rewards must not be bribes; they must not create the atmosphere in which executives can neither quit nor be fired. This raises serious doubts regarding the various schemes for delayed compensation that, for tax reasons, have lately become so popular in American business.

> One example of their effect is that of the executive who for several years has been wanting to leave his company where his considerable qualities and aptitudes are not fully utilized. The man has had several attractive offers, but in every case he has turned the offer down at the last moment for the simple reason that he has a stake of $50 000 to $75 000 in delayed bonus with the company which he will only receive if he stays the next five years. As a result he is still in his old job but frustrated, bitter, torn in two directions and a source of discontent and dissatisfaction throughout an entire management group.

One cannot buy loyalty; one can only earn it. One must not bribe people into staying; they only blame the company for their own inability to resist the temptation. One must not make the penalty of firing a man so severe that one never imposes it. And one should not make executives security-conscious. Men who look upon their own affairs from the viewpoint of security are not likely to look at their work from a different angle of vision, are not likely to pioneer, to innovate and to reach out for the new.

I am all for offsetting the impact of confiscatory taxes on the executive. I believe it a serious danger to the welfare of our society and of our economy that managers are the only group that receives today conspicuously less income after taxes than it did in 1929. Higher gross pay is no solution; the tax rates would swallow it up, and the only effect would be to infuriate labor (for few workers understand the argument that income before taxes is not the income that counts). But there must be better ways of doing the job than the bribe of delayed compensation— ways that stress the manager's entrepreneurial function and reward him for his performance without making him a bondsman of the company.

Overemphasizing Promotion

Every management job itself should be rewarding and satisfying rather than just the means to the next step up on the promotion ladder. Even in the most rapidly growing business only a minority of management people will be promoted. For the rest, on every level, the job on which they are today is likely to be the job on which they stay till they retire or die. Overemphasis on promotion frustrates and demoralizes three or four out of every five management people. It also leads to the wrong kind of competitive spirit in which a man tries to get ahead at the expense of his fellowworkers.

To prevent overemphasis on promotion, the salary structure should offer rewards for extraordinary performance on the job that are comparable to the financial rewards of promotion. The salary range for every job level might, for instance, make it possible for a man who performs well to earn more than the average salary for the next higher job level and as much as the minimum salary for the job level beyond that. In other words, each man might have the opportunity, without promotion, to advance in salary by the equivalent of two promotional steps if his performance merits it.

But financial rewards alone are not enough. People, whether managers or workers, whether in business or outside, need rewards or prestige and pride.

This is specifically a problem for the large business. For the two areas in which this need is not being met today both lie primarily in the large enterprise: the outward symbols of prestige for the managers of large units within the business, and the outward symbols of prestige for the professional specialist.

A divisional manager in General Motors or in General Electric runs a business that is likely to be the leader in its industry. It is often many times as large or as important as any of the independent companies in the field. Yet his title is "General Manager," whereas the man who heads up the small independent competitor is called a "president" and enjoys all the status and recognition that go to the head of a business. It would seem almost elementary to give the men in the big companies a title that is in keeping with their responsibility and importance. They might be called "presidents" of the division, and their own divisional top management should then carry the title of "vice-president." That this makes no difference in the realities of the relationship within the business has been proven by a number of companies that are using the device—Union Carbide and Carbon and Johnson & Johnson are the best-known. But what a difference it makes to the status of the position, the pride of its holder, his incentive and the spirit of his organization!

Similarly, professional people should be given the incentive and recognition of professional status.

A Rational Promotion System

Even if not overemphasized, promotion will always loom large in the minds and in the ambitions of a management group. Proper spirit and performance therefore require a rational promotion system.

Promotion should always be based on proven performance. Nothing does more harm than the too common practice of promoting a poor man to get rid of him, or of denying a good man promotion because "we don't know what we'd do without him." The promotion system must insure that everybody who is eligible is considered—and not just the most highly "visible" people. It must insure careful review of all promotional decisions by higher management to make diffcult alike "kicking upstairs" and "hoarding good people."

The promotion system should also bring about full utilization of the managerial resources in the company's employ. The situation in which the promotional plums go to engineers, or to salesmen or accountants—or, as on many railroads, to clerks— is not only destructive of the spirit of the groups left out in the cold, but is also wasteful of a scarce and expensive resource. There are businesses where certain functional or technical backgrounds are needed for most of the better jobs. Those businesses should systematically hire lower-grade personnel for the other functions and realistically tell the men in these functions what to expect. But in the great majority of businesses lopsided promotional opportunities reflect nothing but the dead hand of tradition, confused objectives, mental laziness or promotion by "high visibility" rather than by proven competence.

Promotion should not be entirely from within. This should indeed be the norm, but it is important not to let a management become inbred, not to foster smugness and isolation. And the bigger the company, the more desirable is the outsider. It should be clearly understood throughout the company that people from the outside will be brought in periodically even into high management positions, and that once in the company, they are to be given the same treatment as the "old-timers" who came up "the proper way."

The history of Sears, Roebuck shows how important this can be. No one reared in the mail-order business could have brought about the expansion into retail stores which insured the growth of the company. For this General Wood had to be imported. Similarly, the revival of Ford required bringing men from the outside right into the top spots. And only if men are brought in all the time—rather than during a crisis—can the crisis be avoided or anticipated.

The Management Charter

Promotion decisions are what I call "life-and-death" decisions for managers.

So are decisions to dismiss or to demote a manager, decisions on his salary and on the scope of his job. Hardly less important to the manager are decisions on the scope and work of his unit—capital investments, for instance. Even the appraisal vitally affects a manager's life and career in the company. There decisions are too important to be left to one man's unaided judgment.

In respect to appraisals this is generally recognized; many appraisal systems demand that a manager review his appraisals of his subordinates with his own superior. In a few companies this principle is extended to all decisions affecting a manager's status, pay or position. General Electric, for instance, requires that all such decisions be approved by the superior of the manager making the decision before they are put into effect. But in most companies such a rule is observed only for appointments to top positions. In respect to lower managers, there is normally neither clear understanding who is responsible, nor any safeguard against the faulty or arbitrary judgment of one man. And decisions other than those directly affecting a man's promotion, demotion, dismissal and salary are commonly left dangling in mid-air.

A manager should know who makes these decisions. He should know whom he has to consult in making them, and know that decisions made in respect to his job and work have been safeguarded against one man's arbitrariness or lack of judgment. He should also have a right of appeal.

The most sensible approach is that of Continental Can. In this company every member of management can appeal against any life-and-death decision affecting him, his job, or his work, all the way up to the president and the chairman of the Board. Appeals to this "final court" have been extremely rare. Most, if not all, appeals are disposed of at the first hearing way down the line. But the fact that there is a right to appeal to the top has had a powerful impact on the whole management group. A manager making a life-or-death decision will give it greater care. A manager affected by such a decision does not feel the helpless victim of spite, bias or stupidity.

Even more potent than these safeguards against mistakes are practices which demonstrate to all men that management sincerely wants to have the right spirit. The simplest practice is one that says in effect to all managers:"The spirit of this organization is the business of every one of us. Find out what you are doing to build the right spirit in the unit you head and tell us, in higher management, what we can do to build the right spirit in the unit of which you are a part."

Such self-examination of the manager's own and of his superior's practices always leads to improvement. It is a major contribution to management spirit. It convinces people that top management is not content to preach but is determined to act. It creates a desire to improve. And in all matters of the spirit determination and desire to improve are perhaps even more important than the actual lever of performance; dynamic growth is more productive than static perfection.

Whom Not to Appoint to Management Jobs

The best practices will fail to build the right spirit unless management bears witness for its own professed beliefs every time it appoints a man to a management job. The final proof of its sincerity and seriousness is uncompromising emphasis on integrity of character. For it is character through which leadership is exercised, it is character that sets the example and is imitated in turn. Character is not something a man can acquire; if he does not bring it to the job, he will never have it. It is not something one can fool people about. The men with whom a man works, and especially his subordinates, know in a few weeks whether he has integrity or not. They may forgive a man a great deal: incompetence, ignorance, insecurity or bad manners. But they will not forgive him lack of integrity. Nor will they forgive higher management for choosing him.

Integrity may be difficult to define, but what constitutes lack of integrity of such seriousness as to disqualify a man for a managerial position is not. A man should never be appointed to a managerial position if his vision focuses on people's weaknesses rather than on their strengths. The man who always knows exactly what people cannot do, but never sees anything they can do, will undermine the spirit of his organization. Of course, a manager should have a clear grasp of the limitations of his people, but he should see these as limitations on what they can do, and as challenges to them to do better. He should be a realist; and no one is less realistic than the cynic.

A man should not be appointed if he is more interested in the question:"Who is right?" than in the question:"What is right?" To put personality above the requirements of the work is corruption and corrupts. To ask "Who is right?" encourage one's subordinates to play safe, if not to play politics. Above all, it encourages them to "cover up" rather than to take corrective action as soon as they find out that they have made a mistake.

Management should not appoint a man who considers intelligence more important than imtegrity. For this is immaturity. It should never promote a man who has shown that he is afraid of strong subordinates. For this is weakness. It should never put into a management job a man who does not set high standards for his own work. For that breeds contempt for the work and for management's competence.

A man might himself know too little, perform poorly, lack judgment and ability, and yet not do damage as a manager. But if he lack in character and integrity—no matter how knowledgeable, how brilliant, how successful—he destroys. He destroys people, the most valuable resource of the enterprise. He destroys spirit. And he destroys performance.

This is particularly true of the people at the head of an enterprise. For the spirit of an organization is created from the top. If an organization is great in spirit, it is because the spirit of its top people is great. If it decays, it does so because the top rots; as the proverb has it "Trees die from the top." In appointing people to top positions, integrity cannot be overemphasized. In fact, no one should be appointed unless management is willing to have his character serve as the model for all his subordinates.

What about Leadership?

We have defined the purpose of an organization as "making common men do uncommon things." We have not talked, however, about making common men into uncommon men. We have not, in other words, talked about leadership.

This was intentional. Leadership is of utmost importance. Indeed there is no substitute for it. But leadership cannot be created or promoted. It cannot be taught or learned.

The earliest writers on the subject, in ancient Greece or ancient Israel, knew all that has ever been known about leadership. The scores of books, papers and speeches on leadership in the business enterprise that come out every year have little to say on the subject that was not already old when the Prophets spoke and Aeschylus wrote. The first systematic book on leadership: the *Kyropaidaia* of Xenophon—himself no mean leader of men—is still the best book on the subject. Yet three thousand years of study, exhortation, injunction and advice do not seem to have increased the supply of leaders to any appreciable extent nor enabled people to learn how to become leaders.

There is no substitute for leadership. But management cannot create leaders. It can only create the conditions under which potential leadership qualities become effective; or it can stifle potential leadership. The supply of leadership is much too limited and unpredictable to be depended upon for the creation of the spirit the business enterprise needs to be productive and to hold together. Management must work on creating the spirit by other means. These means may be less effective and more pedestrian. But at least they are available and within management's control. In fact, to concentrate an leadership may only too easily lead management to do nothing at all about the spirit of its organization.

Leadership requires aptitude—and men who are good chief engineers or general managers are rare enough even without aptitude for leadership. Leadership also requires basic attitudes. And nothing is as difficult to define, nothing as diffcult to change, as basic attitudes (quite apart from the question whether the employment contract confers on management the right to attempt to manipulate what is in effect an employee's basic personality). To talk of leadership as the unique key to spirit therefore only too often means neither action nor results.

But practices, though humdrum, can always be practiced whatever a man's aptitudes, personality or attitudes. They require no genius—only application. They are things to do rather than to talk about.

And the right practices should go a long way toward bringing out, recognizing and using whatever potential for leadership there is in the management group. They should also lay the foundation for the right kind of leadership. For leadership is not magnetic personality—that can just as well be demagoguery. It is not "making friends and influencing people"—that is salesmanship. Leadership is the lifting of a man's vision to higher sights, the raising of a man's performance to a higher standard, the building of a man's personality beyond its normal limitations. Nothing better prepares the ground for such leadership than a spirit of management that confirms in the day-to-day practices of the organization strict principles of conduct and responsibility, high standards of performance, and respect for the individual and his work. For to leadership, too, the words of the savings bank advertisement apply:"Wishing won't make it so; doing will."

CHAPTER 14

Chief Executive and Board

The bottleneck is at the head of the bottle—How many jobs does the chief executive have?—How disorganized is the job?—Need for work simplification of the chief executive's job—The fallacy of the one-man chief executive—The chief-executive job a team job—The isolation of the top man—The problem of his succession—The demands of tomorrow's top-management job—The crisis of the one-man chief-executive concept—Its abandonment in practice—How to organize the chief-executive team—Team, not committee—No appeal from one member to another—Clear assignment of all parts of chief-executive job—How many on the team?—The Board of Directors—Why a Board is needed—What it should do and what it should be

"The bottleneck is at the head of the bottle," goes an old saw. No business is likely to be better than its top management, have broader vision than its top people, or perform better than they do. A business—especially a large one—may coast for a little time on the vision and performance of an earlier top management. But this only defers payment—and usually for a much shorter period than is commonly believed. A business needs a central governing organ and a central organ of review and appraisal. On the quality of these two organs, which together comprise top management, its performance, results and spirit largely depend.

Some time ago I attended a dinner party given by a few men, mostly presidents of sizable companies, for one of the elder statesmen of American business. The guest of honor had built up a large company from small beginnings and had been its president for many years before becoming chairman of the Board of Directors a year earlier. After the dinner he began to reminisce and soon was talking enthusiastically about the work of his successor. For almost an hour he described in detail how the new president did his job. While he spoke I jotted down the various activities as they were brought up. When he finished, saying:"The best thing I ever did for the company was to pick this man as my successor," I had the following list of the activities and duties of a chief executive of a business.

I give it here not because it is necessarily the right analysis of the chief-executive job but because it reflects faithfully the thinking of one of the most successful practitioners.

The chief executive thinks through the business the company is in. He develops and sets over-all objectives. He makes the basic decisions needed to reach these objectives. He communicates the objectives and the decisions to his management people. He educates these managers in seeing the business as a whole and helps them to develop their own objectives from those of the business. He measures performance and results against the objectives. He reviews and revises objectives as conditions demand.

The chief executive makes the decisions on senior management personnel. He also makes sure that future managers are being developed all down the line. He makes the basic decisions on company organization. It is his job to know what questions to ask of his managers and to make sure they understand what the questions mean. He co-ordinates the product businesses within the company and the various functional managers. He arbitrates conflicts within the group and either prevents or settles personality clashes.

Like the captain of a ship, he takes personal command in an emergency.

"One of our main plants had a fire five months ago," the speaker said. "It interrupted all our schedules. Rush work had to be shifted to other plants, and some had to be subcontracted to our closest competitors. Other work had to be postponed. Important customers had to be placated or substitute sources of supply had to be found for them. We had to make an immediate decision whether to repair the plant, one of our older ones, or build a new, modern one from scratch. We could have repaired the plant in six months at a cost of two million dollars. Instead, the new president decided to build a new plant which will cost ten million dollars and will take almost two years but will have double the capacity of the old one and significantly lower costs. It was the right decision but it meant changing all our production schedules and all our capital-expenditure planning. It also meant negotiating a six months' bank loan to tide us over until we could float bonds that we had not expected to issue for another year or so. For four weeks the new president spent day and night at the office."

Similarly the new president, the speaker continued, took personal charge when one of the company's businesses got into serious trouble. He himself, with the company's counsel and an outside law firm, worked through the preparation for an important patentinfringement suit brought against the company and spent almost two weeks on the stand as one of the chief witnesses for the defense.

Next on this list of the things which the company president does, and which only he can do, came the responsibility for capitalexpenditures planning and for raising capital. Whether it is a bank loan, an issue of bonds or a new stock issue, the president takes an active part in the decision and in the negotiations. He also recommends dividend policy to the board. He is concerned with relations with stockholders. He answers questions at the annual meeting. He must be available to the security analysts of the big institutional investors, such as insurance companies and investment trusts. He must see the financial writers of the major newspapers and business magazines.

He has to prepare the agenda for the monthly meeting of the Board of Directors, present the reports there and be ready to answer questions. And he must relay Board decisions to his managers.

The new president has a host of public-relations duties.

"Once a month he spends two days in Washington to attend meetings of two governmental advisory boards where he succeeded me as a member," the former president reported. "I am still on the hospital committee in our biggest plant-city, and I still serve on the regional Red Cross board. But the new president has taken over as vice-chairman of the Community Chest and serves on the board of the educational foundation we set up for the children of our employees. And he has been elected a member of the Board of Trustees of the engineering school from which he graduated and will be regional chairman of its fund-raising campaign next year. He is cutting down on public-speaking engagements as much as possible. Most of them can be handled by the vice-presidents. But he has to attend one or two trade association meetings each year—usually making one short speech. He appeared last month at a meeting of the American Management Association and spoke about our organization structure. Once a year we have a convention of our dealers which the president has to open with a speech about our new products and our sales plans; there is also a big dinner on the last day which he has to sit through Once a year our "old-timers club" of employees with more than twenty-five years of service has a get-together at which the president introduces the new members and presents them with long-service pins. We also have two or three dinners a year for retiring management people—everybody from foreman to vice-president. One of those I still take; the new president takes the others. And we have a custom which I started and which we consider very valuable, of bringing every man who has been promoted into management to headquarters to introduce him to the brass. Of course we bring them in in groups of five or six; but there are eight or nine such groups each year. And it is customary for the president to entertain each at lunch in the executive dining room."

The final item on the list: each year the new president visits personally the company's fifty-two plants in the United States and Canada. And he plans to visit fairly soon the company's seven plants in Europe and Latin America.

"Our plants are quite small," the former president said. "Only one—

the one that had the fire—has over two thousand employees. All the others have fewer than a thousand—four hundred or so on average. We intend to keep them small; it makes for better management. And we give the plant manager as much freedom as possible. But that makes it all the more necessary to stress that all the plants are part of the same company, and that all the managers are on the same team. Only a visit from the "big boss" can do that. Also the president himself learns more on these visits than he could ever get reading reports in his office. He usually spends one day at the plant and another one visiting major customers in the area just to find out what complaints they have."

When the old gentleman finished his description of his successor's job, the other people around the table all chimed in and added additional activities. "Doesn't your president," one man asked, "have to see the people who solicit company contributions to the colleges, the hospitals, the charities in your main plant cities? It's one of my most time-consuming chores." Another one said:"Don't you have your president sit in on labor negotiations? My personnel vice-president insists that I do." "What about that strike you had in Chicago last year?" asked a third. "Who handled that?" Not one of the men at the table said:"This or that I don't do but delegate." And it was not until an hour later that one of the company presidents in the room asked the question that had been on my lips ever since the guest of honor had begun to speak:"Tell me, how many heads and hands does this president of yours have?" By that time I had a list of forty-one different activities that experienced company presidents consider to be part of the job which can only be discharged by the chief executive himself.

How Disorganized Is the Job?

There is no job that needs to be organized as carefully and as systematically as that of the chief executive. The president's day has only twenty-four hours like anybody else's. And he certainly needs as many hours for sleep, rest and relaxation as a man burdened with lesser responsibilities. Only the most thorough study of the job can prevent total disorganization. Only the most systematic assignments of priorities can prevent the chief executive from frittering away his time and energy on the less important activities to the neglect of vital matters.

Yet, this careful study, this systematic organization of the job, are almost unknown. The result is that a great many chief executives—in small business or large—are disorganized, do indeed fritter away their time.

The only published study of the way chief executives actually spend their day has been made in Sweden by Professor Sune Carlsson.[⊖] For several months Carlsson and his associates clocked with a stop watch the working day of twelve leading Swedish industrialists. They noted the time spent on conversations, conferences, visits, telephone calls and so forth. They found that not one of the twelve executives was ever able to work uninterruptedly more than twenty minutes at a time—at least not in the office. Only at home was there some chance of concentration. And the only one of the twelve who did not make important, long-range decisions "off the cuff," and sandwiched in between unimportant but long telephone calls and "crisis" problems, was the executive who worked at home every morning for an hour and a half before coming to the office.

We have no such study of American chief executives. But we do not need one to know that far too many let outside pressures and immediate emergencies dictate their day and the utilization of their efforts and energies.

Yet even the chief executive who lets outward pressures manage him is better than some. At least he spends his time on activities that are part of the chief executive's job (albeit the lesser part). Much worse is the chief executive who wastes his time running a function instead of the business: the president who entertains customers when he should be working on the financial policy, the president who corrects details in engineering drawings and neglects a crying problem of malorganization; the president who personally checks the expense account of every

---

⊖   Described in his book *Executive Behavior* (Stockholm: Stromberg, 1952).

salesman, etc. These men not only fail to accomplish their work; they also prevent the operating manager whose job they are doing from accomplishing his. And the number of chief executives who thus cling to the functional work in which they came up and with which they are familiar is uncomfortably large.

The problem is one of systematic conception and organization of the job. Without it even the ablest, most intelligent and best intentioned of chief executives will not succeed in doing his job, and will be forced to manage according to pressures and emergencies. "He who rides the tiger, reaps the whirlwind," I once heard a speaker say. This thoroughly mixed metaphor is not a bad description of the fate of the chief executive who lets the pressure of the job manage himself instead of systematically studying, thinking through and organizing his job, work and time.

A distinguished French industrialist and student of management, Rolf Nordling, recently suggested⊖ that the chief executive's job is the biggest and the least explored area for the application of Scientific Management, and especially of "work simplification." The first thing to be done would be what Carlsson did in Sweden: study the work day of the chief executive with a stop watch.

This is certainly sound. But (as Nordling hastened to point out) time study must be accompanied by hard thinking about what the job should be. What activities must the chief executive do himself? What activities can he leave to others—and to whom? Above all: what activities come first? How much time must be set aside for them, no matter what "crisis" pressures there are?

The intuitive manager, in other words, cannot do the chief executive's job, no matter how brilliant, how quick, how perceptive he is. The job has to be planned. And the work has to be performed according to plan.

The Fallacy of the One-Man Chief Executive

Even if the job is studied most systematically, organized most thoughtfully, and

---

⊖ In his speech accepting the 1954 Wallace Clark Award for Distinguished Contribution to Scientific Management, given before the Council for International Progress in Management (USA) on January 13, 1954.

with the maximum of decentralization, it still is not a job one man could or should do. Indeed, 90 per cent of the trouble we are having with the chief executive's job is rooted in our superstition of the one-man chief. We still, as did Henry Ford, model the chief executive of the modern business after the single proprietor of yesterday's economy.

There will always be too many activities in the job for any one man's working day. Half the activities in the list I gave above should probably be taken out of the chief executive's hands and given to other people. The remainder would still be unmanageable for one man; there would still be some fifteen or twenty major activities. Each of them would be of vital importance to the enterprise. Each would be difficult. Each would be time-consuming. And each would require careful planning, thought and preparation. The job, if pared to the bone, would still exceed the span of managerial responsibility of any one man. An unlimited supply of universal geniuses could not save the one-man chief-executive concept unless they could also bid the sun stand still in the heavens. And even Joshua could accomplish this only once, whereas the one-man chief executive would have to perform the miracle seven days a week.

The activities that together make up the chief-executive job are also too diverse to be performed by one man. The list includes things that have primarily to do with planning, analyzing and policy formulation, like the determination of the company's business, the setting of objectives and so forth. It includes things that require fast decisive action: for instance, the handling of a major crisis. Some of these things deal with the long-range future. Others with immediate problems. Yet, it is a rule that tomorrow's business will not get done if you mix it with today's—let alone with yesterday's. Some activities require the skill of the negotiator: the arbitration of internal clashes or the floating of a capital issue. Others require the skill of the educator. Others still are "relations" skills (and for some activities such as attending company social functions, a cast-iron stomach is probably the first requirement).

The least that would seem to be required is three distinctive characters: the "thought man," the "man of action" and the "front man," as one of my friends in a top management calls them. Two of these characters may be found combined in one man ("But do you really want a schizophrenic in the chief executive's job?" the same friend asks). All three are most unlikely to be found together. Yet, in all three major areas there are important activities that have to be discharged well if the enterprise is to prosper.

There is only one conclusion: the chief-executive job in every business (except perhaps the very smallest) cannot properly be organized as the job of one man. It must be the job of a team of several men acting together.

There are two additional arguments for this conclusion. The first is the isolation of the chief executive.

The president of a company, whether large or small, is insulated by his position. Everybody wants something from him. His managers want to "sell" him their ideas or want to advance their position. The supplier wants to sell him goods. The customer wants better service or lower prices. The president is forced to adopt an "arm's-length" attitude in his dealings with people in sheer self-defense. Also, as soon as the business attains even modest size, everything brought to him for information or decision is of necessity predigested, formalized and abstract. It is a distillation rather than the raw stuff of life. Otherwise, the president could not deal with it at all. His social life (if he has any at all, which is unlikely considering the pressures of the job) is usually spent with other people of similar rank and station so that he rarely as much as meets people whose point of view, experiences and opinions are not similar to his. He may be the most easygoing fellow in the world; but his plant visits or his executive luncheons will have, without any fault of his, all the informality of a Byzantine state visit. As a result, one of the shrewdest observers of management once said to me, "There is no lonelier guy anyplace than the fellow in the president's chair."

Organizing the chief executive's job properly will accentuate this isolation. For the things he should not do are precisely the things that break through the silken curtain that shuts him in. Everybody agrees that the chief executive should spend more time on thinking and planning. But this means that he should spend less time (or no time at all) talking to customers over the telephone, handling production or design details, seeing chance callers or charity canvassers, chatting with a newspaperman, or "being one of the boys" at a sales convention. Yet, these are all things that, however inadequately, break the chief executive's isolation.

Yet, proper organization of the job is imperative. To achieve it and with it a high degree of isolation, and still maintain the effectiveness (if not the sanity) of the human beings in the job, a team is needed. This alone can give the chief executive people to talk to who are on his level and who do not therefore want anything from him; people with whom he can "let down his hair" and speak freely, with whom he does not have to watch every one of his steps or words, with whom he can "think aloud" without committing himself. This alone would also enable us to bring into the job the variety of viewpoints, opinions and experiences which is needed for sound decisions but which not even the cleverest public-relations expert can bring to the one-man chief executive.

Similarly, the chief-executive team alone can adequately solve the problem of succession. If there is only one man in the job, his succession cannot really be planned; it will be fought over.$^{\ominus}$ The retirement of the top man—and even more his death or disability—will produce a crisis. And once appointed, the one-man chief executive can, as a rule, be neither removed nor effectively neutralized, no matter how poor a choice he turns out to be. If the chief executive is a team, however— say, three men—there will seldom be a total turnover. To replace one man out of three is fairly easy; it produces no crisis; and a mistake is neither fatal nor normally irrevocable.

Ralph J. Cordiner, president of General Electric (itself a notable example of top management by chief-executive team) brought this point out strongly in a speech to the Harvard Business School on "Efficient Organizational Structure," given in 1953. He said:"The chief executive

---

$\ominus$ An entertaining and shrewd description of the typical process is given in Cameron Hawley's best-selling novel *Executive Suite*. It is realistic except that there are perhaps fewer happy endings in actual business life.

officer, if he is discharging his responsibility. . . should, within a period of not longer than three years after he has accepted his assignment, have at least three officers equal to or better than himself in performance who could succeed to his position . . . We [therefore] think it is very important that there be a number of positions at top level that are virtually as important, are compensated almost on the same level, and carry the same dignity as the position of chief executive officer. Thus, we have created a number of executive vice-presidents who act as group executives. The idea is that these men, along with the president and the chairman of the board, should be a team, with each having his own specific responsibilities, yet able to carry the ball or run interference for the other fellow as occasion requires."

Finally the chief-executive job of tomorrow will include understanding of a host of new basic tools of mathematical and logical analysis, synthesis and measuring. It will require ability to see where these tools can be applied, the power to educate other members of management in their meaning and use, and some elementary skill in applying them. These tools will include the techniques of analyzing and anticipating the future that were discussed earlier. They will also include such new tools as "operations research," "information theory" and "symbolic logic." (How these tools apply to the decision-making process will be discussed in Part Five of this book, "What It Means To Be a Manager".)

Thus, twenty years hence, and possibly sooner, the chief-executive job will require not only a "front man," a "thought man" and a "man of action" but, in addition, a first-rate analyst and synthetizer. Certainly no one man can play these four parts well in one life, let alone crowd them all into one working day.

The Crisis of the One-Man Chief-Executive Concept

That the chief executive should be a team will be considered rank heresy— even by many who in their own companies have organized the job on a team basis (Mr. Cordiner of General Electric, for instance, stressed the need for a team of equals in the speech quoted earlier; but he still talked of the one "chief executive officer"). Most organization theorists seem to think that the one-man chief executive is a law of nature, requiring no proof and admitting of no doubt.

> That there is no such law of nature is abundantly proven, however, by the fact that the most successful managements outside the United States always organize the chief executive as a team. The large company in Germany has always had a team management. One member customarily presides over the team but all are equal. (It is ironical that Hitler attacked this as "effete democracy" and "Americanism" and tried to impose the pattern of the one-man chief executive.) Similarly those marvels of efficient management organization, the "Big Five" of British banking, have always been managed not by one but by two chief-executive teams: the chairman and the deputy chairmen concerned with basic objectives, and the joint general managers concerned with policies, practices and personnel.

That a great deal of doubt regarding the one-man chief executive is appropriate is indicated by the severe crisis in which the concept finds itself today, especially in the large business. The one-man executive is no longer capable of making the decisions he is supposed to make. He approves the most fundamental decisions affecting the survival of the company on the basis of a one-page recommendation—that is, on a basis which does not allow him to judge the decision at all, let alone to change it. He cannot even know whether all the important facts are presented to him. Worse still, he makes his decisions increasingly on the basis of highly stylized "presentations" which aim at getting a "yes" from the boss with a minimum of discussion—and that means with a minimum of understanding on the part of the boss of what it is he actually approves.

Even worse is the growth of "kitchen cabinets." Being unable to do his job, the chief surrounds himself with a motley staff of personal confidantes, miscellaneous assistants, analysts, a "control section" and so forth. None of them have any clearly defined duties. None have clear responsibility. But all have direct access to the boss and are credited throughout the organization with mysterious powers. They undercut the authority of operating managers, duplicate their work, and cut them off from easy communication with the chief executive. They are the worst causes of malorganization—"government by crony." Yet the one-man chief executive needs his kitchen cabinet. Not being allowed to organize a proper team, he has to make do with errand boys, private secretaries, chief clerks and favorites into whose hands critical control of the basic decisions increasingly drifts.

> The worst example of this I have seen was in a fairly large steel company where the president had twice as many assistants as there were vice-presidents. Not one of these assistants had clearly defined responsibilities; they did whatever the president assigned them to do. The same man, for instance, did the president's Christmas shopping and the company's financial planning. Not one of them was supposed to have any authority, but they made the final decisions in effect. Yet, when the president was asked by a new board chairman to get rid of this monstrosity, he answered:"I know I ought to. But how else can I get through my work load?" The solution was quite simple. The vice-presidents were organized in a "Planning Committee." They were asked to set aside two days each week for the work of the committee (to make this possible some functions were split and four new vice-presidents were appointed). The committee has full responsibility for the formulation of objectives, the preparation of all recommendations on policy, organization and senior management personnel, and for the preparation of financial plans and budgets. The company, in other words, is run by a team composed of the president as "man of action" and "front man," and the Planning Committee as "thought man." There has been no trouble since, and no tendency to restore the kitchen cabinet.

Another sign of the disintegration of the one-man chief-executive concept is the tendency toward a form of executive dropsy in the large company. More and more levels of top management intervene between the actual business and the chief executive. At General Motors—one of several examples—there are now two such levels of top management between the president and the chief operating officers, the heads of the autonomous product businesses or divisions. Even the general manager of as enormous a business as Chevrolet (employing 200 000 people and selling almost $4 000 000 000 worth of automobiles a year) does not work directly with the chief executive of General Motors. He reports to a group executive who in turn reports to an executive vice-president. And only then does anything go to the president himself. But this is no longer management—at least not if the word management is considered to have any kinship to "manageable." Surely, the head of a business as large as Chevrolet—a business that is many times larger than a great many independent companies that are considered "big business"—must have direct access to the man who makes the final decisions. The reason for this dangerous and disturbing executive superstructure is simply that the president of General Motors could not handle the chief-executive job himself.

The final proof that the one-man chief-executive concept is a theoretical phantom is the speed with which it is being abandoned in practice by company after company. There is usually still someone called a "chief executive officer" in these companies—as there is at General Electric. But actually the job is discharged by a group working as a team.

This trend has gone furthest at the Standard Oil Company of New Jersey where the chief executive consists of a fourteen-man Board of Directors, composed entirely of full-time officers of the company. More common is the General Electric pattern of an Executive Office composed of the president, a number of group executives who are, so to speak, deputy presidents, and a number of vice-presidents charged with responsibility for objectives and policy formulation in major areas, such as Research, Marketing or Management Organization. The New Haven Railroad, the American Can Company, Union Carbide and Carbon, and duPont are among the companies with such an Executive Office.

Actually there is serious doubt whether the successful business ever used the one-man concept. Practically every case of business growth is the achievement of at least two, and often three, men working together. At its inception a company is often the "lengthened shadow of one man." But it will not grow and survive unless the one-man top is converted into a team. General Motors, in the period of its great growth, was managed by a team consisting always of two and usually of three men: Alfred P. Sloan, Jr. (president and later chairman of the Board) working with Donaldson Brown (vice-president, later vice-chairman of the Board) and usually with a third man, the company's actual president. At Sears, Roebuck, under the aegis of Julius Rosenwald, the chief executive consisted of three men, Mr. Rosenwald himself, his legal advisor, Mr. Loeb, and Mr. Doering in charge of mail-order operations. Under General Wood, Sears, too, was run by a three-man team, General Wood himself, his merchandising vice-president, Mr. Houser, and the company's president. The same is true of both Standard Oil of New Jersey and its traditional closest competitor, Socony-Vacuum, which were built in the twenties by two-man teams.

The list could be extended indefinitely. It would include American Telephone and Telegraph, General Foods, the duPont Company—indeed, most of America's large companies. Even the Ford Motor Company, in the period of its greatest growth and prosperity, was run by a team consisting of the elder Ford and James Couzens.

That the team organization of the chief-executive job is the rule in successful large companies, and one of the main reasons for their success, it is indicated in the following report that appeared in a recent (April 1954) issue of *Harper's Magazine*.

> One of the country's smartest and most venerable banks recently sent a question to the chief of its research department.
>
> "Are there any earmarks," it asked, in effect, "which will tell us whether the management of a corporation is good or bad?"
>
> The research people quickly found that this question is tougher than it looks. Profits alone are not a reliable guide. It is fairly easy for short-sighted executives to show good profits—for a few years—by letting their companies' plant run down, or by gutting reserves of raw material. On the other hand, a firm which has never earned a penny may be just on the

doorsill of spectacular success, because years of developmental work and long-visioned management are finally ready to pay off.

In the end—after studying hundreds of corporations—the researchers discovered just one clue. It was totally unexpected; it apparently is still unknown to the business colleges or professional market analysts; and it has enabled the bank to place its financial bets with remarkably consistent results. (This, incidentally, is the first time it has ever been made public.)

Here, in effect, is what the research chief reported:

"If the top executive in a company gets a salary several times as large as the salaries paid to the Number Two, Three and Four men, you can be pretty sure that firm is badly managed. But if the salary levels of the four or five men at the head of the ladder are all close together, then the performance and morale of the entire management group is likely to be high.

"The *size* of the salaries doesn't seem to make much difference," the report continued. "Whether the president of the corporation gets $20 000 a year or $100 000 isn't important—so long as his vice presidents get something like 75 to 90 per cent as much. But when the president pulls down $100 000, and his main subordinates get only $50 000 to $25 000, it is time to look for trouble."

The same is true of successful small companies. Commonly they are run by a two-man or three-man team (typically the company's president and sales manager, and the treasurer) who together discharge the functions of "chief executive officer." Again the one-man chief does not work beyond the business babyhood.

And exactly the same is true of the federally decentralized unit within a company, such as a General Motors division or a General Electric product business. Whenever we analyze such a unit we find that its top management is a team. The team may consist of the unit's general manager and one of his senior men— frequently the comptroller (if only because he, being responsible for financial reports, has a direct pipe line into company headquarters). Or it may consist of the unit's general manager and the manager to whom he reports—the group vice-president at General Motors, the division general manager at General Electric. In the most successful examples I have seen, all three of these men work together as a team in which all are actually (though not officially) co-equals.

There is, in fact, only one argument for the one-man chief executive—and it is not very cogent. There must be, the argument runs, one man responsible to the Board of Directors; and he must be the final boss. But work with the Board, though tremendously important, is only one of the functions of the chief executive. Also most large-company Boards today have several of the company's officers among their members and therefore clearly expect to work with more than one of the executives (General Electric even has the chairman of the Board report to the president as one of the group executives).

In fine, the concept of the one-man chief executive officer is contrary to all experience and to the demands of the job. In successful companies it is not being applied. And where it is being applied it leads to trouble.

How to Organize the Chief-Executive Team?

How then should the chief-executive team be organized?

The first requirement is that it be a "team" rather than a "committee." There should be no collective responsibility. Each member should have assigned to him the areas in which he makes final decisions and for which he is responsible. Deliberation should be joint; decision single.

However it should not be forgotten that there are two ways of organizing a "team," exemplified perhaps best by the baseball team and the tennis doubles team respectively. In the baseball team each player has a fixed position which he does not leave. In playing doubles tennis each player too has an area of responsibility; but he is also expected to cover his partner. Under the first organization the lines are drawn for the team members. Under the second one the partners in collaboration work out the lines of demarcation themselves. The baseball-team way has the advantage that total strangers can play well together; but a good opponent can direct his plays into the gaps between positions which no one really covers. To play a winning doubles game at tennis a team has to have played together quite a bit; but once the partners have come to know and to trust each other there will be no gaps on their side of the net. The one team, in other words, depends entirely on proper organization; the other one adds to organization an element of personal adjustment and flexibility. Both ways are effective ways to organize a winning chief executive team; but the team and each member—as also the other managers throughout the business—must know which of the two ways of team-organization has been chosen.

In particular, there has to be clearly assigned responsibility for the determination of objectives in the eight key areas of business performance and for the careful consideration of the impact of all business actions and decisions on performance and results in these areas. This responsibility can be part of the job of every member of the team: it can be assigned to a Planning Committee of vice-presidents. It can be assigned to one man: in General Motors Mr. Donaldson Brown carried it in effect when he was vice-chairman. Or each key area can be assigned to a separate man as a full-time job—though that is for the very large business only. It is the approach of General Electric, where the executive office—in addition to president and group executives—contains a fair number of services vice-presidents, each charged with company-wide responsibility in one key area. Size of the company and character of the business are the determining factors here. What matters, above all, is that the responsibility for long-range planning and thinking, for clear objectives, for the development of adequate yardsticks to measure their attainment, and for the education of managers in the vision and the skills needed to reach the objectives, be clearly spelled out and unambiguously assigned.

The second requirement is that there be no appeal from one member of the chief executive to another. Whatever any one of them decides is the decision of all of top management.

This does not mean that there should be no one on the team who acts as its captain. On the contrary, a captain is needed. And one man is almost certain to stand out as the senior member by virtue of his intellectual or moral authority. There was, for instance, never any doubt in General Motors that the head of the table was wherever Mr. Sloan sat, nor at Sears, Roebuck that General Wood was a good deal more than the "first among equals." But whenever one man thus stands out, he has to be doubly careful not to countermand or overrule the others, not to interfere in the areas assigned to them, not to let his superiority turn into their inferiority. His strength, in other words, should strengthen his teammates—which is, after all, the definition of an effective and strong team captain. He is a playing captain not a manager calling signals from the bench.

How many members should the team have? The fewer the better—but more than two.

Indeed if two men can work together closely, they form an ideal team. But two people like this are rarely found. And two people in a team are always a highly unstable combination. "If there are only two men," a veteran member of a chief executive team once told me, "even a slight disagreement may become dangerous. If there is a third member, the team can function even if two barely speak to each other." A two-man team can function only if the men are held together by strong emotional bonds, which is in itself undesirable. Finally a two-man chief-executive team aggravates the problem of succession. Precisely because the two members have to be so close to each other they usually retire together; for the survivor would find it almost impossible to adjust to a new partner. One example of this is Mr. Donaldson Brown's voluntary retirement from General Motors—many years before he reached retirement age—when Mr. Sloan retired because of age. Another is the joint retirement of Mr. Swope and Mr. Young from the top management of General Electric. Yet one of the important tasks of the chief-executive team is to give continuity to top management and to make succession easy instead of critical or stormy.

The Board of Directors

We talked earlier of the crisis of the chief-executive concept. One reason for this, however, has not been mentioned. It is the gradual erosion of the Board of Directors as a functioning organ of the enterprise.

To the law, the Board of Directors is the only organ of the enterprise. And in one form or another such a "Board" exists in every industrial country. Legally it is considered the representative of the owners, having all the power and alone having power.

In reality the Board as conceived by the lawmaker is at best a tired fiction. It is perhaps not too much to say that it has become a shadow king. In most of the large companies, it has in effect been deposed and its place taken by executive management. This may have been achieved in the form of the "inside" Board, that is, one composed exclusively of executive management men who meet the first Monday in every month to supervise and to approve what they themselves have been doing the other twenty-nine days of the month. Or the Board may have become a mere showcase, a place to inject distinguished names, without information, influence or desire for power. Or—a typical pattern in the smaller company—the Board may be simply another name for the meeting of the family members, usually the ones actively engaged in the business, plus a few widows of former partners.

Since this has happened not only in this country but in every other—if our information is accurate, even in Russia—it suggests that the erosion of the Board of Directors is not an accident but rooted in profound causes. Some of these are: the much-publicized divorce of ownership from control which makes it absurd that the business enterprise be directed by the representatives of the shareholders; the complexity of modern business operations; and, perhaps most important, the difficulty of finding good men with the time to sit on Boards and to take their membership seriously.

But there are real functions which only a Board of Directors can discharge. Somebody has to approve the decision what the company's business is and what it should be. Somebody has to give final approval to the objectives the company has set for itself and the measurements it has developed to judge its progress toward these objectives. Somebody has to look critically at the profit planning of the company, its capital-investment policy and its managed-expenditures budget. Somebody has to discharge the final judicial function in respect to organization problems, has to be the "Supreme Court." Somebody has to watch the spirit of the organization, has to make sure that it succeeds in utilizing the strengths of people and in neutralizing their weaknesses, that it develops tomorrow's managers and that its rewards to managers, its management tools and management methods strengthen the organiza-tion and direct it toward its objectives.

The Board cannot and must not be the governing organ that the law considers it to be. It is an organ of review, of appraisal, of appeal. Only in a crisis does it become an organ of action—and then only to remove existing executives that have failed, or to replace executives who have resigned, retired or died. Once the replacement has been made, the Board again becomes an organ of review.

Those members of the chief-executive team who are charged with responsibility for company objectives must work directly with the Board. One way to achieve this in the large company (applied in several of our large businesses with good results) is the formation of Board committees in each major area of objectives, with the company officer charged with primary responsibility in that area, acting as the committee's secretary or chairman. But no matter how organized in concrete detail, the Board should have direct access to the top executives charged with objective-determination in all key areas.

The Board must also be detached from operations. It must view the company as a whole. This means that working executives of the company should not dominate the Board. In fact, the Board will be stronger and more effective if it is genuinely an "outside" Board, the bulk of whose members have never served as full-time officers of the company.

The complexity of the large company is often cited as a reason for an inside Board. But it is to the advantage of the Board in the large business that its members do not know the details. A dishonest chief executive can, of course, fool an outside Board (though not for long if its members demand the information they should be getting and ask the questions they should be asking). But while the inside Board cannot be fooled by anyone else, it can easily fool itself. Inside full-time executives tend to think too much in terms of immediate or technical problems. The very remoteness of the outside Board member counteracts this. It makes him look for the over-all pattern, see broad objectives and plans, and ask questions on concept and principle.

In the typical family-owned small company the outside Board member serves another but equally important function. Small company managers often have no one to talk to, no one to test their decisions against. Management is isolated—and the management group is usually so small as not to provide the corrective of diversity of background and temperament which, in the large corporation, sometimes helps to offset management's isolation. In the small company, too, therefore there is need for a Board which contains outsiders.

However, to obtain real benefit from the Board its membership must be carefully selected. Both the large and the small business need Board members whose experience, outlook and interests are different from those of the management. This cannot be obtained by getting representatives of the company's bankers, suppliers or customers. It requires people whose entire background is different from management's. (In this respect, the British practice of inviting distinguished public servants to join a Board at the end of their public career is a major improvement over our practice of confining the Board to the small "business family.") What is needed on a Board is not people who agree with management anyhow, but people who are likely to see things differently, to disagree and to question—especially to question the assumptions on which the chief-executive team acts without, usually, knowing that it is making them.

And to get the kind of people the company needs, Board membership will have to be made financially attractive.

That the Board can be made into the vital, effective and constructive constitutional organ it should be has been demonstrated. The pharmaceutical house of Merck & Company, for instance, considers its work in building a strong and effective Board to have been a major factor in its rise to leadership in its industry. To make the Board of Directors a real organ of the enterprise rather than legal fiction; to define its functions clearly and to set it definite objectives; to attract outstanding people and make them able and willing to contribute to the company, are admittedly difficult. But it is one of the most important things the chief-executive team can do, and one of the major conditions for its own success in discharging its job.

CHAPTER 15

Developing Managers

Manager development a threefold responsibility: to the enterprise, to society, to the individual—What manager development is not—It cannot be promotion planning or finding "back-up men"—The fallacy of the "promotable man"—The principles of manager development—Developing the entire management group—Development for tomorrow's demands—Job rotation is not enough—How to develop managers—The individual's development needs—Manager manpower planning—Manager development not a luxury but a necessity

The prosperity if not the survival of any business depends on the performance of its managers of tomorrow. This is particularly true today when basic business decisions require for their fruition an increasingly long time-span. Since no one can foresee the future, management cannot make rational and responsible decisions unless it selects, develops and tests the men who will have to follow them through— the managers of tomorrow.

Management itself is becoming increasingly complex. In addition to a rapidly changing technology which, at least in the United States, makes competition daily more important and more stringent, management today has to be able to handle many new "relations" problems—relations with the government, relations with suppliers and customers, relations with the employees or with labor unions—all of which require better managers.

The numerical demand for executives is steadily growing. For it is of the essence of an industrial society that it increasingly substitutes for manual skill theoretical knowledge, ability to organize and to lead—in short, managerial ability. In fact, ours is the first society in which the basic question is not: How many educated people can society spare from the task of providing subsistence? It is: How many uneducated people can we afford to have?

But manager development is also necessary to discharge the elementary responsibilities the business enterprise owes to society—and if the business does not discharge these obligations by its own actions, society will impose them. For continuity, especially of the big business enterprise, is vital. Our society will not tolerate—and cannot afford—to see such wealth-producing resources jeopardized through lack of competent successors to today's management.

Increasingly it is to business that our citizen looks for the fulfilment of the basic beliefs and promises of society, especially the promise of "equal opportunity." Manager development from this point of view is little but a technical name for the means through which we carry out a central and basic part of our social beliefs and political heritage.

Increasingly it is in his work that the citizen of a modern industrial society looks for the satisfaction of his creative drive and instinct, for those satisfactions which go beyond the economic, for his pride, his self-respect, his self-esteem. Manager development is therefore only another name for the way in which management discharges its obligation to make work and industry more than a way of making a living. By offering challenges and opportunities for the individual development of each manager to his fullest ability, the enterprise discharges, in part, the obligation to make a job in industry a "way of life."

Recognition of these needs underlies the sudden emergence of manager development as a major concern of American business during these last few years. Fifteen years ago when I first became interested in the subject, I could find only one company that even saw the problem: Sears, Roebuck. Today there are literally hundreds of manager development plans in operation. There is hardly a single large company without one. Even small companies are increasingly developing programs of their own.

What Manager Development Is Not

Manager development cannot be just "promotion planning," confined to "promotable people" and aimed at finding "back-up men" for top-management vacancies. The very term "back-up man" implies that the job of a manager as well as the organization structure of the company will remain unchanged so that one simply has to find people to step into the shoes of today's executives. Yet, if one thing is certain, it is that both job requirements and organization structure will change in the future as they have always done in the past. What is needed is the development of managers equal to the tasks of tomorrow, not the tasks of yesterday.

Ralph J. Cordiner, the President of General Electric, has made the point clearly:

> If we were forced to rely entirely on conventional methods of increasing productivity, I would be inclined to regard this goal [of increasing General Electric productivity by 50 per cent in less than ten years] as wishful thinking. Our laboratories and factories will continue to find ways to produce more and better goods with a lower expenditure of time, effort and cost. But we cannot expect the physical sciences to carry the whole load.
>
> There has been a growing realization in American industry that great untapped opportunities lie in finding ways to develop more fully our human resources—particularly the managers of our business enterprises. Technological advances and the increasing complexities of managing under today's and tomorrow's conditions have made manager development a necessity as well as an opportunity. Those who have been closest to this field believe that an opportunity exists in General Electric to increase productivity 50 per cent in the next ten years through better management alone.

The concept of the back-up man for top management jobs also overlooks the fact that the most important decisions regarding tomorrow's management are made long before a man is promoted to a senior position. Tomorrow's senior positions will be filled by men who today occupy junior positions. By the time we have to find a man to take over the managership of a big plant or sales organization, our choice will already be limited to three or four people. It is in appointing people to positions as general foreman or department superintendent, as district sales manager, as auditor, etc., that we make the decisions that are crucial. And in making these decisions the typical back-up planning helps us little, if at all.

Altogether the concept of a promotable man who shows high potential is a fallacy. I have yet to see any method that can predict a man's development more than a short time ahead. And even if we could predict human growth, we would still have no right to play providence. However "scientific" the method, it would still at best only work with 60 or 70 per cent of accuracy; and no man has a right to dispose of other people's lives and careers on probability.

Above all, however, the promotable-man concept focuses on one man out of ten—at best on one out of five. It assigns the other nine to limbo. But the men who need manager development the most are not the "balls of fire" who are the back-up men and promotable people. They are those managers who are not good enough to be promoted but not poor enough to be fired. These constitute the great majority; and they do the bulk of the actual managing of the business. Most of them will, ten years hence, still be in their present jobs. Unless they have grown up to the demands of tomorrow's job, the whole management group will be inadequate—no matter how good, how carefully selected and developed, the promotable people. And whatever can be gained by developing the chosen few will be offset by the stunting, the malformation, the resentment of those who are passed over. No matter how carefully the promotable men are chosen, the fact of their choice must condemn the whole system in the eyes of the management people as arbitrary, must convince them that it is the rankest favoritism.

The Principles of Manager Development

The first principle of manager development must therefore be the development of the entire management group. We spend a great deal of time, money and energy on improving the performance of a generator by 5 per cent. Less time, less money and less energy would probably be needed to improve the performance of managers by 5 per cent—and the resulting increase in the production of energy would be much greater.

The second principle is that manager development must be dynamic. It must never aim at replacing what is today—today's managers, their jobs, or their qualifications. It must always focus on the needs of tomorrow. What organization will be needed to attain the objectives of tomorrow? What management jobs will that require? What qualifications will managers have to have to be equal to the demands of tomorrow? What additional skills will they have to acquire, what knowledge and ability will they have to possess?

The tools of manager development as commonly used today will not do. Not only is the back-up man inadequate; "job rotation," which in most companies is the favorite tool of manager development, is not enough either.

Job rotation takes one of two forms as a rule. A man who has come up as a specialist in one function is put into another function for a short while—often into several functions, one after another. Or the man is put into a special training job, since he does not know enough about any other function to carry a regular management job in it. An announcement made a short while ago by one of the large electrical manufacturers states, for instance:"Men in the promotable group will be rotated into special jobs in functions they are not familiar with, each job assignment to last six months to two years."

But what business needs is not engineers with a smattering of accounting. It needs engineers capable of managing a business. One does not become broader by adding one narrow specialty to another; one becomes broader by seeing the business as a whole. Just how much can one learn of a big area such as marketing or engineering in six months? Probably the terminology—but little more. A good course in marketing, or a good reading list on the subject, teaches many times more. The whole idea of training jobs is contrary to all rules and experience. A man should never be given a job that is not a real job, that does not require performance from him.

In fine, manager development must embrace *all* managers in the enterprise. It must aim at challenging all to growth and self-development. It must focus on performance rather than on promise, and on tomorrow's requirements rather than on those of today. Manager development must be dynamic and qualitative rather than static replacement based on mechanical rotation. Developing tomorrow's managers means in effect developing today's managers—all of them—to be bigger men and better managers.

How To Develop Managers

The job of developing tomorrow's managers is both too big and too important to be considered a special activity. Its performance depends on all factors in the managing of managers: the organization of a man's job and his relationship to his superior and his subordinates; the spirit of the organization; and its organization structure. No amount of special manager-development activities will, for instance, develop tomorrow's managers in an organization that focuses on weakness and fears strength, or in one that scorns integrity and character in selecting men for managerial appointments. No amount of activity will develop tomorrow's managers in a functionally centralized organization; all that it is likely to produce are tomorrow's specialists. Conversely, genuine federal decentralization will develop, train and test a fair number of managers for tomorrow without any additional manager-development activity as such.

Yet, developing tomorrow's managers is too important to be treated as a by-product. Special manager-development activities can only be a supplement, but they are a necessary supplement—certainly in the larger organization. At the least they emphasize the importance which the company gives to the problem, and thus encourage managers to help their own men develop themselves.

For development is always self-development. Nothing could be more absurd than for the enterprise to assume responsibility for the development of a man. The responsibility rests with the individual, his abilities, his efforts. No business enterprise is competent, let alone obligated, to substitute its efforts for the self-development efforts of the individual. To do this would not only be unwarranted paternalism, it would be foolish pretension.

But every manager in a business has the opportunity to encourage individual self-development or to stifle it, to direct it or to misdirect it. He should be specifically assigned the responsibility for helping all men working with him to focus, direct and apply their self-development efforts productively. And every company can provide systematic development challenges to its managers.

The first job is an individual one. Each manager should think through what each man under him is capable of doing. The basis for this is, of course, the systematic appraisal of performance already mentioned. This analysis leads to two questions: Is the man placed in the job where he can make the greatest contribution to the company? And: What does he have to learn, what weaknesses does he have to overcome to be able to realize fully his strengths and capacities?

The answers to these questions decide what specific action may be taken to promote development. It may be a move to another job. It may be formal schooling in a specific subject or in management principles. It may be a special assignment to work out a concrete problem, to study a proposed new policy or a capital-investment program. Opportunities for such assignments almost always exist, especially in the large business (provided only that the "staffs" have not been allowed to take over the functions of management).

No man should ever be given made work. In the small company individual development needs can, however, usually be taken care of by changes in the scope of a man's job. In the large company job openings are common. When the right job becomes available, it should be staffed on the basis of the analyses of the development needs of the individual managers. These are, of course, life-and-death decisions. They should therefore always be reviewed carefully at least one level up before being put into effect. And they should always be fully participated in by the man himself.

"Manager manpower planning" then checks on the adequacy of the company's individual manager development efforts in the light of tomorrow's management jobs and their demands.

Manager manpower planning starts with the analysis of the future needs of the company and its objectives—what the company's business is going to be, in other words. For that determines organization structure, decides what jobs will have to be filled, and what their requirements are. Short-term manager manpower planning—two years ahead or so—is indeed promotion planning in that the actual promotional decisions have to be made. But the really important plan is the long-term one—five or ten years ahead. For in this all the basic questions of objectives, organization structure and agestructure of management have to be considered. Hence, the direction of the company's development efforts will derive from this long-range management manpower planning.

In its long-range plan, management should never forget that it is not its intention to liquidate the business at the end of the term. In other words, it is not sufficient to find the men for the demands of the next five years. The main results of what will be done during these next five years will not show until ten or fifteen years later. But what is being done now and during the years immediately ahead may well determine whether the company survives or not.

It should no longer be necessary to debate whether manager development is a luxury which only big companies can indulge in in boom times. Most of our large—and many of our small—companies know today that it is no more of a luxury than is a research laboratory. It is not even necessary any longer to combat the old fear that a company may develop too many good people. Most managements have found out that the demand for good people is increasing faster than the capacity of even a successful manager-development program to supply them. (The smart businessman has, of course, always known that it has never done a company harm to be known as "the mother of presidents." On the contrary, the power of a company to attract good men is directly proportionate to its reputation as a developer of successful men for itself as well as for other companies.)

Manager development has become a necessity not because top managements have been allowed to become old as a result of depression and war, but because the modern business enterprise has become a basic institution of our society. In any major institution—the Church, for instance, or the Army—the finding, developing and proving out of the leaders of tomorrow is an essential job to which the best men must give fully of their time and attention.

It is also a necessity for the spirit, the vision and the performance of today's managers that they be expected to develop those who will manage tomorrow. Just as no one learns as much about a subject as the man who is forced to teach it, no one develops as much as the man who is trying to help others to develop themselves. Indeed, no one can develop himself unless he works on the development of others. It is in and through efforts to develop others that managers raise their demands on themselves. The best performers in any profession always look upon the men they have trained and developed as the proudest monument they can leave behind.

3

THE STRUCTURE OF MANAGEMENT

THE PRACTICE
OF MANAGEMENT

CHAPTER 16

What Kind Of Structure

Organization theory and the "practical" manager—Activities analysis—
Decision analysis—Relations analysis

Until well into the seventeenth century, surgery was performed not by doctors but by barbers who, untaught and unlettered, applied whatever tortures they had picked up during their apprenticeship. Doctors, observing a literal interpretation of their oath not to inflict bodily harm, were too "ethical" to cut and were not even supposed to watch. But the operation, if performed according to the rules, was presided over by a learned doctor who sat on a dais well above the struggle and read what the barber was supposed to be doing aloud from a Latin classic (which the barber, of course, did not understand). Needless to say, it was always the barber's fault if the patient died, and always the doctor's achievement if he survived. And the doctor got the bigger fee in either event.

There is some resemblance between the state of surgery four centuries ago and the state of organization theory until recently. There is no dearth of books in the field; indeed, organization theory is the main subject taught under the heading of "management" in many of our business schools. There is a great deal of importance and value in these books—just as there was a great deal of genuine value in the classical texts on surgery. But the practicing manager has only too often felt the way the barber must have felt. It is not that he, as a "practical man," resisted theory. Most managers, especially in the larger companies, have learned the hard way that performance depends upon proper organization. But the practicing manager did not as a rule understand the organization theorist, and vice versa.

We know today what has been amiss. Indeed, we are speedily closing the gap by creating a unified discipline of organization that is both practical and theoretically sound.

We know today that when the practical manager says "organization," he does not mean the same thing the organization theorist means when he says "organization." The manager wants to know what kind of a structure he needs. The organization theorist, however, talks about how the structure should be built. The manager, so to speak, wants to find out whether he should build a highway and from where to where. The organization theorist discusses the relative advantages and limitations of cantilever and suspension bridges. Both subjects can properly be called "road building." Indeed, both have to be studied to build a road. But only confusion can result if the question what kind of a road should be built is answered with a discussion of the structural stresses and strains in various types of bridge.

In discussing organization structure, we have to ask both what kind of a structure is needed and how it should be built. Each question is important; and only if we can answer both systematically can we hope to arrive at a sound, effective and durable structure.

First, we must find out what kind of structure the enterprise needs.

Organization is not an end in itself but a means to the end of business performance and business results. Organization structure is an indispensable means; and the wrong structure will seriously impair business performance and may even destory it. Still, the starting point of any analysis of organization cannot be a discussion of structure. It must be the analysis of the business. The first question in discussing organization structure must be: What is our business and what should it be? Organization structure must be designed so as to make possible the attainment of the objectives of the business for five, ten, fifteen years hence.

There are three specific ways to find out what kind of a structure is needed to attain the objectives of a specific business: activities analysis; decision analysis; relations analysis.

The Activities Analysis

To find out what activities are needed to attain the objectives of the business is such an obvious thing to do that it would hardly seem to deserve special mention. But analyzing the activities is as good as unknown to traditional theory. Most traditional authorities assume that a business has a set of "typical" functions which can be applied everywhere and to everything without prior analysis. Manufacturing, marketing, engineering, accounting, purchasing and personnel—these would, for instance, be the typical functions of a manufacturing business.

Of course, we can expect to find activities labeled "manufacturing," "engineering" or "selling" in a business that manufactures and sells goods. But these typical functions are empty bottles. What goes into each? And do we need a pint bottle or a quart bottle for the functions labeled "manufacturing," for instance? These are the really important questions. And to these the concept of typical functions has no answers. The average manufacturing business will indeed use these functions; but an individual manufacturing business may not need all of them or may need other functional containers as well. We also have to find out therefore whether these classifications are indeed appropriate for the activities of the specific business. To ignore these questions and operate in terms of a preestablished set of typical functions is like first giving a patient medicine and then diagnosing what ails him. And the results are just as dubious.

These questions can only be answered by analyzing the activities that are needed to attain objectives.

In the woman's dress industry engineering as such is unknown; and manufacturing is so simple by and large, as not to deserve ranking as a major function. But design is all-important.

At Crown-Zellerbach, the big West Coast pulp and paper manufacturer, long-range forest management is so important and so difficult that it had to be organized as a separate major function.

The American Telephone and Telegraph Company has organized the raising of capital in the financial markets as a separate major function, distinct alike from accounting and from long-range capital-investment planning.

One of the big manufacturers of electric bulbs considers the education of the public in the use of lighting and the creation of habits of good lighting to be a major need of the business, which can be satisfied only if the task is organized as a separate function. Since practically all American homes, shops and plants have electricity, the expansion of the market and the growth of the business depend indeed on increase in electric-bulb use per customer rather than on finding new customers.

To have organized any of these activities: forest management at Crown Zellerbach, raising capital at Bell Telephone, customer education at the lamp company, as part of another function would have resulted in their neglect. Indeed, they were organized as separate functions because an activities analysis revealed that as part of another function they were not being given the attention their importance warranted, and did not yield the performance the company required.

To substitute typical functions for an analysis of the activities actually needed is dangerous mental laziness, and in the end causes double work. For only a thorough and careful activities analysis can bring out what work has to be performed, what kinds of work belong together, and what emphasis each activity is to be given in the organization structure.

An analysis of the activities is needed most in the business that has been going for some time, and especially in the business that has been going well. In such a business the analysis will invariably reveal that important activities are either not provided for or are left hanging in mid-air to be performed in a haphazard fashion. It will almost invariably bring out activities that, once important, have lost most of their meaning, but continue to be organized as major activities. It will demonstrate that historically meaningful groupings no longer make sense but have, instead, become obstacles to proper performance. And it will certainly lead to the discovery of unnecessary activities that should be eliminated.

The new business also needs such thinking. But the worst mistakes in the organization of activities are invariably the results of growth—and especially of success. They occur most often where an enterprise that started out, so to speak, in a lowly but functional two-room cottage, put in, as it grew, a new wing here, an attic there, a partition elsewhere, until it is now housed in a twenty-six-room monstrosity in which all but the oldest inhabitants need a St. Bernard to bring them back from the water cooler.

Decision Analysis

The second major tool to find out what structure is needed is an analysis of decisions. What decisions are needed to obtain the performance necessary to attain objectives? What kind of decisions are they? On what level of the organization should they be made? What activities are involved in or affected by them. Which managers must therefore participate in the decisions—at least to the extent of being consulted beforehand? Which managers must be informed after they have been made?

It may be argued that it is impossible to anticipate what kinds of decisions will arise in the future. But while their content cannot be predicted—nor the way they ought to be made—their kind and subject matter have a high degree of predictability. In one large company I found that well over 90 per cent of the decisions that managers had to take over a five-year period, were what might be called "typical," and fell within a small number of categories. In only a few cases would it have been necessary to ask: Where does this decision belong? had the problem been thought through in advance. Yet, because there was no decision analysis, almost three quarters of the decisions had to "go looking for a home," as the graphic phrase within the company put it, and most of them went to a much higher level of management than they should have.

It has also been argued that a breakdown of decisions must be an arbitrary measure. "One president likes to make one kind of decision himself, another president another kind," the argument runs. Of course, personalities and their preferences play a part in any organization. But the area of personal preference is small and marginal, and adjustment to it is fairly easy (after all, how often do presidents change?).

Furthermore what matters is not what the president likes to do but what he—and every other member of management—should do in the interests of the enterprise. Indeed, if personal preference rather than the objective needs of the business are allowed to control where decisions are being made, effective organization and good performance become impossible. It is no accident that the greatest single cause for the failure of businesses to consolidate their growth, and for their relapse into smallness if not into bankruptcy, is the failure of the boss to give up making decisions when they are no longer his to make.

To place authority and responsibility for various kinds of decisions requires first that they be classified according to kind and character. Such standard classifications as "policy decisions" and "operating decisions" are practically meaningless, however, and give rise to endless debates of a highly abstruse nature. There are four basic characteristics which determine the nature of any business decision.

First, there is the degree of futurity in the decision. For how long into the future does it commit the company? And how fast can it be reversed?

The decision whether the raw material requirements of a speculative commodity such as copper should be bought according to production schedules or according to a forecast of price fluctuations may involve a good deal of money, and a complex analysis of many factors. It may, in other words, be both a difficult and an important decision. But it is almost immediately reversible; all it commits the company to is the duration of a futures contract (which can be sold every business day). Such a decision, despite its importance and difficulty, should therefore always be pushed down to the lowest level of management on which it can be made: perhaps the plant manager or the purchasing agent.

The second criterion is the impact a decision has on other functions, on other areas or on the business as a whole. If it affects only one function, it is of the lowest order. Otherwise it will have to be made on a higher level where the impact on all affected functions can be considered; or it must be made in close consultation with the managers of the other affected functions. To use technical language: "optimization" of process and performance of one function or area must not be at the expense of other functions or areas; it must not be "sub-optimization."

One example of a decision which looks like a purely "technical" one affecting one area only, but which actually has a major impact on many areas, is a change in the methods of keeping the parts-inventory in a mass-production plant. This not only affects all manufacturing operations, but makes necessary major changes in assembly. It affects delivery to customers—it might even lead to radical changes in marketing and pricing, such as the abandonment of certain designs and models and of certain premium prices. And it may require substantial changes in engineering design. The technical problems in inventory keeping—though quite considerable—almost pale into insignificance compared to the problems in other areas which any change in inventory keeping will produce. To "optimize" inventory-keeping at the expense of these other areas cannot be allowed. It can be avoided only if the decision is recognized as belonging to a fairly high order and handled as one affecting the entire process: Either it has to be reserved for management higher than the plant; or it requires close consultation between all functional managers.

Third, the character of a decision is determined by the number of qualitative factors that enter into it: basic principles of conduct, ethical values, social and political beliefs, etc. The moment value considerations have to be taken into account, the decision moves into a higher order and requires either determination or review at a higher level. And the most important as well as the most common of all qualitative factors are human beings.

Finally, decisions can be classified according to whether they are periodically recurrent or rare, if not unique, decisions. Both kinds have to be made on the level in the organization that corresponds to the futurity, impact and qualitative characteristics of the decision. Suspending an employee for a breach of discipline would belong in the former category; changing the nature of the product or of the business, in the latter. The recurrent decision requires the establishment of a general rule, that is, of a decision in principle. Since suspending an employee deals with a human being, the rule has to be decided at a high level in the organization. But the application of the rule to the specific case, while also a decision, then becomes a routine matter and can be placed on a much lower level. The rare decision, however, has to be treated as a distinct event. Whenever it occurs, it has to be thought through from beginning to end.

A decision should always be made at the lowest possible level and as close to the scene of action as possible. Moreover, a decision should always be made at a level insuring that all activities and objectives affected are fully considered. The first rule tells us how far down a decision *should* be made. The second how far down it *can* be made, as well as which managers must share in the decision and which must be informed of it.

Analyzing the foreseeable decisions therefore shows both what structure of top management the enterprise needs and what authority and responsibility different levels of operating management should have.

Relations Analysis

The final step in the analysis of the kind of structure needed is an analysis of relations, With whom will a manager in charge of an activity have to work, what contribution does he have to make to managers in charge of other activities, and what contribution do these managers, in turn, have to make to him?

Traditionally we tend to define the job of a manager only in terms of the activity he heads, that is, only downward. We have already seen (in Chapter 11) that this is inadequate. Indeed, the first thing to consider in defining a manager's job is the contribution his activity has to make to he larger unit of which it is a part. In other words, the upward relationship must be analyzed first and must be established first.

One example of relations analysis and of its results is that of a large railroad. Traditionally railroads place the two engineering functions concerned respectively with the design of new, and the maintenance of existing, equipment and facilities under the transportation function which is concerned with the physical movements of goods and passengers. If the engineering functions are defined in terms of the downward relationships of their respective managers, this tradition makes sense. For seen in this way, these functions are adjuncts to transportation. But the moment the question is asked: What is the upward relationship of the two engineering managers, the traditional organization structure is seen as fallacious and as a serious impediment to good railroad management. For perhaps the most important job of either engineering manager is to advise top management and to participate in the long-range decision on what the railroad's business should be. They are directly charged, by virtue of their job and technical knowledge with making the decision on one of the most important objectives: the supply of physical resources. They have major responsibility both for setting innovation objectives and for attaining them. Their jobs should therefore be organized so as to bring them directly into the counsels of top management, if not to make them members of the chief executive team. Otherwise basic decisions affecting the long-range future of the business, if not its very survival, will be taken without the necessary knowledge. Even if the decisions themselves are the right decisions, they will not be understood by the people who have to carry them out—the two engineering managers— and are likely to be sabotaged by them. Upward relations, in other words require that these functions be by themselves, outside the transportation function and directly reporting to top management.

But the sideways relations must also be analyzed. The contribution which a manager makes to the managers of other activities is always an important part of his job and may be the most important one.

A good example is the job of the marketing manager. In his downward relationship he is a "sales manager" in charge of a sales force engaged in obtaining orders. But if this relationship determines the organizational structure of the job (as it has traditionally done) the most important contributions the enterprise requires from its marketing activity may not be made at all. To do its job properly, engineering must obtain from the marketing activity information on new products needed and on modification of old products. It must obtain guidance on product development and design. It must obtain pricing information. Similarly, only from the marketing activity can manufacturing obtain such vital information as the anticipated volume of sales and the delivery schedules. Purchasing similarly depends on information which only the marketing manager can supply. And in turn the marketing manager requires information and guidance from all these functions to discharge adequately his downward relationship, that is, his responsibility for running the sales department. Indeed, the sideways relations have become so important that more and more companies either subordinate the sales manager to a manager of marketing charged primarily with the sideways relations, or split the marketing activity in two, a marketing and a selling function, the managers of which have equal status and operate independently though in close co-operation.

Analyzing relations is not only indispensable to the decision of what kind of a structure is needed. It is also necessary to make the vital decision how the structure should be manned. Indeed, only an analysis of the relations in a job makes possible intelligent and successful staffing.

These three analyses—of activities, of decisions, of relations—should always be kept as simple and as brief as possible. In a small enterprise they can often be done in a matter of hours and on a few pieces of paper. (In a very large and complex enterprise, though, such as General Electric or General Motors, the job may well require months of study and the application of highly advanced tools of logical analysis and synthesis.) But these analyses should not be slighted or skimped no matter how small or simple the business. They should be considered a necessary task and one that has to be done well in every business. For only these analyses can show what structure the enterprise needs. Only on their foundation can a functioning organization be built.

CHAPTER 17

Building the Structure

The three structural requirements of the enterprise—Organization for performance—The least possible number of management levels—Training and testing tomorrow's top managers—The two structural principles—Federal decentralization—Its advantages—Its requirements—Its limitations—The rules for its application—Functional decentralization—Its requirements and rules—Common citizenship under decentralization—The decisions reserved to top management—Company-wide promotions—Common principles—The symptoms of malorganization—A lopsided age structure of the management group

The first concern in building a management structure is the requirements it has to satisfy. What are its typical stresses and strains? What performance does it have to be capable of?

There are three major answers to these questions.

1. *It must be organization for business performance.* This is the end which all activities in the enterprise serve. Indeed, organization can be likened to a transmission that converts all activities into the one "drive," that is, business performance. Organization is the more efficient the more "direct" and simple it is, that is, the less it has to change the speed and direction of individual activities to make them result in business performance. The largest possible number of managers should perform as businessmen rather than as bureaucrats, should be tested

against business performance and results rather than primarily by standards of administrative skill or professional competence.

Organization structure must not direct efforts toward the wrong performance. It must not encourage managers to give major attention to the old and easy but tired products and businesses while slighting the new and growing, though perhaps difficult, products. It must discourage the tendency to allow unprofitable products and businesses to ride on the coattails of the profitable lines. It must, in brief, make for willingness and ability to work for the future rather than rest on the achievements of the past, and to strive for growth rather than to put on fat.

2. Hardly less important is the requirement that the organization structure contain the *least possible number of management levels*, and forge the shortest possible chain of command.

Every additional level makes the attainment of common direction and mutual understanding more difficult. Every additional level distorts objectives and misdirects attention. Every link in the chain sets up additional stresses, and creates one more source of inertia, friction and slack.

Above all, especially in the big business, every additional level adds to the difficulty of developing tomorrow's managers, both by adding to the time it takes to come up from the bottom and by making specialists rather than managers out of the men moving up through the chain.

> In several large companies there are today as many as twelve levels between first-line supervisor and company president. Assuming that a man gets appointed supervisor at age twenty-five, and that he spends only five years on each intervening level—both exceedingly optimistic assumptions— he would be eighty-five before he could even be considered for the company's presidency. And the usual cure—a special promotion ladder for hand-picked young "geniuses" or "crown princes"—is worse than the disease.

The growth of levels is a serious problem for any enterprise, no matter how organized. For levels are like tree rings; they grow by themselves with age. It is an insidious process, and one that cannot be completely prevented.

Here, for instance, is Alfred Smith, fairly competent as a plant manager but hardly good enough to be promoted. Under him, however, is Tom Brown, first-rate and "rarin'to go"—but where? He cannot be promoted around Smith—there is no job even if the company were willing to let him leap over his boss's head. Rather than see Brown leave in frustration, management kicks Smith upstairs into a new job as Special Assistant to the Manufacturing Manager in charge of tool supply; and Brown is put in as plant manager. But Smith knows enough to get busy in his new assignment; soon a veritable avalanche of mimeographed papers rolls out of his office. When he finally retires, one of the bright young men—Tom Brown Ⅱ—has to be put in to clean up Smith's mess; being a bright young man, he soon makes a real job out of what was originally nothing but the easy way to solve a personality problem. And when something has to be done for the next Alfred Smith—and, like the poor, they are always with us—a new job has to be set up; he is to be a "co-ordinator." And so two new levels are created, both soon "essential," and both, in no time, hallowed by tradition.

Without the proper organization principles, levels will simply multiply. Yet, how few levels are really needed is shown by the example of the oldest, largest and most successful organization of the West, the Catholic Church. There is only one level of authority and responsibility between the Pope and the lowliest parish priest: the Bishop.

3. Organization structure must make possible the *training and testing of tomorrow's top managers.* It must give people actual management responsibility in an autonomous position while they are still young enough to acquire new experience. Work as a lieutenant or assistant does not adequately prepare a man for the pressures of making his own decisions. On the contrary, nothing is more common than the trusted and effective lieutenant who collapses when he is put on his own. Men must also be put into positions where they at least see the whole of a business, even if they do not carry direct responsibility for its performance and results. Though experience as a functional specialist is necessary, certainly at the start of a man's

career in management, if exposed to it too long, a man will be narrowed by it. He will come to mistake his own corner for the whole building.

Training is not enough. A man must also be tested in his capacity to manage a whole business responsibly. He must be tested long before he gets to the top. And he should be young enough so that failure on his part does not finish him for good but still allows the company to use his services as a specialist, or a lieutenant. The job, while independent, should be small enough so that failure in it does not endanger the prosperity or survival of the business. And in the large enterprise there should be several such jobs in succession for a man so that future top managers can be selected by the only rational principle of selection and tested by the only adequate test: that of actual business performance on their own.

The job must also be junior enough so that a man who fails can easily be removed. To remove a president or an executive vicepresident is difficult. In the publicly owned corporation with its completely dispersed ownership it is well-nigh impossible. "Once you have a president you are stuck with him and can only hope for the intervention of providence through coronary thrombosis," a cynical company director once phrased it.

The Two Structural Principles

To satisfy these requirements organization structure must apply one or both of two principles:

It must whenever possible integrate activities on the principle of *federal decentralization*, which organizes activities into autonomous product businesses each with its own market and product and with its own profit and loss responsibility. Where this is not possible it must use *functional decentralization*, which sets up integrated units with maximum responsibility for a major and distinct stage in the business process.

Federal decentralization and functional decentralization are complementary rather than competitive. Both have to be used in almost all businesses. Federal decentralization is the more effective and more productive of the two. But the genuinely small business does not need it, since it is in its entirety an "autonomous product business." Nor can federalism be applied to the internal organization of management in every large business; in a railroad, for example, the nature of the business and its process rule it out. And in practically every business there is a point below which federal decentralization is no longer possible, below which there is no "autonomous product" around which management can be organized. Federal decentralization while superior is thus limited.

Functional decentralization is universally applicable to the organization of management. But it is a second choice for any but the small enterprise. It has to be used in all enterprises sooner or later, but the later it can be resorted to the stronger the organization.

Decentralization whether federal or functional has become so prevalent in American industry these last few years as to be a household word. Its practice goes back at least thirty years. DuPont, General Motors, Sears and General Electric all started to develop their decentralized organization before 1929.

Yet organization theory has paid little attention to it. To my knowledge my study of General Motors which appeared in 1946[⊖] was the first that considered decentralization as a distinct principle of organization.

The reason for this lag is that conventional organization theory starts with the functions inside a business rather than with the goals of a business and their requirements. It takes the functions for granted—if not for God-given; and it sees in the business nothing but a congeries of functions.

Moreover, conventional theory still defines a function as a group of related skills. And it considers this similarity of skills to be both the essence of functionalism and its major virtue. If we look at well-organized functional units, however, we shall find no such "bundle of skills." The typical sales department, for instance, includes selling activities, market research, pricing, market development, customer service, advertising and promotion, product development, often even responsibility for relationships with governmental bodies and trade associations. And the typical

---

⊖   Under the title *Concept of the Corporation* (New York: John Day, 1946).

manufacturing department covers an equally wide range. No greater diversity of skills, abilities or temperaments could be imagined than that needed in these "functional" organizations. Indeed, no greater variety exists in the business as a whole. If functionalism were really, as the books say, organization by skill-relationship, the typical sales or manufacturing department would be absurd if not totally unable to function. But they work—indeed, they work much better than units organized on similarity of skills—because they bring together all the specialized activities needed in one, fairly sharply delimited stage of the work. That they require different skills and different temperaments is irrelevant; what matters is that they bring together what is objectively needed for performance.

Actually what the textbook considers an a priori axiom of functionalism reflects nothing but the production management of fifty or sixty years ago—now hopelessly outdated. Then a plant was usually organized so as to have all machines of the same kind together: screw machines in one corner of the plant, reamers in another, planers in a third and so on. We have learned since that the first principle of good production organization is to bring the machines to the work, rather than the work to the machines. It is cheaper to have the work flow according to its own inner logic, even if it requires a few more machines, than to cart materials around. Similarly, we must always bring the special activity to the work, never the work to the special activity. For ideas and information cost even more to cart around than materials, and stand being handled even less well.

The stress on functional organization by related skills is thus a misunderstanding of what functional organization properly should be: organization by stage of process. This is illustrated by the unsatisfactory experience with those functions that are typically organized as bundles of skills: accounting and engineering. The typical accounting department is in constant friction with the rest of the organization. The typical engineering department has constant difficulty working out its objectives or measuring its performance. Neither condition is an accident.

The typical accounting department contains at least three different functions, put together because they all use the same basic data and require the ability to add and to subtract. There is the function of furnishing information to managers so as to enable each to control himself. There is a financial and tax function; there is finally a recordkeeping and custodial function. To this is normally added a fourth, the function of doing the government's bookkeeping in payroll deduction for income tax, in social security, in countless reports and forms, etc. Even the theory and the concepts underlying these various functions are dissimilar. And the attempt to apply concepts pertaining to one function (for instance, financial accounting) to another (for instance, management information) causes both the perennial controversies within the accounting fraternity, and the constant friction between the accountant and his associates in management.

Similarly, the typical engineering department usually contains long-range basic research, product design, application engineering, service engineering, tool design, plant engineering and housekeeping jobs such as maintenance engineering, building engineering and so forth. Some of these specialties have to do with innovation, others with marketing, other with manufacturing, others with maintenance of fixed assets, that is, really with financial matters, etc. The only thing these tasks have in common are elementary tools—not even much in the way of skill. To put them together because they all have the word "engineering" somewhere in their title makes an unmanageable hodgepodge. No one can have proper performance standards, or can know what is expected of him or even whose expectations he has to fulfill.

Some of the large companies are today engaged in thinking through engineering organization and in putting the engineering jobs where they belong according to the logic of the work to be done rather than according to the tools needed. Some have also begun to divide the traditional accounting function according to the logic of work rather than according to the logic of personal skills and personal limitations. The faster we do these jobs, the better business organization we shall have.

The Weaknesses of Functional Organization

But even proper functional organization by stage of process does not adequately serve the structural requirements of the business. It makes it difficult to focus on business performance. Every functional manager considers his function the most important one, tries to build it up and is prone to subordinate the welfare of the other functions, if not of the entire business, to the interests of his unit. There is no real remedy against this tendency in the functional organization. The lust for aggrandizement on the part of each function is a result of the laudable desire of each manager to do a good job.

Functional organization of necessity puts the major emphasis on a specialty, and on a man's acquiring the knowledge and competence that pertains to it. Yet the functional specialist may become so narrow in his vision, his skills and his loyalties as to be totally unfit for general management.

A further weakness is the difficulty of setting objectives in the functional pattern and of measuring the results of functional work. For the function as such is concerned with a part of the business, not with its whole. Its objectives will therefore tend to be set in terms of "professional standards" rather than in terms of the success of the business. They will tend to direct the attention and efforts of managers away from business success rather than toward it, will tend too often to emphasize and to reward the wrong things.

Because of this, functional organization leads to levels upon levels of management. It can rarely train or test a man in business performance, and almost never in a position where he has full responsibility for results. And, largely because it needs many levels, it tends to erode the meaning of each job and to make it appear nothing but a steppingstone to a promotion.

Federal Decentralization

This is the reason why federal decentralization—that is, organization by autonomous product business—is fast becoming the norm for the larger company.

In the last ten years it has been adopted or fully developed by Ford and Chrysler (General Motors has had it since 1923 or so), General Electric and Westinghouse, all the major chemical companies (except duPont who had developed it by 1920), most of the large oil companies, the largest insurance companies and so forth. And the principle is being expounded in articles and speeches, in management magazines and management meetings so that by now the phrase at least must be familiar to every American manager.

These are the main reasons for its emergence as the dominant structural principle of modern large business enterprise:

1. It focuses the vision and efforts of managers directly on business performance and business results.

2. Because of this the danger of self-deception, of concentrating on the old and easy rather than on the new and coming, or of allowing unprofitable lines to be carried on the backs of the profitable ones, is much lessened. The facts do not stay hidden under the rug of "overhead" or of "total sales figures."

3. The advantages are fully as great in respect to management organization. Management by objectives becomes fully effective. The manager of the unit knows better than any one else how he is doing, and needs no one to tell him. Hence the number of people or units under one manager no longer is limited by the span of control; it is limited only by the much wider span of managerial responsibility.

A Sears Roebuck vice-president may have a hundred stores under him—each an autonomous unit, responsible for marketing and for profits. And each store manager may have thirty section managers under him, each running his own autonomous unit and also responsible for marketing and profitability goals. As a result, there are only two levels in Sears between the lowest management job, section manager in a store, and the president: the store manager and the regional vice-president.

4. A Sears experiment showed dramatically the impact of federal decentralization on the development of tomorrow's managers.

Right after the war Sears hired a large number of young men. They were divided arbitrarily. About one third were put into the large stores, one third into the small stores, one third into the mail-order business. Five years later the best of the young men in the large stores were getting to be section managers; and the best of the young men in the small stores were getting ready to be managers of small stores themselves. In the mail-order houses there were actually more openings during these years. But mail order has always been organized by functional specialization. The best of the young men placed there had left the company; the others were, five years later, still clerks punching a time clock.

Similar is the experience of a large truck and tractor manufacturer.

The company's largest division has its own foundry run as part of its manufacturing department. All the other divisions—three in number—are supplied by the company's second and smaller foundry which is organized as an autonomous product business and which also sells to outside customers. The capital invested per ton of capacity in both foundries is about the same, the products closely akin. Yet, all the new processes developed during the last twenty years have come out of the foundry that operates as a product business. Its profits have been consistently one fifth higher even though it faces a more competitive and more widely fluctuating market. And while the second foundry has given the company three vice-presidents in the last twenty years, the first is still run by the man who was put in as manager when the plant was built in 1930.

5. Finally, federal decentralization tests men in independent command early and at a reasonably low level.

Two men in a large container-making company were generally considered the "heirs apparent"—one an extremely competent production man, one the president's chief assistant. When the company organized itself into autonomous product businesses, the two men were appointed general managers of the two largest of the new product divisions. Within three years it had become clear that neither was fit for a top executive job. The former manufacturing man could not run a balanced business. He neglected marketing and engineering, could not plan or budget. The former chief assistant could not make decisions. He always came back "upstairs" for the answers rather than assume responsibility himself. In fact, both had to be moved back into positions as lieutenants. But three other men who had never been considered top management material rapidly emerged as leaders when entrusted with the general management of smaller divisions. "We put in decentralization more because it was the fashion than because we really believed in it or understood it," the company's president said recently. "It has developed our business almost twice as fast as we had dared hope; and the greatest growth of sales and profits has been in lines that had always been problem children before. Above all, it has saved us in the nick of time from making the fatal mistake of putting the wrong people in at the top. I'll never again make that decision on the basis of my judgment instead of by performance test in an independent responsibility. We put in eight division managers; only three performed as we had expected them to perform. Two—our winning entries—never got away from the post. And the three whom we thought the least of turned out to be world beaters."

Both the Sears store managers and the container-division managers know what is expected of them; for that is determined by the objectives of the autonomous units they manage. As long as they attain these objectives, they do not have to worry about what the boss wants; nor do they have any trouble getting across to him what they want and need.

The Requirements of Federal Decentralization

When federal decentralization is defined as the structural principle under which as many managerial units as possible are organized as if they were businesses in themselves, what does this mean concretely? What are the requirements? What are the limitations?

The autonomous product businesses under federal decentralization vary tremendously in size. On the lower end of the scale there are the small Sears, Roebuck stores with fewer than fifty employees and with annual sales well below half a million dollars. At the upper end of the scale there is the Chevrolet division of General Motors with annual sales of four billions or so and with 200 000 employees or more.

They also vary tremendously in scope.

A General Motors appliance division—AC Spark Plug, for instance— is all but a complete business in itself. It may sell the larger part of its products outside of General Motors: direct to the customer for replacement, and to other automobile companies that are competitors of General Motors. It purchases its own raw materials, does its own engineering and design, its own manufacturing and so forth. Because of the special nature of its products, it may not even make much use of the company's central research facilities. What it uses are services like product-testing, consumer research and legal advice which many entirely independent businesses buy on the outside anyhow. It does not conduct its own contract negotiations with the labor union. But many independent businesses also have industry-wide contracts negotiated for them by their trade association. And AC Spark Plug handles its own union grievances. The only important function which an independent business would have to discharge, and which AC Spark Plug does not, is the raising of capital. Its funds are provided by General Motors.

But federally decentralized units may also have a much narrower scope.

A Sears store, for instance—even a large one doing ten million dollars' worth of business a year—does not do its own buying, its own merchandise development, its own selection of goods. That is done for all stores by the company. The company rather than the store manager decides which kinds of goods the store will carry, and, roughly, in what proportion. Whether he likes it or not, the manager must give space in his store to a "catalogue order desk" accepting orders for the Sears mail-order business which is in direct competition with the store. Even the arrangement of the store counters and the display are largely controlled from Chicago headquarters. Finally the manager has no pricing authority. His concern and responsibility are for pushing the sales of merchandise designed, developed, bought and priced for him.

Between these extremes there is every conceivable variation.

At General Electric, there are product businesses that are as truly autonomous as AC Spark Plug. There are others that, though eventually responsible for their marketing, entrust the actual selling and servicing job to a separate sales division which handles the products of several GE businesses pretty much the way an independent manufacturer's representative handles a number of complementary lines produced by different manufacturers. Some General Electric product businesses do all their own research; some do research co-operatively with neighboring businesses; some depend heavily on the company's central research facilities.

The same variety can be found in some chemical companies. Indeed, it is one advantage of federal decentralization that it permits great diversity without undermining essential unity.

There is, however, one requirement that must be satisfied if federal decentralization is to result. The managerial unit must contribute a profit to the company rather than merely contribute to the profit of the company. Its profit or loss should directly become company profit or loss. In fact, the company's total profit must be the sum total of the profits of the individual businesses. And it must be a genuine profit—not arrived at by manipulating accounting figures, but determined by the objective and final judgment of the market place.

To be able to contribute a profit to the company the unit must have a market of its own. This may be purely a geographic entity.

A West Coast branch plant of a Pennsylvania manufacturer of pots and pans has a market of its own even though it makes the same products as the mother plant in Pittsburgh. For freight charges for pots and pans are too high to allow transcontinental shipments. The Atlanta region of a life-insurance company has a market distinct from that of the Boston region. So has the Sears store in Keene, New Hampshire, even though there is another Sears store offering the same goods at the same prices in Fitchburg, Massachusetts, less than thirty miles away.

But a market may also be defined by the product.

This is the basis on which the autonomous divisions in Ford and General Motors and the product-business departments in General Electric are organized. One of the large rubber companies has organized itself on the federal basis by dividing its products into four major lines; passenger tires, commercial-truck tires, specialty-truck tires and non-tire rubber goods. Each of these lines is distinct and separate—in its customers, in the competition it has to meet, in its distributive channels. And non-tire rubber goods has been further subdivided into six autonomous units—galoshes are one—each with a separate product line and its own management.

In some industries there may be more than one distinct market for the same product lines in the same geographic area.

Institutional buyers of chairs—hospitals, schools, restaurants, hotels, large offices—are a market quite different from retail customers, using different distributive channels, paying different prices, buying in different ways. I know a fair-sized furniture company that attributes its rapid growth largely to having set up retail furniture and institutional furniture as separate product businesses—to the point where each division gets its chairs from its own factory even though the design and the production of the chairs are identical.

The Rules for its Application

Federal decentralization, no matter how large or how small, how autonomous or how restricted the unit may be, should always observe five rules that are essential to its successful application.

1. Any federal organization requires both strong parts and a strong center. The term "decentralization" is actually misleading—though far too common by now to be discarded. It implies that the center is being weakened; but nothing could be more of a mistake. Federal decentralization requires strong guidance from the center through the setting of clear, meaningful and high objectives for the whole. The objectives must demand both a high degree of business performance and a high standard of conduct throughout the enterprise.

Federal decentralization also requires control by measurements. Indeed, wherever we see a federal organization in trouble (wherever, for instance, layers of top management are being heaped on top of a federal structure), the reason is always that the measurements at the disposal of the center are not good enough so that personal supervision of the managers has had to be substituted. The measurements available must be so precise and so pertinent that a manager and his performance can really be judged reliably by them.

2. The federally decentralized unit must be large enough to support the management it needs. The aim should be to have as many autonomous units as possible and to have them as small as possible; but this becomes absurdity when the unit gets too small to support management of the necessary number and quality.

How small is too small depends, of course, on the business. A Sears store can be very small and yet support adequate management. All a small store needs is one manager and a few department heads who are actully first-line supervisors and paid accordingly.

In the mass-production metalworking industry a truly autonomous product business with its own engineering, manufacturing and marketing organization is not,

I believe, capable of supporting adequate management unless it sells ten or twelve million dollars' worth of merchandise a year. Product businesses with a significantly lower sales volume are in danger of being understaffed, staffed with inadequate people, or actually managed by the central office.

One solution that combines the benefits of smallness in federal decentralization with adequate management is that of Johnson and Johnson in New Brunswick, New Jersey. The autonomous businesses are kept as small as possible; some, having only two hundred employees or so, represent probably a degree of "smallness" comparable to the Sears, Roebuck store of fifty employees. These small units are responsible for all functions, even for their own financing. Unlike the Sears store they are really complete businesses. Each has its own president. But several units together share the expenses of a number of "Board members"—top officers of the mother company who themselves were once managers of autonomous units, and who act as advisors and experts. In this way the unit can afford top-flight management despite its small size and volume.

3. Each federally decentralized unit should have potential for growth. It is poor organization to put all the stable lines into one autonomous unit and all the promising and expanding ones into another.

4. There should be enough scope and challenge to the job of the managers. I can best explain what I mean by an illustration.

In the otherwise radical decentralization of a large rubber company, the design of manufacturing processes was deliberately made a concern of the company rather than of the product businesses, even though there would have been enough income in each product business to support the necessary staff. That the various businesses had fairly similar problems in manufacturing processes was not the reason for centralizing the activity. On the contrary, it was the major argument for decentralizing this function along with the rest, so as to obtain the benefits of competition between the new divisions. But "designing manufacturing processes" demands bold imagination, new thinking and elbow room for experimentation. And that, the company felt, required more scope and challenge than the autonomous-product divisions could provide.

Yet, the decentralized unit and its managers also need scope and challenge. They should, for instance, have considerable responsibility for innovations—otherwise they may become set in a routine. There is thus a balance to be found between the need of certain activities to have more scope than a federally decentralized unit can offer, especially if it is small, and the need for enough challenge for decentralized managers.

5. Federal units should exist side by side, each with its own job, its own market or product. Where they touch it should be in competition with each other—as are the automobile divisions of General Motors or of Ford. But they should not normally be required to do anything jointly. Their relation should be close and friendly—but based strictly on business dealings rather than on the inability of individual units to stand alone.

Where federal units cannot be organized on the basis of an arm's-length relationship, where the one feeds the other and the other depends on the first for its operations, they must be given what, following the terminology of federalist political theory in America, I would call a "right of nullification." What I mean by this is illustrated by the General Motors rule regarding the relationship between automobile divisions and accessory divisions producing parts.

> The automobile divisions have the right to buy from the outside rather than from their own accessory divisions if they can get the part at a lower price or in better quality from an outside supplier. In turn, the accessory divisions are entitled to sell on the outside—even to a direct competitor of their automobile divisions—if they can get a better deal. This right, though used sparingly, is by no means a dead letter. Its existence strengthens both parties and makes them more autonomous, more efficient, more responsible and better performers.

It is often argued that such a right of nullification denies the very values of integration; also it is said that it does not really matter which unit makes the profit since it all goes into the same corporate pocket. But this assumes that a surface appearance of harmony is preferable to efficiency and low costs. It assumes further that a company benefits by integration regardless of the performance of its constituent parts. Both are untenable assumptions. Above all, the argument overlooks the impact of such a right of nullification on the performance of both units and on their responsibility.

Cases in point are the two large oil companies which both run their own fully owned tanker fleets. In the one the transportation division which runs the tankers has the right to hire them out to refineries other than those of its own company if it can thereby get a higher tankerage rate. The refineries in turn can hire outside tankers if they can get them cheaper. In the other company the tanker fleet is run by a separate, though wholly owned, company. But the tankers can only be used for the company's own refineries which in turn cannot use outside tankers. And the frequent disputes over the rate charged for tankerage are decided by top management.

Both companies consider their tanker service to be autonomous and to have responsibility for profit and loss. The "right to nullification" has not been used in the first company in many years. But its very existence makes tanker management feel that it indeed runs its own business. Tanker-management in the second company feels that it runs a plant facility rather than a business. Indeed, the people in the transportation unit resent as hypocritical top management's talk about their autonomy. And there is little doubt that it is the company with the truly "federal" tanker unit that gets the better and cheaper transportation service.

That there must be a distinct market sets the limits for the application of federal decentralization. It seems to rule it out for a railroad, for instance. Three quarters of the business handled on every division of the line normally originate on another division or are destined for another division. There is, in other words, no distinct market and no distinct product for any managerial unit within a railroad.

But the need for a genuine market also prevents federal decentralization from being applied on all levels of a business and to all managerial units.

There are Sears stores that contain only federally decentralized units. The manager in charge of the hardware department runs a little store of his own; there is no management under him and only the store manager above him. This is, of course, possible only because the store and its management have the minimum of business responsibility compatible with genuine autonomy. In all other businesses, however, there is a point below which there must be managerial units that only contribute to the profit rather than contribute a profit themselves. There has to be someone responsible for manufacturing, for instance, if the company wants to have a product to sell. Manufacturing only contributes to the profit; from the point of view of accountant and economist alike, it is, indeed, purely a charge against profit. We speak of "cost of manufacturing," but rightly never of "profit of manufacturing." There is, in other words, in practically every business a point below which organization must be by functional decentralization.

It is important to stress the limitations of federal decentralization and the rules which it must observe so as to prevent abuse of our best concept of organization. But it needs to be said, too, that federal decentralization could be applied a great deal more than it has been so far. It applies to many more industries than have yet adopted it. It applies much further down than most of the decentralized companies have yet pushed it. And the more thoroughly it is being applied, the better are the structural requirements of business performance being satisfied.

Functional Decentralization

Organization by function is the more effective and the less problematical the more it approaches federal decentralization.

The best illustration of this is the Lamp Division of General Electric. Its organization was first developed more than forty years ago when the division was formed by the merger of several independent businesses. It survived an almost twenty-fold growth of business and the emergence of a host of new products.

At first sight the Lamp Division organization chart looks like that of the typical manufacturing company, with its centralized functions of manufacturing, marketing and so forth. Actually the division is in the hands of more than a hundred managers each of whom runs an integrated unit. Some of these units manufacture glass and parts such as the metal base of the bulb. They supply the Lamp Division but also sell a sizable part of their output on the market, mainly to competitors of the division. They therefore have a market of their own and are genuine product businesses. Some components sell finished bulbs to the consumer. They buy the bulbs from the division's own manufacturing plants at a set price—the way a Sears store buys from the Chicago buying office. But they sell in their own territory, New York or Texas or California. Their marketing is directly under their control. Their profitability is partly under their control—in respect to volume of sales, product mix and sales expenses—though both purchase and sales price are set for them. The least decentralized units are the manufacturing plants. They buy glass and parts at a genuine market price from the parts plants. But they sell finished bulbs at an administered price to the sales units. Even so the manufacturing unit can be given innovation and productivity objectives of its own. It can have objectives derived directly from market standing—in respect to quantity and quality of output, for instance. And it has a profitability objective which, while not a completely valid test of performance in a competitive market, is at least impersonal enough to permit comparison between the performance of different manufacturing plants.

The division has both a manufacturing manager and a marketing manager. But their job is not to supervise the unit managers but to serve them. The unit manager himself is appointed by the division's top man, the General Manager, can only be removed by him and reports to him.

Functional work should thus always be organized so as to give the manager the maximum of responsibility and authority, and should always turn out as nearly finished or complete a product or service as possible. Otherwise functional managers will not have objectives of performance and measurements of results that are really derived from business objectives and really focus on business results. They would have to set their goals in terms of "professional personnel management" or "good professional engineering." They would have to measure their results by technical skill rather than by the contribution to the success of the business. Instead of saying:"We succeeded in increasing the productivity of the company's employees by 5 per cent last year," they will say:"We succeeded in selling eighteen new personnel programs to the line managers."

Decentralization is always the best way to organize functional activities. But if the system of production contains any elements of Automation, it becomes absolutely essential. For the production organization of any company using either automatic materials handling or feed-back controls—two main elements of Automation—must be set up as a series of centers of information and decision at very low levels and with a high degree of integration.

> This shows clearly in the engine plant of the Ford Motor Company in Cleveland—a mass-production plant "old style" producing uniform products rather than uniform parts, but recently organized with completely automatic materials handling and materials flow. That fairly minor technological change required a thoroughgoing shift of the organization within the plant from the orthodox functional "chain of command" to something that might be called a "task force pattern"—many small centers of information and decision way down the "chain of command" but cutting across functional lines.

Similar centers of information and decision-making must also be established outside the production organization in any business using modern technology for the mass manufacture of parts with assembly into diversified products, or using process production. To design a product is no longer a job which starts in the engineering department, after which the plant tools up, after which the sales department goes to work pushing the product. It is a team effort in which marketeers, production people and engineers work together right from the start—again a "task force" concept. This requires that instead of organizing the work along lines of functional centralization, it must be organized in decentralized, though still functional, units which have the maximum of information and decision, and the broadest possible scope.

The compromise between broad scope and small size that has to be found for the decentralized functional unit should in practice be largely determined by the number of levels of management required. Ideally every functional manager should himself report to the general manager of a federal unit or product business. At the most there should be one level between—no more.

The reason for this is that every manager will, in a well-run enterprise, participate responsibly in the determination of the objectives of the unit that is headed by his immediate superior. He will derive the objectives of the unit he manages directly from those of the next-bigger unit. Thus, a functional manager who reports to the manager of a federal unit will himself take active part in developing the objectives of a business and will therefore focus the functional objectives of his own unit on business ends. The manager one level below will also be actively engaged in the setting of objectives that directly reflect genuine business goals. But one level further down—where there are two levels between functional manager and federal unit or product business—all the objectives the manager deals with are functional. They can hardly bear much closer relationship to the business objectives which they must help attain than a literal prose translation of a lyric poem will bear to the original. The biggest decline in the performance of functional managers, in their contribution to the business and in their awareness of business needs, is to be found, in my experience, when we go from the two-tiered to the three-tiered functional unit.

I realize that in manufacturing plants a limitation to the two levels of functional management is impossible; there are just too many people to manage. In all other functional activities, however, the rule should be observed. That Automation promises to make possible a "flat" organization structure in the manufacturing plant may well be one of its major attractions. It means that Automation will facilitate decentralization rather than undermine it.

An enterprise is too big or too complex for functional organization whenever the organization requires more than two levels of functional managers. Then the principle of federal decentralization should be introduced if it is at all feasible; for by then functional organization has ceased to be able to serve adequately the structural requirements of the business, even at its most functionally decentralized.

Whereas federal units should be connected "in parallel," functional units should be connected "in series." Since by itself no functional unit produces anyth-ing, all have to work together. Their best arrangement is similar to that of tiles on a roof: with some overlap around the edges, to make sure that every necessary activity is actually covered, and to set out clearly the areas of necessary co-operation. For while in a federally decentralized unit the job to be done can be spelled out con-cretely, largely in dollars and cents, in a functional unit objectives are not "hard" enough— or rather their impact on final business results is not close enough. It is difficult to say with precision: This is what the unit must perform. There should therefore be some room for adjustment to the personality of the individual manager and to his competence. There is need for some allowance for an expansion of the role of the unit under a strong man, and for shrinkage under a weaker man. There is need, in other words, for the flexibility of the roof-tile arrangement between functional units.

Common Citizenship under Decentralization

Decentralization, whether federal or functional, requires a common citizenship throughout the enterprise. It is unity through diversity. The most autonomous product business is still not independent. On the contrary, its very autonomy is a means toward better performance for the entire company. And its managers should regard themselves all the more as members of the greater community, of the whole enterprise, for being given broad local autonomy.

Actually decentralization does not create the problem of achieving common citizenship. It is likely to exist in much worse form in a functionally centralized organization, where the local loyalties—to the engineering department or to the manufacturing department—are apt to degenerate into cliques and feuds and to come into head-on collision with the needs and demands of the business. Under federal decentralization these local loyalties are in harmony with the demands of business performance. A man is likely to be a "better General Motors man" for being stoutly devoted to Buick.

Management has three means at its disposal to build common citizenship and to contain centrifugal forces, whether resulting from functional clannishness or from product-business parochialism.

The first lies in the decisions which top management reserves to itself. At General Electric, for instance, only the president can make the decision to abandon a business or to go into a new one. At General Motors, top management at the central office sets the price ranges within which each automobile division's products have to fall, and thus controls the competition between the major units of the company. At Sears, Chicago headquarters decide what kinds of goods—hard goods, appliances, fashion goods and so forth—each store must carry.

In other words, there must be a kind of "general welfare clause" reserving to central management the decisions that affect the business as a whole and its long-range future welfare, and allowing central management to override local ambitions and pride in the common interest.

Secondly, there should be systematic promotion of managers across departmental and unit lines. It has been said that the United States will not have a unified defense service until there is only one ladder of promotion and one career for all the services. Until then, each service will tend to think of its own needs and interests, will see in the other services rivals rather than partners. The same holds true in a business enterprise. A man who knows that one unit—let us say the AC Spark Plug Division of General Motors—is his career will become an "AC Spark Plug man" rather than a General Motors man. A man who knows that his promotion depends entirely on the powers that run the accounting department, will emphasize "professional accounting" rather than contribution to the company. He will have a greater stake in the expansion of the accounting department than in the growth of the company. Both men, knowing only a corner of the enterprise, will become parochial in their vision.

There is not too much point to shuttling very junior people around a great deal. But once a man has risen above the bottom positions in management, once he has shown exceptionally good performance, he should be considered a candidate for promotion out of his original unit. In General Motors, where this practice is followed fairly consistently, most of the men in the senior management of a division—manufacturing manager, sales manager, chief engineer and so on—have seen service in another division—though usually in the same function—sometime during their career in management. And the division general manager who has not earlier held a senior management job in another division is exceptional.

Common citizenship requires adherence to common principles, that is, common aims and beliefs. But practices should have no more uniformity than the concrete task requires.

Thus, for instance, it is a principle in several large and federally decentralized companies that the company be given the utmost benefit of the talents and abilities in its management group. It is also a principle that each manager be given the maximum of promotional opportunities that his performance has earned for him. To realize these principles requires some uniformity of practice. There must be some way to bring together the names of management people and their records. Managers making promotion decisions must be required to consider all eligible men within the company rather than just the men in their unit. But beyond that it is a manager's decision how he appraises the men, what procedures he uses, and whom he recommends for promotion.

Another example: a large and successful machine-tool maker adopted fifteen years ago the principle of accepting only business demanding the highest engineering standards. But the application of the rule is left to the division managers. And they vary quite a bit in their practices. One division has intentionally restricted itself to supplying highly specialized equipment at premium prices and has thereby converted the restriction of high-quality engineering into a sales-promotion asset. Another has stayed in a competitive field but has systematically worked on educating the customers to demand high engineering standards. Its slogan is:"Better engineering costs no more." A third considered the new principle a serious handicap in its low-priced small tool business, but one that could be overcome by better manufacturing and marketing methods. As the manager put it:"We start out with a handicap of higher engineering costs compared with the competitors. Our customers don't pay for better engineering; they buy by price. Hence we must be able to sell below competitor's price to get the volume our engineering costs require."

In other words, the unity of purpose and beliefs that makes a community with common citizenship is strengthened by diversity of practice. Practices should be uniform only where performance directly affects other units of the business. But principles should be common, clearly spelled out and strictly observed.

Symptoms of Malorganization

Anyone with experience in management knows a healthy organization structure when he sees it (which is seldom enough). But he is like the doctor who knows a healthy person when he sees one but can only define "health" negatively, that is, as the absence of disease, deformity and pathological degeneration.

Similarly, a healthy organization is hard to describe. But the symptoms of malorganization can be identified. Whenever they are present there is need for thorough examination of the organization structure. Whenever they are present the right structural principles are not being observed.

One telling symptom of malorganization is the growth of levels of management—bespeaking poor or confused objectives, failure to remove poor performers, overcentralization or lack of proper activities analysis. Malorganization shows itself also in pressure for "frictional overhead"—for co-ordinators, expediters, or "assistants" who have no clear job responsibility of their own but are supposed to help their superior do his job. Similarly it shows in the need for special measures to co-ordinate activities and to establish communications between managers: co-ordinating committees, incessant meetings, full-time liaison men and so forth.

Equally telling is the tendency to "go through channels" rather than directly to the man who has the information or the ideas needed or who should be informed of what is going on. This is particularly serious under functionalism, for it greatly aggravates the tendency of functional organization to make people think more of their function than of the business. It tends to insulate people—and functional organization, even at its most decentralized, is a heavy insulator. "Going through channels" is not just a symptom of malorganization; it is a cause.

Finally, whatever the organization pattern and structure, management must watch out for a serious and crippling constitutional disorder: a lopsided management age structure.

We have heard lately a good deal of the dangers of having a preponderantly old management. But a preponderantly young management is at least as dangerous. For overage in management liquidates itself fairly fast; and if the enterprise survives till then, its recurrence can be prevented. A preponderantly young management means, however, that for years to come there will be no promotional opportunities for young people. All the good jobs are filled by men with twenty or more years of service-life ahead of them. Good men either will not join such a company or will quit. If they stay, they will soon cease to be good men as they turn into frustrated time servers. Twenty years hence the preponderantly young management of today will be a preponderantly old management—with no one in sight to succeed them. In fact, every company that suffers from an old management today does so because, twenty years ago, under the impact of the Depression, it brought in a young management.

To insure a balanced age structure should be one of the main concerns of manager manpower planning. There must be enough older men to insure opportunities for younger men, enough younger men to insure continuity; enough older men to provide experience and enough younger men to provide drive. Age structure of management is like the metabolism of the human body; unless it is balanced all constitutional processes are diseased.

Good organization structure does not by itself produce good performance—just as a good constitution does not guarantee great presidents, or good laws a moral society. But a poor organization structure makes good performance impossible, no matter how good the individual managers may be.

To improve organization structure—through the maximum of federal decentralization, and through application of the principle of decentralization to functionally organized activities—will therefore always improve performance. It will make it possible for good men, hitherto stifled, to do a good job effectively. It will make better performers out of many mediocre men by raising their sights and the demands on them. It will identify the poor performers and make possible their replacement by better men.

A good organization structure is not a panacea. It is not, as some organization theorists seem to think, the only thing that matters in managing management. Anatomy, after all, is not the whole of biology either. But the right organization structure is the necessary foundation; without it the best performance in all other areas of management will be ineffectual and frustrated.

CHAPTER 18

The Small, the Large, the Growing Business

The myth of the idyllic small business—How big is big?—Number of employees no criterion—Hudson and Chrysler—The other factors: industry position; capitalization needs; time cycle of decisions, technology; geography—A company is as large as the management structure it requires—The four stages of business size—How big is too big?—The unmanageable business—The problems of smallness—The lack of management scope and vision—The family business—What can the small business do?—The problem of bigness—The chief executive and its job—The danger of inbreeding—The service staffs and their empires—How to organize service work—The biggest problem: growth—Diagnosing the growth stage—Changing basic attitudes—Growth: the problem of success

It is almost an article of the American creed that in the small business there are no problems of spirit and morale, of organization structure or of communication. Unfortunately this belief is pure myth, a figment of the Jeffersonian nostalgia that is so marked in our national sentiment. The worst examples of poor spirit are usually found in a small business run by a one-man dictator who brooks no opposition and insists on making all decisions himself. I know no poorer communications than those of the all too typical small business where the boss "plays it close to the chest." And the greatest disorganization can be found in small business where everybody has four jobs and no one quite knows what anyone is supposed to be doing. In fact, if the Ford Motor Company in the thirties was a model of poor spirit, poor organization and poor communications, it was because the elder Ford tried to run it the way the typical small business tends to be run. It was only the size of his operations that made appear extraordinary what in a small business might well have passed for commonplace.

It is not even true that the small business offers greater opportunities for the development of managers—let alone that it develops them "automatically." The large business has definite advantages. It can much more easily do a systematic job of manager development. It can afford to keep promising people even if it does not have immediate use for them. Above all, it can offer many more management opportunities, especially to the beginner. For it has opportunities to move sideways which allow a beginner to find the place for which he is most fitted. And it is rare luck for a beginner to start out in the work or place for which he is best fitted. That so many of our young college graduates look for jobs in the big business may reflect their search for security, as is so often said. It certainly expresses a sound appraisal of the realities and of their own best interests.

Size, then, does not change the nature of business enterprise nor the principles of managing a business. It does not affect the basic problems of managing managers. It in no way affects the management of work and worker.

But size vitally affects the structure of management. Different size demands different behavior and attitudes from the organs of management. And even more influential than size is change in size, that is, growth.

How Big Is Big?

How big is big has been a perennial question in economic and business literature. The most common measurement used is the number of employees. When a business grows from thirty to three hundred employees, it does indeed undergo a change in structure and behavior; and another qualitative change usually occurs when a business grows from three thousand to thirty thousand employees. But while relevant, number of employees is not by itself decisive.

There are businesses with a handful of employees that have all the characteristics of a very large company.

One example would be a large management consulting firm. "Large" here means about two hundred employees (which in an insurance company would be tiny and in the automobile industry impossibly small). Yet the business has all the "feel" of a large company, requires the organization structure and the attitudes and behavior of large-company management. The reason is, of course, that everybody in a management consulting firm (excepting only secretaries, messengers and file clerks) is top management or at least upper middle management. A management consulting firm, like the Romanian Army, has only generals and colonels. And a senior management group of two hundred men is large business indeed.

Conversely, companies with a large force of employees may well be fairly small business in every other respect, and especially in the demands on management structure and behavior.

The best example I know is a water company supplying a large metropolitan area. The company has 7500 employees. But as the company's president puts it:"We don't need more management than a toy store does." Being a franchised monopoly, there is no competition. The danger of water's becoming obsolescent is remote. A good deal of technical skill is needed in the building of reservoirs, filter stations and pumping stations, but the contractors supply that; all the engineering the company has to do can be done by the president himself with two engineering draftsmen. Cost control in meter-reading and billing is important; but again there are no business decisions here, only careful procedures work. The only area that requires management of any sort are the relations with the state Public Utility Commission, the City Council and the public. But, as the president points out, they would be the same whether the company had 75 or 7500 employees.

Another example was the Hudson Motor Car Company which was managed successfully as a medium-sized company until its recent merger with Nash-Kelvinator. It had well over 20 000 employees. But it was only a marginal producer in the automobile market, supplying less than 3 per cent of all cars sold. It was actually too small to exist in an industry that must have national distribution and service; and in the end it had to merge with another company, precisely because it was too small.

During the thirties, however, it prospered because it understood what it means to be a small company. It understood, for instance, that a marginal supplier cannot get anywhere by undercutting price except into bankruptcy. But it shrewdly competed by putting a higher price tag on its cars, which enabled it to offer a larger trade-in price for its used cars. In this way, the customer was offered a "medium-priced" car which cost him only the same differential between new-car and used-car price that he would have had to pay for the low-priced cars. (This is the classic model for the right price policy of the marginally small business.) Hudson's entire organization— except in the sales area—was that of a small business. One top man made all business decisions. And there were only a small number of functional managers.

The most interesting example is another automobile company: Chrysler. By World War Ⅱ, Chrysler had become the second largest automobile producer in the world. It had well over 100 000 employees, and its annual sales were well above one billion dollars. Yet, Chrysler in the thirties was (apparently deliberately) organized and run as a medium-sized business. This was done by removing all the complexities. Chrysler only manufactured engines. Everything else that goes into an automobile—frame and bodies, accessories and instruments—was bought on the outside. Production was a pure assembly job, and while requiring great technical skill assembly requires few business decisions. Capital investment in an assembly plant is low, as neither heavy buildings nor complicated machinery is needed. (Few people realize that automobile assembly is done by hand, with a wrench the most complicated tool in general use.) The difference between good and poor assembly-plant management is simple and obvious: the difference between fifteen and seventeen cars coming off the line. And whatever else was needed Chrysler tried to contract out; its union negotiations, for instance, were handled by a partner in a New York law firm. Marketing and design remained as areas of business policy and management decision. Otherwise Chrysler needed only first-rate assembly technicians by and large. As a result, one man could do most of the actual managing: Walter P. Chrysler himself with one or two close associates helping him. The management group was small, compact and easily organized—yet harmonious.

It is, of course, debatable whether this was the right thing to do. Postwar developments have already forced the company into a sharp reversal of its policy and into considerable integration. Whether Chrysler can produce the management it needs and can solve the problems of management organization, behavior and performance its new structure requires, only the next few years will show. Its earlier attempts to behave like a medium-sized company may well be the reason why Chrysler has been losing ground these last few years. But at least as long as Walter P. Chrysler was alive, the colossus was run as if it were a medium-sized business—and successfully at that. The company grew steadily and it earned constantly the highest return on invested capital of all automobile companies.

Sometimes even geography is decisive. I know a company that owns five small plants in five parts of the world—the total number of employees is just over a thousand. Yet, because the production and sales of all five plants are closely integrated, management faces most of the problems of a business employing ten thousand or twenty thousand men.

But all these factors come to a head in the structure of management, in the behavior required of the various organs of management and in the extent to which management has to manage by planning and thinking rather than by "operating."

Management structure, especially the structure of top management, is therefore the only reliable criterion of size. A company is as large as the management structure it requires.

The Four Stages of Business Size

If we apply this criterion of management structure, we find that there are not only the "small" and the "big" business. There are at least four, sometimes five, different states of business size—each with its distinct characteristics and problems.

First we have the *small business*. A small business is distinguished from the one-man proprietorship by requiring a level of management between the man at the top and the workers. A business will still be a one-man entrepreneurship if two people run it in partnership, one, for instance, primarily concerned with selling, one with manufacturing. It will still be a one-man entrepreneurship if there are a few foremen in the shop who act only as gang leaders or as skilled workers. But if, for instance, a plant superintendent, a treasurer and a sales manager are needed, it is a small business.

In the small business neither the action part of the chief-executive job nor the objective-setting part of it are full-time preoccupations. The man at the top in a small business can even combine running the business with running a function such as sales or manufacturing. Still the business already needs a management organization.

The next stage of business size is probably the most common; it is also one of the most difficult. Inability to solve the problems of management organization at this stage is one of the most common and serious causes of trouble. Yet, this stage has no name of its own, it is not even usually recognized as a specific stage. For want of a better term I would call it the *fair-sized business*.

The fair-sized business is distinguished from the small business in two ways. In the first place the top operating job has become a full-time assignment. And the over-all business objectives can no longer be set by the man who holds the top operating job. Setting objectives may indeed still be carried on as a part-time job; the treasurer, for instance, may handle it in addition to his financial duties. But it is usually better in the fair-sized business to organize objective-setting as a separate function, to be discharged, for instance, by the functional managers meeting regularly as a planning committee.

The fair-sized business therefore always has to have a chief executive team. It always has a problem of the relationship of functional managers to top management, though the problem is still small.

It is at this stage that a decision has to be made concerning which of the principles of organization structure apply. The small business is, as a rule, is organized functionally; and there is no difficulty in meeting the requirement that functional managers report directly to the manager of a genuine business. In the fair-sized business the federal principle of organization becomes both applicable and advantageous.

Finally, in the fair-sized business we encounter for the first time the problem of organizing technical specialists. "Staff services" by and large are still unknown (with the exception perhaps of a personnel department). But technical specialists are needed in many areas. Their relationship to functional and top management and to the objectives of the business therefore have to be thought through.

The next stage is the *large business*. Its characteristic is that either one or the other of the chief-executive jobs has to be organized on a team basis. Either the top action job or the job of setting over-all objectives is too big for one man and has to be split. Sometimes one job becomes a full-time job for one man and a part-time job for several other people.

There may, for instance, be a president who, full-time, is the chief action executive. But both the manufacturing vice-president and the sales vice-president may spend a considerable part of their time as top action officers in addition to their functional duties. Similarly, there may be an executive vice-president concerned full time with over-all objectives. Or (as is quite usual) the chairman of the Board, semi-retired from active executive office, may spend practically full time on objectives. At the same time the company's treasurer, its chief engineer and its personnel vice-president may all spend a large part of their time on setting objectives for the company.

In the large business the federal principle of management organization is always the better one. In most large businesses it is the only satisfactory one. This raises a problem of the relationship between top management and the autonomous managers of federal businesses.

The last stage of business size is the *very large business*. It is characterized first by the fact that both the action and the over-all objective-setting part of the chief executive job must be organized on a team basis. And each job requires the full-time services of several people. Secondly, it can only be organized on the federal principle of management structure. The business is too big and too complex to be organized any other way. Finally, the organization of the chief executive and its relationship to operating management tend to become major problems which engage the attention and energy of top-management people before everything else. It is in the very large business that systematic organization of the chief executive job is both most difficult and most needed.

How Big Is Too Big?

There may be yet another stage: the *unmanageably big business*. How big can a very large business grow? What is the upper limit of manageable business organization? Is there such a limit?

There is little reason to believe that mere size alone is against the public interest. It need not lead to monopoly. It need not curtail social or economic mobility (indeed, the fastest turnover in our economy is among the smallest and the hundred largest companies). The very large business, contrary to folklore, does not inhibit the growth of new or of small businesses. Entrance into an industry (unless monopolistic practices are permitted by law) depends on technological and market factors and on capital required rather than on the strategic situation within the industry. And the very large business tends to sponsor a host of small, independent businesses

acting as suppliers or distributors. Similarly, mere size need not affect labor rela-
tions or social stability.

But mere size may make a business unmanageable. A business tends to become
unmanageable when the chief executive of a product business can no longer work
directly with the chief-executive team of the company but has to go through channels
to get to the top. When, in addition to a number of deputy presidents, a layer of
group vice-presidents is needed then the business approaches unmanageability.
Similarly, when objective-setting officers no longer can work directly as part of the
chief-executive team but need an executive vice-president or group vice-president
of their own to coordinate them and to communicate their thinking to the top team,
the business has grown too big to be manageable.

A very large business also becomes oversized when it needs so many levels
of management that even a man of real ability cannot normally rise from the
bottom to the top and yet spend enough time on each level to be thoroughly tested
in performance. Such a business not only has to fall back on hothouse methods of
executive growth. It inevitably suffers from executive anemia as it deprives itself of
the full use of its own most precious resource. And it denies a basic premise of our
society.

> In practice this means that any business that needs more than six or
> seven levels between rank-and-file employee and top management is too
> big. Seven, incidentally, is also the number of levels in the military forces
> (for first and second lieutenant as well as lieutenant colonel and colonel are
> different pay grades rather than functionally differentiated levels); and the
> example of the military shows that seven levels is almost too many—for
> only under wartime conditions of expansion does the ablest officer reach
> the top ranks.

Finally, a business becomes unmanageable when it is spread out into so many
different businesses that it no longer can establish a common citizenship for its
managers, can no longer be managed as an entity, can no longer have common over-
all objectives.

This danger is particularly great in the business that originated in a common technology, such as chemistry or electrical engineering. As the technology unfolds it creates more and more diversified products with different markets, different objectives for innovation—and ultimately even with different technologies. The point is finally reached where top management cannot know or understand what the diversified businesses require—or even what they are. The point may be reached where objectives and principles that fit one business (or group of businesses) endanger another.

This problem has been realized, it seems, by the big oil companies. The petroleum business is highly complex and closely integrated. But there are only a small number of main products—and they are closely interrelated in production and marketing. Hence even a giant oil company, operating on a world-wide scale, remains manageable. But when petroleum chemistry came along the big oil companies put their new chemical businesses into separate companies, retaining financial ownership but turning over the management job of chemical businesses to new companies. This deliberate break with their own tradition of close integration was their solution of the problem of unmanageability.

The new technology may make this danger of overdiversity the most serious problem of manageability. For Automation does not require larger businesses—it may well make smaller ones possible in many industries. But it requires that each process be conceived of and managed as a separate, integrated whole. Management policies and decisions taken for one process may not fit another; and management policies and decisions taken for one function or one area rather than for the entire process may not fit at all. This not only makes federal organization essential; it also may well set narrow limits to the diversity of product businesses any one top management can administer. It is, I think, no accident that the oil companies have chosen not to integrate their chemical businesses but to separate them out; after all, the oil companies had Automation long before the word was invented. And larger companies in the industries that are about to move into the new technology might well consider seriously the oil industry's example.

There is a great deal a business can do to counteract the forces making for unmanageability. Proper organization of the manager's job and of the business structure will go a long way toward preventing unmanageable size. The application of federal decentralization, for instance, and the proper organization of the chief executive team should cure top-management dropsy. And I know of no case where the excess levels of management are really necessary.

But in most of the very large companies there is also no requirement of public policy or of public convenience compelling organization in one company. Top managements in the very large companies should therefore always ask themselves: How close are we to unmanageability? And if the answer is close, or very close, they owe an obligation to the stockholders, the managers and the public to find a way of dividing the business.

The Problems of Smallness

Each of the stages of business size not only requires a distinct management structure. It has its own problems and its typical weaknesses.

The main problem of small and fair-sized businesses is usually that they are too small to support the management they need. The top-management positions in the small and fair-sized business may require greater versatility than the corresponding positions in the large or very large company. They may well require as much competence. Top management is not, as in the larger business, supported by a host of highly trained technical and functional people. But the fair-sized business in particular is often too small to be able to offer its managers adequate inducements. Financially it may not be able to pay what a first-rate man can get in a large business even in lower-ranking positions. It cannot easily develop tomorrow's managers in adequate number or quality. Above all, it does not, as a rule, offer the challenge and scope in management positions which the large business offers. The perennial problem in the fair-sized business is the gap between the demands on management and the competence of management, a gap that, only too often, cannot be colsed as long as the business remains fair-sized.

Another typical problem of the small or fair-sized business arises out of the fact that it is often family-owned. Senior management position are therefore frequently reserved to family members. This is all right as long as it does not lead to the vicious practice of giving jobs in management to members of the family not competent to hold them. The argument that "we have to support Cousin Paul and might therefore just as well put him to work" is common in the family business. It is also fallacious. The job Cousin Paul is appointed to is not done properly. What is worse, able, ambitious, competent men, who happen not to be members of the family, become discouraged. They either quit the company and go elsewhere, or they "quit on the job," cease to exert themselves and do just enough to get by.

Finally, top management of both the small and the fair-sized business is apt to suffer from narrowness of outlook and constriction of outside contacts. As a result it is in danger of becoming backward in knowledge and competence, technologically as well as economically, and ignorant of the social forces which, in the last analysis, determine the success if not the survival of the business. It may not even realize that it has problems of management organization. Above all, it may totally fail to see the need for thinking and planning, may try to manage intuitively and "by the seat of its pants" when the very survival of the business demands careful analysis.

In many fair-sized businesses these problems are so serious that there is only one solution: expand the business by merger with another small or fair-sized company, or by the acquisition of another such company. Even if it endangers family control, such a move may be preferable to the maintenance of an organization that is too small to be managed properly.

What can the small and the fair-sized business do? First, it has to take great pains to bring an outside viewpoint into its management councils to broaden its vision. (This is one of the main reasons why I stressed the need for an outside Board in the small company.)

Second, if the business is family-owned, it should adopt and ironclad rule that no member of the family should ever be given a job which he has not earned. That Cousin Paul must be supported is one thing. To support him, however, by making him sales manager or treasurer is something else again. As a charity case or as a pensioner, Cousin Paul costs only his annual stipend. As sales manager, he might well cost the company both its market and the services of the managers it needs most. Family members might be given preference if they are as qualified as non-family members, but they should never be appointed or promoted in preference to a better qualified non-family member of management.

The most important rule, however, is to make sure that planning, thinking, analyzing are not slighted under the pressure of action decisions. Top management in the small and in the fair-sized business should at least set aside one week each year for a planning and review conference. This conference should be held outside the office. It should be attended by every senior member of management. It should focus on the needs of the company five years ahead and lead to the setting of objectives in all key areas. It should appraise results in these areas achieved during the past year. And it should assign responsibility for performance in each area to individual members of the group.

The Problems of Bigness

The first problem in the large and very large businesses is the organization and scope of the chief-executive job. What is the job? How should it be organized? What decisions should be made at the top?

The means to tackle this problem have all been described. They consist partly of the proper structural principles, partly of proper organization of the chief-executive job as a team job, partly of proper use of the Board of Directors. An analysis of the activities, decisions and relations of the chief executive job is also needed.

Still, there is an enormous amount of study to be done on the way top-management people should spend their time, before we know all the answers to the problem of the chief executive in the large and very large business. For the chief executive of the large business is a new thing. What it is, what it does and what it should do are all new questions that still are not fully explored.

The second problem of the large, and especially of the very large enterprise, is the tendency of its management group to become ingrown and inbred, smug and self-satisfied.

It is a biological law that the larger an organism grows the greater is the ratio between its mass and its surface, the less exposure to the outside there is for the cells on the inside. As living organisms grow they have therefore to develop special organs of breathing, perspiration and excretion. It is this law that sets a limit to the size of living organisms, that makes sure that the trees will not grow into the sky; and the business enterprise stands under this law as much as any other organism.

In the large and very large business, as a rule, managers grow up together. They know each other. They talk to each other on the telephone every day. They meet at company meetings, at training sessions, at lunch and at the country club. They have a topic of conversation of assured common interest.

The resulting tendency of managers to cling together is just as natural as the tendency of Army officers to know only other Army officers, and of Navy officers to know only other Navy officers. And just as a good Navy wife knows only other Navy wives, so the wife of a General Motors, a Sears, Roebuck or a Telephone Company executive is likely to know primarily other General Motors, Sears or Telephone Company wives.

The large or very large company needs an *esprit de corps* among its managers just as does a military organization; it needs close comradeship; it needs pride in what the company is and what it stands for. But this *esprit de corps* must not degenerate into blind acceptance of company tradition as sacred and unchangeable just because "this is the way we have always done it." It must not become blindness to lack of performance or contempt for the "outside." It must not be allowed, in other words, to lead to internal dry rot.

This is so serious a problem that it requires not one but several remedies. One of them is a truly independent Board staffed with capable and hard-working outsiders. Another is the systematic attempt to move management people out of the business and into situations where they meet people from other businesses and other walks of life. One of the major benefits which company executives themselves believe they receive from attending advanced management courses, such as are offered now by a number of universities, is the opportunity to meet men from other businesses, to exchange ideas and information with them, and to learn that the way their own company does things is not the only possible, let alone the best way. And while few executives enjoyed their wartime service with the government, a good many feel that they are better executives for having had to work with non-business people.

One of the easiest and most effective ways to provide outside exposure, challenge and stimulus is the systematic recruitment of a few people from the outside, even into major management positions. The large and very large enterprise, like the large animal, must systematically develop special organs of respiration and excretion. And the best and quickest way to bring a breath of fresh air right into the middle of the big mass that is the large business, is to bring into a senior management position an executive who has grown up in a different environment. The very thing that will make an outside executive unpopular at first—his tendency to be critical of the conventions, mores and axioms of his new associates—is what makes him useful and important.

But more important than any specific practice is a basic attitude. The large and very large business tends to expect of its managers today that they make the company the center of their universe. But a man who, as the phrase goes, "lives for his business," is far too narrow. Since the company is his life he clings to it with desperation; he is apt to stifle the development of the younger men so as to make himself indispensable and to postpone the horrible day of retirement into an empty world. In its own interest, management should encourage serious outside interests on the part of its executives. Nor should it limit these interests to community affairs that help the company's public relations, or to participation in trade associations and professional societies that are good for the company's standing in the industry. To be known as a minor poet (as was the late Field Marshal Lord Wavell) is an asset rather than a liability in that otherwise unpoetic institution, the British Army. To be know as an ardent and scholarly student of insects (or of Roman coins) is a definite recommendation in a Catholic priest. It is high time that the large businesses, too, realize that the man who "lives for the company" is a danger to himself and to the enterprise, and likely to remain a "perennial boy scout."

The Service Staffs and Their Empires

The large and the very large enterprise face another serious problem: the danger that central office service staffs will become "staff empires."

I am doubtful about the popular use of the terms "line" and "staff" to describe various kinds of activities within the business enterprise. The terms themselves derive from the military. They may have meaning in military organization. Applied to business, they can, however, only confuse.

There are two kinds of activities in any business enterprise: business-producing functions such as marketing and innovation, and supply functions. Some supply functions provide physical goods such as purchasing and production; some provide ideas such as engineering; some provide information such as accounting. But none of these is a staff function. None either advises another function or acts for it.

It would actually be undesirable to have any staff functions. As far as I have been able to grasp the concept, to be "staff" means to have authority without having responsibility. And that is destructive. Managers do indeed need the help of functional specialists. But these men primarily do their own job rather than advise the manager how to do his. They have full responsibility for their work. And they should always be members of the unit to whose manager they render functional service rather than part of a special staff.

In the small or fair-sized business, staff is usually confined to one area: the managing of worker and worker. Even there (as we shall see in Chapter 21) the confusion created by the staff concept has done serious damage. But in the large and in the very large business the staff concept has had the more serious result of creating a number of central office service staffs: groups of professional specialists attached to headquarters who are supposed to render service and advice to operating managers in a particular area. Typically we find in the large business a central-office marketing staff, a central-office manufacturing staff, a central-office engineering staff, a central-office personnel staff, a central-office accounting staff and so forth.

These central-office staffs seriously impede the performance of top management. Concern for each of the key areas of business performance should be the specific responsibility of someone on the chief executive team. In the small business all eight key areas may well be assigned to one man, who is the "thought man" for the company. The very large company, on the other hand, may have to have a separate full-time executive for each key area: market standing, innovation, productivity, supply of resources, profitability, management organization and personnel, employee performance and attitudes and public responsibility.

But if these men are also supposed to run a service staff, they do not have time or thought for their real job: to consider the business as a whole and to think through the impact of every business decision on the area for whose results they are primarily responsible. They are much too busy running a big administrative machine, much too concerned with the perfecting of tools and techniques, much too interested in pushing their particular "program." General Electric has tried to counteract this; it expects of each of the services vice-presidents that he spend only 80 per cent of his time on administering his own staff and give 20 per cent to being a member of the chief-executive team concerned with the company as a whole. But the proportions should be reversed to insure proper performance of the job of thinking ahead. And no other company, to my knowledge, goes even as far as General Electric; everywhere else these men spend practically all their time on their service empires and little on their top-management job. Indeed, I know one very large company where the manufacturing services vice-president at central office does little except interview personally every man recommended by any one of the fifty-six plant managers for promotion to general foreman.

To be responsible for a service staff which does work for operating managers also means that the man at its head is unlikely to be equipped to discharge the top-management responsibility. He will be an "expert" rather than a "general manager," picked for his knowledge of personnel techniques or market research. But the job requires the vision and experience of a successful business manager. The expert, no matter how successful in building the staff empire, will rarely have either the vision of a general manager or his proven performance in managing a business.

Furthermore, the central-office staffs seriously impede the performance of operating managers.

In every large company I know, the biggest organization problem is the relation-ship between these service staffs and the managers whom they are supposed to serve. On paper, the concept makes sense, but in practice it does not seem to work out. Instead of serving the manager, the service staffs tend to become his master. Instead of deriving their objectives from the needs and objectives of his business, they tend to push their own specialty as if it were an end in itself. Increasingly the operating manager feels that his promotion depends on service staffs and their reports about him to top management. The service specialist, instead of gauging his own results by the performance of the manager he serves, tends to appraise the performance of a manager by the number of "packaged" special programs the manager allows the service man to install and to run. Loudly protesting their dedication to the ideal of decentralization, the service staffs in many large enterprises are actually the most potent force for centralization. They push toward uniformity of methods, tools and techniques throughout the company. Instead of saying:"There is one right goal but there are many ways of reaching it," they, being concerned with tools and techniques, tend to say:"There is one right tool, one right way, no matter what the goal." Instead of enabling the manager to do a better job himself, the service staff undermines the manager's authority and responsibility.

The proponents of the staff-and-line concept admit this indictment. But they explain it away as owing to the scarcity of good staff men with the right tempera-ment for staff work. All the problems, we are told, will disappear once we have bred enough of the properly self-effacing staff men. I am always suspicious if function is based on temperament; and I have no use whatever for corporate eugenics. Above all, however, the specifications for this ideal staff man sound suspiciously like those for the most dangerous and most irresponsible of all corrupters, the behind-the-scenes wire-puller, intriguer and king-maker, the man who wants power but no responsibility.

How to Organize Service Work

The root of the trouble is the concept of staff-and-line. The root of the trouble is the belief that there is such a thing as staff functions. There are only management functions, either running a business, managing a business-producing function or managing a supply function.

Above all, service work does not belong in top management. It does not belong in the central office. For service work does not affect the business as a whole— it only deals with techniques and tools. Since service work is a help to operating managers, it should be organized as the tool of operating managers.

This means that service work should not, as a rule, be in the hands of professional specialists. There will be exceptions. Negotiations with the union, for example, have become highly centralized; and contracts have become so complicated as to require expensive and highly trained experts. Management should be trying to reverse this development by pushing union relations back to the local managers, which is where they belong. But there will still remain the need for a company-wide labor-relations activity staffed by specialists. This should, however, be considered a co-operative venture serving operating managers rather than a central-office staff. There may also be service activities which cut across the organization. An employment office, for instance, may do the selecting and hiring for the factory, for the office, the engineering department, the accounting department, the sales department, etc. There may be need for modern methods of office management in twenty places within the company—and yet no one may be big enough to justify having one man full time to work on the problem.

This situation can be handled either by having the employment office part of the organization of the largest employer of labor—for instance, manufacturing—with the other areas using its services on a fee basis. Or it might be handled by setting up office management as a co-operative venture of all the interested areas, financed by them, and managed by appointees from all the interested areas in succession.

There remains a need for a headquarters organization in the large company. The members of the chief-executive team charged with objectives in the key areas need a small high-grade staff of their own. But this should not be a central office *services* staff. It should be as small as possible—and should never exceed a mere handful of people. It may not be practical to pay the top-management men responsible for these key areas more money the smaller their own staffs; it would not be a bad idea though, and it would be vastly preferable to the present system under which the importance of a service staff and its contribution tend to be measured by the size of the payroll it amasses.

This central-office group should preferably be staffed with men who have experience as operating managers rather than with specialists. It should have no authority—line, functional or advisory—over operating managers. It should never be allowed to hold power over promotions in operating management; for whoever controls a man's promotion controls the man.

The scope of the work of these groups should be rigidly limited, too. They should not, as a rule, work out policies, procedures or programs for operating managers. Such work should always be entrusted to people from operating management specially assigned to the job. The central-office group may indeed contain one man whose job it is to organize such task-force teams for specific policy-formulating assignments. But it should never do the work itself. These assignments are one of the major development opportunities within the business. To have them pre-empted by service professionals deprives a business of one of its most badly needed opportunities to develop managers. And since operating managers will have to apply the new policies, use the new tool, run the new program, it is only they that can decide what these should be.

Such a central-office group should have only three specific duties. It should have the responsibility (probably its most important contribution) to spell out what a manager can expect from the people whom he selects as his service specialists in the respective areas. It may have the responsibility for training these people after they have been appointed. It should always have the responsibility for research. But it should have no administrative duties. It should have no packaged program to sell. And its success should never be gauged by the number of programs it rams down the throats of operating managers. It should, in other words, not be a service staff for operating managers but an adjunct of the chief executive.

The Biggest Problem: Growth

The biggest problem of size—a problem of small, fair-sized, large and very large enterprise alike—is the fact that these four do not form a continuum. A business does not imperceptibly grow from fair-sized to large. Each of these stages is distinct. We deal, in respect to business size, not with the gradual matter of classical physics; we deal with a quantum phenomenon. It is this that makes size a problem of quality as well as of quantity.

The biggest problem of size is the problem of growth, the problem of changing from one size to another; and the problem of growth is largely one of management attitude, the requirement for successful growth is primarily the ability of management drastically to change its basic attitudes and behavior.

Several years ago a large plant burned to the ground—four months after it had started production. Safety experts still debate the lessons of the fire. But the main cause of the fire was not unsafe construction; it was management's inability to adjust its attitude to the realities of a large enterprise.

The enterprise had been founded by the man who was still managing it at the time of the fire. He started as a mechanic in the back room of his father's small shop. At first he employed two or three men. Twenty-five years later, at the time of the fire, he employed nine thousand. But he was still running a small shop, even though he, by the time of the fire, supplied a vital part to most of the mechanical industries of this country.

When the company had first started the plans for the new plant, several of the Board members urged that four or five plants be built rather than one. They pointed out that to put all production into one plant might create trouble in case of accident, bombing, or fire. They also pointed out that the customers were distributed all over the country so that freight considerations alone would argue for a multi-plant pattern. The chief executive turned a deaf ear to these suggestions. His argument was that he had to guarantee quality to his suppliers and therefore had to be personally responsible for production. The real reason was simply that he was emotionally unable to let go of any part of the responsibility.

That the fire spread so rapidly was owing to the absence of any fire-retarding walls. The president had vetoed any such walls in the architect's drawing so as to be able to view the entire plant from a gallery behind his office. When the fire started the foreman tried to reach the president. He was out—to lunch. There was no other management; the president was still his own plant manager, indeed his own department superintendent. As a result nobody co-ordinated the fire-fighting efforts, nobody even tried to remove the most important machines, files or blueprints when it became clear that the plant could not be saved.

Not only did the plant burn to the ground, but the business was destroyed. For there was no one, except the president, who could negotiate with customers, suppliers and machine builders or could subcontract the production while the plant was being rebuilt. The company had to be liquidated.

And yet, as one Board member remarked, the company and its stockholders did better than if they had waited until the old man died. "For" as he said, "we at least had the insurance money to distribute; if we had waited until the old man's death, we would have had not even this but would have been just as unable to continue the business."

This is, of course, an extreme example. But the situation itself is common. Perhaps the only difference between the typical situation and that of the plant that burned down is that no attempt was made there to camouflage reality by an elaborate pretense of paper management organization. But the man who has started a business is often fully as unwilling and unable to accept the fact that he no longer runs the back room of a small shop.

The real problem of growth is not ignorance. It is first the lack of a clear tool to ascertain what state a company has reached. It is secondly a problem of attitude: managers, especially top managers, may know intellectually what is needed, but be incapable emotionally of making themselves take the necessary steps. Instead they cling to the old and familiar. Indeed, they often set up beautiful mechanics, "decentralize" their organization chart, preach a "new philosophy"—and go on acting just as before.

The need for a diagnostic tool to test the growth stage that a company has reached is illustrated by two examples.

> Johnson & Johnson, the surgical and pharmaceutical supply company in the Brunswick, New Jersey, area, has carried federal decentralization very far. It is by way of being a model of large company organization. But the realization that its original highly centralized, one-man organization would no longer do came about through accident. As the people in the company tell the story, one of their products was in trouble. The president asked his secretary to call a meeting in his office of all the people directly responsible for the product. Twenty-seven men showed up. The president decided there and then that there was something basically wrong with the way management was organized and began to look for the right structure.
>
> In another case, the company's president realized that he had to decentralize when he found himself unable to answer questions raised in a Board meeting about a proposed forty-million-dollar capital project. "I suddenly realized," he told me, "that I was so busy putting out fires on the

foreman level that I had slighted the basic problems of the company. I knew I had to get rid of operating and get some time for thinking."

There are exceptions—companies that have systematically thought through the problem. Henry Ford Ⅱ, for instance, knew that a drastic change in management organization was needed when he took over the Ford Motor Company in 1945. But in most cases, the realization that the company has outgrown its management structure comes about by accident. And that is not good enough.

How difficult it is to change basic attitudes—even if the need to do so is understood—is illustrated by the following typical case.

The president of a very large company is well known throughout American industry for constantly preaching good management and for his emphasis on letting operating managers run their own businesses. The company consists today of fourteen large divisions each of which is an autonomous federal unit, each with its own general manager. The smallest of these divisions is about three times as large as the entire business was when the present president took over shortly after World War I. The way decentralization works in this company is, however, that the president spends all his time in the offices of the division general managers. As he himself sees it, he spends all his time helping these general managers. "I am only the servant of my division general managers" is his phrase.

The general managers, however, see things differently. What they see is that the president is trying to run their divisions—at least during the time he spends with them. What to the president appears as helping appears to his operating managers as straight interference, a denial of their authority and an undermining of their responsibilities. And there is no doubt that the president himself appraises division general managers not primarily by their performance results but by their willingness to let him run their divisions as he sees fit.

At the same time the top-management job is not being performed. Or rather it is being performed without any clear understanding, responsibility or objectives, by service vice-presidents each of whom is more interested in pushing his own specialty than in the company as a whole.

The problem is not one of top management alone. Operating and middle management in the growing company have to change as much; and they find it hard to do.

There are, I believe, few companies that have experienced major growth in which some key operating positions are not held by people unfit to accept the demands of the bigger business. These men were put into their present positions when the company was still small and when both their competence and their vision was adequate to the job. As the company grew, the job grew. It was lifted up as if by geological pressure. But the man did not grow with the job.

There is the bookkeeper who became comptroller of a large company because the accounting department grew under him and pushed him up. There is the plant superintendent who finds himself in charge of twenty plants because he was the senior foreman when the company started. These men often do not know how to manage. Indeed, they often do not even realize that these things are now required of them. They still behave as if their job were to keep the cash ledger or to supervise four production foremen. As a result, they stifle, frustrate and crush the men under them. And because managements—with commendable sentiment—do not like to hurt these old-timers by promoting people around them, they become a bottleneck depriving the entire company of management talent.

Growth always requires new and different competence in top management. It requires that top management realize that its own function is no longer to know what goes on in the plant or in the regional sales offices. It is important indeed for top management to learn that the problem of size cannot be met by trying to keep in communication with managers and employees as far down as possible—that this is neither required nor even desirable.

As the business gets larger, the job of top management acquires a different time dimension; the larger the business the further ahead in the future top management operates. It requires a different ratio between objective-setting and doing; the larger the business, the more will top management concern itself with setting objectives, the less will it be concerned with the steps to their attainment. It requires different relations inside management. The emphasis in communication shifts: the larger the enterprise the less will top management be concerned with communications down, the more it will have to work on establishing communications upwards, from lower management to itself.

Growth demands of management the understanding and application of principles, rigorous emphasis on organization structure, clear setting of objectives and unambiguous assignment of responsibilities on all levels. The change in attitude, vision and competence that is needed cannot be avoided through good intentions, through native intuition, through the warm heart or the glad hand. That the top man of a large company knows all his foremen by their first name is not something to boast of; it is rather something to be ashamed of. For who does the work of top management while he memorizes names? The personal touch is no substitute for performance.

Indeed, the good intentions that are all too common make impossible the solution of the problem of growth. They make it difficult for the managers themselves to see that a problem exists. Every one of the top executives in a company that has undergone great growth sees that his associates have not changed but are still behaving as if they managed the repair shop in which they started. He sees that the problem exists in other companies. Indeed, he usually sees that the attempt of these other people to tackle the situation with good intentions is a mistake. But (just as every girl at one stage of her growth seems to be convinced that she, and she alone, can reform a drunkard) every one of these men is convinced that he, and he alone, can continue to manage in the old way because "he knows how to keep in touch with his people," has the human touch, has "his communications." And the fine glow of righteousness that these phrases emit, blinds him to the fact that he has failed to face a problem that demands of him a change in attitude and in behavior.

I know only one way in which management can diagnose the state of growth of the enterprise. This is by analyzing the activities needed to attain objectives, analyzing the decisions needed and analyzing the relations between mangement jobs. These analyses would have shown at Johnson & Johnson that twenty-seven people had to be consulted in a decision on any one product. They would have shown in the other company cited both that the president had to give time to basic capital-expenditure decisions and that he had no business "fighting fires."

These three analyses are also the only means to bring about changes in attitudes and behavior. In the first place, they identify the priorities in a man's job. A decision analysis would have forced the president in the seemingly decentralized company to realize that he had too many basic long-range problems to worry about to spend all his time in the division general manager's office. At the least, it would have forced him to choose between the two things. A relations analysis would have forced him to realize that "keeping in touch with the employees" was no longer his job. The two might also have made it possible for the division general managers to get across to the president that he was actually running their job (at least they might have found some Board member willing and able to break this to the president).

These analyses of the kind of structure the enterprise needs also show operating managers what they are supposed to be doing. They make clear to them what decisions they should take. They curb their tendency to "pass the buck upstairs." And they protect them against the boss's wrath if they really make the decision they are supposed to be making. Finally, they lead to the establishment of clear performance standards without which the problem of the incompetent old-timer cannot be tackled.

Growth (provided it is not the mere addition of fat) is the result of success. A company grows because it is doing a good job. Its products meet with increasing demand. It can only service its customers by becoming bigger; a company making tin cans, for instance, has no choice but to become a national distributor for the simple reason that its customers demand delivery of tin cans for crops that grow in Oregon as well as for those that grow in New York State. A company may grow because it has mastered a particular technology. It may grow, as most of the chemical companies did, because research produced new products for which a market had to be found. It is true that some big companies are the result of financial manipulation and of merger rather than of successful management. But, in an economy in which monopolies are outlawed, the normal reason for business growth is success. The normal cause of business growth is able and competent management.

That the problems of growth are problems of success is the reason why they are so difficult. Problems of success are always the hardest—if only because the human mind tends to believe that everything is easy once success has been attained. It is also for this reason that so few managers realize that growth requires a change in their attitudes. They tend to argue that the attitudes and behavior that have led to original success will also lead to further success.

There is therefore nothing more important in discussing the management of managers than to emphasize the problems created by growth and, above all, to emphasize that the first requirement of successful growth is willingness and ability to change the structure of management and the attitude and behavior of top-management people.

4

THE MANAGEMENT OF WORKER AND WORK

CHAPTER 19

The IBM Story

The human resource the one least efficiently used—The one holding greatest promise for improved economic performance—Its increased importance under Automation—IBM's innovations—Making the job a challenge—The worker's participation in planning—"Salaries" for the workers—Keeping workers employed is management's job

It has become almost a truism in American management that the human resource is of all economic resources the one least efficiently used, and that the greatest opportunity for improved economic performance lies in the improvement of the effectiveness of people in their work. Whether the business enterprise performs depends in the final analysis on its ability to get people to perform, that is, to work. The management of worker and work is therefore one of the basic functions of management.

The way the worker works may change. The unskilled laborer of yesterday who contributed only animal strength has become the semi-skilled machine operator of today who has to exercise judgment—though of a routine nature—when he tends the machine, feeds in material and inspects the product. The skilled worker has moved from the workshop into the plant—remaining a skilled worker or becoming a supervisor or a technician. And three new groups, clerical workers, professional specialists and managers, have come into being.

Today we face another major change. The new technology promises once again to upgrade the entire working group. The semi-skilled machine operator of today will tend to become a trained and skilled maintenance man, tool setter and machine setter. The semi-skilled clerk will become, in many cases, a technician possessing basic training on a par with the laboratory technician perhaps, though still less trained than the typical plant worker of tomorrow. And the ranks of highly trained technical, professional and management people will swell beyond all experience or expectation.

Still the work will always have to be done by people. There may be no people on the factory floor in the automatic plant. But there will always be large numbers behind the scenes, designing equipment product and process, programming and directing, maintaining and measuring. Indeed, it is certain that the decrease in the total number of people needed to obtain a certain quantity of work will not be the really important development. The new technology does make possible the output of more goods with the same number of people. But Automation derives its efficiency and productivity mainly from the substitution of highly trained, high-grade human work for poorly trained or semi-skilled human work. It is a qualitative change requiring people to move from work that is labour-intensive to work that is brain-intensive, rather than a quantitative change requiring fewer people. And the people, required in the new technology to produce a certain output, will be much more expensive people on whose work will depend a good deal more.

No matter what kind of work men do, whether they are skilled or unskilled, production workers or salaried clerks, professionals or rank-and-file, they are basically alike. There are, indeed, differences between workers according to kind of work, age, sex, education—but basically they are always human beings with human needs and motivations.

IBM's Innovations

Again, the description of one company's experience will be used to show both the basic problems in managing worker and work, and some of the principles for their solution. The best example I know is that of International Business Machines (IBM), one of the largest producers of calculating, computing and office machinery.[⊖]

Most of the equipment produced by IBM is of a high order of complexity. Some of the "electronic brains" contain hundreds of thousands of parts; and even the simplest IBM products, such as the electric typewriter, are complicated pieces of machinery. All products are, of necessity, precision instruments made to extremely close tolerances. And they must be capable of operation by mechanically unskilled personnel, such as typists or accounting machine operators, must stand up under rough usage and must keep running with a minimum of maintenance and repairs.

Yet, this equipment is not produced by highly skilled individual craftsmen. Indeed, the equipment could be turned out neither in large quantities nor at a price the customer could afford to pay were its production dependent on craft skills. IBM uses semi-skilled machine operators. It is prime evidence that Scientific Management and mass-production principles can be applied to the production of the most complex precision instruments in great diversity and in small numbers. Of a particular model, an electronic computer, for instance, only one sample may ever be made. Yet, by dividing into homogeneous stages the job of building this unique product IBM is able to use semi-skilled labor for all but a small part of the work.

But each job is designed so as always to contain a challenge to judgment, and an opportunity to influence the speed and rhythm of his work.

The story goes that Mr. Thomas J. Watson, the company's president, once saw a woman operator sitting idly at her machine. Asked why she did not work, the woman replied:"I have to wait for the setup man to change the tool setting for a new run." "Couldn't you do it yourself?" Mr. Watson asked. "Of course," said the woman, "but I am not supposed to." Watson thereupon found out that each worker spent several hours each week waiting for the setup man. It would, however, only take a few additional days of training for the worker to learn how to set up his own machine.

[⊖] Part of the IBM story has been presented and analyzed by Charles R. Walker and F. L. W. Richardson in *Human Relations in an Expanding Company* (New Haven: Yale University Press, 1948). IBM executives themselves have freely discussed their work in the field at management meetings. For the interpretation of the date, however, I bear sole responsibility.

Thus machine setup was added to the worker's job. And shortly thereafter inspection of the finished part was included, too; again it was found that little additional training equipped the worker to do the inspecting.

Enlarging the job in this way produced such unexpected improvements in output and quality of production that IBM decided systematically to make jobs big. The operations themselves are engineered to be as simple as possible. But each worker is trained to be able to do as many of these operations as possible. At least one of the tasks the worker is to perform—machine setting, for instance—is always designed so as to require some skill or some judgment, and the range of different operations permits variations in the rhythm with which he works. It gives the worker a real chance to influence the course of events.

This approach has not only resulted in a constant increase in productivity at IBM, but has also significantly affected the attitudes of workers. In fact, many observers both inside and outside the company think that the increase in the worker's pride in the job he is doing is the most important gain.

The policy of "maximizing jobs" has also enabled IBM to create significant opportunities for semi-skilled workers. In each foreman's department now there are one or more "job instructors." These are senior workers who do their own work but who also help the other, less experienced workers learn higher technical skills and solve problems requiring experience or judgment. These positions are greatly coveted and carry high prestige. They also have proven to be an excellent preparation for a manager. They both train and test men so well that IBM neither has much difficulty in finding candidates for promotion nor is it plagued by the failure of newly promoted foremen to perform or to command their subordinates' respect. Yet, in most other industrial plants these are real problems. In some companies less than half of all promotions to foreman turn out really well.

The second IBM innovation also seems to have developed half by accident. Several years ago one of the first of the new complicated electronic computers was being developed. Demand for it was so great (or maybe engineering design had taken so much longer than expected) that production had to be begun before the engineering work was fully completed. The final details were worked out on the production floor with the engineers collaborating with foremen and workers. The result was a superior design; the production engineering was significantly better, cheaper, faster; and each worker, as a result of participating in engineering the product and his work, did a significantly better and more productive job. The lesson of this experience is being applied today whenever IBM introduces a new product or a major change in existing products. Before design engineering is completed, the project is assigned to one of the foremen who becomes manager of the project. He works on the final details of design with the engineers and with the workers who will produce the machines. He and his workers—with whatever expert technical help is needed—plan the actual production layout and set up the individual jobs. The worker, in other words, gets in on the planning of the product, of the production process and of his own job. And wherever used this method has given the same benefits in design, production costs, speed and worker satisfaction as were obtained the first time.

IBM has been equally unorthodox in its rewards and incentives for workers. For many years it used the standard approach: output norms set by the industrial engineer for each operation, a base wage for production according to the norm, and incentive premium pay for production above the norm. Then, in 1936, it did away with the traditional norms and with pay incentives. Instead of wages per unit produced, IBM pays each worker a straight "salary" (Plus, of course, overtime payments, vacation pay, etc.). Instead of output norms imposed from above, each worker develops with his own foreman his own rates of production. Of course, both know pretty well how much output can normally be expected. But even for new operations or for major changes in process or job the determination of output norms is left to the men themselves. Indeed, IBM maintains that there is no such thing as a norm, but that each man works out for himself, with his superior's help, the speed and flow of work that will give him the most production.

One important result of this has been increasing emphasis by foremen and workers alike on training and, especially, on placement. It is obvious to everybody at IBM that there are tremendous differences in the ability of men to do any kind of work, no matter how unskilled. Consequently, each foreman tries hard to put each man on the job for which he is best fitted. And the man himself tries to find the job he can do best—or to acquire the skills to do his own job better.

When worker output went up right after the new plan had been installed, many people critical of the whole idea (including a good many in IBM) explained this away as owing to the worker's fear of losing his job; 1936, after all, was a depression year. But worker output kept on climbing right through the war years when even large wage incentives could not prevent its slipping in most other industries. And it has continued to go up.

Worker output, however, would hardly have stayed up, let alone rise steadily, but for the company's policy of stable employment. This, the most radical of IBM's innovations, was adopted early in the depression.

IBM is a capital-goods producer. Its products are used almost exclusively by business. By definition, employment in such an enterprise is extremely sensitive to economic fluctuations. At IBM's main competitors', employment was cut back sharply during the depression years. IBM management decided, however, that it was its job to maintain employment. There was obviously only one way to do this: to develop new markets. And IBM was so successful in finding and developing these markers that employment was actually fully maintained right through the thirties.

As a result IBM workers are not afraid of "working themselves out of a job." They do not restrict their output. They do not resent it if one of their fellow-workers produces more; after all, this will neither result in a higher output norm for themselves nor endanger their job security. And they do not resist change.

It may be said that the IBM experience in maintaining employment by finding new markets proves nothing. For the office-machine industry the thirties were not a time of depression but of boom. The New Deal required so much office machinery that one Washington wag in the mid-thirties called it the "IBM Revolution." In addition to the vast number of office machines required by such new government agencies as Social Security and Wage and Hours Administration, business had to go in heavily for machinery to keep the records the government demanded. There was, besides, a strong long-term upward trend in the use of office machinery that would have cushioned the depression impact on IBM even without the New Deal.

The fact remains, however, that many of IBM's competitors suffered heavily during the depression despite New Deal and favorable long-term trend. There is something to be said for the argument used by one IBM executive:"It is not correct to say that we managed to maintain employment during the depression because we grew. We grew because we had committed ourselves to the maintenance of employment. This forced us to find new users and new uses for our existing products. It forced us to find unsatisfied wants in the market and to develop new products to satisfy them. It forced us to develop foreign markets and to push export sales. I am convinced that we would not today be one of the world's leading producers and exporters of office machinery but for our commitment to maintain employment during the depression years. Indeed," he added, "I sometimes wonder whether we wouldn't be well advised to commit ourselves to *increasing* employment constantly."

CHAPTER 20

Employing the Whole Man

The three elements in managing worker and work—The worker as a resource—*Human* resource and human *resource*—Productivity is an attitude—Wanted: a substitute for fear—The worker and the group—Only people develop—The demands of the enterprise on the worker—The fallacy of "a fair day's labor for a fair day's pay"—The worker's willingness to accept change—The worker's demands on the enterprise—The economic dimension—Wage as seen by enterprise and by worker—The twofold meaning of profit

In hiring a worker one always hires the whole man. It is evident in the IBM story that one cannot "hire a hand"; its owner always comes with it. Indeed, there are few relations which so completely embrace a man's entire person as his relation to his work. Work was not, Genesis informs us, in man's original nature. But it was included soon after. "In the sweat of thy brow shalt thou eat thy bread" was both the Lord's punishment for Adam's fall and His gift and blessing to make bearable and meaningful man's life in his fallen state. Only the relationship to his Creator and that to his family antedate man's relationship to his work; only they are more fundamental. And together with them the relationship to his work underlies all of man's life and achievements, his civil society, his arts, his history.

That one can hire only a whole man rather than any part thereof explains why the improvement of human effectiveness in work is the greatest opportunity for improvement of performance and results. The human resource—the whole man—is, of all resources entrusted to man, the most productive, the most versatile, the most resourceful.

The IBM story also demonstrates that when we talk about the management of worker and work, we are talking about a complex subject. First, we are dealing with the worker as the human resource. We have to ask what the specific properties of this resource are. And we get entirely different answers according to whether we put stress on the word "resource" or on the word "human."

Second, we must ask what demands the enterprise makes on the worker in its capacity as the organ of society responsible for getting the work done, and what demands the worker makes on the enterprise in his capacity as a human being, an individual and a citizen?

Finally, there is an economic dimension grounded in the fact that the enterprise is both the wealth-producing organ of society and the source of the worker's livelihood. This means that in managing worker and work we must reconcile two different economic systems. There is a conflict between wage as cost and wage as income which must be harmonized. And there is the problem of the worker's relation to the enterprise's fundamental requirement of profitability.

The Worker as a Resource

If we look at the worker as a resource, comparable to all other resources but for the fact that it is human, we have to find out how best to utilize him in the same way in which we look at copper or at water power as specific resources. This is an engineering approach. It considers what the human being is best and least capable of. Its result will be the organization of work so as to fit best the qualities and the limitations of this specific resource, the human being at work. And the human being has one set of qualities possessed by no other resource: it has the ability to co-ordinate, to integrate, to judge and to imagine. In fact, this is its only specific superiority; in every other respect—whether it be physical strength, manual skill or sensory perception—machines can do a much better job.

But we must also consider man at work as a human being. We must, in other words, also put the emphasis on "human." This approach focuses on man as a moral and a social creature, and asks how work should be organized to fit his qualities as a person. As a resource, man can be "utilized." A person, however, can only utilize himself. This is the great and ultimate distinction.

The qualities of the person are specific and unique. The human being, unlike any other resource, has absolute control over whether he works at all. Dictatorships tend to forget this; but shooting people does not get the work done. The human resource must therefore always be motivated to work.

Nothing brought this out better than the reports of the teams of European technicians and managers who came to this country under the Marshall Plan to study the causes of American productivity. These teams (and there were several hundred) expected to find the causes in machines, tools or techniques, but soon found out that these elements have little to do with our productivity, are indeed in themselves a result of the real cause: the basic attitudes of managers and worker. "Productivity is an attitude" was their unanimous conclusion. (For details see my article "Productivity Is an Attitude" in the April, 1952, issue of *Nation's Business*). In other words, it is workers' motivation that controls workers' output.

This is particularly important in industry today. For fear, the traditional motivation of the industrial worker, has largely disappeared in the modern West. To eliminate it has been the main result of the increased wealth produced by industrialization. In a society rich enough to provide subsistence even to the unemployed, fear has lost its motivating power. And to deprive management of the weapon of fear has also been the main aim of unionism; indeed, the worker's rebellion against this weapon and its use is among the main driving forces behind the union movement.

That fear has gone as the major motivation is all to the good. It is far too potent to be relied upon except for emergencies. Above all, we used the wrong kind of fear. Fear of a threat to the community unites; there is no greater stimulus to effect than common peril, as Britain proved after Dunkirk. But fear of someone within the community divides and corrodes. It corrupts both him who uses fear and him who fears. That we have got rid of fear as motivation to work is therefore a major achievement. Otherwise managing the worker in industrial society would not be possible.

But, contrary to what some human-relations experts assert, to remove fear does not by itself motivate. All it creates is a vacuum. We cannot sit back and expect worker motivation to arise spontaneously, now that fear is gone. We must create a positive motivation to take its place. This is one of the central, one of the most difficult, one of the most urgent tasks facing management.

The human being also has control over how well he works and how much he works, over the quality and quantity of production. He participates in the process actively—unlike all other resources which participate only passively by giving a preconditioned response to a predetermined impulse.

In the most completely machine-paced operation, the speed and quality of which appear to be completely determined by the machine, the worker still retains decisive control. It may be almost impossible to find out how he manages to beat the machine; but, as the old Latin proverb has it, human nature asserts itself even if thrown out with a pitchfork—or with a conveyor belt. And in any operation which is not the tending of semi-automatic machinery by semi-skilled operators, that is, in all work of a clerical, skilled, technical, professional or managerial nature, this control is practically absolute.

This will be increasingly true under the new technology. There nobody "tends" machines; the semi-skilled operations servicing the machine—handling and feeding in materials, starting and stopping—are performed by the machine itself. As a result the worker, instead of being paced by the machine, paces it. He determines what i does and how well it does—by setting it, directing it, maintaining it. His control is complete; and because the production process is integrated, the way each man controls his own job shapes the performance of the entire operation. The worker's participation in modern mass production and process production is of the essence—

it may well be the critical and controlling factor.

The human being works in groups and he forms groups to work. And a group, no matter how formed or why, soon focuses on a task. Group relationships influence the task; the task in turn influences personal relationships within the group. At the same time the human being remains an individual. Group and individual must therefore be brought into harmony in the organization of work.

This means specifically that work must always be organized in such a manner that whatever strength, initiative, responsibility and competence there is in individuals becomes a source of strength and performance for the entire group. This is the first principle of organization; indeed, it is practically a definition of the purpose of organization. That this is not the case on the traditional automobile assembly line is in itself sufficient evidence that we do not as yet know how to manage worker and work. The worker who is able to put on more fenders does not thereby help his fellow-workers on the line. On the contrary, all he does is to put pressure on the man next to him (Who may have to put on bumper guards), throw off his rhythm of work, cause him trouble either by overloading him or by giving him more to do than he has supplies for, and finally cause him to perform less well, to turn out less work. This is a violation of ethical law; for there is no worse sin than to turn man's capacity to grow into a threat to himself and his fellow-men. It is also poor engineering.

Finally, man is distinguished from all other resources in that his "development" is not something that is done to him; it is not another or better way of using existing properties. It is growth; and growth is always from within. The work therefore must encourage the growth of the individual and must direct it—otherwise it fails to take full advantage of the specific properties of the human resource.

This means that the job must always challenge the worker. Nothing is more contrary to the nature of the human resource than the common attempt to find the "average work load" for the "average worker." This whole idea is based on a disproven psychology which equated learning speed with learning ability. It is also based on the belief that the individual worker is the more productive the less control he has, the less he participates—and that is a complete misunderstanding of the human resource. Above all, the concept of the average work to be performed is inevitably one which considers average what any but a physically or mentally handicapped person could do. The man who is just barely normal but who has neither aptitude nor liking for the job becomes the measure of all things, his performance the norm. And human work becomes something that requires neither skill, effort, nor thought, presents no challenge, allows of no differentiation between the highly skilled and highly motivated and the near-moron.

This whole concept, as the IBM story shows, is poor engineering. It results in constantly lowering performance norms rather than in raising the performance levels of the entire work group. It destroys the productivity of the human resource. The nature of man demands that the performance of the best, not of the poorest worker should become the goal for all.

The Demands of the Enterprise on the Worker

If we turn to the demands of enterprise and worker on each other, the first question is: What must the enterprise demand in order to get the work done?

The standard answer to this is the catch phrase "a fair day's labor for a fair day's pay." Unfortunately no one has ever been able to figure out what is fair either in respect to labor or to pay. The real trouble with the phrase is, however, that it demands too little, and demands the wrong thing.

What the enterprise must demand of the worker is that he willingly direct his efforts toward the goals of the enterprise. If one could "hire a hand," one could indeed demand delivery of fair value for fair price. If one could buy labor, one could buy it by whatever unit applies to it; but "labor is not an article of commerce," as the law knows. Precisely because labor is human beings, a fair day's labor is unobtainable. For it is passive acquiescence—the one thing this peculiar being is not capable of giving.

The enterprise, if it wants to get anything at all, must demand something much bigger than a fair day's labor. It must demand, over and above fairness, willing dedication. It cannot aim at acquiescence. It must aim at building aggressive *esprit de corps*.

This will be particularly important under mass production of uniform parts and their assembly into diversified products, under process production, under Automation. For these systems of production require that almost every worker take responsibility for actions, for the simple reason that almost every worker controls and determines the output of the whole through the way in which he performs his job, runs his operation, maintains his equipment. A fair day's labor for a fair day's pay, consciously or unconsciously, assumes a system of production under which the worker does nothing but what he is being told to do. It really assumes the technology in which the ditchdigger with his shovel represents production at its most advanced stage. For the ditchdigger technology "a fair day's labor for a fair day's wage" may not be too bad a slogan; this, however, is a main reason for its being an unproductive technology. For anything more advanced the slogan is totally inadequate. And for the new technology ahead of us it is absurd—and complete misdirection.

The enterprise must expect of the worker not the passive acceptance of a physical chore, but the active assumption of responsibility for the enterprise's results. And precisely because this is so much bigger a demand, we are likely to be able to realize it—where we have never obtained the fair day's labor. For it is a peculiarity of man that he yields best to high demands, that, indeed, his capacity to produce is largely determined by the level of the demands made on it.

There is a second demand the enterprise must make on the worker: that he be willing to accept change. Innovation is a necessary function of business enterprise; it is one of its major social responsibilities. It requires, however, that people change—their work, their habits, their group relations.

The human being has a capacity to change beyond all other animals, but it is not unlimited. In the first place, while man can learn amazingly fast, his unlearning capacity is much lower (fortunately for the race). We know today that learning capacity does not disappear with age. But the more one has learned the more difficult is unlearning. Experience rather than age, in other words, is the bar to easy unlearning and with it to easy or fast learning of new things. The only way to get around this is by making ability to unlearn itself part of what a man learns. This requires that one learn by acquiring knowledge rather than simply by experience. It requires "teaching" rather than "training" programs—many of the typical programs of today make a man rigid, rather than flexible, teach tricks of the trade rather than understanding. And the need to train workers in the ability to unlearn and to learn will become greater as the skill and knowledge level of the worker increases.

Change is not only an intellectual process but a psychological one as well. It is not true, as a good many industrial psychologists assert, that human nature resists change. On the contrary, no being in heaven or earth is greedier for new things. But there are conditions for man's psychological readiness to change. The change must appear rational to him; man always presents to himself as rational even his most irrational, most erratic, changes. It must appear an improvement. And it must not be so rapid or so great as to obliterate the psychological landmarks which make a man feel at home: his understanding of his work, his relations to his fellow-workers, his concepts of skill, prestige and social standing in certain jobs and so forth. Change will meet resistance unless it clearly and visibly strengthens man's psychological security; and man being mortal, frail and limited, his security is always precarious. The enterprise's demand for the worker's ability to change therefore requires positive action to make it possible for him to change.

The Worker's Demands on the Enterprise

The demands of the worker on the enterprise are also misdefined in the phrase of the "fair day's pay." The worker in making his demands on the enterprise is a whole man not an economic subsection thereof. He demands, over and above economic returns, returns as an individual, a person, a citizen. He demands the fulfilment of status and function in his job and through his work. He demands the realization of the promises to the individual on which our society rests; among them the promise of justice through equal opportunities for advancement. He demands that his work be meaningful and that it be serious. High standards of performance, a high degree of competence in the way the work is organized and managed, and visible signs of management's concern for good work are among the most important things demanded of an enterprise and of its mangement by the worker.

As a human being and citizen, the worker, especially in a free society, also imposes limitations on the business enterprise. The enterprise hires the whole man, but it has no right to take delivery of the whole man. Serving only partial needs of society, it must never control more than a part of society's members, its citizens. Business enterprise must not become the "welfare corporation" and attempt to embrace all phrases of the individual life. It must, both in its demands and in the satisfactions it offers, confine itself to its proper sphere as one, though a basic, organ of society. A claim for absolute allegiance of the worker is as impermissible as a promise of absolute responsibility for him.

The Economic Dimension

Finally there is a big group of problems that have their origin in the economic sphere.[⊖]

The enterprise lives in two economic systems, an external and an internal one. The total amount available for the internal economy (and that means, above all, for wages to the employee) is determined by what the business enterprise receives for its product in the external economy. It is externally and market-determined.

Internally, however, the enterprise is not a market economy. It is a "redistributive" one in which the product of the whole is distributed among the members of the enterprise according to a predetermined formula. Both market and redistributive economy are basic patterns; but the business enterprise is the only human institution known to us in which the two have ever become indissolubly linked. While the effort of management must be directed toward receiving more, that is, toward

---

⊖   For a fuller discussion of some of these economic aspects see my book *The New Society* (New York: Harper & Brothers, 1950) and my article "The Employee Society" in *American Journal of Sociology*, January, 1953.

making the total product greater, the attention of the worker within the enterprise is directed toward receiving a larger share of whatever the total product may be. An extreme example of this is the purblind indifference of John L. Lewis and his coal miners' union to the steady shrinkage of the market for coal. All they are interested in is an ever-increasing share of an ever-shrinking pie. While extreme, their attitude is typical—indeed, it is almost inevitable. Outside the enterprise the considerations are economic. Inside the enterprise they are based on power balance and power relationships.

To the enterprise, wage—that is, the financial reward of labor—must necessarily be a cost. To the recipient, however—to the employee—wage is income, the source of his livelihood and that of his family. Wage to the enterprise must always be wage per unit of production. Wage to the recipient must always be the economic basis for his and his family's existence which is before and beyond the units of production turned out. There is thus a basic divergence. The enterprise needs flexibility of the wage burden. The individual values, above all, a steady, stable and predictable income based upon a man's willingness to work rather than upon economic conditions.

Finally, there is the twofold meaning of profit. To the enterprise profit is a necessity of survival. To the worker profit is somebody else's income. That profitability should determine his employment, his livelihood, his income, is to him subjection to an alien domination. It is arbitrary, if not "exploitation."

It is a common belief that opposition to profit is a phenomenon of modern industrial society, if not a product of modern left-wing doctrine and agitation. Nothing could be further from the truth. It goes back hundreds of years to the dawn of modern society. The roots of the European worker's bitterness against "capitalist exploiter" and "profiteer" lie, for instance, in the bitter hostility to profit of the Flemish or Florentine weaver of the fifteenth century. And modern industry, far from aggravating this hostility, has greatly eased it. It is no accident that the more industrialized an area the less radical its workers, the less bitterly hostile to management, enterprise and profits.

But it is still true that the worker's hostility to profits is a serious threat in an industrial society. Such a society depends for its existence on the adequate profitability of its enterprises. In such a society, moreover, the bulk of the citizens and voters are employees. This makes hostility to profit such a serious threat that it would indeed be a powerful argument for nationalization of industry if it resulted in the disappearance of the hostility to profit. And it was, I believe, the real death blow to the socialist dream when the nationalization of industries in Britain and France after World War II proved that workers resist and resent the profits of nationalized enterprises fully as much as those of "nationalization" ones (perhaps more).

The enterprise must operate at an adequate profit—this is its first social responsibility as well as its first duty toward itself and its workers. Management must therefore find some way to get the worker to accept profit as necessary, if not as beneficial and in his own interest.

This is admittedly the merest sketch of an enormous subject. But it should be enough to show that the management of worker and work requires principles. To be "good at handling people" is obviously not enough; in fact, it is likely to be irrelevant. Techniques by themselves will not do the job either. What we need are basic concepts.

The basis for these concepts is clear: it must be the assumption that people want to work. We cannot make the assumption that they do not want to work. It is contrary to what we know about human nature. Most people disintegrate morally and physically if they do not work. And the few who do not disintegrate survive intact only because their inner resources enable them to generate their own work. To assume that people do not want to work would make the job of managing worker and work totally hopeless.

The task facing management therefore is to reach the worker's motivation and to enlist his participation, to mobilize the worker's desire to work. What basic concepts, what tools, and what experience do we have for this task?

CHAPTER 21

Is Personnel Management Bankrupt

Personnel Administration and Human Relations—What has Personnel Administration achieved?—Its three basic misconceptions—The insight of Human Relations—And its limitations—"Scientific Management," our most widely practiced personnel-management concept—Its basic concepts—Its world-wide impact—Its stagnation since the early twenties—Its two blind spots—"Cee-Ay-Tee" or "Cat"?—The "divorce of planning from doing"—Scientific Management and the new technology—Is Personnel Management bankrupt?

A few years ago I received the following letter from the president of a company:

> I employ 2300 people mostly women doing unskilled assembly work. Please send me at your earliest convenience a suitable personnel policy and enclose a statement of your fee.

For a long time I thought this letter a good, though unintentional, joke. But lately it has dawned on me that the laugh was really on me. My correspondent, I have come to suspect, is much like the child in Andersen's story of "The Emperor's New Clothes" who had the innocence to say out loud that the emperor was naked when everybody else was trying to pretend that he could see the ruler's garments.

A good deal of what passes today for management of the human organization is mechanical in nature and might indeed be dispensed by mail. The two generally accepted concepts of managing the worker—Personnel Administration and Human Relations—see the task to be done as something one tacks onto a business. To manage worker and work does not seem to require any change in the way the business is being conducted. And the tools and concepts needed seem to apply equally to and business.

An indication that this may not be the right approach is the lack of progress, of new thinking and of new contributions in either Personnel Administration or Human Relations. There is no field in the entire area of management where so many people are so hard at work. Personnel departments are growing like Jack's beanstalk; and not one but contains some research men complete with calculating machines and Ph. D. degrees. In every university hundreds of people lecture, research and gather data in the field. Indeed, a raft of new disciplines has been created—industrial psychology, industrial sociology, industrial anthropology, industrial relations, personnel management and so forth. They all produce supposedly original dissertations. They produce books and hold meetings. There are dozens of magazines devoted to the field. And no self-respecting business organization, whether the Seedgrowers of America or the Sioux City Chamber of Commerce, would consider a convention complete without at least one talk on the management of people at work.

And what has been the result of all this activity, what has all this work by so many good, devoted, intelligent people produced?

Personnel Administration, as the term is commonly understood, began with World War I. It grew out of the recruiting, training and payment of vast masses of new workers in the war-production effort. World War I has been over for thirty-five years. Yet everything we know today about Personnel Administration was known by the early twenties, everything we practice was practiced then. There have been refinements, but little else. Everything to be found in one of the big textbooks of today (save only the chapter on union relations) can be found, for instance, in the articles and papers Thomas Spates (one of the founding fathers of Personnel Administration) published in the early twenties. We have only poured on a heavy dressing of humanitarian rhetoric—the way a poor cook pours a brown starchy sauce on overcooked brussels sprouts.

There has been the same intellectual aridity in the field of Human Relations—
though there is perhaps even more activity there. Human Relations, too, grew out of
World War I; but it took a little longer to mature. It reached its bloom in the famous
Hawthorne experiments conducted by Elton Mayo of Harvard and his associates
around 1928—twenty-six years ago. And the reports of the Harvard group on the
work at Hawthorne are still the best, the most advanced and the most complete
works on the subject. Indeed, it is debatable whether the many refinements added
since by the labor of countless people in industry, labor unions and academic life
have clarified or obscured the original insight.

Novelty is, of course, no argument for soundness. Still, it is most unlikely
for any new discipline to emerge fully formed and perfected at its birth like Venus
from the waves. It takes decades to build the edifice on the foundations laid by the
first thinkers in the field. That two new disciplines should have been blessed with
full maturity at their birth is altogether improbable. We are, I submit, justified in
wondering whether the reason that there has been so little building on the foundations
of Personnel Administration and Human Relations is not that the foundations
themselves were inadequate.

What Has Personnel Administration Achieved?

The limitations of Personnel Administration are not hard to perceive. They
are indeed admitted by most of the people in the field—at least by implication. The
constant worry of all personnel administrators is their inability to prove that they
are making a contribution to the enterprise. Their preoccupation is with the search
for a "gimmick" that will impress their management associates. Their persistent
complaint is that they lack status. For personnel administration—using the term in
its common usage—is largely a collection of incidental techniques without much
internal cohesion. Some wit once said maliciously that is puts together and calls
"personnel management" all those things that do not deal with the work of people
and that are not management.

There is, unfortunately, some justice to the gibe. As personnel administration conceives the job of managing worker and work, it is partly a file clerk's job, partly a housekeeping job, partly a social worker's job and partly "fire-fighting" to head off union trouble or to settle it. The things the personnel administrator is typically responsible for—safety and pension plans, the suggestion system, the employment office and union grievances—are necessary chores. They are mostly unpleasant chores. I doubt, though, that they should be put together in one department; for they are a hodgepodge, as one look at the organization chart of the typical personnel department, or at the table of contents of the typical textbook on personnel management, will show. They are neither one function by kinship of skills required to carry the activities, nor are they one function by being linked together in the work process, by forming a distinct stage in the work of the manager or in the process of the business.

None of these activities is in itself of such a nature as to call for more than moderate capacity in its management. None by itself has a major impact upon the business. Putting a great many of these activities together in one function does not produce a major function entitled to representation in top management or requiring the services of a top executive. For it is quality (that is, the kind of work and its impact upon the business) that alone makes a major function or defines the orbit of a senior executive.

Even if these things were best assembled into one department, they would not add up to managing people. They have indeed little to do with the job to be done in this area. That the personnel department as a rule stays away from the management of the enterprise's most important human resource, managers, has already been mentioned. It also generally avoids the two most important areas in the management of workers: the organization of the work, and the organization of people to do the work. It accepts both as it finds them. (There are exceptions to be sure. A notable one is the Sears, Roebuck personnel department; but it is no accident that personnel work in Sears did not start with Personnel Administration at all, but with the management of managers.)

The reason for the sterility of Personnel Administration is its three basic misconceptions.$^\ominus$ First it assumes that people do not want to work. As Douglas McGregor points out, it views "work as a kind of punishment that people must undergo in order to get satisfaction elsewhere." It tends therefore to put emphasis on satisfactions outside and beyond the work. Secondly, Personnel Administration looks upon the management of worker and work as the job of a specialist rather than as part of the manager's job. It is the classical example of a staff department and of the confusion the staff concept causes. To be sure, there is constant talk in all personnel departments of the need to educate operating managers in managing people. But 90 per cent of the budget, manpower and effort is devoted to personnel programs, thought up, established and operated by the department. The best textbook of Personnel Administration,$^\ominus$ for instance, starts out by saying that the two first jobs of the personnel administrator are to advise operating management and to diagnose the stability or morale of the organization as an effective team. But then it spends 301 of its 321 pages on the programs that the department itself organizes and manages.

This means, in effect, either that personnel administration has to usurp the functions and responsibility of the operating manager (since whoever manages the people under him is the "boss," whatever his title); or else it means that operating managers, in selfdefense, have to confine personnel administration to the handling of incidental chores, that is, to those things that are not essential to the management of worker and work. It is not surprising that the latter has been the all but universal trend.

Finally, Personnel Administration tends to be "fire-fighting," to see "personnel" as concerned with "problems" and "headaches" that threaten the otherwise smooth and unruffled course of production. It was born with this tendency. But the unionization drives of the thirties have made it dominant. It is not too much to say that

---

$\ominus$ They have recently been brilliantly analyzed by Douglas McGregor, president of Antioch College and himself one of our leading personnel experts. His paper *Line Management's Responsibility for Human Relations* (American Management Association, Manufacturing Series Number 213, New York, 1953), is "must" reading for any manager.

$\ominus$ *Personnel Administration* by Paul Pigors and Charles A. Myers (New York: McGraw-Hill, 1947).

many personnel administrators, though mostly subconsciously, have a stake in trouble. Indeed, there was some truth in the joking remark made by a union leader about the personnel department of a big company:"Those fellows ought to kick back 10 per cent of their salaries into the union treasury; but for the union they'd still be fifty-dollar-a-week clerks." But worker and work simply cannot be managed if trouble is the focus. It is not even enough to make "fire prevention" rather than "fire-fighting" the focus; managing worker and work—the IBM story shows this clearly—must focus on the positive and must build on underlying strength and harmony.

The Insight of Human Relations—and Its Limitations

Human Relations, the second prevailing theory of the management of worker and work, starts out with the right basic concepts: people want to work; and managing people is the manager's job, not that of a specialist. It is therefore not just a collection of unrelated activities. It also rests on a profound insight—the insight summarized when we say that one cannot "hire a hand."

Human Relations recognizes that the human resource is a specific resource. It emphasizes this against mechanistic concepts of the human being, against the belief in the "slot-machine man" who responds only and automatically to monetary stimulus. It has made American management aware of the fact that the human resource requires definite attitudes and methods, which is a tremendous contribution. Human Relations, when first developed, was one of the great liberating forces, knocking off blinkers that management had been wearing for a century.

Yet, Human Relations is, at least in the form in which it exists thus far, primarily a negative contribution. It freed management from the domination of viciously wrong ideas; but it did not succeed in substituting new concepts.

One reason is the belief in "spontaneous motivation." "Remove fear," the Human Relations people seem to say, "and people will work." This was a tremendous contribution at a time when management still felt that people could be motivated only through fear. Even more important was the implied attack on the assumption that men do not want to work. Yet, absence of wrong motivation, we have learned, is not enough. And on Positive motivations Human Relations offers little but generalities.

Human Relations also lacks an adequate focus on work. Positive motivations must have their center in work and job, yet, Human Relations puts all the stress on inter-personal relations and on the "informal group." Its starting point was in individual psychology rather than in an analysis of worker and work. As a result, it assumes that it is immaterial what kind of work a man does since it is only his relation to his fellow-men that determines his attitude, his behavior and his effectiveness.

Its favorite saying, that "the happy worker is an efficient and a productive worker," though a neat epigram, is at best a half truth. It is not the business of the enterprise to create happiness but to sell and make shoes. Nor can the worker be happy in the abstract.

Despite its emphasis on the social nature of man, Human Relations refuses to accept the fact that organized groups are not just the extension of individuals but have their own relationships, involving a real and healthy problem of power, and conflicts which are not conflicts of personalities but objective conflicts of vision and interests; that, in other words, there is a political sphere. This shows in the almost panicky fear of the labor union that runs through the entire work of the original Human Relations school at Harvard University.

Finally, Human Relations lacks any awareness of the economic dimension of the problem.

As a result, there is a tendency for Human Relations to degenerate into mere slogans which become an alibi for having no management policy in respect to the human organization. Worse still, because Human Relations started our from the attempt to adjust the "maladjusted" individual to the "reality" (which is always assumed to be rational and real), there is a strong manipulative tendency in the whole concept. With it there is the serious danger that Human Relations will degenerate into a new Freudian paternalism, a mere tool for justifying management's action, a device to "sell" whatever management is doing. It is no accident that there is so much talk in Human Relations about "giving workers a sense of responsibility" and so little about their responsibility, so much emphasis on their "feeling of importance" and so little on making them and their work important. Whenever we start out with the assumption that the individual has to be adjusted, we search for ways of controlling, manipulating, selling him—and we deny by implication that there may be anything in our own actions that needs adjustment. In fact, the popularity of Human Relations in this country today may reflect, above all, the ease with which it can be mistaken for a soothing syrup for fractious children, and misused to explain away as irrational and emotional resistance to management and to its policies.

This does not mean that we have to discard Human Relations. On the contrary, its insights are a major foundation in managing the human organization. But it is not the building. Indeed, it is only one of the foundations. The remainder of the edifice has still to be built. It will rest on more than Human Relations. It will also have to rise well above it. I say this with full respect for the achievement of the Human-Relations pioneers (indeed, I own myself their disciple). Though their achievement is great, it is not adequate.

"Scientific Management"—Our Most Widely Practiced Personnel-Management Concept

Personnel Administration and Human Relations are the things talked about and written about whenever the management of worker and work is being discussed. They are the things the Personnel Department concerns itself with. But they are not the concepts that underlie the actual management of worker and work in American industry. This concept is Scientific Management. Scientific Management focuses on the work. Its core is the organized study of work, the analysis of work into its simplest elements and the systematic improvement of the worker's performance of each of these elements. Scientific Management has both basic concepts and easily applicable tools and techniques. And it has no difficulty proving the contribution it makes; its results in the form of higher output are visible and readily measurable.

Indeed, Scientific Management is all but a systematic philosophy of worker and work. Altogether it may well be the most powerful as well as the most lasting contribution America has made to Western thought since the Federalist Papers. As long as industrial society endures, we shall never lose again the insight that human work can be studied systematically, can be analyzed, can be improved by work on its elementary parts.

Like all great insights, it was simplicity itself. People had worked for thousands of years. They had talked about improving work all that time. But few people had ever looked at human work systematically until Frederick W. Taylor started to do so around 1885. Work was taken for granted; and it is an axiom that one never sees what one takes for granted. Scientific Management was thus one of the great liberating, pioneering insights. Without it a real study of human beings at work would be impossible. Without it we could never, in managing worker and work, go beyond good intentions, exhortations or the "speed up." Although its conclusions have proved dubious, its basic insight is a necessary foundation for thought and work in the field.

It is one American concept that has penetrated the entire world. It is practiced in India, in Argentina and in Sweden. The Germans have made a pseudo-metaphysics out of it; they call it "rationalization." The critics of America everywhere think that they are attacking the "real America" if they attack Scientific Management.

When we started, after World War II, to give assistance to western Europe's attempt to improve productivity, we thought that that meant primarily the exportation of Scientific Management techniques. We preached that "productivity is an attitude." We stressed the importance of mass distribution, of capital investment, of research. But what we actually did was to send over industrial engineers equipped with Scientific Management tools and imbued with its philosophy. And where the European industrialist on the whole turned a deaf ear to our recommendations of mass distribution, capital investment or research, he took to Scientific-Management techniques with alacrity. For, in common with the rest of the outside world, he had come to believe—though wrongly—that Scientific Management was the essence of America's industrial achievement.

Yet, Scientific Management, too, has been stagnant for a long time. It is the oldest of our three approaches to the management of worker and work; it rose together with the new profession of engineering in the last decades of the nineteenth century. It also ran dry first. From 1890 to 1920 Scientific Management produced one brilliant new insight after the other and one creative new thinker after the other—Taylor, Fayol, Gantt, the Gilbreths. During the last thirty years, it has given us little but pedestrian and wearisome tomes on the techniques, if not on the gadgets, of narrower and narrower specialties. There are, of course, exceptions—especially Mrs. Lillian Gilbreth and the late Harry Hopf. But on the whole there have been oceans of paper but few, if any, new insights. There has been a great deal of refinement; yet the most mature and most cogent statement on Scientific Management is still the testimony Taylor gave before a Special Committee of the House of Representatives in 1912.⊖

The reason for this is that Scientific Management, despite all its worldly success, has not succeeded in solving the problem of managing worker and work. As so often happens in the history of ideas, its insight is only half an insight. It has two blind spots, one engineering and one philosophical. What it does not see is as important as what it sees; indeed, if we do not learn to see where Scientific Management has been blind, we may lose even the benefit of its genuine vision.

The first of these blind spots is the belief that because we must analyze work into its simplest constituent motions we must also organize it as a series of individual motions, each if possible carried out by an individual worker. It is possible that Taylor himself saw the need to integrate; Harry Hopf certainly did. But practically all other writers—and all practitioners—see in the individual motion the essence of good work organization.

This is false logic. It confuses a principle of analysis with a principle of action. To take apart and to put together are different things. To confuse the two is grossly unscientific. For the beginning of science is the realization that classification, while absolutely necessary, does not tell us any important fact about the nature of the

---

⊖ Reprinted in *Scientific Management* by Frederick Winslow Taylor (a collection of Tayor's most important papers); New York: Harper & Brothers (latest edition 1947).

thing classified.

The belief that work is best performed as it is analyzed is also wretched engin-
eering.

The best proof of this is in the greatest achievement resulting from
the application of the concepts that underlie Scientific Management: the
alphabet. Its inventor, an anonymous clerk in a long-forgotten Semitic
trading town, 3,500 years ago, will never be awarded the Gold Medal of the
International Management Congress. But his analysis of the basic, simple
and standardized elements that underlay the thousands of pictograms,
ideograms, logograms, syllable signs and phonetic marks of the writing of
his day, and their replacement by two dozen signs capable of expressing
all sounds and of conveying all words and thoughts, was straight Scientific
Management—of the highest order. Yet, the alphabet would not only be
totally useless—it would be a complete barrier to communication—were we
expected to say "Cee-Ay-Tee," when we wanted to say "cat," just because we
spell the word with these three letters.

The job of integrating letters into words is not a simple one. Even an
idiot child can usually learn the letters, but even a bright one has difficulty
making the jump from Cee-Ay-Tee to cat. Indeed, practically all reading
difficulties of children (the biggest problem of elementary education)
are problems of integrating letters into words; many people, we know,
never learn to do that but learn instead to recognize common words and
syllables—they learn pictograms and ideograms rather than letters. And yet
the alphabet not only triumphed despite the difficulty of integration. It is
the integration that is its triumph and its real achievement.

Finally, the confusion between analysis of work and action in work is a misun-
derstanding of the properties of the human resource. Scientific Management pur-
ports to organize human work. But it assumes—without any attempt to test or to
verify the assumption—that the human being is a machine tool (though a poorly
designed one).

It is perfectly true that we have to analyze the work into its constituent motions. It is true that we can best improve work by improving the way the individual operations are performed. But it is simply not true that the closer the work comes to confining itself to the individual motion or operation, the better the human being will perform it. This is not even true of a machine tool; to assert it of human beings is nonsense. The human being does individual motions poorly; viewed as a machine tool, he is badly designed. Let us leave aside all such considerations as man's will, his personality, emotions, appetites and soul. Let us look at man only as a productive resource and only from the point of view of engineers concerned with input and output. We have no choice but to accept the fact that man's specific contribution is always to perform many motions, to integrate, to balance, to control, to measure, to judge. The individual operations must indeed be analyzed, studied and improved. But the human resource will be utilized productively only if a job is being formed out of the operations, a job that puts to work man's specific qualities.

The second blind spot of Scientific Management is the "divorce of planning from doing"—one of its cardinal tenets. Again a sound analytical principle is being mistaken for a principle of action. But in addition the divorce of planning from doing reflects a dubious and dangerous philosophical concept of an elite which has a monopoly on esoteric knowledge entitling it to manipulate the unwashed peasantry.

To have discovered that planning is different from doing was one of Taylor's most valuable insights. To emphasize that the work will become the easier, more effective, more productive, the more we plan before we do, was a greater contribution to America's industrial rise than stopwatch or time-and-motion study. On it rests the entire structure of modern management. That we are able today to speak seriously and with meaning of management by objectives is a direct result of Taylor's discovery of planning as a separate part of the job, and of his emphasis on its importance.

But it does not follow from the separation of planning and doing in the analysis of work that the planner and the doer should be two different people. It does not follow that the industrial world should be divided into two classes of people; a few who decide what is to be done, design the job, set the pace, rhythm and motions, and order others about; and the many who do what and as they are being told.

Planning and doing are separate parts of the same job; they are not separate jobs. There is no work that can be performed effectively unless it contains elements of both. One cannot plan exclusively all the time. There must be at least a trace of doing in one's job. Otherwise one dreams rather than performs. One cannot, above all, do only; without a trace of planning his job, the worker does not have the control he needs even for the most mechanical and repetitive routine chore. Advocating the divorce of the two is like demanding that swallowing food and digesting it be carried on in separate bodies. To be understood, the two processes have to be studied separately. They require different organs, are subject to different ailments and are carried out in different parts of the body. But to be nourished at all, the same body needs both, just as a job must contain planning as well as doing.

Taylor's divorce of planning from doing was both specifically American and specifically late nineteenth century. It is a descendant of our oldest tradition: the New England theocracy of the early Puritans. It puts the priestly-elite concept of Increase and Cotton Mather into modern dress, but leaves it otherwise almost unchanged; and like the Puritan divines Taylor deduced a God-given right of the planning elite to rule. It is no accident that we hear this right to rule described today as the "prerogative of management"—the term has always been applied to right by divine or priestly anointment.

But the divorce of planning and doing was also part of the elite philosophy that swept the Western World in the generation between Nietzsche and World War I—the philosophy that has produced such monster offspring in our time. Taylor belongs with Sorel, Lenin and Pareto. This movement is usually considered to have been anti-democratic. It was—in intent and direction—fully as much anti-aristocratic. For the assertion that power is grounded in technical competence—be it for revolutionary conspiracy or for management—is as hostile to aristocracy as to democracy. Both oppose

to it the same absolute principle: power must be grounded in moral respon-
sibility; anything else is tyranny and usurpation.

The divorce of planning from doing deprives us of the full benefit of the
insights of Scientific Management. It sharply cuts down the yield to be obtained from
the analysis of work, and especially the yield to be obtained from planning. We saw
in the IBM story that productivity greatly increased when the workers were given
responsibility for planning their work. The same increase in productivity (not to
mention the improvement in worker attitude and pride) has been obtained wherever
we have combined the divorce of planning from doing with the marriage of planner
to doer.

The two blind spots of traditional Scientific Management explain why its
application always increases the worker's resistance to change. Because he is being
taught individual motions rather than given a job, his ability to unlearn is stifled
rather than developed. He acquires experience and habit rather than knowledge
and understanding. Because the worker is supposed to do rather than to know—let
alone to plan—every change represents the challenge of the incomprehensible and
therefore threatens his psychological security.

It is an old criticism of Scientific Management that it can set up a job so as to get
the most output per hour but not so as to get the most output over five hundred hours.
It may be a much more serious and better-founded criticism that it knows how
to organize the present job for maximum output but only by seriously impairing
output in the worker's next job. Of course, if the job were considered unchangeable,
this would not matter. Henry Ford (one of the most thorough practitioners of
Scientific Management, though he had never heard Taylor's name) believed that
once the putting on of a fender had been properly engineered, the job would remain
unchanged in all eternity.

But *we know* that change is inevitable; it is, indeed, a major function of the
enterprise to bring it about. We also know that the next few decades will bring
tremendous changes—and nowhere more than in the worker's job.

Scientific Management and the New Technology

The coming of the new technology converts what may have been considered limitations on the full effectiveness of Scientific Management into crippling diseases. Indeed the major problems of managing worker and work under the new technology will be to enable the worker to do a complete and integrated job and to do responsible planning.

The worker under Automation will no longer do the repetitive routine chores of machine feeding and materials handling. Instead, he will build, maintain and control machines that do the repetitive routine work. To do this he must be able to do many operations, must have the largest rather than the smallest content to his job, must be able to co-ordinate. This, as the IBM story shows, does not mean that he must be again a manually skilled worker as the worker of yore. On the contrary, every one of the operations should be analyzed by means of Scientific Management to the point where they can be done by unskilled people. But the operations must be integrated again into a job—otherwise the work needed under Automation cannot be done. In the new technology we have no choice, but to say "cat." We must learn how to put together—now that Scientific Management has taught us how to pull apart.

A telephone maintenance man in an automatic-dialling exchange shows what the work will be like. He is not a skilled mechanic. Every one of the things he has to do has been reduced to simple elements which can be learned in a short time. He "goes by the book" rather than by manual skill acquired in years of experience. But his job comprises a variety of operations. It requires a good deal of thought and judgment. It requires muscular as well as intellectual co-ordination.

Similarly, we will not be able to organize worker and work in the new technology on the basis of the divorce of planning from doing. On the contrary, the new technology demands that the least production worker be capable of a good deal of planning. The more planning he can do, the more he can take responsibility for what he does, the more productive a worker he will be. If he just does what he is being told, he can do only harm. To maintain the equipment, to program it, to set it and to control it, all demand of the worker in the new technology knowledge, responsibility and decisionmaking—that is, planning. Our problem will not be that planning and doing are not divorced enough; the problem will be that many workers of tomorrow may have to be able to do more planning than a good many people who call themselves managers today are capable of.

We must preserve the fundamental insights of Scientific Management—just as we must preserve those of Human Relations. But we must go beyond the traditional application of Scientific Management, must learn to see where it has been blind. And the coming of the new technology makes this task doubly urgent.

Is Personnel Management Bankrupt?

Is Personnel Management bankrupt? asks the title of this chapter. We can now give the answer:"No, it is not bankrupt. Its liabilities do not exceed its assets. But it is certainly insolvent, certainly unable to honor, with the ready cash of performance, the promises of managing worker and work it so liberally makes. Its assets are great—the fundamental insights of Human Relations, the equally fundamental insights of Scientific Management. But these assets are frozen. There is also a lot of small stuff lying around in the form of Personnel Administration techniques and gadgets. But it does not help us too much in the big job of unfreezing the frozen assets, though it may produce enough saleable merchandise to pay the petty bills. Perhaps the biggest working capital is the things we have learned not to do; but what banker ever lent on such collateral?"

The facts permit, however, of a more optimistic interpretation. The last twenty years were years of minor refinements rather than of vigorous growth, of intellectual stagnation rather than of basic thinking. But everything points to a different picture for the next twenty-five years. Technological changes will force new thinking, new experimentation, new methods. And there are signs that the process has already begun. The relationship between a man and the kind of work he does, which traditional Human-Relations thinking pushed aside as almost irrelevant, is now being studied by men close to the Human-Relations school.⊖ The problem of the organization of the job according to the properties of the human resource, rather than on the assumption of man as a badly designed machine tool, is being given serious attention by men of standing in Scientific Management.⊖ And, as the IBM story shows, the practitioners are well ahead of the writers and theoreticians, and are already moving across the frontiers of the traditional concepts.

These are only beginnings, to be sure. But they give grounds for the hope that, twenty years from now, we shall be able to spell out basic principles, proven policies and tested techniques for the management of worker and work. The right basic approaches, however, we already know.

⊖ One significant example is *The Man on the Assembly Line* by Charles R. Walker and Robert H. Guest (Cambridge, Mass.: Harvard University Press, 1952).

⊖ See, for example, the various papers and articles of Professor Joseph M. Juran.

CHAPTER 22

Human Organization for Peak Performance

Engineering the job—The lesson of the automobile assembly line—
Its real meaning: the assembly line as inefficient engineering—Mechanize
machine work and integrate human work—The rules of "integration"—
The application of Scientific Management—The worker's need to see the
result—The worker's need to control speed and rhythm of the work—
Some challenge in every job—Organizing people for work—Working as an
individual—Working as a team—Placement—"When do ninety days equal
thirty years?"

The title of this chapter is a manifesto. By proclaiming peak performance to
be the goal—rather than happiness or satisfaction—it asserts that we have to go
beyond Human Relations. By stressing human organization, it asserts that we have
to go beyond traditional Scientific Management.

Though a statement of what we have to do rather than a summary of what we
are doing, it is not an expression of pious intentions. We are on the whole not doing
the job today. But we know what it takes to do it.

Engineering the Job

This is particularly true of the first requirement of human organization for
peak performance: the engineering of the individual job for maximum efficiency. It

can be argued convincingly that our difficulties and failures here are not the result of ignorance but of refusal to accept our own knowledge.

> We are, I think, pretty much in the position in which the bacteriologists were for fifty years. In their search for effective germ killers they concentrated on producing the absolutely pure bacterial culture. Again and again they found themselves frustrated by fungus infestations that killed the bacteria. These fungi became well known; the penicillium mold was isolated and its properties were described almost fifty years ago. But their conviction that a pure culture was the starting point of all research totally blinded the bacteriologists to the fact that the pesky fungus was what they were really hunting for: the potent germ killer. For decades they regarded the fungus as a nuisance, threw away the infested cultures and sterilized the equipment anew. It took genius to see that the infested culture rather than the pure one offered the clue to bacteria control. But once Alexander Fleming had had this true "flash of genius," it took but a few years to develop all of today's antibiotic medicines.

Similarly, in engineering the job, we have been blinded for a half century by the search for the elementary motion and by the belief that the job should correspond as much as possible to one such motion. We have had abundant evidence to the contrary: the IBM example is only one of a great many similar experiences. But we have brushed aside this evidence as a nuisance, have rationalized it away as nothing more than emotionalism, have apologized for it as poor engineering. We have, so to speak, thrown out the penicillin because it killed bacteria and thus hampered our search for what kills bacteria.

One reason for this self-imposed blindness has been the tremendous impact of the automobile industry on our thinking. I have mentioned earlier how Henry Ford's insistence on the uniform final product obscured our realization of the essence of mass production. Similarly, the tremendous success of his assembly line with its attempt to confine each worker to one operation, if not to one motion, has blinded us to the real meaning of the scientific and systematic analysis of human work and has deprived us of its full value.

Little work could actually be organized on the Ford principle of one motion to the worker. The specific conditions that made this an effective principle on the automobile assembly line, the production of one basically uniform *product*, exist in few other industries. In fact, they are to be found most often outside of manufacturing: in processing orders in a mail-order house, or in clearing checks. But for decades we have tried to apply the one-operation principle despite the difficulties. We have refused to accept reality, have indeed refused to see it, because it did not fit the pattern of the automobile assembly line.

In the automobile industry itself there has been plenty of evidence that the one-motion one-job concept does not automatically lead to peak performance. One example out of many will suffice.

> During world war Ⅱ unskilled, indeed almost illiterate, Negro women produced one of the most complicated aircraft-engine parts. The job required more than eighty different operations. But instead of each operation being done by one worker, the whole job, for metallurgical reasons, had to be done by the same operator. Normally this would have meant entrusting the work to skilled machinists. But there were no machinists available. And the quantities required were mach too large, the urgency much too great, to permit organization on a skill basis. These unskilled women—the only labor still available—therefore had to do the work. Each job was analyzed into its eighty component operations. The operations were all laid out in logical sequence. And each woman was given a detailed instruction chart, showing step by step what to do, what to do before doing it and what to make sure of in doing it. Much to everybody's surprise, this resulted in more, faster and better work than could possibly have been turned out either by highly skilled machinists or on the orthodox assembly line.

In other industries the same results were always obtained when ever circumstances led to an abandonment of orthodox assembly line methods.

A mail-order plant recently reorganized the handling of customer letters. Till then this work was organized by individual motions. One clerk answered complaint letters, another one inquiries, a third correspondence on installment credit, and so forth. Each only handled what could be answered by printed form letter; the few letters that required individual handling or judgment she passed on to the supervisor. Now each clerk handles all correspondence with a customer—all customers whose names begin with the letter "A," for instance. Nine hundred and ninety-eight out of every thousand letters still are answered by form letter. And there the work itself is as fully engineered, as fully predetermined, as fully laid out— and as repetitive—as before. But instead of repeating one particular motion again and again, each clerk now handles the entire range of motions—thirty-nine to be precise—involved in routine relations with the mail-order customer. And while the rare letter that requires judgment is still not answered by the completely unskilled clerk, she is supposed to write on it her suggestion how to deal with it before handing it to her supervisor. As a result productivity has gone up almost 30 per cent; turnover of clerks has dropped by two thirds.

But IBM is, to my knowledge, the only company that has so far drawn the obvious conclusion from this experience.

One reason for our blindness is that we have only recently obtained the key to the understanding of our experiences. Till now the question has always been: How do we explain the undoubted efficiency and productivity of the automobile assembly line if it is true that people work more effectively when they do an integrated job rather than one motion? As long as the one-motion one-job concept produced the results so obvious in Detroit, experiences such as the ones cited here could always be dismissed as exceptions.

The Assembly Line—Inefficient Engineering

Now, however, we know that the automobile assembly line is not perfect engineering of *human work*. It is imperfect and inefficient engineering of *machine work*. This has been shown by the automobile industry itself, for instance, in the new Ford Motor Company plant in Cleveland. There a traditional assembly-line process has been completely mechanized—with significant increases inefficiency and output. All materials handling, machine tending and routine inspection is automatic. The total number of workers is not significantly lower than it would be in the traditional plant. But the workers are not on the production floor; they are designing, building, maintaining and controlling the automatic equipment.

We know today, in other words, that wherever the one-motion one-job concept can be used effectively, we have an operation that can and should be mechanized. In such an operation the assembly line concept may indeed be the most effective principle for human work, but human work, in such an operation, is itself an imperfection. This is work that should properly be engineered as the work of machines rather than of men.

For all other work—and that means for most of the work done today in manufacturing industry and for all the work that will be created by Automation—the principle is the organization of the job so as to integrate a number of motions or operations into a whole.

We have two principles therefore rather than one. The one for mechanical work is Mechanization. The one for human work is Integration. Both start out with the systematic analysis of the work into its constituent motions. Both lay out the work in a logical sequence of motions. In both attention has to focus on each motion, to make it easier, faster, more effortless; and improvement of the entire output depends on improvement of the constitutent motions. But the one organizes the motions *mechanically* so as to utilize the special properties of the machine, that is, its ability to do one thing fast and faultlessly. The other one *integrates* operations so as to utilize the special properties of the human being, that is, his ability to make a whole out of many things, to judge, to plan and to change.

The technological changes under way not only make possible the realization of the correct principles but force us to apply them. They give us the means to make fully mechanic those jobs in which the human being is used as an adjunct to a machine tool. But the work that is not capable of being mechanized—above all, the work that is needed to make the new technology possible and to support it—can under Automation only be organized on the principle of integration, can, in fact, not be done at all unless so organized. Productivity will therefore increasingly depend on understanding these two principles and applying them systematically.

How far to go with Automation and how fast, where to apply it and how, are engineering problems that have been considered elsewhere. Here we need only say that wherever work can effectively be organized on the one-motion, one-job concept, we have *prima facie* evidence of its being capable of being mechanized with a consequent increase in efficiency and productivity. Anything short of mechanization in such work should be considered a stopgap and evidence of incomplete or imperfect engineering rather than an example of human organization for work. The automobile assembly line worker is not a model of human work, as we so long believed. He is an—already obsolescent—model of non-human, mechanic machine work.

The Rules of Integration

But do we know how to organize human work? Do we know what integration means, what its rules are? Can we tell effective from ineffective integration? Do we know, in other words, how human beings work to give peak performance?

We do not yet know the full answers to these questions. But we do know what the basic rules are. We even know what models to use in place of the automobile assembly-line worker. One, perhaps the best, is the surgeon.

The work of the surgeon is based on the most minute breakdown of the job into individual motions. Young surgeons practice for months on end how to tie this or that knot in a confined space, how to change their hold on an instrument, or how to make stitches. There is constant effort to improve each of these motions, to speed one up a fraction of a second, to make another one easier, to eliminate a third one. *And the improvement of these individual, constituent motions is the surgeon's main method for improving total performance.* The motions themselves are performed in a rigid, predetermined sequence. In fact, every member of the surgical team— the surgeon, his assistant, the anesthetist, the nurses—are drilled to the nth degree so that they know exactly what to do next. Whether the surgeon realizes it or not, he applies Scientific Management. But the surgeon's work is of necessity integrated. To take out tonsils, we do not have one surgeon put the clamps on the blood vessels, another make the first incision, another undercut the left tonsil—and so on until the last man takes the clamps out again. We have one man do the whole job.

The surgeon is the most elevated model we can see—but this makes him a good model. It shows us the basic rules. And it shows us the direction toward which the organization of human work should tend. Even if it never approaches the surgeon's work in respect to skill, speed, judgment or responsibility, work in industry and business will be more productive, more appropriate to human beings, the more it is governed by the principles that are realized in the surgeon's work.

The first of these rules is the application of Scientific Management to the analysis and organization of the work. Indeed, the scope of such analysis is much wider than generally realized. It applies not only to manual and clerical but equally to mental work. As the example of the surgeon shows, it applies to work requiring skill and judgment of the highest order as well as to the bricklayer—just as the zoologist's principles of classification apply to *homo sapiens* as well as to the amoeba. Even the job of top management demands such analysis.

The second rule is that improvement in performing the work comes fastest from improving performance of the individual motions or parts of the job. Systematic efforts to improve performance are indeed effective only as efforts to improve its parts.

Third, is the rule (still a part of Scientific Management) that the sequence in which these motions are to be performed must be laid out systematically and according to the logical flow of the work. To go back to one of our examples: the efficiency of the unskilled Negro Women turning out highly skilled machinists' work depended, above all, on clear instructions concerning the right order of the motions. And no phase of the job was as difficult, took as much time and had to be modified as often as the sequence organization; even teaching the girls to read—and one third were completely illiterate when first hired—was easier.

When it comes to the job itself, however, the problem is not to dissect it into parts or motions but to *put together an integrated whole*. This is the new task.

Even here we know a good deal. We know first that the job should constitute a distinct stage in the work process. The man—or the men—doing one job should always be able to see a result. It does not have to be a complete part. But it should always be a complete step. Final heat treating of a metal part, for instance, is such a step. It contributes something visible, important and irreversible. The worker in charge of the heat-treating equipment will speak of it as "my equipment"—just as the girls in the mail-order plant handling all correspondence with a particular group of customers began to speak of them as "my customers."

Also the job should always depend for its speed and rhythm only on one performance of the man—or the men—performing it. It should not be entirely dependent on the speed with which the jobs before it are being done. The worker should be able to do it a little faster at times, or a little slower. And in turn the jobs following his should not entirely depend on his speed and rhythm, should not be put under pressure if he does the work a little faster, should not run out of work to do if for a short time he works a little more slowly.

Finally, as the IBM story shows, each job should embody some challenge, some element of skill or judgment. For the women in the aircraft plant this was the demand that the worker read the chart before doing anything. In the mail-order story the girls had to make three decisions—which of thirty-nine form letters to use, which letters not to answer by form letter, and what answer to suggest, Neither the reading of a chart nor the picking out of the right form letter requires great intelligence, higher education or a major skill (though they require literate people used to an industrial civilization). For the workers in question these were, however, real challenges. They kept saying:"On this job something new always keeps cropping up." Strictly speaking, this was not true at all. What they meant was:"On this job I have to think about what to do reasonably often." And that is an element each job should have.

The difference between jobs of a lower order and those of a higher order, between low-paid and high-paid jobs should lie in the ratio of routine, repetitive chores to work requiring skill or judgment. It should lie in the difference between the degree of skill and judgment required. It should express the difference in responsibility, that is, in the impact which lack of skill or error of judgment have upon the performance of the whole organization. But there should never be jobs for people, as distinct from machines, requiring no skill or judgment at all. And even the lowliest human job should have some planning; only it should be simple planning and there should be not too much of it.

There will be tremendous variations in practice. In one kind of work many more simple operations should be put together to comprise one job than in another kind of work. The level of skill and judgment needed will vary according to the kind of work, and so on. But in general we can say that the more manual skill is required in an operation, the fewer basic steps should be integrated into a job. The more judgment required, the more basic steps belong together.

Organizing People for Work

So far we have been talking about engineering the work so that it can be best performed by human beings. That is of course, only half the problem. We also have to organize people to do the work.

Scientific Management, as traditionally understood, assumes that people work best if organized like machines, that is, if linked in series. We know now that this is not correct. People work well in two ways: either alone, as individuals; or as a team.

Wherever an integrated job can be laid out as the job of one person, it is fairly easy to organize effectively.

The perfect example is the telephone installer. The job is a distinct, integrated whole. It does not require high skill or great judgment; the instruction book deals with practically all situations the installer will encounter. But there is enough skill and judgment to make "every telephone installation a challenge," as one veteran telephone installer once put it to me. And I have never had the telephone company call up to find out how satisfied I was with the work done for me, have never heard of any attempt to supervise installers, of any need for checking up on their work.

The technological changes ahead will greatly increase the number of individual jobs—maintenance jobs, for instance. But the vast majority of jobs will still require that two or more people work together. The team job will continue to be the rule.

Fortunately we know a good deal about the team and how it works. Here are some examples.

In packing chocolate candy, teams of two women, sitting across from each other, work together filling boxes. A candy company a few years back introduced incentive pay into this operation under which wages were to be paid at a steeply progressive premium for production above the norm. A production rate of thirty boxes an hour would bring double the base wage paid for twenty boxes, for instance. What happened was totally unexpected. Within a few weeks the workers had organized their own "Stakhanovite" system. On Monday, for instance, the first group of two were out to beat all production norms to get the benefit of the high premium. The four groups on either side of the day's "Stakhanovites" would keep their own production at the norm—which was easy to reach—and gave their spare time to the "shock-brigade" to enable them to get the maximum production and the maximum pay. On Tuesday the next team of two would be the "shock brigade" with the rest of the room organizing to help them and so forth. This gave the workers the highest possible income—a bigger income than they could get if each group had worked by itself to produce, say, 125 per cent of the norm all the time. (Accidentally it also gave the company the maximum possible output and the lowest per unit cost.)

Another example that parallels some of IBM's experiences with teamwork is that of an aircraft engine plant during World War II. Because of the pressure of time, the engineers could not work out the full details of every man's job. Much to their surprise, each group of four or six men, engaged in the key job of setting cylinder heads and pistons into the cylinder blocks, worked out its own organization of the work, its own variations of pace and rhythm, its own group structure. Each of these groups began to compete against all the other groups to see who could do the job faster and with fewer rejects. And invariably the production standards that these groups developed for themselves were a good deal higher than the standards the industrial engineers had considered appropriate.

Wherever a job is too big, too complicated or too strenuous to be performed by an individual, it should be done by a community of individuals working as an organized team rather than by a series of individuals linked together mechanically. People who work together form a social group. They build personal relations over and above the work relationship. And when the organization of the work cuts across or runs counter to the group organization and its social demands, it is always the work that suffers.

The first requirement of effective work organization is, therefore, that it make the group and its social cohesion serve performance in the job. At the least, conflict between the two must be avoided.

To achieve this, there must be a job for the group to do, that is, a number of people working as a team must have a task that is an integrated whole of motions, constitutes a definite stage in the process, and contains some challenge to skill or judgment.

Moreover, the individuals must be organized as a true group. organized for working together rather than against each other rewarded for their joint as well as their individual efforts, identified for themselves as well as for the people around them as a cohesive social unit, proud of themselves, of each other and of their performance. The work should be organized so that the ability and the performance of one man redound to the benefit of both himself and the whole group and result in greater individual and group performance. The individual motions and their sequence, while predetermined by analysis, should be group motions—with the individuals arranging them within the group as best fits the group needs—changing places, for instance, making a two-man operation out of one originally designed for one man, etc.

Even on the automobile assembly line—the antithesis of efficient group organization—ability to move from operation to operation has been found to increase both performance and contentment. Chrysler found this in experiments conducted during the thirties in which operators moved with the car from operation to operation. Ten years later Charles R. Walker⊖ found in a new assembly plant in New England that "utility men" who take over temporarily whatever position on the line needs to be filled showed greater job satisfaction and less fatigue; and there was strong evidence that they also did a better job.

Placement

But organizing men for work also means putting the man on the job he will do best.

We have put a great deal of time and money into the selection of workers. Selection is, however, a negative process. It eliminates those who are unlikely to fit. But the enterprise needs more than passable performance. It needs the best performance a man is capable of. And a man needs more than a job he can perform. He needs the job that will provide the greatest scope for his abilities and talents, the greatest opportunity for growth and for superior performance. That the IBM approach to output norms results in intensive efforts by foremen and workers to place each man where he best fits, is considered by IBM executives one of its most valuable achievements.

⊖ As reported in *The Man on the Assembly Line* (Cambridge, Mass., Harvard University Press, 1952).

Where and how a man is placed at any given time decides largely whether he will be a productive employee or not, whether he will add to the economic and social strength of the enterprise or detract from it, whether he will find fulfilment in his work or not. It decides to a large extent how well he is being managed by the enterprise.

General Motors, a few years back, conducted a survey among its foremen under the title:"When do ninety days equal thirty years?" The employee, it was pointed out, who survives his ninety-day probationary period is likely to stay around for thirty years. In deciding where to place the man during the first ninety days, the supervisor thus actually makes a decision for a lifetime.

General Motors rightly emphasized the importance of the decision, But in doing so it only brought out the shortsightedness of our present approach to placement. For one cannot place a man in ninety days.

Many people have a knack of placing themselves. My experience indicates that the great majority of men on an assembly line eventually place themselves where they belong. But it takes years of drifting around and is at best a haphazard, frustrating and time-consuming process. When Charles R. Walker (in the study mentioned above) investigated an automobile assembly plant that had only been in existence for four or five years he found that few of the men on the line really belonged where they were.

Placement as a systematic and continual effort is therefore one of the most important tasks in the management of worker and work. It cannot be done when a man comes to work but must be done after he has had time to get to know the work and to be known. It cannot be done once and for all. Placement decisions must be reviewed continually.

We have a staggering amount of evidence that even on the lowest level, in totally unskilled repetitive work, even in work that appears to be entirely machine-paced, differences in temperament, ability, attitude and skill make a difference to output and performance. We also know that the old assumption that people do not want to work is not true. Man not only lives under the spiritual and psychological necessity of working. He also wants to work at something—usually at quite a few things. Our experience indicates that what a man is good at is usually the thing he wants to work at; ability to perform is the foundation of willingness to work.

Placement should therefore rank high in all businesses. But wherever an enterprise uses any advanced technology, placement becomes absolutely essential. The idea that work could be organized so as to be performed independently of the individual's contribution, skill or judgment becomes untenable under an advanced technology—such work is done by machines rather than by men. Where more and more men work by themselves and without close supervision, either as individuals or in small groups as maintenance men, repair men, controllers and so forth, output and performance depend on their desire not only to work but to do a good job—and that means on their placement.

It costs, I understand, about sixty-seven dollars per worker per year to maintain the personnel department activities to be found in the typical medium-sized enterprise in this country. Many personnel administrators consider this far too small an amount; it is less than 2 per cent of the total wage bill, or considerably less than it costs to handle any material resource. If we spent only one quarter of this figure on a real effort at placing workers, we would, I am convinced, be well ahead in worker performance and motivation.

CHAPTER 23

Motivating to Peak Performance

What motivation is needed—"Employee satisfaction" will not do—
The enterprise's need is for responsibility—The responsible worker—High
standards of performance—Can workers be managed by objectives?—
The performance of management—Keeping the worker informed—The
managerial vision—The need for participation—The C. & O. example—The
plant-community activities

What motivation is needed to obtain peak performance from the worker? The
answer that is usually given today in American industry is "employee satisfaction."
But this is an almost meaningless concept. Even if it meant something, "employee
satisfaction" would still not be sufficient motivation to fulfill the needs of the
enterprise.

A man may be satisfied with his job because he really finds fulfilment in it.
He may also be satisfied because the job permits him to "get by." A man may be
dissatisfied because he is genuinely discontented. But he may also be dissatisfied
because he wants to do a better job, wants to improve his own work and that of his
group, wants to do bigger and better things. And this dissatisfaction is the most
valuable attitude any company can possess in its employees, and the most real
expression of pride in job and work, and of responsibility. Yet we have no way of
telling satisfaction that is fulfilment from satisfaction that is just apathy, dissatis-
faction that is discontent from dissatisfaction that is the desire to do a better job.

We also have no standards to measure what degree of satisfaction is satis-factory. If 70 per cent of the employees answer "yes" to the question:"Do you think the company is a good place to work in?"—is that "high satisfaction," "low satisfaction" or what? and what does the question mean? Could any manager answer it with "Yes" or "No"? We can measure the effectiveness of concrete company policies. It makes sense to ask:"Is the scheduling system good enough to enable you to work or do you often have to wait for parts?" It is meaningful to ask:"Is the parking lot adequate?" But "satisfaction" as such is a measureless and meaningless word.

And nobody knows which of the things that we are trying to measure in terms of satisfaction have any impact on behavior and performance, or how much impact they have. Is satisfaction with one's fellow-workers more important in motivating people to work than satisfaction with physical working conditions? Is either of them important? We do not know.

But satisfaction is, above all, inadequate as motivation. It is passive acquie-scence. A man who is deeply dissatisfied may quit; or if he stays, he is likely to become bitter and move into opposition to company and management. But what does the man *do* who is satisfied? After all, the enterprise must demand of the worker that he do something, willingly, and with personal involvement. It must have performance—not just acquiescence.

The present concern with satisfaction arose out of the realization that fear no longer supplies the motivation for the worker in industrial society. But instead of facing the problem created by the disappearance of fear as the motive, the concern with satisfaction side-steps it. What we need is to replace the externally imposed spur of fear with an internal self-motivation for performance. *Responsibility—not satisfaction—is the only thing that will serve.*

One can be satisfied with what somebody else is doing; but to perform one has to take responsibility for one's own actions and their impact. To perform, one has, in fact, to be dissatisfied, to want to do better.

Responsibility cannot be bought for money. Financial rewards and incentives are, of course, important, but they work largely negatively. Discontent with financial rewards is a powerful disincentive, undermining and corroding responsibility for performance. But satisfaction with monetary rewards is not, the evidence indicates, a sufficient positive motivation. It motivates only where other things have made the worker ready to assume responsibility. One can see this quite clearly when studying incentive pay for increased work. The incentive pay produces better output where there is already a willingness to perform better; otherwise it is ineffectual, is indeed, sabotaged.

The question whether people want to assume responsibility has been mooted for thousands of years. It is being discussed again today in industry. On one side, we are being told by the Human Relations group that people want responsibility; indeed, that they need it. On the other, we are told by management after management that people fear responsibility and shun it like the plague.

The evidence produced by neither side is particularly convincing. But the whole discussion is none too relevant. It does not matter whether the worker wants responsibility or not. The enterprise must demand it of him. The enterprise needs performance; and now that it can no longer use fear, it can get it only by encouraging, by inducing, if need be by pushing, the worker into assuming responsibility.

The Responsible Worker

There are four ways by which we can attempt to reach the goal of the responsible worker. They are careful placement, high standards of performance, providing the worker with the information needed to control himself, and with opportunities for participation that will give him a managerial vision. All four are necessary.

A systematic, serious and continual effort to place people right has already been described as a prerequisite to high motivation. Nothing challenges men as effectively to improved performance as a job that makes high demands on them. Nothing gives them more pride of workmanship and accomplishment. To focus on the minimum required is always to destroy people's motivation. To focus on the best that can just be reached by constant effort and ability always builds motivation. This does not mean that one should drive people. On the contrary, one must let them drive themselves. But the only way to do this is to focus their vision on a high goal.

Output standards for the *average* worker are always, of necessity, minimum standards. They therefore inevitably misdirect. They should not even be used as declared minimums with extra compensation for output above the standard, for the worker will still consider the standard as normal. Indeed, the good worker who can easily "beat the standard" is likely to be affected adversely. He will either feel that he has to keep his output down so as not to "put on the spot" his less competent fellow-workers; or he will lose respect for a management that does not know better than to set so absurdly low a standard. And whenever management attempts to raise the standard, he will be the first to complain that he is being driven.

The IBM decision to abolish general standards and to let the individual worker work out his own norm was sound—as its results showed. Its success suggests that industry might go further and set genuine objectives for the worker's job rather than output standards. Instead of starting out with what a worker can do physically, we might start out with what he needs to contribute. We ought to be able to spell out for each job what it has to contribute to the attainment of the objectives of the department, of the plant, of the company. For the jobs in the new technology an objective in place of a minimum norm will be required; they could not be done otherwise. But even for the machine-paced work in today's assembly plants, objectives can be set meaningfully if some challenge to skill and judgment is built into the job.

To motivate the worker to peak performance, it is equally important that management set and enforce on itself high standards for its own performance of those functions that determine the worker's ability to perform.

Few things demoralize employees as much as to sit around waiting for work while management fumbles—no matter how much they pretend to themselves that they enjoy their paid rest. Few things constitute such conclusive proof of management's incompetence in their eyes. To schedule so that there is always work to do for the men is not a minor matter. Nor is having the equipment in first-class condition or maintaining it before it breaks down or repairing it immediately when it breaks down. And one of the most important spurs to worker performance is spotless housekeeping. These activities directly reflect management's competence and its standards, by making manifest to the worker how good his management is and how seriously it takes his work.

This applies fully as much to salesmen as it does to machine operators, to office workers as it does to engineers. The first test of management's competence is its ability to keep people working with the minimum of disruption and the maximum of effectiveness. There are few worse cost leaks than the office manager who keeps his staff waiting in the morning until he has read and sorted the mail— only to put pressure on them in the afternoon to make up for lost time. No union speaker can curtail output as effectively as the foreman who keeps workers standing around while he hunts in the tool-room for a replacement part he should have procured a week ago. Nothing damages morale as much as the chief engineer who hoards a few men "just in case" and keeps them employed on "made work." Any such lack of sound planning lowers the men's respect for management. It convinces employees that the company does not really want them to perform, and destroys their willingness to exert themselves. Only one common saying is more damning to a company than the proverbial "They let you get away with murder around here." It is:"It's just like the Army; hurry up and wait."

A wise plant manager once told me that he didn't want his foremen to do anything except to keep their department and the machines in it spotlessly clean, always to schedule work three days ahead, to insist on the newest equipment available and to replace tools before they gave out. His successor has brought in a whole array of Personnel Management techniques and gadgets, spends time and money on selecting his foremen and even more on training them, and pelts them with Human-Relations talks—and yet he has never been able to equal his predecessor's production record.

Keeping the Worker Informed

To measure work against objectives requires information. The question is not:

How much information does the worker want? It is: How much must the enterprise get him to absorb in its own interest? How much must he have to allow the enterprise to demand responsible performance of him, and when should he get it?

The worker should be enabled to control, measure and guide his own performance. He should know how he is doing without being told. The rules for procedures and information that apply to managers apply to workers as well.

But the enterprise must also attempt to have the worker take responsibility for the consequences of his actions. He should know how his work relates to the work of the whole. He should know what he contributes to the enterprise and, through the enterprise, to society.

I realize that it is not easy to provide the worker with the necessary information to do his own job. It requires new techniques. The figures themselves are usually on record, but new tools are needed to get them speedily to the worker whose work they measure. He alone can do anything about them. And if he lacks information, he will lack both incentive and means to improve his performance.

To provide the worker with information on the enterprise and his contribution to it is even harder. For most of the conventional data mean nothing to him, especially if presented in conventional form and with the conventional time lag. Still, management must try to convey this information—not because the worker wants it but because the best interest of the enterprise demands that he have it. The great mass of employees may never be reached even with the best of efforts. But only by trying to get information to every worker can management hope to reach the small group that in every plant, office, or store leads public opinion and molds common attitudes.

The Managerial Vision

Placement, performance standards and information are conditions for the motivation of responsibility. But by themselves they do not supply this motivation. The worker will assume responsibility for peak performance only if he has a managerial vision, that is, if he sees the enterprise as if he were a manager responsible, through his performance, for its success and survival. This vision he can only attain through the experience of participation.

We hear a great deal today about "giving" people pride in their work and a sense of importance or accomplishment. Pride and accomplishment cannot be given. People cannot be made to "feel" important. The president who writes letters to the workers as "dear fellow employees" will not make them feel more important; he will only make himself look foolish. Pride and accomplishment, further, cannot be created outside of the job and work, but must grow out of them. A "service pin" for twenty-five years' faithful work may be highly treasured by the recipient. But it will be appreciated only if it is an outward symbol of a reality of accomplishment in the job; otherwise it will be resented as hypocrisy.

People are proud if they have done something to be proud of—otherwise it is false pride and destructive. People have a sense of accomplishment only if they have accomplished something. They feel important if their work is important. The only basis for genuine pride, accomplishment and importance is the active and responsible participation of people in the determination of their own work and in the government of their own plant community.

An impressive example was recently provided by the employees of the Chesapeake & Ohio Railroad. Here is the story as reported in *Business Week* (November 14, 1953).

> This week, a batch of Chesapeake & Ohio Ry. employees traipsed into the plush meeting room of the road's board to demonstrate their pride and joy: a big-scale model of how they think the Huntington (W. Va.) shops should be remodeled.
>
> The model was a labor of love run up during six weeks' intensive work—a lot of it on their own time—by some 60 blacksmiths, electricians, carpenters, metalsmiths, engine hostlers, and apprentices. One measure of the scope of their effort: C&O brass had figured that a similar planning job would take from 30 months to three years.
>
> The idea sprouted when C&O realized it would have to re-do the 60-

acre facility at Huntingdon to take care of diesel locomotives. Men in the 11-acre shop building—it houses the wheel, electric, coach, black-smith, battery, and related shops—began talking over the project at their lunch hour.

They were fed up with the existing setup, built in 1928 and poorly laid out in the first place, according to E. E. Slack, the supervisor. One example: The wheel shop was half a mile from the optimum site, wheels had to be trundled that distance.

That noon talks soon got down to cases; everyone told how he would cure the bugs in his own setup. Slack, the boss, listened and took notes. He had a draftsman get the ideas down on paper, then invited all hands to get in on the mass planning. The end product was the scale model that was shown to the directors this week.

There are some pretty persuasive arguments in favor of the plan, quite apart from the fact that it would make the workers happy. For one thing, estimated costs of the whole conversion job are around $2.5-million. That's a more heartening prospect than the $10-million to $15-million that management had expected to have to spend.

Of course, one rarely has to rebuild the entire shop. But management always has the problem of designing the individual job, the work of one man or that of a group.

The job should always be broken down into its constituent elements, always be laid out in logical sequence of elements. But there is no reason why this analysis has to be made for the worker by the engineer—other than the superstition of the divorce of planning from doing. We have overwhelming evidence that there is actually better planning if the man who does the work first responsibly participates in the planning. This is the essence of the technique known as "work simplification" which has been used with conspicuous success for thirty years. Wherever it is applied the results are the same: better engineering of the work, better performance and disappearance of the resistance to change. It is no accident that the Chesapeake

&Ohio shops had adopted a work simplification program several years before their workers took the initiative in redesigning the entire plant.

The Plant Community Activities

But participation in setting one's own job is not the only way of acquiring managerial vision. The worker must also have opportunities for leadership in the plant community as the best means of acquiring actual managerial experience.

The qualities that make a man a leader and respected in his plant community are often not the qualities that fit a man for promotion to a management job. Yet, promotion is the only way in which the enterprise can normally recognize and reward. No matter how abundant the promotional opportunities, no matter how fair the promotional system, some of the most generally respected leaders are likely to go unpromoted, will be disappointed and driven into opposition in order to exercise their leadership. It is no accident that so many of our union leaders chose the union career because the enterprise did not reward their leadership abilities through promotion.

Walter Reuther is, of course, the outstanding example. There is little doubt—perhaps not even in his own mind—that his conviction that the free-enterprise system is not much good rests on the premise that a good system would have found and used such leadership abilities as his. But I also know a number of railroad union officials—ultra-conservative men in temperament and outlook—who trace their interest in union work to their failure to get the recognition of a promotion into management.

In every business there are opportunities for workers—while remaining workers—to acquire managerial vision. In every business there are dozens of activities that are not business activities but plant-community activities. These must be run by somebody. But they have often only the most incidental relationship to the business, and the most peripheral impact on its success. They need not, therefore, be run by management. Some such activities are the Red Cross Blood Bank or the Christmas Party, shift schedules or safety programs, the cafeteria or the employee publications. Each of these activities by itself appears to be of minor importance, but in the aggregate they present a large area of responsibility. To the employee these activities are important, if only because they affect his social life directly.

There is also a whole area of information services which employees could perform for themselves. An annual report for employees is issued; an employee handbook is written for new employees. There are training courses to be given on new techniques or new skills, on serving customers or answering telephone calls.

To have management run these things instead of forcing the responsibility onto the employees deprives the enterprise of its best opportunity to imbue its employees with managerial vision. But it is also poor business. Management has enough to do without adding non-business activities to its business responsibilities. To run community activities well requires time and a large staff. Control of these activities by management, instead of making employees eager and able to perform better, invariably creates additional targets for criticism and discontent. Has any management ever gotten anything but complaints about the way it runs the cafeteria?

Let me make one point clear: I am convinced that in managing the business employees as such cannot participate. They have no responsibility—and therefore no authority. Nor do I want to see more community activities in the typical business—in fact, I think that in many businesses we could well do with fewer than there are today. I do not advocate more staff people, constant meetings or any of the other symptoms of organizational dropsy. I advocate only that those things which are desirable anyhow, be done sensibly—with less staff and by the plant community itself.

Standards for these activities ought to be high. Indeed, they offer an excellent opportunity to drive home the meaning of genuine standards of performance. But the actual responsibility for their discharge ought to be imposed on the plant community and its members. They ought to become the means by which the worker acquires the motivation to peak performance that can only result from his attaining the managerial vision.

To develop the effective alternative to fear as motivation of the worker will not be easy. But it has to be done. We have today the engineering knowledge to design individual and team jobs for peak performance. We have the social knowledge to organize men for effective work. In the new technology we have a system of production and distribution that will again give scope to the worker's ability, drive and desire for accomplishment. Without the worker's desire for performance these opportunities will not, however, become fruitful. That fear is gone is all to the good. But the absence of fear is not enough. We need positive motivations—placement, high standards of performance, information adequate for selfcontrol, and the participation of the worker as a responsible citizen in the plant community.

I called the preceding chapter a "manifesto" ; and the same could be said of this one. Both chapters are indeed programmatic; for though there exist many partial examples of the successful management of the worker and his work, the whole job has not, to my knowledge, been tried in any one place.

We know a good deal already. We know what we ought to do—at least we know that much more can be done than we are doing today. Certainly we have reason to expect—if not to demand—that, twenty years hence, what is now goal will have become accomplishment, what is now manifesto will have become history.

The Economic Dimension

Financial rewards not a source of positive motivation—The most serious decisions imminent in this area—An insured expectation of income and employment—The resistance to profit—Profit-sharing and share ownership—"No sale, no job."

I have intentionally postponed any discussion of the economic relationship between enterprise and worker. Not that it is of minor importance. But financial rewards, as already indicated, are not major sources of positive motivation in the modern industrial society, even though discontent with them inhibits performance. The best economic rewards are not substitutes for responsibility or for the proper organization of the job. Yet, conversely, non-financial incentives cannot compensate for discontent with economic rewards.

It is in this area that we may face the most serious immediate decisions. If only because of the union demand for the "guaranteed annual wage," the next few years may well determine whether we can resolve economic conflicts to the lasting benefit of enterprise, worker and society, or will instead aggravate them for years to come.

The main problem is not one of high or low wage rates. It is not even primarily one of wage differentials, powerful though resentment against "wrong" differentials may be. The real problems lie much deeper.

The first of these is the conflict between the enterprise's view of wage as cost and its demand for wage flexibility, and the employee's view of wage as income and his demand for wage stability. This conflict can be resolved only by a predictable wage and employment plan.⊖

To demand or to give a guarantee of absolute employment security—the "guaranteed annual wage" of current union Propaganda—is as inane as to Promise a man that he will never die. It is less than worthless; for it could not be honored when the worker needs security, that is, in a depression. And its spread, by making the whole economy rigid, would make a depression inevitable and twice as severe. The danger is clearly shown by the experience of Italy with such a promise of "guaranteed employment." In the bleakest days after the Italian collapse in World War Ⅱ, the Italian Government enacted a law which forbids employers to dismiss regular workers except when the business is in extreme economic distress. As a result nobody in Italy hires people; for once they have been hired they become right-away regular workers and are permanently on the pay roll. Companies prefer to forego expansion rather than hire more men. Even though there is an acute power shortage in the industrial areas of Northern Italy the power companies, for instance, are stretching out their building programs rather than hire additional men into construction gangs where there would be no work for them after five years or so. This law enacted to prevent unemployment—and perhaps necessary under the conditions of 1945 or 1946—has become one of the major causes of large-scale unemployment in Italy. Yet nobody dares say so in public, let alone suggest that the law be changed or repealed; since it is labeled "a guaranteed employment law," it has become the holy of holies of the labor unions and completely sacrosanct.

What is needed is not the promise of immortality that is the unions' traditional "guaranteed annual wage." What is needed is a life-insurance policy. And that can be given.⊖

Most companies can anticipate on the basis of their own past experience the worst drop in employment likely to occur within any twelve-month period. (For

---

⊖ For a detailed discussion see my *The New Society*.

⊖ One very simple but effective plan for a small company—the Resistoflex Corporation, Belleville, New Jersey—is described in the January, 1954 issue of *Personnel* Magazine.

most American businesses the worst such drop came in 1937—38.) On the basis of this experience the probable worst for today's workers can be worked out. That alone would give an expectation of employment and income that goes far beyond workers' expectations. Only a small minority of enterprises has ever experienced a drop of one third in the hours worked within a twelve-month period; and even a one-third drop means that 80 per cent of the workers can expect to work 80 per cent of their present hours during the twelve months ahead. And 80 per cent of present income is enough of an expectation to allow them to budget.

Once we have such an expectation we can actually insure it and thus limit the risk for enterprise as well as for employee. Of course, there is always the danger of the unpredictable catastrophe. An insured expectation of employment and wages will not protect jobs if a business goes bankrupt or a whole industry collapses. But this is like saying that fire insurance is no good because it does not cover damage done by tornadoes.

We have enough experience by now to know that, properly done, stabilizing employment and wages directly benefits the enterprise and cuts costs of operations. It is not a philanthropic venture and should not be tackled as such. Indeed, the most successful predictable wage and employment plans have grown out of attempts to reduce costs by stabilizing operations.

One example is that of maintenance operations on a railroad. Maintenance work used to be conducted according to current income. This meant, however, that most work was done when traffic was high—that is, when maintenance workers often spend more time standing by for passing trains than on their work. By putting maintenance work on a fixed budget and by scheduling the peaks for periods of slack traffic, costs were cut by well over a third. And employment could be stabilized with a maximum fluctuation of 10 per cent or less for any twelve-month period.

The new technology will force the enterprise into stabilizing employment. Not only will automatic equipment have to be run at a continuous rate as nearly as possible, but the highly trained and skilled employees will represent an almost irreplaceable investment. In its own interest the enterprise must do everything possible to keep them in its employ—regardless of economic fluctuations.

The modern economy offers for the first time in human history the opportunity to resolve the age-old conflict between economic flexibility and economic security. It can be resolved so as to greatly strengthen the enterprise and reduce its economic burden. The IBM example alone proves this.

But if management fails to realize this and to act accordingly, something like the "guaranteed annual wage" will be forced on it. We justly stress that in a modern industrial society the worker becomes "middle class." But the symbol of middle-class position has always been the weekly or monthly salary that is the regular, expected, stable income—the most visible symbol of the "proletarian," the hourly or piece wage.

We also know that security of continuing employment is the one really important security to most employees. Next to it all the other security gains, such as old-age pension or medical care, pale into insignificance. Whether our unions demand an employment guarantee this year or next, it is bound to come simply because it corresponds to social reality. Management has only the choice between an employment and wage prediction that benefits the enterprise and the worker, and the "guaranteed annual wage" that hurts both; between a resolution of the old conflict that will strengthen the enterprise, and a phony promise of economic immortality that can only create new bitterness and further conflict.

The Resistance to Profit

A predictable income and employment plan may also be the key to overcoming the deep-rooted resistance to profit. There is no greater danger to a free economy than the hostility of employees toward profit. Most of the remedies we have used on the disease so far have turned out to be only palliatives.

Profit-sharing would appear to be the obvious solution. It has now been tried for well over a century, however, and the results, especially in the large enterprise, are not encouraging. As long as an enterprise makes big profits so that the workers get large shares, the plan is popular enough. But the real job is to convince workers that there is an ever-present danger of loss, that therefore profit is necessary to build their own future job and their livelihood. And this profit-sharing does not do. On the contrary, in its customary form (under which the worker gets an annual dividend), it tends to convince workers that making a profit—a big profit—is easy if not automatic. It may make them feel that the profitability of their company is a nice thing to have. It may even convince them that the way they perform themselves has something to do with the size of the check they get at the end of the year—though the evidence is not such as to impress any but the most convinced devotee of profit-sharing. It does not, however, make employees understand the function of profit. It does not make them accept profit as absolutely necessary—the only alternative to loss and economic decline. Profit-sharing may ease the problem; and anything that does that is welcome. But in its present form, at least, it is not the answer needed (and needed even more in the class-war ridden countries of Continental Europe than in this country).

Similarly, while widespread share-ownership is in the interest of enterprise and society alike, the belief that a worker will change his attitude toward profits because he now owns ten or twenty-five—or even a hundred—shares of stock in the company is a naïve illusion. His opposition goes much deeper than his economic interest; it is grounded in his resistance to having his own individual purposes and objectives subordinated to the impersonal objectives and laws of the enterprise. Even total worker-ownership is no answer, as the experience of all worker-owned or nationalized enterprises shows. That in a decade or two the bulk of the shares of America's publicly owned companies will be in the hands, directly or indirectly, of the employees, their pension trusts, investment trusts and life-insurance funds, will not change the employees' resistance to the principle of profit.

The reason for the ineffectiveness of these well-meaning and serious attempts is probably that they focus away from the worker's job. Yet the job is his stake in the enterprise. He must therefore be brought to realize that his job depends on profits, is made better, more secure, more enjoyable through them. The aim of all schemes to make the worker accept profits is to make him feel like an "owner." Yet, the job is the worker's real ownership in the enterprise—profit-sharing or stock-ownership are extras and as such very nice, but hardly central.

As long as the purpose of the enterprise is seen by the employee as making a profit, he will be convinced of a basic divergence between his interests and those of the enterprise. He will also be confirmed in the ancient superstition that production produces a profit, that, in other words, he produces it. And no argument in the world will make him see the fallacy of the hoary contrast between "production for use" and "production for profit." But if the purpose of the enterprise is to create a customer, then there is harmony instead of conflict. For there can be no job if there is no sale, any more than there can be a sale if there is no job.[⊖]

Perhaps when the IBM management decided in the thirties that it had to find new markets because it was responsible for maintaining employment, it provided a clue to the solution of this problem. For this decision converted profit from something that the worker supplies and the company takes from him, into something that the market supplies and both company and worker need equally. It made workers see that their real stake in the company was identical with the welfare of the company. And it made them see that both required profitability.

Profit-sharing may well be used to strengthen an effort to anticipate employ-ment and income. Indeed, my experience leads me to believe that this, of all possible uses of profit shares, is the one employees want the most. But that is in all probability secondary—as is any attempt to give the employee a share in profits as such. What is probably central is management's commitment to the attempt to maintain jobs, and the direct and visible connection between the enterprise's success and the worker's job security which it creates. (This commitment should, I believe, be kept to what experience indicates can be delivered, that is, to the employment and income that past experience makes appear reasonable. And even this anticipation I would guarantee only up to a specified amount of risk—against which it is then possible to take out insurance or to set aside contingency reserves in

---

⊖ Alexander R. Heron, vice-president of Crown Zellerbach and a pioneer in managing worker and work, has recently developed the same thesis in his lucid book *No Sale. No Job* (New York: Harper & Brothers, 1954).

good times. I would, in other words, advise managements to be more conservative than IBM was twenty years ago.)

But the approach is basically sound and effective. It shows that the interest of enterprise and of employee are in harmony. It shows that management in serving the interest of the enterprise serves the employee as well; that indeed management considers itself hired to procure and safeguard the jobs of the employees. It shows, above all, that profitability is an absolute necessity for the employee and for his stake in the enterprise: his job.

Obviously we lack knowledge and experience in this area. So far we can only sketch out the approach; how to do the job we still have to learn. But, after all, it is only in the last few years that we have acquired the basic economic insights to make the worker himself see that his own interest requires not that he ask:"Are profits too high?", but always:"Are they high enough?" "Economic education" also will not give him this understanding—even if it is real education rather than propaganda. It requires clear actions on the part of management to establish visibly and simply the harmony of purpose between enterprise and worker, their mutuality and their common dependence on adequate profitability.

CHAPTER 25

The Supervisor

Is the supervisor "management to the worker"?—Why the supervisor has to be a manager—The supervisor's upward responsibility—The supervisor's two jobs—Today's confusion—Cutting down the supervisor's department the wrong answer—What the supervisor needs—Objectives for his department—Promotional opportunities for the supervisor and the worker—His management status—What the job should be—Managers needed rather than supervisors

The first-line supervisor is not, as the overworked catch phrase has it, "management to the worker." The engineering of the job and the organization of people for work; the presence or lack of proper motivation; the employee's economic relations to the enterprise; the spirit, principles and practices of an organization, are not determined by the supervisor or even greatly influenced by him. They originate in top management—and the worker knows it. Even the best supervisor is no substitute for poor principles and practices in managing workers. To overemphasize his importance, as current management oratory tends to do, may cause harm; for it sometimes leads management to content itself with haranguing the supervisor to do a better job in the mistaken belief that it is thereby discharging its responsibility for managing workers.

Yet, the first-line supervisor (whether called "foreman," "chief clerk" or "section manager") alone can really bring to management what the worker needs for peak performance. On his ability to plan and schedule depends the worker's ability to work. His performance in training and placing makes the difference between superior and mediocre performance of the work.

The first-line supervisor has to schedule so that the work flows evenly and steadily. He has to see to it that the men have the equipment to do the work, that they have the proper surroundings to work in and that they have an organized team of fellow-workers. He is also responsible for their being willing and capable of doing the work. He has to set objectives for his group that are focused on those of the entire enterprise. From these objectives he has to develop, together with the men themselves, the objective for every single man's performance. He has the main responsibility in placement. He has at least the first responsibility for developing all of the leaders that can be found in the group.

Today's Confusion

These specifications are much more modest than those often given today for the supervisor's job—specifications that call for a universal genius. There is no mention here of counseling workers, none of being competent to impart economic education to them, none of representing and explaining management to the workers. Yet they are specifications for a big job requiring a capable man of real stature.

Few supervisors will be found whose job is so designed as to enable them to live up to these specifications. For the supervisor's job has not been designed, or even thought through. In American business at least it is a hodgepodge—the end product of decades of inconsistency. Everybody knows, or says he knows, what the supervisor should be doing. He is expected to be a clerk shuffling papers and filling out forms. He is to be the master technician or the master craftsman of his group. He is to be an expert on tools and equipment. He is to be a leader of people. Every one of these jobs he is expected to perform to perfection—at four thousand dollars a year.

Worse still, while management tends to preach that the supervisor's first duty is human relations, it tends to promote a supervisor for keeping good records. No wonder that the few attempts made so far to find out what the supervisor is actually doing have discovered that he rushes around doing forty to fifty different and largely unconnected things without knowing which to concentrate on. We may talk about the supervisor's being part of management; we may paint in glowing colors the importance and dignity of the job. The reality is, alas, much closer to the picture drawn by that supreme realist, the local union leader, to whom the supervisor is management's errand boy who cannot make a decision, who is always in the wrong and who has to be by-passed to get anything done.

This confusion has its roots partly in the origin of the supervisory job. It is a hybrid. One parent is the "master" of old who was the real boss. As recently as 1880 there were plants in New England where the first-line supervisor was a genuine entrepreneur bidding on a job of production, hiring his own men, organizing them for work as he saw fit and making his living out of the difference between his bid and his actual costs. But the supervisor's job also grew out of the old "lead man" of a gang of ditch-diggers or towrope pullers who was the "fore man" because he had the forward position in the gang, and whose authority consisted mainly in chanting the "one, two, three, up" that set the speed for the group. (The German word "*Vorarbeiter*" or the British "charge hand" bespeak this origin even more clearly than our "foreman.") From the master craftsman the supervisor of today has largely inherited what is expected of him. From the lead man he has, however, largely inherited his actual position.

On top of this we have, over the years, systematically taken out of the job everything that was not nailed fast. The organization of the work of the men under him has largely become the responsibility of the industrial engineer. The management of people, their selection, their placement, their training, their payment has been taken over increasingly by the personnel specialist. Inspection, quality control, cost accounting have all made inroads on the foreman's job. Finally, the coming of the union has deprived him of his disciplinary control. What is left is a collection of rainbow-hued tatters that will never make a garment.

Finally, recognizing that there was trouble, we have, since the middle twenties, tried to make the job more manageable by cutting down on the number of people a supervisor manages. Thirty years ago the typical supervisor in manufacturing industry was responsible for the work of sixty or more people. Today the typical production supervisor has no more than twenty to twenty-five men under him.

There is no doubt that the job badly needs to be made manageable. But cutting down the size of the work group does not accomplish this. In the first place, the supervisor's problem is not that he has so many people under him; it is that he has so many things to do without knowing which are important. Secondly, cutting down the size of the group also cuts down the status of the job. It makes it practically impossible to provide the help to free the supervisor of non-essentials, for instance, record keeping and filling out reports. Above all, it diminishes the supervisor's ability to represent the worker to management.

In other words, the problem is not the supervisor's span of control. It is his span of managerial responsibility. He is responsible for far too many things (in a recent study made by the U. S. Army[⊖] forty-one different activities were found to be within the typical production supervisor's job.) At the same time he has neither the authority nor the status, let alone the time, to discharge his responsibility.

Making the supervisor's unit smaller does not solve the problem; indeed, it aggravates it. The only way to solve it is to set the job up properly.

What the Supervisor Needs

What the supervisor needs to discharge his job is first of all clear-cut objectives for his own activity. These objectives must be focused directly on the objectives of the business. Like all true objectives, they must contain goals both in terms of business results and in respect to the realization of basic beliefs and principles. They must balance the requirements of the immediate and the long-range future.

The supervisor needs the authority that goes with the responsibility for reaching these objectives. He needs knowledge about the company's operations, its

---

[⊖]   "Activities and Behaviors of Production Supervisors" Report No. 946, Personnel Research Section, PR & P Branch, The Adjutant General's Office, Department of the Army, Washington, D. C., 1952.

structure, its goals and its performance without which his own objectives cannot be meaningful. He needs the means to reach these objectives and the measurements that focus on their attainment. In fact, everything that is necessary to achieve the objectives of his department should be under his control—otherwise he cannot be held responsible.

Secondly, the supervisor needs adequate promotional opportunities and a rational promotion system based on clear performance standards.

The lack of promotional opportunities is probably the most serious complaint of supervisors—and their most justified one. As many as 70 per cent of all supervisors in certain surveys say flatly that they see no opportunities for promotion no matter how well they do their job.

Depriving the supervisor of promotional opportunities is a criminal waste of human resources. Here are the people who have proven that they know how to do the things any enterprise needs, such as planning and scheduling or leading, training and placing people. Yet every company I know complains bitterly that it cannot find men with these qualities. To search constantly among the supervisors for men to become managers or technical specialists would seem to be obvious necessity.

Promotional opportunities for the supervisor are also important for his performance as a manager of workers. They largely determine whether he will be motivated to strive for peak performance, or whether he will just try to get by and stay out of trouble. It is not necessary that each supervisor be promoted; no matter what we do, the percentage of supervisors actually promoted will always be limited. But it is essential that supervisors know that there are opportunities for the man who performs well. It is important that they do not feel—as most of them, at least in manufacturing industry, seem to feel today—that it makes no difference to their future how well they do their present job.

Not to give adequate promotional opportunities to the supervisor is a blow at the foundations of a free society, and a denial of the social responsibility of the business enterprise. For the strength and cohesion of a free society rest on the reality of its promise of equal opportunity. And in industrial society this means the chance to rise from worker into management according to ability, performance and effort. That in this country the job of supervisor has always been both the opportunity for the worker and the first rung on the management ladder explains in no small extent the absence of classes and class war.

For this reason, too, supervisors should be recruited from the rank-and-file. Denying the rank-and-file worker opportunities for promotion to supervisory jobs undermines his motivation. It is as incompatible with our social beliefs as is the denial of promotional opportunities to supervisors. Such a recruitment policy is also the only way to get good supervisors. There exists no acceptable substitute in the preparation of a supervisor for the actual experience of working as one of the team. The present trend toward staffing supervisory positions with boys out of college is basically irresponsible and anti-social. The same is true of the growing tendency to reserve higher management and specialist positions for college graduates recruited as "management trainees." I am old-fashioned enough to object to this on the grounds that education should confer duties rather than privileges. And I resent the theme of the propaganda campaign put on by some schools that education offers a bypath that leads around the need for performance and directly to position and income. Such a policy is contrary to the enterprise's social responsibility. It is contrary to its own needs for maximum utilization of its human resources. It is contrary to its needs for supervision capable of peak performance. It is the lazy man's way out of doing a job. And as always the lazy man's way causes more trouble and work in the end.

Manager development must therefore begin with the supervisors. And in the filling of middle-management and technical jobs the supervisors must be fully considered. The best preparation for most of the technical jobs in industrial engineering, in quality control, in production scheduling is successful performance as a first-line supervisor. Whatever specialized technical knowledge is needed can be acquired by the able supervisor in a training course. But the most important knowledge for these jobs—of the organization; of the needs of workers, supervisors and operating managers; of the place of technical activity in the work of the whole—one learns best in performing the job of a first-line supervisor.

Finally, the supervisor needs manager status. His own job must be meaningful enough in itself. It must be big enough to enable him to represent his men upward. He must hold such a position that management listens to him and takes him seriously. Indeed it could be considered *prima facie* evidence of poor organization of the supervisor's job if management has to make special efforts to give him a hearing—as so many do.

What the Job Should Be

The IBM example shows us what the supervisor's job should be. Indeed, there is probably no area in managing worker and work where business could learn as much from the experience of IBM as in the organization of the supervisor's job.

The first lesson is that the supervisor's job must be a genuine management job. The supervisor must carry a large measure of responsibility. At IBM, as manager of a project, he is responsible for getting a new design into production. He is in charge of working out individual output norms with his men. He is in charge of the scheduling of tools, materials and parts. That the supervisor should not be a "worker" himself is generally recognized; indeed, many union contracts forbid him to touch a machine except to repair it. But it is not sufficiently understood that he must be genuinely a manager, with significant planning and decision-making responsibility. Indeed, his job should be so big that it can have genuine objectives derived directly from the objectives of the business, and that its performance and results can be measured by their contribution to the performance and results of the business.

The second lesson is that the supervisor must have control over the activities needed to discharge his responsibility and must have adequate personnel to handle them. Even at its best a supervisor's day will always remain crowded. But if he is to do his job reasonably well, he simply has no time to fill out those printed forms on which most supervisors today spend up to one third of their time. For these he needs a clerk; IBM incidentally supplies him with one, known as "dispatcher."

He also has little time for the routine training of people in work with which senior workers are thoroughly familiar. He has enough to do in planning and scheduling, keeping materials flowing and equipment in good condition (which together account for well over half of the activities of the successful production supervisor, according to the U. S. Army study quoted above). The rest of his time is fully occupied, in personal contacts with his men on their problems, in work with the men on new techniques or processes in keeping the men informed, in training new men and so on. He needs, in other words, one or more trainers—IBM's "job instructors."

But the supervisor also needs technical services. He may need help with industrial engineering, methods, cost accounting. He may need someone to keep track of the details of scheduling or of tool supply and machine repair. These are service functions to the supervisor. Like all service functions they should be discharged by someone on his own staff; for it is the supervisor who is responsible for performance.

Another lesson from IBM is that we have to reverse the trend toward narrowing the supervisor's authority. At IBM the supervisor hires, recommends, discharges, trains, promotes and schedules. And he alone handles all the relations of his department with the company, for instance, with the personnel department. Of course, all his decisions on people should first be reviewed by his superior—a rule that applies to all personnel decisions made by any manager. And the subordinate should always have a right of appeal. But the decisions themselves should be the supervisor's; otherwise he lacks the authority he needs to discharge his responsibility.

We have a great deal of additional evidence of the need for a larger scope for the supervisor and of the impact this has on his effectiveness.

A large automobile assembly plant recently switched from central hiring to hiring by the individual supervisor. The employment office still interviews, screens and tests applicants. But the supervisor makes the decision; and he is always sent several candidates for any job opening. The result has been a noticeable improvement in output. Supervisors explain it first by the improvement in placement. "I can pick the man who is just right for the job," is their typical comment. Secondly, they feel—and so do the men—that a worker knows much better what is expected of him when he is hired by the foreman. "The Employment Office," one union officer commented, "Will always talk to a man about the marvelous opportunities, and about the good pension plan and the medical insurance. It won't tell him much about the job—it knows nothing about it. The supervisor, on the other hand, will tell a man realistically what he is expected to do and what's in it for him. As a result we have neither the wise guys who start out with a chip on their shoulder nor the disillusioned innocents who quit when they find out they aren't going to be plant managers in six weeks." And, finally, there has been a real improvement in union relations. For years the plant had been plagued by minor but painful union friction. Union relations at the top are still anything but good; but in the plant the supervisor can now operate without every step's becoming a union grievance, a precedent for the entire plant and cause for a slowdown.

Finally, the supervisor's unit should be much larger in numbers than it tends to be at present. The number itself will of course, vary with the circumstances of the job. But by and large we should aim at supervisory units at least twice and perhaps three times as large as those we now have. This will give the supervisor the status he needs to represent the worker in management. It will prevent his "supervising" people; instead, he will have to manage by setting objectives for his men, by placing them, training them and planning and scheduling their work. It will also allow us to pay a supervisor a decent management salary instead of the "10 per cent above the highest-rated rank-and-file job" that one finds today—a phrase which in itself reveals the gulf between reality and the fantasy of the supervisor's being management to the worker. (Yet, the larger salary for fewer supervisors will cost less money than today's low salaries for too many, even if the bill for the supervisor's new staff is included.)

If the supervisor has a genuine manager's job; if he is adequately supported by his own staff; if he has real authority; and if his unit is big enough—then his job will have become manageable again. Indeed, he will have much more time to work with his people than he has now. And he will know what work to do.

And the supervisor's job can again become the major gateway to opportunity it has traditionally been in this country. Being a "job instructor" trains a worker for a job as supervisor and tests him in actual performance. It is no accident that IBM is not much concerned with the problem of selecting candidates for supervisory positions—a problem that plagues practically every other manufacturing company. It is no accident that IBM management does not have to worry about the acceptance of a new supervisor by the men whose colleague he was only yesterday; accomplishment as "job instructor" is regarded by the work group as a fair and rational criterion for promotion. Finally, IBM only rarely has to demote a supervisor for failure to perform. Yet, in other companies in the same field it is not unusual to have two out of every four new supervisors fail—despite extensive training courses both before their promotion and on the job.

But perhaps even more important is the fact that proper organization of the supervisor's job alone can again make it possible to promote men as a matter of course from supervisory into managerial positions of greater responsibility. Today's supervisor may be an excellent manager in face-to-face relations with his men. But he is not being prepared to manage through setting objectives, through organizing work and jobs, through planning—in other words, through managing a component rather than through personal relationship. Yet, as soon as a man moves to a managerial position of greater responsibility he has to be able to manage a component, to set objectives, to organize, to plan. Even in the properly organized supervisory job the emphasis will be—and should be—on face-to-face relations. But there will be enough of conceptual, analytical, integrating management in the job to train the supervisor for larger responsibilities and to test him in actual performance.

If it be argued that, in the guise of making it manageable and meaningful, I propose to abolish the "supervisor's job," I would answer that this is indeed my intention. What the enterprise needs to obtain peak performance from the worker is a manager instead of a supervisor.

I do not like to quarrel with terms as such. But the term "supervisor" describes the opposite of what the job should be. I believe the term itself to be such an impediment that it would be better to change it to "manager" altogether (as IBM has done and as General Electric considers doing). Otherwise the old "gang leader" concept will continue to trip us up.

No matter what term we use, the job itself should make clear beyond doubt that its holder is the legitimate successor to the master craftsman of yesterday—a master craftsman who, instead of plying the trade of shoemaker or stonemason, practices management.

CHAPTER 26

The Professional Employee

Are professional employees part of management?—Professional employees the most rapidly growing group in the working population—Neither management nor labor—Professional employee and manager—Professional employee and worker—The needs of the professional employee—His objectives—His opportunities—His pay—Organizing his job and work—Giving him professional recognition

Supervisors are not alone in being described as part of management. The same assertion is made for—and usually by—the professional employee. And as in the case of the supervisor, the fact that this assertion has to be made bespeaks growing uneasiness over the organization of the work of the professional employee and the way he is being managed.

Professional employees constitute the most rapidly growing group in the business enterprise. At the end of World War II, for instance, seventy-five industrial companies in the U. S. A. had research laboratories employing more than a hundred professional people apiece. At that time this was considered by many a wartime phenomenon abetted by excess-profits tax largesse. But five years later, at the outbreak of the Korean War, the number of such large research laboratories in American industry had almost doubled. Counting large and small together, we now have well over three thousand industrial laboratories engaged in scientific research.

The scope of professional employment has also been widening steadily. To the layman—and to a great many businessmen—"professional employee" still means research engineer or chemist. But in addition to the physicists who have entered industry so spectacularly during these last ten years, business today is employing thousands of geologists, biologists and other natural scientists, and at least hundreds of economists, statisticians, certified public accountants and psychologists—not to mention lawyers.

The new technology will greatly accelerate the trend and again widen the scope of professional employment. In addition to creating entirely new fields of research engineering, it will bring into the business enterprise in large numbers mathematical economists to study market and income patterns, experts in logical methods and mathematicians.

Wherever I go I find concern with the proper organization of these professional and technical experts.

The article I published on the subject ("Management and the Professional Employer," *Harvard Business Review*, May-June, 1952) has, for instance, brought more demands for reprints than almost any other of my articles on management subjects. After every talk before a business audience—whatever the subject—somebody asks:"How can we manage the professional specialist?" Almost every large company I know is working on the problem. And it seems to be as acute in nonbusiness organizations—for instance, in the Armed Services—as it is in business.

Yet so new is the phenomenon that we do not even really know what to call the professional employee. Only General Electric has coined a term; it calls these men "individual professional contributors." Debatable as the term is (for these people usually do not work individually but in teams), it will have to do until a better one comes along.

Even the best term for the professional employee would not show us what the problem is nor how to tackle it; it would show us only that a problem exists.

Neither Management nor Labor

Whenever it is asserted that the professional employee is "a part of management," the purpose is to emphasize that the professional employee is not "labor." If a manager makes the assertion, he usually means that professional employees must not be permitted to unionize. If a professional makes the assertion, he usually means that the promotional opportunities, pay and status ought to be equal to that of a manager rather than of a highly skilled worker.

It is, of course, one of the theses of this book that there is no such thing as "labor," that is, human beings considered as a purely material, if not inanimate, resource. It is its thesis that management of worker and work has as its ultimate goal the realization of the managerial vision for all members of the enterprise, and as its major means the assumption of significant responsibility and decisionmaking power by every worker.

Altogether therefore it is spurious logic to divide industrial society into managers and labor, and to assume that anyone who is not a manager must be a worker and vice versa. It is essential to realize, first, that everybody in the enterprise is a worker, that is, that managing is in itself a distinct kind of work; and also that everybody in the enterprise, whatever his work, requires the managerial vision. It is equally essential to realize, second, that the professional employee represents a distinct group which, though it partakes of the characteristics of both manager and worker, has distinct traits of its own. For only if we understand what the professional employee is can we organize his job properly and manage him adequately.

In fact it is becoming increasingly clear that the modern business enterprise requires at least *three distinct kinds* of workers for its success and performance. It requires *managers*. It requires the *ordinary worker*, skilled or unskilled, manual or clerical. And finally it requires increasingly the *individual professional contributor*.

What distinguishes the professional employee from the manager? It is not that he does not work with other people. A market-research man, for instance, may well have no one to manage but his secretary. And yet, though his job requires high technical skill, it may be a genuine managerial job, and should be organized on the basis of functional decentralization. The head of a metallurgical laboratory may have fifty people working under him; and yet, though his job requires administrative skill, it may be the job of an individual professional specialist.

Like the manager the professional has both "work" and "team work" responsibilities in other words.

The difference lies elsewhere. The manager is responsible for the results of a component. He is therefore of necessity accountable for the work of other people.

The individual professional contributor, whether he works by himself or as a member of a team, is responsible for his own contribution.

Because the manager is responsible for the results of a component, he has to be able to place, move, and guide the other people working in the component; he has to plan their jobs for them; he has to organize their efforts; he has to integrate them into a team; and he has to measure their results.

The individual contributor is also responsible for results—but for the results of his own work. This work will be effective however only if other people understand it and if other people become capable of using it. This means that the individual contributor also has responsibility and authority in respect to others. But it is not the manager's responsibility and authority. It is the *responsibility and authority of the teacher.*

The second dividing line is the relationship of the job to the company's objectives of business performance and business results. Any job whose objectives can be set in the main as focusing directly on the business objectives of the enterprise is a managerial one. Its performance can be measured directly in terms of the contribution it makes to the success of the enterprise. If organized on the right structural principles, it will satisfy the demands to be made on organization in the name of the spirit. But the job whose objectives cannot be so derived, cannot be organized as a managerial job. Its objectives will be professional objectives rather than the success of the enterprise. Its performance will be measured against professional standards rather than against its contribution to business performance and business results.

A manager, too, has professional standards. But they do not determine what he does—the objectives of the business do that. The professional standards shape only how he operates to attain his objectives—and how he does not operate. The professional employee, on the other hand, derives his objectives from his professional goals. The objectives of the business influence only what he stresses, how he adapts his professional work to the needs of the company, what priorities he sets for himself. It makes little sense to say of a sales department that it does a splendid selling job, if the company goes bankrupt. But it is perfectly possible to say that a chemist, a geologist, a tax lawyer, a patent attorney or a cost accountant does a splendid professional job regardless of the performance of the company.

And what distinguishes the professional employee from the nonprofessional worker, whether skilled or unskilled? It is primarily that he is a professional, that is, that his work, its standards, its goals, its vision are set by the standards, the goals, the vision of a profession, that in other words, they are determined outside the enterprise. The professional must always determine himself what his work should be and what good work is. Neither what he should do nor what standards should be applied can be set for him. Moreover, the professional employee cannot be "supervised." He can be guided, taught, helped—just as a manager can be guided, taught, helped. But he cannot be directed or controlled.

These are, of course, blurred lines. Many professional employees will come close to being managers, and many will come close to being non-professional workers, that is, mere technicians. Many workers will work and behave like professionals; and under Automation the lines between the skilled worker, the technician and the professional may become hazy at times. Still, the differences between the groups are fundamental enough to indicate that the professional employee poses problems of his own. These problems cannot be solved by asserting that he is part of management. Indeed, this assertion may well make matters worse by creating unrealistic expectations in the minds of professional employee and management alike. The problems can, however, be solved even less by the traditional concepts of Personnel Administration. Indeed, their application to the professional employee underlies much of the discontent and unrest that are so marked among professional employees today.

The Needs of the Professional Employee

The professional employee has five specific needs that must be satisfied if he is to be an effective and productive member of the enterprise. (1) He must be a professional, yet must both make a contribution to the enterprise and know that he makes one and what it is. (2) He must have opportunities for promotion as a professional employee and individual contributor. (3) He must have financial incentives for improved performance and greater contribution as an individual contributor. (4) His job must be that of a professional. (5) He needs professional recognition both inside the enterprise and in the larger community.

1. The objectives of the professional's job have to remain professional objectives. Yet, they should at the same time always be set so as to include the maximum of business objectives. They should always provide both the maximum of managerial vision to the professional employee and a direct link between the work of the professional and its impact on the business.

One way to achieve this is to give the professional employee outside of, and separate from, his normal professional work a special assignment which will bring him into management. In one company, for instance, the senior chemist—a man concerned exclusively with long-range basic research in his own work—has been put on the budget committee of the company. That be knows nothing about finance—and cares less—was not considered an argument against his taking part in financial management. On the contrary, it was considered the strongest argument for it.

The same problem was solved in a different way by a major pharmaceutical company faced by the need to integrate its patent lawyers into the business without undermining their professional competence and integrity in the patent field.

Large patent departments present a particularly difficult problem of reconciling business objectives and professional standards. The high-grade patent lawyer is apparently apt to think in terms of "faultless patent work" rather than in terms of the company's needs. Yet, patents, particularly if taken out on a world-wide basis, are not only a major capital outlay. Patent strategy has decisive impact on the success of a pharmaceutical business.

In this particular company the problem has been solved by the formation of a Patent Committee, composed of the three senior men from the patent department, and the top marketing, research, financial and manufacturing people. Meeting once every two months for three whole days, the patent needs of the company and its patent strategy are worked out by the whole group. It is up to the patent lawyers after that to do their work according to their professional competence without any interference from management. "It took us ten years to think up this obvious solution," said the company's executive vice-president; "ten years during which there was constant friction between management and the patent people with each accusing the other of stubbornness and shortsightedness. Now we do an infinitely better patent job at half the cost."

To make the professional capable of seeing the objectives of the business therefore gets across to him what the business demands of him as an employee.

Bringing the individual contributor close to the business and its problems is also the only way to avoid "projectitis"—a common disease resulting from attempts by management to control professional work which they do not understand. Management understandably wants to see results; it gets "projects" going—usually focused on immediate urgencies rather than on long-range thinking. But the only way to get real benefit out of high-grade professional people is to hire good men and then let them do their own work. For that, however, they have to understand the business and its objectives and have to be able to figure out for themselves where they can make the greatest contribution and how.

2. It is in the area of promotional opportunities for professional employees that the plausible but false division of industrial society into managers and labor does particular harm. As a result, the typical enterprise knows only one kind of promotion: promotion to an administrative position that entails responsibility for managing the work of others.

But the best professional employee rarely makes a good administrator. It is not that he normally prefers to work alone, but that he is bored, if not annoyed, by administration. The good professional employee also has little respect for the administrator. He respects the man who is better professionally than he is himself. To promote the good professional employee into an administrative position will only too often destroy a good professional without producing a good manager. To promote only the good administrator—who more often than not will not be the outstanding professional in the group—will appear to the professional employee as irrational, as favoritism or as reward for mediocrity. Yet, so long as business has no promotional opportunities except into administrative positions it will be confined to choosing between these two evils.

What is needed is a promotion ladder for individual contributors that parallels the administrative one (General Electric is at present building such a ladder). Positions such as "senior metallurgist" or "chief consultant" are needed in addition to that of "manager of metallurgical research." And these new promotional opportunities should carry the same prestige, weight and position as the traditional opportunities for promotion to managerial positions.

3. They should also carry the same financial incentives. Again, largely because of the false either/or of manager or worker, pay incentives for the professional employee are largely tied today to promotion into administrative positions. But pay should always focus on a man's contribution to the business. And we must recognize that a man can make fully as great a contribution to the business in the role of professional contributor as he can make in the role of manager.

4. To make the professional employee's job truly that of a professional two things are needed. In the first place, he must not be "supervised." He needs rigorous performance standards and high goals. A great deal should be demanded of him, and poor or mediocre performance should not be accepted or condoned. But how he does his work should always be his responsibility and his decision. The professional employee's job should, in other words, be organized like the job of a manager; his relationship to his superior should be like that between the manager and his superior. The superior of professional people should therefore be chosen for his ability to assist them, to teach them, to guide them. And his relationship to them

should be much closer to that between the senior in a university and the younger men on the faculty than that between boss and subordinate.

In the second place, we need special and continuous placement efforts for professional people. We must be able to place correctly the man who wants to devote his entire life to learning more and more about a small field, the man who wants nothing more than to become the world's greatest expert on, say, rheostats or depreciation allowances in the Revenue Code. We must also be able to place the man who wants to become master of a whole field, and who wants to move on from rheostats to other areas of electrical engineering, from tax law to general corporation law. Both kinds of men are needed in the enterprise. Yet they require different jobs, different challenges, different opportunities. That academic life allows both kinds of men to do what they are good at is one of its major attractions to the professional. And we need recognition, position and reward in the business enterprise for that rarest but most valuable of professionals, the inspiring teacher.

5. Finally, the professional needs recognition as a professional both inside and outside the enterprise. The distinguished older men need prestige positions inside the enterprise which clearly symbolize the value the company places on the contribution of the professional. The younger men need opportunities to participate in the work of the professional and learned societies, to teach part-time at a university or professional school, to continue to work both on their own education and on the advancement of their art. Such activities are usually permitted today to professional employees. They are of such value to the enterprise, however, that they ought to be encouraged if not rewarded by business, The professional employee who enjoys professional recognition has a real incentive to become more proficient in his field, to perfect himself or, at the least, to stay abreast of developments. And he is likely to attract the most promising of the next generation of professionals to his company—no small matter these days when professional employees are increasingly needed and when increasing demands on their competence are being made.

We hear a great deal today about the need for social responsibility on the part of the professional expert, a great deal about the need for his becoming a "broad humanist" rather than a "narrow specialist." Since more and more of the professionals in our society are working within a business enterprise and becoming effective in and through it, the professional will increasingly have to discharge his social responsibility through his contribution to the business enterprise, will have to acquire his broad humanism by understanding his place in the social structure of the business enterprise and his relationships to its objectives, its performance and its organization.

The proper management of professional employees is among the most difficult problems facing the business enterprise. It cannot be side-stepped by asserting that the professional employee is part of management. Managing the professional employee requires recognition that he is distinct. He must have the managerial vision; but his primary function is not to manage. He is a worker; but he must determine his own work, set his own standards, have financial incentives and promotional opportunities equal to (though separate from) those of the manager. A great deal of inquiry and experimentation is still needed to teach us how to solve the problem. But in its main outlines the problem as well as the solutions are visible already. And in solving it the enterprise will not only solve one of its own most important problems; it will contribute to the solution of one of the central problems of modern society.

5

WHAT IT MEANS TO
BE A MANAGER

CHAPTER 27

The Manager and His Work

"Long white beard" or "universal genius"? —How does the manager do his work? —The work of the manager—Information: the tool of the manager—Using his own time—The manager's resource: man—The one requirement: integrity—What makes a manager?—The manager as an educator—Vision and moral responsibility define the manager

It was Bismarck, I believe, who said:"It's easy enough to find a Minister of Education; all the job needs is a long white beard. But a good cook is different; that requires universal genius."

We have so far in this book discussed what management's job is—to the point where it should be evident that it takes more than a long white beard to discharge it. Clearly to be a manager it is not sufficient to have the title, a big office and other outward symbols of rank. It requires competence and performance of a high order. But is the job, then, one demanding universal genius? Is it done by intuition or by method? How does the manager do his work? And what in his job and work distinguishes the manager from the nonmanager in the business enterprise?

A manager has two specific tasks. Nobody else in the business enterprise discharges these tasks. And everyone charged with them works as a manager.

The manager has the task of creating a true whole that is larger than the sum of its parts, a productive entity that turns out more than the sum of the resources put into it. One analogy is the conductor of a symphony orchestra, through whose effort, vision and leadership individual instrumental parts that are so much noise by themselves become the living whole of music. But the conductor has the composer's score; he is only interpreter. The manager is both composer and conductor.

This task requires the manager to bring out and make effective whatever strength there is in his resources—and above all in the human resources—and neutralize whatever there is of weakness. This is the only way in which a genuine whole can ever be created.

It requires the manager to balance and harmonize three major functions of the business enterprise: managing a business, managing managers and managing worker and work. A decision or action that satisfies a need in one of these functions by weakening performance in another weakens the whole enterprise. One and the same decision or action must always be sound in all three areas.

The task of creating a genuine whole also requires that the manager in every one of his acts consider simultaneously the performance and results of the enterprise as a whole and the diverse activities needed to achieve synchronized performance. It is here, perhaps, that the comparison with the orchestra conductor fits best. A conductor must always hear both the whole orchestra and the second oboe. Similarly, a manager must always consider both the over-all performance of the enterprise and, say, the market-research activity needed. By raising the performance of the whole, he creates scope and challenge for market research. By improving the performance of market research, he makes possible better over-all business results. The manager must continuously ask two double-barreled questions in one breath: What better business performance is needed and what does this require of what activities? And: What better performance are the activities capable of and what improvement in business results will it make possible?

The second specific task of the manager is to harmonize in every decision and action the requirements of immediate and long-range future. He cannot sacrifice either without endangering the enterprise. He must, so to speak, keep his nose to the grindstone while lifting his eyes to the hills—which is quite an acrobatic feat. Or, to vary the metaphor, he can neither afford to say:"We will cross this bridge when we come to it," nor "It's the next hundred years that count." He not only has to prepare for crossing distant bridges—he has to build them long before he gets there. And if he does not take care of the next hundred days, there will be no next hundred years; indeed, there may not even be a next five years. Whatever the manager does should be sound in expediency as well as in basic long-range objective and principle. And where he cannot harmonize the two time dimensions, he must at least balance them. He must carefully calculate the sacrifice he imposes on the long-range future of the enterprise to protect its immediate interests, or the sacrifice he makes today for the sake of tomorrow. He must limit either sacrifice as much as possible. And he must repair the damage it inflicts as soon as possible. He lives and acts in two time dimensions, and he is responsible for the performance of the whole enterprise and of his component.

The Work of the Manager

Every manager does many things that are not managing. He may spend most of his time on them. A sales manager makes a statistical analysis or placates an important customer. A foreman repairs a tool or fills in a production report. A manufacturing manager designs a new plant layout or tests new materials. A company president works through the details of a bank loan or negotiates a big contract— or spends dreary hours presiding at a dinner in honor of long-service employees. All these things pertain to a particular function. All are necessary, and have to be done well.

But they are apart from that work which every manager does whatever his function or activity, whatever his rank and position, work which is common to all managers and peculiar to them. The best proof is that we can apply to the job of the manager the systematic analysis of Scientific Management. We can isolate that which a man does because he is a manager. We can divide it into the basic constituent operations. And a man can improve his performance as a manager by improving his performance of these constituent motions.

There are five such basic operations in the work of the manager. Together they result in the integration of resources into a living and growing organism.

A manager, in the first place, *sets objectives*. He determines what the objectives should be. He determines what the goals in each area of objectives should be. He decides what has to be done to reach these objectives. He makes the objectives effective by communicating them to the people whose performance is needed to attain them.

Secondly, a manager *organizes*. He analyzes the activities, decisions and relations needed. He classifies the work. He divides it into manageable activities. He further divides the activities into manageable jobs. He groups these units and jobs into an organization structure. He selects people for the management of these units and for the jobs to be done.

Next a manager *motivates and communicates*. He makes a team out of the people that are responsible for various jobs. He does that through the practices with which he manages. He does it in his own relation to the men he manages. He does it through incentives and rewards for successful work. He does it through his promotion policy. And he does it through constant communication, both from the manager to his subordinate, and from the subordinate to the manager.

The fourth basic element in the work of the manager is *the job of measurement*. The manager establishes measuring yardsticks—and there are few factors as important to the performance of the organization and of every man in it. He sees to it that each man in the organization has measurements available to him which are focused on the performance of the whole organization and which at the same time focus on the work of the individual and help him do it. He analyzes performance, appraises it and interprets it. And again, as in every other area of his work, he communicates both the meaning of the measurements and their findings to his subordinates as well as to his superiors.

Finally, a manager *develops people*. Through the way he manages he makes it easy or difficult for them to develop themselves. He directs people or misdirects them. He brings out what is in them or he stifles them. He strengthens their integrity or he corrupts them. He trains them to stand upright and strong or he deforms them.

Every manager does these things when he manages—whether he knows it or not. He may do them well, or he may do them wretchedly. But he always does them.

Every one of these categories can be divided further into subcategories. And each of the subcategories could be discussed in a book of its own. The work of the manager, in other words, is complex. And every one of its categories requires different qualities and qualifications.

Setting objectives, for instance, is a problem of balances: a balance between business results and the realization of the principles one believes in; a balance between the immediate needs of the business and those of the future; a balance between desirable ends and available means. Setting objectives therefore requires analytical and synthesizing ability.

Organizing, too, requires analytical ability. For it demands the most economical use of scarce resources. But it deals with human beings; and therefore it also stands under the principle of justice and requires integrity. Both analytical ability and integrity are similarly required for the development of people.

The skill needed for motivating and communicating, however, is primarily social. Instead of analysis, integration and synthesis are needed. Justice dominates as the principle, economy is secondary. And integrity is of much greater importance than analytical ability.

Measuring requires again first and foremost analytical ability. But it also requires that measurement be used to make self-control possible rather than be abused to control people from outside and above, that is, to dominate them. It is the common violation of this principle that largely explains why measurement is the weakest area in the work of the manager today. And as long as measurements are abused as a tool of "control" (as long, for instance, as measurements are used as a weapon of an internal secret policy that supplies audits and critical appraisals of a manager's performance to the boss without even sending a carbon copy to the manager himself) measuring will remain the weakest area in the manager's performance.

Setting objectives, organizing, motivating and communicating, measuring and developing people are formal, classifying categories. Only a manager's experience can bring them to life, concrete and meaningful. But because they are formal, they apply to every manager and to everything he does as a manager. They can therefore be used by every manager to appraise his own skill and performance, and to work systematically on improving himself and his performance as a manager.

Being able to set objectives does not make a man a manager, just as ability to tie a small knot in confined space does not make a man a surgeon. But without ability to set objectives a man cannot be an adequate manager, just as a man cannot do good surgery who cannot tie small knots. And as a surgeon becomes a better surgeon by improving his knot-tying skill, a manager becomes a better manager by improving his skill and performance in all five categories of his work.

Information: The Tool of the Manager

The manager has a specific tool: information. He does not "handle" people; he motivates, guides, organizes people to do their own work. His tool—his only tool—to do all this is the spoken or written word or the language of numbers. No matter whether the manager's job is engineering, accounting or selling, his effectiveness depends on his ability to listen and to read, on his ability to speak and to write. He needs skill in getting his thinking across to other people as well as skill in finding out what other people are after.

Of all the skills he needs, today's manager possesses least those of reading, writing, speaking and figuring. One look at what is known as "policy language" in large companies will show how illiterate we are. Improvement is not a matter of learning faster reading of public speaking. Managers have to learn to know language, to understand what words are and what they mean. Perhaps most important, they have to acquire respect for language as man's most precious gift and heritage. The manager must understand the meaning of the old definition of rhetoric as "the art which draws men's heart to the love of true knowledge." Without ability to motivate by means of the written and spoken word or the telling number, a manager cannot be successful.

Using His Own Time

Everybody has the problem of time; for of all resources it is the scarcest, the most perishable and the most elusive. But the manager must solve what is a common problem in very specific ways.

Managers are forever pursuing some glittering panacea for their time problem: a course in faster reading, a restriction of reports to one page, a mechanical limitation of interviews to fifteen minutes. All such panaceas are pure quackery and, in the end, a waste of time. It is, however, possible to guide a manager toward an intelligent allocation of his time.

Managers who know how to use time well achieve results by planning. They are willing to think before they act. They spend a great deal of time on thinking through the areas in which objectives should be set, a great deal more on thinking through systematically what to do with recurrent problems.

Most managers spend a large amount of time—in small driblets—on attempts to appraise the performance and quality of the men who work under them. Good time users do not. Instead, they systematically appraise their men once a year. As the result of a few hours'work, they then have the answers for all the decisions—concerning a man's salary, for instance, or his promotion or work assignment—on which judgment is required.

Good time users do not spend a great deal of time on the modification engineering of their products. They sit down once a year—for a few days perhaps—and work out with their sales and manufacturing departments the basic policy, the objectives and the rules for the necessary modifications, determining then how much of it there should be—and assign engineering manpower in advance to the job. In their eyes it is no praise to say:"This year we managed to get through this inventory crisis, thanks to the experience we had acquired last year." If they have a recurrent crisis, they spend the time to find out what causes it so as to prevent its repetition. This may take time, but in the long run it saves more.

The good time users among managers spend many more hours on their communications up than on their communications down. They tend to have good communications down, but they seem to obtain these as an effortless by-product. They do not talk to their men about their own problems, but they know how to make the subordinates talk about theirs. They are, for instance, willing to spend a great deal of their time on the half-yearly Manager Letter, in which each subordinate sets down the objectives of his job, his plans, and what his superior does to help and to hamper him. They may spend a whole day every six months with each of their ten or twelve men going carefully over the Manager Letter—and as a result they do not have to worry much in between about their communications down.

The manager who utilizes his time well also spends a great deal of time on considering his boss's problems, and on thinking what he can do to contribute to the success of his boss, of the whole activity and of the business. He takes responsibility, in other words, for his boss's job—considering this a part of his own job as a manager. As a result, he seems to need no extra time for clearing up the messes that result from a confusion of objectives and viewpoints.

The Manager's Resource: Man

The manager works with a specific resource: man. And the human being is a unique resource requiring peculiar qualities in whoever attempts to work with it.

For man, and man alone, cannot be "worked." There is always a two-way relationship between two men rather than a relationship between man and a resource. It is in the nature of this interrelationship that it changes both parties—whether they are man and wife, father and child, or manager and the man he manages.

"Working" the human being always means developing him. And the direction this development takes decides whether the human being—both as a man and as a resource—will become more productive or cease, ultimately, to be productive at all. This applies, as cannot be emphasized too strongly, not alone to the man who is being managed, but also to the manager. Whether he develops his subordinates in the right direction, helps them to grow and become bigger and richer persons, will directly determine whether he himself will develop, will grow or wither, become richer or become impoverished, improve or deteriorate.

One can learn certain skills in managing people, for instance, the skill to lead a conference or to conduct an interview. One can set down practices that are conducive to development—in the structure of the relationship between manager and subordinate, in a promotion system, in the rewards and incentives of an organization. But when all is said and done, developing men still requires a basic quality in the manager which cannot be created by supplying skills or by emphasizing the importance of the task. It requires integrity of character.

There is tremendous stress these days on liking people, helping people, getting along with people, as qualifications for a manager. These alone are never enough. In every successful organization there is one boss who does not like people, does not help them, does not get along with them. Cold, unpleasant, demanding, he often teaches and develops more men than anyone else. He commands more respect than the most likeable man ever could. He demands exacting workmanship of himself as well as of his men. He sets high standards and expects that they will be lived up to. He considers only what is right and never who is right. And though usually himself a man of brilliance, he never rates intellectual brilliance above integrity in others. The manager who lacks these qualities of character—no matter how likeable, helpful, or amiable, no matter even how competent or brilliant—is a menace and should be adjudged "unfit to be a Manager and a Gentleman."

It may be argued that every occupation—the doctor, the lawyer, the grocer—requires integrity. But there is a difference. The manager lives with the people he manages, he decides what their work is to be, he directs it, he trains them for it, he appraises it and, often, he decides their future. The relationship of merchant and customer, professional man and client requires honorable dealings. Being a manager, though, is more like being a parent, or a teacher. And in these relationships honorable dealings are not enough; personal integrity is of the essence.

We can now answer the question: Does it require genius, or at least a special talent, to be a manager? Is being a manager an art or an intuition? The answer is:"No." What a manager does can be analyzed systematically. What a manager has to be able to do can be learned (though perhaps not always taught). Yet there is one quality that cannot be learned, one qualification that the manager cannot acquire but must bring with him. It is not genius; it is character.

What Makes a Manager?

The standard definition is that a man is a manager if he is in charge of other people and their work. This is too narrow. The first responsibility of a manager is upward: to the enterprise whose organ he is. And his relations with his superior and with his fellow managers are as essential to his performance as are his relations and responsibilities to the people under him.

Another definition—though one that is usually implied rather than spelled out—is that importance defines the manager. But in the modern enterprise no one group is more essential than another. The worker at the machine, and the professional employee in the laboratory or the drafting room, are as necessary for the enterprise to function as is the manager. This is the reason why all members of the enterprise have to have the managerial vision. It is not importance but function that differentiates the various groups within the enterprise.

The most common concept of what defines the manager is rank and pay. This is not only wrong, but it is destructive. Even today we find incidentally, so-called rank-and-file workers who have higher incomes than the majority of managers; there are model makers in the automobile industry, for instance, whose annual income exceeds $15 000 and who are yet considered workers and are indeed members of the union's bargaining unit. And unless we can pay professional contributors adequately, can give them promotional opportunities as individual contributors, and can provide for them the status, dignity and self-respect of the true professional, we will simply not be able to manage their ever-increasing numbers.

Altogether the idea that rank and pay define the manager is not much more than a fallacious conclusion from the individual proprietor of yesterday to the manager of today's business enterprise.

Who is a manager can be defined only by a man's function and by the contribution he is expected to make. And the function which distinguishes the manager above all others is his *educational* one. The one contribution he is uniquely expected to make is to give others vision and ability to perform. It is vision and moral responsibility that, in the last analysis, define the manager.

CHAPTER 28

Making Decisions

"Tactical" and "strategic" decision—The fallacy of "problem-solving"—
The two most important tasks: finding the right questions, and making the
solution effective—Defining the problem—What is the "critical factor"?—
What are the objectives?—What are the rules?—Analyzing the problem—
Clarifying the problem—Finding the facts—Defining the unknown—
Developing alternative solutions—Doing nothing as an alternative—Finding
the best solution—People as a factor in the decision—Making the decision
effective—"Selling" the decision—The two elements of effectiveness:
understanding and acceptance—Participation in decision-making—The new
tools of decision-making—What is "Operations Research"?—Its dangers and
limitations—Its contribution—Training the imagination—Decision-making
and the manager of tomorrow

Whatever a manager does he does through making decisions. Those decisions
may be made as a matter of routine. Indeed, he may not even realize that he is making
them. Or they may affect the future existence of the enterprise and require years of
systematic analysis. But management is always a decision-making process.

The importance of decision-making in management is generally recognized. But
a good deal of the discussion tends to center on problem-solving, that is, on giving
answers. And that is the wrong focus. Indeed, the most common source of mistakes
in management decisions is the emphasis on finding the right answer rather than the

right question.

The only kind of decision that really centers in problem-solving is the unimportant, the routine, the tactical decision. If both the conditions of the situation and the requirements that the answer has to satisfy, are known and simple, problem-solving is indeed the only thing necessary. In this case the job is merely to choose between a few obvious alternatives. And the criterion is usually one of economy: the decision shall accomplish the desired end with the minimum of effort and disturbance.

In deciding which of two secretaries should go downstairs every morning to get coffee for the office—to take the simplest example—the one question would be: What is the prevailing social or cultural etiquette? In deciding the considerably more complex question: Shall there be a "coffee break" in the morning, there would be two questions: Does the "break" result in a gain or in a loss in work accomplished, that is, does the gain in working energy outweigh the lost time? And (if the loss outweighs the gain): Is it worth while to upset an established custom for the sake of the few minutes?

Of course, most tactical decisions are both more complicated and more important. But they are always one-dimensional, so to speak: The situation is given and the requirements are evident. The only problem is to find the most economical adaptation of known resources.

But the important decisions, the decisions that really matter, are strategic. They involve either finding out what the situation is, or changing it, either finding out what the resources are or what they should be. These are the specifically managerial decisions. Anyone who is a manager has to make such strategic decisions, and the higher his level in the management hierarchy, the more of them he must make.

Among these are all decisions on business objectives and on the means to reach them. All decisions affecting productivity belong here: they always aim at changing the total situation. Here also belong all organization decisions and all major capital-expenditures decisions. But most of the decisions that are considered operating decisions are also strategic in character: arrangement of sales districts or training of salesmen; plant layout or raw-materials inventory; preventive maintenance or the flow of payroll vouchers through an office.

Strategic decisions—whatever their magnitude, complexity or importance—should never be taken through problem-solving. Indeed, in these specifically managerial decisions, the important and difficult job is never to find the right answer, it is to find the right question. For there are few things as useless—if not as dangerous—as the right answer to the wrong question.

Nor is it enough to *find* the right answer. More important and more difficult is to make effective the course of action decided upon. Management is not concerned with knowledge for its own sake; it is concerned with performance. Nothing is as useless therefore as the right answer that disappears in the filing cabinet or the right solution that is quietly sabotaged by the people who have to make it effective. And one of the most crucial jobs in the entire decision-making process is to assure that decisions reached in various parts of the business and on various levels of management are compatible with each other, and consonant with the goals of the whole business.

Decision-making has five distinct phases: Defining the problem; analyzing the problem; developing alternate solutions; deciding upon the best solution; converting the decision into effective action. Each phase has several steps.

Making decisions can either be time-wasting or it can be the manager's best means for solving the problem of time utilization. Time should be spent on defining the problem. Time is well spent on analyzing the problem and developing alternate solutions. Time is necessary to make the solution effective. But much less time should be spent on finding the right solution. And any time spent on selling a solution after it has been reached is sheer waste and evidence of poor time utilization in the earlier phases.

Defining the Problem

Practically no problem in life—whether in business or elsewhere—ever presents itself as a case on which a decision can be taken. What appear at first sight to be the elements of the problem rarely are the really important or relevant things. They are at best symptoms. And often the most visible symptoms are the least revealing ones.

Management may see a clash of personalities; the real problem may well be poor organization structure. Management may see a problem of manufacturing costs and start a cost-reduction drive; the real problem may well be poor engineering design or poor sales planning. Management may see an organization problem; the real problem may well be lack of clear objectives.

The first job in decision-making is therefore to find the real problem and to define it. And too much time cannot be spent on this phase. The books and articles on leadership are full of advice on how to make fast, forceful and incisive decisions. But there is no more foolish—and no more time-wasting—advice than to decide quickly what a problem really is.

Symptomatic diagnosis—the method used by most managers—is no solution. It is based upon experience rather than upon analysis, which alone rules it out for the business manager who cannot systematically acquire this experience. We cannot put sick businesses into a clinic and exhibit them to students as we do with sick people. We cannot test whether the manager has acquired enough experience to diagnose correctly before letting him loose on actual problems. We can—and do—use cases to prepare men to make business decisions. But the best of cases is still a dead specimen preserved, so to speak, in alcohol. It is no more a substitute for the real business problem than the specimens in the anatomical museum are a substitute for the live patient in the clinical ward.

Moreover, symptomatic diagnosis is only permissible where the symptoms are dependable so that it can be assumed that certain visible surface phenomena pertain to certain definite diseases. The doctor using symptomatic diagnosis can assume that certain symptoms do not, on the whole, lie (though even the physician today tries to substitute strict, analytical methods for symptomatic diagnosis). The manager, however must assume that symptoms do lie. Knowing that very different business problems produce the same set of symptoms, and that the same problem manifests itself in an infinite variety of ways, the manager must analyze the problem rather than diagnose it.

To arrive at the definition of the problem he must begin by finding the "critical factor." This is the element (or elements) in the situation that has to be changed before anything else can be changed, moved, acted upon.

A fairly large kitchenware manufacturer bent all management energies for ten years toward cutting production costs. Costs actually did go down; but profitability did not improve. Critical-factor analysis showed that the real problem was the product mix sold. The company's sales force pushed the products that could be sold the easiest. And it put all its emphasis on the most obvious sales appeal: lower price. As a result the company sold more and more of the less profitable lines where its competitors made the least efforts. And as fast as it reduced manufacturing costs it cut its price. It gained greater sales volume—but the gain was pure fat rather than growth. In fact, the company became progressively more vulnerable to market fluctuations. Only by defining the problem as one of product mix could it be solved at all. And only when the question was asked: What is the critical factor in this situation? could the right definition of the problem be given.

To find the critical factor by straight analysis of the problem is not always easy. Often two subsidiary approaches have to be used. Both are applications of a principle developed by the classical physicists of the eighteenth century to isolate the critical factor: the principle of "virtual motion." One approach assumes that nothing whatever will change or move, and asks: What will then happen in time? The other approach projects backward and asks: What that could have been done or left undone at the time this problem first appeared, would have materially affected the present situation?

One example of the use of these two approaches is the case of a chemical company that faced the need to replace the executive vice-president who had died suddenly. Everybody agreed that the dead man had made the company; but everybody agreed also that he had been a bully and a tyrant and had driven out of the company all independent people. Consequently the problem, as management saw it, seemed to be that of deciding between not filling the job at all or filling it with another strong man. But if the first were done who would run the company? If the second, would there not be another tyrant?

The question of what would happen if nothing were done revealed both that the problem was to give the company a top management, and that action had to be taken. Without action the company would be left without top management. And sooner or later—probably sooner—it would decline and disintegrate.

The question of what could have been done ten years ago then brought out that the executive vice-president, his function and his personality were not the problem at all. The problem was that the company had a president in name but not in fact. While the executive vice-president had had to make all the decisions and take full responsibility, final authority and its symbols were still vested in a president who guarded his rights jealously, though he had abdicated in effect. Everything that could have been done ten years earlier to secure to the company the benefit of the dead man's strength and safeguard it against his weaknesses would have required clear establishment of the man's authority and responsibility as the top man. Then constitutional safeguards—team organization of the top job; assignment of the objective-formulating part of the job to the vice-presidents operating as a planning committee, or federal decentralization of product businesses—could have been provided. This analysis thus revealed that removal of the president was the first thing that had to be done—and once that was done the problem could be solved.

The second step in the definition of the problem is to determine the conditions for its solution.

The objectives for the solution must be thought through.

> In replacing the deceased executive vice-president the objectives for the solution of the problem were fairly obvious. It had to give the company an effective top management. It had to prevent a recurrence of one-man tyranny. And it had to prevent the recurrence of a leaderless interregnum; it had to provide tomorrow's top managers.
>
> The first objective ruled out the solution most favored by some of the vice-presidents: an informal committee of functional vice-presidents working loosely with the nominal president. The second ruled out the solution favored by the Board chairman: recruitment of a successor to the executive vice-president. The third objective demanded that, whatever the organization of top management, federally decentralized product businesses had to be created to train and test future top managers.

The objectives should always reflect the objectives of the business, should always be focused ultimately on business performance and business results. They should always balance and harmonize the immediate and the long-range future. They should always take into account both the business as a whole and the activities needed to run it.

At the same time the rules that limit the solution must be thought through. What are the principles, policies and rules of conduct that have to be followed? It may be a rule of the company never to borrow more than half its capital needs. It may be a principle never to hire a man from the outside without first considering all inside managers carefully. It may be considered a requirement of good manager development not to create crown princes in the organization. It may be established policy that design changes must be submitted to manufacturing and marketing before being put into effect by the engineering department.

To spell out the rules is necessary because in many cases the right decision will require changing accepted policies or practices. Unless the manager thinks through clearly what he wants to change and why, he is in danger of trying at one and the same time both to alter and to preserve established practice.

The rule is actually the value-system within which the decision has to be made. These values may be moral; they may be cultural; they may be company goals or accepted principles of company structure. In their entirety they constitute an ethical system. Such a system does not decide what the course of action should be; it only decides what it should not be. Management people often imagine that the Golden Rule of doing unto others as you would have them do unto you, is a rule of action. They are wrong; the Golden Rule only decides what action should not be taken. Elimination of the unacceptable courses of action is in itself an essential prerequisite to decision. Without it there will be so many courses to choose from as to paralyze the capacity to act.

Analyzing the Problem

Finding the right question, setting the objectives and determining the rules together constitute the first phase in decision-making. They define the problem. The next phase is analyzing the problem: classifying it and finding the facts.

It is necessary to classify the problem in order to know who must make the decision, who must be consulted in making it and who must be informed. Without prior classification, the effectiveness of the ultimate decision is seriously endangered; for classification alone can show who has to do what in order to convert the decision into effective action.

The principles of classification have been discussed earlier (see Chapter 16). There are four: the futurity of the decision (the time-span for which it commits the business to a course of action and the speed with which the decision can be reversed); the impact of the decision on other areas and functions; the number of qualitative considerations that enter into it; and the uniqueness or periodicity of the decision. This classification alone can insure that a decision really contributes to the whole business rather than solves an immediate or local problem at the expense of the whole. For the classification proposed sorts out problems according to their correlation both with over-all business goals and with the goals of the component that the individual manager runs. It forces the manager to see his own problem from the point of view of the enterprise.

"Get the facts" is the first commandment in most texts on decision-making. But this cannot be done until the problem has first been defined and classified. Until then, no one can know the facts; one can only know data. Definition and classification determine which data are relevant, that is, the facts. They enable the manager to dismiss the merely interesting but irrelevant. They enable him to say what of the information is valid and what is misleading.

In getting the facts the manager has to ask: What information do I need for this particular decision? He has to decide how relevant and how valid are the data in his possession. He has to determine what additional information he needs and do whatever is necessary to get it.

These are not mechanical jobs. The information itself needs skillful and imaginative analysis. It must be scrutinized for underlying patterns which might indicate that the problem has been wrongly defined or wrongly classified. In other words, "getting the facts" is only part of the job. Using the information as a means to test the validity of the whole approach is at least as important.

A monthly trade magazine found itself in financial difficulties. The problem was defined as one of advertising rates. But analysis of the facts and figures showed something no one at the magazine had ever suspected: whatever success the magazine had had was as a source of news for its subscribers. The subscribers were oversupplied with weighty monthlies: they lacked a smaller news publication and valued the particular magazine the more the closer it came to a news magazine in format and editorial content. As a result of this analysis of readership figures the whole problem was redefined: How can we become a news magazine? And the solution was: by becoming a weekly. It was the right solution, too, as the magazine's subsequent success showed.

The manager will never be able to get all the facts he should have. Most decisions have to be based on incomplete knowledge—either because the information is not available or because it would cost too much in time and money to get it. To make a sound decision, it is not necessary to have all the facts; but it is necessary to know what information is lacking in order to judge how much of a risk the decision involves, as well as the degree of precision and rigidity that the proposed course of action can afford. For there is nothing more treacherous—or, alas, more common—than the attempt to make precise decisions on the basis of coarse and incomplete information. When information is unobtainable, guesses have to be made. And only subsequent events can show whether these guesses were justified or not. To the decision-making manager applies the old saying of doctors:"The best diagnostician is not the man who makes the largest number of correct diagnoses, but the man who can spot early, and correct right away, his own mistaken diagnosis." To do this, however, the manager must know where lack of information has forced him to guess. He must define the unknown.

Developing Alternative Solutions

It should be an invariable rule to develop several alternative solutions for every problem. Otherwise there is the danger of falling into the trap of the false "either-or." Most people would protest were one to say to them:"All things in the world are either green or red." But most of us every day accept statements—and act on them—that are no whit less preposterous. Nothing is more common than the confusion between a true contradiction—green and non-green, for instance—which embraces all possibilities, and a contrast—green and red, for instance—which lists only two out of numerous possibilities. The danger is heightened by the common human tendency to focus on the extremes. All color possibilities are indeed expressed in "black or white," but they are not contained in it. Yet, when we say "black or white," we tend to believe that we have stated the full range simply because we have stated its extremes.

The old plant of a small plumbing equipment manufacturer had become obsolete and threatened the company with the total loss of market position in a highly competitive and price-conscious industry. Management rightly concluded that it had to move out of the plant. But because it did not force itself to develop alternate solutions, it decided that it had to build a new plant. And this decision bankrupted the company. Actually nothing followed from the finding that the old plant had become obsolete but the decision to stop manufacturing there. There were plenty of alternative courses of action: to sub-contract production, for instance, or to become a distributor for another manufacturer not yet represented in the territory. Either one would have been preferable, would indeed have been welcomed by a management that recognized the dangers involved in building a new plant. Yet, management did not think of these alternates until it was too late.

Another example is that of a big railroad which, in the postwar years, experienced a sharp increase in traffic volume. It was clear that facilities had to be expanded. The bottleneck seemed to be the company's biggest classification yard. Situated halfway between the main terminal points the yard handled all freight trains, breaking them up and rearranging them. And the jam in the yard had become so bad that trains were sometimes backed up for miles outside either end and had to wait twenty-four hours before they could even get in. The obvious remedy was to enlarge the yard. And this was accordingly done at a cost running into many millions. But the company has never been able to use the enlarged facilities. For the two subsidiary yards that lie between the main yard and the two terminals, north and south respectively, simply could not handle such additional loads as would be imposed on them were the new facilities put to use. Indeed it speedily became clear that the real problem all along had been the limited capacity of the subsidiary yards. The original main yard would have been able to handle a good deal more traffic if only the subsidiary yards had been larger and faster. And the enlargement of these two yards would have cost less than a fifth of the sum that was wastefully invested in enlarging the main yard.

These cases reveal how limited most of us are in our imagination. We tend to see one pattern and to consider it the right if not the only pattern. Because the company has always manufactured its own goods, it must keep on manufacturing. Because profit has always been considered the margin between sales price and manufacturing costs, the only way to raise profitability is cutting production costs. We do not even think of subcontracting the manufacturing job or of changing the product mix.

Alternative solutions are the only means of bringing our basic assumptions up to the conscious level, forcing ourselves to examine them and testing their validity. Alternative solutions are no guarantee of wisdom or of the right decision. But at least they prevent our making what we would have known to be the wrong decision had we but thought the problem through.

Alternative solutions are in effect our only tool to mobilize and to train the imagination. They are the heart of what is meant by the "scientific method." It is the characteristic of the really first-class scientist that he always considers alternative explanations, no matter how familiar and commonplace the observed phenomena.

Of course, searching for and considering alternatives does not provide a man with an imagination he lacks. But most of us have infinitely more imagination than we ever use. A blind man, to be sure, cannot learn to see. But it is amazing how much a person with normal eyesight does not see, and how much he can perceive through systematic training of the vision. Similarly, the mind's vision can be trained, disciplined and developed. And the method for this is the systematic search for, and development of, the alternative solutions to a problem.

What the alternatives are will vary with the problem. But one possible solution should always be considered: taking no action at all.

To take no action is a decision fully as much as to take specific action. Yet, few people realize this. They believe that they can avoid an unpleasant decision by not doing anything. The only way to prevent them from deceiving themselves in this way is to spell out the consequences that will result from a decision against action.

Action in the enterprise is always of the nature of a surgical interference with the living organism. It means that people have to change their habits, their ways of doing things, their relationship to each other, their objectives or their tools. Even if the change is slight there is always some danger of shock. A healthy organism will withstand such shock more easily than a diseased one; indeed, "healthy" with respect to the organization of an enterprise means the ability to accept change easily and without trauma. Still it is the mark of a good surgeon that he does not cut unless necessary.

The belief that action on a problem has to be taken may in itself be pure superstition.

For twenty years a large shipping company had difficulty filling one of its top jobs. It never had anyone really qualified for the position. And whoever filled it soon found himself in trouble and conflict. But for twenty years the job was filled whenever it became vacant. In the twenty-first year a new president asked: What would happen if we did not fill it? The answer was: Nothing. It then turned out that the position had been created to perform a job that had long since become unnecessary.

It is particularly important in all organization problems that one consider the alternative of doing nothing. For it is here that traditional ways of doing things and positions reflecting past rather than present needs have their strongest hold on management's vision and imagination. There is also the danger of the almost automatic growth of layers and levels of management which will be continued unless the decision not to fill a vacant job is always considered as part of the decision how to fill it.

Finding the Best Solution

Only now should the manager try to determine the best solution. If he has done an adequate job, he will either have several alternatives to choose from each of which would solve the problem, or he will have half a dozen or so solutions that all fall short of perfection but differ among themselves as to the area of shortcoming.

It is a rare situation indeed in which there is one solution, and one alone. In fact, wherever analysis of the problem leads to this comforting conclusion, one may reasonably suspect the solution of being nothing but a plausible argument for a preconceived idea.

There are four criteria for picking the best from among the possible solutions.

1. The risk. The manager has to weigh the risks of each course of action against the expected gains. There is no riskless action nor even riskless non-action. But what matters most is neither the expected gain nor the anticipated risk but the ratio between them. Every alternative should therefore contain an appraisal of the odds it carries.

2. Economy of effort. Which of the possible lines of action will give the greatest results with the least effort, will obtain the needed change with the least necessary disturbance of the organization? Far too many managers pick an elephant gun to chase sparrows. Too many others use slingshots against forty-ton tanks.

3. Timing. If the situation has great urgency, the preferable course of action is one that dramatizes the decision and serves notice on the organization that something important is happening. If, on the other hand, long, consistent effort is needed, a slow start that gathers momentum may be preferable. In some situations the solution must be final and must immediately lift the vision of the organization to a new goal. In others what matters most is to get the first step taken. The final goal can be shrouded in obscurity for the time being.

Decisions concerning timing are extremely difficult to systematize. They elude analysis and depend on perception. But there is one guide. Wherever managers must change their vision to accomplish something new, it is best to be ambitious, to present to them the big view, the completed program, the ultimate aim. Wherever they have to change their habits it may be best to take one step at a time, to start slowly and modestly, to do no more at first than is absolutely necessary.

4. Limitations of resources. The most important resource whose limitations have to be considered, are the human beings who will carry out the decision. No decision can be better than the people who have to carry it out. Their vision, competence, skill and understanding determine what they can and cannot do. A course of action may well require more of these qualities than they possess today and yet be the only

right program. Then efforts must be made—and provided for in the decision—to raise the ability and standard of the people. Or new people may have to be found who have what it takes. This may sound obvious; but managements every day make decisions, develop procedures, or enact policies without asking the question: Do we have the means of carrying these things out? and do we have the people?

The wrong decision must never be adopted because people and the competence to do what is right are lacking. The decision should always lie between genuine alternates, that is, between courses of action every one of which will adequately solve the problem. And if the problem can be solved only by demanding more of people than they are capable of giving, they must either learn to do more or be replaced by people who can. It is not solving a problem to find a solution that works on paper but fails in practice because the human resources to carry it out are not available or are not in the place where they are needed.

Making the Decision Effective

Finally, any solution has to be made effective in action.

A great deal of time is spent today on "selling" solutions. It is wasted time. To attempt to sell a solution is both too little and too much. It implies that all is well if only people will "buy." However, it is of the essence of a manager's decision that other people must apply it to make it effective. A manager's decision is always a decision concerning what other people should do. And for this it is not enough that they buy it. They must make it their own.

To speak of "selling" also implies that what is the right decision be subordinated to what the "customer" wants; but this is poisonous and dishonest doctrine. What is right is decided by the nature of the problem; the wishes, desires and receptivity of the "customers" are quite irrelevant. If it is the right decision, they must be led to accept it whether at first they like it or not.

If time has to be spent on selling a decision, it has not been made properly and is unlikely to become effective. Presentation of the final results should never be a great concern, though, in line with the oldest and most basic rule of rhetoric, a decision should always be presented to people in language they use and understand.

Though it is a questionable term the emphasis on "selling" the decision points up an important fact: it is the nature of the managerial decision to be made effective though the action of other people. The manager who "makes" the decision actually does no such thing. He defines the problem. He sets the objectives and spells out the rules. He classifies the decision and assembles the information. He finds the alternative solutions, exercises judgment and picks the best. But for the solution to become a decision, action is needed And that the decision-making manager cannot supply. He can only communicate to others what they ought to be doing and motivate them to do it. And only as they take the right action is the decision actually made.

To convert a solution into action requires that people understand what change in behavior is expected of them, and what change to expect in the behavior of others with whom they work. What they have to learn is the minimum necessary to make them able to act the new way. It is poor decision-making to present a decision as if it required people to learn all over again or to make themselves over into a new image. The principle of effective communication is to convey only the significant deviation or exception—and that in clear, precise and unambiguous form. It is a problem in economy and precision.

But motivation is a problem in psychology and therefore stands under different rules. It requires that any decision become "our decision" to the people who have to convert it into action. This in turn means that they have to participate responsibly in making it.

They should not, to be sure, participate in the definition of the problem. In the first place, the manager does not know who should participate until the definition and classification are done; only then does he know what impact the decision will have and on whom. Participation is unnecessary—and usually undesirable—in the information-gathering phase. But the people who have to carry out the decision should always participate in the work of developing alternatives. Incidentally, this is also likely to improve the quality of the final decision, by revealing points that the manager may have missed, spotting hidden difficulties and uncovering available but unused resources.

Precisely because the decision affects the work of other people, it must help these people achieve their objectives, assist them in their work, contribute to their performing better, more effectively and with a greater sense of achievement. It cannot be a decision designed merely to help the manager perform better, do his job more easily or obtain greater satisfaction from it.

The New Tools of Decision-Making

Nothing I have said so far about decision-making is new; on the contrary, it only repeats what has been known for thousands of years. But while many managers use the decision-making method well, few understand clearly what they are doing.

Two new developments, however, make it important that every manager understand the process. In the first place, a whole new battery of tools to help in decision-making has become available. These are powerful and valuable tools; but they cannot be used unless the manager understands their purpose.

Secondly, the new technology is rapidly shifting the balance between tactical and strategic decisions. Many decisions that have always been tactical, if not routine, are rapidly becoming strategic decisions containing a high degree of futurity, a great impact and a large number of qualitative considerations; they are becoming decisions of a high order, in other words. And they can only be taken successfully and effectively if the manager knows what he is doing and does it systematically.

The new tools have been introduced under the rather confusing name of "Operations Research." They are neither "operations" nor "research." They are the tools of systematic, logical and mathematical analysis and synthesis. Actually it is not even correct to say that the tools are new; they differ very little from the tools used by the medieval symbolical logician, such as St. Bonaventure. The only new things are a few mathematical and logical techniques.

It is not sufficient therefore to train people in using the new tools and then turn management decisions over to them. Management decisions still have to be made by the manager. And they are still decisions based on judgment. But the new tools can help greatly in some phases of decision-making.

In any new tool it is important to say first what it cannot do. Operations Research and all its techniques—mathematical analysis. modern symbolical logic, mathematical information theory, the "Theory of Games," mathematical probability and so on— cannot help in defining what the problem is. They cannot determine what is the right question. They cannot set objectives for the solution. Nor can they set rules. Similarly, the new tools cannot make the decision concerning the best solution; they cannot by themselves make a decision effective. Yet these are the most important phases in decision-making.

But the new tools can be of great help in the two middle stages: analyzing the problem and developing alternatives. They can find and bring out the underlying patterns in the behavior of the business and in its environment, including those that have hitherto lain beyond the manager's field of vision or range of imagination. They can thus bring out alternative courses of action. They can show which factors are relevant (that is, facts) and which are irrelevant (that is, mere data). They can show the degree of reliability of the available data and what additional data are required to arrive at sound judgment. They can show what resources will be needed in any of the alternative courses of action, and what contribution from each component or function would be required. They can be used to show the limitations of each available course of action, its risks and its probabilities. They can show what impact a given action would have on other areas, components and functions, the relationship between input and output and the location and nature of bottlenecks. They can tie together the work and contribution of each function or component with those of all others and show this total impact on the behavior and results of the entire business.

The new tools are also not without danger. In fact, unless properly used they can become potent means for making the wrong decisions. Precisely because they make possible concrete and specific analysis of problems which hitherto could only be roughly defined or sensed, the new tools can be abused to "solve" the problems of one small area or of one function at the expense of other areas or functions or of the entire business. They can be abused, as the technician calls it, to "sub-optimize."

And it is important to stress that practically all the problems which are given in the literature so far as illustrations of Operations Research are problems which should never be solved by themselves as such a solution inevitably results in serious "suboptimization." In fact proper use of these tools is possible only if they are first applied to the analysis and definition of the characteristics of the whole business. Only then can they be profitably used for the analysis of individual problems and for the improvement of individual decisions.

Finally, the new tools promise help in making others understand what action is required of them and what to expect from associates. Mathematical information theory is still in its infancy. But it is likely to produce tools capable of identifying the relevant and new deviation in an action pattern and defining it in precise symbols.

All these things have been done for generations by imaginative people. What the new tools do is to bring this accomplishment within everybody's reach. They arm the imagination, develop it, guide it.

In essence these are tools of information, and of information-processing, not of decision-making. As tools of information, they are the best. In fact, it is not too fanciful to expect that within ten or twenty years these new tools of logical and mathematical analysis will have superseded the traditional financial accounting methods with which we are so familiar today.

For the new tools raise the question of what underlies the phenomena, rather than merely describing them. They focus on action, showing what alternative courses of action there are and what each implies. They therefore make possible decisions with a high degree of rationality in respect to futurity, risk and probability. This is the kind of information each manager needs to set his objectives so as to contribute the most to the business, and to control himself. Accounting will still be needed for financial reporting to stockholders, tax work and custodial work. Management information, however, will increasingly be mathematical and logical.

The manager may not have to be able to work these tools personally (even though their use for a great many applications does not require greater mathematical skill than is required for the reading of sales charts today). But it is essential that he understand them, know when to call in a specialist in their use, and know what to demand of the specialist.

But, above all, he must understand the basic method involved in making decisions. Without such understanding he will either be unable to use the new tools at all, or he will overemphasize their contribution and see in them the key to problem-solving which can only result in the substitution of gadgets for thinking, and of mechanics for judgment. Instead of being helped by the new tools, the manager who does not understand decision-making as a process in which he has to define, to analyze, to judge, to take risks, and to lead to effective action, will, like the Sorcerer's Apprentice, become the victim of his own bag of tricks.

The Greater Importance of Decision-Making

At the same time the manager—whatever his function or level—will have to make more and more strategic decisions. Less and less will he be able to rely on his ability to make intuitively the right tactical decision.

Tactical adjustments will, of course, always be needed. But they will have to be made within a framework of basic strategic decisions. No amount of skill in making tactical decisions will free tomorrow's manager from the necessity of making strategic decisions. Even the manager who today gets by without any knowledge of, or insight into, the decision-making method will tomorrow have to understand it, to know it and to use it.

CHAPTER 29

The Manager of Tomorrow

The new demands—The new tasks—But no new man—Exit the
"intuitive" manager—The preparation of tomorrow's manager—General
education for the young—Manager education for the experienced—But central
will always be integrity

The demands on the skill, knowledge, performance, responsibility and
integrity of the manager have doubled in every generation during the past half
century. Things which in the twenties only a few pioneers in top management were
aware of we now expect young men straight out of school to be able to do. Daring
innovations of yesterday—market research, product planning, human relations, or
trend analysis, for instance—have become commonplace. Operations Research is
fast becoming so. Can we expect this almost explosive increase in the demands on
the manager to continue? And what can we expect to be demanded of the manager
of tomorrow?

Throughout this book we have repeatedly referred to the new pressures, the
new demands on the manager. Let me refer again briefly to the most important
ones:

The new technology will demand the understanding of the principles of
production and their consistent application by all managers. It will require that the
entire business be seen, understood and managed as an integrated process. Even if
distribution of the product is carried on in physical separation from production and

by a legally distinct and independent distributor, it will have to be considered an integral part of the process. And the same applies to raw-materials procurement or to customer service.

This process requires a maximum of stability and of ability to anticipate future events. Hence it must be based on careful objectives and on long-range decisions in all key areas. But it also requires great internal flexibility and self-guidance. Hence managers on all levels must be able to make decisions which adapt the whole process to new circumstances, changes in the environment and disturbances and yet maintain it as a going process.

In particular the new technology demands that management create markets. Management can no longer be satisfied with the market as it exists, it can no longer see in selling an attempt to find a purchaser for whatever it is that the business produces. It must create customers and markets by conscious and systematic work. Above all, it must focus continuously on creating mass purchasing power and mass purchasing habits.

Marketing itself is affected by the basic concepts of the new technology. We have, on the whole, discussed Automation as if it were exclusively a principle of production. It is, however, a principle of work in general. Indeed, the new methods of mass marketing may require greater application of the principles of Automation than the automatic factory, even though not one single automatic machine or electronic relay may be used. Marketing itself is becoming an increasingly integrated process. And increasingly it requires close integration with all other phases of the business. Instead of putting the emphasis on selling the individual customer, marketing centers more and more in product and market planning, product design and styling, product development and customer service. Instead of the individual sale, the creation of mass demand will be the pay-off. Television advertising is as much Automation, in other words, as is a mechanized machine feed. And the technological changes in distribution and marketing have as much impact as the technological changes in production.

This will demand that tomorrow's managers, regardless of their level and function, understand the marketing objectives and policies of their company, and know what they have to contribute to them. Business management will have to be able to think through long-range market objectives and to plan and build a long-range marketing organization.

The new technology will make new demands for innovation. Not only must the chemist, designer or engineer work closely with production and marketing men, but there will have to be the kind of systematic approach to innovation that Sears, Roebuck, for instance, applies to its merchandise planning and its development of suppliers. Innovation will have to be managed by objectives that reflect long-term market goals. It will also have to attempt much more systematically to foresee the inherent possibilities of technological and scientific development and to shape manufacturing and marketing policies accordingly.

The new technology will result in greater competition. True, it will broaden the market and raise the level of production and consumption, but these new opportunities will also demand consistent efforts to do better on the part of the enterprise and its managers.

Both because the new technology requires it and because social pressures demand it, the manager of tomorrow will have to make it possible to anticipate employment and to maintain it as close to stability as possible. At the same time, as today's semi-skilled machine operator becomes tomorrow's highly trained maintenance man, and today's skilled worker tomorrow's individual professional contributor, labor will become a more expensive resource—a capital investment of the business rather than a current cost. And its performance will have a much greater impact on the performance of the whole business.

Finally, the manager will have to acquire a whole new set of tools—many of which he will have to develop himself. He needs to acquire adequate yardsticks for performance and results in the key areas of business objectives. He needs to acquire economic tools to make meaningful decisions today for a long-range tomorrow. He will have to acquire the new tools of the decision-making process.

The New Tasks

We can summarize by saying that the new demands require that the manager of tomorrow acquit himself of *seven new tasks*:

1. He must manage by objectives.

2. He must take more risks and for a longer period ahead. And risk-taking decisions will have to be made at lower levels in the organization. The manager must therefore be able to calculate each risk, to choose the most advantageous risk-alternative, to establish in advance what he expects to happen and to " control" his subsequent course of action as events bear out or deny his expectations.

3. He must be able to make strategic decisions.

4. He must be able to build an integrated team each member of which is capable of managing and of measuring his own performance and results in relation to the common objectives. And there is a big task ahead in developing managers equal to the demands of tomorrow.

5. He will have to be able to communicate information fast and clearly. He will have to be able to motivate people. He must, in other words, be able to obtain the responsible participation of other managers, of the professional specialists and of all other workers.

6. Traditionally a manager has been expected to know one or more functions. This will no longer be enough. The manager of tomorrow must be able to see the business as a whole and to integrate his function with it.

7. Traditionally a manager has been expected to know a few products or one industry. This, too, will no longer be enough. The manager of tomorrow will have to be able to relate his product and industry to the total environment, to find what is significant in it and to take it into account in his decisions and actions. And increasingly the field of vision of tomorrow's manager will have to take in developments outside his own market and his own country. Increasingly he will have to learn to see economic, political and social developments on a world-wide scale and to integrate worldwide trends into his own decisions.

But No New Man

But there will be no new men to do these staggering tasks. The manager of tomorrow will not be a bigger man than his father was before him. He will be possessed of the same endowments, beset by the same frailties and hedged in by the same limitations. There is no evidence that the human being has altered much in the course of recorded history, certainly none that he has grown in intellectual stature or emotional maturity.

How then can we accomplish these new tasks with the same men?

There is only one answer: the tasks must be simplified. And there is only one tool for this job: to convert into system and method what has been done before by hunch or intuition, to reduce to principles and concepts what has been left to experience and "rule of thumb," to substitute a logical and cohesive pattern for the chance recognition of elements. Whatever progress the human race has made, whatever ability it has gained to tackle new tasks has been achieved by making things simple through system.

The manager of tomorrow will not be able to remain an intuitive manager. He will have to master system and method, will have to conceive patterns and synthesize elements into wholes, will have to formulate general concepts and to apply general principles. Otherwise he will fail. In small business and in large, in general management and in functional management, a manager will have to be equipped for the practice of Management.

To find the necessary general concepts, to develop the right principles, to formulate the appropriate system and method and to show basic patterns has, of course, been the main purpose of this book. It has been based on the premise that in our management of today we have the experience out of which we can distill valid methods and general conclusions for the management task of tomorrow.

The Preparation of Tomorrow's Manager

If a man is to manage by concepts, patterns and principles, if he is to apply system and methods he can, however, also prepare himself for the job, For concepts and principles can be taught as can system, method and the formulation of patterns. Indeed, perhaps the only way to acquire them is by systematic learning. At least I have never heard of anyone acquiring those basic patterns, the alphabet and the multiplication table, by experience.

Tomorrow's manager will actually need two preparations rather than one. Some things a man can learn before he becomes a manager; he can acquire them as a youth or as he goes along. Others he can learn only after he has been a manager for some time; they are adult education.

One does not have to have been a manager to learn reading and writing. Indeed, these skills are best acquired in one's youth.

> It can be said with little exaggeration that of the common college courses being taught today the ones most nearly "vocational" as preparation for management are the writing of poetry and of short stories. For these two courses teach a man how to express himself, teach him words and their meaning and, above all, give him practice in writing. It can also be said that nothing would help so much to prepare young men for management as a revival of the honorable practice of the oral defense of one's "thesis"— only it should be made a frequent, normal, continuing part of college work rather than something that happens once, at the end of formal schooling.

In one's youth one can also most easily acquire knowledge and understanding of logic and of its analytical and mathematical tools. A young man can also learn the basic understanding of science and scientific method which the manager of tomorrow will need. He can acquire the ability to see the environment and to understand it through history and the political sciences. He can learn economics and acquire the analytical tools of the economist.

To prepare himself to be a manager, a young man can, in other words, acquire a general education. He may acquire it through formal schooling. Or, as so many of the best have always done, he may educate himself. But all these things together constitute what has always been considered the general knowledge and discipline of the educated man.

I do not mean to imply that what the young man needs to prepare himself for management is incompatible with specific business or engineering training. On the contrary, there is no reason why the required general education should not be an integral part of the business-school or engineering-school curriculum (as is indeed being recognized increasingly by our engineering schools). I also do not mean that there is no value to specific business or engineering subjects. On the contrary; they give a man ability to perform functional work with some degree of workmanship. And it is not only still important that everyone in an enterprise possess the ability to do functional work—at least on the journeyman's level—but it is crucial that every manager acquire the respect for workmanship which only a technical or craft skill can give. The young man who only acquires functional skills, however, and only learns specific business or engineering subjects, is not being prepared to be a manager. All he is being prepared for is to get his first job.

Indeed, the demands that tomorrow will make on the manager may well force us to create anew what we have all but lost: the liberal education for use. It will be very different (at least in outward appearance) from what our grandfathers knew by that name. But it will again have strict method and real standards, especially of self-discipline and of ethics, instead of the abandonment of method and standards that characterizes so much of today's so-called "progressive education." It will again have a unified focus rather than be fragmented departmentally. And, like every living liberal education in the past, it will be preparation for work as an adult and citizen rather than merely "general culture."

One needs experience in management as well as maturity, however, to learn to manage by objectives, to analyze the company's business, to learn to set objectives and to balance them, to learn to harmonize the needs of immediate and long-range future. Without experience as a manager—or at least as an adult—one can learn to recite these things; but one cannot learn to do them.

One needs experience as a manager to learn how to assess and to take risks. One needs experience to learn how to exercise judgment and make decisions. One needs experience to see the business in society, to assess the impact of the environment on the business and to decide what management's public responsibilities are.

One cannot, as a young man, learn what managing managers means, nor managing worker and work. Nothing is as futile or as pathetic as the young man who has learned "personnel management" in a business school and then believes himself qualified to manage people. And no one can do quite as much harm—or as little good.

The specific work of the manager makes sense only to men who have set objectives, organized, communicated and motivated, measured performance and developed people. Otherwise it is formal, abstract and lifeless. But to a manager who can put the flesh of his own experience on these bones, the terms can become extremely meaningful. Their classification can become a tool by means of which he can organize his own work, examine his own performance and improve his own results. For young people who have no management experience this classification appears the way French irregular verbs appear to a schoolboy in rural Idaho: an assignment to be learned mechanically. All they can do is to parrot:"The sixteen principles of control are. . ."; this may get them a good mark in an examination but it is of little meaning to them in their work. The experienced manager, however, can be brought to see and to use these classifications the way a mature French poet would use the study of the same irregular verbs: as a tool to gain greater insight into his language, greater skill as a writer and greater depth as a thinker.

To discharge tomorrow's management tasks we therefore will need advanced education for people already in management. We have already made the first steps in this direction, as witness the countless "advanced management programs" that have come into being in this country in the last ten years. And it is a fairly safe bet that the focus in education for management will increasingly shift to advanced work for the adult, experienced manager.

The business manager's need for a systematic attempt at his own advanced education is a new development; but it is not unprecedented. All armies have what is called in this country the "Command and General Staff School," for professional training in the specific work of a senior officer. All armies have learned that this training cannot be given to young men learning to be officers but only to mature men with considerable experience in actual command and performance of military duties. Similarly, the oldest elite corps, the Jesuit Order, does not subject its men to training in advanced theology and philosophy until they have had many years of practical experience in the study of such lay subjects as medicine, sociology or meteorology, in teaching and in administrative work. It has found that the most advanced, the really professional training for being a Jesuit, does not "take" until a man has acquired the actual experience in the work that his advanced studies organize, make meaningful, appraise and focus.

In fact, that management has a need for advanced education—as well as for systematic manager development—means only that management today has become an institution of our society.

But Central Will Always Be: Integrity

Yet intellectual and conceptual education alone will not enable the manager to accomplish the tasks of tomorrow.

The more successfully tomorrow's manager does his work, the greater will be the integrity required of him. For under the new technology the impact on the business of his decisions, their time-span and their risks, will be so serious as to require that he put the common good of the enterprise above his own self-interest. Their impact on the people in the enterprise will be so decisive as to demand that the manager put genuine principles above expediency. And their impact on the economy will be so far-reaching that society itself will hold the manager accountable. Indeed, the new tasks demand that the manager of tomorrow root every action and decision in the bedrock of principles, that he lead not only through knowledge, competence and skill but through vision, courage, responsibility and integrity.

No matter what a man's general education or his adult education for management, what will be decisive above all, in the future even more than in the past, is neither education nor skill; it is integrity of character.

The Responsibilities of Management

Enterprise and society—The threefold public responsibility of management—The social developments that affect the enterprise—The social impact of business decisions—Making a profit the first social responsibility—Keep opportunities open—Management as a leading group—Asserting responsibility always implies authority—What is management's legitimate authority?—Management and fiscal policy—The ultimate responsibility: to make what is for the public good the enterprises' own self-interest

Our discussion has so far treated the business enterprise as primarily existing by and for itself. True, we have stressed the relationship to the outside—to customers and market, to the labor union, to the social, economic and technological forces at work in our society. But these relations have been viewed somewhat like the relationship between a ship and the sea which engirds it and carries it, which threatens it with storm and shipwreck, which has to be crossed, but which is yet alien and distinct, the environment rather than the home of the ship.

But society is not just the environment of the enterprise. Even the most private of private enterprises is an organ of society and serves a social function.

Indeed the very nature of the modern business enterprise imposes responsibilities on the manager which are different in kind and scope from those of yesterday's businessman.

Modern industry requires an organization of basic resources which is radically different from anything we have known before. In the first place, the time span of modern production and of business decisions is so long that it goes way beyond the life span of one man as an active factor in the economic process. Secondly, the resources have to be brought together into an organization—both of material objects and of human beings—which has to have a high degree of permanence to be productive at all. Next, resources, human and material, have to be concentrated in large aggregations—though there is of course a question how large they have to be for best economic performance and how large they should be for best social performance. This in turn implies that the people who are entrusted with the direction of this permanent concentration of resources—the managers—have power over people, that their decisions have great impact upon society, and that they have to make decisions that shape the economy, the society and the lives of individuals within it for a long time to come. In other words, modern industry requires the business enterprise, which is something quite different and quite new.

Historically, society has always refused to allow such permanent concentrations of power, at least in private hands, and certainly for economic purposes. However, without this concentration of power which is the modern enterprise, an industrial society cannot possibly exist. Hence society has been forced to grant to the enterprise what it has always been most reluctant to grant, that is, first a charter of perpetuity, if not of theoretical immortality to the "legal person," and second a degree of authority to the managers which corresponds to the needs of the enterprise.

This, however, imposes upon the business and its managers a responsibility which not only goes far beyond any traditional responsibility of private property but is altogether different. It can no longer be based on the assumption that the self-interest of the owner of property will lead to the public good, or that self-interest and public good can be kept apart and considered to have nothing to do with each other. On the contrary, it requires of the manager that he assume responsibility for the public good, that he subordinate his actions to an ethical standard of conduct, and that he restrain his self-interest and his authority wherever their exercise would infringe upon the commonweal and upon the freedom of the individual.

And then there is the fact that the modern business enterprise for its survival needs to be able to recruit the ablest, best educated and most dedicated of young men into its service. To attract and to hold such men a promise of a career, of a living, or of economic success is not enough. The enterprise must be able to give such men a vision and a sense of mission. It must be able to satisfy their desire for a meaningful contribution to their community and society. It must in other words embrace public responsibility of a high order to live up to the demands the manager of tomorrow must make on himself.

No discussion of the practice of management could therefore leave out those functions and responsibilities of management that arise out of the social character and the public existence of even the most private of enterprises. In addition the enterprise itself must demand that management think through its public responsibilities. For public policy and public law set the range for the actions and activities of the enterprise. They decide what forms of organization are open to it. They prescribe marketing, pricing, patent and labor policies. They control the ability of the enterprise to obtain capital and its price. They decide altogether whether private enterprise is to remain private and autonomous and to be governed by managements of its own choosing.

The responsibility of management in our society is decisive not only for the enterprise itself but for management's public standing, its success and status, for the very future of our economic and social system and the survival of the enterprise as an autonomous institution. The public responsibility of management must therefore underlie all its behavior. Basically it furnishes the ethics of management.

The discussion of management's public responsibility tends today, at least in this country, to begin with the consideration of management as a leading group in society. But properly it should begin with management's responsibility to the enterprise of which it is an organ. This responsibility cannot be compromised or side-stepped. For the enterprise is management's specific trust; everything else arises out of this trust.

The first responsibility which management owes to the enterprise in respect to public opinion, policy and law is to consider such demands made by society on the enterprise (or likely to be made within the near future) as may affect attainment of its business objectives. It is management's job to find a way to convert these demands from threats to, or restrictions on, the enterprise's freedom of action into opportunities for sound growth, or at least to satisfy them with the least damage to the enterprise.

Even the staunchest friend of management would not claim that the job done so far could not be improved upon.

One illustration should suffice. It should have been clear ten years ago that the changing age structure of the American population, coupled with the steady drop in the purchasing power of the dollar, would produce an irresistible demand on business to do something for old employees. Some managements faced the problem years ago; we have good pension plans going back to 1900. But many more refused to see the inevitable. As a result they were forced to accept demands for employee pensions which tend to impose the greatest rather than the least burden on the enterprise though they do not actually meet the issue. For it is becoming increasingly obvious that pensions will not solve the problem of the old employee. If one fifth of the work force is of pensionable age, as it soon will be in our society, compulsory pensioning of the older people puts an all but unbearable burden on the production of the younger men. At the same time the great bulk of the people who reach what used to be considered old age are both able physically to continue work and eager to do so. What management should have done was to work out plans for keeping employed those older people who want to work and are able to do so, with pensions as something to fall back on for those who are unable or unwilling to keep on working. At the same time these plans would have to make sure that the older employees who are retained do not bottle up the promotional opportunities for younger men or endanger their employment security. Having failed to think through the problem, managements will almost certainly find themselves faced with compulsory employment programs for older people—imposed by unions or by government—which will mean additional cost and new restrictions.

American managements are on the verge of making the same mistake in respect to the stability of income and employment. That this demand will have to be met can hardly be disputed any more. It expresses not only the need of the worker for income security, but the need of our society to symbolize the worker's middle-class status. Also the demand has behind it the force of the deep "depression psychosis" that we inherited from the thirties.

I have tried to show earlier that this demand could be satisfied in such a way as to improve and strengthen the enterprise, increase its productivity and raises its over-all profits. If managements, however, refuse to face the responsibility to make the inevitable productive for the enterprise, they will only saddle their businesses with the guaranteed annual wage—both the most expensive and the least effective way to take care of a real social need.

Management is also responsible for making sure that the present actions and decisions of the business enterprise will not create future public opinion, demands and policies that threaten the enterprise, its freedom and its economic success.

During the last years many companies have dispersed their plants geographically. In doing so many of them have simply built, in a new location, a replica of the original plant, turning out the same product for the same market. In many cases both the old and the duplicate plants are the main source of employment in their respective communities. Examples are a rubber company with old plants in Akron and a new plant in a small southern town; a ball-bearing company with an old plant in a small New England town and a new plant in a small town in Ohio; a shirt maker with old plants in upstate New York and a new plant in rural Tennessee.

In a depression this can only lead to serious public reaction. For management will then be forced to decide which of these plants to close down and which to keep open—the new plants which represent a high capital investment, have by and large a high break-even point and thus require capacity operations to be profitable, or the old plants around which a whole community may have grown up. But will any community, no matter how eager it was to obtain the new industry, take quietly a decision to deprive it of its main source of income so as to keep up employment in some other place? If the market and the forces of the business cycle bring about unemployment, that is one thing. But if management, by unilateral action, does so, it is quite another. It may therefore be a vital management responsibility to organize new plants so that they have their own market and their own product rather than only be separated geographically. Otherwise expansion will lead to a clash between management and the community, between the requirements of the business and of public policy.

Other practices which may tend to breed public opinion and policies hostile to the enterprise, are the exclusive hiring of college graduates for management positions, thus cutting off chances for men inside the company; the narrowing of promotional opportunities for foremen, thus cutting off the most important rungs on the traditional American ladder of success; or the policy of not hiring older workers or disabled people. To discharge its responsibility to the enterprise management must carefully think through these practices and their impact upon the public welfare.

In brief, management, in every one of its policies and decisions, should ask: What would be the public reaction if everyone in industry did the same? What would be the public impact if this behavior were general business behavior? And this is not just a question for the large corporations. In their totality, small businesses and their managements have fully as much of an impact on public opinion and policy. And all, large and small, should remember that if they take the easy way out and leave these problems to "the other fellow," they only assure that their solution will eventually be imposed by government.

The Social Impact of Business Decisions

This discussion should have made it clear that the impact of management's decisions on society is not just "public" responsibility but is inextricably interwoven with management's responsibility to the enterprise. Still, there is a responsibility of management to the public interest as such. This is based on the fact that the enterprise is an organ of society, and that its actions have a decisive impact on the social scene.

The first responsibility to society is to operate at a profit, and only slightly less important is the necessity for growth. The business is the wealth-creating and wealth-producing organ of our society. Management must maintain its wealth-producing resources intact by making adequate profits to offset the risk of economic activity. And it must besides increase the wealth-creating and wealth-producing capacity of these resources and with them the wealth of society.

This responsibility is absolute and cannot be abdicated. No management can be relieved of it. Managements are in the habit of saying that they have a responsibility to the shareholder for profits. But the shareholder, at least in a publicly owned company, can always sell his stock. Society, however, is stuck with the enterprise. It has to take the loss if the enterprise does not produce adequate profits, has to take the impoverishment if the enterprise does not succeed in innovation and growth.

For the same reason management has a public responsibility to make sure of tomorrow's management without which the resources would be mismanaged, would lose their wealth-producing capacity and would finally be destroyed.

Management is responsible for conducting the enterprise so as not to under-mine our social beliefs and cohesion. This implies a negative responsibility: not to usurp illegitimate authority over citizens by demanding their absolute and total allegiance.

In a free society the citizen is a loyal member of many institutions; and none can claim him entirely or alone. In this pluralism lies its strength and freedom. If the enterprise ever forgets this, society will retaliate by making its own supreme institution, the state, omnipotent.

The tendency today of so many, especially of our larger, enterprises to assume paternal authority over their management people and to demand of them a special allegiance, is socially irresponsible usurpation, indefensible on the grounds alike of public policy and the enterprise's self-interest. The company is not and must never claim to be home, family, religion, life or fate for the individual. It must never interfere in his private life or his citizenship. He is tied to the company through a voluntary and cancellable employment contract, not through some mystical and indissoluble bond.

But responsibility for our social beliefs and cohesion also has a positive component. At least in this country it imposes on management the duty to keep open the opportunity to rise from the bottom according to ability and performance. If this responsibility is not discharged, the production of wealth will, in the long run, weaken rather than strengthen our society by creating social classes, class hatred and class warfare.

There are other areas in which responsibilities can be asserted. I would, for instance, consider it a responsibility of the management of the large company to develop a capital-expenditure policy which tends to counteract the extremes of the business cycle (with Automation such a policy becomes a business necessity). I believe that management has a responsibility to develop policies that will overcome the deep-seated hostility to profits, for the simple reason that this is a threat to our economic and social system. I finally believe that any business, in the present world situation, has the responsibility to make its best contribution to the defensive strength of its country.

But what is most important is that management realize that it must consider the impact of every business policy and business action upon society. It has to consider whether the action is likely to promote the public good, to advance the basic beliefs of our society, to contribute to its stability, strength and harmony.

Management as a Leading Group

Only now can we raise the question of the responsibility that management should assume by virtue of being one of the leading groups in society—responsibilities over and above those grounded in the business itself.

Hardly a day goes by when a spokesman of management does not assert a new public responsibility of this kind. We have been told that management should hold itself responsible for the survival of the liberal arts colleges, for the economic education of workers, for religious tolerance or for a free press, for strengthening the United Nations or for abolishing it, for "culture" in its broadest form and for every one of the arts in particular.

There is no doubt that being a leading group entails heavy responsibility; and there is nothing more destructive than to shirk these responsibilities. There is also, however, nothing more destructive than to assert responsibilities for a group which it does not have, nothing more dangerous than to usurp responsibilities. The present management approach tends to do both: it shirks responsibilities that exist and usurps others that do not and must not exist.

For whoever says "responsibility" also implies "authority." One does not exist without the other. To assert management's responsibility in any area is therefore to assign it authority in the area in question. Is there any reason to believe that management in a free society should have any authority over the colleges, over culture and the arts, over the freedom of the press or over our foreign policy? To raise the question is to answer it: such authority would be intolerable. Even the impassioned twaddle permitted, by hoary custom, to the commencement speaker or the boss at the annual employees' picnic should avoid such a claim.

Management's public responsibility as one of the leading groups should therefore be restricted to areas in which management can legitimately claim authority.

As a "rule of thumb" I recommend that management religiously avoid asserting or assuming responsibility for any activities it does not want to see controlled either by the union leader or by government. These are the activities which should be free, that is, organized by spontaneous, local, pluralist action of the citizens, not by any one group or any governing organ. If management does not want the union leader to control an activity, it is a fair assumption that the union leader (and his sizable following) would not want management to control the activity either. And it would be reasonable to assume that society would find sole control of such an activity by either management or union leader intolerable. It would demand the obvious and easy substitute for non-control of these areas: control by the organized government as the representative of the entire people.

And if the business enterprise becomes a source of financial support for important causes and institutions—as our tax laws force it increasingly to be—management must take scrupulous care not to let financial support become "responsibility," not to let itself be misled into usurping authority where it has and should have none.

But from the fact that responsibility and authority go together, it follows also that management owes to society responsibility wherever its special competence gives it authority.

One major area here is that of fiscal policy. Because we have not modernized our tax structure even though it was built when the maximum income tax was 4 per cent (and that rate applied to millionaires only), we have today an illogical, unmanageable, indeed an immoral system of taxation that encourages and rewards irresponsible actions and decisions of businesses and private individuals alike. Here management can make a major contribution—and it has therefore a major responsibility. But it has responsibility for positive action.

It is not enough to scream that taxes are too high as some people in management have been doing. What we need is a policy that reconciles the necessity of continuing high government expenditures, in the world we live in, with the requirements of society and economy. As long as management confines itself to shouting " down with taxes" it will not have discharged its responsibility for fiscal policy. In fact, it will have been totally ineffectual and will only have made itself look irresponsible.

Wherever management's competence gives it authority, wherever therefore management has a responsibility, this responsibility must be discharged on the basis of the public interest. It is not good enough to start out with the premise that "what is good for the business is good for the country," even though the assertion may be substantially correct for the very large company which is in effect a cross section of the American economy. For while its competence is the basis for management's authority, the only basis on which this authority can be used is the public interest. What is good for the business—or even for all businesses—is irrelevant.

But the final conclusion from the consideration of management's public responsibility as one of the leading groups is the most important one: It is management's public responsibility to *make* whatever is genuinely in the public good *become* the enterprise's own self-interest.

To be disinterested is not enough for a leading group in society. It is not even enough that the group subordinate its own interests to the common good. It must succeed in harmonizing public and private interest by making what is the common good coincide with its own self-interest. "This company must be so managed as to make everything likely to strengthen our country, or to advance its prosperity, add strength to the company and advance its prosperity"; thus the management of one of our most successful companies, Sears, Roebuck. In economic fact, "what is good for the country must be made to be good for Sears" may not be so different from "what is good for the business is good for the country." In spirit, in essence, in assertion of responsibility, however, it is completely different.

The Sears statement does not imply pre-established harmony between the private self-interests of a group and the commonweal. On the contrary; to make what is good for the country good for the enterprise requires hard work, great management skill, high standards of responsibility and broad vision. It is a counsel of perfection. To carry it out completely would require the philosopher's stone that can transmute the basest element into pure gold. But if management is to remain a leading group—indeed, if it is to remain autonomous management running free enterprises—it must make this rule the lodestar of its conduct, must consciously strive to live up to it, and must actually do so with a fair degree of success.

Two hundred and fifty years ago an English pamphleteer, de Mandeville, summed up the spirit of the new commercial age in the famous epigram:"private vices become public benefits"—selfishness unwittingly and automatically turns into the common good. He may have been right; economists since Adam Smith have been arguing the point without reaching agreement.

But whether he was right or wrong is irrelevant; no society can lastingly be built on such belief. For in a good, a moral, a lasting society the public good must always rest on private virtue. No leading group can be accepted on de Mandeville's foundation. Every leading group must, on the contrary, be able to claim that the public good determines its own interest. This assertion is the only legitimate basis for leadership; to make it reality is the first duty of the leaders.

That "capitalism," as the nineteenth century understood the term (and as Europe still too prevalently understands it), was based on de Mandeville's principle may explain its material success. It certainly explains the revulsion against capitalism and capitalists that has swept the Western world during the last hundred years. The economic doctrines of the enemies of capitalism have been untenable and often childish. Their political doctrines have carried the threat of tyranny. But these answers have not been sufficient to quiet the critics of capitalism. Indeed they have usually appeared quite irrelevant to the critics, as well as to the people at large. For the hostility to capitalism and capitalists is moral and ethical. Capitalism is being attacked not because it is inefficient or misgoverned but because it is cynical. And indeed a society based on the assertion that private vices become public benefits cannot endure, no matter how impeccable its logic, no matter how great its benefits.

Fifty years ago de Mandeville's principle was as fully accepted here as it still is in Europe. But today it has become possible if not commonplace in this country to assert the opposite principle that the business enterprise must be so managed as to make the public good become the private good of the enterprise. In this lies the real meaning of the "American Revolution" of the twentieth century. That more and more of our managements claim it to be their responsibility to realize this new principle in their daily actions is our best hope for the future of our country and society, and perhaps for the future of Western society altogether.

To make certain that this assertion does not remain lip service but becomes hard fact is the most important, the ultimate responsibility of management: to itself, to the enterprise, to our heritage, to our society and to our way of life.